总主编 刘剑文

税法学研究文库

比较所得税法
——结构性分析（第三版）

Comparative Income Taxation: A Structural Analysis, Third Edition

主要作者
休·奥尔特（Hugh J. Ault） 波士顿大学法学院
布赖恩·阿诺德（Brian J. Arnold） 加拿大税务基金会的高级顾问

特约作者
居伊·热斯特（Guy Gest） 巴黎第二大学
皮特·哈里斯（Peter Harris） 剑桥大学
皮特·梅尔兹（Peter Melz） 斯德哥尔摩大学
中里实（Minoru Nakazato） 东京大学
锦织康高（Yasutaka Nishikori） 东京西村律师事务所
詹姆斯·里佩蒂（James Repetti） 波士顿大学法学院
沃尔夫冈·舍恩（Wolfgang Schön） 慕尼黑马克斯·普朗克研究所
约翰·泰利（John Tiley） 剑桥大学
理查德·冯（Richard J. Vann） 悉尼大学
凯斯·范拉德（Kees van Raad） 莱顿大学

北京大学出版社
PEKING UNIVERSITY PRESS

著作权合同登记号　图字：01-2013-0165
图书在版编目(CIP)数据

比较所得税法：结构性分析．第三版/(美)奥尔特(Ault,H.J.)等著；丁一，崔威译．—北京：北京大学出版社，2013.1
（税法学研究文库）
ISBN 978-7-301-21748-1

Ⅰ．①比… Ⅱ．①奥… ②丁… ③崔… Ⅲ．①所得税-税法-比较法学 Ⅳ．①D912.204

中国版本图书馆 CIP 数据核字(2012)第294786号

ⓒ 2010 Kluwer Law International. All Rights Reserved.
This is a translation of Comparative Income Taxation: A Structural Analysis, 3rd Edition Revised (The ISBN is 9789041132048), by Hugh J. Ault and Brian J. Arnold, published and sold by PEKING UNIVERSITY PRESS, by permission of Kluwer Law International, Alphen aan den Rijn, The Netherlands, the owner of all rights to publish and sell same.
No part of this publication may be reproduced or transmitted in any form or by any means, electronic or mechanical, including photocopy, recording, or any information storage and retrieval system, without permission in writing from the publisher.
比较所得税法——结构性分析，第三版，作者休·奥尔特(Hugh J. Ault)和布赖恩·阿诺德(Brian J. Arnold)，经版权所有人 Kluwer Law International, Alphen aan den Rijn, The Netherlands 有限公司的授权，其中译本由北京大学出版社出版和销售。

书　　　　名：	比较所得税法——结构性分析（第三版）
著作责任者：	〔美〕休·奥尔特　〔加〕布赖恩·阿诺德　等著　丁　一　崔　威　译
责任编辑：	汤洁茵　王　晶
标准书号：	ISBN 978-7-301-21748-1/D·3228
出版发行：	北京大学出版社
地　　　址：	北京市海淀区成府路205号　100871
网　　　址：	http://www.pup.cn
新浪微博：	@北京大学出版社
电子信箱：	law@pup.pku.edu.cn
电　　　话：	邮购部 62752015　发行部 62750672　编辑部 62752027
	出版部 62754962
印刷者：	三河市博文印刷厂
经销者：	新华书店
	965毫米×1300毫米　16开本　35.75印张　560千字
	2013年1月第1版　2013年1月第1次印刷
定　　　价：	69.00元

未经许可，不得以任何方式复制或抄袭本书之部分或全部内容。
版权所有，侵权必究
举报电话：010-62752024　电子信箱：fd@pup.pku.edu.cn

译 者 序

《比较所得税法——结构性分析》(第三版)中文译本付梓值得庆贺。任何读者都不难发现,本书信息量极为丰富,涉及九个发达国家不同的税收制度。本书第一编针对一系列与中国当代社会生活、政治和经济体制密切相关的题目,包括税收的宪法基础、税收立法和司法的制度设计、税收征管的规范和程序、以及税收遵从抑或是避税的文化,结合各国实践作出了细致入微、见解鲜明的评论。本书的第二至第四编则对个人、企业以及国际所得税制中的核心制度和法律问题进行了非常深入、具体的技术性分析。实际上,本书四编中的任何一编单独作为一本书出版,都将是一部非常有益的参考工具,对于现有的税法专业领域的中文资料,都会构成一个重要的补充。而这四编作为一卷书一同出版,更是弥足珍贵。

作为税法研究者,我们尤其想提示读者关注本书一个可能容易被忽略,但是非常独到的一点。那就是,本书是由一个作者团队合作的产物,而团队中的每一位成员都是国际知名的税法学者,对其本国的税法研究和比较学术研究都有很深的造诣。这个组合以及他们的成功合作方式,很大程度上取决于两位主要作者——休·奥尔特(Hugh Ault)教授和布赖恩·阿诺德(Brian Arnold)先生——颇有远见的组织工作。这些作者合作十分默契。在翻译过程中,我们对此组合的印象一直在加深,即这些作者虽然来自不同的法律制度,但运用的却是非常一致的和精确的分析概念,使得每个题目的讨论都具有连贯性和深度。他们不是各说各话,而是在参与集体反思。与此同时,在阅读这本书时,我们总能感到是在同时从多个学者那里汲取教诲。如果更少的几位作者试图研究本书覆盖的这么多体制问题,难免因为纯粹的疲乏而无法抵挡偷工减料的诱惑。但读者面前的这本书完全摆脱了这个嫌疑:书中几乎没有肤皮潦草的讨论,从头到尾都保持着精力充沛的气势。

本书的详尽性、深度和可靠性(已经过两次更新、每次都涉及大量的修改)使其可以被认为是给税法领域的鉴赏家写成的。但我们翻译此书的目的当然不仅是给少数税法学者提供资料。相反,我们认为本书的内容对国内为数众多的学生、税务从业者、税收征管人员、甚至税收立法者都应该能够引起相当高的兴趣——前提是他们不打算一口气读完五百多页内容！此书完全可以当作参考工具使用，协助从事税收实践的专业人士、征管人员对中国税法的解释和发展进行比较和反思。另外，本书也可以作为教学辅助材料，尤其是对那些志在向学生传达税法的结构性逻辑、而不仅是琐碎细节的教师们应该有所帮助。

读者们应该可以想象，本书的翻译工作量相当庞大。我们要借此机会向作出贡献的各位朋友和同事表示由衷的感谢。荷兰莱顿大学法学院硕士生马晓煜在2012年一直负责将我们翻译出来的章节、片段组合成一个完整的、格式一致的初稿，并对本书大量脚注的许多部分作出了翻译和校对。中国青年政治学院的汤洁茵老师对全书、德勤会计师事务所的王欣先生对本书部分章节的翻译提供了大量的宝贵建议，我们得益匪浅。在中国政法大学比较法学研究院比较财税法研究中心的组织下，以下数位中国政法大学在校或已毕业的学生为本书部分章节提供了质量优良的初步翻译：马晓煜、庞一然、张杨、周启光、王敏和王莹。作为在中国学习、从业于法律的最年轻一代群体的优秀代表，他们在提高英语、专业水平上作出的努力和取得的成就让我们十分欣慰。北京大学出版社王晶等编辑对翻译工作的支持和理解也是我们完成这一项目不可缺少的前提。

我们深知，任何一本好书或者少数几个学者的努力，对推动中国税法研究、中国现代财税体制的完善影响都是有限的。但我们期望本书能吸引更多人士加入致力于这两个目标的团队，并对他们的努力有所帮助。

崔威、丁一

二〇一二年十月于波士顿和北京

总　　序

《税法学研究文库》是继《财税法系列教材》、《财税法论丛》和《当代中国依法治税丛书》之后由我主持推出的另一个大型税法研究项目。该项目的目的不仅在于展示当代中国税法学研究的最新成果,更在于激励具有创新精神的年轻学者脱颖而出,在传播、推广税法知识的同时,加快税法研究职业团队的建设和形成。

税法学是一门年轻、开放、尚处于成长期的新学科。谓其年轻,是因为它不像民法学和刑法学一样拥有悠久的历史渊源;谓其开放,是因为它与经济学、管理学以及其他法学学科等存在多方面的交叉与融合;谓其成长,是因为它的应用和发展空间无限广阔。在我国加入世界贸易组织之后,随着民主宪政、税收法治等先进理念的普及和深入,纳税人的权利意识越发强烈,其对税收的课征比任何时期都更为敏感和关心。税法学的存在价值,正在于科学地发现和把握征纳双方的利益平衡,在公平、正义理念的指导下,实现国家税收秩序的稳定与和谐。

长期以来,我一直致力于税法学的教学和研究,发表和出版了一系列论文和专著,主持了多项国家级科研课题,对中国税法学的发展以及税收法制建设做了一些力所能及的工作。然而,不容否认,中国税法学的研究力量仍然十分薄弱,有分量的研究成果也不多见,税法和税法学的应有地位与现实形成强烈的反差。我深深地感到,要想改变这种状态,绝非某个人或某一单位力所能及。当务之急,必须聚集和整合全国范围内的研究资源,挖掘和培养一批敢创新、有积累的年轻税法学者,在建设相对稳定的职业研究团体的同时,形成结构合理的学术梯队,通过集体的力量组织专题攻关。唯其如此,中国税法学也才有可能展开平等的国际对话,而税法学研究的薪火也才能代代相传,生生不息。

近年来,我先后主编《财税法系列教材》、《财税法论丛》、《当代中国依法治税丛书》,这三项计划的开展,不仅使税法学研究的问题、方法和进程逐渐为法学界所熟悉和认同,同时也推动了税法学界的交流与合作。在此过程中,我既看到了新一代税法学者的耕耘和梦想,更感受到了他们在研究途中跋涉的艰辛。这群年轻的学者大多已取得博士学位,或已取得副教授职称,且至少熟练掌握一门外语。最为重要的是,他们对专业充满热忱,愿意为中国税法学贡献毕生精力。正是在他们的期待和鼓励下,为了展示中国税法学的成长和进步,激励更多的优秀人才加入研究队伍,我与北京大学出版社积极接触、多次磋商,终于在 2002 年达成了本文库的出版协议。

衷心感谢北京大学出版社对中国税法学的积极扶持。如果没有对学术事业的关心和远见,他们不会愿意承担该文库出版的全部市场风险,更不会按正常标准支付稿费。此举的意义,远远溢出了一种商业架构,事实上为中国年轻的税法学提供了一个新的发展机遇。正是他们的支持,才使得主编可以严格按照学术标准组织稿件,也使得作者可以心无旁骛,潜心研究和创作。若干年之后,当人们梳理中国税法学进步的脉络时,除了列举税法学人的成果和贡献,也应该为所有提供过支持的出版机构写上重重的一笔。这里,我还要代表全体作者特别感谢北京大学出版社副总编杨立范先生,他的智识和筹划,是本文库得以与读者见面不可或缺的重要因素。

本文库计划每年出版 3—5 本,内容涉及税法哲学、税法史学、税法制度学;税收体制法、税收实体法、税收程序法;税收收入法、税收支出法;国内税法、外国税法、国际税法、比较税法等多重角度和层面。只要观点鲜明,体系严密,资料翔实,论证有力,不管何种风格的税法专著都可成为文库的收录对象。我们希望,本文库能够成为展示税法理论成果的窗口,成为促进税法学术交流的平台。如果能够由此发现和锻炼更多的税法学人,推动税法理论与实践的沟通和互动,我们编辑文库的目的就已经实现。

刘剑文

2004 年于北京大学财经法研究中心

中国财税法网(www.cftl.cn)

中国税法网(www.cntl.cn)

CONTENTS 目 录

致谢   1
前言   3
缩写表   5
概述   13

第一编 国别描述

澳大利亚   3
理查德·冯

1. 所得税的历史   3
2. 宪法问题   4
3. 税率   5
4. 财政体制的构成   6
5. 所得税的基本结构   6
6. 税收立法   8
7. 法院对税收争议的处理   13
8. 税务管理   15
9. 基本原则   18
10. 税法的渊源   24

加拿大   26
布赖恩·阿诺德

1. 所得税法的历史   26
2. 宪法性问题   26
3. 税率   27
4. 财政制度的构成   28

CONTENTS 目　录

5. 所得税的基本结构　　　　　　　28
6. 税收立法　　　　　　　　　　　31
7. 处理税务事项的法庭　　　　　　34
8. 税务行政　　　　　　　　　　　35
9. 基本原则　　　　　　　　　　　37
10. 税法的法律渊源　　　　　　　　41

法国　　　　　　　　　　　　　43
居伊·热斯特

1. 历史　　　　　　　　　　　　　43
2. 宪法性问题　　　　　　　　　　45
3. 税率　　　　　　　　　　　　　46
4. 财政制度的基本结构　　　　　　47
5. 所得税的基本结构　　　　　　　48
6. 立法　　　　　　　　　　　　　51
7. 审理税务案件的法院　　　　　　54
8. 税务行政　　　　　　　　　　　56
9. 基本原则　　　　　　　　　　　59
10. 税法的法律渊源　　　　　　　　60

德国　　　　　　　　　　　　　63
沃尔夫冈·舍恩

1. 历史　　　　　　　　　　　　　63
2. 宪法问题　　　　　　　　　　　63
3. 基本权利对征税的影响　　　　　64
4. 税率　　　　　　　　　　　　　66

CONTENTS 目 录

    5．财政制度的构成　　　　　　　　　67
    6．所得税的基本结构　　　　　　　　69
    7．税收立法　　　　　　　　　　　　77
    8．解决税务争议的法院　　　　　　　78
    9．税务行政　　　　　　　　　　　　80
    10．一般原则　　　　　　　　　　　84
    11．税法的渊源　　　　　　　　　　86

日本　　　　　　　　　　　　　　　　89
中里实　马克·拉姆齐尔　绵织康高

    1．历史　　　　　　　　　　　　　　89
    2．宪法问题　　　　　　　　　　　　91
    3．税率　　　　　　　　　　　　　　93
    4．财政制度的构成　　　　　　　　　94
    5．所得税的基本框架　　　　　　　　95
    6．税收立法　　　　　　　　　　　　96
    7．法院对税务问题的处理　　　　　　98
    8．税务行政　　　　　　　　　　　　100
    9．基本原则　　　　　　　　　　　　102
    10．税法的渊源　　　　　　　　　　104

荷兰　　　　　　　　　　　　　　　　106
凯斯·范拉德

    1．荷兰所得税制度的历史　　　　　　106
    2．宪法问题　　　　　　　　　　　　107
    3．所得税税率　　　　　　　　　　　108
    4．财政体制的构成　　　　　　　　　109

CONTENTS 目 录

5. 所得税的基本结构   110
6. 税收立法   111
7. 法院对税收争议的处理   113
8. 税务行政   114
9. 基本原则   117
10. 税法渊源   119

瑞典   122
皮特·梅尔兹

1. 历史   122
2. 宪法问题   122
3. 税率   123
4. 财税体系的构成   124
5. 税制的基本结构   126
6. 税收立法   129
7. 处理税务问题的法院   131
8. 税务行政   132
9. 基本原则   133
10. 税法的渊源   134

英国   136
约翰·泰利

1. 历史——所得税   136
2. 宪法问题   139
3. 税率结构和减免税（2009—2010 年）   142
4. 财政体系的构成   144

CONTENTS 目 录

    5. 所得税的基本结构   144
    6. 税收立法   148
    7. 处理税务问题的法院   150
    8. 税务管理   154
    9. 基本原则   156
    10. 税法的渊源   161

美国   165
詹姆斯·里佩蒂
    1. 联邦所得税的历史   165
    2. 宪法问题   166
    3. 税率   167
    4. 财政制度的构成   169
    5. 所得税的基本结构   170
    6. 税收立法   176
    7. 司法结构和风格   179
    8. 税务行政、纳税人和司法风格   180
    9. 基本原则   182
    10. 税法的渊源   184

第二编   所得征税基础

亚编 A   所得税的综合与分类设计   189

亚编 B   税基的范围   191
    1. 雇员附加福利   193

CONTENTS 目 录

2. 自有住房产生的估算收入   207
3. 赠与   209
4. 奖金和奖励   213
5. 奖学金和补助   215
6. 债务免除   217
7. 赌博   219
8. 非法所得   220
9. 意外之财   222
10. 补贴   223
11. 收益(gain)的实现和确认   224
12. 资本利得和损失   229

亚编 C　扣除   239
1. 混合性的商务和个人费用   240
2. "娱乐损失"和判定经营与私人活动的标准   255
3. 资本费用和补偿方法   258
4. 教育费用   266
5. 私人费用的扣除   268
6. 对扣除和损失的限制   276

亚编 D　会计   286
1. 基本会计方法   286
2. 预付款的计入(计列)   292
3. 延期付款(deferred payments)的所得处理   293
4. 初始发行折扣债券和其他复杂金融工具   295

CONTENTS 目　录

亚编 E　所得的归属　　　　　　　　　303
  1. 纳税单位的界定　　　　　　　　303
  2. 赡养费和儿童抚养　　　　　　　309
  3. 对所得转移的限制　　　　　　　312

第三编　商业组织征税

亚编 A　公司—股东征税　　　　　　319
  1. 公司税制概述　　　　　　　　　319
  2. 界定纳税实体　　　　　　　　　325
  3. 公司设立中的问题　　　　　　　328
  4. 资本结构有关问题　　　　　　　333
  5. 公司分配的征税　　　　　　　　338
  6. 清算　　　　　　　　　　　　　357
  7. 公司重组　　　　　　　　　　　360
  8. 公司税收属性的转移及其限制　　376
  9. 公司合并纳税　　　　　　　　　380
  10. 封闭式公司的特殊税制　　　　385
  11. 公司和股东税收的结合（integration）　388

亚编 B　合伙税制　　　　　　　　　　396
  1. 穿透课税的条件　　　　　　　　397
  2. 穿透课税的基本结构　　　　　　399
  3. 债务、计税成本和亏损　　　　　402
  4. 合伙人与合伙之间的交易　　　　404
  5. 处分合伙份额　　　　　　　　　406

CONTENTS 目　录

6. 合伙的清算　　　　　　　　　　　　　　　408

第四编　国际征税

亚编 A　居住地征税　　　　　　　　　　　413
1. 对人主张征税管辖的依据　　　　　　　413
2. 身份的变化　　　　　　　　　　　　　418
3. 双重征税的减免措施　　　　　　　　　428
4. 对外国公司所得免税或者递延的限制　　454
5. 向外国分支机构或者子公司的出境转移　468

亚编 B　来源征税　　　　　　　　　　　　474
1. 经营所得净额征税中的有关问题　　　　474
2. 按毛税基纳税的结构问题　　　　　　　488
3. 分支机构利润税　　　　　　　　　　　494
4. 关于非居民获得的侵蚀税基的支付
   的限制　　　　　　　　　　　　　　　496
5. 欧盟范围内对非居民按来源征税的限制　500

亚编 C　附加国际话题　　　　　　　　　　504
1. 特殊的国际避税规则　　　　　　　　　504
2. 公司间定价问题精选　　　　　　　　　506
3. 国际层面上对公司股东的征税　　　　　512
4. 协定问题精选　　　　　　　　　　　　516

致　　谢

2010版《比较所得税法》基于1997版及2004版的结构。此版作者非常感谢那些为此书首次出版作出贡献的人们。我们尤其感谢阿尔贝特·雷德勒（Albert J. Rädler）和马克·拉姆齐尔（J. Mark Ramseyer），作为之前版本的特邀作者，他们的努力仍然在目前版本中有所体现。

如同先前版本的出版，卡罗尔·哈格里夫斯（Carol Hargreaves）负责在各个准备阶段处理此版手稿，她快速有效地理清了从各个渠道收集的复杂材料。我们特别鸣谢她的敬业、开朗和能干。同样感谢皮特·梅尔兹（Peter Melz），他于2003年5月在斯德哥尔摩组织召开了全部作者的准备会议。

玛丽安（Marianne）和马库斯·瓦伦贝格（Marcus Wallenbergs）基金及哈佛税收政策研究基金为此项目提供了资金支持。

休·奥尔特
布赖恩·阿诺德

前　言

此书旨在比较九个工业化国家对所得税制设计中的共性问题所采取的不同处理方式。如同在其他法律领域，所得税的比较研究能够为检验某一特定国家税制提供新鲜的视角。日益增强的经济全球化同样要求对与不断增长的传统商业贸易相关的外国税制有所了解。

但众所周知，进行比较研究并非轻而易举。对外国税制的充分了解不仅需要精通该国外语，更需要通晓该国的商业和法律文化。可能要耗费一个人一生的时间才能对本书所比较的九种所得税制的了解均达到这种水平。

不过，可以设想一个由精通其所在国体系的税法教授组成的国际团队，他们要对其所在国如何解决所得税设计中出现的有关个人、商业组织和国际交易等具体问题作出描述。进一步设想，所得到的答案被该团队的领导者穿插于一次连贯的、对所得税制的解说，一群人数更多的税法教师对该解说进行审核批阅。最终的文本将为老师、学生、政策制定者和从业者提供一个方便、全面的外国所得税制处理方式的介绍。

这就是休·奥尔特、布赖恩·阿诺德以及他们的合作作者在编写这本引人入胜的作品时遵循的思路。今后，那些有兴趣了解其他发达国家如何处理对附加福利、死亡时尚未实现的增值征税、外国商事企业分类、外国人避税等结构性问题的人们，都可以从本书中寻找初步答案。我很高兴哈佛大学法学院财税研究基金能为该项目提供资金资助。本书应该能够极大促进在教授和写作美国及其他国家税制时采用的比较分析。

阿尔文·沃伦（Alvin C. Warren, Jr.）教授
哈佛大学法学院

缩 写 表

第 一 编

澳 大 利 亚

AAT	Administrative Appeals Tribunal 行政上诉庭	
ABN	Australian Business Number 澳大利亚商业号	
ATO	Australian Taxation Office 澳大利亚税务局	
FBTAA	Fringe Benefits Tax Assessment Act 《附加福利税评定法》	
GST	Goods and Services Tax 货物与服务税	
ITAA 1936	Income Tax Assessment Act 1936 《1936年所得税评定法案》	
ITAA 1997	Income Tax Assessment Act 1997 《1997年所得税评定法案》	
OPC	Office of Parliamentary Counsel 议会法律顾问处	

加 拿 大

CRA	Canada Revenue Agency 加拿大税务局	
GAAR	General Anti-avoidance Rule 一般反避税规则	
GST	Goods and Services Tax 货物与服务税	

ITA		Income Tax Act
		《所得税法》
ITCIA		Income Tax Conventions Interpretation Act
		《所得税协定释义法》

法　　国

BOI		Official Tax Bulletin
		官方税法公报
CA		*Cour d'Appel*
		民事上诉法院
CAA		*Cour Administrative d'Appel*
		行政上诉法院
CE		*Conseil d'État*
		行政最高法院
CGI		General Tax Code
		《税法通则》
CRDS		Social Debt Reimbursement Contribution
		社会债务偿付供款
CSG		Generalized Social Contribution
		一般社会供款
ECHR		European Convention on Human Rights
		《欧洲人权公约》
ECJ		European Court of Justice
		欧洲法院
GDP		Gross Domestic Product
		国内生产总值
IS		Corporate Income Tax
		企业所得税
ISF		Net Wealth Tax
		净财富税
IR		Individual Income Tax
		个人所得税
LPF		Book of Tax Procedures
		《税收程序手册》

TA	*Tribunal Administratif*
	一审行政法院
TGI	*Tribunal de Grande Instance*
	民事法院
VAT	Value Added Tax
	增值税

德　　国

CITA	Corporate Income Tax Act
	《公司所得税法》
FTTA	Investment Tax Law
	《投资税法》
GFC	General Fiscal Code
	《普通财政法典》
GOL	General Order of Levies
	《征税通令》
IBFD	International Bureau of Fiscal Documentation
	国际财政文献局
IFRS	International Financial Reporting Standards
	国际财务报告准则
ITA	Income Tax Act
	《所得税法》
ITR	Income Tax Regulations
	《所得税条例》
OFD	*Oberfinanzdirektionen*
	地方财政部门
RTA	Reorganization Tax Act
	《重组税法案》
VAT	Value Added Tax
	增值税

日　　本

| CTA | Corporate Tax Act |
| | 《公司税法》 |

ITA	Income Tax Act
	《所得税法》
NTA	National Tax Agency
	国税局
STMA	Special Taxation Measures Act
	《特别税务措施法》

荷　兰

ATR	Advance Tax Rulings
	预先税收裁决
CTA	Company Tax Act 1969
	《1969年公司税法》
CITA	Company Income Tax Act 1969
	《1969年企业所得税法案》
DATA	Decree Avoidance Double Taxation 2001
	《2001年避免双重征税法令》
DivTA	Dividend Tax Act
	《股息税法》
GAT	General Act on Taxation
	《税法通则》
ITA	Income Tax Act 2001 (Individuals)
	《2001(个人)所得税法》
VAT	Value Added Tax
	增值税
WTA	Wages Tax Act 1964
	《1964年工薪税法》

瑞　士

BFD	*Bokföringsnämnden*
	瑞典会计标准委员会
ITA	Income Tax Act
	《所得税法》
SFS	*Svensk Forfattningssamling*
	《瑞典制定法典》

SOU	*Statens Offentliga Utredningar* 《瑞典政府报告系列》	
VAT	Value Added Tax 增值税	

英　　国

CA	Companies Act 2006 《2006 年公司法》
CAA	Capital Allowances Act 2001 《2001 年资本扣除法》
CGT	Capital Gains Tax 资本利得税
CT	Corporation Tax 公司税
CTA	Corporation Tax Act 《公司税法》
GAAR	General Anti-avoidance Rule 一般反避税规则
HMRC	Her Majesty's Revenue and Customs 税务海关总署
ICTA	Income and Corporation Taxes Act 1988 《1988 年所得和公司税法案》
IFS	Institute for Fiscal Studies 财政研究学院
IHTA	Inheritance Tax Act 《遗产税法案》
ITA	Income Tax Act 2007 《2007 年所得税法》
ITEPA	Income Tax (Earnings and Pensions) Act 2003 《2003 年所得税(工资和退休金)法》
ITTOIA	Income Tax (Trading and Other Income) Act 2005 《2005 年所得税(营业及其他所得)法案》
PAYE	Pay As You Earn 所得税预扣

TA	Taxes Act	
	税法	
TCGA	Taxation of Chargeable Gains Act 1992	
	《1992年应税收益征税法案》	
TLRC	Tax Law Review Committee	
	税法复审委员会	
VAT	Value Added Tax	
	增值税	

美　　国

AMT	Alternative Minimum Tax	
	替代最低限额税	
IRC	Internal Revenue Code	
	《国内税收法典》	
IRS	Internal Revenue Service	
	联邦税务局	
Treas. Reg.	Treasury Regulation	
	财政部规章	

第　二　编

ACRS	Accelerated Cost Recovery System	
	加速成本补偿制度	
CGI	*Code Général des Impôts*	
	《税法通则》	
FBT	Fringe Benefits Tax	
	附加福利税	
IFRS	International Financial Reporting Standards	
	国际财务报告准则	
IRC	Internal Revenue Code	
	《国内税收法典》	
ITA	Income Tax Assessment Act	
	《所得税评定法案》	

ITAA	Income Tax Assessment Act
	《所得税评定法案》
OID	Original Issue Discount
	初始发行折扣

第 三 编

CCPC	Canadian-owned 'private' corporations
	加拿大人持有的"股份不公开"公司
CGT	Capital Gains Tax
	资本利得税
CITA	Corporate Income Tax Act
	《企业所得税法》
CTA	Company Tax Act
	《公司税法》
IRC	Internal Revenue Code
	《国内税收法典》
RTA	Reorganization Tax Act
	《重组税法案》

第 四 编

APA	Advance Pricing Agreements
	预约定价协议
CFC	Controlled Foreign Corporation
	受控外国公司
CGI	Code Général des Impôts
	《税法通则》
CITA	Corporate Income Tax Act
	《企业所得税法》
CPM	Comparable Profits Method
	可比利润法

CRA	Canada Revenue Agency
	加拿大税务局
CUP	Comparable Uncontrolled Price
	可比非受控价格法
DADT	Decree Avoidance Double Taxation
	《2001年避免双重征税法令》
FAPI	Foreign Accrual Property Income
	境外应计财产所得
FIC	Foreign Investment Company Legislation
	外国投资公司立法
FIE	Foreign Investment Entity
	外国投资实体
GAT	General Act on Taxation
	《税法通则》
GFC	General Fiscal Code
	《普通财政法典》
IRC	Internal Revenue Code
	《国内税收法典》
ITA	Income Tax Act
	《所得税法》
ITAA	Income Tax Assessment Act
	《所得税评定法案》
OECD	Organisation for Economic Co-operation and Development
	经济合作与发展组织
PFIC	Passive Foreign Investment Company
	消极外国投资公司
STMA	Special Taxation Measures Act
	《特别税务措施法》

概　　述

2010 版概述

　　此书 1997 版和 2004 版的整体框架和体系似乎运作良好，2010 版继续采用此架构。下文 1997 版概述依然是 2010 版的导读。目前的材料主要反映了 2009 年的法律状况，但如同前两版，2010 版也重点关注结构性发展。这本书不应被用作一个提供详细信息的来源。我们已作出一些调整使它更适合作为一个检索工具。增加的脚注为就某个具体话题进行初始检索提供了立法和司法出处。脚注的使用很谨慎，以防打断行文的流畅，但脚注应该为读者提供进一步检索的起点。另外，参考书目被省略，并以有关基本法律和解释性材料的额外信息取代之，这些信息在第一编各国的法律渊源一节中谈及。

1997 版概述

　　本书对成熟的所得税体制中出现的一些结构和设计性问题进行了比较分析。其目标读者主要是美国及其他国家的税法教授和学生，他们最关心的问题自然是研究其国内税制的概念和原则。对于他们来说，本书的材料不但意在为其提供关于其他国家的税制如何运作的信息——这本身就很有意思，也旨在为其提供处理国内类似问题时可能存在的其他方案。通过比较研究的纬度，此书的材料既可用来丰富课堂上对国内问题的讨论，也为进一步检索和研究提供了起始点。例如，在讨论一个令人感兴趣的问题时，例如儿童看护扣除或其他估算收入征税，谁不想知道其他国家是怎么做的呢？但尽管答案就在那里，他们也很难发现，更难作出评价。这本书至少是更易接近其他国家处理方法的一个起点。

　　本书选择比较研究的国家，澳大利亚、加拿大、法国、德国、日本、荷兰、瑞典、英国和美国都发展出了相对成熟的税制。人们可以期待在先前经验中涌现出许多类似问题，此书恰恰验证了这种直觉。然而，尽管在某些领域显示出一致性，但对这些问题的回应在不同的情况下大相径庭。其中一些国家属于同一广义的"法系"。考虑到其共同的历史根源，英国、加拿大和澳大利亚所采取的方式都展示出可预见到的某种程度的相似性度。同样地，尽管相似度较低，大陆法系在结构和处理结果上也很类似。美国税制的发展并未受到其他法系的太多影响，而日本税制则既具大陆法系特别是德国特色，也在战后发展中深受美国影响。

因此，尽管细节不同，仍然存在可辨认的"家族共性"。英联邦国家不同程度地具有分类特色。对不同类型的所得可能以不同的税率和方式征税，并伴有不同的纳入税基和抵扣规则。"所得"中的信托概念对税法概念的发展也有着举足轻重的作用。部分地由于这一现象，对资本利得征税适用特殊税法规则，使其经常成为一个单独税制。

大陆法系同样具有显著的相同点。金融会计规则对于税法原则的发展，尤其是计算商业收入的原则，具有重要作用。另外，不同于英联邦国家传统，商业过程中实现的资本利得通常适用处理商业利润的一般税法规则。尽管经常修改传统处理方式以对某类有限的利得征税，但个人投资者的资本利得至少在最开始时是不用纳税的。

除了这众多共性，每个税制均发展出其独特的一套处理方法和原则。它们出现在第一编对各国的描述中。这些作者相异的篇章均展现了每个税制的整体结构，并力图营造这些实体规则运行的"税法文化"气氛和制度性框架所带有的某些感觉。它们可以被解读为描述这些税制的独立篇章，或者可作为参考以便更好地理解随后对某一具体规则讨论。

在处理随后的大量材料时，一定要谨记"国别描述"中列举的基本共性。例如，在思考有关公司清算的税法规则的结构时，记住有些国家对个人资本利得不征税而对商业利得全额征税这一点很关键。类似地，在考虑税基中包含的项目时，征税与否可能取决于众多可征税收入类别中哪些（如果有的话）适合征收这种税。为了便于必要的交叉引用，各个税制中相对重要的特征都在第一编的结尾用表格予以概括。

其余的三章分别分析了"所得征税基础"、"商业组织征"和"国际征税"。很明显，这种架构基于美国模式并大致遵循了美国法学院课程中就每一具体论题所涵盖的问题。

在每一编，众多实质性亚编和分节都以列举所讨论领域出现的结构性问题的方式开始。笔者对各国就这些问题的处理方式所作的回应综合在一起，力图甄别出共同模式或方法并且强调独特或有趣的解决方式。对实体规则的描述则在完整性上有所变化，并非所有国家都会就每个问题进行讨论。尽管会有财税方式以外的其他考虑，但重点仍在于结构和设计问题。

参考文献列于各编之后,使得感兴趣的学生或老师可就某个论题探求更多细节。在一些管辖区,英文文献很少,我们提供了一些外文参考文献。

当然,试图将一个税制的法律规则或概念与另一个税制中貌似类似的情况联系起来时总会有风险。制度性和文化背景可能不同,并且每个具体规则的实际运用取决于税制及法律体系的整体架构。在税法领域作出富有意义的比较分析尤其困难,政治压力、机遇和历史偶然性都对这个体系的发展产生了重要影响。然而,带着恰当的小心谨慎,从对共性问题的比较分析中可受益匪浅。人们无需相信存在柏拉图式的税单以便从其他税制的经验中发现有价值的观点。

第一编
国别描述

第一篇

民族篇

澳大利亚

理查德·冯（Richard Vann）教授

1. 所得税的历史

作为筹措战争的资金，澳大利亚联邦所得税于1915年开征。最早的所得税则是由南澳大利亚于1884年开征，比1901年联邦的成立还早。至1907年，澳大利亚所有的州都开征了所得税。有趣的是，无论是州政府还是联邦政府，所得税常常和土地税一道开征，这反映出亨利·乔治（Henry George）的作品《发展与贫困》（*Progress and Poverty*）一书对澳大利亚所产生的重要影响。对所得税制运行的关注，导致20世纪20年代初期皇家调查委员会的设立以及1922年新的联邦所得税法的诞生。不过，这并未使州和联邦的所得税法得以协调。直到30年代初期，后来组建的皇家调查委员会颁布了一部新的联邦税法，即《1936年所得税评定法法案》（*Income Tax Assessment Act 1936*），该法案的部分内容至今仍为现行立法所沿用，是当时各州所得税的立法范本——这也就是说，该法案的颁布使得州和联邦的所得税法得以协调。

不过，这种协调状态并没维持多久，第二次世界大战爆发，联邦政府决定接管州所得税，仅征收单一的联邦所得税。20世纪70年代，对联邦制的重新强调促使联邦法律的修订，允许各州自由决定是否征收所得税，但实现这一权利的必要前提——降低联邦所得税率，以便为州所得税留出征收的空间——并不存在。20世纪80年代和90年代初期，更为集权的工党政府（Labour Government）废除了允许州征收所得税的立法。

1950年至1970年期间，虽然也有其他几个调查委员会相继成立，但除了颁布一些抑制各种形式避税的立法措施外，并没有产生什么重要的直接影响。近些年来，澳大利亚对税制整体尤其是所得税进行了两次重大改革：一次是20世纪80年代中期，工党政府引进了资本利得税、附加福利税、与公司股息有关的完全归集抵免制、以及全面改革居民境外来源所得税制。

这些措施基本遵循了20世纪80年代流行的税改方针，即扩大税基、降低税率（其中，个人所得税的最高税率从60%降至低于49%）。

第二次是1998年自由—国家党（保守派）联合政府（the Liberal National Government）进行的一次全面税制改革，主要包括以下四个方面：

1. 个人所得税和公司所得税税率改革，包括减税、税种结构变化（tax mix change）、所得税更紧密地与社会福利制度相结合；

2. 开征增值税（称为"货物与服务税"（the Goods and Services Tax, GST）），根据财政联邦制的重大改革而将其收入转移支付给各州；

3. 全面改革税务管理，包括更为广泛地采用扣缴制度、整合数种税收征管机制、并对简单的个人税务事项适用口头税务裁定；

4. 实质性改变个人税基和营业税基（个人取得的资本利得享有50%的减免，取消加速折旧而实行统一的资本扣除，对小企业适用特殊政策，有关对个人劳务所得转让和非商业亏损的反避税规则）以及对实体征税的体制（简化归集抵免制、重新设定负债和股权的界线、收购和分立的递延纳税规则、全面的价值转移政策、新的资本弱化措施以及对100%共同所有的公司集团实行合并征税）。

十多年之后，有关金融工具的征税改革方案并未颁布，尽管计划在2009年出台（事实上，这项改革可以追溯到1992年的一份公告）。随着时间的流逝，1998年的改革提议中已有部分内容被舍弃，包括对应税所得计算方式的彻底重构以及对包括合伙在内的联合经营活动的征税。

2007年下半年，新的工党政府当选，于2008年宣布要再一次进行"连根带叶的"（root and branch）税制改革。受命承担此项工作的委员会被要求在2009年底提交改革方案，以便2010年作出改革决定并开始付诸实施。目前，改革议案的内容还不明朗，不过有一项会涉及正在进行的税收与社会保障制度的适当融合。

2. 宪法问题

澳大利亚联邦宪法授权中央政府与各州共同征收所得税。为了应对第二次世界大战引发的紧急状况，联邦政府实际将各州有效地排除出所得税征税领域。为此而采取的严厉立法措施，包括强制接管州所得税机关，在州以防御权为依据而提起的一个重要的宪法诉讼案中得到了澳大利亚最高法院的支持。自此以后，澳大利亚再也没有州开征过所得税，联邦税是唯一的所得税。联邦政府之所以在和平时期得以保持这种垄断地位,主要是通过宪法上的补助权(grants power),最高法院认为该项权力允许联邦政府以州不征收所得税为条件而为各州提供补助。

联邦政府对征收关税和货物税也享有宪法上的专属权,该项规定最初是为了在澳大利亚联邦境内实现关税联盟。最高法院对此权力作出宽泛的解释,将销售税的征收也纳入其中,从而将各州有效地排除在现代主要税基之外。澳大利亚没有开征社会保障税的历史,但如果开征,该权力也肯定属于联邦政府,因为1946年关于社会保障领域的公民投票授予了联邦政府这一宪法权力。

3. 税　　率

2008—2009年居民个人适用的联邦所得税率如下:

$0—6,000	0%
$6,001—30,000	15%
$30,001—80,000	30%
$80,001—180,000	40%
$180,001 及以上	45%

由于对低收入工薪阶层规定有多项税收抵免,这使得很多情况下零税率的适用级距提高了。此外,个人所有的应税所得都要缴纳1.5%的医疗保险费,如其名称所示,征收该税是为了弥补澳大利亚全民医疗保障体系的部分支出。该费作为所得税的一部分征收,所以OECD不认为它是一种社会保障税。由于对低收入群体采用逐步征收的方式,因此穷人不用缴纳,但这种逐步征收由于附加税的存在而被抵消,因此在中等收入水平以上,它就相当于按统一税率征收。结果,个人适用的最高税率通常会达到46.5%;这一税率实际上是在设计用来对诸如信托的未分配所得按最高税率征税的法律中规定的。附加福利税的税率也是46.5%。最近,由于对没有私人健康保险的富人征收1%的附加税,对有私人健康保险的富人则可退税,使得税率的适用情况更为复杂,但是46.5%仍然被认为是个人适用的实际最高税率。

公司税率为30%的比例税率,统一适用于公众与私人公司,且不论收入多寡。有少数几种特例适用不同的公司税率:例如集合发展基金(pooled development funds)一般按25%纳税(这类基金为中小企业提供风险资本)。

4. 财政体制的构成

由于前述宪法上的原因,澳大利亚各州无权直接碰触主要税基。各州因此不得不依赖其他一些零星税种(主要是工薪税、对各类交易征收的印花税、以及对土地和机动车辆所征的税收)来筹集将近一半的财政收入,另一半则以联邦财政转移支付的方式获得。2000 年 7 月 1 日开征货物与服务税后,联邦政府将其收入分配给各州以替代从前的一般财政转移支付,这在一定程度上(但并未全部)缓和了各级政府在收入筹集能力方面的不均衡。使 GST 实际成为一种州税意味着联邦政府获取税收总收入的 70%,州则获得 30%。专项转移支付仍用来资助各州财政(如公立医院的经费来源)。

直至目前,澳大利亚的主体税种仍然是联邦所得税。2005—2006 年,澳大利亚所有的税收收入为 \$3,200 亿,而联邦所得税就高达 \$1,890 亿(据 OECD 最新数据),占全部税收的 59%。所得税作为主体税种的地位在澳大利亚已存在多年。自 1965 年 OECD 首次采集税收数据以来,它就已经占到税收总收入的 50% 以上。即便在联邦所得税为澳大利亚唯一的所得税的二战时期,所得税也占到了全部税收的 42%。根据 OECD 最新信息,2006 年税收收入占 GDP 的 30.6%,而在 20 世纪 60 年代仅约 22%。自 20 世纪 80 年代以来,税收收入占 GDP 的比重一直在 30% 左右徘徊。因此,在 OECD 成员国中,澳大利亚可算得上是税收占 GDP 比重最低的国家之一;但这种比较是一种误导,因为澳大利亚没有社会保障税,而是通过其他非税方式(强制私人养老基金)来实现相同目的。

5. 所得税的基本结构

名义上,澳大利亚实行的是综合所得税制,因为所得计入的基本规则是遵循一般概念(即法院所认定的所得概念)而不考虑所得的分类或者来源。澳大利亚有很多针对特定类型的所得(称为法定所得)的具体确认条款,但绝大部分应税所得仍是按照一般所得基本概念予以确认的。尽管所得概念的综合性质很明显,但澳大利亚法院在发展这一概念过程中采取了相当狭义的解释方式。这可归因于以下一些因素的影响。

首先,虽然澳大利亚法官一向承认澳大利亚的所得税制与英国所得税制明确的分类性质显然不同,但在判断某个具体项目是否为所得时常常适用英国判例法上的所得概念。正是这种应用,使得英国的所得分类和所得来源概念对澳大利亚所得税制的发展产生了影响。这也解释了为什么赌博和博彩收益在澳大利亚没有纳入一般所得的基本概念中。

其次,由于在英国的分类所得税制结构中一直设有一类"其他所得",因此这其间有着更为深远和古老的渊源在起作用。在英国和澳大利亚开征所得税之时,有一个非常重要的所得概念存在于法律中,那就是信托法上的所得概念。信托法将资本和所得的受益人相区别,前者有权获得能产生所得的信托财产的任何增值。信托法对所得概念的影响表现最为明显的是,英国和澳大利亚都将资本利得排除在所得的基本概念之外。

第三是利润的会计概念所产生的影响。不过,由于澳大利亚在经营所得的相关税收立法中并没有明确使用利润的概念(与英国相反),因此这种影响相对较弱。

澳大利亚所得税中的基本估价规则也是沿用英国的,即非货币项目的估价额为其能够转换为货币的金额。这在实物性福利的课税中曾经是一个非常重要的限制性因素,当然,缺乏详细的估价规则,以及税务机关不愿意发布这些规则也是很重要的因素。所得概念的受限可归因于两个颇具澳大利亚风格的观念:其一,明确认可,纳税人可扣除费用的补偿不应计入所得(但在某些情况下要计入所得,例如一般营业收入)。其二,澳大利亚法院认为,如果所取得的一笔收入具有所得和非所得的混合因素,且无法将其中的所得部分进行独立核算(除非当事人之间对这笔付款的金额分配有着明确的约定),那么整笔收入都不确认为所得。

20世纪80年代的税法改革,因为资本利得税和附加福利税的开征而大大扩展了税基,且使上述大部分问题得到了解决。不过,令人奇怪的是,此次改革仍然没有直接和概括地取消限制所得确认金额的基本估价和分配规则。

虽然澳大利亚税制因此而具有许多英国分类所得税制的限制性特征,但该制度名义上的综合性质意味着英国所得税制的许多特征仍然对其不适用。尤其是一般而言,对不同类型的所得如何具体征税没有制定具体的规则,因此所得的所有项目以纳税年度为基础进行确认,某类所得的损失一般都可以与其他所得相冲抵(一个重要的例外是资本损失)。英国的来源概念对澳大利亚的影响也不如对加拿大的大,虽然在所得税制发展中不时可以感受到该概念的潜在影响。例如,某项取得所得的特定活动中发生的损失在该活动终结后可以在多大范围内被扣除,仍是不明确的。

在扣除方面,澳大利亚关于一般性的扣除规定,适用于为取得所得而发生的大部分支出。这一规定并不适用于资本项目,因此必须另行制定有关资本费用的特别规定。经过多年的发展,这些特别规定一点一滴地逐步积累起来,现已覆盖大部分的资本费用类型。2001年,澳大利亚整合了有关递耗资产费用的扣除规则,并在统一的资本扣除制度中予以扩展。2006年,可收回资本项目的范围进一步被扩大,不过仍然不完全。

澳大利亚对所有纳税人,包括个人和公司,基本上根据相同的制定法条款适用相同的应税所得计算方式。对公司也适用一些特别规则,例如公司亏损的非法交易、价值转移、公司间股息、归集抵免制度和受控外国公司制度等等。近年来,针对小企业开始制定越来越多的特别规则。

6. 税 收 立 法

6.1 立法程序

宪法规定,税收议案必须由众议院(即普选产生的议院,与此不同,参议院由每州相同数量的参议员组成)提出,且每一议案只能涉及一个征税主题。后一规定导致税收立法分散,大多数税收措施是由一部规定税基的法律和另一部(或几部)实际征收该税的法律组成。

一般而言,税收议案至少需要6个月的时间才能走完议会审议全程。这部分是因为参议院更愿意有一个有关议案的委员会报告,这意味着立法需要经过参议院两次会议讨论通过。议案经过相当长的时间通过也是常事,如果涉及的问题争议很大,或者其间插入选举,如果选举有争议而需要重新选举时,所有的议案都会被中止讨论。澳大利亚联邦一级的选举每三年一次。

所有重要的税收议案最初都是由政府(根据澳大利亚政府采用的威斯敏斯特体制,政府由控制众议院的一党或者多党组阁而成)提出。尽管除了有一较短的时间段外,澳大利亚的政府已经多年没有控制参议院,因此为了能使重要的或者有争议的立法在参议院通过,政府可能不得不与少数党协商,但推动澳大利亚税收政策和立法的主导力量是政府(更准确地讲是行政机关),而不是立法机关。税收立法是如此复杂以至于议会的大多数成员无法理解。除了主要的税收改革外,一项正在进行的税收立法项目源自政府发表的各种政策通告。典型的有一年有10个左右的征税议案,使已有的税收立法增加 500 页或者更多。

立法程序方面一个非常糟糕的特征,它是后文要谈到的避税问题引发的结果,那就是税收立法通常溯及至政府通告发布之日起实施。这在澳大利亚并未引发宪法上的争议,不像其他国家。最初,这仅限于反避税措施,但现在甚至也同样适用于制度方面的立法。参议院已经制定了程序规则来遏制这一做法产生的最糟糕的后果——除非立法在宣告之后的 6 个月内到达议会,否则参议院通过的立法只对未来适用。立法议案也许要在议会经历重大修订,这会使纳税人面临相当的不确定性。2007 年新当选的工党政府正在努力清理前任政府积压下来的、已经公布但尚未获得通过的约 60 件立法措施,有些溯及至许多年以前,但由于现任政府自己也正在着手进行税收改革,还不清楚这种清理结果如何。2008 年,新任政府还采纳了某委员会的建议,该委员会的建立是为了调查税收政策和立法程序,它为通告的颁布设定了时限(溯及既往的立法措施为 6 个月,非溯及既往的立法措施为 12 个月)。

6.2 立法风格

从 20 世纪 60 年代开始,澳大利亚所得税的立法起草开始呈现出特别冗长和旋绕的(turgid and convoluted)特点,这是因为起草者想要把所能预计到的所有具体规则的适用可能都规定进去,以免遭滥用。而之所以这么做,要部分归因于以前法官在解释法律时多采拘泥文义、吹毛求疵的方式。不过,至少也有部分责任应该由澳大利亚不尽合理的立法起草制度来承担。议会的法律顾问处(the Office of Parliament Counsel,OPC)专享立法的起草权,而该处与财政部的政策制定者以及澳大利亚税务局(the Australia Taxation Office)的技术和管理人员之间的合作似乎并不太好,至少从结果看如此(当然,这种税收立法晦涩难解的现象并非澳大利亚一国独有)。

至 20 世纪 90 年代早期,澳大利亚《1936 年所得税核定法案》可以"自诩"为世界上最长且最难读的所得税法。当时,基本的所得税法案——《1936 年所得税核定法案》已接近 6000 页,加上辅助性立法如附加福利税法案和国际税收协定法案,共占 4 卷之多,这些法案以密排的方式印在极薄的纸上,厚度超过 20 厘米。1936 年法案文本有 126 页,至 1976 年,40 年间共增加了 500 页;至 1986 年 10 年间又增加了 1000 页;至 1996 年,已经超过已有文本的两倍(这种爆炸式的增长归因于 20 世纪 80 年代中期开始的广泛的税收改革以及持续不断的反避税立法)。至 2006 年开始立法清理以前,澳大利亚的所得税、附加福利税、货物与服务税以及相关立法几乎占了13,000页,多达950万字。由于法律几乎囊括了所有的规则,行政法规几近没有立法的空间,使得制定法的复杂冗长更甚(美国则不同,法典和规章加在一起,篇幅仍为世界之冠)。

无怪乎立法的冗长与复杂遭到各方,尤其是税务专业人员的批评。政府也多次试图解决该问题,但都没有成功。第一次是在1994至1998年期间,政府投资了大量的人力物力开展"税法改进项目"(the Tax Law Improvement Project),其纲要是在不对政策或者文本含义做重大改变的前提下,用平白的英语、友好的表达方式重新改写法律。至1998年,1936年法案中约有三分之一的部分被改写,且分块写进了《1997年所得税核定法案》。由于图表、流程图、指示标、一览表等的应用,改写后的法案更易于遵循,并且删减了一定篇幅。改写后的法案对纳税人使用了别样的称谓,即以"你"相称,这样,基本的征收条款现在读起来为"你必须在每年的6月30日前缴纳所得税"。

当自由—国家党联合政府于1998年着手进行自己发起的税制改革时,它放弃进行了一半的"税法改进项目"。该工程被认为是形象工程,而受到广泛的批评,且不断有人质疑那些改写了的条款是否改变了原有的法律。政府提出要解决复杂性所产生的更深层原因。一个雄心勃勃的计划被提出来了,那就是以另一种结构重新改写整部立法,但没过几年这一计划便被放弃了。不过,有一个重要项目仍在进行,那就是审查并删除税法中无法适用的条款,已经删除了几千页(居然也包括一些正在适用的条款!)。

政府内部的政策制定和立法程序也有相当大的改变。一个非法定但具有独立地位的顾问组织——税务委员会,于2000年创立,其职责是定期为政府审查重要的实质性的税收政策问题(例如国际税务,以及当前的集合投资工具的征税问题)。该委员会也对税收政策和法律起草程序展开调查,政府采纳了其建议,即政策、管理以及起草等问题应以多次往返和互动的方式进行,而不用以前所采用的直线方式(财政部形成政策,交给澳大利亚税务局起草纲要,再交给议会法律顾问处起草具体立法)。新程序至今取得的最重要的成果是对税收措施进行更多的协商,以及税务局人员进入财政部。议会法律顾问处对立法起草的专有权仍然不变。新的工党政府并不满足于已有的成果,另外又组建了一个委员会对税收政策和立法程序进行调查。2008年,政府接受了该委员会的建议——主要是在最初的政策通告作出之前要有更为广泛的协商,以及在政策通告的制定过程中,要更加重视税收立法及其维护,政策制定和立法程序更加透明——但是政府内部的责任承担并没有得到改进。政府已经预先承诺要对此次改进的结果进行审查。

6.3 法律解释

直至20世纪80年代初期,澳大利亚法院对税法采用相当严格的和字面含义的解释方法,不允许参考任何辅助资料,也不允许考察立法机关的立法目的,可从法律文字中识别的目的除外。下面的引述即具有相当的代表性:

> 对纳税人加诸纳税义务的具体条件,应该由议会来规定。在我看来,这种规定应该在语言可能的范围内尽量用毫无疑义的语言清晰地表述出来。法院的功能是对议会所规定的征税条件的语言进行解释和适用。
>
> 为此,法院需要确定议会所使用的文字的含义,而这种含义应该从议会所使用的语言中理解。法院不应该对法律文本的语言进行塑造或者试图进行塑造,以便产生某种误认为是议会意图实现、而实际并没有在所使用的立法语言中表达出来的结果。
>
> 一旦议会规定了纳税的条件、或者适用减税、免税的具体情况,国民完全有权自由安排交易,使之具有能满足立法规定条件的交易形式。某种现象无关紧要,即纳税人改用其他交易形式可以获得与他实际采用的交易形式相同或者类似的后果,而这些其他交易形式会导致纳税义务,或者要比他实际采用的交易形式缴纳更多的税收。他对交易形式的选择完全或者部分地取决于交易对其纳税义务的影响,也可能无关紧要。国民对其将要缔结的交易形式的自由选择权是维持自由社会的根本。①

从此时起,三个相互关联的发展极大地改进了解释程序,尽管改进的结果还不尽如人意。首先,法官在解释税收立法时开始更多地采用目的解释法,且允许法官主动查询辅助资料。其次,《1901年法案解释法》被修订,该法规定了许多制定法的解释规则,修订后的法案要求在制定法模糊之处,运用目的解释法,并参考辅助资料。这两者均确认和鼓励司法态度上正在发

---

① 引自首席法官 Barwick 的陈述,*Westraders Pty Ltd* [1980] HCA 24, 144 CLR 55, 60-61. Barwick 法院(1965—1981)被公认为过分拘泥文义解释法并偏向纳税人。

生的变化。第三，立法的起草方式也有修改，如前所述，开始出现更为详尽、有条理且有益的解释性备忘录（解释性备忘录是随立法一同提交给议会的政府官方解释）。上文提到的"税法改进项目"本来应是这一发展进程的高潮，但是如同我们所看到的那样，情况并非如此，结果如何还有待进一步观察。虽然有以上诸多改进，能否彻底解决立法的复杂性还是个未知数，而能否产生一个立法机关、法院和行政机关精诚合作、具有一致性和可持续发展的解释制度，还需拭目以待。

下面对解释程序的解释是现在所适用的解释方法的代表[②]：

> 现在很清楚，如果有争议，解释的任务并非仅仅一字一句地照搬立法文字，适用字典上的定义来得出结论。解释的任务不应该如此机械化。虽然显然，对法律的解释应该从文本所使用的文字开始，而且确定文字具有其表达的含义也是一个好的开端，但这仅仅是解释程序的开始……

但是，英语这门语言很少如此清楚，并且毫无疑义，仅仅只有一种解释。正因为如此，最近在司法判决中，开始对"上下文"予以极大重视。也许最著名并常常被引用的一段话是最高法院在 *CIC Insurance Ltd v. Football Club Limited* 案判决中的陈述，首席法官 Brennan、法官 Dawson、Toohey 以及 Gummow 在联合判决中写道：

> 在普通法里已有定论，除了依据1901年法案解释法第15AB部分之外，法院可以参考法律改革部门的报告，以便确定制定法意图矫正的某种损害。此外，法律解释的现代方法（a）应该首先坚持考虑上下文，而不是仅仅在出现语义模糊之时才考虑，以及（b）要尽可能广泛地运用"上下文"以便将法律的现有状况、以及可以从法律辨识出的法律通过合法的方式所意图矫正的损害包括进去。法律中的概括性的文字受到上下文的限制的例子比比皆是。尤其是，……如果一项规定的平白显见的文字按照法律所意图克服的损害以及法律的目的来看，就可能有着很不同的含义。而且，结果的不方便以及不可能也可能促使法院在文义之外寻找另一种解释，通过上述提到的步骤，文义之外的解释方法更为合理、也更为接近立法的原意。

[②] *MLC Limited* [2002] FCA 1491, 126 FCR 37 at paras. 31-32, Hill, J.

实践中,税收立法的司法解释一直在文义解释和目的解释之间摆动发展,不过,不像美国那样明显受到法官的政治和哲学观的影响。

7. 法院对税收争议的处理

7.1 上诉程序

澳大利亚并未设立专门的税务法院,不过由精通税务的行政法庭审理税务案件已经有很长的历史了。法院和法庭除了在宪法上有很大的差异外,现实中的主要差异在于法庭是行政部门的一部分,因此在裁决时通常站在行政官员的立场;因此,他们可以使行政官员拥有的裁量权再一次获得行使。如果是向法院诉讼,行政机关的裁量权仅能根据行政法上的理由受到质疑,例如裁决越权。

当 ATO 对纳税人作出纳税额评定时,上诉程序的第一步是对该评定提出异议。ATO 就会对评定进行复议。如果复议之后维持原行政决定,纳税人可以选择向行政上诉庭(Administrative Appeals Tribunal,AAT)起诉或者是向联邦法院起诉。如果是小案件(争议的税额不超过 $5,000),可以在小额税务争议法庭(实际属 AAT 的一部分)起诉,该庭能快捷地处理争议。在 AAT 的听证是不公开的,相对来说不用很正式(纳税人常常亲自出庭),上诉费用相对要少,也不会收到法院支付对方费用的命令(也即,实际由各方负担各自的上诉费用)。AAT 在听证之前有一个会议程序,专门用来解决争议。到法院的上诉相对而言更正式,当事人双方都有律师代表,律师要准备大量口头和书面意见。费用与普通案件的负担相同(即由败诉方支付胜诉方的诉讼费)。ATO 有一个试验性案件项目,该项目为纳税人的法律费用提供资助,如果他想在法院测试某项重要的税法原则。

在任何上诉中,证明税额评定过高的责任在纳税人一方。这种举证责任并没有很人的实际意义,除了当 ATO 根据纳税人持有的不明资产而不符合所得税申报表(即,当 ATO 认为纳税人隐瞒收入时)。所有的判决都要求写明书面理由,常常很冗长,说明事实、法律以及作出判决的逻辑推理。几乎所有的税务判决都是可以获得公开的电子版,纸质版则由私人出版商印制。提起上诉并不能停止争议税额的缴纳义务,但是一旦纳税人提起上诉,一般 ATO 会中止追缴程序(通常要以缴纳部分争议税款为前提)。

如果纳税人选择向行政上诉庭起诉,要想再向联邦法院(独任法官)进一步上诉,必须有法律上的理由。如果有法律问题,有权从联邦法院再向完整联邦法院(三位法官)上诉;如果想进一步向澳大利亚最高法院(5—7名法官)上诉,不是凭权利而是必须有该法院的许可。有些税务管理的案子,可以在州法院而不是联邦法院审理。高一级法院的裁决对低级法院和法庭有约束力。在任何一级上诉中,通常但非必须遵循该级法院以前对相同法律问题的判决。

近些年来所得税判决的数量如下表所示:

年份	AAT	联邦法院	完整联邦法院	澳大利亚最高法院
2000—2002平均	37	33	9	4
2006	59	27	8	1
2007	60	36	18	3
2008	49	30	10	5

说明:
1. 有些案子在此不止统计一次,这是因为初始的听证与后来的每一个上诉都分别统计,这样一个具体的案子可能上诉四次。
2. 联邦法院和完整联邦法院(Full Federal Court)所统计的数据也包括少数在同一级别的州法院审理的案子。在这些少数案子中,州法院对联邦所得税问题仍有管辖权。

与2000—2002年期间相比,近些年来的诉讼量显然有所增加。主要原因请参考下文有关反避税立法的讨论。判决书(判决的理由)在AAT平均有5,000—10,000字,联邦法院约7,000—15,000字,最高法院超过15,000字。

7.2 司法的专业性

税收可能是澳大利亚最早设立专业行政庭(最初称为复审委员会Boards of Review)的领域。复审委员会由三名成员组成——一名来自ATO,一名会计和一名律师。由于在任命方面受ATO的影响,委员会常被认为偏向税务机关的。因为联邦宪法的奇怪规定,税收案件曾经从委员会直接上诉至澳大利亚高等法院,本国的最高法院。有段时间这种体制运行得不错,因为澳大利亚最好的法官在税收方面相当专业,通常能作出合理的判决。

最高法院设法将其对税务案件的管辖权分配下去,首先是州法院,然后是在20世纪70年代后期组建的澳大利亚联邦法院。20世纪80年代委员会被AAT所代替后,创建了税务分庭,但其成员包括许多以前没有税收经验的成员。在联邦法院有一名法官在任命之前已是税收专家,另外其他几名法官也经常参与税务诉讼。联邦法院没有法官是全职做税务案件工作的。

　　1965 至 1981 年期间,在首席法官 Barwick 的领导下的最高法院,被普遍认为在审理中明显偏向于纳税人。而那以后的法院,则基本上转向为支持税务机关而不利于纳税人的立场了。

8. 税 务 管 理

　　在澳大利亚,所得税(以及其他联邦税收)的征管是一项大工程,是国家最主要的行政任务之一。ATO 有大约 23,000 名职员,换个方式说,每 900 人中有一名税务人员,每年的行政预算约达 29 亿。所得税的征管经历了数次重大的变革,而过去 25 年里则有了更为彻底的改革。这次改革从 1984 年开始,一直持续至今。澳大利亚的经历反映了其他国家的经验,这可以归功于以 OECD 和其他机制为媒介而不断加强的征管经验的国际共享与合作。

　　变革的动因之一是澳大利亚审计署在 20 世纪 80 年代中期对澳大利亚税务局的行政效率进行了多次颇为严格的审计(随后,众议院财政与公共行政常委会(the House of Representatives Standing Committee on Finance and Public Administration)在 80 年代晚期,议会公共账户联合委员会(the Parliamentary Joint Committee on Public Accounts)在 90 年代初期对其进行大检查)。此类审计和议会监督仍在继续,不过如今的 ATO 通常接受并期待改进意见,与不同的监管机构更为主动地合作,这些机构也包括处理个案的税务监察专员(实际上是监察专员署的一个特设部门),以及负责税务行政系统性问题的税务监察长。

　　澳大利亚很早就开始实行纳税人全员纳税申报制度。2005—2006 年共收到 1350 万份申报表,其中包括个人纳税申报表 1150 万份(澳大利亚约有 2100 万人口)。直至 80 年代中期,所有的纳税申报表都由税务官员手工处理,他们根据申报表评定税额,几乎不进行审查,也没有后续的审计活动。如果税务官员不认可纳税人提交的申报表,评定税额的同时会附上一张税额调整单(用专门的紫墨水钢笔手写),纳税人可以对此提出异议,由此启动复议程序。虽然税务官员和纳税人之间的许多争议都是在这个阶段解决的,但双方几乎没有什么面对面的接触,主要通过信函解决。除评定税额之外,ATO 的大部分行政资源都耗费在税款扣缴、征收和税务争议解决方面。

　　80 年代中期,澳大利亚税务局开始试行公司纳税人自行申报纳税(至

90年代初期才全部完成),如今,自行申报纳税已经普遍适用于所有纳税人。不过,个人提交纳税申报表时不同时支付税款,而是收到一张由计算机生成的正式的缴税通知单,上面写明应付税款;而公司则需由自己计算并缴纳税款。该项改革最初导致的一个最明显的变化,即是行政资源从税额评定环节转移到了税务审计环节,许多纳税人第一次与税务官员有了面对面的接触。大公司的税务审计尤其引发了诸多热议,从公共关系的角度看,对银行和专业人士进行突袭检查,以获取可疑的避税方案的复本,因为广泛宣扬而对审计并无好处。

90年代初期,为纳税人提供顾客式服务成为ATO的工作重点,审计活动因此与80年代末期相比有所减少(当时审计的范围还不是很广),行政资源转移到了服务领域。在此背景下,ATO宣布了一份非成文的"纳税人宪章"。从90年代末期至21世纪初期,ATO的主要精力用于执行1998年所宣告的内容广泛的税制改革,审计工作几乎停顿下来。避税策划者利用此机会大肆兜售,使得在ATO将精力转回到日常工作中时,审计与强制执行再次成为ATO的紧迫任务。如今,ATO采取胡萝卜(服务)加大棒(审计和处罚)的混合策略,实行一套相当复杂的风险评估机制和纳税遵从模型,以及所谓的"实时"税务行政,即ATO力图监控现实世界发生的实时税务事件,而不是仅在纳税申报表提交之后才追踪检查。

对税务行政领域的变革以及因数次税改而日趋复杂的税制,个人纳税人开始寻求纳税申报表专业制作人即税务代理人的帮助(如今超过70%的纳税人聘请税务代理人)。ATO也因此有针对性地提供各类产品,在顾客服务阶段帮助纳税人个人自行填写纳税申报表。随着互联网的发展,ATO开始尝试在网上为这些纳税人服务,现在已经成熟地发展为电子申报。自行填报纳税申报表的个人纳税人,约有一半使用互联网提交申报表。在推进电子申报的过程中,ATO采取的第一步措施是通过其掌握的纳税信息进行电子预填以简化个人纳税申报表。现在的财政部长已经表示,将要大幅度地减少个人纳税申报表的数量。

至于与企业纳税人有关的税务管理,如前所述,1998年税改对税款征收产生了重要影响。在澳大利亚,由企业扣缴雇佣所得税款,对经营所得实行分期缴纳税款已经有很多年了。20世纪80年代晚期,在ATO内部实行多年的纳税申报号在法律上有了正式依据,并开始用于投资所得的信息报告和扣缴支持(而不仅仅用于文件的内部追踪),由此带来案件侦查和纳税遵从方面的重大改进。同时,技术的应用也使得ATO的税款征收与信息比对能力有了很大提高。每年的联邦预算经常包括因为技术进步、征管能力提高而带来的收入大幅增长,这对企业产生了很大影响,要求企业以及ATO在税务技术方面有较大的投入。

GST的引进被用于扩展税款征收制度的适用机会。澳大利亚商业号(Australian Business Number, ABN)的使用,有效地强制纳税人登记GST。即使不登记GST,有经营所得的纳税人也会被强烈建议获取一个ABN,否则他们从其他企业取得的付款将按46.5%扣缴征税(称为非ABN扣缴)。这一制度将很多惯常不进行所得税申报者驱逐出来,包括许多高级律师,这些律师随后即从出庭律师的名单中被删除。现在,GST的营业额也开始被用于税款分期缴纳,它使分期支付更为普遍。经营所得的分期支付率根据上一年度所得税申报表中营业额的一定比例确定;然后再用于本年度的月份或者季度营业额,视分期付款按月还是按季支付而定。

为了使这些改革措施得以施行,一份两页纸的"经营活动报告表"(Business Activity Statement)被用来代替以前用来扣缴以及分期支付税款的所有类型表格。虽然从理论上看这一设想很有说服力,但实施起来却很困难,至少在过渡期如此。该制度后来不得不进行数次调整,差不多又倒退回以前的制度。

税改之后,人们普遍认为遵从成本大幅上升(90年代的许多研究认为,澳大利亚的税收遵从成本已经居全球之首)。ATO和大企业之间的关系因为自行申报而出现的紧张局面并未缓解。ATO最近又采取新举措,对其与公司纳税人的交易进行独立审查,与大公司签订各种形式的遵从协议。

对税收执业人士而言,这一时期也有非常重要的变化。与自行评估申报制度一同实行的是内容广泛、对ATO具有法律拘束力的公开和私人裁决制度。非正式的私人裁决制度在澳大利亚已经实行多年。作为澳大利亚信息自由化立法的一部分,不具有拘束力的公开裁决于1982年开始发布。1992年,立法将此程序制度化(放在自行申报纳税的最后阶段),公开和私人裁决的数量因此激增。对于涉及一般原则的涉税事项,以及对众多纳税人有影响的交易(例如大型上市公司的资本经营活动),或者涉及广泛交易的投资产品(特别是在农业部门),现在均发布公开所得税裁决。1998年税改之后,涉税事项简单的纳税人可以获得对ATO具有拘束力的口头裁决,对此ATO规定有详细的记录制度。在私人税务裁决出现丑闻,以及最初立法遭遇一些技术难题(例如对私人裁决进行法庭辩论)之后,2004年ATO对自行申报纳税制度进行了检讨,在不改变其基本原则的前提下,对具有拘束力的裁决立法进行了重新改写。虽然名义上纳税人可以直接获取裁决，绝大部分的重要裁决请求都是通过税务执业人士提交的。

由于愈来愈多的纳税人聘请税务代理人，相关法规和执业准则的问题，包括更为广泛的税收执业人士的责任问题，也浮出水面。规范税务代理机构的立法，目的是改革1943年的基本制度，已经计划了十多年了，草案也讨论了很多年。2008年年底相关议案终于提交到议会，但是至今还没有颁布。2006年，对避税活动的策划者开始适用民事处罚，这些活动一般是下文将要讨论的一般避税规则所规制的对象。"策划者"的定义很宽泛，可以适用于税收执业者，不过"仅仅"为方案提供的建议被排除在外。

9. 基 本 原 则

9.1 税务会计和财务会计的关系

澳大利亚法院通常奉税收立法优先于会计原则。税收法律在名义上采用综合税制，不以"利润"作为经营所得的测度标准。因此很容易认为立法规定了完全独立于会计准则的可税性本身的标准。同样，在很多关键问题上，法律并没有对会计准则提供指引。在此种情况下，法院可能倾向于将会计原则作为指引。结果，法院的态度很极端，要么接受，要么不予理会，完全基于法官的自由裁量。

就基本的发展趋势而言，法院似乎倾向于与会计原则保持一致。与此同时，立法逐渐在愈来愈多的领域详细规定税务会计规则，这可部分归因于糟糕的司法判决。即便这些税务规则采用了公认的会计概念，通常也是以详细的立法语言规定，因此当会计实践发生变化时，这些规则并不能随之更改。

在1998年启动的税改期间，对于是否将经营所得留给会计准则确定更合适，产生过争议，各方对于能否借此实现立法简化持不同意见。拉尔夫商业税收报告(the Ralph Review of Business Taxation)最终拒绝采用欧盟模式，即在税法中明确采行会计概念。不过，该报告确实建议，应该对税收和会计之间的差异进行系统、仔细地辨别，对于没有明确的政策理由的差异，应该予以废止。

不过，在此方面最重要的建议是计算应税所得的新方法，与会计有诸多非常相近之处（尤其是在计算中资产和负债的使用，其定义非常类似于会计中使用的概念)。如前所述,在广泛咨询之后,政府决定不采用这种新方法。因此,税务与会计之间相当随意的关系在未来似乎仍会延续,只有一个重要例外——现在立法中有一个选择正提交议会讨论,即以财务会计替代税收规则实现对金融工具的课税。

9.2 尊重法律形式

除非某项交易被确定为虚假的,也即根据一般法律就不具有其意欲的法律效果,在所得税方面,法院通常尊重采取的交易形式。因此,转让财产法上有效的所得权利,通常认为同时转让了税收目的上的所得(即使有针对短期转让认同该结果的专门立法)。同样,法院认为贪污者不应就其贪污资金取得的利息缴税,因为该利息适用法定信托(constructive trust)规则,应以被贪污的公司为受益人。③

但在此问题上并没有统一的实践。在劳务所得领域,法院已准备审查交易实质(对按限制性条款(restrictive covenants)支付薪资限制的真假进行辨别),但在所得扣除方面,部分最有争议的法院裁决更强调形式而非实质,从而助长了避税行为(例如,如果以租赁形式使用财产,其真实的购进价格是可扣除的)。

与此相关的是,对具有税收动机的交易是否能影响其税收结果,在许多判例中有所争论,从上述的首席法官 Barwick 在 Westraders 案的援引可见,传统的答案是不影响。在下级法院认可该观点后,澳大利亚最高法院拒绝适用英国财政无效(fiscal nullity)的司法原则,认为在存在一个法定的反避税制度时,司法能动主义(judicial activism)是不必要的。尽管如此,部分判例(包括最高院判例)仍以费用开支具有税收动机为由不允许其扣除。例如,在一个复杂的年金计划中,其显著特征是年金期限初期就有大幅度的利息扣除,而推迟至期末确认所得,并在取得所得之前有权解除该交易。对此,最高法院认为如果所得超过扣除,通常就无须审视动机。④ 但如果扣除超过所得,就需要考虑动机,且如在此情形下当事人意图在取得所得之前解除该计划(最终就是如此),那么利息扣除就应相应减少,不能超过每年取得的所得。同样,某下级法院也认定一个"倒塌性"预付利息计划(collapsing prepaid interest scheme)无效,因为支付利息目的是为取得税收扣除而非获

---

③ *Zobory* [1995] FCA 1226, 64 FCR 86.
④ *Fletcher* [1991] HCA 42, 173 CLR 1.

取所得,因此未满足制定法的所得—取得标准(income-earning test)。⑤但还是需要强调,寻求法院适用的一致性方法非常困难。

9.3 避税和反避税立法

从20世纪60年代中期起,原先实施的手工确定税款制度和明显偏向纳税人的司法实践,鼓励了纳税人及其税务顾问开展非常激进的避税活动,这种影响一直持续到现在。在此时期发现纳税人避税的机会极小,而且即使发现了,法院也很可能会支持其避税方案。因此,从大约20世纪70年代中期起,一个具有规模的市场公开的避税行业发展到了鼎盛时期,甚至使纳税具有了选择性。最初,政府对其发展反应较慢,而且早期修正也是漏洞百出,因此一些观察者认为政府默许了该行业的发展。

到了20世纪70年代末,当冗长且晦涩难解的反避税立法似乎已禁止了大多数滥用时,财经报刊上仍有广告,按照公司的税前所得定价求购公司(减去买方费用或佣金)。不少卖方根本不问买方收购之后如何处置公司,仅假设买方是将公司放入免除其纳税义务的避税计划。在皇家委员会(royal commission)调查一个声名狼藉且深陷犯罪活动的工会的过程中才发现,这些公司经常被购买者剥离其资产,任命有刑事案底的虚设董事,公司记录已被破坏(遭遇此类丑闻的公司被比喻为被"沉至港底"(bottom of the harbor)——说的是悉尼港,但这些活动并不仅限于发生在悉尼)。

立法对此的反应非常严厉。造成某公司不能缴税的行为被规定构成了一项具体刑事犯罪(尽管有人认为一般刑事法律的适用已产生这一法律后果),但更重要的是,通过的溯及既往立法使公司股权交易的卖方负担未履行的公司税义务,对小型上市公司同样适用。另外,新制定了一般反避税规则,克服了原规则的缺陷。进入20世纪80年代后,澳大利亚税务局中一些最优秀的人才资源参与了反避税行动。这不仅包括打击"沉至港底"的案例,也包括打击许多真正的避税方案。在法院司法态度转变的情况下,政府诉讼也经常成功(1974年的一个臭名昭著的高等法院判例,常被认为是这一"堕落"时代的开端,最终是在1989年的一个判例中被推翻其先例作用)。⑥

从政策角度来讲,这一阶段问题的一个根本原因,是经典公司税制加上缺乏资本利得税的税制,导致多数股权交易免税。1985年税制改革中此问

---

⑤ *Gwynvill Properties Pty Ltd*,[1986] FCA 273, 13 FCR 138.
⑥ *Curran* [1974] HCA 46, 131 CLR 409, 由 *John* [1989] HCA 5, 166 CLR 417 撤销。

题在政策上得以纠正,引入了公司税收归集抵免制度和资本利得税。同时,也在进行税收征管的改革,如上所述,部分在于确保相同的缺陷在未来不会再次发生。这一发展,加上避税领域中税务人员对税务行业人员的正常的怀疑,意味着这两者的关系在一定程度上仍然很紧张,尽管双方都表示有意图进行善意沟通和合作。

20世纪80年代,税收筹划进入了相对缓和的模式,不再通过纸面循环交易寻求免除全部纳税义务,而通过利用债权与股权之间的界限、税收庇护和课税时点的差异实施的减税行为成为主要的关注焦点,尽管国际上更激进的税收筹划也很明显。然而,在20世纪90年代中期,避税行业又一次复兴,部分原因是上述的1998年税制改革侵蚀了税收管理资源。许多参与避税方案,且获得其雇佣所得的已扣缴税款退税的雇员发现,因为澳大利亚税务局在处理其他事务方面占用过多资源,所以并没有对此采取审计或挑战该避税方案的行动。因此该避税方案迅速发展,特别是西澳大利亚的雇员,有数以万计的普通纳税人参与了该避税方案。在1998年税制改革的主体开始影响税务管理后,一旦澳大利亚税务局开始追究这些纳税人,问题就变得具有高度的政治色彩,因此税务局被迫提出比较宽松的和解提议。随着工作的深入,发现所有类型的纳税人中使用避税方案都很普遍,包括待遇优厚的管理人员和小企业,清理这些方案花费了好几年的时间。

因此,澳大利亚税务局开始提起诉讼,依据1981年通过的反避税条款来处理此前一轮避税的方式,并取得了很大的成功。在此背景下,才可以理解澳大利亚的反避税规则。最初条款是第260节,内容如下:

> 以口头或书面形式签订或达成的每份合同、协议或安排,……当其以直接或间接的任何方式意在达到以下的目的或效果时,对税务局长或本法规定的任何程序而言绝对无效,但无损于任何其他事项或任何其他目的的有效性:
> (1) 改变任何所得税的归属;
> (2) 减轻任何人缴纳任何所得税或进行任何申报的义务;
> (3) 废除、偷逃或规避本法规定的任何人的责任或义务;或
> (4) 妨碍本法任意条款的执行。

尽管其发展有所起伏,但1980年之前的一系列裁决使该条款丧失了任何实质意义,主要问题如下:

1. 关于法案计入和扣除的一般条款,法院认为如适当解释此类条款

（实际显然法院没有做到），其自身具有内在保护性（built-in protection），因此不需反避税条款的协助。

2. 关于法案的特定条款，法院认为如果立法允许纳税人进行选择，而且纳税人也作出了选择，那么就不能适用反避税条款。这一原则被解释得很极端。例如，法案针对私人和公开公司适用不同规则，而许多精心设计的税收筹划方案就在于避免成为私人公司，法院认为这就是作出了选择。

3. 为提供适用该条款的反事实条件（例如在没有相应合同等情形下，可能发生什么），法院倾向于仅注意纳税人的行为，因此似乎只有纳税人中途因税收原因改变交易的方向的情况下才适用反避税条款。而一个从一开始就执行良好的税收筹划方案即可免予适用（所谓"抢跑"原则（false-start principle））。

4. 如果适用该节规则，其效果仅是简单地否定合同等的效力。并不允许税务局长重构替代的交易形式以便征税；必须在合同等的剩余条款中确定纳税义务。

立法机关制定了更详细的第 IVA 部分来代替第 260 节。根据该部分规则，适用必须存在三个要素："方案"（scheme）、税收利益以及该避税方案的主要目的是为了获得税收利益的客观结论（与当事人实际意图无关）。方案的定义非常宽泛，以至于实质上覆盖了任何交易，尽管法院认为其必须是独立存在并本身具有意义的。获得的税收利益是指，如果没有该避税方案，某纳税人的纳税年度里有部分所得应当或合理预期可能纳入应纳税所得，但该部分所得却没有纳入该纳税人当年的应税所得；这里特别排除了纳税人根据该法案作出的税务选择，比如基于成本或市场价值的存货估价。在处理所得扣除、资本损失、预提税和境外税收抵免时适用类似的税收利益规则。用 8 个标准确定该避税方案的目的是否为了获得税收利益，比如避税方案的形式和实质、方案的课税时间、所导致的经济地位的改变以及当事人各方之间的关系。当满足这些标准时，授权税务局长决定适用该部分规则，并且重构该交易以便按不存在避税方案时可能产生的税收后果征税。

新规则被引入时，明确说明其适用于"露骨的、虚假或人为安排的"交易，与"一般的商业交易，即通过该交易纳税人合法地利用交易安排可用的机会"形成对照。该规则在禁止循环的纸面避税方案方面大获成功，并且多年以来在真实交易中警告激进的税收筹划方案。

但是，如上所述关于该规则的执行，最近有一些非常重要的且仍在不断发生的诉讼。最高法院确立了一个非常重要的观点，即在获得税收利益和实施商业目标之间不存在矛盾——这说明该规则比刚引入时的意图更进一步。另外,在确定交易的主要目的时,也可关注专业税务顾问(纳税人不能以他们对税法的复杂性一无所知为理由请求免除适用该规则)。因此,如果为利用国际免税规则虚假地将资金转移出境,使存款的税后收益更高,也可适用该条款。同样,根据该条款,为获得境外所得的利息扣除在某澳大利亚居民公司和某外国居民公司之间设立一个公司也被判定为是无效的。⑦

但最初,下级法院在确定商业性是否充分方面面临诸多困难。法院认为某一个离岸的专属保险安排不适用该规则⑧;极大加速税收折旧而无任何补偿性的所得的出售—回租业务也不适用⑨(商业银行家极力推销这些安排)。下级法院也认为该规则不适用于金融机构推出的分离组合贷款产品(split loan product):该产品通过将用于一项投资财产产生的利息资本化,同时偿还纳税人住所相关部分贷款的本金(后一种类型的贷款利息是不能扣除的),增加投资财产利息的可扣除性,只有但最高院再次介入时才认为应当适用反避税规则。⑩ 从此之后,下级法院通常对上述最新一轮大规模推销的各种避税方案效仿最高院的判例。另外,法院认为避税方案无论如何不符合其想利用的特定条款的规定,这种趋势也不断加强。下级法院在处理这些案例时之所以遇到了困难,一部分原因是政府和立法机关从未令人满意地解决产生于鼓励某些形式的活动和交易的税收优惠的反避税规则的内在争议。

目前,反避税规则是遏制避税方案的重要手段。但部分富有纳税人的贪欲似乎没有底线,所以在了解到以上历史背景之后,一些纳税人转入地下且凭借离岸方案逃税就不令人惊讶了。某位涉案"顾问"在墨尔本宾馆中被逮捕,在某电脑中发现一个客户清单。这就导致在一项称为"Wickenby"的计划中,涉及一些名人的一轮起诉和引渡正在进行。最近几年,法院忙于处理相关纳税人穷途末路提出的一些程序性请求,但迄今为止澳大利亚税务局在适用刑事和民事制裁上都很成功。即使正在进行新一轮的税制改革,税务局似乎从上一次的经历中学到了教训,即就逃避税而言,他并不能无所作为。

---

⑦ *Consolidated Press Holdings Ltd* [2001] HCA 32, 207 CLR 235.
⑧ *WD & HO Wills (Australia) Pty Ltd* [1996] FCA 1284, 65 FCR 298.
⑨ *Metal Manufactures Ltd* [2001] FCA 365, 108 FCR 150, *Eastern Nitrogen Ltd* [2001] FCA 366, 108 FCR 27.
⑩ *Hart* [2004] HCA 26, 217 CLR 216.

10. 税法的渊源

澳大利亚颁布新税法总是头版头条新闻。在过去的 25 年里，税法也是多次联邦选举的话题或主要话题。从上述讨论中也可看到，税制中有许多有趣的插曲。研究澳大利亚的税收社会史，没有比新闻报纸更好的原始资料，许多资料都有在线存档。

税法、判例和裁定也可通过免费的在线资源获取。如上所述，所得税散见于若干制定法，但最重要的部分是 1936 年和 1997 年的《所得税评定法案》(Income Tax Assessment Acts)，该法案可从以下网址获取：www. comlaw. gov. au。所有立法的解释备忘录在税收领域也越来越有用，甚至似乎取代了法律文本。从 1996 年起的资料可从以上网址获取；而在 www. ato. gov. au/atolaw/index. htm，同时还可通过查询"外部资料"(extrinsic materials)浏览回溯到 1922 年。现在，澳大利亚税务局也积累了大量的法律解释和适用的资料，包括裁定和各种指南，这些资料都可从其官方网站上获取：www. ato. gov. au。判例对于普通规则和详细规则的解释也是税法的重要渊源，可从以下网址获取：www. austlii. edu. au，该网站也有一些与税收相关的立法、判例和协定资料以及在线税收期刊。关于 1998 年税制改革的资料有四个比较重要的网站：www. treasury. gov. au（财政部）；www. rbt. treasury. gov. au（商业税收报告）；www. taxboard. gov. au（税务委员会）；http://taxreview. treasury. gov. au（当前税制改革的网站）。

探究税务问题的期刊和书籍也非常丰富。研究税制一般原则的最优秀的作品是帕森斯(Parsons)的《澳大利亚所得税》(Income Taxation in Australia)(1985 年)，本书也可从以下网址免费在线获取：http://setis. library. usyd. edu. au/oztexts/parsons. html。税收方面的主要商业出版商是澳大利亚 CCH 和 Thomson Reuters，两者每年都出版税收立法的年度版本和几个活页式版本，同时提供在线评论服务。当前税法的最优秀的书籍有 Woellner、Barkoczy、Murphy 和 Evans 的《澳大利亚税收法律》(Australia Taxation Law)（每年出版）；还有几本学生用的判例选辑：比如 Cooper、Krever 和 Vann 的《所得税注释和资料》(Income Taxation Commentary and Materials)(2009 年第六版)以及 Kobetsky、Krever、O'Connell 和 Stewart 的《所得税：文本资料以及重要案例》(Income Tax: Text Materials and Essential Cases)(2008 年第七版)。主要的专业组织是澳大利亚税务协会(Taxation Institute of Australia)，该协会出版三种税务期刊：《澳大利亚税务》(*Taxation in Australia*)、《税务专家》(*Tax Specialist*)和《澳大利亚税收论坛》(*Australian Tax Forum*)；同时协会还出版许多会议论文集和会议丛书(见：www.taxinstitute.com.au)，以及其他专业税收期刊：《澳大利亚税务评论》(*Australian Tax Review*)、《澳大利亚税务期刊》(*Australian Journal of Taxation*)、《税收法律期刊》(*Revenue Law Journal*)以及《税收研究电子期刊》(*e-journal of Tax Research*)，后三种可免费在线获取(见上述)。澳大利亚税收研究基金(Australian Tax Research Foundation)出版的澳大利亚税务研究报告和学术会议丛书，见www.atrf.com.au。

加拿大

布赖恩·阿诺德(Brian J. Arnold)

1. 所得税法的历史

作为一项为第一次世界大战筹措资金的临时措施,加拿大于1917年首次开征联邦所得税。之前联邦收入主要来源于关税和消费税。此后至20世纪60年代早期,所得税成为政府越来越重要的收入来源。但是税率和税基经常临时性地增加或扩大,导致了人们对演变出来的所得税"体系"的不满。最终,皇家委员会(卡特委员会)于1962年成立,开始对加拿大税收体系进行全面的研究。1966年卡特委员会发表了其著名的报告,主张所得税采取综合税基。这份报告促使在1972年对所得税制进行了重大修改,使税制变得更加精密和复杂。此外,在1986至1987年间还有另外一个略显次要的税制改革,此次改革发生于世界范围内税法改革的浪潮之中,其本身在一定程度上亦可看作是对这种改革潮流的一个回应。

2. 宪法性问题

根据加拿大宪法,联邦政府拥有无限的征税权。各省对来源于本省境内的收入和本省居民来自世界范围内的收入,有权征收直接税。全部十个省份和三个地区均对个人和公司征收所得税。个人所得税税率的设定也考虑省税的因素。联邦公司所得税含有10%的减让,从而为各省征收公司税留有空间。根据联邦政府和省政府之间长期的税收征管协定,联邦政府代表大多数省征收个人和公司所得税;相应地,各省必须采取联邦的所得税税基,尽管它们采用各自的税率,并且提供广泛的税收抵免优惠。魁北克是唯一自己征收个人所得税的省份。在2009年,各省中只有亚伯达和魁北克自己征收公司税。

3. 税 率

2009 年联邦个人所得税税率如下所示：

应税所得	税率
$40,726 以下	15%
$40,727—81,452	22%
$81,453—$123,184	26%
$123,185 以上	29%

自 2000 年开始，纳税等级（brackets）完全与通货膨胀指数挂钩。类似地，各种个人税收抵免优惠也根据通货膨胀指数进行调整。但是，对于纳入所得计算的各项金额，并没有针对通货膨胀的综合性调整。

尽管省个人所得税是建立在联邦所得税税基上之上的，但其税率和纳税等级（在各省之间却有很大的不同。除亚伯达采用 10% 的单一比例税率外，省个人所得税均为累进税率，一般有 3—5 个纳税等级。各省的税率差别很大，如不列颠哥伦比亚省的最低累进税率为 5.06%，而魁北克省的最高累进税率为 24%。有三个省对个人征收实质性的附加税。如果将联邦和省个人所得税税率相综合，则最高累进税率的变化范围为亚伯达省的 39%，到魁北克省的 48.22% 和新斯科舍省的 48.25%。对于非居民个人纳税人，这一综合后的最高累进税率高达 42.92%。

联邦公司税基本税率几年来被逐渐从 28% 降低到 2009 年的 19%，不仅如此，税率还将进一步降低至 15%，自 2012 年 1 月 1 日起生效。联邦公司所得税税率以前要高 10%，但为省公司所得税留有 10% 的减税。省公司所得税税基的计算方法与联邦所得税适用相同的规则。在 2009 年，省公司税税率在亚伯达省为 10%，而在新斯科舍省和爱德华王子岛为 16%。如果将联邦和省公司税的税率相综合，则在 2009 年亚伯达省的税率达到了 29%，而在新斯科舍省和爱德华王子岛的税率高达 35%。由加拿大籍人控制的私人公司，对其首先取得的 500,000 美元经营收入适用 11% 的低税率。所有省份对由加拿大籍人控制的私人公司，也均规定对于其积极经营所得适用低税率。

联邦政府和一些省对公司开征资本税。联邦资本税的纳税义务人仅限资本超过 10 亿美元大金融机构，适用 1.25% 的税率。

4. 财政制度的构成

在 2007 年 3 月 31 日之前的一年中,联邦所得税占联邦政府总收入的 64%,其中公司所得税占 17%,个人所得税占其余的 47%。对于个人所得税的依赖,在过去的 5 年中已经从 2002 年 3 月 31 日前一年的 48.3%,降到了 2007 年的 40.2%。联邦收入的其他重要来源包括:失业保险供款(6.8%),间接税——货物和服务税(增值税),以及关税和消费税(18.2%)。2007 年的财政总收入为 2424 亿美元,其中个人和公司所得税收入分别达到大约 1130 亿美元和 406 亿美元。所得税收入占 2007 年度 GDP 的 13.3%,这一比例较以前已有所降低,在 2002 年曾为 15.1%。

5. 所得税的基本结构

在加拿大,计算应纳税额的规则的基本结构,对于个人和公司是一样的,它们都包含在同一部制定法中。所得以收入来源为基础进行计算。广义经济学意义上的、没有来源的所得,不能成为税法意义上的收入。除非所得税法有明确规定,无来源的金额不得被确认为收入,该类所得是非应税所得。或许,对此基本原则的最好例证是诸如彩票奖金这样的意外收益,这样的所得被认为不包含收入的特征;又如资本利得(capital gains),但是从 1972 年以来,资本利得的一部分(目前为 50%)被明确要求计入收入。通常,资本利得被认为来自于对某一所得来源的处分,而非来自某来源的收入本身;或者可以借用一个著名的比喻来说明,即一项资本利得代表树(资本)而非产自树的果实(收入)。

以所得来源为界定的收入概念,明确规定于所得税法的第 3 条,其将纳税人的收入定义为:"本年度来自加拿大境内或者境外的某个来源的收入,包括……纳税人本年度来自所有任职、受雇、经营和财产的收入。"第 4 条进一步规定,纳税人因某一来源产生的收入或损失的计算,必须建立在这样一个假设之上,即纳税人在该本纳税年度内,没有其他任何来源所产生的收入或损失;而且,只有那些可以合理地归属于该所得来源的金额才是可以扣除的。第 4 条还包括一条类似的规定,适用于计算来自某一特定地点(地理来源)的收入。这一规定和确认非居民在加拿大境内的收入、以及加拿大居民在境外的收入的外国税收抵免有关。

根据《所得税法》第4(1)(a)条之规定可以明确的是,在计算来自某一类来源的收入时,只有能够被合理地视为归属于该来源的金额才是可以扣除的。尽管这不必然意味着,所得来源在支出发生时必须存在,才使得该项支出可以扣除,但法院曾肯定过这样的原则。除非有明确的成文法规定,否则鉴于其并不能归属于某一所得来源,在所得来源存在前发生的、或者在所得来源消失后发生的支出均不得扣除。

以所得来源为界定的收入概念,源于早期英国所得税成文法所采用的分类所得基础。① 根据这一方法,仅仅针对于属于应税类别(schedules)的金额才征收所得税。一笔金额若没有被明确包含于其中的一个类别之中就无需纳税。这些税目具体列举了应征个人所得税的各种收入类型,以及对之负有纳税义务的人。一般来讲,由于每一类目都有其自己的计算规则,不同类别的所得或者损失不能进行合并计算。

加拿大所得税制度从未完全照搬英国的分类所得模式。自1917年加拿大法律即要求将所有来源产生的各项收入均包括在计税依据之内,显然,这是一种试图克服分类所得模式狭窄限制的努力。然而,法院一般对前述第3条收入的定义作出限制性解释,将收入限于具体列明的来源:雇佣、营业和财产。除此之外,加拿大税法体系自1972年开始,允许将各类来源所产生的收入和损失进行合并计算。

在加拿大,正如英国那样,成文法推翻了大部分根据所得来源的收入概念而将特定收入金额予以排除的司法判决。比如上文提到,自1972年以来一部分资本利得(已经被包括在了收入之中。而且,所得税法第6(3)条规定,在雇佣开始之前或结束之后所收到的金额,如果构成了所提供服务的报酬就必须被确认为收入。近来,所得税的计算越来越多地适用权责发生制,实际上解决将在一项所得来源停止存续之后所取得的金额确认为所得的问题。实践中,政府通常通过立法来推翻法院因缺少某一类来源而不属于收入的司法判例。② 例如联邦上诉法院曾判决,股东就出售公司股份达成竞业禁止合同而获得的收入无需纳税。③ 法院认为该笔所得金额既不属于来自受雇、经营或者财产的收入,也不属于资本利得,因为股东并不能被视为处

---

① 见第二部分(Part 2)有关分类所得税制和综合所得税制的比较。
② 然而,最高法院在 The Queen v. Fries [1990] 2 CTC 439 (SCC) 一案,没有经过任何分析即判决罢工津贴不应税,对此成文法并没有予以推翻。
③ *Manrell v. The Queen*, [2003] 3 CTC 50 (FCA).

分了任何财产。该判例最终被于 2003 年 10 月 7 日生效的所得税法修正案而推翻。④

总之,加拿大所得税的税基包括了大多数重要的收入类别,无论它们根据判例法是否具有来源。在目前因欠缺来源而被排除在税基之外的各种收入中,意外收益是最为重要的一种。

尽管就收入项目而言,以所得来源为界定的收入概念已经被具体的制定法条款所否定,但是在扣除方面却往往不被否定。如果所得税法规定收入包括欠缺来源的金额,那么这里通常扣除与该金额有关的任何费用。例如,资本利得的金额等于处分所得额减去财产的成本和有关销售费用。然而,根据所得税法,费用除非与现有某个来源的收入有关,否则一般不予扣除。此外,在许多情形下费用是在所得来源停止存续之后发生的,并没有持续性的收入使之抵消。自 1993 年开始,即所得来源已经停止存续,在特定情况下仍然可以扣除利息。

概括起来共有 5 个主要的所得来源:任职或受雇、经营、财产、资本利得以及杂项。纳税人必须单独计算各个来源的收入和损失,并分别为各个来源确定其对应的合理的扣除额。计算各项来源收入的规则有所不同,但经营和财产来源收入之间的差别很小。对于来自受雇的所得和来自经营或财产的所得,二者之间最大的不同在于:在计算雇佣所得时,所允许的扣除是受到严格的限制的。来自各项来源的收入和损失一旦分别完成计算,就被合计确定为纳税人的"所得"。

下一步要确定纳税人的应税所得。应税所得由收入减去一些特定金额得出,例如亏损结转和一个加拿大公司从其他公司分配所得的股息。然后,应税所得乘以对应税率即得出抵免前的应纳税额。允许的税额抵免十分广泛,因为所有的个人扣除和免税在 80 年代中期都被转换成了税额抵免。近年来出自非财政方面的原因,产生了许多额外的个人税收抵免,比如收养费用、公共交通、儿童健康、家庭翻修以及首次购买住房的抵免。此外,税收抵免也包括针对外国税收抵免,和投资税收抵免一类的税收支出。

---

④ 但是,该修正案提案已经存续了 6 年多。

6. 税收立法

6.1 税收立法程序

重要的税收立法通常是根据财政部长的年度预算提出的。但近年来，通过新闻稿公布一项新税收措施的做法有所增加。此外，涉及税法技术性条款的修正案常常以法律草案的形式对外公布以征求社会公众意见，而不在预算中公告。就像所有立法提议一样，税收法案必须经众议院和参议院通过，并从国家元首（代表女王的加拿大总督）那里获得皇家同意令。

大多数情况下，修改税法需要咨询公众的意见。作为制定年度预算的程序之一，财政部长通常要广泛地咨询其他层级的政府以及有关利益集团。税收法律草案一般都对外公布，在提交议会审议之前征求公众意见。财政部官员会定期地与税法执业者代表举行座谈。

税法的修改有可能需要数年时间。在一项税法修改在预算或新闻报道中予以公布之时，很少有成型的法律草案。法律草案的起草准备过程就需要好几个月的时间，一旦完成，法律草案通常要公布出来以征求公众意见，以及供税法执业者进行讨论。然后，法律草案经修改后提交议会。如果草案包含有争议的措施，那么修改后的法律草案可能会再次公布，进行第二轮公众讨论。议会通过税法的速度取决于若干因素，如该立法的重要程度或争议程度，或者立法计划中安排有其他更为紧急的事项等。

如果税法修改的内容在公布之时即生效，那么从税法修改内容公布之日起到对此修改完成立法程序之日止，中间显著的时间差就会产生诸多问题。税法修改内容直到对其立法完全通过之后才生效，但是立法一旦通过，它们就溯及公布之日起生效。这使得税务行政机关——加拿大税务局（the Canada Revenue Agency 或'CRA'，以前的 Revenue Canada）——和纳税人进退两难。纳税人有权拒绝缴纳任何根据未决立法确定的应纳税额，然而，如果立法被最终通过，那么纳税人就会处于欠缴税款及其利息的境地。CRA 通常会假定税法的修改将最终以立法通过，并以此作为其开展工作的前提。于是，纳税申报、表格以及纳税人信息也根据此假定而产生。如果税法的修改最终没有被通过立法，则前述项目即为错误，所有根据税法修改提案而缴纳的税款都应当退还。

6.2 成文法的风格

在1972年的税法改革之前,加拿大税收立法的总体风格是倾向于制定含义广泛、使用概括性措词的条款。例如,法律规定所得税针对加拿大居民的所得课征,但并未就本条款的加拿大居民的含义作出规定。与此类似,加拿大转移定价规则只包括两条十分简洁的条款,规定在加拿大居民和有关非居民之间发生的任何交易中,所支付的金额应当合理。

在1972年的税法改革中,成文法的制定风格有了明显的变化。所得税法的内容急剧增加。2008年版所得税法和规章共包括2,000多页。1972年所得税法和以后几乎所有的修正案都表现出了立法技术高度复杂的特点。政府越来越多地依赖细致的技术性规则来解决税收政策问题。不可避免地,这些规则需要不断的修订,比如在发现它们已不合时宜的情况下。由此常常给人造成的印象是,如此详细的立法是为了排除法院在税法发展过程中扮演任何重要的角色。一方面,税务专业人员极度抱怨立法变化太快,以及条文和技术性过于冗长和复杂;另一方面,他们又要求税法规则要确定,而这本身就等于要求制定详尽的技术性条款。尽管经历了这些现代以来的发展变化,由于保留了1972年所得税法之前的部分成文法律,加拿大所得税法体系仍旧不失其简洁明快的一面。

加拿大税法的成文法起草风格在若干方面是比较独特的。所得税法是加拿大目前最大的一部成文法。该法由来自财政部的专家起草,而其他所有联邦立法的起草都是由司法部完成的。所得税法是唯一免于定期法律合并的联邦法律。一般地,每一部联邦立法及其修正案都要被合并在一起,并重新组织、排列条款。之所以有这样的例外,其原因之一在于政府或商业出版公司以修订后的条款序号再版表格、小册子、活页等的成本太大。加拿大成文法起草的传统是每个条款都只包含一个句子,而不论句子的长度有多长,以及规定有多复杂。这样导致的结果是,条款虽然只有一个句子,但却会长达几页。在制定法起草方面,一个最近的发展是代数公式被大量用于计算。

与所有加拿大法律一样,税法也是双语的,英文版和法文版具有同等效力。财政部在制定政策和立法时通常使用英语,然后英文版被翻译成法文。在解释时两种语言都必须被考虑到,如果它们之间相互冲突,则采用同时最适合于两种语言版本解释("共同意思规则")。

6.3 成文法的解释

加拿大法院在 1984 年以前一般采用严格的或文义的方法来解释税法。这种解释方法最初来自英国的司法传统,尽管其有着明显的不合适,但已经扎根于加拿大的法律土壤中。严格解释的方法导致了一些很糟糕的司法判决。

在 1984 年的 *Stubart Investments* 一案中,加拿大最高法院放弃了严格解释的方法,转而采用所谓现代方法(modern approach):

> 如今法律解释只有一种原则或方法,即法律的文字要放在其语法意思和通常意思的全部情境中进行理解,从而与法律的体系、目的、以及议会的立法意图保持和谐及一致。

下级法院、税务机关以及广大税务执业者均接受了最高法院所采取的现代方法。然而,在从 1994 至今的一系列案件中,最高法院对其解释成文法所采取的方法有过一些不一致的表述。最高法院虽然一再强调现代方法是解释成文法的正确方法,但是仍然会采取严格解释方法或者它在若干案件中所称的"表面意思"方法。2005 年在首批涉及一般反避税规则的案件中⑤,最高法院将解释成文法的现代方法称为"文字的、语境的以及目的的方法"。尽管最高法院强调,这种方法适用于包括税法在内的所有成文法,但它仍然指出,"囿于许多税法条款的精确和细致程度,在解释税法时,往往要更加强调运用文本解释的方法"。于是,最高法院在许多情形下一再重申,如果条款的文字本身清晰明确,则必须依据文字的字面意思;另一方面,如是文字可以被合理地理解为有多种含义,那么应当更多地考虑法律的上下文和立法目的。最高法院指出,即便在文字清楚的情况下,仍然要考虑法律的上下文和目的,以确定该条款是否含有潜在的模糊性。最高法院似乎并未意识到其制定法解释方法上的内在矛盾之处:如果必须考虑语境和目的以揭露潜在的模糊,那么那些本身清楚明确的条款将如何适用?

最高法院采用的解释成文法的方法,对该法院对于法院在反避税领域所应承担何种角色这一问题的态度也产生了影响。自 1994 年起最高法院一贯判决,纳税人按照其交易的法律形式纳税,与其经济实质或经济现实无

---

⑤ *The Queen v. Canada Trustco Mortgage Co.* [2005] 5 CTC 215 (SCC) 和 *Mathew v. The Queen* [2005] 5 CTC 244 (SCC)。

关;而且,仅仅出于获得税收利益而进行交易并不影响对其税法法律后果的确认。根据最高法院,在缺乏成文法规则的情况下,纳税人可以自由地安排其事务从而合理避税,反避税是议会而非法院的责任。在最近的案件中,最高法院明确表示,至少在税法案件中,司法创新是不受欢迎的。

加拿大法院在解释法律时并不认可某一法律条款的立法历史作为证据的效力;从成文法解释的现代方法来看,这似乎有些奇怪。如果外在的资料仅仅被用来揭示立法所意图更正的错误或问题,则该"Hansard"原则有一个例外。该原则源自英国法,尽管它在20世纪90年代的早期已经被上议院在某些特定情况下所抛弃。加拿大法院似乎会遵循英国法院的做法,增加对立法历史的考量。的确,在实务中,许多加拿大法官几年来都以这样或那样的方式考虑了立法历史。

7. 处理税务事项的法庭

纳税人对国家税务部长所确定的应纳税额、税率或者处罚不服提起争议的,必须首先针对他们的征税决定提出异议。该通知启动了CRA内部的申诉程序。如果征税决定被维持了,则纳税人可以向法院提起诉讼。除非是某些大公司,争议的税款在争议被最终解决之前不必先行缴纳。

所有的税务诉讼,在第一审时,由加拿大税务法院的一名法官审理,或采用普通诉讼程序,或采用非正式程序。如果案件涉及的联邦税款或处罚金额为12,000美元以下,或者亏损金额为24,000美元以下时,纳税人可以选择适用非正式程序。在非正式程序中没有正式的证据规则,纳税人无需律师代理。非正式程序的判决没有上诉权,但其判决受制于司法审查,这种审查也比较常见。经非正式程序作出的判决不具有任何先例价值,但是税务法院也偶尔遵循其先前在非正式程序中作出的判决。

税务法庭的普通诉讼程序是一种正式审理,诉讼双方需由律师代理。由于法律假定征税决定为有效,所以举证责任一开始总在纳税人一方,需要证明税务部长的决定是无效的。这一最初的举证责任在实务中并不是特别地重要,因为在审理中举证责任会随着证据的出示而在双方当事人之间来回变换。政府或者纳税人对于税务法庭的不利判决可以上诉至联邦上诉法院,可以最终上诉至加拿大最高法院,但最高法院的管辖权主要是其自由裁量的。与税务法院所不同的是,联邦上诉法院和最高法院还审理除税务案件外的众多案件。只有法律问题,或者事实与法律相混合的问题,才能上诉至联邦上诉法院和最高法院。

下表显示了2005—2007年以来,三级法院年审结税务案件的数量:

年度	加拿大税务法院	联邦上诉法院	加拿大最高法院
2005	363	84	4
2006	301	68	1
2007	333	90	2

在过去十年法院所审理税务案件的总量有了十分显著的增长。

判例法构成加拿大所得税法的重要内容,它可以详细阐述所得税法条款的含义。制定法条款虽然有着复杂的立法技术,却往往模糊而不确定。每年都有相当多的判例涉及资本利得和普通所得之间的区别,营业费用的扣除,以及个人税收抵免的扣除。

司法判决在被上诉推翻之前具有拘束力。政府偶尔会通过立法来推翻其不认同的司法先例。随着所得税渐渐变成专家的领地,一般性法院在处理税务案件方面变得越来越吃力。

加拿大法院负有就其判决说明理由的义务,且一般采用书面形式。司法判决书在说明本院判决理由之前,一般先叙述案件的事实、当事人的主张和理由、以及下级法院的判决。反对意见在由奇数法官组成合议庭审理案件的联邦上诉法院和最高法院(联邦上诉法院为3人,最高法院为5人、7人或9人)中很常见。法官经常在其判决中广泛地引用各种资料,包括其他判例、著作、文章,前后版本的成文法,以及政府的报告。上级法院的判决对下级法院具有约束力。虽然不是必要的,但法院在实践中往往会遵循其先前作出的判决。

8. 税 务 行 政

加拿大的税款征收以"自愿遵从"或者自我评估申报制度为基础。所有的纳税人在法律上均负有提交年度纳税申报表准确报告其所得和费用的义务,同时计算应纳税额或者应退税额。稍微超过50%的个人纳税申报表是以电子形式申报的。CRA已经将电子纳税申报作为其重要任务之一,希望在以后几年内使电子申报率达到75%。一旦提交申报表,CRA会对其进行审核,以确认所要求的信息的正确性,必要的收据已经附上,数字计算正确。然后向纳税人寄送载明应纳税额的评估单。由于CRA对个人申报表的审计率实际不到1%，所得税制度主要依赖纳税人的自愿遵从。

该制度并非是绝对自愿的。薪金和工资的付款以及其他支付适用源泉扣缴制度。此外，广泛的信息报告义务对自我评估制度起到很好的辅助作用。

自我评估制度的原理在于节约成本。政府的成本包括印制申报表、向纳税人提供信息和帮助、处理申报表、对少量申报表进行审计等成本。没有比它更经济的其他制度。

CRA负责所得税制和其他联邦税——例如货物和服务税的征管。CRA在2006年处理了2300万份个人申报和140万份公司申报。CRA组建于1999年。在此以前，CRA的职责由作为普通政府部门的加拿大税务局承担。改建为独立机构的原因在于使税务官员免受政治势力的干预，在处理人力资源问题上具有更大的灵活性。实际上，CRA的创建产生了相当大的混乱，并没有产生多少实际利益。

加拿大税务机关的管理风格在过去25年里发生了很大变化。在70年代末和80年代初，CRA因盖世太保作风以及漠视纳税人的合法利益受到指责。确实，CRA的表现成为在1984年联邦选举中的一个重要问题。当进步保守党在当年当选之后，决定对税务机关进行重大改革。改革的核心是将CRA从执行机关转变为服务机关。这种态度上的转变引起了诸多变化，从荒谬（纳税人开始被称为"顾客"）到严肃（CRA开始对遵循法律的文本的避税交易采取相当仁慈的态度）。

CRA注重服务的努力持续至今。在20世纪90年代初期，议会通过了一个所谓"公平议案"，该议案授予CRA免除利息和处罚、接受延迟申报选择以及对于超过法律规定年限的请求予以退税的法定权力。在2006年至2007年之间，有75,000份申请给予利息和处罚免除的公平请求，其中有39,000份得到了批准。每个CRA办公室都有一个或多个公平委员会（Fairness Committees）来审查纳税人的公平请求。应该指出，CRA也通过所得税制负责实施大量的社会福利项目以及其他支出项目。在这些方面，CRA是一个服务机构而不是征税组织。近些年来，CRA逐渐加强了征管。2005年启动了一项特别计划，以解决激进的国际税收筹划。CRA同时也是国际联合避税信息中心（Joint International Tax Shelter Information Center）的成员（与澳大利亚、日本、英国、美国一道），该中心致力于通过合作打击国际避税安排。

CRA的行政惯例在税制的很多领域都很重要。在有些领域，法律是由很少的规定相当概括的法律规范和一系列众所周知的行政惯例构成。一般而言,CRA对公众广泛宣传其行政惯例。CRA公布其行政立场,这些行政立场可以在部门的在线服务中获取。实际上是信息公开的立法制定有效地促使了CRA公开其行政立场。商业出版机构利用信息公开立法,来发布对税务执业人士而言很重要的税务机关行政立场的有关信息。CRA现在也自己出版其行政立场。

所得税法几乎没有明确赋予税务机关任何行政自由裁量权。政府和税务执业者均不支持此种行政自由裁量权。当然,一般来讲,CRA官员在执行所得税法时拥有相当的行政自由裁量权。然而,任何行使该裁量权的行为都受到司法审查的一般异议和诉讼程序的约束。同时,它也受到近期任命的监察专员(ombudsman)和总审计长(Auditor General)的审查,后者持续地检查CRA税收管理各个方面。审计总长有关税务机关的年度报告受到了公众很大的关注,导致税务机关征管方式以及所得税立法的重大变化。

加拿大纳税人的行为与美国纳税人类似。一般公众并非自愿履行纳税义务,可能会存在很多小规模的欺诈。大公司对税务问题很敏感,大多数都参与积极的税收筹划。

尽管加拿大同时制定有特别反避税立法和一般反避税条款,公司和个人纳税人避税安排却日趋严重。税务执业者在过去25年里也变得日趋积极参与税收筹划。

9. 基 本 原 则

9.1 税法和财务会计的关系

《所得税法》第9条规定,纳税人来自经营或财产的年度所得是来自经营或财产的本年"利润"。该法并未对"利润"一词作出定义。法院认为,利润是毛收入减去费用后的净额,它根据商业会计和经营实务的一般原则计算得出。尽管会计的规则和原则对于计算利润很重要,但是在1998年的Canderel案⑥中,最高法院重申为适用税法而计算利润是一个法律问题,会计规则不具有决定性。许多情况下,该法明确排除适用会计规则。例如,税法上不承认会计折旧;相反,所得税建立了一套独立的资本折旧体系。此

---

⑥ [1998] 2 CTC 35 (SCC)。

外,会计规则可能被所得税法的重要原则所替代,如实现原则。法院曾指出,对于同一项内容而言,并不要求财务会计的处理和所得税的处理相一致。纳税人可以自由地采取任何一种计算营业所得的方法,只要它与法律规定、判例法或广泛认可的商业惯例相一致。这些广泛认可的商业惯例包括被授受的一般会计原则,但是它们不是法律规则;相反,它们只作为解释辅助工具。如果纳税人计算所得所使用的方法并不与该法规定相冲突,符合有关计算所得的判例法,并且可以精确地反映本年度经营利润,那么该方法就是合适的,除非财政部可以证明其他方法可以更加精确地反映纳税人的所得。

9.2 对民法或私法法系的尊重

在加拿大这一点是非常明确的,即所得税法一般在一般法所确定的法律权利与义务框架内适用。所得税法充满了像"受雇"、"公司"、"人"以及"实收资本"这样的概念,它们的含义都来源于一般法。

上述原则含有两个困惑:其一,加拿大是联邦制国家,法律含义在不同的省之间时有不同。对于实行大陆法系传统的魁北克来说尤其如此。通常法律的制定者和法院会共同努力,以使对不同地区的纳税人在适用所得税法时保持一致。法院和CRA通常适用相关省的法律,但有时他们为了达成一致也会采取十分灵活的立场。对于魁北克所使用的法律概念成文法含有专门条款,比如用益权(usufruct)、居住权(rights of inhabitation),以及长期租用权(emphyteutic leases)。这是被称为"双法系"(bijuralism)的政府计划的一部分,目的在于确保联邦法律在魁北克和其他普通法省份的适用保持一致。其二,所得税法条款在适用于加拿大纳税人的离岸活动时,面临对外国法律权利和义务如何适用法律的问题。一般地,法律权利义务先由外国法确定,然后再适用加拿大法。外国法的内容实际上被视为事实问题而非法律问题。比如,一个外国实体能否作为加拿大法律上的公司或合伙,取决于其成员在外国法上的法律权利和义务。如果那些权利和义务与加拿大公司股东的权利和义务类似,那么该实体就可以被确认为公司。

9.3 反避税原则与规则

在加拿大,对于实质重于形式这一原则的理解存在相当的混乱。加拿大法渊源于英国上议院在1936对 *Duke of Westminster* 案的判决。在这个案件中,上议院明确地拒绝了法律形式可以因其经济实质而被完全忽略这类观点,但上议院也承认,交易的法律实质优先于纳税人描述其交易所使用的名称术语。

　　加拿大最高法院已在若干次场合下重申：Duke of Westminster 案⑦深深地扎根于加拿大税法之中。尽管如此，加拿大法院包括最高法院也多次论及了实质重于形式或者经济现实的原则，这似乎可以说明经济实质在某些情况下是优先于法律形式的。例如在 1987 年的 Bronfman Trust 案中，最高法院指出：

> 　　税法案件的最新趋势是法院试图确定纳税人交易的商业和实践性质……有的纳税人会熟练地操纵、安排一系列活动，从而表面合法地达到税收扣除的条件。如果对纳税人交易的评估着眼于其商业和经济现实而不是在法律形式上的分类，则可以防止上述情况的发生，从而有利于避免税负的不平等。

　　遗憾的是最高法院并没有分析这一表述和 Duke of Westminster 案⑧之间的联系。在另一个案件中最高法院简短地指出，如果其结果与特定条款的文义和目的相符，那么则就应当适用实质重于形式的原则。⑨

　　在 1999 年的 Shell Canada 一案⑩中，加拿大最高法院拒绝适用其在 Bronfman Trust 案中的所作的判决附带意见：

> 　　本院一再认为，法院必须对一项特定交易的经济现实保持敏感，而不是拘泥于交易一开始所表现出来的法律形式……但是，对于这一规则有两点必须明确。首先，本院从未判决一个情况下的经济现实可以被用来重新认定纳税人善意的法律关系。相反我们曾判决，除非所得税法有具体的相反规定或者能够证明其是虚假的，否则纳税人的法律关系就必须在税法案件中得到尊重。重新认定只有在纳税人所声称的法律形式不能正确反映交易的法律性质时才被允许。
>
> 　　其次，本院的税法理论早已明确，对特定交易的经济实质或者对争议条款的总体目标及精神进行的彻底审查，从来不能代替法院对于纳税人的交易适用明确法律的责任。如果争议条款清楚没有含糊不清，就必须适用之……

---

⑦ Duke of Westminster v. CIR, [1936] AC 1, 19 TC 4990, 51 TLR 467 (HL).
⑧ The Queen v. Bronfman Trust, [1987] 1 CTC 117 (SCC).
⑨ Corporation Notre-Dame de Bon-Secours v. Communauté Urbaine de Québec and City of Québec, et al., [1995] 1 CTC 241 (SCC).
⑩ Shell Canada Ltd. v. The Queen, [1999] 4 CTC 313 (SCC).

本院在新近的一些判决中曾明确表示，除非有相反的具体规定，否则法院不应该以对其他没有特别安排其交易的纳税人不公平为由，就阻止纳税人通过安排复杂的交易关系而适用特定的所得税法条款……法院的角色在于以符合议会立法意图的方式去解释和适用所得税法。因此，先前案件判决的附带意见尽管可能被认为是支持了一种宽泛且不太确定的解释原则，但实际上它已被我们所发展的税法原理判案所取代。除非所得税法另有规定，一个纳税人有权被按照其所实际从事的行为征税，而非其本可以做什么，当然更不会把一个不如其有经验的纳税人会做什么作为判断的依据。

加拿大法院在避税案件中所论及的主要反避税原则包括：

- 虚假交易原则（the sham transaction）。根据这一原则如果一项交易表现为与其交易双方的真实法律权利和义务不同的权利义务形式时，则税法将可以忽视该交易的形式。虚假交易原则的一个要素是欺诈。这一原则应用得比较少。
- 实质重于形式原则（substance over form）。如前所述，这一原则意旨法律实质优先于法律形式，它非常类似于虚假交易原则，而且也很少用到。
- 阶段交易原则（step transaction doctrine）。尽管这一原则偶尔会被适用，但它在加拿大法律中并未得到很好的发展。
- 商业目的标准（the business purpose test）。根据这一标准，交易如果除了避税的目的外，缺少一个商业目的，那么税法就可以忽视该交易。这一原则曾被加拿大最高法院在1984年的 Stubart 案中明确地予以拒绝适用。

尽管这些司法原则的范围十分有限，但税务法院和联邦上诉法院可以轻易地通过运用一般的成文法解释规则或者具体的反避税规则来打击避税行为。然而，在20世纪90年代最高法院几乎支持了它所审理的所有避税安排，其中包括一些欠缺任何商业实质、明显人为的计划。

1987年议会通过了《所得税法》第245条的一般反避税（GAAR）规则。根据这一规则，如果一项交易构成"避税交易"，那么该交易的税法效果将被确定，以使得交易取得的税收优惠得以被否认。避税交易被定义为任何可以导致税收优惠（这里税收优惠的含义十分广泛）的交易，除非该交易的主要目的是避税以外的其他目的。然而即使一项交易是避税交易，如果其没有涉及对所得税法条款的误用或者从所得税法的整体来看没有滥用法律条款，那么该交易属于避税交易定义的例外。

最高法院最初的两个 GAAR 案件⑪（上文提到的 Canada Trustco 和 Mathew 案）判决于 2005 年，其中法院并没有阐明解释和适用 GARR 的基本原则。例如，很难根据任何基本原则来区别两个案件（Mathew 案适用了 GAAR，而 Canada Trustco 案没有适用）的不同结果。在这些判决中，最高法院通篇都在强调为纳税人提供确定、可预测和公平法律的必要性，包括那些从事积极的避税安排的纳税人。对 GAAR 条款下最关键的问题，即如何判断一项交易是在滥用法律，最高法院没有提供任何明确的指引。虽然 GAAR 的立法说明性注释明确提及了经济实质，但最高法院限制了经济实质所能发挥的作用，法院指出除非当纳税人享有税收优惠依据的成文法条款本身提及或指向了经济实质，否则经济实质是不相关的。即使是在成文法条款指向了经济实质的情况下，一个交易缺乏经济实质只是判定交易是否构成滥用的因素之一，而非决定性因素。最后，最高法院表达了其在将来不愿意审理 GAAR 案件的倾向，它将滥用与否的问题视为由初审法院法官查明的事实问题，并且告诫上诉法院只介入那些税务法院有明显、重大错误的案件。

尽管如此，在 2009 年最高法院审理了另外一个 GAAR 案件——Lipson v. The Queen 案⑫。本案中，纳税人的计划旨在使主要住房的按揭利息能够扣除。最高法院以微弱多数（4∶3）判决本案适用 GAAR。其中一个持反对意见的法官认为，由于本案的计划被一个具体的反避税规则所涵盖，故本案不适用 GAAR。遗憾的是，本案并没有解决在解释和适用 GAAR 时的不确定性。

10. 税法的法律渊源

几乎所有的联邦税收立法——个人所得税、资本利得和公司税——都包含在联邦所得税法之中。联邦所得税法还包括不以所得为税基的特种税，例如针对大型金融机构的资本税。从 20 世纪 80 年代早期开始，所有加拿大立法都附有说明性注释。这些注释有时会就条款的目的和适用提供有益的说明。然而有的时候，这些注释只是将成文法的文字进行了简单的重复表述。加拿大法院将说明性注释作为解释的辅助性材料。所得税法以法

---

⑪ 前注 5。
⑫ [2009] SCR 1.

规为补充，后者是由内阁通过（不是由议会通过）的详细规则。法规之间有很大的不同，有的规定可能更适宜纳入所得税法中，而有的详细规定了雇主从职工薪金和工资扣缴税款的金额表。所得税法和法规的最新修正案可以在网站 www.fin.gc.ca 上查询。但是大多数的税法执业者使用由商业出版商（Thomson/Carswell and CCH）编写的一种整合后注释版法律汇编。

　　CRA 会发布有关所得税的、内容广泛的行政性资料。信息通报、解释公告、以及技术性解释在判断 CRA 就所得税法条款的解释和适用问题所持意见之时会特别地有用。大多数信息通报旨在为一般公众提供有关税法体系中各个领域的说明。解释公告和技术性解释涉及更窄、更技术性的问题，主要面向税务执业者。虽然这些发行文件中表达的行政意见对 CRA 没有法律约束力，但是在实务中 CRA 的立场很少会偏离这些意见。CRA 也针对特定的纳税人就所提议的交易作出有约束力的预先裁决。这些先行裁决被大型会计师事务所和律师事务所广泛地应用于处理复杂的公司交易中。CRA 提供裁决服务时会以补偿性为原则收取相应的费用。CRA 的所有已公布的资料都可以在它的网站（www.cra-arc.gc.ca）上找到。

　　根据加拿大所缔结的税收条约，纳税人有时可以免于缴纳根据所得税法确定的应纳税额。截至 2008 年末，加拿大共缔结了大约 90 个税收协定，其中包括那些与加拿大主要贸易伙伴缔结的协定。加拿大税收条约的文本和税收条约网的状态都可以在网站 www.fin.gc.ca 上找到。

　　二级渊源（著作、论文等等）以及政府报告是有关加拿大所得税制度的重要信息来源。法院经常在其判决中援引此类材料。有关所得税的最杰出的教科书是：Vern Krishna 著《加拿大所得税基本原理》第九版（*The Fundamentals of Canadian Income Taxation*，Butterworths，2006），以及 Peter Hogg、Joanne Magee 和 Jinyan Li 著《加拿大所得税原理》第六版（*The Priciples of Canadian Income Taxation*，Carswell，2007）。另外还有 2 个版本的活页综合信息服务，Thomson/Carswell 和 CHH，以及若干个电子推送服务。加拿大税收基金（Canadian Tax Foundation）是这一领域内最重要的专业组织，它出版有《加拿大税务期刊》（*Canadian Tax Journal*）（季刊）、一本年度会议报告、以及税务专题著作。学会的网站是 www.cft.ca。最为重要的政府报告当数 1966 年皇家税务委员会报告（the Carter Report）。1997 年由财政部长委派的商业税务技术委员会作出的报告（*Report of the Technical Committee on Business Taxation*）（the Mintz Report），内容包括对经营所得征税的详尽分析，以及对改进所得税体系的建议，不过只有一小部分建议最终被政府所采纳。

法　国

居伊·热斯特(Guy Gest)教授

1.　历　史

　　法国的第一个所得税体系是由 1914 年到 1917 年期间的三部制定法确立的,为当时英国和普鲁士体系的混合体,具体表现为分两个层次课税:在第一个层次上,针对七种不同的所得类型(几乎与今天一样),分别适用七个单一比例税率;在第二个层次上,对纳税人各种类型所得的总和适用累进税率。

　　建立于 1948 年的综合公司所得税(*impôt sur les sociétés*, IS),它的税基无论在过去和现在,从根本上都取决于那些适用于工业和商业所得类别的规则。以前,根据公司所从事活动类型的不同(工业和商业、农业、非商业等),公司的利润须适用当时分类所得税的单一税率;这个税率最初为 24%(即过去针对工业和商业收益的个人所得税税率),标准税率(例如,针对普通收入而非资本利得的所得税税率)后来逐渐提高至 1958 年的 50%,并在此后近三十年的时间内一直保持该水平。

　　1965 年的制定法确立了一体化所得税制度(an integration system)。居民股东(根据某些税收条约,甚至包括非居民)享有所得股息一半的税收抵免(*avoir fiscal*),从而部分消除了对经常性分配的利润的双重征税。

　　从 1986 年开始,公司所得税税率逐渐降至自适用于 1993 年 1 月 1 日之后各财政年度的 33.33%。1989 年至 1992 年间,法国公司适用了分劈税率的所得税制度:在适用标准税率征过一次税后,当分配公司所得之时仍然要课征附加税。附加税的目的在于将对已分配收入的标准公司所得税税率提高至 42%。

　　33.33% 的公司税和 50% 的归集抵免(*avoir fiscal*)的存在消除了对已分配利润的双重征税。但是,出于预算的需要,法律相继开征三种附加税,1995 年和 1997 年的附加税针对所有公司,而 2000 年的附加税只针对大公司。目前只有 2000 年设立的附加税仍然有效。另一方面,针对没有享受公司间股息免税待遇的股东,归集抵免自1999年起每年都有所降低。至2005年对所有纳税人均不再适用归集抵免,那些无权享有公司间股息免税的股东,也不再享有任何经济上免于双重征税的待遇;而且个人股东的归集抵免也被股息的50%(2006年个人所得税税目重新调整后降至40%)的扣除所替代。

就个人所得税而言,1914—1917年间的制度一直延续至1960年而没有根本性的变化;1948年将七种分类所得税税率标准化的尝试很快被证明并不成功。1960年,个人所得税比例税率和累进税率共存的局面被一个累进个人所得税(impôt sur le revenu, IR)所替代,但是后者的税基仍然为过去制度中所包含的各种所得,而且这些所得之间的重要差异——乃至所适用的税率上的差异——都被保留了下来。但是20世纪60年代和70年代,在"A revenu connu égal, impôt égal"(一旦被知悉,则同样的所得要承担相同的税负)的口号下,除了那些性质上的固有差异之外,各种所得之间的大多数差异都被逐渐取消了,并且在1976年增加了非经营性资本利得这类所得。

与此同时,税率稳步提高,最高级距的边际税率在20世纪80年代早期超过了70%。此后,税率开始经历一个缓慢地分阶段的下降过程,从2006年起,最高边际税率一直为40%。但是,应当指出的是,在这一时期建立了一些新的单一税率个人所得税。

新的、附加的个人所得税,即所谓一般社会供款(contribution sociale généralisée, CSG)和社会债务偿付供款(contribution au remboursement de la dette sociale, CRDS),分别开征于1991年和1996年,其目的在于为社会保障体系筹集资金。尽管从它们的名称和其已经取代部分现行社会保障供款的事实来看似乎属于社会保障的范畴,但实际上并非如此,二者均适用于所有类型的所得,包括资本利得和所有自1998年起被征收所谓社会征收款(prélèvement social)的所得。一般社会供款的税率自其产生以来有了显著提高,它所获得的税收收入比传统的累进个人所得税收入明显高出许多。

在讨论对所得和资本利得的课税时,也应考虑产生于1982年的年度净财富税(现在称作 impôt de solidarité sur la fortune 或 ISF,在1986至1989三年间曾停止征收)。只有个人的非经营性资产才应税,且适用累进税率,在2009年,790,000欧元以下的税率为零,16,480,000欧元以上的边际税率为1.80%。但是,法律有例外条款,规定应纳所得税和财富税合计不得超过纳税人所得的85%,而且对最富有的人来说,对这样的限额本身又有其他的限额性规定。在过去的几年中,政府制定了主要针对股票和证券的新的减免税政策;而且,财富税的税负也减轻了,这是因为自 2006 年起,纳税人可以受益于所谓的 bouclier fiscal(税收庇护),即防止纳税人缴纳超过其总收入(应税的和免税的)50% 的直接税(即 IR,新型单一税率所得税,ISF,对主要住房征收的地方税)。

2. 宪法性问题

1958 年《宪法》和与之具有同样法律效力的文本(即,1789 年《权利宣言》和 1946 年《宪法》的前言),包含有一些与税收有关的重要条款。例如《宪法》第 34、37 条,宪法法院(Conseil Constitutionnel)将之解释为,规定税收的规则必须以法律的形式制定,但仅限于具有"决定性"意义的事项。这至少在理论上,为政府制定法令(décrets)或者在特定情况下的部门命令(arrêtés)预留了空间,这些具有次等效力的规则对于实际执行法律十分必要。

第 38 条认可了授权立法。与以前的共和国所不同的是,在现在的第五共和国这一权力很少在税收事务中得到运用。

法国是单一制国家,地方仅有权征收国会已具体指明其征收的税收。在某些情况下,地方只能在预先确定的范围内选择税率,但此类型的税不包括所得税。

最后,1789 年《权利宣言》和 1946 年《宪法》前言所表达的人权和基本自由,特别是税收平等,一直都对那些起草中的税收成文法具有约束力。

议会所制定法律的合宪性问题由宪法法院决定,而且合宪性审查只能由某些主体(总统、总理、两院主席)或任一两院的 60 位议员提起。这意味着,现行有效的某些税法可能包含与宪法相冲突的条款。然而自 2009 年起,当事人有权在普通法院中提出违反宪法所保障的权利和自由的抗辩,在这种情况下受理本案的最高审级法院(根据案件情况,可能是 Conseil d'Etat 或者 Cour de cassation)会把问题移交至宪法法院审理。

此外,建立在《宪法》第 55 条——正式批准的国际条约高于议会的制定法——和欧盟法律至上原则的基础之上,在最近几年中欧盟法律对法国税法具有重要影响。为了使立法不被法院推翻,法律和规章不仅要与欧盟条约规定相一致,而且必须遵守共同体的派生性法律——由欧盟机构在其管辖权范围内所采纳的规章或指令,而无论其是否与税收有关。随着欧盟法院和法国法院确立起一系列判例,税法的某些条款已被废止或者修改,或是因其与指令(特别是在增值税领域)或者欧盟条约所提倡的主要流动自由(如:货物、工人、服务、资本和支付自由,以及设立自由)相冲突,或是因为其违反欧盟条约关于禁止成员国援助而扭曲竞争的规定。

1950年《欧洲人权公约》(ECHR)以及欧洲人权法院的判例法,对法国法产生了影响,尤其是第6条有关公平审判权,它们也促进了对税收处罚法律体系的重新思考。由于《欧洲人权公约》所包含的基本原则和自由在很大程度上与1789年权利宣言一样,对法国法律和公约一致性的确认,在某种程度上间接确保了法院遵守1789年宣言,特别是其平等的原则。

3. 税　　率

3.1　累进的个人所得税(IR)

2009年的个人所得税税率表,适用于2008年收到或者累积的所得,共包含5个等级(1994年以前为13个):

应税所得	税率
5,852欧元以下	0%
5,852—11,673欧元	5.5%
11,673—25,926欧元	14%
25,926—69,505欧元	30%
69,505欧元以上	40%

该表适用于每个纳税家庭年综合所得的一个份额(关于家庭份额系统的描述,请见下文5.1和第二编第E.1章)。所以一般地,一个份额相当于一个人(没有子女时)的应税所得。

纳税等级(brackets)与通货膨胀挂钩,另外免税、抵免和减税的起点也根据通货膨胀指数进行调整。

单一税率(flat rates)代替累进税率表,适用于不同类型的资本所得或利得。其既可以自动适用(例如,对经营性长期资本利得适用16%税率,对转让证券的非经营性资本利得适用18%税率),也可以选择适用(例如对债券利息适用18%税率)。

3.2　单一税率的个人所得税

目前针对工资、营业收入、养老金或者失业福利的一般社会供款(CSG)

和社会债券偿付供款(CRDS)适用的税率,分别是7.5%(最初为1.1%)、0.5%和2%。然而,对于大多数退休年金和失业补助来讲,CSG被降低到6.6%或者6.2%,或者在某些情形下可降至3.8%。对于资本所得和利得的CSG适用8.2%,此外加上0.5%的CRDS和2%的社会征收款(social levy)及其两个额外的供款,税率总合自2008年来相当于12.1%。

当这些税被附加到个人所得税时,对个人收入的边际税率远高于个人所得税表中的税率:即使考虑到它们税基的差异,而且个人所得税税基中可以对CSG的部分扣除,这个结论仍然成立。

3.3 企业所得税

如上指出,公司所得税(IS)的标准税率自1993年起一直都是33.33%。但是一个3.3%的所谓社会附加税附加于公司所得税,更准确地说是附加于公司所得税超出€763,000的那部分。

自1997年来,小公司(即那些营业额没有超过€7,630,000且其股本至少75%被个人持有的公司)适用特别税率,目前为15%,针对其收入加上不超过€38,120的资本利得。

而且,对于非营利组织和其他免税实体("associations"),其特定的消极所得(租金、利息、股息)以及农业所得适用低税率:一般为24%,但对大多数来自证券的收入适用10%。更为重要的是,公司的大多数净长期资本利得(如今被定义为,来自销售特定重大利益的实现的利得,且该利益发生于取得权益的2年之后)自2007年以来为免税。对于来自所投资资产主要由不动产构成的上市公司股权的长期资本利得,以及特许权使用费和来自转让专利的收益,适用低税率,分别为19%和15%。

4. 财政制度的基本结构

通常认为与其他发达国家相比,法国税法体系在传统上的基本特点之一,是所得税只占税收总收入的一小部分。该不平衡的主要原因在于,个人所得税尽管有很高的累进性,但是包括许多免税、税务扣除额(allowances)以及各种减税,所以它的税负只集中于最高收入的人群。两个家庭中几乎就有一个为免税。

尽管个人所得税的特点在今天从根本上仍然未得到改变,但是已然可以观察到这样一个明显的趋势,即法国越来越多的税收收入来自所得税。

以占 GDP 的比例衡量,所得税在 20 世纪的最后 25 年内增长了一倍(尤其是 20 世纪 90 年代末有急剧的增长)。自 2000 以来所得税占 GDP 的 11%(根据 OECD 的最新统计数据),这与货物和劳务税一样多,后者许多年来一直都是财政收入的最重要来源(除了社会保险)。这可以通过为福利补助金提供资金而建立的一般社会供款(CSG)、社会债务补偿供款(CRDS)和其他所谓社会税征收款来轻易地得到解释,此外后来 CSG 税率显著升高也是一个因素。事实上,这些新型的所得税,采用宽税基和单一税率(flat rates),被证明产生收入的能力很强(CSG 以及其他单一税率所得税约 920 亿欧元,相比之下,根据 2008 年的估算,个人所得税、公司所得税以及增值税分别大约 600 亿、650 亿和 1800 亿欧元)。

同时,出于同样的原因,社会保障供款(不同于上文提到的社会征收款,后者属于所得税)占 GDP 的比重整体下降了,从 1985—1995 年间的 18.5%,下降到 2000 年的大约 16%。由于它们在本质上也是向所得课征,而且特别针对劳动收入,因此应当将其归为所得税的范畴。

税收收入占 GDP 的百分比十分稳定,自 1996 年约 44%。

5. 所得税的基本结构

5.1 个人所得税

如上所述,法国税法体系至少包括三种不同的针对个人所得的普通税(general taxes)(不包括 2% 的针对资本所得和利得的社会征收款及其两个附加供款)。

就传统的累进个人所得税(IR)而言,毛应税所得一般属于以下的八个类别:

- 工资和养老金收入
- 某些公司管理人员取得的报酬
- 工业和商业利润
- 农业利润
- 不动产收入
- 证券收入
- 私人(即非经营)资本利得
- 个人(非商业)服务所得和其他收入(兜底类型)

从一开始,所得的概念就建立在大陆法系的所得来源理论(source theory)的基础之上。根据这一理论,所得只包括那些定期来自某些稳定来源的金额,以区别于那些一次性的收入或者那些被认为本身即为来源的一部分的收入(特别是资本利得)。这一理论仍然从根本上支撑着那些反映在"其他所得"类别中的标准,即如何决定那些不属于其他任何已存类别的收入是否应当纳税的问题。但是在许多方面,特别是就资本而言,来源理论已被制定法所推翻。

自20世纪30年代,经营性资本利得和损失被系统地考虑进来了,按工业和商业、农业和非商业一类的应税项目。相反地,对私人(即非经营)资本利得的征税原则在1976年才建立,而且现在仍然存在许多免税和其他优惠的税收规定。

每一个所得类别都有其用于计算净收入和损失的具体规则(而且经常是若干组不同的规则)。对于所得和可扣除的费用,一般考虑它们的实际数额。但是所得的费用(或某些费用的种类)在一些情形下可以选择性地从毛收入或营业额中按标准扣除额予以扣除,例如相当于工资或养老金扣除社会保障缴款后的10%的免税额(allowance),微小的企业(年销售额低于€80,000)的营业额的71%的免税额,支付给由微小的企业(毛收入低于€32,000)提供的商业或非商业服务的50%和34%的免税额,以及毛租金的40%(如果低于€15,000)的免税额。

除了证券转让收益、固定证券收入、以及经营性长期资本利得(无论是自动还是选择性的)适用单一比例税率(见前文3.3),个人累进所得税的税基,至少在原则上是来自各类项目的收入和损失的代数和,这些收入和损失由同一财政家庭的不同成员实现,如果家庭成员是居民纳税人则无论其所得来源地如何都应予以计入,但如果是非居民则只计入来源于法国的所得。但是,对于净收入和损失相抵原则的例外变得越来越多。在今天,一些类别的净损失已不能再从同年度积极所得中扣除,它们只能转结,根据不同情况在今后5年或10年之间抵扣同样性质的积极所得。这些主要是来自出租不动产和所谓非职业(非经营)的农业、工业和商业或非商业利润的净损失。这些损失被认为要被隔离(tunnélisées)。

如果损失和收入的代数和(受前述条件限制)的结果是总体上的净损失,那么后者转结于接下来的6年之中。否则,一些支出(主要为赡养费)和免税额(针对老年或残疾低收入人群和有已婚子女或负担有家庭责任的子女的财政家庭,因为这些子女在适用家庭申报制时没有被考虑到)可以从总所得中扣除。大多数从总体收入中的扣除在20世纪80年代转变为réductions(即不可返还的抵免)或者crédits d'impôt(即可返还的抵免),因为抵扣被认为比扣除更公平。从那时起,针对特定由纳税人发生的支出的新的税收激励就采取了这种减税或者抵扣的形式。

课税单位是家庭。根据不同情况,它由一个单身者、已婚夫妇或者自1999年来两个未婚但已组成家庭合作关系(pacte civil de solidarité)的伴侣组成,此外,根据特定的选择或例外,也可包括非独立个人,主要为孩子。

按照1945年建立的家庭申报制(quotient familial)(见Part 2, Subpart E.1),在适用单一的累进税率表时,家庭净收入要除以(大约)对应家庭成员数的份额数。这样由此产生的数额然后乘以相关的份额数,即得出总的应纳税额。

然后,进行若干其他的计算,得出净应纳税额。特别要计算出税收抵免。抵免额等于某些个人支出的固定比例,比如慈善赠予、对主要家居的重要修缮以及孩子抚养费用等等。有的是可返还的(所谓crédits d'impôt),而有的不可以返还(réductions d'impôt)。其他抵免并不对应于纳税人发生的支出,例如以前的归集抵免或者低收入雇员享有的就业抵免,自营者(self-employed)自2001年也享有此类抵免。

可以说,法国个人所得税的计算或许是世界上最复杂的制度之一。幸运的是,这样的计算并不需要由纳税人自己完成。

单一税率所得税(CSG和CRDS)的计算,看起来相对简单,但是它们给计算累进个人所得税(IR)带来了新的复杂因素,因为CSG可以部分在后者的税基中扣除。除了税率,它们与个人所得税还在许多方面有不同:单一税率所得税的税基更宽:包括社会保障缴款,扣除较少,而且几乎没有免税,对于一个所得类别的损失不能以其他类别所得进行弥补。课税单位不是家庭,经济依赖者并没有被纳入考虑。非居民对此不纳税。

5.2 公司所得税

不论公司所从事的活动是什么,用于计算公司所得税(IS)适用标准税率(33.33%)时之计税依据的规则,与那些用来评估针对独资经营企业(除了那些收入费用是以标准基础计算的独资经营企业)的工业和商业利润的个人所得税(IS)的税基的规则,在实质上是一样的。两种税基本上都是针对以下所得额征收:会计上的经营成果,加上不可扣除的费用,再减去不作为应税所得的收入。所以,二者应当适用相同的会计原则和规则。就非应税收入和不可扣除的费用而言,一般的制度(the general scheme)也是一样的,即使其中某些只针对某一个税种。

两种税的差别之一在于,可以适用低税率的长期资本利得的范围不同。独立经营者对各种各样固定资产的处置都可以构成这种资本利得;但自1997年起,公司只有处置在其他公司中持有的重大利益(至少5%)所取得的收益才属于这种资本利得。公司可以选择公司间股息免税,而不把由这些来源于股权的收入纳入它们的计税依据。①

区别于个人独资企业,公司对于损失有权选择3年的向后结转并因此而有权享有税收抵免。但公司不再可以选择无限制的结转(在2004年之前为5年,对于个人独资企业为6年)。

集团有权选择将国内母公司和任何拥有95%以上股权的国内子公司合并纳税(intégration fiscale)。所谓领域原则是指,只有当积极收入(active income)来源于法国交易或企业——主要为分支机构或者从属代理人——的时候才在法国课税。作为对领域原则的例外,集团也可以针对一家国内公司和它的外国分支机构以及它所拥有的超过50%上股权的国内或外国子公司来合并纳税(bénéfice mondial et consolidé)。从2009年起,中小型公司(员工不超过2000人)可以选择就外国分支机构或者直接持有95%以上股份的外国子公司的损失在限额内扣除。这些损失在这些实体产生利润的情况下可以被还原(recaptured),而且最晚不能超过亏损发生后的5年。

6. 立　　法

6.1　立法程序

大多数税收措施,无论是最开始执行还是进行修改,都规定在财政法律(Finance Acts)之中。它们通常由议会两院(即众议院,Assemblée Nationale 和参议院,Sénat)以快捷立法程序通过,其中众议院作为唯一由普选产生的议院在必要情况下拥有最后的决定权。财政法案通常由政府提出,但是在不导致公共收入水平降低的前提下,议会议员经较为严格的程序可以增加新的条款或修正案(《宪法》第40条)。由此导致的结果是,只有那些已经

---

① 免税在大多数情况下更为适宜;然而,在有些情况下(适用15%公司税税率的小企业或者属于某一集团的公司)适用外国税收抵免更为可取。

政府同意或与政府意图相符合的修正案才有可能被通过成为制定法。

税收规定亦见于一般法律,重大税法改革也曾通过这种方式实现。然而,普通法律的提案大多数都来自政府。因而与财政法案相似,议会议员提出修正案的权利是有限的。

普通法案与财政法案的立法过程都很迅速。议会只有70天的时间对财政法案进行投票。没有正式的法律要求法案须举行任何听证会或者公共意见征询程序,但通常会非正式地向专业组织进行咨询。由议会外的临时委员会制定税收规定提案的情况非常少见。1986年和1987年旨在提高纳税人权利及保障的税法改革、以及2009年旨在加强税收事项中法律之确定性的改革,都是这一规则的明显例外。因此立法辩论的主要部分发生在议会,而且主要是在两院的财政委员会。

针对某一年适用的财政法案一般在此前一年12月底之前通过,但除非有明确地相反规定,有关个人所得税和公司所得税的条款将溯及既往地适用于在前一年实现的收入和资本利得。特别是在20世纪80年代和90年代早期,议会通过了大量具有溯及效力的特别税法,这往往是应政府的要求,而且常常只是为了用制定法来推翻那些与行政解释和实践不同且税务机关不予认同的判例法。宪法没有禁止税法不得溯及既往,但宪法法院确立了限制条件,特别是要求这些特殊措施要具备充分的公共利益的正当性,禁止任何加重税收处罚的溯及既往,而且不得对已有既判力的法院判决提出质疑。在过去几年中,像这样的措施已经明显减少了许多。

6.2 立法起草

《法国税法典》即便算上它的法律附件(政府法令和部门命令),也远不像《美国国内税收法典》那样卷帙浩繁。这或许是因为相当长的一段时间内,法国议会并不寻求将每一个特定的具体情况规定清楚,并未规定具体严格的规则或者包含一切的定义和列举;相反而是经常倾向于制定原则性的、措辞宽泛的、简洁的条款,从而可以通过适当的解释而适用于各种新的情形。因此,许多制定规则的工作都留给了行政和司法解释来完成。

但这种情况逐渐有所改变。尽管老式条款的确继续有效,比如关于在国际领域对公司征税的制定法规则可以追溯到1948年,其在税法典中的表达凝练而简洁,但是正如许多其他法律体系那样,制定法的行文风格在过去的几十年中发生了很大变化,制定法比以前越来越数量庞大、具体和复杂。税收制定法在今天的显著特点就是经常修改。这样的一个趋势反映了法律背后越来越复杂的技术、经济和社会背景,同时也反映了税收作为调节经济和社会事务的杠杆的政策效应,以及在立法决策过程中游说所不断增长的影响力。

6.3 法律解释

判例法仍然是税法的主要法律渊源之一。这是因为许多制定法仍旧措词宽泛而行政解释通常对法院没有拘束力。许多税法原则和规则是由税务法院确立的,司法解释构成法律的重要组成部分。

对于法律解释的问题,从来没有专门的制定法予以规范;判决亦从来不明确地阐明其所运用的解释原则和方法;而且学者也很少对此有研究,因此较难解释法院如何阐释制定法(和法令)。

然而可以这么说,作为一项原则,法律文字的明确意义总是优先于立法准备性文献以及税收的公平性或经济性考量。但是法律文字的意思是否明确是由法官来判断的,而且即使一个条款是明确的,它仍然可能对于所面对的特定具体情况而言是不完整的、不精确的或者不合适的。在这种情况以及法律文字模糊、矛盾或没有规定的情形下,法官可以运用所有的、无论是内部或外部的解释方法,只要可能帮助揭示立法者的意图。但是法官十分不情愿去运用类推或对立推理法,而且他很少明确依赖于那些立法的历史资料。在实务中,法官可以十分自由地决定法律的含义是什么。

这一点对于负责关于主要税收(个人和公司所得税以及增值税)的诉讼的行政法官来讲尤其如此。最近一些行政判例法由于制定法条款并没有作出规定,所以确立了复杂的计算企业来自转让合伙权益的资本利得的计算方法,就是很好的例子。一般民事法庭处理涉及注册、死亡、赠与和财富税以及印花税或消费税,更倾向于采取一个更加文义的或者严格的解释原则。

当国内税法的某个条款与欧盟条约、指令或宪法性规则或原则似乎相违背,法院总是试图以与欧盟法律或宪法性规则或原则相一致的方式来解释该条款,以避免使之被撤销。当国内规定同欧盟法律的一致性问题能可由对该条款的正确解释而解决的时候,法官通常不再犹豫将这样的解释问题移交欧洲法院处理。

7. 审理税务案件的法院

7.1 法院的组织结构

法国没有专业税务法院。但是传统上法国法律体系的一个独特之处在税收争议中体现出来,即存在两个平行的法院系统。一般来讲,行政法院受理行政机关和行政相对人之间的诉讼,通常是解决税收争议的法庭。民事法院通常审理私人或法人主体之间的诉讼,根据法律规定对产生于注册、死亡、赠与和财富税以及印花税或消费税的诉讼享有管辖权。这种双轨制法院系统尽管经常受到质疑,但一直存续了下来,这是因为民事法院法官被认为比行政法官在审理产生此种税收的民事法律问题上更有能力。结果,行政法院主要审理那些涉及主要税种的诉讼,如个人所得税、公司所得税以及增值税。两类法院均能审理针对 CSG 和其他单一税率所得税的案件,具体取决于案件涉及的所得类型。

纳税人对其税收问题具有事实上或法律上的争议理由时,不能直接向法院提起诉讼,而必须首先在法定期间内向决定税收事务的有关机关提出异议。通常对于大多数案件来说,这一期限为 2—3 年之间(在 2007 年针对所有税种共有 3,643,134 次申诉,其中 1,338,526 次针对国家直接税)。如税收产生于税收审计之后的再确定税款行为,这一期限会更长。第一阶段的程序就像一个筛子,使绝大多数争议得以解决。纳税人即便提起异议,仍然需缴纳税款,尽管他可以通过向财政部提供充分的担保来得到更长的期限。

如果有关税务机关在 6 个月内没有答复或者明确拒绝申诉,那么纳税人可以将案件提交到一审行政法院(*Tribunal Administratif*—TA)或民事法院原讼法庭(*Tribunal de grande instance*—TGI)。第一次转移没有任何期限上的限制,第二次则必须在 2 个月内提出。向行政上诉法院(*Cour administrative d'appel*—CAA)或者民事上诉法院(*Cour d'appel* —CA)提起上诉的期限是 2 个月。上诉法院的判决可以分别上诉至行政最高法院(*Conseil d'Etat*—CE)和民事最高法院(*Cour de cassation*—Cass),此时对案件会有一个过滤机制,以排除那些明显不应当许可的上诉或者没有重大理由的上诉,但是法律对准予上诉并没有明确的要求。上诉(*pourvoi en cassation*)一般来说并不能阻止已作出判决的执行(即一般并不中止执行),上诉被限制于法律问题,但是法官可以自由地解释这种限制。

案件数量 2007 年	所有税种	国家直接税（主要为个人所得税和公司所得税）
行政法院		
一审法院	25,170	8,444
二审法院	3,598	
最高法院	520	
民事法院		
一审和二审法院	949	
最高法院	166	

所有的判决都由法官组成的合议庭作出。在下级法院（TA 和 TGI），律师代理不是必需的。在案件审理过程中，纳税人可能总是要求法院——而且经常被准许——撤销作为争议税收行为的依据的法律条款，理由是该条款与上位法（根据案件不同情况，可能是制定法、税收协定、欧盟协定、欧盟指令或法规）相冲突。从 2009 年起，纳税人有权以立法侵犯了其宪法所保障的权利和自由为诉由向法院提起诉讼。

上述规则适用于对纳税征收基础、应税数额、应税数额的确定方法存有争议之时。当诉讼涉及税收征收时，则适用类似的制度，但也有某些不同，特别是关于时限的分配和在民事或行政法院之间管辖权的分配。

在没有针对税收提起任何诉讼的情况下，纳税人仍然有权以超越权限为由向行政法院启动司法审查程序，从而撤销不合法的政府法令、部门命令或者行政解释。在任何诉讼中（纳税争议、超载权限法律之诉、欧盟行政不作为之诉或者解释之诉），如果法国法律中的一个条款被法国最高法院之一或欧洲法院判决与上位法相冲突，那么纳税人有权要求退还依据该条款所缴纳的税款，但仅限于法院判决前三年以内的纳税行为。

7.2　司法判决的风格

司法判决一般比较简短（很少有超过两三页的）。在援引所应适用的制定法条文、并就本案诉讼程序和当事人诉辩理由作出简短的概括以后，判决理由通常以十分简洁，甚至有时是以过分简明的风格来表达。法官的意见——不论是赞同意见还是反对意见——都不公开发表。因此，在法院合议之前由法院的某位成员（在行政法院即所谓的 commissaire du Gouvernement—2009 年后称为 Rapporteur public）就每个案件所作的意见，就是一个十分有用的工具，可以用它来理解法院的判决，尽管有的时候判决并不总是与前述意见相一致。此类意见通常在专业评论上发表。判例的约束力原则并未确立,但是一旦某一最高法院的立场被特别明确地表达了出来,则下级法院至少在一个时期总是倾向于遵循其意见。

8. 税务行政

8.1 税款核定、征收和审计

法国根据纳税人提交的纳税申报表征收税款,鼓励纳税人通过电子方式进行申报和支付,但目前只有少部分个人纳税人采用了这种方式(2008年有 740 万份申报来自 3580 万个个人所得税意义上的家庭,后者中的 190 万个实际上是适用个人所得税的)。

每个个人所得税意义上的家庭的不同家庭成员所获得的各分类所得项目的全部所得,必须在个人所得税的总申报表中反映出来。但是,现在寄送给纳税人的申报表已预先填写了部分信息,它们包含了所有第三方向税务机关提供的有关工资和证券收益的信息。纳税人必须同时提交反映各种不同类别的经营利润(工业或者商业,农业,和非经营利润)和租金或者出售不动产利得的特别申报表,并附于总申报表之后。

个人所得税应纳税额已不再由纳税人自己评定,考虑到其计算方法的复杂性,这样做有利于纳税人。

对工资或者养老金不实行源泉扣缴。税收的源泉扣缴仅适用于一些证券收益以及国际税收中的某些非居民所得。但是那些单一比例税率所得税(CSG、CRDS 以及 2% 的社会征收)对大部分所得实行源泉扣缴。个人所得税每年分两次缴纳,或者由纳税人自己选择,分 10 次按月分期缴纳,每次相当于前一年度所纳税额的 1/3 和 1/10。如果税务机关已经计算出年度应纳税额,显示应纳税额的税款通知单会寄送给纳税人,纳税人按照要求支付剩下的余额或者在多缴税款时获得退税。

公司也必须提交年度总纳税申报表,并附报许多额外的报表,以提供会计和税务信息,并列明用来确定税负的基本要素和相应税款。原则上在提交申报表时就应该缴纳税款,但是实际上只是剩余税款的支付,因为公司所得税也是预先分期缴纳的。

在对个人和公司申报表进行确认之后进行的任何重新评定必须在应纳税年度后第三年的 12 月 31 日之前通知纳税人。

对个人纳税人的税务文件似乎比过去审查得更为系统(办公室审计),

并且如果是企业，税务审计的有限资源主要集中于大中型公司的控制上，而许多小型独资企业仍然适用标准扣除（参见上文5.1节）确定应纳税额。在过去几十年里，税务审计部门已经重组，税务审计员的能力也得到了提高，计算机的使用亦使税务审计更有效率。但另一方面，税务审计过程受到了越来越精确地监管，现在许多详细的程序规则一般会得到法院的严格执行，为纳税人提供了非常完善的保护。在过去十年里，现场审计的数量仍然相对较低（2006年为47,851个企业，而本年符合条件的企业超过330万个），对个人的深度审计也是如此（2006年3580万个家庭中的4,578个接受了深度审计）。

因为历史的原因，长期以来法国有两个不同的行政部门，一个负责直接税的评定、计算和管理，一个负责税款的征收。1999年政府曾试图合并两机构，尽管从效率看是明显合理的，但因工会的反对而遭遇失败。不过，自2002年起，一个叫做大企业办公室（Direction des Grandes Enterprisesr）的特别机构在巴黎附近成立，它受理几乎所有营业额或总资产超过4亿欧元的公司及其母、子公司（基于50%以上的所有权关系）的全部直接税和间接税的网上申报和税款缴纳。此外，自2006年起，其他企业在每个新成立的企业税收服务中心（Service des impôts des entreprises）都有针对其所有国家层面税收的当地联系人。针对个人纳税人的征管整合，即评定税款缴纳的一站式计划也已经展开，并预计在2012年之前完成。

法国纳税人不喜欢税收，并且会明确地表达出来。在20世纪50年代和60年代发生了一些反对征税的抗议，尤其是小型个人企业。然而，即便有许多纳税人仍然认为避税是合法的，而且避税的数额难以小觑，并且税负不断增长、税务审计的效率不断提高，但纳税人和税务机关的关系似乎已经达到了一个相对平和的妥协。这也许是因为纳税人被赋予了大量新的法律权利，公众对税收和国家福利之间的关系的理解不断加强，雇员的数量与小企业相比也在不断增加，以及税务机关对经济和国际事务持越来越开放的态度。

在过去，法国纳税人和税务执业者在税收筹划方面显然没有表现出多么高明的技巧，或者说他们至少还没有进行过积极的税收筹划，其部分原因也许在于法典中的反滥用法律规则——在他们许多人看来，这一规则乃是一把真正的达摩克利斯之剑。但是，在英美实践的影响下，形势多少发生了一些变化，尤其是在国际税收领域。于是，许多税收漏洞得以弥补，税务机关现在也被赋予了更多的反避税工具，即使是在欧共体和税收协定判例法的约束下,税务机关现在应用这些反避税工具时也愈来愈得心应手。

8.2 行政解释

议会颁布法律后,政府法令和部长命令常常会说明法律规定的意义和适用范围以及适用的方法,但是除非议会明确要求政府如此行为,这些说明往往都不系统。

然后,财政部长或者根据财政部长的授权,由财政部主要税收部门(主要是 *Direction générale des impôts*)的负责人发布行政通知(*circulaires* 或 *instructions* 或 *notes*),进一步解释和说明法律和法令,并规定其适用的实际措施。在正式公布之前,行政通知越来越多地向不同的组织(雇主协会、律师、注册会计师以及协会等等)征求意见。2009年4月,行政通知首次在财政部网站上向公众征求意见。

通知不能制定新规则,不具有任何法律效力,对纳税人和法院没有拘束力,除非它们对法令、法律或者税收协定作出了有利于纳税人的解释。在后种情形下,如果纳税人依据该解释为行为,则税务机关不能对纳税人再次进行核定(有点类似于禁止反言)。税务机关也在回复国会议员提出的问题时表明其立场。在法律颁布后,通知会越来越频繁、迅速地发布。而且,它们也变得愈来愈精确,会附有更加冗长的例子来说明。所以,通知对于纳税人而言非常重要和有帮助。然而没有法令和通知,或者法令和通知的作用非常有限的税法领域仍然存在,即使法律的文字本身非常抽象(例如在转让定价方面)。

法国税务机关原则上没有裁量权,而且长期以来总是不愿意发布预先裁决。一些过去的程序现在仍然保留着,根据这些程序,在税务机关未事先同意之前纳税人就无法享有某一税收制度的利益。但这些情况已逐渐有所改变。

1987年在原有规则的基础上制定了一项新的解释财政法律文本的禁反言规则:对于给定的一项税法规则(例如,对个人纳税人而言经营活动的构成要件),只要情况和规则本身未经修改,税务机关就不得依据对纳税人情况的估计,作出与原来结果不同的欠缴税款核定,而不论核定是主动进行的(例如,在税务审计之时)还是在对纳税人的问题作出回应之时进行的。

除了上述基本保证之外,自20世纪90年代中期开始逐渐建立了十来个新的特别裁决(rescrit)程序,它们每一个的范围都十分有限(例如,常设机构的设立,预约定价协议等等)。如果税务机关未能在规定时间内(根据案件不同为 3 到 6 个月）给出明确答案，那么就推定税务机关已经同意了纳税人的请求，但这一规则的前提是纳税人精确、全面且善意地描述了情况。最后，自 2009 年 7 月起对于有关税法适用于特定案件事实的问题，如果税务机关未能在 3 个月内作出答复，则纳税人在相同条件下即开始对此享有基本保证的利益。这在某种意义上意味着法国税法的一个革命。但是，法国纳税人会在多长时间后重新对此类程序保持怀疑仍有待继续观察。

9. 基本原则

9.1 税务和财务会计的关系

税收与财务会计的联系非常密切。对于公司，以及原则上对于从事工业、商业或农业的独资经营企业而言，其应税所得基本上相当于其账面所得，当税法和会计法不一致的时候，则对会计利润作出相应的调整。在不确定的情况下，法院在过去若干年中所表现出来的倾向是运用会计的概念、规则和原则，除非根据所适用税法规则的目的有充分的相反理由。这些会计的概念、规则和原则由法律规定，公司必须遵守。同理有人会对税收上的考量偶尔"污染"会计规则的发展表示遗憾。

9.2 对民法或私法法系的尊重

税法自治原则在今天已不再流行。税法中的民事、商事或者公司法概念通常与其在其他部门法中具有同样的意思。这是民事法院在处理税法案件时遵循的主要原则之一。另一方面，行政法院在审理所得税或增值税案件时，考虑到立法目的可能赋予某一特定概念不同于在其他部门法律里的内涵，其仍然可能对特定税法条款的立法目的十分敏感。

如果一项交易的当事人对交易在税法上的性质判断有误，那么税务局有权予以重新认定。在故意错误地指定交易性质从而达到避税或不合理减少税负的目的时，税务机关必须适用"滥用法律"的原则，该原则是重要的反避税工具之一。

9.3 反避税原则和规则

法国税法在传统上主要运用两个原则来打击避税行为。

法律滥用原则（*abus de droit*），在税法典的特定条款中有明确地规定。

如果一项交易实际上被用来掩饰另一个税收成本更高的交易(如捐赠),那么滥用法律原则授权税务局对该具体交易(如销售)的性质予以重新认定,并且一般地,根据判例法有权撤销那些没有任何商业目的且被纳税人仅仅用于税收目的的安排(*fraus legis*)。

第二个反避税原则被税务审计人员更加广泛地运用,即所谓异常管理决策原则(*acte anormal de gestion*)。根据这一原则,任何管理决策不合理地限制了企业取得收入,或者使企业产生无效支出或损失,或者更一般地并非为企业的利益,即可能会被撤销。这样的收入应如同其本已取得时纳税,损失和支出在税法上不得扣除,而且在公司的情形下,相应的金额被视为已经分配。

这两个原则适用于国内和国际税收,它们引申了国际税法领域中的若干制定法上的反避税具体原则,比如那些反转让定价、低税国家的款项支付、明星出租(rent-a-star)公司,以及境外受控公司。

10. 税法的法律渊源

税收制定法自 1950 年起被汇编为一个单行的法典,即《税法通则》(*Code général des impôts*,或者 CGI)。以前,当通过新的制定法时,政府会决定是否通过法典化的命令将其编入法典。现在则经常不再需要该程序了,这是因为议会已形成了直接修改、补充、撤销现有法条或者增补新规定的习惯。对法律持续的修订常常使得条文编号变得十分复杂,特别是因为整个法律中没有系统、有组织地分为部分。

自 1992 年起,绝大多数税收程序(审计、诉讼、征收等)规则被整编在一本独立的书中,即《税收程序手册》(*Livre des procédures fiscales*,或者 LPF)。从法律的角度看,该手册是《一般税法典》的一个组成部分。然而《一般税法典》通常仅指法典中的实体法条款。

政府法令(*décrets*)和部门规章(*arrêtés*)有的被编排到《一般税法典》的附件中,有的被编入《税收程序手册》的特殊部分中。

新的政信息通报(*circulaires* 或 *instructions* 或 *notes*)定期公布于《官方税法公报》(*Bulletin officiel des impôts*,或者 BOI)。以前这些信息通报会被定期地合并(如有需要重新起草),归入一个大部头的文件合集之中。这个合集被称为《基本行政文件集》(*Documentation administrative de base*),包含了税务机关就各个税种所发表的意见。它是专门为税务代理人员编写的,但同

法　国

时也对公众开放。遗憾地是，对合集的定期修订被认为过于昂贵，在 2002 年停止了有关更新。不过，现在发布的信息通报试图通过从各个角度以体系的方式考虑被相关条款修改了的事项，从而改善这一状况，但同时这些信息通报也会因此而变得越来越冗长和精确。

具有普遍意义的裁决（以匿名的方式）在财政部的网站（见下文）予以公布。

精选出的由行政最高法院和民事最高法院（www.conseil-etat.fr；www.courdecassation.fr）作出的判例会以官方判例集的方式出版：书名分别为 Recueil des décisions du Conseil d'Etat（Rec.），也称作 Recueil Lebon，和 Bulletin des arrêts de la Cour de cassation-Chambres civiles（Bull. Civ.）。那些特别重要的判例，不管是哪个法院作出的，通常在主要的税务法律评论中都可以找到：尤其是 Revue de Jurisprudence Fiscale（RJF），Francis Lefebvre Ed. and Revue de droit fiscal（Dr. fisc.），LexisNexis Ed.（见下文）。

法国宪法的文本（包括英语、德语、西班牙语和意大利语四种版本）以及宪法法院的判决（有些被翻译成了上述几个语言的版本）可以在宪法法院的网站上（www.conseil-constitutionnel.fr）找到。

Mémento pratique fiscal（Francis Lefebvre Ed.）是最为全面、准确和更新及时的专著。法国税务机关也出版一个年度专著，称为 *Précis de fiscalité*（见下文）。

Les Editions Francis Lefebvre（www.efl.fr）出版了可以说是由私人编辑的、最为详尽的税务文献，它包括一般文献（*Documentation fiscale* 共 12 卷），一个特别版的《税法通则》和《税收程序手册》，一个全面的专著（*Mémento pratique fiscal*）和 4 个法律评论：*Feuillets rapides*（周刊），*Bulletin fiscal*（月刊），*Revue de jurisprudence fiscale*（月刊，仅包括判例法）and *Bulletin des conclusions fiscales*（月刊，主要为 *Commissaires du Gouvernement/Rapporteurs publics* 在行政最高法院发表的意见）。该文献内各部分内容系统化的相互引证十分有用，其电子版称作 *Nuvis fiscul*。

LexisNexis（www.lexisnexis.fr）也出版一般文献（（*JurisClasseur fiscal*，和 *Jurisclasseur fiscal international*），同时每周有会发行一本评论（*Revue de droit fiscal*）附于其后。

比较重要的几个官方网站：
- www.impots.gouv.fr（财政部）

税务表格、统计、裁决和信息通报，《官方税务公报》（*Bulletin Officiel des*

impôts，《基本文献》(*Documentation de base*)，《财政摘要》(*Précis de fiscalité*)，《税法通则》和《税收程序手册》，税收协定。

- www.legifrance.gouv.fr（总理）

宪法；法典（有一些为英语和西班牙语，但不是税法典）；成文法、法令、部门命令、信息通报（自 1990 年起为全文）；判例法（宪法、行政和民事）；专著、欧洲法院和欧洲人权法院判例、官方公告的链接。

- www.assemblee-nationale.fr（众议院）和 www.senat.fr（参议院）

制定法的立法文献（*Travaux préparatoires*）（特别是财政法），议会委员会的报告。

德 国

沃尔夫冈·舍恩(*Wolfgang Schön*)教授

1. 历 史

根据1871年德意志帝国的《宪法》,唯有德意志联邦各州而不是帝国自身拥有课征所得税的权力。因此,德国现代所得征税的历史肇始于1891年《普鲁士所得税法案》,该法案引入了一套系统的"以来源为基础的"所得征税制度。由于第一次世界大战给德国造成了严重的财政负担,1919年颁布的《魏玛宪法》将该立法权移交给德意志帝国行使。1920年,一部现代《所得税法案》(严格采取综合所得的经济概念)和首部《德国公司税法案》颁布了。但1920年的《所得税法案》没有经受住1922年和1923年高通胀的压力,很快被更注重实效的1925年和1934年《所得税法案》所代替,这两部法案为今天的《所得税法案》(ITA)确立了基本的框架。《公司所得税法案》(CITA)则经历了三次大的改革:1977年,"古典的"税制被一种归集抵免制所取代,而归集抵免制度又在2000年被"股东免税"(shareholder-relief)制度所代替。2007年《公司所得税改革法案》对"股东免税制"或者"半数所得制"(half-income system)进行了改进以适应源泉扣缴税制,这种源泉扣缴制度适用于所有作为私人资产持有的金融资产产生的资本所得("改良的半数所得制度")。

2. 宪法问题

2.1 立法权力

在财政领域,1949年德国《联邦宪法》(*Grundgesetz*,《基本法》)的设计旨在加强州(*Länder*)的政治权力。因此,联邦(*Bund*)仅在至少分享部分税收收入(例如所得税)时,或者联邦立法对于保证各州相同的生活水准或者保持德国法律和经济的一致性为必要时,才有权立法。① 一旦联邦行使了该项权利,州则不再享有在该领域立法的权力。与《基本法》的政治设想相反,五十多年过去了,这种立法设计已经导致联邦法律在税收领域占有绝对优势。不过,根据联邦宪法,州可以通过州理事会(Bundesrat,联邦参议院)参与联邦立法。如果州或者市镇分享税收收入,联邦参议院甚至有权否决税收议案。② 在这种体制下,联邦和州必须要在所有重要的税收领域(包括所得税、公司所得税、增值税)进行立法合作。

2.2 税收收入分享

尽管税收立法主要为联邦所掌控,而税收征管主要由州来执行,③但来自主要税种的大部分税收收入均在联邦、州和市镇(Gemeinden,乡镇)之间进行分配。④ 此外,消费税归联邦所有,遗产税或者不动产交易税归州享有。对贸易和工商业所得课征的一项重要税收(Gewerbesteuer,工商税)由市镇征收。

宪法所确立的收入分享制度是宪法对联邦预算和州预算实行分立的重要路径之一。此外,在富裕州与贫困州之间存在横向转移支付;联邦对个别州也存在纵向转移支付的问题(horizontaler und vertikaler Finanzausgleich,纵向与横向的财政平衡)。⑤

3. 基本权利对征税的影响

构成德国"财政宪法"的那些有关不同层级政府之间权力分配的条款和德国宪法中庄严宣告的"基本权利",对于二战后德国税法的发展产生了直接而重要的影响。尤其是在20世纪90年代,德国税法的主要变化来自于德国宪法法院对于政府的强力推动,因为纳税人可以直接到法院起诉。

在《联邦宪法》第1至19条所包含的"权利法案"中,以下规定对于税收领域有着特别重大的影响:
- 第2条,第1段(个人的自由权):宪法法院认为,对于维持最低生活

---

① Art. 105 par. 2 参见《基本法》art. 72 par. 2.
② 《基本法》,art. 105 par. 4.
③ 《基本法》,art. 108.
④ 《基本法》,art. 106.
⑤ 《基本法》,art. 107.

水平所需的所得,州不得课税。⑥ 根据最近的一项判决,所得的免税额不仅包括食物、衣服和住宿的必要开支,还包括有关医疗服务和护理的社会保障缴款的一定金额。⑦

- 第3条(**平等**):宪法法院明确宣告,税收立法在所得税领域必须符合量能课税原则,并应避免产生不一致的结果(例如,遗产和赠与税法案中不同的估值原则,以及对退休金适用不同的税收待遇,这两项规定已被宣告无效)。前不久,有关上下班交通费用的不一致规定被宪法法院推翻。⑧ 此外,关于双轨式所得税制是否符合宪法上的平等原则的争论,至今仍未平息。而且,在税收债务的实际执行中也必须贯彻平等原则(例如,利息所得的征税问题)。⑨

- 第6条,第1段(**婚姻和家庭受到州的特别保护**):宪法法院判决,不允许因为婚姻这一单纯的事实而增加夫妻总体的税收负担;因此,丈夫和妻子的合并申报纳税制度被宣告无效;随后的立法规定了所得分割制度。⑩ 此外,对未成年子女的所得必须进行单独评估。⑪ 最后,税收立法必须对孩子的学费和教育给予"足够的"减免。⑫

- 第14条(**财产保护**):自1995年始,在一个有争议的判决中,宪法法院宣告,所得征税不得超过(大约)所得的50%。⑬ 2006年,宪法法院又推翻了该判决,否认第14条存在一个绝对的最高税率。⑭

- 第20条,第3段(**法治**):法院判决,溯及既往的立法仅在符合严格的限定条件下才被允许;具有溯及效力的法律必须经得起比例原则的检验。⑮

---

⑥ 联邦宪法法院(*Bundesverfassungsgericht*)1992年9月25日判决 2 BvL 5,8,14/91 Reports (BVerfGE) 87, p.153.

⑦ 2008年2月13日判决 2 BvL 1/06.

⑧ 2008年12月9日判决 2 BvL 1/07.

⑨ 1991年6月27日判决 2 BvR 1493/89 Reports (BVerfGE) 84, p.239;2004年3月9日判决 2 BvL 17/02.

⑩ 1957年1月17日判决 1 BvL 4/54 Reports (BVerfGE) 6, p.55.

⑪ 1964年6月30日判决 1 BvL 16/62 Reports (BVerfGE) 18, p.97.

⑫ 1998年11月10日判决 2 BvR 1057/91 et al. Reports (BVerfGE) 99, p.216.

⑬ 1995年6月22日判决 2 BvL 37/91 Reports (BVerfGE) 93, p.121.

⑭ 2006年1月18日判决 2 BvR 2194/99.

⑮ 1997年12月3日判决 2 BvR 882/97 Reports (BVerfGE) 97, p.67.

4. 税　率

4.1　个人所得税

德国个人所得税率表建立在公式计算的基础上。[16] 从 2009 年开始,个人按照从 14% 至 45% 的累进税率缴税。由于德国所得税法受名义价值原则的支配,而没有指数化的规定,其结果导致实际所得的平均税率随着通货膨胀而不断增长。

从 2009 年开始,单身个人的基本个人免税额是 7,834 欧元,已婚夫妇的免税额是 15,668 欧元。个人适用的联邦所得税率如下(个人适用的边际税率;如果是已婚夫妇,总数必须加倍):

欧元 7,834 或更少	0%
欧元 7,835 至 52,551	14.0% 至 42.0%
欧元 52,552 至 250,400	42.0%
欧元 250,401 及更多	45.0%

从 1995 年开始,对个人所得和公司所得征收 7.5%(自 1998 年始改为 5.5%)的团结附加税(solidarity surcharge),以筹集额外的税收应对德国统一后的财政需求。[17]

4.2　公司所得税

在过去 25 年里,公司所得税率经历了大幅度的下调。1977 年归集抵免制引进之初,留存利润的适用税率与当年最高所得边际税率保持一致,为 56%。从 20 世纪 80 年代末开始,公司所得税率逐渐降低至 1999 年的 40%。与此同时,已分配利润的适用税率从 36% 降至 30%。当 2000 年废除归集抵免制时,留存利润与已分配利润的适用税率均为 25%(2003 年适用的税率是 26.5%)。自 2008 年起,税率改为 15%。[18]

---

[16] 德国,《所得税法》(ITA), s. 32a.
[17] Solidaritaetszuschlagsgesetz.
[18] 德国,《公司所得税法》(CITA), s. 23 par. 1.

5. 财政制度的构成

5.1 具体税种的收入占比

德国是一个高税负国家,征收各种不同的税。其中许多税属于交易税,获得的税收收入很少。2007 年,联邦、州和市镇[19]的税收收入总额为 5382 亿欧元。同年的国内生产总值为 24,238 亿欧元[20],税收占 GDP 的 22.2%。在过去的 25 年里,税收(不包括社会保障缴款)占 GDP 的比例一直保持在 22% 至 25% 的小幅变化范围之内。下表列明了 2007 年最重要的税收[21]:

2007 德国所有的征税 (不包括社会保障缴款)	单位: 10 亿欧元	占总税收 的百分比	占 GDP 的 百分比
个人所得税（Einkommensteuer），包括:			
• 工资扣缴税（Lohnsteuer）[22]	131.8	24.5%	5.4%
• 估定所得税（veranlagte Einkommensteuer）[23]	25.0	4.6%	1.0%
• 非估定资本利得税（Kapitalertragsteuer）	13.8	2.6%	0.6%
• 利息扣缴税（Zinsabschlagsteuer）	11.2	2.1%	0.5%
小计	181.8	33.8%	7.5%
团结附加税（Solidaritätszuschlag）	12.3	2.3%	0.5%
公司所得税（Körperschaftsteuer）	22.9	4.3%	0.9%
营业税（Gewerbesteuer）	40.1	7.5%	1.7%
增值税—包括进口增值税（Umsatzsteuer）	169.6	31.5%	7.0%
不动产交易税（Grunderwerbsteuer）	0	0%	0%
保险税（Versicherungssteuer）	10.3	1.9%	0.4%
石油税（Mineralölsteuer）	39.0	7.2%	1.6%
电税（Elektrizitätssteuer）	6.4	1.2%	0.2%
烟草税（Tabaksteuer）	14.3	2.7%	0.6%
酒消费税（Branntweinsteuer）	2.0	0.4%	0.1%
关税（Zölle）	4.0	0.7%	0.2%

---

[19] 根据德国的联邦体制,各级政府之间有一个不同的收入分享制度。

[20] 资料来源:《德意志联邦共和国 2008 年统计年报》(Statistical Yearbook 2008 for the Federal Republic of Germany), http://www.destatis.de/jetspeed/portal/cms/Sites/destatis/Internet/DE/Navigation/Publikationen/Querschnittsveroeffentlichungen/JahrbuchDownlads.psml。

[21] 资料来源:《德意志联邦共和国 2008 年统计年报》,p.572。

[22] 该数据没有扣除儿童减免额。

[23] 该数据没有扣除从联邦财政局获得的退税额。

（续表）

2007 德国所有的征税 （不包括社会保障缴款）	单位： 10 亿欧元	占总税收 的百分比	占 GDP 的 百分比
汽车税（*Kraftfahrzeugsteuer*）	8.9	1.7%	0.4%
不动产税（*Grundsteuer*）	10.8	2.0%	0.4%
遗产税（*Erbschaftsteuer*）	4.2	0.8%	0.2%
其他约 20 种税总计	11.6	2.2%	0.5%
税收收入总计	538.2	100.0%	22.3%

从国际比较来看，来自估定所得税、公司税、财产净值税和继承税的收入相当低。

天主教或新教以及其他一些官方认可的宗教团体的成员，在其所得税的基础上缴纳 8% 或 9% 的附加税（教堂税，*Kirchensteuer*），但所缴税款可以作为法定扣除项目在所得税中扣除。所有天主教和新教教会的总收入（在 2007 年）达到 86 亿欧元，而这没有计入上表。㉔

5.2 直接税转为间接税

1990 年德国统一之后，为促进对原民主德国的投资，并重塑原民主德国经济，大量的特别税收条款和补贴措施出台。由于统一产生的高支出大大超出预计（1993 年税收入不敷出），德国政府被迫增税，主要是在增值税、石油税以及其他间接税领域，由此造成的影响是重心从直接税向间接税转移。

1995 年至 2006 年期间，可以看到个人所得税和公司所得税税率显著降低（见后文），而税基却在逐步拓宽。另一方面，增值税和特别消费税的税率不断上调。2006 年，一般增值税税率已经上调到 19%。1999 年立法通过"生态税改革"，电税（*Stromsteuer*）首次开征。电税和石油税在过去几年里不断上涨，目的是调节能源消费，并为社会保障制度提供更多的财政支持。

直接税（个人所得税和公司所得税、营业税、利息扣缴税、财产净值税以及类似税种）占税收总额的比例如下㉕：

㉔ 资料来源：http://fowid. de/fileadmin/datenarchiv/Kirchensteuereinnahmen_im_Vergleich__1968—2007. pdf。

㉕ 资料来源：Bundestags-Drucksache 13/2009 of 18 July 1995, Entwicklung des Steueraufkommens und der Steuerstruktur;《德意志联邦共和国 2002 年统计年报》(Statistical Yearbook 2002 for the Federal Republik of Gernamy), p. 520; 联邦财政部（Fedreal Ministry of Finance）, Struktur und Verteilung der Steuereinnahmen, Monatsbericht des BMF, 2007 年 8 月, p.55, 2008 年 8 月, p.85。

1970	48.2	1975	54.7
1980	55.3	1985	56.0
1995	48.6（估计）	1999	52.4（估计）
2001	54.9（估计）	2006	50.5（估计）
1990	52.3	2007	50.6（估计）

5.3 社会保障缴款

德国的社会保障缴款现在占到工资、薪金以及其他支付给雇员的补贴的 40.25%。[26] 社会保障缴款由雇主和雇员共同负担。

与税收相反,社会保障缴款占 GDP 的比重在过去二十年里有大幅增长,其原因包括人口的老龄化,医疗服务包括牙科医术更好也更贵,学习时间更长,退休年龄更早。德国好几届政府都试图降低这种加之于勤劳所得的额外负担,但都未取得成效。

6. 所得税的基本结构

6.1 个人所得税

6.1.1 税基原理

过去一百年来,德国法律中的所得概念经历了重大的变化。1891 年《普鲁士所得税法》采用的是严格的"来源"方法,认为"所得"仅为一种稳定性"来源"的周期性报酬,该来源的收益和损失不计入应税所得。受乔治·冯·向茨（Georg von Schanz）的影响,1920 年《德国所得税法》实行以权责发生制为基础的所得税制,不过它没有经受住 20 世纪 20 年代早期恶性通货膨胀的影响。现行的所得税制,主要框架在 1925 年和 1934 年形成,采取的是一种混合（实用）制度,对包括各种不同类别收入的"综合所得"进行征税。

这些不同类别所得之间的差异随着时间的流逝而不断增加,由此引发由综合模式向分类模式转型的探讨。最重要的问题是对资本所得的特殊待

---

[26] 2009 年初,社会保险税率中,养老保险缴款税率为 19.9%（每年所得额上限为 64,000 欧元）,健康保险缴款税率（平均）为 15.5%（每年所得额上限为 44,100 欧元）,失业保险税率为 2.9%（每年所得额上限为 64,000 欧元）,护理保险缴款税率为 1.95%（每年所得额上限为 44,100 欧元）。

遇。根据2000年颁布的《商业税制改革》(the Business Tax Reform)，只有50%的股息和股份资本利得被计入所得税税基。从2009年开始，作为私人资产持有的金融资产，其所得要缴纳25%的最终预提所得税。[27] 作为经营资产的股份，其所得缴纳一般所得税。如果纳税人适用的所得税率低于25%，他可以将已缴纳最终预提税的所得计入其个人所得税申报表中。为了在勤劳所得和资本所得之间划定一个"清晰的界限"，经济咨询委员会于2003年向德国政府提出建议，仿效北欧国家引进"复式所得税"(dual income tax)。2006年，经济咨询委员会公布了一个详细的关于改革公司和个人所得税的建议案，包括新所得税法草案。[28]

德国所得征税的另一个特征，是所谓的"双重主义"(dualism)。在ITA第2节第1段列举的七种所得来源之间，有一个显著的区别，它规定在ITA第2节第2段中：

- 三类"利润所得"(*Gewinneinkünfte*)，也即，
1. 来自农业和林业的所得(s. 13-14a ITA)；
2. 来自贸易或经营企业的所得(s. 15-17 ITA)；
3. 来自专业服务和其他某些独立个人服务的所得(s. 18 ITA)；
- 四类"超额所得"(*Überschusseinkünfte*)，也即，
1. 来自非独立个人服务的所得(工资和薪金,s. 19，19a ITA)；
2. 来自资本投资的所得(例如，利息和股息,s. 20 ITA)；
3. 租金和特许权使用费(s. 21，21a ITA)；
4. 来自其他某些在ITA中有特别界定的来源的所得，例如来自所谓的投机交易所得(s. 22，23 ITA)。

对于前三类所得，"所得"被界定为"利润"(*Gewinn*)，也即，净营业资产在本纳税年度末与上纳税年度末之间的差额，加上退股和出资不足部分。[29] 对于后四类所得来源，"所得"被界定为收益相对于为获取、保证以及(或者)维持收入而发生的支出的超额部分[30]——采用现金收付法，并补充以对直线法折旧的扣除。[31]

---

[27] ITA, s. 32d par. 1.

[28] *Dual Income Tax, A Proposal for Reforming Corporate and Personal Income Tax in Germany*, ZEW Economic Studies, Volume 39, 2006.

[29] ITA, s.2 par. 2 nr. 1 参考 s. 4 par. 1.

[30] ITA, s.2 par. 2 nr. 2 参考 s. 8-9a.

[31] ITA, s.9 par. 1 nr. 7 参考 s. 7.

这些所得类别之间的主要差异在于如何对待资产处置所产生的资本利得或者损失。按照"利润所得"的规则,与贸易或者经营(包括种植业和专业服务)有关的所有收益和损失一般全部计入税基,在所得实现时按照一般税率纳税。在严格条件下,经营性资本利得可以享受延期纳税减免(rollover relief)。

直至 1998 年以前,私人资产(公司股份、债券、不动产、艺术品)处置所产生的资本利得或损失,原则上不征收所得税。仅在出售公司实质参与(超过 25%)股份[32],或者来源于明确界定的所谓投机交易时[33],其收益或者损失才计入税基。如果是私人资产,不动产在取得后 2 年内出售,证券和其他资产在取得后 6 个月内出售,该交易即被认定为投机交易。[34] 在 1999 年和 2000 年,"实质参与"(substantial participation)[35]的起点降低至 1%,仅剔除了对大型上市公司进行组合投资的股东。此外,"投机交易"的认定期间如果是证券,延展至 1 年,如果是不动产,则延展至 10 年。[36] 如前所述,《2007 年商业税制改革》规定了一项 25% 的最终预提税,适用于所有来自私人金融资产的利润,不论资产持有时间的长短。[37] 作为经营性资产持有的股份,其资本利得的 60%,或者实质参与超过 1% 的股份,按照单独的税率纳税。[38] 由于此项改革,有关确立完全的复式所得税的广泛探讨在德国渐渐平息。

在对所有七个类别的所得进行计算时,为取得所得而发生的所有费用均可以扣除[39](不过,现在的趋势是限制扣除与纳税人个人生活方式有关的费用)。仅仅在资本所得适用"最终预提税"时,有关支出的扣除才为法律所禁止。[40] 不过,私人开支与税收问题无关,由此将所得的积累与所得的消费区分开来——这一原则在 ITA 第 12 节有明确表述。

6.1.2 私人开支

只有一些严格限定的私人开支类别,例如,"特殊费用"(*Sonderausgaben*)

---

[32] ITA, s.17.
[33] ITA, s. 23 par. 1.
[34] ITA, s. 22 nr. 2 参考 s. 23。应当注意的是,联邦税务法院"发明了"所谓的"职业不动产交易人"的概念,因此对在五年内三次以上买卖不动产的纳税人同样适用"营业利润"的有关规定。
[35] ITA, s. 17 par. 1.
[36] ITA, s. 23.
[37] ITA, s. 32d par. 1.
[38] ITA, s. 3 nr. 40, 20 par. 8.
[39] ITA, s. 4 par. 4 和 9 par. 1.
[40] ITA, s. 20 par. 9 s. 2.

和"意外费用"(aussergewöhnliche Belastungen)以及某些个人减免,可以从税基中减除。

"特殊费用"[41]包括各种各样诸如某些赡养费给付、某些年金,或者已缴的教堂税等支出。其中,最相关的是向公共退休计划缴纳的社会保障缴款、健康保险或者失业保险。ITA 第10a节给予某些纳税人的私人年金缴款的额外扣除。ITA 第10b节某些科学、慈善以及特定文化目的捐款准予扣除(最高限额为应税所得的20%)。"额外费用"[42]是那些不可避免的,基于法律、事实或者道德上的原因而被认可的私人支出,这些支出必须比其他大部分纳税人的类似支出要高(以至于一般的减免或者低税率不能弥补其开支)。不过,对额外费用的税收处理,现在尚无一个清晰的概念。

对纳税人因为自身生存和家庭维持而发生的支出的税收处理,已经有了重大变革。在一系列具有历史意义的判决中,德国宪法法院[43]迫使政府大幅度地提高了个人最低支出(从 1990 年的 2500 欧元,提高到 2009 年的 7700 欧元)[44]以及家庭支出(包括高额学费和子女教育)的免税门槛。此外,对单亲父母儿童抚养费用的减少扣除,已被判决无效。[45]

6.1.3 非居民纳税人

如果是非居民个人,适用与上述相同的所得类别与概念。根据"有限纳税义务"的"地域管辖权"概念[46],非居民仅就来源于德国境内的所得纳税。[47]另一方面,境外居民不允许适用某些税收优惠和个人减免。[48]欧盟法律对非居民的税收待遇产生愈来愈重要的影响。为了避免与欧共体法律中非歧视原则相冲突,德国议会规定,外国纳税人从德国境内获取 90% 及以上所得时,可以申请"延展的无限纳税义务"。[49]另一方面,所有纳税人都不再允许扣除私人纳税咨询费,因为欧盟法院认为,德国法律拒绝对非居民纳税人适用此项扣除有违《欧共体条约》中流动自由的权利。[50]

---

[41] ITA, s. 10.
[42] ITA, s. 33, 33a.
[43] 联邦宪法法院(Bundesverfassungsgericht) 1992 年 9 月 25 日判决 2 BvL 5,8,14/91 Reports (BVerfGE) 87, p.153;2008 年 12 月 9 日判决 2 BvL 1/07。
[44] ITA, s. 32a par. 1.
[45] 1984 年 10 月 17 日判决 1 BvR 527/08 Reports (BVerfGE) 68, p.143。
[46] ITA, s. 1 par. 4.
[47] ITA, s. 49.
[48] ITA, s. 50, 50a.
[49] ITA, s. 1 par. 3 ITA.
[50] ECJ, 2006 年 7 月 6 日, C-346/04 (Conijn).

6.2 公司所得税法

6.2.1 应税企业

从1920年开始,法人和其他独立的实体需要依照《公司所得税法》(*Körperschaftsteuergesetz*)缴纳公司所得税。需要缴纳公司所得税的最重要实体是公司(股份公司、股份有限合伙以及有限责任公司)。而商业合作组织、互助保险团体以及其他私法上的法人,从整体来看,并不重要。[51] 不过值得注意的是,即便非公司制的国有企业也要适用《公司所得税法》,以避免国有企业享有竞争性的税收利益。

合伙,包括含有公司一般合伙人的有限合伙(*GmbH & Co. KG*)(在德国约有80,000个),不缴纳公司所得税。合伙企业的所得是在整个合伙的单一纳税申报表基础上进行评税。[52] 然后再据此分配给各个合伙人,而不论实际利润如何分配。所以,法律采用的是一种(有限)透明原则。2000年商业税制改革之后,曾经讨论过给予合伙企业按公司纳税的选择权,但没有赢得议会的多数支持。

6.2.2 税基

公司取得的所有收入都被视为来自贸易或者经营的所得。[53] 其他缴纳公司所得税的实体,尤其是没有法人地位的协会、国有机构、某些基金会,以及其他依据民法设立的资产联合企业集团,都要按照ITA中列明的一般所得类别纳税。[54]

公司税基的一个主要特点是对"隐性分配"或者"推定股息"的处理。由于公司税法不允许分配给股东的股息或推定股息的扣除[55],因此法律也规定给股东的"隐性分配"必须计入公司税基。"隐性分配"包括所有因为公司和股东之间的关系而发生的开支或者公司宣布放弃的收入(例如,给某股东提供的服务收取的不适当的对价)。因为"隐性分配"认定所引发的事实问题,使得公司与税务机关之间的诉讼大幅增加,这也同样大幅增加了税收犯罪风险。

---

[51] CITA, s. 1 par. 1.
[52] ITA, s.15,《普通财政法典》(GFC), s. 180 par. 1 nr. 2.
[53] CITA, s. 8 par. 2.
[54] CITA, s. 8 par. 1.
[55] CITA, s. 8 par. 3 s. 2.

6.2.3 税制

德国税收政策中最重要的因素之一是公司征税与所得征税之间的关系。1977年公司税制结构确立之初,包含了两个重要决定:

1. 在留存收益方面,个人所得税的最高税率和公司所得税的最高税率是相同的(当时为56%)。因此,税收对不同法律形式的企业(公司、合伙、专营商)保持中立。

2. 如果分配,公司税率减低适用(1977年减至36%),股东在缴纳个人所得税时可以获得全额抵免。因此,收益分配(再投资或者消费)实现了税收中性。这也是为了加强德国的资本市场。

这一税制多年来运行良好,但在20世纪90年代遭遇了巨大的压力。一方面,欧共体成员国与非成员国之间出现了激烈的税收竞争。其他工业化国家大幅降低税率使得德国不得不将留存利润适用的最高公司税率逐渐降低至1999年的40%。另一方面,从财政收入角度看,似乎不可能在所得税领域给予个人相同的税收减免。公司税率与所得边际税率之间的距离越拉越大。

另一方面,20世纪70年代在欧洲属"标准性"的"归集抵免制度",在《欧共体条约》确立的基本自由原则下,因具有歧视性特征而难以持续。主要问题在于,归集抵免制不适用于境外股息所得,这就对在其他成员国的公司投资造成了歧视。此外,对持有德国公司股份的外国居民,不允许适用税收抵免。最后,来自其他成员国的公司在境内设立的常设机构实际适用的税率要高于境内子公司,由此扭曲了常设机构和子公司之间的税收地位。

2000年商业税制改革的目标是实现德国税制的现代化。"归集抵免制度"为"股东免税"制度所代替,该制度同时包含利用低公司所得税率与股东高税收减免。一方面,适用于留存利润与分配利润的税率均设定为25%;另一方面,支付给个人股东的股息仅50%计入个人税基("半数所得"法)。将公司和个人所得税的税负结合起来考量,意在使其与其他所得类型(例如,来自贸易或者商业)的税负大致相当。这一改革力图为德国设定一个具有吸引力的公司税率(不过,还得加上营业税),并消除与欧共体法律之间的可能冲突,因为半数所得法已经扩展适用于从外国居民公司获得的股息。有关新税制的批评指出,改革牺牲了不同法律类型的企业(公司结构、合伙)之间理应保持的税收中性,对分配(再投资或者消费)中性也产生了负面影响。

2000年商业税制改革对公司股东还引进了"参与免税制度"[56],这是新法律最受热烈关注的一项内容。由于归集抵免制的取消,对留存利润与分配利润规定了相同的固定税率,立法者不得不想办法为公司间的股息分配予以减免。"参与免税"使得仅子公司单一层面上予以课税。该制度原则上受到广泛欢迎,并不仅仅适用于国内持股或者最低股权,也扩展适用于留存在子公司中的(税后)利润所产生的资本利得。最受争议的规定,是将"参与减免"甚至扩展适用于在子公司层面尚未纳税的股份的资本利得,这等于授予母公司免税实现其在子公司中的"隐性盈余"的选择权。

自2008年始,公司分配利润和留存利润的税率降至15%[57]。所有2007年商业税制改革中规定的其他措施自2009年1月1日起施行。2007年改革的一个重要内容是来自金融资产的资本利得。由于新规定对作为经营性资产持有的股份与作为私人资产持有的股份做了明确区分,新税制也可称为"双轨"税制。作为私人资产持有的股份产生的股息和资本利得适用25%的最终预提税[58]。不过,纳税人可以将此所得计入个人所得税申报表中,如果其适用的个人所得税率低于25%[59]。但这些利润的相关费用不允许扣除[60]。如果股份作为营业资产持有,则仅60%的股息和资本利得计入个人股东的个人所得税基中[61]。相应地,与这些利润相关的费用,仅60%可以扣除[62]。股东需要将高达60%的利润计入其应税所得中,是为了平衡公司层面15%的低税率。公司股东获得的股息和资本利得仍然免税[63]。这些利润中仅5%被认定为不可扣除的经营费用[64],而这部分所得实际上仍然免税。此外,2007年商业税制改革修正了利息支出作为营业支出扣除的规定。为了应对母公司与其子公司之间跨境金融交易的税收筹划风险,立法者引进了"利息剥离规则"[65]。该规则仅允许利息支出在有限额度内作为经营费用进行扣除,并以利息、税收、折旧以及摊销(EBITDA)之前的收益为基

---

[56] CITA, s. 8b.
[57] CITA, s. 23 par. 1.
[58] ITA, s. 20 par. 1, par. 2 参考 ITA, s. 32d par. 1.
[59] ITA, s. 32d par. 6.
[60] ITA, s. 20 par. 9 s. 2.
[61] ITA, s. 3 nr. 40, sec. 20 par. 8.
[62] ITA, s. 3c par. 2.
[63] CITA, s. 8b par. 1.
[64] CITA, s. 8b par. 5.
[65] CITA, s. 4h ITA, sec. 8a.

础。新规则是否符合宪法与欧共体法律尚有疑问。以前的资本弱化规则被废止了。

最后,立法者限制公司损失的使用,如果某一个人获得了公司的大额股份(*Mantelkauf*)。如果超过 25% 的股份在五年内被转让给某个人,对由此产生的损失,新规定[66]限制其使用。如果在该期间内获得超过一半的股份,在此时点上,所有公司层面没有用完的损失均归于零。

德国公司征税的另一特征是"财政统一体"(*Organschaft*)[67]。它在过去的数年里经历了重大的变化,并且仍在"构建"当中。

6.3 营业税

德国企业(无论是否成立公司)要缴纳的第二大税种是营业税[68]。一百多年来,营业税是市镇保持税收自主的两大支柱之一(另一个是不动产税)。所有在德国进行的贸易或者经营都要缴纳此税,农业和专业服务除外。外国企业如果在德国设有常设机构也要缴纳此税[69]。根据营业税统计数据,大约有 60% 的营业税收入来自非法人企业,仅 40% 来自公司法人。

营业税最初包含营业所得,经营净值以及其工人的工资。为了减轻企业的税负,营业净值税和薪资税被取消。结果,营业税变成了对企业利润征收的附加费,对市镇而言收入极不确定。不断有建议提出,要么将营业税扩展至专业服务,要么干脆用加之于一般所得税之上的市镇附加税取而代之。

营业税的税基是根据所得税规则确定的经营利润[70],辅之以各种调整规定,主要为了消除对公司融资结构的影响。[71] 这些使其税基比所得税基有所扩展。

对所得征收的营业税税率为 3.5%(基本税率)[72]乘以由各个市镇决定的市镇因子。[73] 现在,市镇因子的平均比例为 391%。营业税率在 7% 与 17.15% 之间,这使得所得负担的营业税率平均为 12%。[74]

---

[66] ITA, s. 8c.
[67] ITA, s. 14-19.
[68] 《营业税法》(*Gewerbesteuergesetz*)。
[69] 《营业税法》, s. 2.
[70] 《营业税法》, s. 7.
[71] 《营业税法》, s. 8, 9.
[72] 《营业税法》, s.11 par. 2.
[73] 《营业税法》, s. 16.
[74] 《毕马威 2008 年公司和间接税税率调查》,www.kp.mg.de。

2000年和2007年德国商业税制改革改变了营业税的特征。对公司纳税人而言，公司税率为15%，营业税平均约为利润的12%，所以纳税人的营业税负担几乎等于公司税负担。2008年年初，营业税不允许在所得税和公司税中作为经营费用扣除。⑦ 但是对非法人企业，营业税大都能抵免其所得税(这取决于前文谈到的对营业税的调整效果)。⑦

7. 税 收 立 法

7.1 立法程序

联邦和各州参与立法程序是德国所得税立法(包括个人和公司所得税)的重要特点。所得税法的任何修改都必须获得联邦下议院(Bundestag)和参议院(Bundesrat)的同意，这必然要求妥协，而且有时会十分棘手。税收立法程序一般从政府提案(以及同时由下议院多数的提案)开始启动，并由两院的财政委员会(the Finance Committees)分别审议提案。立法程序包括举行专家听证会。它还会受到政治力量集团的间接影响。技术性的修改主要由税务行政机关提出。一般来说，议会立法程序需要六到十二个月的时间，然后在联邦公报(Bundesgesetzblatt)上公布新法案。由于政党因政治力量有限而很少能够推动大的改革，所以德国所得税制中一些最重要的革新都由宪法法院的判决来完成。

7.2 立法风格

虽然曾有几次来自学界的推动，但德国并没有一部统一的联邦税收法典。主要的税收立可追溯于20世纪20年代和30年代，现在仍然保留了其最初的结构。尽管如此，对税法的大量修改已经扭曲了最初的逻辑性概念。政治家、税法专家乃至普通公民始终都持有一种十分不明确的"简化"税法的愿望。尽管如此，德国在各种情况下追求公平的传统(Einzelfallgerechtigkeit)仍然有很大影响。若干原因造成了税法的修改越来越频繁。政治家利用税收制度的激励或抑制作用来实现特定的经济或其他目标(例如环境保护)。此外，税务行政机关经常对税法的技术性规则作出具体的修改，以预防他们

---

⑦ ITA, s. 4 par. 5b.
⑦ ITA, s. 35.

认为可能存在的"滥用"。不言而喻的是,这种在立法程序中必须在联邦层面(在联邦下议院和参议院之间)达成政治妥协的必要,会造成无法令人满意的解决方案。最后,就像在许多发达国家一样,德国税法的复杂性还来自于国内和国际经济关系(例如,对金融工具课税)所不断增加的复杂性。学界在近些年提出了一些改革的方案,主张大幅度地减小税法的规模和复杂性。

7.3 法律解释

解释德国税法的起点是法律的文本(文义解释),然后,还应当考虑法律条文在法律中所处的上下文语境、它的立法目的和立法历史。当法律规定的文义模糊时,这些目的的、系统的、历史的方法显得尤为重要。那种过时的认为在税收领域除税收的财政效果外没有其他"目的论"("teleology")观念已经被抛弃。

在20世纪20、30年代,税务法院提出一种特殊的"经济视角"(wirtschaftliche Betrachtungsweise),允许超越法律文本进行解释。这种单一的特定解释方法目前已不再被认可。但是,一些领袖性的税务律师仍然支持"经济视角"的方法,将其作为对"目的解释"之一般规则的运用。即使是在联邦税务法院,观点也是有分歧的:在解释税法时,有的法官遵循严格的文义解释方法,有的则倾向于采取更宽泛的路径。这些根本上的不同也体现在其他一些问题上,例如:

- 税法解释是否应当遵循文本在民法上的含义,还是应当让位于一个"独立的"(而且更为灵活的)税法解释方法。
- 税法能否通过类推法进行扩大解释(或者"法治"是否禁止这种在没有议会明确同意的情形下对税法的扩展)。
- 对于选定的特定解释,能否不考虑纳税人的"充分商业理由"而适用"法律滥用"规则来重新描述一个情况。

8. 解决税务争议的法院

8.1 法院的结构

在德国,税务争议不是由普通法院审理的,而是转向司法系统的另一个分支。⑦ 税务法院有两级,包括(下级)税务法院(由州设立)和(作为税务最高上诉法院的)联邦税务法院。(下级)税务法院既负责调查案件的相关事实,也负责正确地解释和适用法律。联邦税务法院则只解决法律问题。

下级税务法院一般由三位专业法官和两位外行人士组成,慕尼黑的联邦税务法院有 11 个分庭,每个分庭有 5 名法官。纳税人只有在表明下级法院的判决之间有分歧或者本案涉及根本性的重要问题时,才可以向联邦税务法院提出上诉。⑱

纳税评估通知或其他正式税务行政行为都在司法审查范围之内。纳税人应当向负责对其进行评估的税务机关提出行政复议。如果对行政复议结果不满,纳税人可以向法院提起诉讼。

总的来说,大约 20% 的案件的判断结果是有利于有纳税人的。如果不考虑因形式上的原因而被驳回起诉的案件,则这个比例可能还会更高。下级税务法院每年约有 60,000 个新案件。⑲ 2006 年底,下级法院有 67,643 个未决案件,联邦税务法院有 2,697 个案件。⑳ 在 2006 年,下级法院受理了 48,606 个案件,联邦税务法院受理了 3,386 个案件,两级法院 2006 年总共解决的案件共有 56,878 件。㉑ 值得注意的是,这些案件约 80% 以裁决的方式解决。很明显,在案件在法院的审理期间纳税人和税务行政机关之间会发生协商。税务法院自己估计总共大约有三分之一的案件判决纳税人胜诉。

8.2 司法风格

联邦宪法法院有权审查联邦立法是否符合德国宪法,其判决对联邦和州的其他政府机构有约束力。

联邦税务法院(*Bundesfinanzhof*)的判决仅对特定案件中的当事人有约束力。但是,在很多情况下,联邦税务法院的判决所包含的大量法律推理具有十分重要的说服力。如果一个分庭(*Senat*)不愿意遵循另一个分庭的判决理由,那么它必须将案件移送大分庭(*Großer Senat*),由后者作出对整个法院有约束力的判决。

如果特定案件的判决在联邦税务公报(*Bundessteuerblatt*)或者税务行政

---

⑦ 参见《税务法院法》(*Finanzgerichtsordnung*).
⑱ 《税务法院法》, s. 115.
⑲ 资料来源:http://www.bundesfinanzhof.de/www/bfh/03aufbau/aufbau2.html.
⑳ 资料来源:《德意志联邦共和国 2008 年统计年报》, p.269.
㉑ 《德意志联邦共和国 2008 年统计年报》, p.269.

规章中公布,这表明税务机关有意将特定案件中联邦税务法院的判决理由适用于其他类似的案件。税务机关有时会针对特定判决作出不予适用的命令,它偶尔对纳税人有利,但一般情况下是对纳税人不利的,因为它迫使纳税人必须再次向法院寻求救济。近些年来,某些税务案件判决的公布有时会被税务机关故意拖延很长时间,从而使纳税人和税务官员陷于不确定性。在许多情况下,税务机关甚至提议立法改变以回避法院的判决结果。这些情形经常会导致一场宪法性争论,争议的焦点包括立法的溯及力以及其与德国宪法的公平原则是否一致。

9. 税 务 行 政

当基本法于1949年颁布时,西方势力坚持不允许任何税收的集中征收,税收必须由州征收。今天,税收征收相当分散,但是统一的。在理论上,联邦和州的税务行政是由联邦和州当局相互独立的系统执行的。[82]

联邦层面主要是联邦财政部(*Bundesfinanzministerium*),联邦中央税务局(*Bundeszentralamt für Steuern*)和主要的关税部门(*Hauptzollämter*),后者是关税和消费税的征管机关。在某些州仍然存在的地方财政部门(*Oberfinanzdirektionen/OFD*)是一个混合体,包括关税领域的联邦机构和税收领域的州税务机关。每一个地方财政部门的首脑既是联邦官员,也是州政府官员。

虽然有关税务行政的宪法规定可能意味着联邦各州之间会存在很大的差异,但现实却表现为相当的一致。在税收程序和行政程序规则方面的基本法律(目前为税收通则法,或者 *Abgabenordnung*,它继承了1919年的立法)是一致的,税务官员的晋升和薪金规定也是一样的。联邦各州特别税务部门的负责人,与联邦税务官员定期碰头。

联邦财政部每隔两年或者三年发布有关重要税收(例如,所得税、公司所得税、流转税、营业税)的新规章。这些规章是为了便利这些税收的征管并保证税法在全德境内的统一适用。

多年来联邦在某些领域扩展大了其自身的税务服务,尤其在国际税收领域。联邦的行政机构是联邦中央税务局(*Bundeszentralamt für Steuern*),它负责双重税收协定的管理、预提税的退税、增值税的退税、以及为了欧盟范围的征税而分配身份号等。

---

[82] 《税收基本法》,art. 108;另参见《税务行政法》(*Finanzverwaltungesetz*)。

9.1 概述

德国税务机关的行政方式非常官僚和程式化,严格遵循依法征税。

税务机关每年评估的税单约有2亿多份。这一估计数额也包括单独的评估(例如,对房地产的估价、合伙、教堂税等的评估)。如果将随后的调整和更正算进去的话,有些纳税人某一年度的所得评估次数甚至可能超过12次,其中有些建立纳税人作为合伙人的合伙的单独评估。

9.2 评估和审计

在德国,所有纳税人都有义务提交年度所得税申报表[83]并准确报告其收入和费用。纳税人只有在收入不超过最低生活费7,664欧元,或者其雇佣所得非常少且没有什么重要的其他收入来源时,才可以不申报。但是,这类纳税人也会应请求而予以纳税评估。工薪所得适用源泉扣缴制度[84],但是也要在年度评估单中反映出来。利息和股息的扣缴征税也是一样(不过,利息征税的新议案建议实行最终预提税)。

纳税申报表由中级税务检查员核查,他负责审查相关事实并且保证信息的充分和正确。如果有任何疑问,就会要求纳税人提供更为详细的信息。税务机关有广泛的获取证据的权力。[85] 此外,如果纳税人没有履行其义务,他就没有权利适用"可疑时利于纳税人"的规则,可能承担税务机关对其作出的不利核定。[86]

纳税评估所确定的税额必须在规定的时间内缴纳(通常是一个月),纳税人提起司法审查不影响这一基本原则的执行。只有在极罕见的情况下,税款缴纳可以应纳税人的请求,由税务机关或者税务法院决定暂停执行。[87]

案头审计(desk audit)主要审查其合理性(即审查纳税人不同类型的所得与以前年度相比,以及与从事相同贸易或者行业的纳税人等相比,是否适当)。在进行初步审查之后,税务机关有权对案头审计的评估结果作进一步的审计。在这种情况下,案头审计——视案件在经济上的重要性而定——

---

[83] ITA, s. 26 par. 3.
[84] ITA, s. 38-42f.
[85] GFC, s. 85 et seq.
[86] GFC, s. 162.
[87] GFC, s. 361,《税务法院法》, s. 69.

之后是现场审计。⑧ 现场审计在德国发展得非常完备,大部分稍有规模的企业或者专业公司通常都会被实施现场审计。小企业审计频率要低些;选择小企业审计可能要看是否存在一定的可疑指标。现场审计的实际执行因为审计持续期间太长而受到批评。审计6年或者更久以前的交易是经常的事情。德国税务机关总共有1万多名现场审计人员。

为了实施有效的监管,最近的税收立法明显增加了纳税人资料提供的义务,经常回溯到过去10年之久的文件。

9.3 税收遵从

税务机关审查纳税人申报的所得是否准确时,对不同类型所得的审查能力存在很大的差异。

由于对经营和职业的所得税实施现场审计,德国的税收遵从度与其他国家相比明显要高。雇佣所得的税收遵从也是如此。现场审计经常(通常是一年或两年)适用于雇主扣缴的工资税收。对小企业的工资扣缴税也实施定期审计。不过,对社会保障缴款缴付情况的现场审计单独由社会保障部门实施。

相比而言,资本投资所得领域的税收遵从度似乎很低。多年来,对于银行账户和债券的利息的申报并无有力的执行措施。对利息没有实行扣缴征税,也没有要求银行自动报告利息的支付情况。银行的税务审计员没有权利复印收取利息的银行客户名单。结果,根据90年代联邦宪法法院所认可的估计,支付给私人投资者的国内利息大约有60%—70%没有申报。最终,宪法法院宣告利息征税制度违宪,因为它违反了平等待遇原则。⑨

因此,1993年对居民取得的利息开始征收30%的预提税(但对非居民不适用)。同时规定了资本所得的基本免征额,为每年750欧元。由于该预提税仅适用于设在德国的银行(甚至没有适用于居住于所有德国的债务人),结果导致资本的大量外流,尤其是流到德国银行在卢森堡和瑞士的子公司,资本外流总额估计超过5000亿德国马克(大约3333亿美元)。作为对国际和国内避税的回应,德国政府对利息所得征收25%的最终预提税,作为资本所得课税的一个组成部分。预提税从2009年开始适用。欧盟内部

---

⑧ GFC, s. 193 et seq.

⑨ 联邦宪法法院(*Bundesverfassungsgericht*)1991年6月27日判决 2 BvR 1493/89 Reports (BVerfGE) 84, p.239;2004年3月9日判决 BvL 17/02.

根据指令进行信息交换,促进了对跨境利息的征税。

与其他国家相比,德国的税务刑事调查的数量特别大。甚至有人认为,正是因为刑事调查威慑才使得相当复杂的税制得以有效运行。在最近一些年里,一些知名纳税人,包括大公司的经理主管人员,已经受到调查。每年约有3万件刑事税务调查案件,其中超过1万件以刑事法院判处税收欺诈结案。判决会记录在纳税人的刑事档案中。

刑事法院判决的刑罚通常是金钱罚。目前,直接税案件判处监禁的很少见;监禁也常常缓期执行。但是,嫌疑人被临时扣押的情况并不少见,目的在于防止其阻碍调查或者逃到国外。过去几年发生的重大避税案件引发了一场有关采取更严厉惩罚的公开辩论,目前已经开始了改革。

9.4 行政风格

德国税务官员通常受过很好的训练,且严格遵守法治原则。因此税务官员个人的裁量权相对较小。此外,大部分税务官员的行为都有大量的规章、法令和通告函件等作为依据,这些规定税务官员必须遵守(法院除外)。大部分内部通告函件也对外公布,以便告知纳税人和其税务顾问税务机关未来的处理方式。

由于严守法治,任何有关税款数额和所适用税法的协议——甚至正式的和解——都是不允许的。但是,也有些例外情况:

- 如果某一具体案件的基本事实很难查明,可以对其事实达成和解;如果这种和解导致明显错误的税收结果,则不具有拘束力。
- 税务机关也可以根据税法条文对法律问题作出裁决。[90] 但是,如果裁决的目的是获得特定的税收利益,例如避税交易或者税收滥用的可疑情况,税务局可以避免作出裁决。

德国税务机关仍然实行严密——但不是太严格——的监控,尤其是现场审计。最近一些年里,两个相互矛盾的发展值得注意。一方面,因为联邦和州两方面都出现了严峻的财政问题,这对税务局产生了持续增长的压力,促使其不让步地适用规定(甚至包括对慈善团体、教堂和国有企业的征税)。另一方面日益复杂的商业交易和不断变化的法律对税务官员提出了愈来愈严峻的挑战,这都导致税务机关内部产生一股不满情绪。在联邦税务机关,税收政策执行期变得愈来愈短,对各种类型的商业交易愈来愈多适用避税

---

[90] GFC, s. 204-207.

规定是紧张不安的表征。

腐败问题很少听说。一个重要的原因是如果将更为优厚的退休待遇考虑在内,税务官员的薪水被认为是可以和私营部门相匹敌的。晋职要根据业绩和资历决定。

9.5 纳税人的风格

很显然,由于德国的高税率和复杂的税基,大部分纳税人总是力图减轻其纳税义务。但是,这种可能性对不同纳税人而言有很大不同。

一方面,完全从雇佣中获得收入的纳税人减轻其税负的可能性非常有限,因为大部分税收扣除是标准化的,而且所得适用扣缴征税。

另一方面,大部分跨国公司对税收问题非常敏感,大部分都从事相当积极的税收筹划。纳税人挑战"税收滥用"底线的权利是可以接受的,只要纳税人将交易事实向税务机关作了完全和正确的报告。中型公司在国际税收筹划方面也变得愈来愈老练。

10. 一 般 原 则

10.1 税务会计和财务会计的联系

德国对个人企业家和公司的经营所得课税时,一个重要的特点就是应税所得和会计所得之间存在十分密切的联系。这种"联系"(*Maßgeblichkeit*)的基础在于在税法没有特殊规定的前提下,财务会计决定税务会计的原则。[91] 联邦税务法院的解释表明,在选择会计方法时,纳税人必须在其纳税申报表中适用产生较高应税所得的那种会计方法。

这一联系规则,加上没有明确的税法限制,导致准备金的扣除在德国比其他国家都多。虽然名义税率较高,但这一纳税时间规则使快速增长的企业相对于外国企业而言享有暂时的税收优势。但是成熟的企业却承受着该高额税率的负担,特别是在高通胀的时期。

近些年来,一些发展破坏了传统的"联系"规则。在 1997 年到 1999 年之间的税收立法很大程度上限制了计算税基时利用免税准备金的机会[92],而

---

[91] ITA, s. 5 par. 1.

[92] ITA, s. 5 par. 2a-4b.

且迫使企业在曾降低股权投资或房地产账面价值而该等财产又发生升值的情况下,放弃原来的贬值扣除。⑬ 不仅如此,税务法院越来越宽松地解释税务会计和商业会计之间的"联系",因为商业会计本身与欧盟指令相联系,而且税务法院倾向于避免将国内税收问题移送至欧洲法院。

2005年在整个欧洲范围内针对上市公司引入了国际财务报告准则(IFRS),这引发了德国税务会计是否可以遵循国际财务报告准则会计标准的问题。然而,目前正在进行的全国财务会计规则改革要求更多地采用盯市法计量,并未涉及税务会计。尽管如此,目前要求立法者进一步降低财务和税务会计之间联系的呼声越来越高。

10.2 对法律形式的尊重

在德国,民法和税法之间的关系在过去几十年中经历了巨大的变化。尽管"经济视角"(*Wirtschaftliche Betrachtungsweise*)流行于20世纪20至40年代之间,但税务法院在50、60年代努力通过借用民法的概念来保持稳定性。如今,民法和税法在很大程度上被认为是两个独立的领域,宪法已成为法律概念的首要渊源。尽管如此,税法和民法之间仍然有一些联系。首先,一般来说税法必须在民法为纳税人设定的权利义务的现实中适用(即所谓民法的"优先性")。此外,许多税法规定的语词明显是指向民法概念,它们在许多的情况下都会适用。民法上的含义成为解释法律的起点。极富争议的问题是,根据法治原则,税法中的许多语词的解释能否超越民法上的本来意义。

10.3 反避税规则和原则

德国税务行政机关和法院都遵循"实质重于形式"的原则,只是在遵循的程度上有所不同,其中法院稍低些。在学术界对税法进行解释时,普遍有一种很强烈的运用该"实质重于形式"原则的倾向,因此使税法回归到一种明显的"经济"方法的路径。税务法院在极少的案件中公开遵循这一方法。因此,"实质重于形式"概念的运用主要建立在一般的法定反避税条款之上⑭,它规定税收"不得通过滥用税法的行为规避"。

尽管如此,即使是在联邦税务法院,对于"滥用税法的行为"的定义也没

---

⑬ ITA, s. 6 par. 1 nr. 1 s. 4, nr. 3 s. 3.
⑭ 《征收一般法令》(GOL)(*Abgabenordnung*), s. 42.

有形成共识。尽管一般认为"税法滥用"要求一个商业交易安排不足以（在"异常"的意义上讲）达到所追求的（经济）目标,但有争议的是法院是否应当（像过去一样）关注寻求降低税收负担的纳税人的"意图"以及"充分商业理由"是否存在。另一方面,如果纳税人希望获得的税收利益符合税法的一般规则,那么联邦税务法院就会拒绝适用第 42 条。⑤ 因此,一个公司通过分配利润来减少其纳税义务,如果这是立法者所希望达到的目标,则不构成滥用,即使后来这些利润又重新交回了公司。在 2008 年,第 42 条稍微作出了一些扩展（最初的草稿建议对所避税规定进行大幅地扩展）。

多年来,德国税收制度引入了大量特殊反避税立法。主要规定体现为 2007 年商业税制改革中确立的 CFC 立法以及"利息剥离规则",此外还包括一个有争议的新规则,即在出售大量股权的情况下不得税前扣除公司损失。联邦税务法院曾判决如果在某一具体情形下可以适用特殊反避税规则,那么第 42 条将不予适用。⑥ 但是这一判决已经被第 42 条的修正案所推翻。

11. 税法的渊源

所得税规则来自以下法律渊源,它们正式公布于官方公报（*Bundesgesetzblatt*）和（或者）官方税务公报（*Bundessteuerblatt*）：

• 《联邦宪法》（*Grundgesetz*）,特别是第 1—19 条所规定的基本权利（www.bundestag.de/parlament/funktion/gesetze/gg_pdf.pdf）；

• 《所得税法》（*Einkommensteuergesetz*）,其包括与所得税有关的大多数实体法（www.gesetze-im-internet.de/bundesrecht/estg/gesamt.pdf）；

• 所得税规章（*Einkommensteuer-Durchführungsverordnung*）；该规章由联邦财政部发布,包括（大多数）程序性内容。（www.gesetze-im-internet.de/bundesrecht/estdv_1955/gesamt.pdf；

• 所得税指引 2001（*Einkommensteuer-Richtlinien*）；这些指引对税务行政机关有约束力,但不得约束税务法院。联邦和州财政部发布有大量的通知,对指引作出了修改（www.einkommensteuerrichtlinien.de）。

---

⑤ 联邦税务法院（*Bundesfinanzhof*）2006 年 6 月 26 日判决 I R 97/05（关于一个"自我取消"计划）。

⑥ 联邦税务法院（*Bundesfinanzhof*）2001 年 7 月 18 日判决 I R 48/97；2001 年 3 月 20 日判决 I R 63/99。

其他相关法源包括：

- 《公司所得税法》(*Körperschaftsteuergesetz*) (www. gesetze-im-internet. de/bundesrecht/kstg_1977/gesamt. pdf)
- 《重组税收法》(*Umwandlungssteuergesetz*) (www. gesetze-im-internet. de/bundesrecht/umwstg_1995/gesamt. pdf)
- 《营业税法》(*Gewerbesteuergesetz*) (www. gesetze-im-internet. de/bundesrecht/gewstg/gesamt. pdf)

此外还有与这些法律有关的规章、指引和通知。

在德国，税法文献主要见于评论和教科书。最相关的有以下一些：

一般的教科书

Dieter Birk, *Steuerrecht*, 11th ed. (Heidelberg: C. F. Müller, 2008)

Brigitte Knobbe-Keuk, *Bilanz-und Unternehmenssteuerrecht*, 9th ed. (Cologne: Otto Schmidt, 1993)

Klaus Tipke, *Die Steuerrechtsordnung*, 1st ed. (3 vol.), 1993 *et seq.*, 2nd ed. (2 vol.) 2000 *et seq.* (Cologne: Otto Schmidt)

Klaus Tipke/Joachim Lang, *Steuerrecht*, 19th ed. (Cologne: Otto Schmidt, 2008)

有关个人所得税、公司所得税和重组税收的评论

Ewald Dötsch/Werner F. Jost/Alexandra Pung/Georg Witt (ed.), *Die Körperschaftsteuer*, looseleaf (Stuttgart: Schaeffer-Poeschel)

Ewald Dötsch/Joachim Patt/Alexandra Pung/Ralf Möhlenbrock (ed.), *Umwandlungssteuergesetz*, 6th ed. (Stuttgart: Schaeffer-Poeschel, 2007)

Dietmar Gosch (ed.), *Körperschaftsteuergesetz*, 2nd ed. (Munich: C. H. Beck, 2009)

Johanna Hey/Ulrich Prinz/Michael Wendt (Ed.), Herrmann-Heuer-Raupach, *Einkommensteuergesetz und Körperschaftsteuergesetz*, looseleaf (C. F. Müller, Heidelberg)

Paul Kirchhof (ed.), *Kompaktkommentar-Einkommensteuergesetz*, 8th ed. (Heidelberg: C. F. Müller, 2008)

Paul Kirchhof/Hartmut Söhn/Rudolf Mellinghoff (ed.), *Einkommensteuergesetz-Kommentar*, looseleaf (Heidelberg: C. F. Müller)

Thomas Rödder/Andreas Herlinghaus/Ingo van Lishaut, *Umwandlungssteuergesetz*, 1st ed. (Cologne: Otto Schmidt, 2008)

Ludwig Schmidt (Ed.), *Einkommensteuergesetz*, 28th ed. (Munich: C. H. Beck, 2009)

有关国际税收和双重征税协定的评论

Helmut Debatin/Franz Wassermeyer (ed.), *Doppelbesteuerung*, looseleaf (Munich: C. H. Beck)

Hans Flick/Franz Wassermeyer/Hubertus Baumhoff (ed.), *Außensteuerrecht*, looseleaf (Cologne: Otto Schmidt)

Florian Haase (Ed.), Außensteuergesetz-Doppelbesteuerungsabkommen, 1st ed. (Heidelberg: C. F. Müller, 2009)

Klaus Vogel/Moris Lehner (ed.), *Doppelbesteuerungsabkommen*, 5th ed. (Munich: C. H. Beck, 2008)

外文教科书

German Tax and Business Law (London: Sweet & Maxwell, 2005)

Dossiers Internationaux Francis Lefebvre: Allemagne, CMS Hasche Sigle (Editions Francis Lefebvre, 2007).

IBFD, *European Tax Handbook 2009*, country chapter Germany

IBFD, *Global Individual Tax Handbook 2009*, country chapter Germany

IBFD, *Global Corporate Tax Handbook 2009*, country chapter Germany

日　本

中里实(Minoru Nakazato)教授、马克·拉姆齐尔(Mark Ramseyer)教授和绵织康高(Yasutaka Nishikori)

1. 历　史

《日本帝国宪法》颁布于1889年2月；而《所得税法》早在1887就已制定。在此之前，日本的国民收入主要来自于土地税(the land tax)和酒税。由于所得税背后的理念通过确定工商业人士的应纳税额使得税负更加公平。与此同时，所得税的引进对日本政府有着重要的经济意义。明治时期，日本政府追求国家的快速工业化。显然，对适合于农业经济的土地税和酒税的过分依赖应该予以调整，以适应新的工业化社会。新的所得税是累进税，划分为五档，税率从1%至3%每级递增0.5%。当时，不对企业征税，资本利得也未纳入所得税的税基。之后对所得税有几次显著改革，其中以下几次改革最具影响力：

（1）1899年，所得被分为三类：第一类(企业所得)，第二类(债券利息)和第三类(个人所得)。前两类适用低税率，而第三类采用累进税率。企业债券利息实行源泉扣缴制度单独征税，不征收其他税。由于不对股息征税，所以公司所得不会面临双重征税。这个阶段，相比其他税种，例如土地税和酒税，所得税对日本中央预算的影响并不大。在1902年，所得税仅占全部税收的5%。

（2）1920年，银行存款利息被纳入第二类所得。而股息在扣除股息金额的40%后归入第三类收入。

（3）1940年，税负被提高以弥补在第二次世界大战中付出的高额成本。所得税覆盖的群体更加广泛，并成为国家税收结构的中心。此时，所得税法案分为《所得税法案》(Shotokuzeiho)——主要规定个人所得税，以及《公司税法案》(Hozinzeiho)——只规定企业所得税和其他企业税。①

(4) 1947年,大规模引进了自我评估系统。原先日本独特的所得税分类税制和综合税制的混合税制被单一的综合税制所取代,尽管在计算应税所得时仍然采用分类税制。应税所得的范围扩大,资本利得也纳入其中。纳税单位由家庭变为个人。

(5) 1950年,所得税体制再次改变,并吸收了由哥伦比亚经济学家卡尔·舒普(Carl Shoup)牵头的研究委员会制定的大部分条款。这个新体制借鉴了美国最先进的税收理论,并采用了一个以全面税基为其典范的综合性累进税制。这包括意味着,对资本利得全额征税,且对资本损失可以全额扣除。合并企业所得税和个人所得税的规定被采纳;许多特殊的税收措施被废除;并且增强了税收征管。

(6) 1987年,税率结构扁平化;存款利息收入、出售或交换证券所得的资本利得的免税规定被废止;还开征消费税。

(7) 近期改革及远景展望:可以预料到2025年,日本将逐渐成为一个老龄化社会。这一预测必然对日本的税制改革产生影响。首先,消费税率必须提高。其次,企业所得税率必须降低以防止日本资本流出境外。自2009年起,这两项措施都至少部分得以实施。基于1998年和1999年的改革,企业所得税的税率从37.5%降至30%,尽管税率的降低同时伴随着税基的膨胀(即取消应税所得中的几种特殊扣除项目)。另外,2002年的税制改革允许合并申报。至于消费税,1994年将消费税率从3%提高到5%(包括1%的地方消费税),该规定于1997年生效。人们认为消费税率的进一步增长以及企业税负的减轻可能成为未来的必然发展趋势,尽管近期的经济衰退使得短期前景更加模糊。

对战后日本税收政策影响最大的事件是1949年的舒普报告(the Shoup Report)。② 对此,Kaneko教授写道:

> 1949年,为了实现九项经济稳定原则,根据道奇线建立了一项长期平衡预算,并且很快控制住了通货膨胀。而且,为了完成对日本国内税制(长期设想的)全面的重新研究,驻日盟军最高统帅部(SCAP)邀请

---

① "所得税法"(Income Tax Law)和"公司税法"(Corporate Tax Law)这两个术语通常分别作为Shotokuzeiho和Hozinzeiho的英文翻译,而不用"所得税法案"(Income Tax Act)和"企业税法案"(Corporate Tax Act)这两个术语。而此处选择"法案"(Act)是因为它们是由国会制定的法律。

② 《舒普代表团关于日本税收报告》(Report on Japanese Taxation by the Shoup Mission)(4vols)。

了来自美国的、由哥伦比亚教授卡尔·舒普组织的专家团（即"舒普代表团"）。包括舒普和其他六位税收理论或者税法专家。他们于1949年5月10日抵达，用三个半月的时间对日本国内税制进行调查和思考。在9月15日，他们发表了长篇报告，即所谓的舒普报告。1950年7月，代表团再次返回日本，并于9月21日发表了第二篇报告，即《舒普代表团关于日本税制的第二次报告》。这是对1949年报告的"后续服务"的一种形式。这两份报告通常合称为"舒普报告"。

舒普报告基于长远的考虑推介了日本税制（中央的及地方税制）的应然状态。其主要原则可以概括为三个目标：（1）公平税制的确立，（2）税收征管改革，以及（3）地方财政能力增强。然而，在提出建议措施时，比如资产重估，报告同时考虑了资本积累和经济复苏的需求。作为一个整体，舒普报告力荐建立一个理论上一致且公平的税制。

舒普报告围绕一致的理论框架设计一国的税制，实际上是一项重大的试验。它系统地（从税制理论的角度）梳理了当时美国最新的税收理论——这在全世界也是最前沿的。对于学者，这同样是一项了不起的成就。并且，从代表团的组成成员中就可辨别出这是一支偏重改革的团队。他们了解美国税制的兴衰，并对这个制度如何改革寄予厚望。正因为如此，他们力争建立一个极其公平的现代理想税制。

换言之，舒普报告直指变革性立法。它为日本税制现代化作出了巨大贡献。而且，正如从他们对资产重估的建议中看出的，它同时包含了很多现实因素，并致力于经济的稳定和增长。部分由于舒普报告的激励，日本的税收理论和税法研究也稳步发展，并呈现出蓬勃生气。舒普报告③至少间接地影响了这些学术成就。

2. 宪法问题

由于日本不是联邦制国家，所以它不存在类似于美国《宪法》第16修正案所涉及的、关于在中央政府和市级政府之间如何分配各税种的问题。相反，日本《宪法》规定日本公民有义务依法缴纳税款，无论是由中央政府还是由地方政府来征税。

---

③ Hiroshi Kaneko, *Sozzei ho*［税法］, Tokyo：Kobundo, 2009年第14版, pp.54-55, 59-60.

尽管如此，自从1946年制定日本《宪法》（以下简称《宪法》）后，对有关所得税法的各种宪法问题的争论就没有停止过，特别是与如下两个原则相关的问题：应该根据日本国会制定的法律征税（即依法征税原则）；以及征税不应区别对待（即公平原则）。

第一个原则源于《宪法》第84条，该条规定："除非法律规定或者满足法律规定的条件，不得开征新税或者对当前税种进行修改"［日本官方提供的英文翻译：此处的"法律"是指日语的"horitsu"，译为"制定法"较合适］。由该原则延伸出的结论是：（1）如果没有法律的特别授权，任何不具有立法权的法规，例如内阁命令和部级条例，都不能规定税收要件；（2）税收法律法规的规定必须足够具体，以使公民能够理解其含义；以及（3）无论政府的指导方针或通告对税收实践的影响多么重大，它们都不能作为税法的渊源。这个原则也影响了税收征管体系（见下文第8部分）。

该原则的第一个要素有时会在涉税诉讼中辩论。在这类诉讼中，纳税人认为税收法律法规对不具有立法权的税收法规的授权过于宽泛，据此挑战前者的合宪性。第二个要素并不意味着禁止税法使用抽象的概念，事实上，日本的《所得税法》也包含概念性、有弹性的术语，例如"极低"或者"适当数额"。④

公平原则源于《宪法》第14条，该条规定："法律面前人人平等，不应该由于种族、信仰、性别、社会地位或者家庭出身原因存在政治、经济或者社会关系上的差别对待"［官方翻译］。该项原则被认为要求：（1）量能课税；（2）税收平等；和（3）税收中性。有关此原则的最重要的一个法院判例是日本最高法院作出的一份判决。焦点是由于复杂的日本预提税制不适用于商业收入，那么将它适用于工资收入是否违反了公平原则。最高法院在判决中谈到预提税制对提高税收征管的有效性十分必要，因此是合宪的。

除了这些原则，税收法律法规有时也会因为涉嫌违反宪法规定的其他原则而受到挑战。例如，有权享有所得税免税待遇的家庭成员的范围就曾被诉违反宪法——其宣称政府有义务确保日本公民的文化和健康生活；然而，最高法院支持了涉案的所得税法规定。⑤ 日本人权法对于实体税收问题并没有实质影响，尽管有时所得税法会包含有利于社会弱势群体的特殊税收优惠的规定（例如：特殊的不予计列的收入项目和扣除）。

---

④ 例如：《所得税法》，s. 59；以及《企业税法》，s. 34。
⑤ *Tsuji v. Izumiotsu zeimu shocho*, 59 Hanrei Jiho 1187 (Sup. Ct., 1985年12月17日)。

正如下文将具体讨论的,日本法院在行使司法权决定税法的合宪性问题时有些保守。因此,法院很少判决税收法律法规违宪。部分由于其保守的态度,即使有《宪法》第84条的规定,人们认为可能不够清晰的概念和术语,经过司法解释后也被判决为是足够具体的、合宪的。

3. 税 率

全国范围内征收的个人所得税率如下:

应税收入(1000日元)	边际税率(2006年及以前)	边际税率(2007年及以后)
1,950及以下	10%	5%
1,950至3,300	10%	10%
3,300至6,950	20%	20%
6,950至9,000	20%	23%
9,000至18,000	30%	33%
18,000以上	37%	40%

除了全国个人所得税,个人还需缴纳税率为10%的地方所得税(Juminzei)。尚无正式的、针对通货膨胀的税率级别调整,但是在20世纪60、70年代政府经常降低税率,这在某种程度上起到了类似的效果。在过去的十年里,个人所得税率结构已经被极大地扁平化。1987年改革以前,个人所得税的最高税率为70%,适用于超过8,000万日元的所得;现在,最高税率为40%。税率的降低反映了一个观点,即较高的最高税率会干扰在日本经营风险企业或经营活动的决定。上面的具体数据显示,除了应税收入在1,959,000日元及以下的,税率降为5%,2007年改革略微增加了全国个人所得税的最高税率。但这个变化伴随着地方所得税率的变化,全国和地方所得税合并税率并未改变。另外值得一提的是全国个人所得税实际税率要低于上述具体数据,因为所得税法允许各种免税,例如家庭成员免税。所以自2008年始,如果有配偶和两个孩子的雇员的总收入约为320万日元或更少,那么他就全部免于缴纳所得税。2007年改革同样废除了自1999年就实施的20%的特殊减税。

2008年企业所得税率为30%。对于注册资本小于1亿日元的公司,其应税所得中前800万日元适用22%的低税率。这个低税率同样适用于非营利组织。需要注意的是企业同样要缴纳地方所得税和企业税。包含这些税种实际税率约为40%。尽管数年前税率已经降低,但普遍认为日本的企业所得税率仍然过高。另外从下面的统计数据可以明显看出,相对于其他发达国家,日本过于依赖企业所得税。企业部门一直坚持一个观点,即降低企业税负对于日本企业在全球竞争中存活是至关重要的。然而,考虑到当前日本中央预算面临的严峻情况,进一步降低税率必须在税收收入不变的前提下推进,与提高其他税种的税率,例如消费税,相配套。

4. 财政制度的构成

根据2008年预算,各个税种占中央和地方税收的比例如下(不含政府债务收入):

税种	所占比例
个人所得税	30.2%
企业所得税(包括企业税)	27.7%
遗产税	1.6%
房产税	9.2%
消费税	13.8%
其他税	17.5%

此外,各个税种的税收单占中央税收的比例如下(不含政府债务收入):

税种	所占比例
个人所得税	29.5%
企业所得税	30.3%
遗产税	2.8%
土地税	无
消费税	19.4%
酒税	2.8%
烟税	1.6%
其他税种	13.6%

近30%的日本财政收入是政府债务。因此,如果以整个财政收入为基数,上述比例实际上低得多。

正如已经指出的,日本较高比例的财政收入来自企业所得税。中央收入和地方收入的比率约为6:4。根据2008年预算,全部地方和中央税收

(不包括社会保险负担)占国民收入的25.1%。将社会保险负担考虑在内,比例将高达40%。

5. 所得税的基本框架

5.1 个人所得税

日本个人所得税具有两个显著特征:该税十分依赖于预提税(扣缴)制度,而且保持了分类所得税制。

原则上,日本使用自我评估制度适用于个人所得税和企业所得税。而事实上,个人所得税中预提规则起到实质性作用。很大比例个人所得税均通过预提税体系征收。基于诸多缘由,预提规则在很大程度上降低了对自我评估系统以及纳税申报的需求。首先,工薪阶层通常在年底对其预提税额进行调整,这种调整就免除了他们进行纳税申报的必要。[6] 其次,对于非工资收入,例如存款利息,也适用预提税。

由于工薪阶层通常无需自行申报,因此他们倾向于认为纳税申报义务很麻烦。这也被视为日本人不愿投资股权的原因之一,因为这通常会启动纳税申报义务。自2003年起,中小型个人权益性投资者也免除了纳税申报义务,因为新的预提税制度适用于上市权益性证券所产生的资本利得。

尽管许多个人无需纳税申报,而一旦被要求进行申报,申报的主体为个人而非家庭。日本尚未采纳夫妇联合申报制度。

就所得被分为十档且有不同的计算规则而言,个人所得税仍然保持了先前的所得税分类税制。例如,不适用上文提及的预提税的、由权益性证券产生的资本利得就与其他收入分别计算,并适用特殊税率。[7] 分类所得税制背后的理论基础,有时会被讲述为不同收入类型的"纳税能力"也不同。然而,个人所得税的这个特点无疑使税务筹划变得极其容易,纳税人可以利用复杂的金融产品和其他技术将一种性质的所得变为另一种性质的所得。例如,偶然所得享有相对有利的税收待遇,尤其是相对于杂项收入。这促使纳税人将其收入当作偶然所得。另外一些体现日本税制具有分类税制特征的制度包括限制一种类型所得的损失以另一种类型的所得进行弥补。但如上

---

[6] ITA, s. 121.
[7] 《特殊征税方式法》(Special Taxation Measures Law), s. 37-10.

文所讨论的,该税制基本上接近综合税制。

为了避免在个人和企业层面对企业所得的双重征税,日本采纳了股息抵免法。然而,由于可抵免数额的限制,双重征税并未完全消除。

5.2 企业所得税

上文讨论的个人所得税的特征并不适用于日本企业所得税。企业所得税的税基通常是公司从事的整个经营活动取得的净利润额,并采用权责发生制来计算。不同性质的所得的税收待遇并没有区别税收待遇。然而,根据《(个人)所得税法案》(Shotokuzeiho)(the (Individual) Income Tax Act,以下简称"ITA"),企业和个人经常适用预提税制。当然,企业有权抵免与其预提税相同的税额。但对于金融机构,有时这一特征尤为关键,因为其所得的重要来源之一就是货币的时间价值。基于此,如果一些程序性要件可以帮助扣缴义务人(即金融机构的交易对方)识别金融机构,那么后者通常无需缴纳预提税。

自 2002 年起,企业可以合并申报纳税,尽管合并申报纳税的企业集团成员不能包括非日本企业。

为了避免双重征税,从其他企业获得的股息的 50% 不计入应税所得。如果股息分配公司是股东公司子公司,那么所有股息都不属于应税所得。

6. 税 收 立 法

6.1 所得税的立法程序

日本税法每年都会修改,包括所得税法(即个人和企业所得税法案(ITA 和 CTA))。修正案的生效日期通常为每个纳税期限的第一天。因此 ITA 的修正案通常在每年的 1 月 1 日生效,而 CTA 的修正案则于每年 4 月 1 日生效,分别对应个人的纳税期限——每个公历年,以及企业的纳税期限——即每个会计年度(对于很多日本企业是从当年 4 月 1 日至次年 3 月 31 日)。

根据现行实践,税法修正案按照如下步骤制定。尽管宪法规定征税必须由国会制定的法律规定,但多数税收立法都由政府机构启动,而非国会。

第一步:由税务委员会(Zeiseichosakai),即首相的一个咨询委员会,向首相提交一份有关税法修正案的报告。

第二步:在12月由执政党(几乎总是自由民主党)和财政部共同发布下一纳税期限的税法修正案大纲。

第三步:在国会讨论此大纲。

第四步:日本国会通过此修正案。

财政部在类似的时间内会准备与税法修正案相对应的税收法规,但只在相关的税法修正案通过后才公布。

由于税务委员会成员中有非政府官员以及税收专家,例如税法教授,私营部门的意见可以间接在上述第一步中反映。另外,在第一和第二步中,也可以听到来自公众,特别是强大的压力集团的非正式声音。在国会讨论阶段很少对税法修正案草案作出实质性修改。

在日本,与美国联邦税务局起草税收法规时适用的程序相似的公共磋商程序仅在极为有限的情况下适用。因此,除了那些强大的压力集团的声音,税法修正案很难反映其他私营部门的意见。即使仅对税法进行技术性修改,税务委员会成员以外的其他税务专家也难有实质性的机会参与到税法的修改过程中。而且,财政部起草税法修正案草案的过程不公开。所以,日本的普通公众很难查找到有关税法修正案的有价值的立法史资料。

6.2 立法风格

相对于其他法律领域,日本税法的规定相当具体。正如上文第2部分所讨论的,这个特点可能是《宪法》第84条规定的"依法征税"原则的体现。然而,需要注意的是,尽管这些制定法尽可能地具体,但其中仍包含了很多有弹性的术语,例如"极低的价格"或"适当数额"。另外,税法授权以内阁命令(Seirei)或者财政部发布的部级条例(Shorei)的形式对税收细则作出规定。虽然《宪法》第84条禁止将税收要件绝对授权给内阁命令或部级条例,但由于其技术性的特征,后两者的数量远远超过了税法。

从结构上讲,日本的《个人所得税法案》(ITA)和《企业所得税法案》(CTA)分别立法。而且还有一部法律规定"特殊税收处理",其中包括了被广义地认为是税收支出的规定。基于这种格局,企业必须参照所有这些法律,以便恰当地了解交易的税法效果。正如上文所讨论的,根据ITA,有些类型的预提税不仅适用于个人,也同样适用于企业。

6.3 法律解释

可能由于《宪法》第84条,人们有时认为相比其他领域法院更加关注与税法事项相关的法律文本本身(尽管这种观点很难鉴证)。

正如下文将进一步讨论的,日本法院通常尊重立法史,包括税法立法史。其重点主要在于(1)税务委员会针对税法公布或修改期间的提出的问题作出的回答;(2)由国税局(the National Tax Agency,以下简称"NTA")(Kokuzei-cho)或者财政部内设的地方税务机构(the Regional Tax Bureaus,以下简称 the "Tax Bureaus")(Kokuzei-kyoku)的工作人员给出的(无论官方与否的)税法解释。

法律的起草由财政部或者 NTA 里的年轻官员完成。因此,有时会出现这样的情况——最有价值的税收立法文件是财政部或 NTA 的内部文件。有时,当这些官员以"私人"身份出书或者发表文章时,这些内部资料才能公之于众。

法官通常没有深厚的税法专业知识。这似乎可以解释在税务诉讼中为何日本法院经常遵从税务机关的意见。

政府对税收法律法规的解释通常由 NTA 或其他税务机关在税收指南和通告(Tsutatsu)以及税务裁定中公布。除了这些官方解释,与立法史相同税收官员的解释也常见于他们出版的书或发表的文章中。虽然这些解释是非官方的,在实践中却被认为是事实上的税务规则。因为可以合理期待税务机关应该不会否认依据这些公布的解释所做的税务筹划。

7. 法院对税务问题的处理

7.1 法院的结构

在向法院起诉之前,纳税人必须先就税务机关(地方税务机关)作出的有关纳税数额的决定向国家税务法庭起诉。尽管该法庭是 NTA 的一个部门,但它独立对争议作出裁决。建立这个体系是为了有效地利用税务官员拥有的精深的税收法律法规知识。税务法庭独立于 NTA 的表现为 NTA 不能指示该法庭就税务争议作出何种裁决。然而,税务法庭主席,即税务法庭的领导,有权对税务法庭处理的一切税务纠纷作出最后裁决,是由 NTA 局长任命的。此外,那些实际上处理税务争议的税务法庭的成员既有税务官员,也有民事法庭的法官和检察官。尽管对于所有税务法庭处理的税务争议,主席有权作出最终裁决,该裁决却是基于由三名税务法庭成员组成的咨询小组提交的意见作出的。

对税务法庭决定不服,可以向涉案纳税人居住地地区法院提起上诉。规模较大的地区法院,例如东京地区法院,总是由同一个部门来处理税务诉讼;然而,它们仍然是一般法院,而非专门的税务法院。对此裁决不服,可以向相应的高级法院上诉,直至最高法院。

通常,日本法院没有专门的税务法官。根据其职业制度,日本法官会经常被调往全日本不同的法院。这使得法官很难是某一特殊的法律领域的专家,比如税法领域。另外,许多法官并没有计算税款的成熟经验,会遇到许多困难。这些情况可能促使法官倾向于接受政府对税收法律法规的解释以及 NTA 发布的税务公告。

下面的表格列出了由税务法庭和普通法院审理的税务争议的数量及其结果。其中纳税人胜诉的案件数量较少。

从 2006 年 4 月至 2007 年 3 月

法院级别	审理的争议数量	纳税人胜诉	纳税人部分胜诉	纳税人败诉	其他
税务法庭	2,945	91	270	2,211	373
地区法院	228	21	13	150	41
高级法院	128	19	5	99	5
最高法院	88	11	11	62	4

7.2 司法风格

日本法院特别是基层法院的司法意见很长,对法律解释和事实认定作出详细阐述。司法裁决的这一特色被称为"琐碎判决"。其中对法律法规解释的部分通常会参照其立法史。虽然立法史并没有法律效力,但日本法院传统的法律解释方法就是根据立法者的意图来解释法律。因此,特别是当法院遇到有争议的法律问题,如果相关的立法史足够清晰,他们会高度尊重这些材料。

前文提及的一般分析同样适用于税务案件。除此之外,税务案件中法院似乎更倾向于尊重 NTA 或者其他税务机关支持的政府对税收法律法规的解释,即使这些解释是非官方的。

沿袭大陆法系对日本法律体系的影响,司法判决至少在同级法院之间并非正式的法律渊源——但最高法院的司法判决在实践中当然具有显著的权威性。然而,这个分析并不意味着地区法院——最基层法院所作出涉税判决没有约束力。恰恰相反——它们对于日本税务实践具有相当大的影响。例如,如果税务机关败诉,即使是最不起眼的一个地区法院作出的判决,税务机关也经常会据此改变其税收政策。通常来讲,如果法院否定了一个税务公告,那么该公告通常会被修改。

当行使其司法权决定法律的合宪性时,日本法院趋于保守,并且大体上会遵从立法机关。这种趋势在专业复杂度非常高的领域,例如税法领域尤其值得注意。正如最高法院所说:

> 如今税收的功能已超过了其基本的提供全国财政需求的作用。它也发挥着收入再分配、适当地分配资源和调节经济表现的功能。在确定每个公民的税负时,适用于全国的综合性的财政、经济和社会政策就变得很必要。但必须先决定纳税义务的前提,这个过程也同样需要专业技术判断。相应地,在裁决税法时,必须遵从立法机关(基于对全国财政形势、社会经济、国民收入和全国生活情况的准确数据作出)的政策和专业判断。基本上,除了尊重立法机构的裁量权,法院别无选择。[⑧]

8. 税务行政

负责所得税征管的政府部门是 NTA,它是财政部的一个独立部门。NTA 由总局、11 个地区局和约 500 个最基层的地方税务局组成。地方税务局从事日常税收事务的管理。NTA 总局履行管理职能,发布税务公告和通告。税款征收通常由相应的地方税务局或者地区税务局负责。这些国家税务机关大约有 7,200 亿日元的预算,56,000 多名职员。在 2006 年 4 月和 2007 年 3 月间,所得税的审计量约为 21 万件。

日本税法并没有对纳税人获取涉税信息作出特别规定。虽然日本有政府信息披露的基本法律,但具体涉税信息的披露一般受到严格限制。税务官员对于在工作中获得的非公开信息负有保密义务。

在 2002 年 7 月,日本引进了税收裁决制度。一般而言,税收裁决由申请人所在地的地方税务局发布,有些情况下也由地区税务局或者 NTA 发布。税收裁决一般在税务机关对申请人作出答复后 60 天内对外公布。

---

⑧ *Oshima v. Sakyo Zeimu shocho*, 39 Saihan Minshu 2-247 (Sup. Ct. 1985 年 3 月 27 日)(全院庭审)。

政府的税务行政只能根据议会颁布的法律进行。这在日本是一个基本的宪法原则,由于《宪法》第 84 条的缘故,这一原则在税收领域尤其重要。行政解释大多由 NTA 以指南或者通告的形式作出。虽然指南和通告不是具有拘束力的法律解释,但它们必然是由 NTA 中一群学识渊博且富有经验的税务专家经过审慎考虑之后作出的。这一特征,加上法院很少精通税务事项的事实,导致司法对这些通告相当尊重。

日本的行政风格是一个比较有争议的问题。传统认为该制度具有运用非正式的"行政指导"的浓厚的官僚特征,私营部门通常遵从这些行政指导。在税收领域,这意味着税务通告等非正式解释在注重规则导向的制度中与正式发布的法规扮演同样的角色。另一方面,有些评论人(包括本文作者)认为日本制度在运用非正式规则方面并不独特。非正式行政规章只有在,也仅在,当事人相信其中采取的源于非正式规则将会转化为正式规则的情况下才会予以遵循。通过非正式化管理,政府和私营部门都减少了更为正式的体制会产生的成本。

日本的税务案件相对较少,这可能被看作是上述行政方式导致的结果。地方税务局对于应纳税额作出的许多决定都没有被提起司法诉讼,而是为纳税人所接受;尽管有时是在地方税务局作出一定让步之后。

至少根据传统观念,日本纳税人并不像美国纳税人那样积极地从事税收筹划。但是,最近积极的避税方案开始进行市场推广。例如,一家美国银行推出了如下税收筹划方案以减少遗产与赠与税的纳税义务:(1)让子女成为美国居民;(2)在日本的父母购买美国政府债券;(3)父母将债券赠与孩子。日本赠与税适用于赠与的受赠者。如果受赠者是非居民,则仅对其国内的资产征税,而美国政府债券(即使在物理上位于日本)被认为是外国资产。因此,日本赠与税不适用于此交易。另一方面,美国赠与税原则上适用于赠与人,但不对无形财产征收。结果,非居民的政府债券的赠与在两国都不纳税。2000 年日本赠与税作出修改以打击这种避税行为。目前,只要拥有日本国籍的人在赠与前五年内的任一时间居住在日本,就对其国内及国外资产征收赠与税。

在纳税人组织中,有些与 NTA 合作(例如蓝色申报组织),有些则不合作(例如商业民主委员会)。商业民主委员会提起了许多反对税务机关的法律诉讼。左派的税务顾问组织的一个代表是年轻税务顾问协会。

此领域一个有趣的动向是,一些法院判定税务顾问应当对纳税人因其咨询而导致的少缴税款承担责任。假定顾问 X 为纳税人 Y 提交纳税申报表。在申报表上,Y 报告应纳税额为 500 万日元。如果税务局审计 Y,查明他实际应纳税额为 800 万日元,Y 缴纳欠缴的 300 万日元后可以起诉 X 要求赔偿该 300 万日元。似乎只有基层法院会作出这类判决。⑨ 但如果被广泛接受,这当然会有助于解释为什么税务顾问不愿进行过度的税收筹划。

然而,近年来,以获得税收利益或其他类型的税收筹划为目的而发展起来的金融产品已经在日本愈来愈普遍。NTA 和其他行政部门意识到这一问题,正在采取有力措施以查明非法或者可疑的避税策划。最近,NTA 似乎加大了对此类以避税为目的的金融产品的打击力度。无论如何,日本个人所得税的分类制度和公司所得税的高税率应使得纳税人有强烈的动机去从事税收筹划。NTA 和纳税人之间的斗争才刚刚开始,可能需要很长的时间才能解决。

9. 基本原则

9.1 税务会计和财务会计的关系

企业应税所得的计算是根据公司法所要求准备的资产损益表⑩并根据 CTA 所要求的调整而确定的。公司法中的会计规则建立在公认会计准则的基础上。⑪ 因此,对公司而言,税务会计与财务会计基本相同,尽管在某些方面税法作出了不同于公认会计准则的特殊规定。税法对财务会计的全面依赖是出于简化税法的需要;但同时,这种依赖也引起不少问题。例如,假设财务会计规则发生变化。如果税务会计应与财务会计保持一致,那么税法规则也将自动作出改变。但这似乎违反了依法征税的基本宪法要求(见上文第 2 部分)。最近产生的一个问题是若财务会计对某些资产(例如金融衍生交易)采取盯市法(mark-to-market)的估价方法,而税法尚未作出修改,这种情况下是否应该采取这种估价方法?尽管税法最终根据财务会计准则作出了相应修改,从而解决了该问题,但类似问题仍有可能发生。

在计算个人所得税应纳税所得时无需考虑日本 GAAP。尽管个人应纳

---

⑨ *Ryujitsushoji KK v. X*(无法公开获得被告的名字),1654 Hanrei Jiho 54(Tokyo H. Ct.,1998 年 3 月 13 日)。

⑩ CTA, s. 74.

⑪ 《公司法案》, s. 431.

税所得的计算通常采用权责发生制,在个别情况下,税法也允许个人采用收付实现制。

9.2 尊重法律(民法)形式

通常最高法院的立场是:当税法使用的概念是私法领域,譬如民法和商法典中普遍使用或定义的概念,则适用民商法典的解释,除非税法中另有规定。

多数观察者认为法院尊重合同形式,不会忽略它而根据潜在的经济实质对纳税人征税。由于这种司法方式为避税提供了机会,税务机关有时会主张实质重于形式。近几年,税务机关越来越积极地动用此种主张,特别是在涉及国际交易的案件中。

9.3 反避税原则或立法

日本税法中没有授权法院对避税方案重新界定的一般规定。然而,一些规定否定了特定情况下的避税行为。其中最为重要的可能要属授权法院重新认定家族企业的交易的属性的规定。据此(抛却诸多细节),如果家族企业间的交易不合理地减轻了它们的纳税义务,法院可以重新认定该交易的属性,并重新计算纳税义务。

尽管一些法院判例采取了相反的态度,但学者的通常观点及某些其他法院判例认为宪法第84条规定的"依法征税"原则禁止法院在没有具体法律规定授权的情况下,仅根据其避税性质重新认定交易的法律安排。当前,税务机关很少坚持在没有具体规定的情况下重新认定交易的属性,却倾向于对纳税人试图取得税收优惠所依据的税法规定作出限缩解释以达到同样的目的。

除了对于家族企业的反避税规定外,在2002年引入合并纳税制度后,就马上进行合并纳税申报的企业适用类似的反避税规定。[12] 由于该反避税规定没有可参考的立法史,对它的具体解释依然要由法院来摸索。不仅如此,对于企业合并或者其他企业重组交易也适用类似的反避税规定。[13]

---

[12] CTA, s. 132-3.
[13] CTA, s. 132-2.

10. 税法的渊源

10.1 税法的渊源

税法渊源包括(1)宪法;(2)国际条约(或协定);(3)法律法规;和(4)包括内阁命令(seirier)和(财政部发布的)部级条例(shorei)在内的政府规章。(市政府发布的)地方条例(jorei)可能构成地方税法渊源。正如上文所讨论的,作为一个大陆法系国家,司法判决并非正式法律渊源,尽管司法判决,特别是最高法院作出的判决具有实质影响力。

理论上,(由 NTA 公布的)税法指南或通告(tsutatsu;)仅是上级税务机关对下级机关作出的内部指示,对公民没有约束力,也不构成税法渊源。然而,实际上,正如上文所说,法院几乎总是遵从这些通告,也鲜有纳税人质疑其有效性。这些通告对于税收征管的可预测性发挥巨大的作用,由此为纳税人提供了确定性。

类似地,尽管税务裁决在实践中很重要,但仍不构成税法渊源。自从 2002 年引进税务裁决体系后,其数量稳步上升。在 2008 年税务裁决的范围就扩大至包括具体交易、以及具有普适性的税法问题。这个变化可能使得税务裁决体系作用更大。

日本税法并未授权财政部和 NTA 制定税收规章(正如第 2 部分所讨论的,即使有这样的授权,也会因为违宪而被忽略)。因此,只有基于税法的特别授权的内阁命令和部级条例才构成税法渊源。现行有效的包含内阁命令和部级条例在内的税法文本可见 http://law.e-gov.go.jp/cgi-bin/idxsearch.cgi(仅有日本版)。另外,日文的税法指南和通告可见 http://www.nta.go.jp/shiraberu/zeiho-kaishaku/tsutatsu/menu.htm。

尽管日本政府没有提供税法的官方翻译,适用于日本非居民的所得税制大纲可以在以下网站获得:http://www.nta.go.jp/taxanswer/english/gaikoku301.htm。

10.2 可获得的材料

NTA 的网站(http://www.nta.go.jp)上不仅有税法指南和通告,还有许多其他材料,例如近几年的税法修正概要以及税法裁定副本。另外也可以找到某些特定材料的英文版,包括 NTA 年度报告。

除了 NTA 的网站，Y. Komi 和 T. Honjo 所著的《日本的企业税法》（*Sozeishiryokan*，2007 年版）提供了《企业税法》的英文版。Eibun-Horei Sha 会发布各种其他税法英文版的活页册。

H. Kaneko 所著的《税法》（*Sozei ho*，2008 年第 13 版）全面而有深度地概述了整个日本税制。年刊《税法研究》（*Sozei ho kenkyu*）和论文集《日本税法研究论文集》（*Nichi zei ken ronshu*）刊登了众多教授和学者对各种税法题目所发表的论文，包括国际税法问题。由 Daichi-Hoki-Shuppan 发布、S. Takeda 编辑的税法解释是对于日本所得税法最可靠的解释。这些解释由现任或者前任 NTA 官员合著，准确地反映了 NTA 的观点。

荷 兰

凯斯·范拉德(Kees van Raad)教授

1. 荷兰所得税制度的历史

1821年法案首次为当时存在的税收规定了概念性框架。这些税收大多属于消费税,1819年《专利法》对货物或经营活动(根据许可或"专利"运营)根据其外部特征,可直接推定的如雇员的数量,所得征收的税收外,1892年至1893年间首次开征了真正意义上的所得税。1892年《财富税法》规定了来源于资本的所得要缴税,且该所得视为相当于资本价值的4%。此外,1893年《营业税法》(Business Tax Act)则规定来源于营业和雇佣活动的所得要缴税。

根据两部不同的法律来对所得征税的原因是希望对消极(非勤劳)所得征收比积极(勤劳)所得更重的税。所得税制中的这种区别在统一的1914年《所得税法》取代了这两部法律后消失。然而,为了仍能使得富人承担更重的税负,同年还开征了财富税。1914年的《所得税法》并非对纳税人上一年获取的所得征税,而是对他当年从纳税年度开始(5月1日)拥有的收入来源中预期能赚取的所得以及他上一年从该等收入来源中取得的实际所得额征税。因此纳税人为了避免一项收入来源的所得缴税而广泛采取的策略就是在5月1日之前处分收入来源。虽然1914年《所得税法》原本就覆盖了公司的所得,1918年仍对公司分配开征了特别税(但是非分配所得仍免税)。

德国在1940年占领荷兰后,1941年在荷兰开征个人所得税,1942年开征了公司所得税,这两者很大程度上都是以当时的德国税为基础,都是对实际所得征税,而不是像先前法案那样对推定所得征税。尽管战后两部法律都进行了大量修订,但是直到60年代它们才被1964年《所得税法》和1969年《公司税法》所取代。制定这两部法律的时候,仍然反映了很多德国制定的旧税法典中的概念,并采取较为清晰、简明税收立法的模式;法案制定时,每部印刷出来均不足20页。然而,由于70年代以来荷兰税务道德水准严重下降,纳税人采取了多种(国际)避税策略,所以政府不得不在税法典加入详细、复杂的应对措施。这些措施经常显得小题大做,这反过来导致了纳税人进一步的行动,政府这方进而又增加法规的数量和详细度,因此使得税收法律的清晰度和简明性下降。

80年代荷兰加入了降低所得税税率和拓宽所得税税基的世界潮流。此外,荷兰口头承诺实现税收简化。然而,税收简化基本局限于把复杂的个人所得税税率结构替换为三级税率,以及将个人所得税率和社会保障缴款一体化。90年代早期政府任命的委员会建议实施个人所得税真正简化的方案只受到了政府冷淡的支持。90年代末期财政部出台了个宏伟计划,建议部分回归1892年荷兰所得税的最初制度:该制度规定了三类所得("工作和家庭"的所得,"实际权益"(substantial interest)所得,"资本"所得)。最后一类所得按拟定税基(如1892年一样,相当于来源资产价值的4%)征税,而不是对实际所得征税。根据上述计划,2001年《(个人)所得税法》于2001年1月1日生效。

2. 宪法问题

2.1 概述

根据荷兰《宪法》第104条,只要有法律作为依据,国家(中央政府)就有权征收任何税收。除了上述中央税外,地方公共权力机关(各省、各市和水管理委员会)也可以征税。但是根据《宪法》第132条第6款和第133条第2款,这些公共权力机关所征收的税收仅限于相关法律明确规定之列,包括各省、各市、水管理委员会法律的规定。相反,各省和水管理委员会一般只能征收使用费(user fees)*。各市还能对不动产的价值征税(按年征收)。然而,各省和各市的大部分预算需求是通过与中央政府进行税收分享满足的。

2.2 《人权公约》和《欧共体条约》基本自由规定的影响

因为个人和公司不能假定荷兰成文法(包括税法)违反了荷兰宪法的任何规定,所以他们不能援用荷兰《宪法》第1条规定的无差别待遇条款(non-

---

* 译者注,"使用费"(user fee)指政府对为向公共提供服务所征之税。

discrimination clause)而对税法提出质疑。正因如此,比起其他国家而言,荷兰所加入的人权公约中的无差别待遇条款对荷兰诉讼当事人的意义更要大。至今为止,法院已判决了成文税法的某些规定以及税务机关(Revenue Service)所持的某些行政立场违反了上述条约的无差别待遇条款。

此外,欧洲法院已有判决认为《欧共体条约》的基本自由条款,尤其是劳动者自由条款(第39条)和设立自由条款("freedom of establishment"(第43条)禁止(政府)对非居民纳税人实行差别税收待遇。例如,荷兰的法律规定从事营业的个人设立免税老年储备金(old-age reserve)的权利仅限于居民纳税人,欧洲法院在1995年的一项判决[1]中认为这违反了《欧共体条约》第43条。欧洲法院在1996年6月份的一项判决[2]中认为荷兰以往为非居民个人规定的25%的税率级次也违反了条约的无差别待遇条款。

3. 所得税税率

根据现行的经过修订的分类所得税模式的2001年《个人所得税法》,三类所得分别适用不同的税率结构。"家庭和工作"所得按以下累进税率(2009年)缴纳所得税和工薪税:

应纳税所得额	税率
低于17,878欧元的	2.35%
17,878欧元至32,127欧元的部分	10.85%
32,127欧元至54,776欧元的部分	42%
超过54,776欧元的部分	52%

1990年开始,个人所得税率要合并考虑缴纳的基本社会保障缴款。只有在所得超到第二税率级次(32,127欧元)时需缴纳基本社会保障缴款。合并税率如下(超过64岁的人适用优惠社会保障费率):

所得税税率	社会保障缴款率	合并税率(>65)
2.35%	31.15% (13.35%)	33.50% (15.60%)
10.85%	31.15% (13.35%)	42.00% (24.10%)

---

[1] Case C-80/94, 1995年8月11日 (*Wielockx*).
[2] Case C-107/94, 1996年6月27日 (*Asscher*).

个人取得和"实际权益"(公司至少5%的股份权益)相联系的"所得"(包括普通所得和资本利得)按25%的比例税率缴税。如第一节所言,资本收入不是按实际回报征税,而是按拟定基础征税,应纳税所得额等于资产减负债后平均价值的4%,税率是30%的单一比例税率。这实际上相当于对纳税人的净财富按1.2%的税率征收净财富税。

股息要缴纳15%的预提税。股息预提税可以用来抵扣居民纳税人的应纳所得税额。如果股息可归属于按一般所得征税的荷兰来源所得,则该预提税也可以用来抵扣非居民纳税人的应纳所得税额。

公司所得税税率相当于25.5%,但最先40,000欧元所得适用的税率是20%,之后160,000欧元的适用税率是23%。

4. 财政体制的构成

	2009年预算		2008年结算	
	数额*	百分比	数额*	百分比
对消费征收的税(间接税)	77,818	33.5%	74,317	33.1%
流转税(增值税)	45,952	19.8%	43,812	19.5%
轿车和摩托车征收的购置税	3,478	1.5%	3,541	1.6%
国内货物税	11,038	4.7%	10,563	4.7%
对法律交易征收的税	6,088	2.6%	6,038	2.7%
轿车、摩托车使用税	3,350	1.4%	3,001	1.3%
环境税	4,606	2.0%	4,432	2.0%
其他	3,307	1.4%	2,930	1.3%
对所得和财富征收的税	109,502	47.1%	102,946	45.9%
工薪税	90,658	39.0%	84,237	37.5%
所得税(个人)**	-6,019	-2.6%	-6,029	-2.7%
股息税	3,796	1.6%	4,098	1.8%
公司税	18,435	7.9%	18,269	8.1%
其他	2,632	1.1%	2,371	1.1%
税收和基本社会保障缴款总额	187,320	80.6%	177,263	79.0%
员工缴纳的社会保障缴款	45,218	19.4%	47,124	21.0%
税收总额和社会保障缴款总额	232,538	100.0%	224,387	100.0%

* 单位为1,000,000欧元
** 因为工薪税和股息税抵扣了所得税应纳税额,所以得出负数。

5. 所得税的基本结构

5.1 个人

2001 年《所得税法》(ITA, *Wet inkomstenbelasting 2001*)规定个人的所得应缴纳所得税。至于由于雇佣(无论是当前还是过去)获得的所得和公共福利,受领者除了缴纳所得税,还需根据 1964 年《工薪税法》(WTA, *Wet op de loonbelasting 1964*)的规定缴纳工薪税。扣缴的工薪税可以用来抵扣需要缴纳的任何所得税。如果抵扣后的所得税额不超过法定的最小值,就无需进行个人所得税评估。如第四节的表格数额所示,目前所得税是负收益。这是因为申报人缴纳的工薪税(以及或股息税)的金额超过了所得税的应纳税额,获得所得税退税的数额大于有剩余所得税应纳税额的申报人缴纳的(附加)所得税数额。

荷兰居民公司分配的股息要缴纳 15% 的税,由分配公司代扣代缴。股息受领人可以用股息预提税抵扣其个人所得税应纳税额(通常属于第三类的资本所得)。利息和特使权使用费没有代扣代缴制度。但是,对于利息,银行须向税务机关报告他们向储蓄账户支付的利息数额以及持有这些账户的个人(居民)的姓名。

特别是对于个人所得的征税,荷兰税法采用"所得来源"(source of income)的概念。只有具备"来源"的所得才是应税的。该术语并不是指所得的区域来源,即多数国家用来区分本国来源和外国来源所得的来源概念。"所得来源"是指这样的来源,纳税人从事一项经济活动并试图从该来源获得利益,而且这些利益能够客观预期实现。因此,不能预期产生任何正值所得的活动(业余务农,"发明"等)不能被视为构成所得的来源,由此而发生的费用也不能用来抵消其他所得。

个人实现的资本利得一般不征税。例外的是经营资本利得和处置所谓实质权益股份(在公司里拥有 5% 以上权益的股份)的利得。2001 年《所得税法》生效之前,缺少资本利得税收,普通所得又适用相对较高的税率,这使得纳税人有强烈的动机把普通所得转变为免税的资本利得或实质权益所得(当时征 20% 的税)。2001 年税法的重要目标之一就是消除这种避税策略,为此开始对资本所得以拟定所得为基础征税,对实质权益的当前所得和资本利得都一律适用 25% 的税率。

5.2 公司

公司根据1969年《公司税法》(CTA，*Wet op de vennootschapsbelasting 1969*)纳税。公司取得的所有收入都被视为营业所得。对于营业所得定性的一般规定和非居民公司的征税，《公司税法》参照《个人所得税法》。

此外，《公司税法》还包括了以下详细规则：

- 公司重组(资产与股票交换：第14条；股票与股票交换：第13条第i款；法律合并：第13条第k款[和《个人所得税法》第14条第b款相联系]，法律分立：第13条第j款[和《个人所得税法》第14条第a款相联系])。1990年《合并指令》(2005修订)规定了欧盟内的跨境重组，荷兰税法执行了这项指令，因此荷兰境内的重组规则和这些跨境合并的规则完全一样。
- 参与免税(participation exemption)(《公司税法》第13条至第13条第k款)。母公司从适格(居民或非居民)子公司分配的股息免税。同样，处分这种子公司股份实现的资本利得也免税。
- 汇总纳税(fiscal unity)(《公司税法》第15条至第15条第aj款)。应所有相关公司的请求，适格子公司可在其共同母公司汇总缴税。

再者，过去十年间，《公司税法》增加了(很多)复杂的规则来防止公司通过扣除利息费用(特别是支付给非居民受领者的)来侵蚀公司税基。

6. 税收立法

6.1 税收立法程序

虽然议会具有创制法律的宪法权利，但是实际上所有的议案都是由政府在听取政府委员会(Council of State)的意见后起草提交到议会的。议案要在第二议院(Second Chamber of Parliament)全体会议经过数轮的讨论。经过一位或多位成员"动议"(motion)，第二议院具有修改议案的权利。政府可以修改待表决的议案，也有权撤回它提议的议案。议案由第二议院通过后，就会进入第一议院。第一议院只能通过或否定该议案，而无权修改。

6.2 立法风格

除了2001年《所得税法》外，对于所得征税的税收法律(《公司税法》、《工薪税法》和《股息税法》)均制定于20世纪60年代。这些法律设计的初衷是提供一个清晰且简洁的基本规则框架。现行所得税法的前身,1964年《所得税法》在大部分的版本中都不到20页纸,包含了纳税人、应纳税所得类别、个人费用扣除、损失弥补、税率以及特殊规则等规定。其他税收法律更加简短。实际细节和其他具体事项(除了其他事项外,包括经常变化的数额、清单等)一般由下级的实施法令(implementing decrees)来规定。到1996年,1964年《个人所得税法》的长度是其原来版本的四倍多。尽管2001年《所得税法》仍然保持着清晰的结构,但它比前身(1964年《个人所得税法》)的最后版本长四成多。2001年《所得税法》反映了通过详细的成文法规定来应对不受欢迎的税收筹划技术这一当今趋势。

过去十年间,1969年《公司税法》得到了扩展,增加了很多关于参与免税、汇总纳税和反税基侵蚀措施的详细规则。这些增加的规则打破了《公司税法》的初始平衡结构。这大多是因为立法者反复尝试应对具体的避税行为,加入了高度细致的规则,从而大大增加了《公司税法》的长度和影响了该法律的可读性。

个人所得税法、公司所得税法、工薪税法、股息税法、财富税法及其他们的实施法令目前大大超过了500页纸。

财政部针对很多所得税法条款发布了解释性法令。财政部在这些法令中采取了特定的立场。当与严格适用法律或实施法令相比,这种立场对纳税人更有利时,纳税人有权在他的纳税申报表中信赖这种解释。如果财政部采取的立场比法律更严格,纳税人就可以到法院对财政部的解释提出异议。

同所有的法律一样,新制定的税收法律一般不具有溯及既往的效力。但是,政府在1996年备忘录中认为新制定的税法规则在以下三种情形下可具有溯及既往效力的正当理由:有关反滥用的措施;更正明显立法错误的措施;以及某些只要提前公布,就会导致纳税人快速完成一些这些规则意在制止的行为的新规则。

6.3 法律解释

荷兰《宪法》规定唯有依据法律才可以征税。但是,《宪法》还规定法院不能审查法律的合宪性,包括税收法律的合宪性,但是法院可以审查地方政府制定的规则以及税务机关在解释性法令中采取的行政立场。在适用法律条款时,荷兰《宪法》规定的平等待遇条款只提供了指引性的原则,没有可执行的规则。因此,与那些在国内法中提供无差别待遇保护的国家相比,《欧洲人权公约》中的无差别待遇条款对荷兰的影响更巨大。

因为成文税法规定有时不清楚且需要解释,所以过去数年间通过对一般制定法和具体税收法律的解释,发展出了大量的案例法。一般情况下,有四种解释方法,且他们之间没有明确的适用顺序。"文义方法"强调法律术语的文本意思。"历史方法"强调与立法起草有关的解释性备忘录、议会立法备忘录以及有关条款的辩论资料。此外,"体系法"特别强调所涉法律的结构和连贯性。最后,"目的性方法"把法律的目的和意图视为解释的决定性因素。然而,由于法院在裁决税收事项时可以自由选择解释方法,所以这四种方法的适用没有先后顺序。

7. 法院对税收争议的处理

如果税务机关复议后未能解决税收争议,纳税人可以向五个地区法院(Rechtbanken)之一起诉。地方法院的裁决可以向五个地方上诉法院(Gerechtshoven)之一上诉。最后纳税人还可以上诉到最高法院(Hoge Raad)。这些法院各自都有一个或多个专门审理税收案件的审判庭(chambers)。对于重大案件,最高法院的任何一个法务官*(官方顾问)都可在法院判决之前向其提交意见书(称为"结论")。

严格地说,法院判决只对所判决的案件具有约束力。实践中,法院判决具有更大的影响力,特别是当法院判决的表述比案件需求更宽泛的时候。尽管如此,即使政府严重不同意最高法院针对某些案件的判决立场,政府仍会再次向法院呈递相同争议的案件。如果法院维持判决立场,政府一般会考虑向议会提出制定法修订案来修改法律。

荷兰法院不发布反对意见,因此判决意见限于法院成员(重大案件中,地方法院和上诉法院都有三位,最高法院是五位)能够一致达成的内容,这也在某种程度上使得判决意见一般非常简短。有时判决的背景表述得太简练以致判决读起来就像德尔菲神谕,使得存在大量空间对判决的范围产生不同解释。

因为法院的税收庭审是不公开的,所以法院公开判决时是匿名的。奇怪的是,法院自己可以选择哪些案件予以公开。虽然多数不公开的案件似

---

* 法务官(Advocate-General)是欧共体法院的成员,但不是法官,负责就提交法院裁决的事项向法官提供经其详尽论述的意见。——译者注

乎对除了诉讼当事人外的其他人没有意义，但是一些关乎广泛利益的判决可能也不公开。越来越多的人认为应该设立一个外部机构并授权其选择公开税收争议方面的法院判决。

最后一个问题是"预期推翻先例"（prospective overruling）。20 世纪 90 年代，最高法院颁布了几个判决，这些判决只是为将来的目的否决了高院自己先前的案例法——也就是说，最高院为了保护信赖现行案例法的纳税人从而裁决不适用新观点，但是同时宣布在下一个合适案件中将会适用新观点。

8. 税 务 行 政

8.1 概述

传统上，荷兰税务机关是按照反映不同税种的方式设立的。分设不同的部门负责直接税和间接税的征管。两部门都设有分部，每一个分部负责管理某一特定的税种。为此，公司可能需要为其缴纳的每一种税收（公司税、工薪税、流转税，有时还包括股息税和法律交易税）与不同的税务官员接触。

20 世纪 80 年代税务机关进行了一场全面的改组，从政府导向型转变为纳税人导向型。部门及其分部进行了合并，在不适宜合并时，为每一个纳税人指定一名协调官员，作为公司的单一联系人。如果出现的问题超出该官员的专业领域，则由该官员与其他负责相应税种的官员讨论解决。

虽然这次重组没有改变纳税人和税务机关存在对立利益这一现实，但显然改进了纳税人与税务机关处理涉税事务的效率。此外，它也改进了税务机关的工作效率，例如通过对公司所得税、工薪税和流转税实施联合审计，而非单独审计。

2005 年开始实施"横向监管"（horizontal supervision），尤其是对企业纳税人，这进一步改善了税务机关和纳税人之间的关系。税务机关旨在与大中型企业订立协议，规定通过监测纳税人执行在管理程序方面达成的协议来取代（在纳税年度后实施的）审计。这些协议还规定了对企业营业活动的变化和发展进行相互磋商和讨论。协议的整体目的就是增加纳税人现时纳税义务的确定性，减少对已经发生事件税收效果的冲突。这种方式的最初结果很令人鼓舞，透明和合作关系取代了侵扰式的事后控制。

8.2 纳税人权利法案；调查官

在对税务机关进行重组的同时，政府也努力进一步提高纳税人相对税务机关的地位。在1991年，财政部以美国为榜样颁布了"纳税人权利法案"。但是在荷兰，该法案的重要性主要是心理上的，而不是事实上的，因为法案主要是重申了纳税人本有的法定权利。

不过，对纳税人而言更为重要的是，调查官（独立的权力部门，纳税人可以向其提起对政府的不满申诉）有权接受市民（和公司）的申诉或者根据自己的决定主动对政府行为实施调查的范围扩大了。调查官无权调查政府的基本政策和纳税人可以获得普通的行政或司法救济的个案。尽管有这些限制，纳税人仍提起了大量的申诉案件，对于其中的大部分案件，调查官通常发现属于政府处理方式完全或者部分不当。虽然调查官没有法律措施执行其调查结果，但是通过公布其调查报告，在报告中建议税务机关采取具体的纠正措施，调查官一般可以有效地获得政府对其建议的遵从。

8.3 政府信息对纳税人公开

1991年《政府信息公开法》为纳税人及其顾问获取税务机关在一般情形和个案适用的税收政策提供了非常重要的工具。在过去十年里，从国家委员会（the Council of State, Raad van State）的判决中产生了大量的判例法。该委员会是最高行政法院，对个人和公司对政府拒绝提供信息的行为提起的诉讼作出判决。信息可能包括针对个人纳税人的审计报告（根据现行判例法，整个报告必须允许纳税人查询，除了包含涉及如审计策略等敏感问题信息的部分）、政府的内部研究报告、私人裁决等。

8.4 预先裁决

这些裁决通常应从事跨国经营的荷兰公司或者外资控制公司的请求而发布，已有数十年历史。至2002年以前发布的裁决共有三类，每一类由不同的税务机关发布。确定个案交易中的公平交易价格的裁决，由纳税人所在的地方税务部门发布。如果涉及（预期计划中的）外国投资者的大型直接投资项目的纳税问题，荷兰新外国投资鹿特丹税务局被授权发布此类裁决。最后，如果涉及跨国公司中荷兰成员的所得确定问题，由鹿特丹牵头组成的税务稽查员小组（"裁决小组"）负责作出此类裁决。该小组作出的裁决大部分是8种标准类型中的一种，其中"成本加成"（cost plus）裁决和对控股公司、财务公司以及特许公司的裁决是最常见的类型。

在2002年春,因为欧盟和OECD对不公平税收实践的调查,荷兰税务局发布裁决的有关程序被修订。2004年又进一步进行了修订和更新。首先,预约定价协议被采用。这些通常在双边(即将所涉及的其他国家的税务机关也纳入协商)的基础上协商确定,通常有效期间为4—5年。其次,可以针对下述三个种决定作出预先税收裁决(ATRs):(1)参与免税适用于中间和最上层控股公司,其中没有任何子公司在荷兰从事经营;(2)混合金融工具以及混合实体的税收待遇;以及(3)在特定情况下非居民公司是否在荷兰设有常设机构的争议。此外,还发布了有关荷兰居民"金融服务公司"的实质的规则、有关转让定价(包括转让定价协调集团的机构)的规则以及有关应该规范协定各方关系的诚信原则的规则。

8.5 税额评估、行政申诉和法院诉讼

在所得税(个人),以及公司税(公司)方面,税务稽查人员(tax inspector)在审查纳税人提交的申报表并收到纳税人对稽查人员对有关问题询问的答复之后核发税额评估单。对于公司纳税人,问题可能涉及纳税人的外国子公司和外国母公司。没有对这些问题提供适当的答复,可能会导致举证责任从一般由税务人员负担转移至由纳税人负担。

对于企业纳税人,税务机关正努力要求公司签署"横向监管"协议(见上,8.1节)。在传统方法之下,税务稽查员会每隔几年在进行税额评估之前实施一次现场审计。200个最大的公司每年都要进行现场审计。为了对涉税事件的事实达成一致,税务稽查人员可以与纳税人签订确定这些事实的协议。如果税务稽查员在签发税额评估单之后,了解到在签发税单时所不知道(也不应该知道)的事实,且该事实导致纳税人应纳税额的增加,税务人员将签发补充评估单(如果纳税人有过错,则附加处罚)。但是纳税人可以对初始评估和补充评估提起行政申诉。这种申诉通常由签发评估单的同一税务稽查员裁决。

工薪税和增值税(公司和个人)以及股息税(公司)适用自我评估制度。如果税务稽查员不同意自我评估申报的税额,可以签发补充评估单(加处或者不加处罚款)。纳税人也可以对该评估提出申诉。

税务稽查员对评估申诉作出的裁定可以向5个地方法院中的一个提起诉讼。纳税人起诉不需要法律代理人,案件由法院中的1名法官或者3名法官组成的小组审理。这些法官可能具有行政法知识背景或通常从高级政

府税务官员、高级税务顾问和税收学者中聘任。此外。知名税务顾问和税收教授可以担任兼职副法官。对地方法院作出的判决可以向5个上诉法院之一提起上诉。上诉法院会同时审查事实查明和法律适用。案件还能上诉最后到最高法院。除了民事庭和刑事庭外,最高法院有两个税务庭(这反映出税法在荷兰司法程序中的重要地位),每个税务庭由5名大法官组成,其中两到三名法官通常具有税收知识背景。最高法院无权拒绝审理案件,但是只对法律问题进行审理。向最高法院就税务问题提起上诉,纳税人也不需要法律代理人。对于提交给最高法院的复杂问题,最高法院税务庭的五名独立法务官(Advocates General)之一可以事先向法院提交一份意见书。这些意见书通常对相关法律问题作出深入细致的分析。税务案件的数量在过去二十年里一直在不断增加,现在似乎比较稳定,其中每年向五个上诉法院提起上诉的案件约13000件,进一步向最高法院提起的诉讼案件每年约750件。

9. 基本原则

9.1 税务会计和财务会计的关系

在荷兰,税务会计和商业(财务)会计存在较大的分歧。商业会计(2005年后,国际财务报告准则(IFRS)在欧盟境内对于上市公司强制适用)的目的在于为财务政策以及企业经营的决策提供必要的信息,而税务会计的目的在于确定企业经营所得以便作为其向政府缴税的根据。虽然两个目标有部分交叉,在通货膨胀的影响和进行会计选择的裁量权方面还是存在重要的差异。税务会计通常是"名义主义",即要求项目的金额根据名义价值记账而不考虑因通货膨胀发生的价值减损,而商业会计规则是"实质主义",考虑通货膨胀的实际影响。此外,对资产和负债的价值评估,税务规则普遍要更为严格和保守一些。最后,当税务被用作实现经济、社会和文化政策目的的工具时,税务会计和财务会计规则也会存在区别。

9.2 税法对合同的民(私)法形式的尊重

荷兰税法中的很多术语和概念都是以民(私)法为基础的。可能出现的问题是,就税法而言,这些术语和概念的意思是否必然与民法中的相同。根据现行的原则,税法中使用的民法术语和概念一般按照民法中的意思来理解。但是,由于特定税法条款的目的和意图的需要,特定的术语或措辞的意思也可能不同于民法中的一般含义。

9.3 反避税原则和规则

适用税法规则一般包含三个步骤。首先,必须确定所提供的事实是否真的是事实。其次,必须确定税法是否认可这些(真实存在的)事实。最后,法律应该适用于这些确定和认可的事实。最后两步中的任何一步都会出现实质重于形式的问题。

在适用税法时,税务机关不一定会按照纳税人提供的说法判断事实。作为事实提供的东西不一定就是事实。例如,如果一位业余艺术家为了获得一项慈善费用扣除向当地博物馆捐献了一幅无价值的画,那么这项"赠与"可能被视为不存在,因为捐献的东西没有价值(这就是所谓的"冒充"(simulation):不存在的事情被说成真实事实)。如果事实或法律状况是真实存在的,那下一步就是检查他们是否应该被税法认可或是否应该根据其实质来重新定性。例如,非法所得(例如,通过侵占获得的所得)需要纳税,但是非法所得事实上不构成真实所得,因为接受者可能有义务将所获款项返还所有人(当支付返还款项时,可获得一项扣除["负所得"])。其他的例子还有,承租人与出租人具有关联关系,承租人所付租金异常地低;以及,从已经实际履行的无效合同中取得的收入。

在税法认可事实后,法院可能会适用(非制定法的)滥用法律原则(fraus legis)从而导致税收结果不同于这些事实通常引致的税收结果。虽然纳税人一般可以按税收结果最有利于自身的方式来自由安排他的事务,但是这种自由也有限制。当纳税人(单独或联合其他纳税人)能够完全自由减少他的应纳税额时(例如,母公司从它的子公司获得了贷款后向子公司支付相应的可扣除利息,但是子公司随后向母公司返还免税的公司间股息,数额相当于从母公司取得的利息),纳税人就超出了他的自由。

适用滥用法律原则,必须符合下列要求:(1)纳税人创设的异常的不可税状况在税收以外的效果上与更普通的应税状况相同或相似;(2)避税是纳税人最重要的(主要的)动机,以及(3)纳税人创设的状况的税收结果与税法的目的和意图相冲突。

虽然1970年之前很少适用滥用法律原则(以及相关的法定实质重于形式规则),但是自80年代起下级法院和最高法院适用这一原则的案例都大量增长。其中很多案件都涉及通过支付利息来侵蚀公司税基,以及对个人从紧密控股(closely-held)公司取得的收入的征税(见上,4.2节)。至今,法院限制该原则仅适用于国内法,拒绝延伸适用于税收协定。因此,特别地是非居民纳税人(个人经常属于荷兰前居民)能够避免其交易被适用滥用法律原则。

10. 税法渊源

成文税法的正式渊源是官方公报(*Staatsblad*)。官方公报刊载了所有的法律(以及修正案)。修订文本由各种商业出版机构以活页形式和绑定版本形式出版。地方法院、上诉法院和最高法院(包括最高法院的法务官出具的意见书)作出的税收判决只在网络(www.rechtspraak.nl)上正式公布,但商业出版机构也会将其印刷出版。

(权威的)BNB出版社以及荷兰各种周和月税收出版物都会出版学者对最高法院税收判决精选的注释。

税收法律、议会历史和其他立法文件的引证传统上都是以官方印刷渊源的页码形式出现。随着实践中这些印刷渊源的使用逐渐减少以及逐渐被数字渊源所取代,旧引证系统也越来越无法发挥其作用,但是它们仍未被统一的数字渊源引证系统所取代。

10.1 原始渊源资料(全部是荷兰文)

- 税法文本合集:平装本(Kluwer出版)
- 判例法报告(一些判决有注解)
- BNB
- Vakstudie-Nieuws
- FED Fiscaal Weekblad
- Nederlands Tijdschrift voor Fiscaal Recht

10.2 二级渊源资料—印刷版

英文

- K. van Raad,《税务管理——外国投资组合所得》(Tax Management: Foreign Income Portfolios),973页第4版,《荷兰的企业运营》(*Business Operations in The Netherlands*)(Tax Management, 2009))——有印刷版和网络版
- 下列期刊一般有一些关于荷兰税法的英文文章:

Intertax（Wolters Kluwer）,*EC Tax Review*（Wolters Kluwer）,*Bulletin for International Taxation*（国际财政文献局）,*European Taxation*（国际财政文献局）,*Tax Notes International*（税收分析家）——全部有印刷版和网络版

荷兰文

涵盖荷兰国内税法以及国际税法全部领域的百科全书式作品：

- *Fiscale Encyclopedie De Vakstudie*：13 套活页式书（Wolters Kluwer）——全部有印刷版和网络版
- *Cursus Belastingrecht*：整套活页式书（Wolters Kluwer）——全部有印刷版和光盘版
- *Nederlandse Documentatie Fiscaal Recht*：9 套活页式书（SDU）——全部有印刷版和网络版

10.3 数码资料

网站—荷兰政府

www.overheid.nl

包含了所有公共服务的链接，也有法律全文、法律议案和其他官方文件。英文的信息和链接：http://www.overheid.nl/english/

网站—荷兰法院

www.rechtspraak.nl

荷兰判决精选。英文的概述信息：http://www.rechtspraak.nl/information + in + english

网站—荷兰税务机关

www.belastingdienst.nl/

为个人、企业和税收顾问提供纳税申报表、工薪税、增值税和进出口关税等信息。英文的信息：http://www.belastingdienst.nl/english/

荷兰财政部

www.minfin.nl/

有关预算、税收、财政管理、金融市场、国际合作和政府参与等信息。英文的信息：http://www.minfin.nl/english

普华永道的英文简报：

http://www.nl.pwc.com/extweb/bn/TaxNews.nsf/indexuk.html?ReadForm

毕马威的英文简报：http://www.meijburg.com/news

数据库

在阿姆斯特丹的国际财政文献局(www.ibfd.org)图书馆(免费使用)数据库提供了大量关于荷兰税法的英文文章和书籍信息:http://ibfdlib.ibfd.nl/uhtbin/cgisirsi/ifB8aFP2op/IBFD/185280005/60/502/X。使用"国家:荷兰;语言:英语"条件进行高级检索总共得出1,642条信息,其中2009年(截止至2009年6月15号)有20条,2008年有66条,2007年有89条。

瑞 典

皮特·梅尔兹(Peter Melz)教授

1. 历 史

瑞典所得税的最初形式是分类所得税制。受英国自由思潮影响,第一部所得税法于1810年制定,但1812年废止,取而代之的是包含八种所得来源的分类所得税制。1860年、1902年、1910年和1928年进行的重大改革在19世纪和20世纪初引领了步入现代化的所得税制的发展趋势。与此同时,随着政府从关税和消费税中获得的财政收入减少,所得税变得越来越重要。

接连的改革使得各类型所得的差别逐渐缩小。连续地将资本利得并入所得拓展了所得的概念。1985年,市级(municipal)公司所得税被废除。自此,公司只需缴纳国家所得税,由于无需再进行国内转移定价,这使得税制大为简化。1991年发生的重大改革将个人所得来源减为三个:雇佣收入、营业收入和资本收入。然而,原则上,瑞典体系仍是分类所得税制,这意味着没有对所得的一般性定义,虽然对不同所得来源的定义范围相当广泛。

(所得必有)来源原则仍旧有用武之地:如果某项特殊的潜在所得无法被纳入上述三种收入来源之中,它仍不应被计入税基。总体而言,应税所得包括服务提供而取得的全部报酬、资本利润和资本利得、以及营业收入。1991年后其他重要改革也对商业重组、以及对独资企业征税以使其与公司企业有公平待遇进行了考虑。

2. 宪法问题

瑞典有成文宪法,以及四部——而非一部——不同的基本法。有关征税的重要性的宪法规则由《政府约法》(Regeringsformen)规定。

早在成文宪法之前,一个被人们普遍接受的基本原则就是征税必须取得全体公民的同意。宪法也规定必须依法征税,而且只有国会(Risksdagen)

才有权制定税法规则。① 据此,国会不能授权给政府或政府机构制定税法。授权规则仅可以规定如何实施法律规则,而不能实施其他任何法律中没有规定的新规则。实际上,政府条例在某些领域极具影响力,尤其是在与建立房地产评估价值有关的程序方面。这个领域极强的技术性使得一部法律无法囊括整个程序,而只能由规章对其中的很多规则作出规定。

另一个有关征税重要性的宪法规则是刑法和税法领域的立法不具有溯及力。只有当立法增加了税收——而这也是大多数情况——该禁止性规定才发挥其作用。反避税立法往往在通过这类立法的意图公布之日起就即刻生效,因为宪法允许在政府通知国会随后会向其递交法案之日为法律的生效日期。

宪法对立法的控制非常有限。它规定只有在法律明显与宪法相抵触时,法院才能宣告法律无效。

其他能够作为纳税人权利保障的宪法规则相当模糊。除了对追溯性立法的禁止性规定,宪法还禁止无补偿的征收,并且规定立法应统一适用。

纳税人上诉至欧洲法院(斯特拉斯堡)的情形逐渐普遍。迄今为止,这些税务案件多涉及程序性救济等问题,而非针对税收实体性规则。

3. 税　　率

企业所得税率仅为单一比例税率——应税所得的26.3%。正如下文所讨论的,该制度存在对公司的双重征税,除了少数情况例外,对个人获得的股息征税。

许多所得税和社会保障缴款从个人所得中征收。对资本收入适用30%的税率;这只是一个全国税。对于勤劳所得收入(雇佣收入和营业收入)适用累进税率。在给予基本扣除(下文论述)后,征收地方所得税(市县级),税率由地方政府决定,平均为31.52%。②

对超过规定数额的所得仍然征收全国所得税。对于(适用基本扣除后)超过328,800瑞典克朗(以下简称为克朗)的收入,全国所得税率为20%;超过495,100克朗适用25%的税率。根据通货膨胀来调整税率级距。总的来说,勤劳所得的税率始于31%,最高为56%。而且,必须考虑到的是社会

---

① 《政府约法》(The Instrument of Government) (ch. 8 s. 2).
② 税率等是2008年的数据。

保障缴款的缴纳在很大程度上并不会产生社会福利。③ 因此这部分支付可以被视为税收。合并税率的计算可能有些复杂，但最高税率级次约为67%。④ 社会保障缴款由雇主缴纳，数额为雇员收入的 32.42%，或自雇人员工资的 30.71%。社会保障缴款的税基类似勤劳所得的所得税基。

应税所得扣除的计算方式复杂⑤，一般是先增后减。其起算点先是与应税收入相同；收入在 111,400 克朗和 128,200 克朗之间的，扣除额最多增加至 31,600 克朗；而对于收入超过 322,300 克朗的，扣除额会降至 12,100 克朗。

2007 年，引进了一项特殊的、针对工作人口的税收抵扣制度，旨在刺激就业。⑥ 其计算依据为雇佣收入（工资等，但不包括养老金）。计算方式非常复杂。最高抵扣额为 18,340 克朗（对于有工资的退休工人等，抵扣额最大为 30,000 克朗）。

4. 财税体系的构成

税收为中央政府和地方政府（市政府（municipalities）和地区委员会（county councils））筹集资金。2007 年一般政府部门的税收约占 GDP 的 48%。因此，GDP 半数左右分配给了政府部门。然而，近一半政府支出包含对个人和企业的转移支付。

在 20 世纪 90 年代中，政府预算出现大幅赤字（例如，1993 年净负债达到 GDP 的 11.9%）。近几年预算要么平衡，要么有逐渐增加的财政盈余（2008 年公共部门共有 2.5% 的盈余）。由于 2008 年经济衰退，财政盈余逐渐减少。国会规定了政府预算支出的上限，力争在一个商业周期内将平均盈余保持在 GDP 的 2%。2008 年政府债务占 GDP 的 38%。

瑞典的税收很可能是世界上最高的。这部分源于瑞典的税制设计，使得某些方面应税款额高于其他国家税制。一个例子便是瑞典政府向公民的

---

③ 据评估，平均约 60% 的保障缴款可被视为税收。但由于福利的限制，对于高收入者该比例会上升至 100%。

④ 雇员的边际税率可以按照以下方法计算。一个雇主为一个雇员支付 100SEK 的工资，以及 33SEK 社会保障缴款。雇员对此工资支付 56SEK 所得税。133SEK 中有 89SEK（67%）作为税收和保障缴款支付给了政府。

⑤ 《所得税法案》(ITA)，Ch. 63。

⑥ ITA, ch. 65 s. 9 a-9 d。

转移支付是应税的,而在其他国家通常不对此类支付征税,或者甚至将其作为税前扣除而非公开的补贴或补助。税制外的个人社会保障缴款排除也很常见。一个政府委员会(Statens Offentliga Utredningar/SOU 2000:47)重新测量了这些因素,并且根据一些国家的财政赤字和盈余情况对其作出调整。在调整后,2000年瑞典的税负比例从GDP的53%下降至约44%,但仍是所比较的一系列国家中最高的。几个国家调整前后的对应数字如下:美国(29%—37%),英国(37%—37%),德国(38%—36%),日本(27%—35%)和澳大利亚(32%—35%)。[7]

4.1 税种

在20世纪初,对于贸易、消费等的间接税是最重要的税种。此后,所得税的重要性逐渐凸显。然而,最近几十年,迫于增加税收的需要,所得税的相对重要性下降,而社会保障缴款则大幅上升。在1991年进行的税制改革中,所得税所占比例进一步缩减,而通过扩展税基,增值税税收收入增加。

瑞典几乎采用了每一个税种:市、全国个人所得税、全国企业所得税、净财富税、遗产和赠与税、增值税、烟酒税、汽油(能源)税、房地产销售(印花)税以及房产税。2006年全部税收[8]总计14,220亿克朗;包括:所得税4,800亿,社会保障费3,360亿,增值税2,660亿。在2006—2007年间净财富税和遗产税被废止,它们合计约有60亿。

在中央政府收入中,全国所得税所占比重很小,但它与地方所得税共同构成税收的最大来源。而且,社会保障缴款在很大程度上实现了所得税的功能,因为这两种税的税基相同,并且通常确保不存在个人特定的未来收益。

多数税种都是单纯为了财政目标而开征和设立的。然而,至少官方会考虑所得税应在一定程度上发挥其收入再分配的功能。某些销售税,例如烟酒税和能源消费税,则旨在改变消费方式。新政府(保守自由派)的税制已经不再局限于财政目标。2007年引进了家用成本(domestic cost)的税收抵扣;抵扣额为成本的50%,上限为每年50,000克朗。家用成本包括盥洗、清洁、园艺、家中儿童保育等。2008年,作为对经济衰退的回应,服务的种类扩大到自住房屋、公寓的建筑、维护等。但最高抵扣额仍为50,000克朗。

---

[7] SOU, 2002:47 at 104.
[8] 包括全部社会保障缴款。

抵扣是对所得税的严格中性原则的背离,但支持它的理由是它可以弥补市场缺陷。

5. 税制的基本结构

在瑞典,中央和两级地方政府(县委员会和市)均征收个人所得税。公司仅需向中央政府缴纳所得税。全国和市所得税的应税收入按《所得税法》(Inkomstskattelagen,IL)计算。

5.1 个人

个人收入有三个来源:雇佣所得、经营所得和资本所得。前两种主要包括雇员或自雇人员的劳动收入。经营所得则包含各种形式的独立经营(甚至包括,例如,农业和商业房地产)。

5.1.1 勤劳所得

雇佣所得和经营所得归为勤劳所得,需要缴纳市、全国所得税。市所得税的税率视地方情况而定,平均约31%。仅当勤劳所得的数额超过规定的数额时,才征收全国所得税(见上文第3部分)。

雇佣所得是最主要的收入来源,包括工资、各式非独立服务的报酬、养老金等。出于简化的目标,除了最核心的一些开支,只有各项支出额超过5,000克朗才能抵扣。

经营所得的计算更为复杂。由个人和法人主体从事的经营活动适用于相同规则,但有少数例外。下文将会介绍其中一些规则。

如果雇佣所得和经营所得的计算产生损失,该损失不能用来抵扣其他来源的所得,却可以无限期向后结转,并在未来年度从同一来源的所得中扣除。

5.1.2 资本所得

对资本利得按30%的单一比例税率征收全国所得税,不征收市所得税。这意味着资本所得与勤劳所得适用的所得税率相差极大,这使得对这些收入的性质界定成为很重要的问题。另外,为防止纳税人将勤劳所得转化为资本收入,有必要采取一些措施。

资本所得适用的较低税率可以看作是对与资本所得有关的通货膨胀损失的标准化补偿。从税制改革的筹备材料中可以看出,税率的产生是基于一个相当简单的计算:预期的实际利率为3%,通货膨胀率为4%。对7%的名义利率适用30%的税率意味着征税将回报率降低2.1%,即实际利率的70%。这个税率与高收入者的勤劳所得税率(包括社会保障缴款)是一样的(其实上稍微高出一些)。

税制改革后,通货膨胀率大幅降低,目前与欧盟平均水平相当。结果导致资本所得的实际税率通常比预期的要低。

选择较低资本所得税率也是出于维持资本所得税率、公司所得税率与市个人所得税率之间平衡的需要,以防止税务筹划。因为对资本所得不允许基本扣除,且是单一比例税率,所以没有必要在家庭成员间分配这部分收入。而且由于在实现时对大部分种类资产的资本利得的全部名义数额征税,减小了将资本所得转化为资本利得的动力。

资本所得包括当前资本所得(利息、股息等)、各种资产实现后的资本利得、以及就外国债务实现的外汇利得。对各类资本所得均是全额征税。正如上文所述,其目的是保持税收中性与平等,减少税务筹划的诱因。但对于个人财产有一些例外。转让个人住宅获得的资本利得中只有2/3需要纳税。只有当每年个人财产实现后的资本利得超过50,000克朗时,才需纳税。而如果购买一个新的住宅,可以推迟对个人住宅资本利得征税的时间。

获得资本所得所产生的成本可以全额扣除。所有利息成本均可扣除而无须考虑资本的用途。目的是保持那些能够用权益资本投资或消费的人群和那些必须借款来投资或消费的人群之间的中性。资本所得适用的税率为30%。资本损失额在100,000克朗以下的30%、以及超过100,000克朗的损失数额的21%可以从房产税及勤劳所得的全国和地方所得税的应纳税额中扣除。后一种情况抵扣额度减少主要是为了阻吓开销前置和收入递延。

对资本所得的征税也涉及与房产税的复杂关系。房产税是对各种房产的征税。在瑞典的所得税制中,自古就对自住房屋的估算收入征税。它被视为是对这些投资的估算资本收入征税,因此构成资本所得税体系的一部分。1991年的税制改革将对估算所得征税从所得税体系中分离出,开始对其征税房产税。税率为评估价值的1%,而评估价值应为市场价格的75%。2007年该税迅速转为市房产费,最高额为6000克朗。⑨ 房产费率仍为估定价值的1%。尽管征税额大幅下降,但利息成本的扣除并未改变。根据一般规则,与资本所得取得有关的所有个人利息成本都允许扣除。

以前,对超过15万克朗的净财产会征收1.5%的净财富税。原则上,其

---

⑨ 《市房产费法案》(Municipal Real Estate Fee Act)。

税基包括大多数资产;但也有众多例外,主要适用于直接或间接通过封闭式公司对经营进行资本投资。2007年废止了净财富税,原因是该税种对经营投资产生负面影响,并且适用不公平。

5.2 企业

企业的全部收入只有一处来源,即经营所得。对该所得征收单一比例税率为26.3%的全国所得税。实际税率要低些,因为收入最多有25%的部分可被用作六年的税收分配准备金(a tax allocation reserve, periodiseringsfond)。这样规定的目的在于除了这个准备金,不应再有根据之前法律产生的其他特别准备金,这样企业所得税就是对企业的实际收入征税。

公司分配的股息所得按30%的税率征收个人所得税。这意味着企业将经营所得分红给股东后,对公司取得和分配给股东的所得适用的合并税率约为$26.3\% + 0.737 \times 30\% = 48.41\%$。为了使对股息与利息的征税在一定程度上一致,对那些不在股票交易所上市的股票所对应的企业股息适用较低税率——25%。即对于公司取得和分配给股东的所得的合并税率计算为44.72%。

正如上文所说,对个人的雇佣和经营所得所征的税远远高于对其从股息所征的税。这诱使纳税人通过减少从公司获得的工资从而增加公司股息等方式将勤劳所得转化为资本所得(股息)。当1991年税制改革引进公司股息双轨税制后,推行了一些特殊规定以消除这种效果。这些规定[10]意在确保股东从公司获得的收入,即使作为股息获得,也应与勤劳所得适用同样的税率。

这些规则适用于封闭式公司的股份。封闭式公司定义为由四个或者更少的人(包括近亲属)控制的公司,而且一个主要在这里工作的人为该公司的所有人之一。此时,超过一定水平(下文讲述)的股息及资本利得会被作为个人的雇佣所得征税。这使得对公司股息的税负与对企业支付的工资(公司在分红的情况下缴纳的公司所得税与支付工资的情况下缴纳的社会保障费等同)的税务一样。根据股东投资的正常收益来计算股息级别。通常投资以股份的成本价来计算;收益率则根据长期市场利率加9%来计算。超过该水平的股息视为雇佣所得来征税;在该水平以下的股息视为资本投资的正常回报,作为资本所得征税,但适用特殊的较低税率即20%。这一特

---

[10] 56 and 57 ch. TIA.

殊体制的综合效果是多数股东通常可以避免将股息作为雇佣所得被征税。构成资本所得的收益率很高。对于许多股东来说十分重要的是，资本所得不仅包括低于收益率的收入，也包括从公司获得的工资的20%。这可能是一笔巨款，因此对于很多公司，实际上所有股息都不是按照雇佣所得来征税的。

不应该对不同的经营形式区别征税是一个重要的税收中性目标。对从事经营的个人征税的规则与对企业征税的规则类似。然而，对合伙企业征税的规则仍有诸多不同，以防止税务筹划；本文不讨论这些规则。个人直接从事经营取得的收入要缴纳社会保障缴款、市级所得税，以及（如果个人的合并收入足够多的话）国家所得税。合并后的效果是在最高所得税率级距中产生66%的边际税率（对个人合伙人的合伙企业收入份额征税也会产生同样的税负）。根据上一段提到的特别规定，封闭式公司的股息如果被视为勤劳所得，适用的实际税率也几乎相同。因此，如果不考虑封闭式公司所得很少被视为勤劳所得，这三种情况下税负基本相同。

公司留存收益适用的税率为26.3%。1995年之前，对个人经营所得全额征税，而不管该收入是留用经营，还是用作私人目的。目前的规定允许扣除留用经营部分的收入，这消除了以前规定给业主带来的困难。累计扣除额不得超过企业的净值（资产减去负债成本），这意味着留存收益可以增加企业的净资产价值。针对扣除额适用的税率为26.3%，这等同于对公司未分配收入征税。经营活动的净资产价值的减少被视为收入分配，这启动了正常的所得税制（但已缴的26.3%征税可以扣除）。累计扣除额被称为扩展准备金（expansionsfond）。

6. 税 收 立 法

6.1 立法程序

通常由政府委员会筹备税收立法的各项工作。它既可以是国会委员会（由国会议员组成），也可以是专家委员会。财政部可以直接筹备较小的修改或紧急立法，例如反避税立法。

委员会报告（Statens Offentliga Utredningar，简称 SOU）被提交至中央政府机构、特殊利益集团、法院、大学或者其他会受到该议案影响的组织。接着政府向国会（Riksdagen）呈交一份政府法案（建议稿）。对于重要的提案，在提交建议稿之前会起草一份草案,先由法律委员会(lagrådet)的三名最高法院法官审阅。国会很少提出修改建议,很可能因为执政党通常在国会中占绝对优势。国会的常设税务委员会(skatteutskottet)会对法案进行审查。

政府委员会经常处理各种相当全面的问题,其工作要持续好几年。审查程序一般需要至少半年的时间,财政部和国会的其余程序也要占用半年到一年时间。并非所有的委员会提案均即刻变成立法。其中一些被搁置了,另一些则作为财政部新设委员会进行进一步调查的基础。

6.2 法律风格

瑞典税法的重大变化都是通过法律规则制定的。制定法的用语相当宽泛,这给了判例法在一些重要案件中创造法律的机会。近几年,特别是在1991年税法改革期间,有将判例法法典化为法律规则的趋势。

自20世纪30年代起的几十年里,瑞典税法的风格都很独特。首先是相当简短、原则性的法律规则(条款);接着由规章(同样也是制定法)对其作出详细解释。最开始,法规不会加入任何新内容,仅仅是解释而已,有时甚至包含一些算术例子。

1999年,旧的市和全国所得税法被新的综合性税法所取代,即《所得税法》(Inkomstskattelagen)。遵循瑞典法律标准,它采用现代结构,共66章。各章被分为带有标题的节和条,下设款。

法律规则相当细致。然而,近几十年来的目标变为避免复杂的规则以及复杂的法律。然而,这不光是立法风格的问题,更是体系结构的问题(避免对不同种类的收入区别对待等)。

最近几十年,总的立法趋势是避免列举,而是给出一个更加抽象的概念。这使得法院有机会处理新现象(如金融工具)并将其归入合适的类别。另一方面,最近引进了大量的机械性规则,由于它们的机械性特性,所以规制它们的法律相当全面。过去十年,征税法律的措词应更加清晰的要求备受强调。一方面,这是对法院趋于作出字面解释的必要回应;另一方面,是更加尊重宪法或其他方面产生的结果;然而,增加纳税人的可预测性对这个发展的影响较小。因此,可以看出的一个趋势是制定法律时越来越全面,并且不期望法院弥补法律的不足之处。

6.3 法律解释

瑞典没有统一的法律解释制度。最高行政法院(Regeringsrätten,处理税务案件和其他行政法事务)通常采取的方法是高度重视立法筹备材料中的意见,主要是递呈给国会的政府法案,例外很少。然而在最近几个案件中出现了一种新趋势:当筹备材料中的意见没有明确在法律中体现出来时,法院更倾向于忽略它们。另一个趋势是字面解释,或者说至少极其尊重法律的字面含义。学术界对筹备材料应该有多大的权威持有不同意见。当它们显然与法律规定相悖时,学界一致认为应遵守法律。基于《欧盟税法指令》作出的立法缺乏传统的筹备材料,由此缺乏解释基础。

7. 处理税务问题的法院

税务机关作出的决定可能由它自己审查,以确定是否需要修改。如果问题仍未解决,纳税人可以起诉至县行政法院(länsrätt),并上诉至上诉行政法院(kammarrätten)。

如果一个案件对于法律解释至关重要,那么最高行政法院可以授予上诉许可,并且审理该案。

这些法院并非是专门的税务法院,它们处理各种类型的行政案件(中央或地方政府作为一方当事人的案件)。然而,直到20世纪90年代,这些法院审理的案件中税务案件一直明显占多数;现在,税务案件越来越少。

对重要交易由一个特别委员会作出预先裁决。该委员会由2到3名(现任或前任)法官、5至6名法院以外的人(教授、税务官员、税务律师等)构成。纳税人可以就其筹划的交易申请预先裁决。税务机构也可以代理政府申请裁决,但仅适用于待决案件。预先裁决可以上诉至最高行政法院,无需授予上诉许可。

原则上,所有判决都采取统一形式,陈述作为判案基础的事实和推理。通常会由一名法官或一个特别报告员起草并向法院递交一份判决建议书。传统是将该建议书综合成一份共同裁决,而非给出个人裁决。当然相反意见也会被阐述并附于判决中。

最高行政法院的判决更加详尽,这是因为它们拥有更好的资源、能够借鉴下级法院判决中的分析思路、并且它们会作为先例。

由最高行政法院判决的案件对下级法院有约束力。尚无法律规则对此约束力作出规定,但法院一般都会按照先例行事,鲜有例外。最高行政法院很少改变先例;一旦它决定这样做,必须由全体会议作出改变。

8. 税 务 行 政

税务机关由税务局(Skatteverket)及其地区办公室组成。以前有不同的地方税务局,但它们合并成为单一的国家税务局。税务机关负责向纳税人提供信息、检查纳税申报表等工作。税务局发布"税收意见"(allmänna råd)。这些意见不具有拘束力。它们根据成文法规定、判例法和立法准备文件对法律的状况作出描述。

对大部分纳税人而言,纳税申报被简化了。收入、利息等的报表由雇主或者银行等第三方提供。证券登记中心提供由该中心支付的股息报表。这些支付额都在纳税申报表中预先填报。纳税申报表按年度核查。事实上,由于行政资源不足,许多申报表并未得到认真审核。

税务现场审计的数量从20世纪80年代末期的每年1.8万件减少到2007年的约6,500件。这部分归因于税务机关加强了针对大公司和较复杂案件的审计。2007年现场审计追回的税款达110亿克朗。

大部分税收收入通过扣缴和预缴制度征收。每年分十二次对经营所得税收进行预核定。每个纳税人的特定税收账户中有付款登记,因此付款日期有可能与预先确定的分期付款日期有出入。如果账户出现赤字将导致索款和加收利息。

如果最终的应纳税额超出强制预缴款数额,可以预缴更多的税款以避免加收利息。

提交给政府的文件或从政府获得的文件对公众是开放的,这在瑞典是一个基本原则。例外情况是《官方秘密法令》中规定的情形。纳税申报表的内容是保密的,但是应税所得总额和净财产额是公开的。法院审理税务案件的程序以及提交的材料是保密的,但是判决公开。

如果纳税人在纳税申报表中提交了错误的信息,就会附加征税。附加税通常是少缴税款额的40%。如果税务机关根据所得强制报表、以前年度的纳税申报表等信息本可以更正错误,附加税率可以减少为20%。如果错误的信息被认定为可原谅的,则可能不加征附加税。多数情况下法院严格适用这些规则,使得不少人认为附加税过分严厉。这些规则遭致广泛的批评,欧盟法院还作出了一项关于瑞典附加税的判决。这一制度在整体上并没有被认为违反《欧洲人权宪章》(Human Right Charter),但是某些规定受到了批评。因此,修订后的新规则从2004年1月1日起施行。新规则扩大了免征附加税的情形，同时引进了部分免税规则。旧规则仅提供给法院要么全部免税、要么不免税的选择权，这可能是导致法院不能作出免税决定的原因所在。2007年附加税款为14亿克朗。

行政附加征收是对不法行为最主要的处罚。根据《税收犯罪法》，刑事制裁适用于比较严重的税收违法行为。税收欺诈的处罚是最长为2年的监禁，对于严重的税收欺诈，最长可判处6年监禁。

9. 基 本 原 则

9.1 税务会计与财务会计的关系

应税商业所得的计算是基于公认会计准则。会计利润成为征税基础。在准备财务报表时，企业要遵守1995年《年度会计法案》和1999年《账簿法案》。《年度会计法案》是在欧盟委员会第4号、第7号和第11号指令的基础上制定的。另两部特殊的会计法案则对信贷机构、证券公司或保险公司的经纪人、交易员作出规定。会计标准主要由瑞典会计标准委员会（Bokföringsnämnden）——这是一个政府部门——和瑞典财务报告委员会制定。

在某些方面，成文税法会规定如何对资产估价。机器和其他设备的年度折旧率为剩余价值的30%或购置价的20%。建筑物可以根据其使用情况每年折旧2%—5%。

1991年税法改革的意图在于税前扣除额应该尽可能地接近商业折旧。这种情况仅适用于建筑物，但机器的税务折旧可能会超过商业折旧。

如果没有可适用的税法规则，则适用会计标准。在确认和计算多种形式的收入时均是如此。在成本方面，会计标准适用的一个重要的例子是存货计量；比如，研发成本通常可以立即扣除，而不用计入存货价值中。

因此，税务会计和财务会计之间的联系被广泛适用(于绝大多数收入和一些重要的成本计算中)。这种方法的一个优势在于当应税收入接近真实(商业)收入时，遵从成本降低，征税更为中性。劣势在于会计标准倾向于避免过早报告，会过分保守。然而，当下多数会计标准是根据国际会计标准制定的，所以这种风险有所减小。另一个担忧可能涉及宪法问题。税法应由议会制定，但是在某种重要的程度上，税法现在成了私人会计委员会决定的结果。然而，这可被看作是税法映射了现实生活，如果议会发现会计标准不合适，它有可能修改税法。

2008年，一个政府委员会提议应该舍弃税务会计和会计标准的联系，并制定更多的税务会计规则。

9.2 尊重法律形式

通常，税法中使用的与民法类似的概念或用语根据民法来解释。但在很多情况下，民法对某一情形的规定并不具体，或者民法法院无需考虑该情形，例如一个合同是租赁抑或销售合同所产生的民法后果并无太大差别。而这种情况下，税法法院仍然必须考虑根据民法正确的判决是什么。

只要经济形式背后存在经济实质，形式就会受到尊重。如果一项交易仅在合同中陈述是租赁，但实质上是销售，那么会根据其真正的经济性质来处理该交易。然而，如果一些实质性结果与其形式相一致，那么法院通常不愿意舍弃其经济形式。譬如，有裁决将房地产的出售—回租交易视为销售，尽管实际上它更像一个有担保的借贷交易。这样规定的重要性在于确实存在一些（尽管事先可预见性小的）风险，即"出借人"可能会被房地产困住，没有权利要求偿还贷款。在解释复杂交易时也需要考虑税收的特殊性，因为一些民法概念并不清楚。

9.3 反避税规则和原则

一部特别的《反避税法案》(Lagen om skatteflykt)已经实行几年了。根据该法案，如果满足下列四个条件，则可以忽视交易形式：（1）该交易将导致税负的实质减轻；（2）纳税人直接或间接地参与了此交易；（3）该交易的主要目的就是减税；以及（4）基于交易形式作出的税款核定与对相关规则、法定税法原则所作的解释相抵触。该法律很少适用，因为这些条件很难满足。

除了《反避税法案》之外，法院不愿意运用反避税规则。正如上文所述，法院只有限地采用"实质重于形式"原则。

虚假交易原则的适用原则上不存在争议，但有时很难判断一项交易是否是虚假的。

10. 税法的渊源

委员会报告通常公布在《瑞典政府报告系列》(Statens offentliga utredningar,

SOU)以及《财政公告系列》(*Departementsserien*, Ds)中。

法律委员会的意见公布在其网站上 www.lagradet.se。

政府法案可以在政府网站上找到 www.regeringen.se。

制定法及其修正案由《瑞典制定法典》(*Svensk Forfattningssamling*, SFS)公布。全国税收委员会和私人出版商会公布目前所有版本的成文税法。瑞典国会的网页上有政府法案、委员会报告以及制定法:www.riksdagen.se。

《最高行政法院年度报告》(*Regeringsrättens Årsbok*)会公布判例法。最高行政法院也会在其网页上公布新近的判例法:www.regeringsratten.se。

地方法院的裁决没有官方公布版本。但是,税务机关会公布一些它们认为重要的案件摘要。预先裁决会在预先裁决委员会(*Skatterättsnämnden*)的网站上公布:www.skatterattsnamnden.se。

税务机关在其网站(www.skatteverket.se)上公布其常规建议和信息材料。

瑞典发表大量有关税务问题的学术论文和著作。两个主要的税务杂志(*Skattenytt* and *Svensk Skattetidning*)每年各发行十刊。会计标准则由瑞典会计标准委员会(*Bokföringsnämnden*)在 www.bfn.se 网上公布。瑞典财会报告委员会也会在 www.radetforfinansiellrapportering.se 网站公布会计标准。

多数网站上包含内容有限的英文网页。

英　国

约翰·泰利（John Tiley）

1. 历史——所得税

历史在英国税收制度中十分重要。因为英国税制自中世纪起就已形成，因此其纳税年度始于春季（4月6日），而非冬季的任意一天（比如1月1日）。但是，我们在以下几节将看到，英国税制的一些古老支柱（虽然不包括纳税年度的开始时间），特别是关于公司的税制，正经历重新审视或甚至是重新设计。

1798年，英国引入了所得税，并且除了1816年至1842年之间，从那时起直到现在仍然有效。理论上讲，所得税是一种临时税收，必须由议会每年决定当年是否征收该税。年度确定税收的原则是那个时代特有的遗迹，因为当时议会希望确保国王每年都召集议会；如果国王获得了一个无期限的所得源泉，那么使得召集议会就显得不是那么必要了。该原则也适用于公司税，但并不适用于资本利得税或遗产税。

1803年，英国的所得税制经历了一次全面改革。此次改革主要引入了针对所得征税（而非某个人的全部收入）的制度，取消了所得的综合申报制度，以及引入了基于广泛源泉扣缴制度所支撑的分类税制。源泉扣缴所得税原则和所得分类定义原则极具影响力。由于最近的税收重述计划（Tax Rewrite Programme）（见下文第5节和第6节），所得税不再按照一系列从字母A到F的所得分类进行表述。但是，事实上英国目前的所得税制仍然是分类税制。如果所得的来源不在相关法案规定的所得类型中，该项所得就不应当缴纳所得税。每一个特定类型所得都有处理相关事项的独立规则，比如某项所得应当如何界定，以及应当如何对其征税和确定允许抵扣的项目，同时也包括课税时点规则的确定。某一特定类型下的损失不得用于抵减其他类型的所得。根据这种新制度，不再关注某个人的全部所得，而是"净调整所得"。

1803 年的所得税制度，包括对来源于占有财产的估算所得征税；对该项所得征税是根据 1803 年税制的 A 分类，此制度在 1963 年之前一直有效。

这一传统制度时至今日仍然影响着我们。因此，即使到现在，所得税的征收范围也是由各种各样的所得组成，而每类所得都有各自相关的规则。但是，现在的新立法最终对所得和应纳所得税纳税人的不同类型进行了详细的解释。新立法对如何计算个人所得税的纳税义务，也有虽不完全但很详细的规则。

1803 制度改革的另外一个重要影响，就是使得累进和差异税制的引进更为困难；这样的制度要求个人申报其全部所得，与源泉扣缴的最终属性不一致。当 1907 年引入该制度时，差异化最初采用的形式，是对工薪所得适用低税率，但是这很快就演变成免税；只是在 1973 年，对工薪所得开始实施基本税率，对投资所得适用新的附加税率；1984 年又废止了该附加税率。1910 年，累进税制采用开征新税的形式，即超额税（super tax），随后进行了修改并被命名为附加税（surtax）。所得税是对所得征税，而附加税是对个人全部所得征税。附加税成为所得税的补充，个人某项所得可能按 40% 征收所得税，再按 20% 征收附加税；这是对有更强支付能力的人施加的额外义务。只是在 1973 年，两种税进行了合并。由于这种额外义务的持续存在，所以这常常被认为是形式的而非实质性的合并。

另外一个历史影响令人惊讶地长期存在，即以上年度为基础进行纳税评估。根据该制度，例如用某个所得源泉第三年的所得作为评估第四年该源泉所得的措施；按第四年（而非第三年）的税率对评估所得征税。该制度最终在 1996 年废止。

或许历史留给我们最大的遗产，就是明确了所得的范围以及所得与资本之间的区别。1799 年，当所得税首度引入英国时，不仅对已存在的形式各异的资本征收其他税，而且在信托这一实体法律领域，对所得和资本利得已有非常精确的区分。此外，就商业领域而言，亚当·斯密早已确定了流动资本和固定资本的区别，以及利润所得（income profits）和资本利得（capital gains）的区别。由于商业单位的规模相对较小，并且所有权和管理权的概念还没有完全区分，在第一部公司法制定之前，营业所得（trading income）的概念就已经获得了细节性的阐述。在这样的法律和概念背景下，引入对所得征收的一种税，就没有太多的空间来推行全面的所得税税基的合理性。另外，因为认为所得税是临时税种，所以对资本利得征税就是不公平的。因此，1965 年才最终引入了对资本利得征税的一个独立税种。资本和所得之

147 间的区分仍然是税制的核心,虽然这两者在一定程度上逐渐趋同,特别是在税率上:两者所适用税率分别在 1987 和 1988 年在公司税和个人所得税中统一,虽然十年之后,个人所得税中的税率统一又被颠覆。

1.1 公司税

在英国,公司就其利润缴纳的税款并不是"所得税",而是"公司税";"利润"的表达既包括所得,也包括资本利得。公司税是 1965 年引入英国的,资本利得税也于同时引入。在此之前,公司也就其利润缴税,但通过所得税(不是附加税或超额税)和特种税的组合来征收。股息不缴所得税,但是达到一定数额后需缴附加税,无论公司是否就其利润缴纳所得税。

如果公司只缴纳所得税而不缴纳附加税,意味着适用高税率的纳税人愿意将所得留在公司之内,因为可按较低税率缴税,因而更快速地积累资本。因此,一部 1922 年的立法对所谓的一人公司采取特殊处理,将一人公司的所得视为该公司所有者的所得,因而应缴纳附加税。这是现代封闭公司立法的先驱;最近几年,税率的降低使国会废除了几乎所有这些所得归属规则。1937 引入了一种对利润征收的特殊税,称为国防捐税,后来被改为利润税。这是对公司利润的额外征税,但并不是所得税。这种机制可被用来对分配利润和留存利润以差别税率征税,事实上在 1947 年到 1958 年之间使用的就是该方法。由于这种两税制度中的一个是所得税,所以无论何时政府想改变个人部分的税率,适用于公司的税率也会改变。这两种税中利润的计算是不同的。不仅仅是因为利润税是按照当年而非上一年为基础征税,而且当为利润税目的计算利润时,其中一些项目是可扣除的,但是当计算所得税时这些项目却不可以扣除,这需要两种计算;例如直到 1952 年已纳利润税额才能在计算所得税时扣除。此外,利润低于 2,000 英镑的公司免缴利润税。

1965 年,杂乱无章的制度被基于古典公司税所取代。1973 年,该制度又被部分归集抵免制(partial imputation system,即避免利润分配中重复课税的制度)所替代。1997 年到 1999 年之间又取消了许多归集抵免制的因素,使得至少从理论上,可以说当前的公司税是一头怪兽。

公司税立法最后统一的成果就是 1988 年《所得与公司税法》(Income and Corporation Taxes Act 1988)。但是,正如前述,处理资本利得的某些规则也会在 1992 年《应税利得征税法案》中发现。而每年度的《财政法案》的许多条款都对这两个法案进行增补。在写作本文之时,开始重述这两个法案中的公司税规则,其中之一现在已通过(见下文第 6 节)。尽管新的重述立法中包含了几个只能以分类税制条款才能说明的规则,但是实际上相比于所得税,公司税中这样的规则更少。

2. 宪法问题

众所周知,英国并没有一部成文宪法。但是,英国确实有比较长的宪法历史,并且税收在其中起了至关重要的作用。因此,都铎王朝的君主们为了与中产阶级结成联盟,不得不允许议会(特别是下议院)不断增加介入政府和税收的权力。查理一世试图绕开议会管理国家和征税,最终导致英国内战的爆发和他自己面临死刑。1688 年《权利法案》①规定无议会之同意,不得以任何特权之借口征收任何税赋。在 20 世纪,上议院抵制重要税制改革的图谋导致 1911 年《议会法案》的通过,该法案允许下议院通过某些上议院反对的法案,并且也废止了上议院在制定相关财政法案(即大多数税法)中的任何权力。

英国法院承认议会主权,也就是说,承认法院没有对基本立法进行司法审查的功能。因此,多年以来法院对溯及既往的立法都没有异议。因此,1978 年制定的一部反避税措施可适用于发生在 1976 年 3 月之后的事件,这是反避税措施的一种独特的效力形式。

但是,法院在三个方面确实担负审查的任务。第一,法院对次级立法(secondary legislation)(包含法定文件(statutory instruments),经常被称为规章(regulation))确实承担全面的司法审查任务。第二,与其他所有的欧盟成员国一样,英国法院也承认欧盟法具有最高效力和直接效力这两个原则。第三,从 1966 年起,英国成为《欧洲人权公约》的签署国,因此英国法院应当执行该公约——但方式并不是很直接。

人权的范围需要非常小心的解释。1966 年签署的公约允许英国的申诉人就一些事项向欧洲人权法院申诉(那时,欧洲委员会和法院都位于法国的斯特拉斯堡)。该公约并没有以英国国内法的方式执行,这种情况直到 1998 年《人权法》通过并在 2000 年生效才得以改变,而且采取的具体方式维护了英国议会主权。英国法院在解释立法时,必须尊重公约赋予的权利,但是如果不可能这样解释,法院无权推翻立法,而只能宣称立法与公约相互

---

① 2 Will. and Mar. (c. 2), Article 4.

矛盾。如果议会决定不修改法律（包括通过法案规定的快速程序），当事人只能再次到斯特拉斯堡申诉（同样的，也没有什么可以阻止威斯敏斯特议会废止 1998 年《人权法》，或者完全退出公约）。

另外两个与《人权法》相关的事项也应当提及。第一，法案第 6 节规定，任何公共机关——涵盖了法院、法庭和任何部分执行公共性质（例如，税收部门）职能的主体——如果其行事之方式与公约权利不相符合，则是非法的；法案第 8 节规定了司法救济。法院或法庭必须"顾及""斯特拉斯堡机构"的法律意见，但不受其约束。第二，提交给下议院的新立法必须同时附带相关部门的书面批准，在其中声明该立法提案是（或不是）与公约权利相符。试图通过已声明与公约不相符的法案，成功几率是很低的。

除了这些事项还值得一提的是，《人权公约》对其他纯粹的英国国内行政法规则的发展也产生一定的影响。

《公约》对欧洲法律基本原则的发展有更多的影响，这些原则部分来源于成员国的共同传统。此处讨论的重要性，在于这些基本原则具有直接效力，又由于欧盟法律的最高性，所以会超越议会主权。

英国的中央政府在国内享有几乎空前的权力。国家的不同地区有地方政府，但是受到中央政府各种方式的严格控制。第一，地方政府负责支出的相当部分资金，由中央政府而非地方政府税收支付。第二，地方政府筹集财政收入的权力有最高限额的限制。第三，地方政府从商业中筹集收入的能力受限制，因为商业税率（business rate）由中央政府而非地方政府确定。因此，地方政府从当地居民筹集更多收入的权力就很小了；地方税被称为市政税（council tax）。市政税缴纳的水平由地方政府确定（有最高限额），并且该税率适用于每幢房子，该房子价值在一组价值中确定。

英国时常考虑开征地方所得税，但是从未实施。根据 1998 年《苏格兰法案》的条款，苏格兰议会可以在最高限 3% 以内调整所得税的基本税率，但是只适用于苏格兰居民。

君主依据特权签订协定，并依据国际公法的普通规则生效。但是，只有协定（包括税收协定）在通过相关议会程序批准后，才对个人产生效力。对于税收协定而言，1998 年《税收法案》的第 788 节规定了该程序。该节也规定协定只对其所确定的目的具有效力。

英国税收制度的各个方面中，所得税的税率，是历史和政治的影响力的最有力的例证。该领域的事实没有证实传说中英国人比较温和的名誉。工党执政（1978—1979）的最后一年，所得税的税率达到了 83%；而且如果所得定性为投资所得且超过特定数额,15%的补充税将被征收,就使得边际税率达到98%。这种现象实际上是1945年之后相当典型的时代特征,显示出伟大的公平教义信仰,即使公平的意义是共享穷困。对所得的附加征税通常表现为正常税额的一个比例,最后可能(也确实)意味着税收的边际税率可能超过100%。这些高昂的税率尤其显露出所得和资本利得的不同处理(后者直到1965年一直没有征税),也意味着税基中任何差异的重要性,同时带来一种后果,即法庭通常对明显的避税方案仍持中立态度。

因为玛格丽特·撒切尔领导的保守党政府的执政,在1979年最高税率有所降低,一般税率从83%降低到60%;在1984年取消对投资所得征收附加税,并在1988年最高税率降到40%。通过这些方式,20世纪70年代极其强调中性原则而非公平的学说著作替代了以前强调公平的观点,形成了一边倒的政策指向。由托尼·布莱尔和戈登·布朗领导新的工党政府,于1997年得到执政权力,没有提高名义税率,但是通过其他方式增加财政收入。正如第3节所显示的,英国财政糟糕的状况意味着必然放弃不提高税率的承诺。

指数化以及通货膨胀调整成为英国税制的一部分已经很多年了。所得税税率级次应当随着通货膨胀或其他原因每年进行调整;个人免税额也是如此。采用该体制的部分原因是所得税是年度性税收,因此需要进行年度审查。但是,所有的调整取决于英国财政大臣的决定。在最近几年,通货膨胀价值调整已经形式化,除非年度《财政法案》另有规定,即会进行调整。当然年度《财政法案》常常另有规定:当政府需要资金时就进行较小的(或者不)调整,当政府需要选票时就进行较大的调整。

从1982年起,通货膨胀的调整构成资本利得制度的一部分。目前在确定利得时对资产的基础成本进行通货膨胀的调整。但是,这类调整可能导致无收益,不能形成损失。1998年,立法改变,以递减免除额(taper relief)替代指数化,但递减免除额并不适用于公司税,该税仍旧保留指数化制度(见下文第5节)。2008年废除了递减免除额,而采用了单一税率的资本利得税(18%)。

对用于确定可适用资本扣除制度(capital allowance system)(折旧)的数量的基准成本,没有基于通货膨胀的调整。

3. 税率结构和减免税（2009—2010 年）

所得税税率结构：

应纳税所得	税率
储蓄所得（见下文）0—2,440 英镑	10%（起征率，储蓄率）
非储蓄所得 0—37,400 英镑和储蓄所得 2,440—37,400 英镑	20%（基本税率）
超过 37,400 英镑	40%（较高税率）

税率等级和减免税与物价指数挂钩，但是其效力通常被法律明文规定推翻；这种推翻有时使得税率等级和减免额度发生较小的增加（或不存在），而有时则更大些。政府宣布，在《2009 年财政法案》中将引入更高的附加税率的所得税立法，对超过 150,000 英镑的所得适用 50% 的税率。而且从 2009 年 4 月 22 日起，对养老费实行限制，以防纳税人采取一些应对高税率的手段。

目前，资本利得税不再征收如该收益计入纳税人的其他所得。在 2008 年 4 月 5 日之后所有的处置，都适用单一的统一税率 18%，适用个人的年度免除额，即在 2009—2010 年度适用 10,100 英镑。另外，国民社会保险缴款（National Insurance Contribution）由雇员和雇主共同承担；当前，周薪在 110 英镑和 844 英镑之间的雇员按 11% 支付，在此数额之上的周薪按 1% 征收。雇员的最高税率是 12.8%。最近几年，这些财政收入用于资助国民保健制度（National Health Service）。这种制度被称为担保契约（hypothecation），即为特定目的税收；该制度在英国很少使用。国民社会保险费的增加使政府从公众获取了更多的资金，而没有触动所得税的税率。政府也宣布，从 2011 年 4 月开始，将会立法使税率提高 0.5%。

正如上表显示，储蓄所得，尤其是利息，可以适用 10% 的起征率。但是，这只适用于很少的情况；储蓄所得被视为纳税人所得的最高的部分，因此，如果纳税人的其他所得（比如，工薪所得）超过储蓄比率 2,440 英镑的限制，就根本不能适用起征率。股息按 10% 的一般税率征税，但是一旦净调整所得（net adjusted income）超过 37,400 英镑，股息的最高税率将升到 32.5%。由此可见，该制度要求制定规则确定哪一种类型所得被视为是所得的最高部分。当税率是 20% 或 40% 时，股息适用特殊税率的原因是保持相同的整体税负,但是相关的抵扣值得更多。从 2010 年到 4 月 6 日到 2011 年 4 月 6 日,如股息所得构成超过 150,000 英镑的净调整所得的组成部分,将会适用新税率 42.5%。

随后,个人税负会进行调整,首先涉及个人免税额(personal allowance):所有居民(以及一些非居民)享有个人免税额 6,475 英镑。还有盲人的特殊减免额 1,890 英镑。一个重要的原则变化是,政府宣布将会立法,对于高收入个人的免税额 6,475 英镑将予以限制;从 2010 年 4 月 6 日起,对于超过 100,000 英镑收入的个人,每 2 英镑超额收入英镑将会减少 1 英镑免税额。

除了基本的个人免税额之外,还根据年龄、婚姻状况以及其他因素给予若干额外的减免。

第一组减免采用"免税额"(allowances)的形式——从其他应税所得抵扣。首先,个人免税额为 6,475 英镑,因为年老者的扣缴额度有所增加(但是额外数额随着所得增加减少——超过 22,900 英镑者每 2 英镑减少 1 英镑):

   个人免税额(65—74 岁)   9,490 英镑
   个人免税额(75 岁或更大) 9,640 英镑

还有特殊的已婚夫妇免税额,适用于早于 1965 年 4 月 6 日出生的纳税人。与个人免税额类似,这也是随着所得的增加逐步取消(对于超过 22,900 英镑者每 3 英镑收入减少 2 英镑免税额),但有两个独特之处:(1) 该减免只适用 10% 的税率;(2) 最低扣除额为 2,670 英镑(即,267 英镑的税额,假定有充足所得)。如果老年夫妻在 65—74 岁之间的年龄,减免额是 6,865 英镑,如果老年夫妇达到 75 岁或以上,减免额是 6,965 英镑——同样有最低额 2,670 英镑。

第二组减免是税收抵免,由单行法规予以规定,即 2002 年《税收抵免法案》。这些抵免代表了一个重要变化,因为税收制度现在被用来实现以前社会保险所欲达成的目标。新的税收抵免于 2003 年 4 月生效。两个主要的抵免是:(1) 儿童抵税额(Child Tax Credit),对主要的儿童看护者提供所得相关的支持,并致力于帮助除了最富有 10% 家庭之外的所有人;(2) 工作抵税额(Working Tax Credit),可适用于单亲或者夫妇中至少一人在工作的家庭(该抵免包括对儿童看护的重要因素);设计目的在于帮助一百万单亲家庭或低收入的夫妇的家庭;如果有孩子,该方案的收益会增加,这也考虑到看护儿童支出的因素。需要注意该制度的特点是:(1) 这些抵免具有针对性,因为抵免额度会随着所得提升而减少;(2) 现在用于这些抵免的相关所

得的水平取决于家庭父母的综合所得;(3)收益支付给主要的看护者(此前的抵免被通过工资支付,因此由雇主承担——该方法在 2003 年的新机制中被废止)。从 2009 年到 2010 年,儿童抵税额的最大值,以年度为基础是每个儿童 2,235 英镑,同时家庭得到 545 英镑(儿童第一年更多)。工作抵税额的最大值是 1,890 英镑,但对某些夫妇和单亲家庭的还有 1,860 英镑。抵免额中包括对儿童看护因素。抵免额随着所得的增加而减少,但是一个家庭的收入达到 50,000 英镑依然能够得到收益。

从 1997 年以来的变化的整体来看,可以看到资源从一般家庭向有孩子的家庭的重大转变。有的放矢的规则意味着这些收益随着所得的增加逐渐取消,其结果是对家庭所得征收高边际税率的税。

对公司而言,2009 年适用的基本税率是 28%,低税率是 21%,当公司所得超过 300,000 英镑时,就不得适用低税率;当所得超过 15,000,000 英镑时,低税率的效应完全消失。300,000 英镑和 15,000,000 英镑这些数字都没有随着通货膨胀进行指数化,并已多年保持不变。有一段时间,如果利润不超过 10,000 英镑也存在一个 0% 的起征率,但是,收益随着利润从 10,000 英镑增加到 50,000 英镑逐步减少。仅在几年后,这些规则就被废止了。

4. 财政体系的构成

不同税种带来的财政收入不同。英国政府预测,2008 年到 2009 年征收净税收和社保收入达到 5,410 亿英镑,或达到英国 GDP 的 38.3%。该数包括个人所得税 1600 亿英镑(允许税收抵免后)、公司所得税(另外应增加 0.5% 为北海收入)520 亿英镑、社保收入 1,040 亿英镑和货物和服务税(包括消费税)830 亿英镑;遗产税估计带来的收入仅 32 亿英镑。金融危机的影响以及经济形势的衰退,意味着这些数额在 2008 年到 2009 年都不太可能达到。

5. 所得税的基本结构

5.1 个人所得税

英国所得税制度采用分类所得模式。现在,因为税收法律重述计划,英国就所得税的立法通过 3 个主要法案(但不包括全部内容)体现。这三个法案指2003年《所得税(工薪和养老金)法案》(被称为ITEPA)、2005年《所得税(营业和其他所得)法案》(称为ITTOIA)和2007年《所得税法案》(被称为ITA)。重述之目的在于使用现代语言立法,使法律更加让人容易理解和接受。

该计划非常值得注意的一个特点,就是将处理纯粹英国国内情形的规则和处理相同情形但涉及外国因素的规则(比如,英国股息和外国股息)置于立法的同一部分。但是,该计划必须保证法律本身的内容保持不变,因为这确实只是重述,而非进行改革。因此,将适用于英国股息和外国股息的规则放在一起,实际显示出了两者的差异。正如我们将看到的,更为糟糕的是立法并不全面。

尽管英国所得税制确实仍然实行分类征收,但是不再表述为分类A、B、C等等,而是用清单的方式列出。不幸的是,这三部法案的立法并没有穷尽各种类型;此外,并没有一个综合的所得类型的清单列表。这些仅仅是形式问题。令人更为忧心的是,暗含于该计划之中的信念,即可以重述这些字词——常以更长和通常完全不同的结构——但并不改变其含义。

2007 ITA从列举按照ITEPA征收所得税的三种所得开始,在以前都属于分类E:

- 第2类(雇佣所得)
- 第9类(养老金所得)
- 第10类(社保所得)

然后列举按照ITTOIA征收所得税的四种所得:

- 第2类(经营所得)原分类D的例一和例二
- 第3类(财产所得)原分类A
- 第4类(储蓄和投资所得)原分类D的例三和分类F
- 第5类(杂项所得)包括原分类D的例六

2007年ITA本身征收以下几种所得:

- 第10类(公益信托)
- 第12类 第2章(应收所得收益)以及
- 第13类(避税)

2007年ITA也列举了两类其他形式的所得,但是明确指出该清单并不全面。

随着形式而非实质的变化,对来源于雇佣所得(ITEPA第2类)、来源于经营所得(ITTOIA第2类)以及来源于财产所得(ITTOIA第3类)的差异在财务处理上持续存在。立法包含了许多优先规则。ITTOIA 第 2 节列举了许多这些规则,但又表明,"但是,关于某一条款的适用范围或者优先适用的顺序,此类章节所定规则需要与其他法律规则共同理解(无论是否是本法案所规定)"。② 英国所得税法的其他主要特征,比如所得和资本之间的区分,已在上述第 1 节有所论述。

5.1.1 资本利得税(CGT)

法院和立法机关拒绝放宽所得税的范围以将资本利得包括在内,这在英国所得税制度的发展历史上具有非常重要的意义。纳税人不断探索出将所得转化为资本的机会,这种作为只是偶尔而且逐渐才被立法所禁。改革最终在 1965 年到来,此次改革引入了长期资本利得税。短期资本利得税的规定在 1962 年就已制定,对 6 个月内获取资本所实现的收益作为所得征税。尽管在 1965 年引入了长期的资本利得税,但因为税率的差异——CGT 单一比例税率是 30%,然而所得税最高税率可超过 90%,所以 1965 年关于短期资本利得税的条款扩展至 12 个月内实现的收益,并直到 1971 年一直有效。1987 年,公司适用的 CGT 和所得税的税率(公司税)则是一致的。1988 年,对个人也实现统一,但现在不再是这种情形了。对 2008 年 4 月 6 日或之后的资产处分,个人适用 CGT 单一比例税率 18%。2010 年到 2011 年之间,因为随着更高所得额按 50% 征所得税,可能出现更多的税收筹划活动。

CGT 具有其自身的基本原则。课税的前提是必须存在资产处分(disposal)(无论真实的或视同情形),以及必须是与税制相关的资产处分。与该制度相关的资产包括股份和债务证券(debts on a security),但合格公司债券是非常重要的例外;通常其他债务不是相关资产,债务证券、贸易应收账款以及债务的受让人为例外。负债(liability)不是资产,因此基于贷款的损失(比如,当从最初借款时,英镑对外汇的汇率下跌,就向外汇贷款支付额外的应付成本),依据 CGT 规则,不能够获得任何减免;与此相反,外汇收益不会带来税负。这种差异是许多纳税人历经挫折的源头,并导致在 1995 年就外汇交易和风险管理工具引入新规则,以及在 1996 年就所有的债务工具引入全面综合的新机制——但只适用于针对缴纳公司税的公司。

CGT 还有两个其他的主要限制。第一,1988 年制定的规则,通常不对 1982 年 3 月 31 日之前应计的收益征税。第二项限制,个人从每年实现的资

---

② ITTOIA, section 2.

本利得的前9,600英镑(2008年到2009年)部分征税额中享受免税。

1982年,英国因为通货膨胀引入了一些减免措施。对于CGT在1998年之前——以及对公司税而言直到现在——该减免通过"指数化免税额"(indexation allowance)实现。1998年之前,指数化减免可能会造成收益转化为亏损,但是到了1998年则不再如此。1998年,英国的CGT用递减制度(tapering system)替代了指数化减免(但是并不适用于公司税)。递减制度严格区分经营性资产(仅在两年之后就减少了75%的应税收益,因此实际税率从40%降低到10%)和非经营性资产(通过十年时间递减,最多减少40%的应税收益,剩余的60%需纳税,因此对适用最高税率的纳税人的有效税率为24%)。递减制度并不将收益减少到零。2008年,为了简化税制,递减制度被放弃,并被单一税率为18%的、没有指数化机制的个人CGT所替代。因为这一简化方案使有人受益但也给其他人带来损失,所以对某些商业收益新设一个减免,称为"企业家减免"。

如果资产使用寿命低于50年,该项资产将被划分为"递耗资产"(wasting asset),其成本将在资产使用期间内摊销,以免对其不可避免的损失给予宽免额。如果该项递耗资产是动产(chattel),将免于征收CGT。

1979年《资本利得税法案》(Capital Gains Tax Act 1979) CGT规则被并入;1992年再次被纳入《应税收益征税法案》。法案名称变化的原因是公司就其资本利得不缴纳CGT,而是缴纳公司税。1992年法案不仅仅包括CGT,也包括许多1988年法案不包括的公司税规则。税收法律重述计划尚未开始对资本利得规则的重述工作。

资本损失只可用来抵扣同一或任何随后税收年度里的资本利得,该规则鼓励进行一定的税收筹划,并最终导致制定相应的反避税立法。

5.2 公司税

公司税是对英国居民公司或通过位于英国的常设机构进行经营活动的公司的利润征收。利润包括按所得税规则定义的所得和按CGT规则定义的应税利得。但是,许多规则只适用于公司税(比如,处理借贷关系的规则、外汇交易事项规则以及衍生产品规则)。其他事例包括研发支出的税收抵免、矫正减免(remediation relief)以及2002年的知识产权规则。正如所见,重述计划将使公司税立法更具特色。

6. 税收立法

首先要做一个总体评价：尽管如上所述，税法重述的立法并不完美，但确实在几个方面与以前相比作出了重大改进。重述立法之前有一部法案，称为1988年《所得与公司税法案》。该法案不包括所得税法和公司税法的所有条款，而仅仅是一系列税法整合最后的一个产物，以前的整合发生在1918年、1952年、1970年。1988年法案本来可以每年都通过年度《财政法案》进行修订；但是，因为年度法案没有被要求这样做，因此此后的法案又像布片一样需要被缝缀起来才构成整体。隐藏于重述计划中的一个目的就是防止未来出现类似的情形。对三个所得税法案的条款修订将成为这些法案的修正案，而不会采取单独立法的形式。

第二，过去所有的税收立法都被包含在统一制定或者重述法案以及随后每年的《财政法案》中。但现在不再是这样了，与税收相关的重要条款也在独立的税收制定法中出现，比如2002年《税收抵免法案》，甚至更为一般普遍的立法，如2001年《刑事犯罪和警察法案》。

因为议会必须每年重新通过所得税法，所以每个税收年度至少有一个重要的税收立法；这就有很多机会进行改革，尽管大多数改革都是由政府提出来的。一些是反避税措施，其他的是更为广泛的改革。因为英国政治体制的特性，政府几乎可以确定地而且不需要修改地通过其立法议案。反对党可提出修正案，并且一些明智的（比如技术支持和零成本）措施常常被政府采纳，但前提是反对党起草这些修正方案。

正如我们所见，税法议案由下议院制定通过，上议院的权力非常有限。每一年的《财政议案》从3月或者4月开始。目前通常先在前一年的11月份通过预算前报告（pre-Budget report）；所以，一些改革提议在11月份进行公布，另外一些则在3月份公布，但是政府能在任何时候说明立法意向，并宣布立法具有溯及到公布之日的效力。此类溯及既往的立法通常被认为是正常的和没有异议的。

最近几年，重要的技术性改革，比如1996年的借贷关系立法，都经历了一个非常复杂的磋商程序，包括草案条款、附随草案的重要财政部解释以及最终立法几个阶段，整个程序运行时间超过一年。该磋商程序带来的一个效果是使政府更愿意发布精细的立法条款以及更详细的次级立法（subordinate legislation）或者行政条例（statutory instruments）（有时称为规章）。制定行政条例的权力有时包括改变基本立法本身的权力;此类权力在其他国家的税收制度中很罕见。当新的市场工具或安排出现时,这些权力有助于税收机关在技术领域相应地修改立法。2002年《财政法案》关于知识产权的规则就遵循了相似模式。

6.1 立法风格

传统的英国税收制定法以非常精确和非常详细的方式起草,与对法律进行字面解释的传统相吻合,并且或许是对这个传统非常适当的回应。直到最近大约15年时间,很少见到授权立法(或者是行政条例)。

重述模式与以前不同。新方法意在使税收法规更加清晰明了并容易理解,使立法更加清晰和更易于适用,但是不可避免的是条文更加冗长。新制度广泛应用了"指示"(signpost)条款。广泛使用的没有任何决定效力的字词会使习惯于传统立法风格的人感到不习惯。该程序的第一个重要成果是2001年《资本扣除法案》(Capital Allowance Act 2001),适用于公司税和所得税。

尽管法院现在偏向采用目的性方法来解释立法,以及判断事实时"避免过于狭隘"(less blinkered),但制定法本身经常很详细。最近几年另一个趋势是采用基于目的的反避税规则强化高度指定性规则。

英国转移定价立法[3]明确基于 OECD 的原则[4],并参照英国1998年制定立法时的运行原则,以及随后 OECD 所采用的任何原则。但是,只有行政条例为此目的同意的情形下才允许。

6.2 法律解释

2005年的 Barclays Mercantile Business 诉 Mawson 案[5]的判决,清楚地陈述了当前的税收法律解释方法,即法院以解释任何其他法规同样的方式来解释税收法规,通过其上下文之背景,以目的性方法考察阐释法规的字词。

对法规解释原则的阐释可以消除所有法律适用时的困难,这种期望或许太高,因为每个人对疑难案件都有自己的观点,这自然地带来了解释的疑问。但是,一些基本原则是可以讲清楚的。正如斯坦大法官在1997年的

---

[3] (TA 1988 Sch 28AA)
[4] 《OECD 转让定价指南》(巴黎:OECD,1995年)。
[5] [2004] UKHL 51,[2005] STC 1.

IRC 诉 McGuckian 案⑥判决中的解释,法律解释的现代方法,是关注某条款的目的,在解释其语言时在可能的范围之内以一种最好的方式达到其目的的效力。议会在法律解释方法上的改变,可从 1997 年回溯到 1981 年的 Ramsay 案。⑦ 在 Ramsay 案之前,法院的方法受形式主义影响,坚持任何一个可以独立作出法律定性的交易(比如款项支付,财产转移,产生债务等等)都具有其自身独立税收后果,而不论法律条款如何规定。对税收法律的字面解释方法和坚持形式主义地单独检查混合安排中的每一步骤,给予避税安排带来泛滥的空间。Ramsay 案摆脱了从字面和狭隘的思路对税收法律进行解释的束缚。

Ramsay 原则的性质问题已经有很多讨论。许多人认为这是司法创制的反避税原则。而有少数人的观点则更加简单——这是解释和适用税法极其需要的新方法。英国上议院判决的 Barclays 案显示这些少数人的观点是正确的。⑧

适用 Barclays 案的解释方法相比与使用旧方法将多大程度获取不同的结果,正在逐渐地显现出来。这种改变明显影响了案件中争辩的方式,但是法官有时发现,寻找到议会足够特定、有助于决定某一在审案件的目的是非常困难的。税收法律重述计划在这一点上并没有帮助,因为该计划无意改变法律,因此也不会进一步阐释立法原则。

进一步的问题是,当注意到法律结构,隐藏于条款中的政策假定条件有可能发生变化。比如,关于公司购买自身股份的规则明显地假定,符合条件公司会试图利用新规则将该等交易被视为只涉及资本利得。但随后公司税、CGT 和所得税的税率变化,会使该假定变成错误的:公司可能会尽力使其交易不适用这些本来被视为是有益的规则。

7. 处理税务问题的法院

7.1 法院结构

对税务与海关总署(HMRC)税务评估不满意的纳税人有权提起诉讼。自 2009 年 4 月 1 日起,该上诉由全新的法院体系负责;新的体系适用于所

---

⑥ *IRC v. McGuckian* [1997] STC 908 at 915, [1997] 1 WLR 991 at 999.
⑦ *Ramsay (WT) Ltd. v. IRC* [1982] STC 174 cite.
⑧ 见下文第 9.3 节。

有行政法庭,税务诉讼案件只是该体系的一部分。

新体系包括两层法院——基层法庭和上级法庭。对上级法庭裁决可以直接上诉到上诉法院(Court of Appeal)和上议院(House of Lords)。从2009年10月起,新设最高法院将取代上议院的上诉委员会(Appellate Committee)。在写作本文之时,许多细节规定仍需要行政条例的确定(比如,这两层法院如何分配管辖事务)。

按照正常规程,应首先向基层法庭提起诉讼。然后有向上级法庭上诉的权利,但是只有因为法律而非事实的问题才可上诉。如果案件一开始就在上级法庭审理,上诉就不局限于法律问题,但是要求上级法庭或相关的上诉机构批准受理。

与旧体系相比有很多差异,但最突出的有两点。第一,新的上级法庭不仅仅是对基层法庭裁决接受上诉的上诉机关,也有权进行司法审查。这将减少诉讼带来的费用和不满。第二,基层法庭和上级法庭都有权复审自己的裁决。当然,性质上这是完全不同于"司法审查"。在写作本文之时,并不是很清楚这种权力是否只是纠正错误,或者是否有权指示进行重审。

在2009年4月之前,向一个称为"委员"(the Commissioners)的机构提出上诉。该词容易带来误解,因为税务与海关总署的委员会成员也称为委员。接受上诉的委员要么是普通(General)委员,要么是特殊委员,其全称是"所得税的普通(或特殊)委员";尽管所提及的是所得税,其司法权限也扩展至其他税种,但是不包括增值税,直到2009年4月增值税有其自身的上诉法庭。

普通委员反映出英国人对非专业人员的偏爱;与地方法官一样,坐于法庭之上的都是外行,就法律的具体意见依赖于书记员的建议。"外行"一词不应当被视为是一种谴责;法庭通常由具有广泛经验的人组成,他们是带着很多专长来参与税收司法的。一般普通委员会在基层法庭就任。相反,特殊委员受到很好的专业训练,一般是从高级出庭律师、律师或者会计师任命,或者有时从税务与海关总署自身的雇员进行任命。

纳税人承担反驳税务评估的举证责任。特殊委员的裁决1995年后开始公布;之前该类裁决被认为是当事人双方的秘密。委员仍然是秘密出席,尽管这种做法是否违反1998年《人权法案》已受到质疑。现在,委员在适当的案件中有权判决按在英国诉讼的一般规则分配诉讼费用(按诉由承担费用)。

普通委员一般不审理涉及税法中少为人知的规则的案例。普通委员也是秘密出席（这同样存在人权法案问题）；普通委员的裁决并不公布,并无权决定诉讼费用的承担。就其裁决的上诉通过一个陈旧的程序,这种程序仍然在从地方法官的裁决的刑事上诉中适用,被称为案情陈述(case stated)。按新的 2009 年体系,诉讼费用的问题如何处理仍然在讨论中。

因为来源于委员的上诉仅关注法律问题而不涉及事实问题,因此法律和事实两者的区分非常重要。除了最明显的法律错误之外,法院表示将在三种类似情形下进行干涉:没有证据支持委员的决定、证据与决定矛盾以及真实的和唯一合理的结论与决定不符。⑨

7.2　司法审查

正如刚刚提到,在程序上司法审查与上诉的区分 2009 年后将变得不重要。司法审查是可以中断税务评估的几种方式之一。最近几年,司法审查被用来挑战委员在上诉审理中或者在其他一些程序中的决定;例如,当纳税人没有给予足够的告知,审理就是不公平的。但是,司法审查也可以被用来挑战税务与海关总署在任何上诉审理之前作出的裁决,并独立于任何上诉审理。因此,司法审查被用来质疑税务主管机关撤销由其稽查员⑩作出的非正式许可的行为、关于纳税人不享受在法律之外的优惠(extra-statutory concession)⑪或惯例准则(statement of practice)⑫的裁决以及不对另外一个纳税人进行税务评估的行为。⑬

司法审查必须与上诉有所区别。就上诉而言,法院可能支持或者改变税务评估;在司法审查中,法院只能支持或撤销本案审理的行为,并且如果撤销,法院应当将该问题退回原审机构以改正其原审裁决——法院并不以其本身的裁决代替原始机构的审查。如果委员以一种违反了自然公正法则的方式实施上诉的审理,就必须再进行一次审理。如果稽查员作出的税务评估被撤销,必须作出新的税务评估——尽管对税务主管机关而言,有时可能太迟以至于不能作出新的税务评估。就上诉而言,法院会探究裁决的事实;在司法审查中,法院审查遵循的程序以及保证公共机构被检查的行为是在其权力范围内行使的。在司法审查中,法院并不干涉权力或管辖的适当

---

⑨　*Edwards v. Bairstow and Harrison* 36 TC 207 at 229.
⑩　*R v. IRC ex parte Matrix Securities Ltd.* [1994] STC 272 HL.
⑪　*R v. IRC ex parte Fulford Dobson* [1987] STC 344.
⑫　*R v. IRC ex parte Kaye* [1992] STC 581.
⑬　*IRC v. National Federation of Self Employed and Small Business Ltd.* [1981] STC 260.

行使。

7.3 司法风格

英国法院的判决倾向于谨慎的推理。目前,特殊委员经常作出长而细致的判决。普通委员也需要作出经推理的裁决,并且在上诉时可能被要求"陈述一个案例"(state a case);该程序需要一些时间并要求出示证据、论点、所发现的事实以及委员的裁决。

一旦案件到达高等法院(High Court)或与其相当的地方,适用普通规则。对案件进行全面的辩论(多数是口头辩论),并且作出充分推理的判决。因为需要报告争论的内容以及最终决定的结论,判决一般较长。

7.4 立法历史

法院可以考虑相关立法的目的和历史,并且为此目的可以参考国会制定立法过程中的法律陈述、重要事实和事件材料。[14] 在 Pepper 诉 Hart 案中[15],上议院推翻了实施了很多世纪的判例法,支持法院为解释法律的字词,可以查阅英国国会议事录(Hansard),前提是"(1)法律模糊不清或者晦涩难解,或者导致荒谬的结论;(2)所依赖之材料是提出议案的部长或其他提议人的有必要考虑的陈述,以及其他为了理解此类陈述及其效力而有必要参考的议会材料;以及(3)所依赖的陈述是清楚的。"[16]

7.5 先例

正如上述一些情形,比如从基层法庭向上级法庭的上诉,或者从普通委员向高等法院的上诉,被上诉的裁决只能因其法律上的错误——而非事实上的错误而被推翻。这意味着,即使受理上诉的法官可能对该案件作出不同于原审法庭的裁决,法庭也可能驳回上诉;因此此类案例不具有作为先例的价值。除此之外,更高级法院的判决对下级法院有约束力,并且同级法院的判决通常也具有约束力。

---

[14] 马克德莫特法官在 *IRC v. Rennell* [1964] AC 173, 198.
[15] *Pepper v. Hart* [1992] STC 898.
[16] 同上,at 922.

8. 税务管理

原由国内收入局(Inland Revenue)征管的直接税和关税署(Customs and Excise)征管的间接税(比如增值税),从2005年起由统一的英国税务与海关总署征管。上述两部门与财政部由同一部长管理,且工作关系紧密,但并非其下属部门。两部门合并的积极结果就是,审查了各自执行的诸多权力,有助于更加协调和现代化地行使权力。至于罚金的规则,新制度确定了三个层次的归责度,即疏忽、故意但不隐瞒和故意且隐瞒。标准罚金是因疏忽造成流失的税款的30%,因故意但不隐瞒造成流失的税款的70%,故意且隐瞒造成流失的税款的100%。如果自愿披露可减少罚金。

审查税务与海关总署各项权力的工作正在进行。根据英国《2009年财政法案》,税务与海关总署有权要求大型公司的高级会计人员采取合理步骤建立和监督公司的会计制度,以便公司有能力提供准确的纳税申报。上述员工也必须确认会计制度是适当的(或者进行解释)。如果纳税人(包括个人、公司或企业)故意违法造成少缴税款达到或超过25,000英镑,立法也将允许税务与海关总署公布该纳税人的姓名或名称。

在结束了长期由税务局核定纳税的光荣传统之后,从1996年起转向了自行核定纳税制度,但该制度只适用于不到一半的英国纳税人。自行核定制度适用于公司税(因此适用于所有公司)以及有重要所得不适用源泉扣缴制度的个人。

公司税制要求公司进行自行评定,并在其会计期间结束的9个月内按期纳税。公司也需要分季度地分期预缴所得税,预缴时间从会计期间起始之日后的6个月加13天开始。该制度只适用于大型公司,广义上即年利润达到或超过150万英镑的公司。但如果公司首次成为大型公司,该制度只从其下一个会计期间起适用,除非其利润超过1000万英镑。分期计算错误的风险由公司承担。政府的政策是,从2011年4月起所有公司应通过电子化方式申报纳税。

所得税的规则非常不同。首先,只有部分纳税人必须自行评定。适用自行评定制度并愿意通过电子化方式申报的纳税人,必须不迟于其纳税年度结束后的1月31日(如果是2009年4月6日到2010年4月5日的纳税年度,则不迟于2011年1月31日)申报其所得和计算应纳税额。不愿通过电子化方式申报的纳税人,必须在2010年10月结束之前提交其申报。如果纳税人没有计算应纳税额,税务与海关总署办公室将基于其提交数据计算(并有时对其申报提出问题)。好处在于由税务与海关总署而非纳税人计算应纳税额。在2008年之前这是非常重要的,因为税务与海关总署向纳税人发布的计算表格,尽管在税务专业人员看来是精彩而又雅致的,但对普通人来讲显然过于复杂了。目前该表格已经过根本性地修改,并且使用起来更简化。税务官员基于纳税人提交数据计算应纳税额,并不意味着税务与海关总署已经认可这些数据;如果税务官员对其申报不满意,税务与海关总署可在随后重新审查申报,并基于新基础进行新的计算。

税款应当在纳税期限届满之前缴纳,但如果自行评定申报时间更早,则以其为准。部分税款会已通过源泉扣缴制度缴纳,比如利息付款、根据所得税源泉扣缴制度缴纳的雇佣所得(见下文)、股息的抵免以及许多其他款项等。另外,还有按两期分期缴纳税款(payment on account)的制度(即申报纳税日之前的1月31日和7月31日两次)。举例说明,即2009年到2010年应纳税款的最后缴纳时间是2011年1月31日,但在2010年1月31日和2010年7月31日会已发生两期预缴税款,因此只有剩余的未缴税款在2011年1月31日到期缴纳(同时首次预缴下一年度分期缴纳的税款)。分期预缴税款制度意在保护税务与海关总署,而非损害纳税人。分期预缴数额与纳税人上一年度分期预缴额少于当年最终税额的数额有关。即使当年所得更多,纳税人也无义务缴纳比上述数额更多的税款。如果纳税人认为分期的税款对其负担过重,可以通过程序减少该数额——但纳税人承担的风险是,如果预缴税额减少是错误的,将被处以罚金并支付利息。

税务与海关总署可通知将对纳税申报进行为期12个月的调查;后续调查可能会花更长的时间。调查结束时会有"结案"通知。一旦调查期限届满或发出结案通知,税务与海关总署追缴未付税款的前提是未付税款是因纳税人疏忽(carelessly)或故意造成的,并且税务官员本不能合理期待基于已有信息合理地预见税款损失。

通知的一般期限是自行评定纳税申报后的1月31日起的四年之内。如果少缴税款是由疏忽造成的,该期限延长至六年,如果是故意的,则延长至20年。这些新期限到2010年4月都将全面适用。

不自行评定制度的纳税人由税务海关总署对其应纳税额进行评定。该制度运行良好,因为(1)大部分所得按基本税率纳税;以及(2)对许多类型的投资所得实施源泉扣缴制度,包括股息和利息。与第一个特征相联系,意味着如果按基本税率实施源泉扣缴纳税,对大部分纳税人就只需进行细微调整。

但或许不适用于自行评定制度之外的纳税人规则的最重要的事项是二战期间引入的以"取得时扣缴"(Pay as You Earn(PAYE))而著称的规则。这是一个对所有雇佣所得实施累计的源泉扣缴制度。纳税人将获取一个编码,当年税款扣除基于该编码进行,按每周的累积基数进行分配。即使纳税人一年内的所得水平或职业有所变动,该规则仍然能保证准确的税款扣除。如果所得水平有所下降,将不只是简单地减少当年剩余时间的扣税额,而有时发生退税。该制度的目的是在年末准确的确定所得税源泉扣缴额度,以避免递交额外的文件。这显著增加了雇主的额外成本,但该制度似乎运行良好。

9. 基 本 原 则

9.1 税务会计和财务会计的关系

英国税法的传统立场是税务会计与企业会计相互独立。这种区分的力度可能有所夸张。因而许多领域的税法规则显然与会计规则的差异很大(比如与折旧相关的规则)。然而在实践中,税务执业者和税务与海关总署都是以企业会计为起点开始,然后根据税法规则的需要进行改动。

发展是持续性地、缓慢地走向统一的趋势。英国的税收立法(TA1988,第18节和60节)对来源或发生于商业、专业或执业的年度利润或收益的全额征税。早在20世纪90年代的早期,法院已认识到企业会计的重要作用。上诉庭的一个裁决[17]质疑任何法官创设的规则是否能推翻一个公认的并满足以下条件的企业会计规则:(1)适用于争议的情形;(2)不是适用于该情形的两个或更多规则之一;(3)未显示出与事实不一致或因其他原因不能适当地确定企业的真实利润或损失。后来该规则成为立法。[18]这些条款要求,利润必须按照公认会计原则计算,除非为税收目的计算利润时,"法律明确规定或允许作出调整"。确认公认会计原则是英国认可的原则还是国际会计准则,由纳税人的性质决定。

这些规则远远还没有是税务和企业会计达到全面一致,但目前已有实

---

[17] *Gallagher v. Jones* [1993] STC 537, 特别是 555-6, per Sir Thomas Bingham M. R.
[18] FA 1998, s. 42 有关公司税和 ITTOIA, s. 25 有关所得税法。

质性的立法变化使两者更加接近。比如说,20世纪90年代中期对于借贷关系、金融工具以及外汇(现在并入借贷关系规则)的公司税规则,都适用会计规则来核算其收益和损失并确定其课税时点;另外,上述规则通常推翻了资本和收入间的区别。同样2002年的知识产权规则在其定义和税额计算规则上都适用会计概念。这些条款的共同特点是放弃了所得和资本的区别以及实现制要求(realization requirement)这些旧原则。取代旧原则是权责发生制的税收制度,涵盖了收益和损失并允许选择会计制度。

2002年,政府曾考虑把一致化的改革扩展至公司税制的剩余领域,在折旧、资本资产的年度重估以及消除分类税制采用综合定义所得等方面采用企业会计原则,并就此征询了公共意见。但这些提议最终被放弃。

部分经营者仍希望税法遵循会计规则——通常相信其比目前适用的规则能得到更多的减免,并希望节约因纳税申报而产生的会计师服务费用。但是,部分会计专家希望,能以向股东以及其他利益相关方报告利润的目的为基础自由地发展会计理念,不用担心其提议可能造成不良的税收后果而被拒绝。部分税收专家希望保持现状,认为部分会计提出的答案不仅是不好的税收规则,也是糟糕的会计规则。

该争论使我们想起霍夫曼大法官的一些话,他曾写道:"与许多相互对立群体如出一辙,会计师和律师也相互指责,但大部分的指责都是无知造成的……事实上,两种职业都深入地牵连到过分纠结于字词含义之中,而产生了很多共同的理论性问题。"[19]

9.2 尊重法律形式

公法与私法之间的区分对英国实体法只有很小的影响(与程序法截然相反),确定税法是否是公法的一部分被认为是没有必要的。英国人的特征是,除非必须,否则不对事物进行分类,再加上其本能希望按照纯粹的实用主义行事,这一特征非常好的例证就是对这个大陆法系中的问题的忽视。

要回答英国税法多大程度尊重法律形式这一问题,我们必须把该问题进行分解。首先,人们在个人或者商业交易中设定的权利和义务,必须被作为对其适用税法的事实;法律形式创造的权利如同天气状况或人的年龄一样,是客观事实。正如下文第9.3节所示,英国的法院在其能在多大程度

---

[19] Foreword to Freedman and Power (eds.), *Law and Accountancy Conflict and Cooperation in the 1990s*, (1992).

上重塑避税安排相关事实的问题上,一直可以说苦思冥想。正如霍夫曼大法官在 MacNiven 案(下文第 9.3 节引注)中所讲,法院在许多情况下对税法中的特定表述给予严格的法律解释。这些法官不会认为自己在"尊重"法律;他们就是在阐释相关的(税收)立法。除了避税的背景之外,税收立法在很多情形下都使用有常用的法律含义的概念。比如说,个人所得是否来源于雇佣或者经营的问题,关键在于相关合同是否构成一项服务还是提供服务,这也是侵权和劳动法律师所熟悉的区分。一项业务是否通过公司或合伙经营的问题,将不得不按照《合伙法案》对合伙确定的定义进行回答。同样的,身份问题,比如是否已婚,或 Y 是否为 X 的孩子,通常参照家庭法规则予以确定。另外一个例子,一个人是否仍然享有财产的"利益"牵扯财产法的技术细节。

作为回应,税收立法者可能刻意避免使用一个已存有技术寓意的单词。另举一例,税收立法必须既适用英格兰又适用苏格兰,因此选择语言必须能够适应两套概念;这可能通过明确地参考英格兰人和苏格兰人各自的用词做到——比如遗产税中[20]"结算"(settlement)的定义——或采用不局限于一个制度的术语定义。英国的税收制度对交易的法律形式给予了很大的尊重。在所有的案例中,问题是交易的法律形式在多大程度上决定其税收后果,但这是税法解释需要解决的问题。

9.3 反避税的原则和规则

英国税收环境的周期变化也可以在法院是否愿意通过司法控制避税中有所反映。正如上文第 6.2 节所说,Barclays 案以后,法庭试图寻找隐藏于法律之后的目的,以及采用"回避过分狭隘"的方法来审视事实。尽管 Barclays 案对确定法律解释的学术基础确实有很大作用,但没有使规则适用更有确定性。尽管存在这一新的司法方法,但税收立法仍然以传统的一种高度指定化规则的方式起草,有时辅以目的性的反避税规则。实践证明此类规则很难进行阐释。

英国的税收制度有大量的反避税条款,规定的范围有宽有窄。如果反避税条款采用一般语言,刻意避免使用法律术语,那么法院会以宽泛的方式解释这些条款。这一发展的历史比较悠久,很长时间并不稳定,接近四十年之前就可以看到以下阐述:

---

[20] (IHTA Section 43).

与征税必须有简单明了的依据这一一般和有益的规则,我们似乎已有所背离。但是我必须承认,简单字词很少能充分适当地预见和防止各种不断设计出来的聪明的避税方法。议会已经毫不犹豫地下定了决心防止这种避税。如果法院不能对一般常用语给予非常宽泛的含义,议会唯一可替代的办法是像其他国家一样,引入更全面的立法。这些立法比宽泛地阐释我们目前考虑的条款,会给一般善意的人带来更大的风险。[21]

议院表现出其既可能使一个条款失去效力,也可能带来双重征税的结果。

除法律解释应该多么严格之外,一个与其有紧密的联系的事项是事实的界定,特别是涉及避税安排的场合。用司法方法解决避税问题的重要判例也有不少,但 IRC v. Duke of Westminster 案仍然是此类判例中第一应该提到的。[22] 该判例确定将税收立法适用于事实时,法院必须尊重当事人双方所创设的法律权利,即使创设这些权利的目的是避税。该裁决在形式上仍然是现行有效的,但它并没有指出这些法律权利是什么,而正是就这一点,新的方法已经产生了影响。

因为偶然通过的一些异常的税法草案以及激进的避税行业,20世纪70年代就有若干避税方案在兜售。这些方案经常通过按照时间表进行循环(circular)交易和最终自身抵(取)消交易(self-canceling transaction)实现避税。典型的实例就是 Ramsay v. IRC 案[23],上议院认定,在税法上将这类循环交易和最终自身取消交易视为一个整体交易,与 Westminster 案的原则是一致的。虽然 Ramsay 案中使用的避税方法不仅在这个抽象层面,而且在具体的一些税法层面上都不成功,但该判决却非常重要。如果这种方法成功,资本利得税(CGT)将成为一种自愿行为——要么向税务与海关总署缴税,要么把钱给税务顾问。在理解为什么法官一方对此类避税行为采取漠不关心的态度时,需要记住议会每年都通过一部财政法案,而且能通过适当条款弥补这些漏洞。再者,英国政治中党纪的传统以及由优秀的专业起草人员来起草条款传统,意味着政府基本可以按既定方针达到目的,且以切实可行的形式执行。

---

[21] 里德法官在 *Greenberg v. IRC*,[1972] A.C. 173 (HL) at 198。
[22] *IRC v. Duke of Westminster*,[1936] AC 1;19 TC 490。
[23] *Ramsay v. IRC*,[1981] STC 174;[1982] AC 300。

比较所得税法

在 *Furniss v. Dawson* 案中㉔，Ramsay 案判决的规则扩展适用于一个线性交易（liner transaction），即除避税外没有其他目的的预定系列交易。这一案被称为新方法（New Approach）或 Ramsay 原则的鼎盛时期的成果。案例的事实是使用股权换股权交易，以达到递延缴纳公司重组的资本利得税的目的。但该案判决，特别是由于法庭部分成员非常宽泛的陈述，使得之后一段时间税务咨询都只是对法院下一步行动的无价值的猜测。此一不确定的期间到 1988 年才最终结束，那年法院在考虑如何理解"预定的系列交易"（a preordained series of transactions）时，认为只有当第一步实施时就"实际确定"第二步也将实施，才能得出这样的系列交易存在的结论。㉕ 该案例对"新方法"也有所限制，给英国留下了狭隘步骤交易原则（narrow step transaction doctrine），即适用于除避税外没有商业目的的情形。但是，"新方法"还是很可能产生了其他影响，特别是鼓励法院即使在没有发现避税的动机情形下，更广泛地审视事实。同时，法院强调税收存在于"现实世界"的需要。㉖

普通法性质的体现就是司法原则的发展过程绝非一帆风顺；其发展更多依赖于具体案例的特性以及特定法官。下面介绍的两个司法裁决就证明了这点。第一个是 1997 年的 *McGuckia v. IRC* 案，如上文所述，上议院阐明了税收法律解释的目的性方法，并且审理该案的五名法官中的两名，准备不通过步骤交易原则，而直接适用更宽泛的方法审查避税案件。另一个案例更引人注目，即 2001 年的 *MacNiven v. Westmoreland Investment Ltd.* 案㉗，上议院作出了全体一致意见的裁决，其中最主要、全面的意见由霍夫曼大法官发表。该案认为如果争论中的用词为"法律的"（juristic），而非商业的，步骤交易原则就没有任何作用。实践证明商业与法律的区分很难适用，在 Barclays 案中，这一区别已经被降为一种有用的观点而已。但重要的是上议院在 MacNiven 案中认为是否适用新方法本身是需要解释的问题。法院无权否决避税方案；议会并未授予其该项权力，而当其发展出目的性解释或步骤交易原则，这仍然是一个司法态度的问题。

在 20 世纪 90 年代晚期，税务与海关总署就引入法定的一般反避税规

㉔ *Furniss v. Dawson*, [1984] STC 153; [1984] AC 474.
㉕ *Craven v. White*; *Bayliss v. Gregory* and *IRC v. Bowater*, [1988] STC 476.
㉖ 例如：*Ensign Tankers* (Leasing) *Ltd v. Stokes*, [1992] STC 226.
㉗ [2001] UK HL 6 [2001] STC 237.

则(GAAR)的可能性征求意见。其结果是撤回了该提议——但是,这是发生在 MacNiven 案和 Barclays 案裁决之前的事。最近几年,税务筹划者似乎比以前更激进。目前为止,立法的回应是在新立法中增加许多反避税规则,造成的后果是每年的制定法越来越长。

同时,欧洲法院就这些问题发展出了自己的方法。欧洲法院不承认"滥用"欧盟规则的交易的效力;这与不承认完全人为的交易的效力是紧密相关的。法院在增值税和直接税领域都适用该方法。英国法院将该方法适用于纯粹国内的直接税领域需要多长时间,我们将拭目以待。

10. 税法的渊源

10.1 立法、材料和案例

某部成文法立法的历史,不仅可以在每年通过的立法及其所附随的争论中寻找到,也可以在税务与海关总署向议会所作的年度报告中挖掘。这些文件都附有许多统计资料。另外一个称为《社会趋势》(Social Trends)的政府出版物,也有背景变化的有用信息。现在,也可以从公开渠道获取由税务与海关总署向议会提交议案时为部长准备的注释——可从税务与海关总署的网站 www.hmrc.gov.uk 查到——对此大家已期待已久。按税法重述计划产生的立法,可追溯各种公布的草案,同时可追溯伴随最终立法产生的大量注释。这些资料都可通过税务与海关总署的网站获取电子版本。制定法的文本可通过一般的商业网站获取(比如,LexisNexis 和 Westlaw)。但没有包括全部税收法律的官方纸质版本——每个人所用的纸质文本都依赖 Tolley LexisNexis 和 CCH 出版的年度版本。

现在,追溯到 18 世纪的下议院的议会文件都可以从以下网址获取:http://parlipapers.chadwyck.co.uk,包括议案、制定法、《议会委员会报告》以及《税务海关总署的年度报告》。下议院和上议院分别从 1988 年和 1996 年开始的议会议事录(Hansard)可以从以下网址在线获取:http://www.publications.parliament.uk/pa/pahansard。这项工作还会有更多进展。

英国的司法裁决可以通过像 Westlaw 类型的网站在线获取。案例每周也通过系列丛书公布,比如《西蒙斯税务案例》(*Simons Tax Cases*)以及 CCH 出版的相应案例书籍。也有一部称为《税务案例》(*Tax Case*)的系列丛书,是由税务与海关总署出版。这个系列的特点是只有当案例最终结案才会公布，但优点是读者在一个地方可以找到初审税务法庭和所有后续的上诉阶段的所有判决。

10.2 官方惯例和裁定

多年以来，税务与海关总署（原国内收入局）公布法律之外的优惠和惯例准则。1978年，惯例准则变得更系统化。给予优惠的法律基础范围已经引起了很多争议；最近的立法授予财政部通过命令对已存的优惠赋予法律效力。从1978年开始，税务海关总署在其出版的杂志公布税收解释和裁决，称为"税务公告"（Tax Bulletin）。

其他渊源包括税务海关总署出版的指导本部门税务稽查员的指导手册；其中一些非常实用（比如，处理像银行和国际贸易这样专业问题的手册）。指导手册并不完全发布，一些片段——比如关于避税方案的处理——就被省略。

交易前裁决在税收法典中某些部分采用，但是并不普遍。非正式的提前许可已有长期实践，前提是纳税人全面充分披露相关信息。更广泛采用交易前裁决，是最近税务与海关总署改进其与大企业工作关系方法的一部分。该方法的目的在于发展纳税公司与税务与海关总署之间的"强化关系"，以便提供更好更快的服务，并且每个公司都在税务与海关总署有与其相对应的客户关系经理。所有这些措施都是税务与海关总署希望更好地利用其资源，以及通过风险分析促进遵从行为。税务与海关总署也希望这一关系可以促使减少激进的税收筹划。

R v. IRC ex parte Fulford-Dobson 案解决的问题是能否以避税目的主张优惠。[28] 法院认为，因为由国内税务局出版的官方手册，在确定这些优惠的范围时，说明了纳税人不能以避税目的利用这些优惠，所以纳税人不能够通过司法审查推翻拒绝给予优惠的决定。因为税收立法本身当然不存在一般反避税条款，这一原则具有重要意义。

如果以裁决为基础申请司法审查，在非正式许可的情形下，纳税人必须在就寻求裁决的特定交易提供了全部细节，明确地表明其寻求经充分考虑的裁决的意图，说明其将如何使用获得的任何裁决，并且该裁决或准则是清晰、明确的、而且没有限定条件的前提下，税收局才会受其约束。如果纳税人知道当地税务机关的许可将不会被视为对税务与海关总署有约束力，或

---

[28] *R v. IRC ex parte Fulford-Dobson*, [1987] STC 344; 60 TC 168.

者如果纳税人并没有向稽查员全面地披露所有相关的资料,税务与海关总署违反陈述将不构成权力滥用。即使已经披露充分的信息得以进行推论,也不意味着披露足够全面。

10.3 协定

英国签订了大量的税收协定。

10.4 第二手资料

出色的实务工作者的作品有两部。《西蒙斯直接税服务》(*Simons Direct Tax Service*)最近进行了全面修订并再次出版,同时提供电子版本和纸质版本(共10卷),由Butterworths Lexis Nexis出版。CCH提供与此相似的服务。对律师来讲,最好的系列丛书是由Sweet & Maxwell出版,其中一些来源于20世纪60年代的G. S. A Wheatcroft出版的作品;这些作品共同被称为《英国税务图书馆》(British Tax Liabrary)。1988年开始出版的《维特克罗夫特和惠特曼的所得税》(第三版)(*Wheatcroft and Whiteman on Income Tax* 3rd ed.),每年均进行累积补充以达到实时更新。

就所得税成立的最后一次皇家委员会1955年作出了报告。自此之后,就特定问题的各种各样的政府文件或委员会报告有很多(比如,1983年研究税收部门权力的《凯斯委员会报告》(Keith Committee Report))。正如上文所述,追溯至18世纪的下议院的议会报告可从以下网址获取:http//parlipapers.chadwyck.co.uk。

还有很多其他方面的关于税收的作品。最重要的作品中有部分是由相当独立的财政研究学院(Institute for Fiscal Studies)(www.ifs.org.uk)所出版,该学院极有影响力的税法复审委员会(Tax Law Review Committee)对律师尤其重要。IFS出版的作品也包括偶尔的评注、著名的绿色预算案(研究政府未来行为选择和对政府过去行为的深刻评价)以及财政研究(Fiscal Studies)期刊。教材包括《泰利税法》(*Tiley's Revenue Law*)(Hart出版,2008年第6版,出版商提供附带的电子版补篇)、《税法原理和实务》(Revenue Law Principles and Practice)(Tottel出版,2008年第26版)以及2008—2009版的《泰利和克里森的英国税务指南》(*Tiley and Collison's UK Tax Guide*)(Tolley LexisNexis);这些作品每年都出版,与《泰利税法》相比包括更多的税种。

最重要的期刊是1956年创刊的《英国税务评论》(*British Tax Review*)。

《税务杂志》(The Tax Journal)和《税收》(Taxation)这两本期刊中也有一些有益的文章(都由 LexisNexis 出版)。还有一本是由特许税务师公会(Chartered Institute of Taxation)出版(www.ciot.org.uk)的《税务顾问》(*Tax Adviser*)。

上文已提及一些相关的网站,在此重复一次。http//:www.hmrc.gov.uk 是税收与海关总署的网站,关注政策事项和当前立法的信息的读者也应参考财政部网站:www.hm-treasury.gov.uk。下面的 IFS 的网站上链接了许多与税收相关网站:http//:www.ifs.org.uk。

著名的《直接税结构和改革》(*Structure and Reform of Direct Taxation*),也被称为《米德报告》(Meade Report)是由财政研究学院在 1978 年出版。后续的一本书是《税制设计:为 21 世纪改革税收制度》(*Tax by Design: Reforming the Tax System for the 21st Century*),也称《莫里斯评论》(Mirrlees Review),于 2009 年出版。委员会的一卷报告也可以在网上获取,将以《税收设计的维度》(*Dimensions of Tax Design*)为名在 2009 年出版。

美 国

詹姆斯·里佩蒂（James R. Repetti）

1. 联邦所得税的历史

1864年，美国首次对个人所得征税，以为内战筹集资金。纳税人的所得涵盖了纳税人的未分配公司所得份额。由于规定了很高的免税额，这项税收只影响到了1%的潜在纳税人。1872年，该税种被废除。

仅仅过了二十年，国会便于1895年通过了一项新法案。该法案开征了一个针对个人和公司所得的税种。但是，美国最高法院认为，税收应根据各州的相对人口数量，在各州间分配，否则国会无权设立个人所得税。该法案因此被宣布违宪。《个人所得税法案》的最终制定，有待于《宪法》第16修正案的通过。该修正案于1913年才在各州得到批准。

最初的1913年所得税法案，以及直至1938年的后续修改，都以独立的税收法案的形式制定。每个新法案都将取代之前的法案，且都包含全部所得税条文。因此，适用和修改这些法律变得极为繁琐、复杂。为了解决这个问题，国会于1939年，将全部有效的税法条文汇编成《国内税收法典》（Internal Revenue Code of 1939）。这意味着以后的立法可以通过对法典修改的方式实行，而不是重新通过整个所得税法案。

后来，国会用《1954年国内税收法典》取代了《1939年国内税收法典》。1954年税法典修改了关于合伙、信托和遗产、养老金和公司分配的税制。该法典还引入了一些新的扣除，并规定了更高的加速折旧率。对1954年税法典最为重要的修改发生在20世纪80年代。1981年，国会显著降低了个人税率，并制定了包括更高的加速折旧率在内的，大量新的税收优惠，来刺激储蓄和投资。1986年，国会又对所得税结构进行了重大修改。《1986年税收改革法案》扩大了税基，实质性的废止许多税收优惠条款，并进一步降低了个人税率。取消了对个人利息的扣除（住房抵押贷款的利息除外），以及对资本利得的优惠措施。为了显示出这些修改的重要性，国会将法典重新命名为《1986年国内税收法典》。

1986年至2000年期间,对法典又进行了数次修改,并屡次提高个人最高法定税率。对于预算赤字的关注,左右了这一时期的立法,因而忽视了对于法典总体结构变化的影响。国会经常匆忙地通过法典的修正案,结果导致仍须制定更为"技术性"的修正案,以纠正之前的修改。但对于财政收入的关注,加上一直持续到2000年的强劲经济增长,帮助政府消灭了预算赤字,并创造了盈余。

2001年至2006年,共和党人赢得了总统大选,并在参众两院中同时取得了多数席位。这在近半个世纪以来还是第一次。这导致了一系列减税。2001年,国会制定了一项重要的减税计划,希望在2001年至2010年期间,减少财政收入1.35万亿美元。减税一般通过降低个人税率的形式实现。此外,2010年取消了遗产税。有意思的是,除非国会投票通过永久性地降低税率并取消遗产税,或修改遗产税税率,否则低税率将于2010年12月31日终止适用,之前较高的税率和遗产税将于2011年重新生效。2003年,国会将个人资本利得和股息所得的最高税率降至15%。2004年末,迫于来自欧洲的压力,国会最终取消了外国销售公司(foreign sales corporations)FSC/ETI制度,并规定允许国内"制造商"适用特殊的扣除(此处"制造商"的定义十分宽泛,电影制片人和软件开发人也被包含在内。)。尽管共和党在2007年失去了对众议院的控制权,但出于对经济形势的关切,2008年还是制定了更为宽松的折旧和费用条款。

2. 宪法问题

《宪法》第16修正案授予国会广泛的开征所得税的权力。之前有一些案例,限制国会根据第16修正案,利用税收立法实现与筹集财政收入无关的目标。但这些案例现在通常被忽视。例如,即便不存在任何以税收筹集财政收入的考量,国会现在也明确可以利用税收政策抑制某些活动。[1] 而且,国会可以用税收优惠措施,支持特定、而非所有团体,只要这种差别对待不是基于诸如种族之类的有政治嫌疑的区分。例如,在 Regan v. Taxation With Representation of Washington 案[2]中,最高法院认为,国会允许退役老兵

---

[1] 参见,例如:*Sunshine Anthracite Coal Co. v. Adkins*, 310 US 381 (1947).
[2] 461 US 540 (1983).

组织使用免税捐款从事政治游说,并不意味着国会必须为其他组织规定相同的税收补贴。最高法院解释:"国会享有广阔的空间在税法中创设分类和区别。"

在税收制定法的溯及力问题上,最高法院同样认为国会具有"广阔的空间"。最高法院认为,只有在"税收的性质和所处环境都明显超出宪法允许的范围,且已经达到令人难以忍受的程度"时③,最高法院才会基于《宪法》第 5 修正案中的正当程序条款,判定国会溯及既往地制定或修改税收制定法违宪。基于这种标准,即便是增加税率的法律制定于一年的年末,最高法院也允许该法律适用于整个年度。④ 在 United States v. Carlton⑤ 案中,国会为了迅速更正 1986 年税收立法中存在的错误,将 1987 年制定的税法修正案的效力回溯至 1986 年,法院认为此作为不构成违宪。

美国法院对美国《宪法》第 1 条第 7 节第 1 款的适用,同样说明了法院认为国会的征税权力,在性质上十分广泛。该条规定:"所有关于筹集财政收入的法案,都应源于众议院;但参议院可以以处理其他法案的方式,对修正案提出建议或表示同意。"1982 年,众议院通过了一项包含 3 页内容的税收法案,并将该法案移交参议院。参议院删除了众议院通过的条款,代之以一项超过 500 页的新税法典修正案。参、众两院都通过了该项"修订"过的法案。该法案也得到了总统的签署。所有美国上诉法院在审理该程序的效力时,都认为参议院的"修订"并不违反上述宪法条款。

3. 税　率

美国所得税税率的浮动,在很大程度上取决于财政收入的需要和国会的经济目标。最初在 1913 年,最高的法定税率个人为 6%,公司为 1%。在随后的年份中,个人税率最高曾达到过 91%,而公司则达 52%(不包含超额利润税,在第二次世界大战期间,该税种适用于公司,使得公司总体最高税率达 80%)。

《1986 年国内税收法典》显著降低了税率水平和累进幅度,该法典规定

---

③ Welch v. Henry, 305 US 134, 147 (1948).

④ 参见,例如: United States v. Darusmont, 449 US 292, 297 (1981); United States v. Hudson, 299 US 495, 500-01 (1937).

⑤ 512 US 26 (1994).

个人的最高法定税率为 28%，公司为 34%。从那时起，税率的变化取决于政治和财政气候的变化。1993 年，国会将个人税率提高到 39.6%，公司税率增加到 35%。2001 年，国会通过立法规定直到 2006 年，国会将利用 5 年的时间降低个人税率。2003 年，国会加快了对个人税率的降低。结果导致 2009 年个人的最高税率为 35%。

针对不同种类的人群规定了不同的税率安排。相较于未婚个人，较低的税率等级广泛适用于共同报税的已婚个人和户主（head of household）。适用于个人的税率等级，每年都会根据通货膨胀的情况作出调整。2009 纳税年度的税率如下：

未婚纳税人

应税收入	税率
$0— $8,350	10%
$8,351— $33,950	15%
$33,951— $82,250	25%
$82,251— $171,550	28%
$171,551— $372,950	33%
$372,950 或更多	35%

共同报税的已婚纳税人

应税收入	税率
$0—16,700	10%
$16,701— $67,900	15%
$67,901— $137,050	25%
$137,051— $208,850	28%
$208,851— $372,950	33%
$372,951 或更多	35%

户主纳税人

应税收入	税率
$0— $11,950	10%
$11,951— $45,500	15%
$45,501— $117,450	25%
$117,451— $190,200	28%
$190,201— $372,950	33%
$372,951 或更多	35%

公司税率不根据通货膨胀情况每年作出调整。2009年的公司税率如下：

公司

应税收入	税率
$0— $50,000	15%
$50,001— $75,000	25%
$75,001—100,000	34%
$100,001—335,000	39%
$335,001— $10,000,000	34%
$10,000,001— $15,000,000	35%
$15,000,001— $18,333,333	38%
$18,333,334 或更多	35%

应税收入在15,000,001美元至18,333,333美元之间的公司,适用38%的税率,目的是为了减少对低税率等级适用低税率带来的利益。

4. 财政制度的构成

除所得税外,美国联邦政府还征收财富转移税(wealth transfer tax),社会保障税(social security tax)和几种消费税(excise tax)。在美国不存在任何形式的联邦销售税或增值税。在联邦制下,各州也有权征税。各州政府一般都会征收所得税、财产税、财富税、销售税和消费(excise)税。

在美国,社会保障税是个重要的税种。它针对自营职业的纯收入(net income from self-employment)或雇员的工资所得征税。2009年,自营职业者的纯利润在106,800美元及以下的,社会保障税税率为15.3%。自营所得超过106,800美元的,社会保障税税率为2.9%。雇员的工资所得在106,800美元及以下的,雇员和雇主分别缴纳雇员工资所得的7.65%的社会保障税。雇员工资所得超过106,800美元的,雇主和雇员分别缴纳雇员工资所得的1.45%的社会保障税。

联邦政府收入在GDP中所占比重,自1960年以来一直保持稳定。1978年至2007年期间,联邦政府收入占GDP比重最低为2004年的16.4%,最高为2000年的20.9%。⑥ 2007年,由于2001年通过的减税政策和经济衰

---

⑥ *Budget of the United States Government*, Fiscal Year 2009, Historic Tables, Table 2.3 (2008).

退，财政收入占 GDP 的比重，从 2000 年最高时的 20.9%，滑落为 18.8%。个人所得税是美国政府最重要的财政收入来源。2007 年，个人所得税收入占到联邦财政收入的 45.3%。⑦ 社会保障税是由联邦税务局（IRS）负责征收的第二大收入来源，它占到联邦税务局 2007 年收入的 33.9%。⑧ 公司缴纳的税款，占 2007 年财政收入的 14.4%。⑨ 遗产与赠与税占 2007 年联邦财政收入的 1%。⑩

有意思的是，在过去 60 年中，公司所得税和社会保障税对财政收入的相对贡献成反比。1944 年，社会保障税占联邦财政收入的 7.9%，而公司所得税占财政收入的 33.9%。⑪ 与此相反，2007 年公司所得税只占财政收入的 14.4%，而社会保障税则占 33.9%。⑫

5. 所得税的基本结构

5.1 个人

美国所得税是综合性和全球性的。美国公民和居民的收入，不问其地理来源或收入性质，都要征税。计算所得税的起点是总收入（gross income）。"总收入"一词的含义十分广泛，它包括所有财富的增加，一些界定清晰的免除项目除外。重要的免除项目有赠与、遗赠和人寿保险的收益。如果奖学金用以支付学费或书本费用，并且学生不必提供服务，则向正在攻读学位的学生提供的奖学金也被排除在收入之外。大量附加福利（fringe benefit）也被排除在所得之外，其中最为重要的是雇主提供的健康保险和退休金供款。

只有在某些有限的情况下，债务免除带来的所得才可以排除在所得之外，例如纳税人解散或处在破产程序中时。意外所得和赌博所得都包含在所得中。

虽然法律未作规定，但估算税收（imputed income）在美国不征税。例

---

⑦ 同上，at Table 2.2。
⑧ 同上。
⑨ 同上。
⑩ 遗产和赠予税 2002 年收入为 260 亿美元（联邦税收总收入为 2.568 万亿美元）。*Budget of the United States Government*，前注 6，Table 2.1 and 2.5。
⑪ 同上。
⑫ 同上。

如,居住自有住房产生的估算租金价值不被认为是纳税人的所得。夫妇、父母或子女之间相互提供的照顾,也同样不征税。

总收入在实现时得到确认。可以导致所得实现的交易范围相当广泛。例如,当被交换资产在种类或程度上具有实质性不同时,交换资产项目就可以构成所得实现。在这种方法下,如果债务工具的收益变化在 25 个基点之上,则被认为发生了新旧债务凭证的交换。在公司中,公司将增值的资产进行分配,现在通常被视为进行分配的公司的所得实现,但国会是在很多年之后才接受这种观点。

在美国,死亡并不被视为所得的实现。事实上,死者持有资产的增值,可以永久性的逃避所得税。因为财产的计税基础是根据死亡时的公允价值确定(或者也可以根据选择,以死后 6 个月之内的公允价值确定)。但是,纳税人在死亡时拥有的财产属于美国遗产税(一种财富转移税)的征税范围。

在很早以前的 *Eisner v. Macomber* 案⑬中,最高法院最初对国会是否有权将单纯的资产升值视为所得实现,产生了怀疑。但是,在随后的一个判决⑭中,法院又将所得实现时才确认的要求描述为"建立在行政便利的基础上"。因此关于国会是否有权随意规定所得实现的规则,在很大程度上不再存在怀疑。在个别情况下,国会采取了一种"盯市"的方法。例如只有针对某些未来的合同和期权,法律一般才要求纳税人对任何发生在纳税年度之内价值增加或贬损进行确认。

在计算完总收入之后,个人纳税人可以从总收入中扣除法律明确规定允许扣除的费用。纳税人为获取所得而在从事交易或经营过程中产生的费用,可以扣除。然而,当产生费用的交易或经营行为包含着个人消费时,判断可扣除费用的范围就产生困难。对于这些费用的税务处理,美国税制的作法多少有些随意。一些既可以产生所得,又包含着个人消费的费用,不管产生所得是否占支配地位,通常都完全不可以扣除。例如,子女的照顾费用和纳税人在居住地与营业地之间往来的交通成本不得扣除。⑮ 其他一些费用,例如与经营相关的招待费(餐饮、娱乐)等,可以部分扣除。法律规定了一个任意的比例,这些费用可以扣除 50%。

---

⑬ 252 US 189 (1920).
⑭ *Helvering v. Horst*, 311 US 112, 115 (1940).
⑮ 但是针对为照顾 14 岁以下的儿童而发生的费用,存在一个特别的抵免规则。

交易或经营费用一般可以立即扣除。但如果费用带来的显著收益,不仅限于当前的纳税年度,则不得立即扣除。如果费用带来的收益不仅限于本年度,则费用一般必须资本化。但关于断判上述问题的准确标准尚存在实质性分歧。这些资本化的费用可以根据法典中的有关条文进行摊销或折旧。一般情况下,摊销或折旧的期限由法律确定。目前,不动产的折旧期限大致与其经济使用寿命相同。在过去7年中,为了鼓励投资,国会越来越多地允许,将用于有形动产的资本支出,作为费用当期扣除。

将交易或经营费用从总收入中扣除后的数额,是法律规定的"调整后的总收入"。而为了确定应税收入,还有一些其他扣除项目("列举扣除额")需要从调整后的总收入中扣除。计算调整后的总收入具有重要意义,因为许多列举扣除额的数额在调整后总收入数额的基础上加以限制。例如,对于增值财产的慈善捐赠的扣除,一般限制在调整后总收入的30%之内。医疗费用只有超过调整后总收入的10%的部分才可以扣除。

大部分列举扣除额被认为是一种"税收支出"。这些扣除额包括医疗费用、意外损失、住房的贷款利息。除了税收支出性扣除外,在计算应税收入时,即便营利活动还没有达到交易或经营的水平,或者这些活动与产生租金或费用的财产无关,其产生的费用也可以从调整后的总收入中扣除。

在计算应税收入时,可以从调整后的总收入中扣除的费用,对于高收入纳税人而言,大部分可以最多扣除80%。随着所得的增加,可扣除的费用将逐渐减少。国会指出,逐渐减少扣除的目的是为了使税负与支付能力相匹配。⑯ 医疗费用、意外损失、以及与获得投资收益有关的利息费用,不在逐渐减少的范围之内。

一些列举扣除项目(所谓"杂项"列举扣除额),例如营利活动中产生的费用,和雇主未报销的雇员费用等,只有在总计超过调整后总收入的2%时才可以扣除。国会声称,规定2%的目的是减少记账的负担,同时也考虑到在2%之内的费用,通常含有一些个人自愿支出的成分。⑰

作为列举扣除额的替代,个人纳税人可以扣除所谓标准扣除额。通常情况下,如果标准扣除额超过了可扣除的列举扣除额的总和,纳税人将会扣除标准扣除额。标准扣除额不适用2%的上限规则,也不适用很多列举扣除

---

⑯ H. R. Rep. No. 881, 101st Cong., 2nd Sess. 361(1990).

⑰ Staff of the Joint Committee on Taxation, *General Explanation of the Tax Reform Act of 1986*, 78 (1987).

额面临的逐渐减少规则。标准扣除额的主要目的是减少费用的记账需要，但另一个功能是使那些没有相关费用的纳税人（比如低收入人群）的一定数额的所得免予征税。标准扣除额每年会根据通货膨胀的情况进行调整。在2009纳税年度，未婚个人的标准扣除额为5700美元，户主为8350元，分别填写纳税申报的已婚个人为5700美元，共同报税的夫妇为11400美元。

所有的个人纳税人也可以扣除"个人免税额"。个人免税额也会根据通货膨胀情况每年进行调整。2009年纳税年度个人免除额为3650美元。纳税人如果有需要抚养的人，则可以获得额外的免除额。免除额随着纳税人所得的增加，而逐渐减少。高收入纳税人的上述扣除额和个人列举扣除额的逐渐减少，造成了非常复杂的边际税率模型。

在扣除各种扣除额之后，适用累进税率计算得出暂定税额。再将一些税收抵免，例如儿童看护抵免和勤劳所得税收抵免（earned income tax credit）等，予以扣除，以确定纳税义务。大多数抵免不能退还，但勤劳所得税抵免是个例外，使其得具有了为低收入职工提供收入补贴的功能。

在计算暂定纳税义务和实际纳税义务时，对股息和资本利得适用优惠税率。这两种所得的最高税率为15%。在一般情况下，只有持有一年以上的资本资产（capital assets）产生的收益，才是合格的资本利得。根据法典的一般定义，资本资产是纳税人持有的，不是在正常经营过程中用于出售给客户，也不是在交易或经营活动中可以折旧的财产。如果某些财产是在交易或经意活动中可以折旧的，但不在正常经营过程中出售，也可以根据特别规则适用优惠税率。资本利得中可以归属于资产折旧的部分将会被还原为普通所得来征税。这一部分以25%的税率征税。任何折旧资产（不动产或动产）转让产生的利得的其他部分，以不超过15%的税率征税。特别规则同样适用于出售持有一年以上的收藏品（例如邮票收藏、稀有硬币等）产生的收益。上述收藏品产生的收益，适用的最高税率为28%。

近年来，美国个人税制向着分类所得税制的方向转变。一些类别的费用，只能在同种类所得的范围内扣除。例如，"消极活动"（passive activities）产生的亏损只能以消极活动产生的所得进行弥补。消极活动一般是指纳税人未投入大量时间的营利活动。同样的，投资的利息费用只能从投资产生的所得中扣除。当个人住宅部分用于营利活动时，由个人住宅产生的费用（而非抵押贷款的利息费用），一般只能用来扣除该住宅产生的所得。最后，资本利得的税收处理也是分类的。纳税人可以将资本损失从资本利得中全部扣除，但每年最多只能在普通所得中扣除3000美元的资本损失。

替代最低限额税(alternative minimum tax,以下简称为"AMT")是个人所得税中的另一个重要制度。实际上,AMT是美国正常税制之外的"影子"税制。国会通过AMT的目的是为了"确保任何具有高额经济收入的纳税人,都不能通过豁免额、扣除额或是抵免来规避纳税义务"。⑱ AMT是一种纳税人应税收入的替代算法。它限制或消除了许多税收支出性的扣除额或免除额。当纳税人的AMT纳税义务超过了其正常的所得税纳税义务时,纳税人必须根据AMT纳税义务纳税。近来,AMT变得极具争议。虽然国会试图将AMT适用于纳税人的"经济收入",但因为AMT不允许纳税人扣除在营利活动中产生的费用,经常导致经济收入的高估。而且,AMT中的免税额并未完全根据通货膨胀的情况进行调整。这就导致了一个AMT首次制定意想不到的结果产生,即许多生活在征收高额地方税地区的中产阶层纳税人,发现他们自己由于高额的地方税在AMT中不得扣除,成为AMT的适用对象。

5.2 企业

美国拥有一套改进的经典的公司税制度。在这个制度中,所得首先在公司层面上征税。而后在分配股息时,再在股东层面上以一个较低税率征税。

公司所得的计算方法与个人所得的计算方法相似,但也包含一些重要的不同。由于人们通常认为公司产生的费用和损失与交易或业务相联系,所以在计算公司所得时,不计算调整后总收入。扣除额将直接从总收入中扣除,以算出应税收入。

与个人所得税不同,资本利得不适用优惠税率。然而,公司的资本损失只能用来扣除资本利得。未使用的资本损失可以向前5年或向后3年结转。

由于公司被视为独立的纳税实体,必须制定特殊规则防止公司组建过程中的所得确认。一般情况下,当股东将增值的财产转让给公司以换取公司的股份时,只要其出资后,拥有公司80%的股份,股东就不会确认所得。当公司发行自己的股份给股东以换取股东财产时,公司也不会被确认收益。

---

⑱ Staff of the Joint Committee on Taxation, *General Explanation of the Tax Reform Act of 1986*,432 (1987).

因为在确认公司所得时要对公司征税,而当公司向股东分红时要向股东再次征税,这就需要特殊的规则,以防止对属于股息的公司内部分配层叠征收公司所得税。[19] 这些规则允许扣除一定比例的股东分得的股息。扣除额取决于股东的持股水平。如果股东持有公司股份的 80%,股息可以全部扣除。有一些相关的特殊规则防止潜在的税收套利:例如,规则禁止公司利用借款,购买股票组合,以避免公司即通过借款获得利息扣除的税收优惠,又通过利用借款购买的股票组合,获得股息扣除的税收优惠。国会同样试图阻止公司通过获得完全或部分免税的股息,从而导致股份价值下跌,进而获得了资本损失的扣除。

公司可以通过某些"重组"交易收购其他公司,而不会引发公司层面或股东层面的征税。为了符合重组的要求,必须满足一定条件。交易必须存在商业目的,并且被收购公司中的大部分股东必须获得收购公司的股份。此外,收购公司必须至少继续从事一项被收购公司的业务,或者必须继续使用被收购公司的大部分资产。最后,交易的结构必须与法律规定交易形式相符。这些法律规定的交易形式似乎缺少实质性的目的,它们所表现出的错综复杂只是历史的偶然产物。股东与被收购公司的义务之间的关系没有重大改变,是不确认所得的合理标准,而这一标准主要体现于利益和经营的连续性这些必要条件。

历史上,与出售股份获得的收益相比,个人纳税人分得的股息适用的税率更高。因此,公司税法中的很大一部分规则,是为了防止股东通过将资本利得的税率适用于从公司获得的所得,以实现逃税。例如,当股份被出售给公司或关联公司时,就有一些特别规则被专门用来判断这项交易是否应被视为变相的股息所得,还是出售股份。当股东在公司的股份大量减少时,股份出售的交易形式一般被承认。如果向股东发行优先股,并且公司在发行优先股时拥有收益和利润时,此时同样制定有特别规则,防止股东通过获得优先股确认资本利得。但是 2003 年的一项立法导致对股息和资本利得都适用最高 15% 的税率,这就使得上述规则的重要性有所减弱。然而,如果个人纳税人的股份具有较高的计税基础,他们仍旧具有将公司收益变成资本利得的倾向。

---

[19] 股息是从公司"收入与利润"(earnings and profits)中向股东分配的部分,"收入与利润"是对公司的应税收入进行一些调整计算出来的金额。

与个人所得税相同,公司所得税种也存在 AMT 制度。适用于公司的 AMT 税率为 20%;计算应税所得时允许 40,000 美元免税额的扣除,但此扣除额随着应税所得的增加而被取消。公司 AMT 制度的制定,是为了保证公司能够缴纳最低限额的所得税。相较于正常的公司所得税,该制度同样试图更准确地核算公司的经济收入。由于计算的复杂性,以及在公司 AMT 制度中的一些关键领域缺少指导性规范,公司 AMT 制度带来的社会利益很难说是否大于公司纳税人因此承担的沉重负担。

6. 税收立法

6.1 立法程序

美国宪法要求,所有的税收法案应由众议院提出。由众议院筹款委员会(House Committee on Ways and Means)举办的议案的听证会,是整个立法程序的开始。

新立法的提案人通常是在听证会上第一个出庭作证的人。如总统为提案人,此时第一个出庭作证的将会是主管税收政策的财政部副部长。诸如经济顾问委员会主任等其他行政机关官员也会随后出庭。接下来,将会有社会公众的代表,包括各种特殊利益群体的代表出庭作证。

在听证会之后,众议院筹款委员会将开会,对法案的一般框架和实施政策问题进行讨论。委员会的成员并不负责法律文本的草拟。该项工作由众议院立法法律顾问办公室(Office of House Legislative Council)的律师负责。该办公室同时还负责起草一个附随法案的报告。在此之后,委员会对法律文本和报告进行审核。在文本和报告获得了委员会的批准之后,众议院的全体成员将对法案进行审议。

参议院通常与众议院同时开始对法案的审议,并遵循相同的程序(虽然法案最终由参、众两院通过,但将被标上众议院原先法案的编号,通过这种巧妙的手段,满足了税收立法由众议院提出的要求)。参议院财政委员会(Senate Finance Committee)负责举行听证会,之后将通过法律文本和委员会报告,并交由参议院全体成员批准。

参议院的法案和众议院的法案间经常会存在不同。这些不同将在参众两院协调委员会(Committee of Conference of the House and Senate)得到解决。该委员会由众议院筹款委员会和参议院财政委员的成员组成。协调委员会向参众两院提交一份会议报告(Conference Report),在该报告中提出一份修改过的法案,并附有一个简短的解释。参众两院不能对会议报告进行修改,只能批准或拒绝该报告。如果报告得以批准,法案将被提交给总统,总统有权签署法案或否决。

6.2 立法风格

国内税收法典(Internal Revenue Code)的规模庞大。其最初的版本,即1913年关税法案的第二节,只有16页。如今其规模已经达到了近6,000页。

现行法典条文的错综复杂,是由许多因素导致的。但是,规范税收支出的使用是一个重要原因。税收支出的出现,要求增加额外的条文以防止纳税人滥用税法规则。例如,对资本利得适用优惠税率,就使得必须制定额外的条文,以防止纳税人将一般所得转换成资本利得。税收支出同样要求法院进行困难的事实调查,以确定纳税人是否满足了适用法律的要求。而且,纳税人可以利用税收支出,来消除或大量减少其纳税义务。纳税人的这种能力促使国会制定了 AMT 制度。该制度用来确保当税收支出可能消除或减少纳税义务时,所有的纳税人也会缴纳最低限额的所得税。

另一个导致法典复杂化的原因是,国会出于政治因素的考虑希望隐瞒税收收入的增长。例如1990年,国会并没通过提高法定最高税率的方式,来增加财政收入,而是减少了许多针对高收入个人的分项扣除额。而且在此之前,国会通过了另一个条文,规定只有在杂项分项扣除的总额超过了纳税人调整后总收入的2%时,才可以适用该项扣除。这两个条文的规定,都要求对受限制的扣除额作出定义。没有什么根本的原因,这些法律条文就这样降低或消除了税收体系对于适用它的普通纳税人的透明性。

对于同一名词,法典的不同部分有时赋予了不同含义。这同样导致了法典的复杂化。例如,"财产"一词在法典不同条中经常具有不同的定义。而且,针对不同类型的资本利得适用不同的税率,也降低了法典的透明性。

最后,近年来,国会试图预计纳税人可能采用的滥用税法条文的方法,并且在法律中作出相应的规定。这一做法与国会之前依靠法院监护政策的执行形成对比,其有效性还不得而知。如果国会未在法律中对某种滥用行为作出规定,可能导致人们认为国会意在允许此种滥用行为。

6.3 法律解释

正如其他法律体系的情况一样,在美国对于法律进行严格的文意解释

与试图还原立法机关意图的解释方法之间,也存在一股张力。最高法院认为:

> 显然,没有任何证据比法律本身的措辞更有说服力,来说明立法机关的意图。在通常情况下,通过这些文字本身,就可以判断立法机关的意图。在这种情况下,我们只需遵守这些文字的一般含义。但是,当这些含义将导致荒诞或无用的结果时,本院就可以超越文字本身的含义,而探究法案的意图。而且,即便一般含义没有产生荒诞的结果,但如果它是一个与整个立法政策存在明显冲突的,不合理的"一般"含义时,本院也曾依据立法机关的意图,而非法律的字面含义。[20]

这段陈述清晰说明,美国法院传统上力求通过判断某一具体的法条的立法目的,进而确定法条的一般含义是否合理。在确定法典特定章节的立法目的的过程中,法院通常会检查来自众议院筹款委员会、参议院财政委员会以及协调委员会的报告。法院也可能检查由税收联合委员会(Joint Committee on Taxation)起草的法律解释、听证会记录、评论员的分析等,但法院通常认为这些渊源的效力较低。

但是现在的最高法院包含首席大法官在内较为高调的少数派坚持认为,诸如委员会报告等立法材料不应被用于法律解释中。例如,在 *Gitlitz v. Commissioner*[21] 案中,即便众议院委员会在报告中暗示,国会打算采纳的法律解释与本案中法院多数意见采纳的解释不同,法院的多数意见在解释法律时,还是没有参考任何立法史方面的材料。如果这种文本主义方法被持续采用,将对税法领域产生重大影响。例如,一些人认为,文本主义方法使用量的增加可能会有助于避税手段的泛滥。[22] 避税手段经常出现在那些符合立法字面意思,但不符合立法意图的交易中。由于法院不能参考法律的立法史,文本主义方法可能使得法院在判断立法机关是否打算法律被用于避税安排所利用的方式时,变得更为困难。

虽然《国内税收法典》的名称中包含"法典"一词,这隐含着将税法典视为自足的、体系化的税收制定法,但是法院发展出了许多普通法原则,以帮助税法的适用。对于可以从总收入中免除的项目,法院一般都从严解释。

---

[20] *United States v. American Trucking Ass'n*, 310 US 534, 543 [1945].

[21] 531 US 206 (2001).

[22] Noel B. Cunningham and James R. Repetti, 'Textualism and Tax Shelters', 24 *Va. Tax Rev.* 1 (2004).

即除了估算收入之外,一般只有在法律明确规定某一项目不属于应税所得时,法院才会允许将其不计入总收入中。同样的,法院将扣除视为一种立法的恩惠。只有在法律允许的情况下,法院才会同意一项扣除的适用,并对法律从严解释。

法院也创设了许多法律中没有规定的要求。为了使一个交易符合优惠税收处理的要求,法院一般要求交易必须是为了非税收目的。例如,最高法院拒绝对一个符合所有法律规定要求的交易适用优惠的税收处理,只因为该交易缺少商业目的。[23] 同样的,如果一个机构的设立不是为了商业目的,或设立之后没有从事商业活动,则法院会忽视该实体的存在。[24]

在将法律适用于具体交易中时,法院会力争确定交易的实质,而非盲目遵守纳税人设定的形式。例如,虽然纳税人以债务的法律形式发行金融工具,但是如果纳税人未能遵守借贷关系的形式要件,如立即支付本金和利息等,法院将会视此交易为股权交易。同样的,即便纳税人以买卖或租赁的法律形式来构建交易,法院也不会简单的承认纳税人采用的法律形式,而是要分析所有权上的收益和负担是否转移,以确定其在税法上的性质。最后,当纳税人很明显是为了从事一个单一交易时,法院会将多个步骤并入一个交易中。例如,在"分步交易"理论下如果纳税人在进行一个免税的公司并购交易之后,很快将其获得的股权卖给收购公司,此时法院就会认为纳税人从交易中获得了现金,而非股份。

7. 司法结构和风格

在美国,没有专门的法院系统来审理税务案件。作为一审法院的税务法院只审理税法问题,并只有在纳税人拒绝根据美国国税局(Internal Revenue Service)的要求支付税款的情况下,才享有管辖权。此外,纳税人在支付税款之后,既可以在有普通管辖权的美国地区法院起诉,也可以在美国联邦索赔法院(只审理政府为被告的案件)起诉,要求返还缴纳的税款。在地区法院起诉,纳税人可以要求以陪审团审理案件的事实部分。但是在税务法院和联邦索赔法院中,案件的事实部分只能由法官来审理。美国税务法院和地区法院作出的判决,纳税人可以向其居住地所属巡回区的上诉法院上

---

[23] *Gregory v. Helvering*, 293 US 465 (1935).
[24] 参见,例如:*Moline Properties Inc. v. Commissioner*, 319 US 436, 438-439 (1943).

诉。美国联邦索赔法院作出的判决，纳税人可以向联邦巡回上诉法院上诉。因此纳税人在维护自身税收权利时，有多个法院可供选择，这就构成了一定程度上的"选购法院"。

上述所有的判决，都可能上诉由最高法院审理，尽管只有包含宪法争议的案件，最高法院才有管辖权接受上诉申请。当就同一法律问题上诉法院之间作出了不同的审理结果时，最高法院通常会选择这类案件中的一个进行审理，以使得相关法律问题得以解决。

司法判决包括所有陈述与案件有关的事实和法律适用问题的意见。因为这些案件都会被法院在审理未来的案件时作为先例，所以法官通常会将其全部的推理，细致地加以阐述。

尽管在美国税制中，存在大量的立法性文件，但是在税法规则的发展过程中，法院仍旧担负着重要的作用。在一些情况下，判例法原则被后续的制定法吸收。而在另一些情况下，判例法仍旧作为主要的法律渊源。例如，在判断所得应归属于哪一个纳税人时，几乎完全是基于判例法。此外，上文所讨论的判例法法律解释原则，对法律的发展也产生了重大的影响。

8. 税务行政、纳税人和司法风格

8.1 行政方式

美国税制是以广泛的信息报告和税收扣缴为支撑的自我评估制度。例如，大部分支付薪水的雇主，必须向联邦税务局申报支付给每一个雇员的数额，并对其支付的款项扣缴所得税。美国征收的个人所得税大部分都是通过雇主扣缴征收的。例如 2007 年，约有 67.9% 的个人所得税是通过扣缴征收的。[25] 纳税申报义务也适用于在经营过程中雇佣独立承包人的主体，收取现金达到或超过 1 万美元的主体，以及包括转让投资资产所获收益在内的大部分形式的资本所得。

美国的审计率一直在持续下降，但近年来有所改变。在 2007 年，美国审计的个人所得税申报表占总数的 1.0%[26]，而与之相比，2002 年和 1995 年

---

[25] 参见 Internal Revenue Service, *2007 Data Book*, Table 1 (2008)(该表表明，2007 年征收的个人所得税为 1.366 万亿，其中有 9280 亿元税收收入来自雇主的扣缴)。

[26] 同上，表 9；Government Accountability Office (GAO), *Tax Administration: IRS should continue to expend reporting on its enforcement efforts*(2003 年 1 月)，表 6。

的审计比例为0.57%和1.67%[27]。对收入超过10万美元的个人,2007年的审计率为1.77%[28],而2002年的审计率只有0.86%[29],1995年则为2.79%[30]。

2007年,美国对所有公司纳税申报表的审计率为1.7%。[31] 相比之下,2002年和1995年则分别为0.97%[32]和2.05%[33]。对资产在1000万美元和5000万美元之间的公司,2007年的审计率为15%[34],而2002年只有7.80%[35]。对资产达到和超过2.5亿美元的公司,2007年审计率100%[36],而2002年只有34.37%[37]。

为打击纳税人进行"审计博彩"(audit lottery),联邦税务局对欠缴的税款加征利息。利率为联邦短期利率加3%,并且处以相当于所欠税款20%的罚款,但欠税具有合理原因(reasonable cause)的除外。此外,对申报表信息实行计算机检查的熟练程度不断提高,也减少了审计博彩的几率。

也许是因为美国所得税的自我评估性质,联邦税务局近年倾向于制定非常详细的规章。此外,税务局发布"公开税收裁决"(public revenue rulings),类似于法律备忘录,以解决规章中没有解决的各种问题。想要获得额外建议的纳税人可以请求税务局作出私人裁决(private ruling),说明在纳税人提交的情形中法律将如何适用。这些私人裁决将会在改编后公布,以防止纳税人身份的泄漏。

联邦税务局不能向公众披露纳税申报表。[38] 但是,它可以对其他联邦机构、州税务官员、外国官员(根据税收条约的规定)披露。此外,联邦税务局可以对数个申报表进行数据合计并公开合计后的数据,这样信息就不会追

---

[27] Internal Revenue Service, *2007 Data Book*, Table 1; GAO, *Tax Administration: Audit Rates and Results for Individual Taxpayers*(26 Apr. 1996), Table 1.1.

[28] IRS, *Fiscal Year 2007 IRS Enforcement and Service Statistics*(2008).

[29] GAO, *Tax Administration: IRS should continue to expand reporting on its enforcement efforts*(January 2003), Table 7.

[30] GAO, *Tax Administration: Audit Rates and Results for Individual Taxpayers*(26 Apr. 1996), Table 1.4.

[31] IRS, *2007 Data Book*, Table 1(2008).

[32] IRS, *2002 Data Book*(2003), Table 10.

[33] IRS, *1995 Data Book*(1996), Table 11.

[34] IRS, *2007 Data Book*(2008), Table 9.

[35] IRS, *2002 Data Book*(2003), Table 11.

[36] IRS, *2007 Data Book*(2008), Table 9.

[37] IRS, *2002 Data Book*(2003), Table 11.

[38] Internal Revenue Code(IRC), s.6103.

溯到某个特定的纳税人。

8.2 纳税人风格

美国的纳税人,包括公司和个人,一般都积极地朝有利于自己的方向解释税法。在2001年至2003年期间,公司税收收入大幅下降,这多归因于公司避税方案(tax shelter)的广泛使用。投资银行和会计公司积极地向公司和富人推广其避税方案。这些方案包含的交易虽然符合法律的字面规定,却与立法目的相悖。这类避税方案的费用通常是节税额的一定比例。避税方案的推销者(promoter)也常常就其方案,提供法律咨询意见,说明这种有利的税收待遇较有可能(more likely than not)得到法院的支持。但是,这类意见相当不可靠,因为它们常常没有考虑到商业目的(business purpose)和实质重于形式(substance-over-form)规则适用于避税交易的可能性。它们只是声称商业目的和实质重于形式的判定,高度依赖事实情况,随后便假设符合了这些规则。[39]

由于审计率不高,公司乐意进行此类投资。即使公司被审计,交易常常被淹没在大量的文件中。这些文件使得审计人员很难发现交易的真实性质。如上所述,审计率自2003年起已开始提高。公司审计率的增加,并对出具关于避税手段的法律意见适用更严格的标准,可以解释公司税收收入自2003年起开始回升的原因。[40]

9. 基 本 原 则

9.1 税收和财务会计的关系

一般而言,税务会计完全不同于财务会计。财务会计中的保守原则偏向于加速确认费用,并延迟确认收入。[41] 而一般而言,税务会计恰恰相反。即只要能合理期待纳税人缴税,税务会计一般会立即确认收入,但费用只有在可以与所确认的收入相匹配的情况下,才会确认。

---

[39] 对滥用行为更详细的讨论,参见 Cunningham and Repetti,前注22。
[40] 源自公司所得税的收入,占 GDP 的比重,从2003年到2007年翻了一番,从2003年的1.2%增加到2007年的2.7%。Budget of the United States Government, Fiscal Year 2009, Historic Tables, Table 2.3(2008)。
[41] 不幸的是,最近关于一些美国公司的丑闻显示,一些会计已不再恰当适用保守原则。

例如,如果纳税人在提供服务或转让财产之前,就收到相应的现金付款,不管使用收付实现制法还是权责发生会计法,税务会计一般要求该纳税人将该笔付款计入所得。而且,即便使用权责发生会计法的纳税人,拥有一笔确定的债务,该债务通常可以在当期扣除,纳税人也经常不会在税务上确认费用,直到该债务实际支付。与此相同,财务会计原则要求为与当期收入有关的预计费用建立准备金。而税务会计一般则不允许建立此类准备金。

与财务会计相似,对税务会计使用的年度会计期间,法院也进行相当严格的解释。一般情况下,发生在年度终了后的事件,将不会影响到当年的税务处理。尽管如此,如果已纳入所得的款项需要退还,允许纳税人扣除。此外,在特定情况下,作为扣除的替代,纳税人可以从当期纳税义务中,减除由于纳入所得的项目,而在前一年度已经缴纳的税额。在相反的情况下,那些已扣除了一项费用的纳税人,如果该项费用在随后返还,在之前扣除导致节税的前提下,必须确认收入。在经营中产生的费用如果超过了营业收入,超出的部分可以向前结转两年,或向后结转 20 年。

9.2 尊重法律形式

正如在上文 6.3 节所讨论的,美国法院会判断交易形式背后隐藏的交易实质。例如,如果租赁实际上向承租人转让了与所有权有关的全部负担和利益,那么即便准据合同属于州法上的租赁合同,该租赁业可能被视为联邦所得税法上的销售。

此外,如果交易的唯一原因是为了节省联邦所得税,法院会拒绝对该交易适用有利的税务处理。[42] 当纳税人宣称商业目的是为了产生利润,一些法院会在潜在的利润和避税手段产生的税收利益之间进行衡量。[43] 而另一些法院则认为,只要存在任何谋利动机,交易就应得到尊重。[44]

9.3 反避税

正如上文 6.3 节法律解释中所讨论的,为了限制纳税人的避税行为,法院创造了多个普通法规则。尽管关于一般反避税立法是否有用,已经存在很多争论,但国会尚未制定一般反避税规则。

---

[42] *Gregory v. Helvering*, 293 US 465 (1935).
[43] 参见:例如, *ACM Partnership v. Commissioner*, 157 F.3d 231, 257-258 (3rd Cir. 1998).
[44] *IES Industries, Inc. v. Alliant Energy Corp.*, 253 F.3d 350 (8th Cir. 2001).

在一些特定的情况下,国会或者采取了反避税立法,或者明确授权联邦税务局针对特定的滥用行为制定反避税规章。如果一家公司收购另一家公司的主要目的是通过获得扣除、减免或其他免税额的好处,来逃、避联邦所得税,那么在《国内税收法典》第 269 条中,国会试图阻止该公司就其收购的公司,扣除费用或主张税收减免。1993 年,国会通过了《国内税收法典》第 7701(1) 条。根据该条的规定,当财政部长认为重新确定交易的性质,可以恰当地阻止任何避税行为时,财政部长有权制定规章,将任何多方融资交易,重新定性为两个或多个当事人之间的直接交易。根据该法条的规定,联邦税务局颁布规章,规定如果在交易中使用实体的首要目的,是为了逃避对外国公司取得的与美国交易或经营没有实质联系的所得征收的美国所得税,那么联邦税务局有权将该实体视为一个"导管"(conduit)。⑮

如前所述,如果交易缺乏商业目的,法院会重新认定交易的性质。当商业目的是从交易中获取利润时,一些法院会比较所取得的利润盈利和节税的重要性。在合伙税制中,联邦税务局通过制定规章,要求相较于交易的节税目的,合伙订立交易的商业目的必须是实质性的。⑯ 此外,联邦税务局试图要求法院在解释合伙税法规则时要明确地考虑税法规则的立法意图。学者质疑联邦税务局是否有权在无国会指令的前提下,直接向法院施加上述要求。

10. 税法的渊源

税法的主要渊源是《国内税收法典》。传统上,在解释《国内税收法典》的具体条款时,法院会查询众议院筹款委员会、参议院财政委员会以及参众两院协调委员会的报告。他们可能还会研究由税收联合委员会的工作人员起草的对制定法的解释、听证会纪录以及评论员的分析。但对这些立法资料,法院给予的关注略轻一些。不过,如前所述,只有少数法院在解释成文法时不参考任何诸如委员会报告或是听证会纪录等立法资料。

解释《国内税收法典》的规章由财政部发布。如果规章针对的是制定法中没有规定的问题,且解释合理,法院会对此类规章给予相当的尊重。一般情况下,只有规章的立场有违制定法的立法目的,法院才会宣布无效。

---

⑮ 参见:Treas. Reg. s. 1.881-3(b)(1)。
⑯ 参见:Treas. Reg. s. 1.704-2。

除了规章,财政部还通过其下属部门联邦税务局发布其他几种形式的指导意见。税收裁决(revenue ruling)就是其中一种,它类似于法律备忘录。税收裁决中包含了需要解决的问题,与问题相关的事实,以及对问题的法律分析。除非税收裁决的法律基础改变,否则所有纳税人都可将其作为依据。联邦税务局声称,"在实践中,对税收裁决的撤销和修改一般只对未来发生效力"。[47] 税收程序(revenue procedure)是另一种所有纳税人都可作为依据的指导意见。它通常是对程序问题的解释。如果纳税人请求联邦税务局全国办公室提供指导意见,联邦税务局也会向该纳税人发布私人信件裁决(private letter ruling,另译"书面答复")。只有私人信件裁决针对的纳税人,才能将该裁决作为依据。技术性咨询备忘录(technical advice memoranda)和实地服务咨询意见(field service advice)与私人信件裁决类似。但与私人信件裁定不同的是,上述两类文件的制定是基于联邦税务局地区首长,而非纳税人,请求全国办公室对纳税人审计中发生的某一问题提供建议。被审计的纳税人有权提交报告,要求全国办公室在作出裁决之前举行听证。虽然私人信件裁决、技术性咨询备忘录和实地服务咨询意见,对任何不直接涉及的纳税人都没有先例的价值,但税务咨询顾问会认真研究这些裁决,来分析联邦税务局对这些问题的态度。为了避免披露纳税人身份,裁决通常在改编之后对外公布。

最后,在上文第7节提及的所有法院都可以向公众提供书面意见。一份意见的影响力取决于发布法院的地位。最高法院的意见对所有的下级法院均有约束力。而不同巡回的上诉法院的意见,只对判决结果向其上诉的下级法院具有约束力。纳税人居住的巡回区的上诉法院的判决,对税务法院和美国地区法院有拘束力。联邦巡回区的上诉法院的判决,对索赔法院有拘束力。

重要的法院判决和联邦税务局裁定可以从以下网址获取:
美国最高法院(US Supreme Court):www.supremecourtus.gov
上诉法院(Courts of Appeals)
第一巡回区:www.cal.uscourts.gov
第二巡回区:www.ca2.uscourts.gov
第三巡回区:www.ca3.uscourts.gov
第四巡回区:www.ca4.uscourts.gov

---

[47] Rev. Proc. 89-14, 1989-1 C.B. 814.

第五巡回区：www.ca5.uscourts.gov
第六巡回区：www.ca6.uscourts.gov
第七巡回区：www.ca7.uscourts.gov
第八巡回区：www.ca8.uscourts.gov
第九巡回区：www.ca9.uscourts.gov
第十巡回区：www.ca10.uscourts.gov
第十一巡回区：www.ca11.uscourts.gov
联邦巡回区：www.fedcir.gov
美国联邦索赔法院：US Court of Federal Claims-www.uscfc.uscourts.gov
美国税务法院：www.ustaxcourt.gov

联邦税务局行政裁定

1996年1月以后的税收裁定、税收程序、公告和通知,都可以在联邦税务局的官方网站查询:http://www.irs.gov/irb/。

私人信件裁定、技术性咨询备忘录可以在以下网页获得:

http://www.irs.ustreas.gov/foia/article/0,,id=110353,00.html,条目是"非先例式裁定和建议"(Non-precedential Rulings & Advice)。

第二编

所得征税基础

亚编 A 所得税的综合与分类设计

理论上,所得税通常被认为或者是以综合所得,或者是以分类所得为基础构建的。综合所得税(a global income tax)对纳税人的总所得征税,且所得包括纳税人的所有所得类型。无论何种性质或者来源的所得额,均纳入综合所得税的税基中,扣除则不用考虑与费用发生相关联的所得类型。简言之,税率所适用的应税所得总额是由所得和扣除共同确定的。

与此不同,分类所得税是对不同类型或不同来源的所得分别征税。对每一类所得,均分别确定其应纳税所得额和允许的扣除额。如果某一款项不属于任何一类所得,就不被征税,不过,分类所得表中通常还包括一类其他所得(即没有列入其他类别的所得)。对有些所得类型而言,例如投资所得,费用的扣除可能受到限制,甚至不允许扣除。某一类所得中的损失总额一般不能以其他类型的所得进行弥补。各类所得适用的税率通常也不相同。同样,评估和征收方式常常也各不相同。某些类型的所得可能通过扣缴征税,其他类型的所得则需要申报纳税。

实行分类所得税制会遭遇综合所得税制不会遇到的困难。首先,由于不同类型的所得适用的税率不同,纳税人可能会想方设法操纵所得的性质以减轻税负。而且对不同类型的所得进行归类也可能相当困难,会占用大量的行政资源。其次,分类所得税制很难根据量能课税原则对个人实行累进征税。因为该税是对纳税人的各类所得分别课征,而非对纳税人的整体收入进行课征。举例来说,如果纳税人有某种类型的所得,可能要负担较重的税收,即使如果能够与其他类型所得中的相关损失进行冲抵,纳税人总体所得为零。此外,个人的免税、减税和其他减免项目也很难在分类税制下实行。

以上从理论上简单描述的综合和分类所得税制代表了所得税制的两极。在这两极之间还存在很多同时包含有综合和分类税制元素的所得税类型,其中或者以综合,或者以分类税制为主导。本书所探讨的所有国家,其所得税制都在某种程度上结合了综合税制和分类税制的特征。例如澳大利亚、加拿大和美国等国家,虽然总体上采用的是综合税制,但其中也有很多规定反映的是分类税制的做法。例如,某些经济活动所发生的费用或者损失,其扣除可能限于此类活动所产生的总收益。此外,某些类型的投资所得(股息和利息)通常适用扣缴税,而资本利得常常比其他类型的所得适用的税率要低。同样,欧洲国家虽然一般采用的是分类所得税制,但也有规定对分类税制的效果进行适当调整,并融入了综合所得税制的因素。例如,一些国家允许某类所得中的相关损失与其他类型的所得进行弥补。

将某一国家的所得税制贴上综合或者分类的标签,并不能适当反映其税制中综合与所得元素的结合程度。但是,意识到其税制所赖以构建的基本结构性原则,对于了解一国所得税制采用的基本路径却相当重要。一国税制的基本路径的影响是普遍而深入的。它影响着一国如何确定哪些类型的收入计入所得,哪些费用可以扣除,损失如何处理,计算所得适用哪些规则等等。了解一国的所得征税采用的是综合还是分类模式,有助于理解其所得税制的某些规定为什么会如此。

亚编 B　税基的范围

税基中具体包括哪些所得,对任何所得税制而言,都是一个核心的问题。第一部分表明,本书论及的国家对所得的正式定义存在很大差别。如前文所述,一般情况下,采用综合税制还是分类税制,从根本上决定了各国确定计入所得的数额的方法。

美国法对所得的法定含义,外延最广。该定义首先作出一个同义反复的陈述,即所得为"无论来源于何处"的所得;然后非穷尽式列举出一些经常发生的应税项目[1],并具体规定了免税项目。类似地,澳大利亚也采用综合税制,但受信托概念的影响,通过司法解释发展出来的所得概念不适用于资本利得,后者只有通过进一步立法才有所规范。澳大利亚1997年重新制定的所得税法沿用了综合税制,尽管该法把所得分成了两类,即一般所得(被法官认定为所得的情况)和法定所得(根据具体的法律条文被认定为所得的情况)。[2] 法官在认定是否构成一般所得时,有时会援引英国判例;考虑到两国所得税制相去甚远,这一点显得有些奇怪。

与美澳不同,**英国**法上的定义,基于几类所得的列举。[3] 如第一部分所述,在税法重述计划(Tax Law Rewrite Project)实施前,英国定义由多个税目(Schedules)构成,其中有些税目还被进一步细分为子税目(Cases)。只有属于某一税目的所得,才是应税的。历史上,这些税目一直处于变化中,并反映着各种来源的所得——它们早在1802年所得税最初立法时就已存在——的相对重要性;如第一部分所述,税法重述后,税目与重述前采用了不同的顺序。各税目所涵盖的范围有大有小,前者如营业利润,后者如外国证券收益。时至今日,仍须列举所得来源,明显是因为缺少关于所得的一般理论。如果某一所得属于特定税目(现在作Parts,即税法修订前的Schedules),且不适用免税规则[例如资本],英国便认为该所得应税。应税所得

---

[1]　美国,《国内税收法典》(IRC),s.61。
[2]　澳大利亚,《1997年所得税法》(ITAA),s. 6-5, 6-10。
[3]　英国,《2007年所得税法》,s.3,此外,参见《2003年所得税(工资和退休金)法》(ITEPA),以及《2005年所得税(贸易和其他所得)法》(ITTOIA)。如第一部分所述,不存在明确列举出一切所得种类的清单。

必须适用其所属税目的规则:这不仅影响了税额计算,也影响某一税目下的亏损直接抵消其他税目下的所得的能力。

税目列举对英国所得税制度其他方面也产生影响。从概念上看,不同的税目针对的是不同的所得来源;因此,贸易所得和雇佣所得可以被明确区分,甚至每一种贸易都意味着一种单独的来源。非应税来源产生的收入,不属于所得。原则上讲,如果本应构成所得的收入如发生于来源已消失的年度,也不属于应税所得;但单行法已大大限缩了该原则的适用范围。此外,因为所得不包括处分所得之来源而获取的收益,所以有必要专门将这些收入规定为资本利得。

加拿大同时受英国和美国的影响,以来源这一概念为基础,并依据综合税制来定义所得。能构成应税所得的,只有那些能确定来源的收入。并且,加拿大法律在定义所得时,专门列举了主要的所得来源:营业活动,财产以及雇佣。④ 与英国和澳大利亚类似,加拿大也必须通过立法,才能把资本利得纳入到应税项目中;而有别于英国的是,在加拿大,不同来源的亏损和所得通常可以互相弥补。此外,通过修订法律,加拿大的所得囊括了大部分缺少来源的收入;因而所得来源尽管是课税的基础,却并不那么重要。

瑞典税制虽然渊源于另一种传统,但也把所得划分为雇佣所得、商业所得以及资本利得。而荷兰税制不仅要区分雇佣、营业和投资这三种所得,还规定了定期收益。

按第一部分中荷兰一节的相关论述,从 2001 年起,**荷兰**采用了一种税目(schedular,或称'box')制。这种税制对下面三种所得分别征税:(1) 劳动所得(无论是受雇还是自雇)与房主自用住宅的估算租金,(2) 实际持股所得,以及(3) 资本利得。

德国在制定法架构中规定了七类所得以及适用于各类所得的两种基本计算方法。⑤ 由于最近的《商业税改革》(Business Tax Reform),营业外的股票和其他有价证券所实现的资本利得现在适用 25% 的最终预提税(final withholding tax)。⑥ 先前对这些资本利得的免税规定已被废止。自住房以及持有超过十年的出租房的不动产转让仍然免税。⑦ 法国制定法中对所得

---

④ 加拿大,《所得税法》(ITA), s. 3。
⑤ 德国,《所得税法》(ITA), s. 2 par. 1 和 2。
⑥ 德国, ITA, s. 20 par. 2。
⑦ 德国, ITA, s. 22 nr. 2, 23 par. 1 nr. 1。

类别的界定与德国相似,但法国应税资本利得的范围更广。

在日本,对所得的定义采取了折中的方式,既反映了战前欧洲的分类传统,也反映了战后美国的综合定义。尽管基于分类所得税制,把所得划分为若干类别,日本对非经营性资产的资本利得也征税,并有个"杂项所得"的宽泛类别使得日本具有综合所得税制的特征。⑧

尽管所得的初始定义有以上这些差别,但是所得的最终概念具有的相似性比其形式定义本身所暗示的要更多。下文将分析各国在决定税基时如何对待某些特定项目。第三章还会讨论扣除问题。

1. 雇员附加福利

1.1 概述

分类税制和综合税制都面临着如何恰当处理雇员附加福利征税的问题。把附加福利列入税基既可以保障横向公平,又可以防止对现金报酬基础的侵蚀。但是,附加福利的征税涉及一些结构性问题。首先一个问题是该物品是否可以被认为使雇员获得了个人或者消费福利,或者仅是其雇佣"工作条件"的一部分。即使当一些与工作不相关的个人福利明显存在时,估价仍然是个重要的问题。雇员往往无权选择是否接受福利,因此附加福利按全部市场价值计入所得也许并不合适。从征管的角度来看,要确保附加福利都列入雇员的税基可能很困难,尤其是小额福利或者众多雇员分享的福利。同样,如果工资所得实行源泉扣缴制度,把非现金附加福利列入税基也是个难题。最后,出于社会政策方面的原因,类似幼儿看顾的一些附加福利会被明确排除在税基之外。

本书讨论的税制对附加福利的征税有非常不同的处理方式。这些方式包括将某些重要的福利直接排除在税基之外,采用一些任意的估价标准将特定福利列入雇员税基,明显低估福利价值的估价方法,不允许或者限制雇主对未列入雇员税基的福利费用进行扣除,最后还有雇主层面的单独的附加福利税,这实际上是把福利的价值列入了雇主的税基而非对雇员征税。从某种程度上讲,一些税基排除的规定似乎反映出对于什么才是非应税的

---

⑧ 日本,《所得税法》(ITA), s. 21-35.

工作条件的不同社会观点——例如德国和澳大利亚⑨的免费啤酒（在雇主是啤酒制造商并且啤酒在雇主的经营场所内消费的情况下），以及瑞典的免费咖啡。一些国家对某些基于私人身份而非雇员身份提供给雇员的福利不予课税，例如特定场合的礼物。更笼统地讲，不同国家对归属于雇员的经济利益在多大程度上真正尝试征税在实践中有很大不同。一些国家采用不切实际的标准化数额对某些通常反复发生的附加福利进行征税，例如汽车及其类似的福利。

美国税法中有详细的成文法规定来处理附加福利。面对附加福利计划的大量滋生，行政惯例日渐无法适应，由此被1984年颁布的主要规则所取代。⑩ 成文法模式设立附加福利应该纳税的一般规则，然后又创设一些例外规则。"工作条件福利"的例外规则规定，如果雇员直接发生某项支出可以扣除，那么雇主提供的该项福利将不予课税。另外，小额附加福利也不予课税。作为对运输行业的妥协，提供给雇员的对雇主"无额外成本"的服务不予课税，从而使得运输业员工能免税获得该种形式的报酬。有一定限制的雇主折扣也不予课税。雇主提供的某些运输服务、搬迁费报销、儿童看顾、教育补助、团体人寿保险、某些情形下的食宿都不予课税，但通常会有一定金额限制。从经济的角度来看，雇主提供的医疗保健福利是最重要的免税附加福利之一。直接提供或者保险计划下的医疗福利是不予课税的。能够获得税前的医疗保健已被认为是导致医疗保健成本逐步上升的因素之一。

如果对附加福利征税，则原则上应当以公允市场价值征税。这与员工对福利价值的主观认识并无关联。规章详尽地规定了雇主提供的汽车和飞机的价值。法律规定对由雇主提供的停车位每月价值超过190美元的部分征税。

在**德国**，受雇收入这一类别原则上包括员工获得的所有可认定有现金价值的"福利"⑪。其理论上的正当性依赖于以下观念：因为员工将节省本来应另行支出的费用，所以福利会导致"支付能力"增加。福利不能转为现金这一事实并不相关。一项最低限额规则将每月不超过44欧元的应税福

---

⑨ 澳大利亚，《附加福利税评估法》，s. 41.
⑩ 美国，IRC, s. 132。
⑪ 德国，ITA, s. 19 par. 1 nr. 1, s. 8 par. 1.

利不计入所得。[12] 特别雇主折扣仅在净值超过 1,080 欧元时才征税。[13]

一长串的法定项目,因被视为基于"社会政策"的考量而不予征税,其中包括雇主提供的托儿服务,雇主提供的住宅与工作地点之间的公交证[14],以及在星期日、假日或夜晚加班的加班费[15]。工作地点技术装备的私人使用是免税的,因为这类福利很难估价。[16]

也有一些以判例法为基础的例外,强调快乐员工队伍带给的雇主的收益(公司郊游、"偶然"礼品、免费啤酒),但似乎忽略了对员工的同等好处。最近的判例[17]倾向于减少判例法例外的适用范围,并将法定的例外情形视为唯一。

原则上,福利以零售市场价值计价。[18] 但是对食品、住宿和其他一些福利适用标准价值表,除非特殊情形——例如,为高级行政官员提供的豪华公寓;这些表格一般都低估上述福利的价值。以雇主提供的汽车为例,员工可以在标准价值法或"实价"法[19]中进行选择。标准价值法基于汽车的定价,并要求将该定价的一定比例计入所得。另外,员工也可以采用"实价"法,它基于实际成本,以及可区分私人与公务使用的驾驶记录。

对于某些附加福利,在雇主层面适用"一次结清"规则。[20] 这些规则在效果上使得在雇主层面对这些福利征收的税额成为最终税额;员工的应税所得里并不包含此福利。这些规则也会因政策原因对某些福利提供更低的税率。

在**瑞典**,原则上所有归入受雇收入类别的福利都是应税的。但是,没有人尝试向例如免费咖啡、运动训练设施等等的员工福利征税。其正当性主要与征管便宜有关。当福利应税时,原则上应当以公允市场价值为基准估价。标准价值则用于食品、汽车这两种最常见的附加福利。就食品而言,"正常"就餐的平均餐馆价格定期计算,其估价一般具有决定性。对雇主提供的汽车而言,以汽车价格为基准计算标准价值。此项规则受到来自环境

[12] 德国, ITA, s. 8 par. 2 s. 9 ITA.
[13] 德国, ITA, s. 8 par. 3 ITA
[14] 德国, ITA, s. 3 nr. 32 ITA.
[15] 德国, ITA, s. 3b ITA.
[16] 德国, ITA, s. 3 nr. 45 ITA.
[17] 联邦税务法庭(*Bundesfinanzhof*), 2006 年 6 月 20 日判决 VI R 21/05.
[18] 德国, ITA, s. 8 par. 2 s. 1.
[19] 德国, ITA, s. 8 par. 2 s. 2.
[20] 德国, ITA, s. 40 ITA.

角度的批判,因为在效果上,该规则会造成私人额外驾驶的零边际成本。

另外一个采取特别处理的项目是雇主提供的卫生保健。瑞典拥有广泛的公共医疗卫生体系,其中某些服务种类需要漫长的等待。如果雇主为私人医疗保健支付费用,则他们不得扣除该数额,而员工也不必为这些数额纳税。(公司)雇主的税率通常低于员工的税率(而且雇主不承担社会保障缴款),从而为这种福利提供一项激励。其中部分原因是该激励可以成为雇主促使员工早日返工的有利因素。

在**荷兰**,大部分附加福利都包含在收入之中。估值取决于转售价值,或在卖掉所得福利不可能或不寻常时,预计员工因雇主福利而节省的数额。就雇主提供的房屋而言,必须使用公允的市场租金作为估值的标准。特殊的——且一般是接近实际的——估值规则,适用于雇主提供的食品、低息贷款、股票期权以及交通等。雇主提供、且私人亦可使用的汽车,基于汽车定价的14%,20%或25%(取决于其二氧化碳排放量)向员工征税。

法国的应税福利的估价原则上与零售价齐平,但也存在一些导致低估其价值的重要例外和特殊规则,尤其是与食宿相关的领域。[21] 从2005年起,雇员具体收入水平与估价是不相关的,且食宿是按照一次总付的办法估值(2009年每餐4.3欧元)。用于单独征收的"房屋税"的价值,选择性适用于住房,事实上一般并不与公允市场价格相关。至于雇主提供的汽车和电子设备(计算机、手机等)因私人用途产生的实际成本部分,或购买价格,年度总成本(租金、保养费用、保险费)或收费率的特定比例,雇主可视情况选择两者之一来估价以计算属于雇员应税所得的福利价值。

加拿大法律规定广泛,对雇员"任何形式的实物福利"征税[22],但法规(例如,保健福利、团体定期人寿保险)或行政决定(例如,商品折扣,雇员支付成本费用的补贴餐、娱乐设施)也排除一些福利。[23] 法院认为,对搬迁费的补偿、房屋出售时的亏损,甚至因搬迁增加的按揭开支的补偿款,不属于所得。然而,后两种补偿款的税务处理办法已经被法律修正案所改变。[24] 免费停车位通常被认为属于应税福利,除非该雇员对该停车位并不享有排他使用权,或者该雇员在雇佣期间出差频繁。适用于雇主提供的汽车的估价

---

[21] 法国,《税法通则》(Code général des impôts,下文简称CGI), s. 82.
[22] 加拿大,ITA, s. 6(1)(a).
[23] 加拿大税务局,解释公告,IT-470R, 1999.
[24] 加拿大,ITA, s. 6(19)-(23).

方法相当复杂。一般来说,在实践和理论中都难以找到任何能用于区分应税和非应税附加福利的一致标准。

在**日本**,原则上所有福利都是应税的,除了一些行政上给予的例外。这些免税例外包括与工作年限或公司周年纪念日相关的礼物,雇主货物和服务的折价销售,以及雇主提供给雇员的低于市场价格的食宿。

英国最初对额外福利征税有困难,是因为一条由法院发展起来的原则,即只有能被转换成现金的福利才能被征税。㉕ 这一原则导致那些不能转售或因实质或名义上的限制而转售价值减少或消除的附加福利的广泛应用。为解决这一问题,英国引进了一项适用于董事和收入超过特定水平的雇员(£8,500)的特殊法定制度。㉖ 最初设置的收入水平仅覆盖较高薪的雇员。但是,由于这一法定水平并未随着通货膨胀而提高,法定规则的适用范围不断扩张。这些规则如今适用于各种各样的福利。然而,这些福利通常以雇主的边际成本来估价,雇员可以通过这种估价方法获取不菲的价值而不用缴税。这些法定规则有一个特别的方面变得非常重要,需要被提及。福利如果是"因为雇佣的缘故"而被提供,那么就是应税的。如果福利是作为公司的雇主提供的,那么这一条件自动满足;如果雇主不是一个公司,在一定情形下这一条件可被反驳。㉗ 因此,这样的雇主支付给一个作为恐怖袭击的受害者的雇员的款项属于应税所得。

公司车辆和其他经常性发生的情况适用标准估价法。免费停车被明确排除在纳税范围之外。上述法院发展的原则在这些法定制度的领域外仍然适用,继续将应税福利限制在它们的现金转换价值以内(即雇主提供的货物的转售价格)。

尽管不同规则的轮廓各异,上述的大部分国家的税制都存在大量的附加福利形式的受雇免于征税的情形,因为对这些福利征税时存在征管和估价难题。**澳大利亚**对附加福利的税务处理采取了不同的方法。大致上说,为避免在雇员层面上对福利估价和征税,澳大利亚于1986年起单独开征一项附加福利税且对雇主征收,而不是将其并入到雇员的个人所得税税基中。

除了下文所称的技术方面,征收附加福利税更是一个政治决定。本税种由一个工党(中间派社会主义)政府引进,其选民在很大程度上来源于工

㉕ *Tennant v. Smith* [1892] 3 TC 158, 现在参见 ITEPA, s. 62.
㉖ 这些规则集中于英国 ITEPA, Part 3.
㉗ 英国, ITEPA, s. 201.

会运动。因为在雇员层面对额外福利征税的税制存在缺陷,所以立法前未课税的或低税率的附加福利在所有阶层的雇员中广泛存在,且至少部分转化为工资率。如果针对附加福利而对雇员征收所得税,税后工资会立即减少。而在大多数情况下,对雇主征税意味着最初的税赋归宿是落在了雇主身上。这主要归因于一个事实,澳大利亚的工资率经官方批准而设定,只有通过复杂的程序才能改变。立法后,税负通过议价过程一步步转移到雇员身上。

从技术的角度而言,引入附加福利税主要是因为在雇员层面核算和征收附加福利被认为存在征管上的困难。另外,在原则上,在雇主层面征税使得附加福利税不用将福利的总价值分摊给单个员工就能得以征收,在共享福利的情况下,这种分摊是征管上面临的主要困难之一。[28] 当然,评估福利的总量这个基本问题仍然存在,尽管调查的层面已经转向雇主。附加福利税的立法创设了各种评估规则,这些规则与其他国家所得税制度的规则大体相当。但是由于附加福利税是全新的,对它规则的细节及逻辑结构的关注相比其他逐渐演变的对雇员附加福利征税的规则更多。另一方面,通常反复的项目,如雇主提供的停车位,是在附加福利税制度中持续存在的问题,且需要复杂和主观的评估规则。

用单独的税种来处理附加福利,虽有征管上的优势,也存在自身的问题。附加福利税和所得税的协调产生了很多的问题。如果附加福利税在所得税下不能扣除,而雇主是免税主体或者雇主适用的所得税税率低于附加福利税税率,那么附加福利税就不是对雇员的附加福利征税的最佳替代。这是因为通过所得税征收(因附加福利税不能扣除)的部分税收,将因雇主适用与所得税相同的附加福利税税率,适用与所得税不同的附加福利税税率和适用免税待遇而有所不同。要平等对待这三类雇主,需要让附加福利税在雇主的所得税中扣除,并且通过一个系数 $t/(1-t)$(其中 t 为附加福利税税率),还原附加福利的价值(澳大利亚做法)或者附加福利税的税率(新西兰做法)。比如,如果附加福利税的税率是 25%,那么还原的系数是 0.33。澳大利亚关于返计还原最早的规定不适用于所有的免税雇主,从而使得数量可观的免税主体就附加福利税而言处于有利地位。近年来,政府将雇员从雇主处得到的可享受税收优惠的福利的数额限制在医院雇员的

---

[28] 事实上,澳大利亚的制度在很多情形下要求把福利分摊给雇员——比如,以便对每一个雇员适用固定的免税额。但是,采用附加福利税的方法在原则上存在避免福利分摊的可能性。

17000澳元，和其他享有优惠的主体的30000澳元。㉙

另外，如果附加福利税的税率（经适当调整）比个人所得税最高税率要低，那么附加福利对高薪雇员有利，因为他们本应以更高的所得税税率纳税。另一方面，采用最高个人所得税税率则对其他雇员造成过度征税。对未达到个人所得最高税率的员工的过度征税问题，可以通过让雇员向雇主"购买"福利的方法解决。因为这减少了附加福利的税基，并将税率减至员工的实际税率（因为福利是用税后的钱购买的）。

另一个问题涉及如果雇员直接支付则可扣除的附加福利的处理。由于附加福利税是发生在雇主层面，这就不能像通常在雇员层面征税一样，将雇员收入计入和扣除"两相冲抵"。在附加福利税中，有一种概念上的扣除，称为"本应扣除"，这种方法用来降低如由雇员直接支付则可扣除的附加福利的应税总值（如雇主支付的雇员支出）。㉚ 其他的情况，由福利的估价方式来处理这一问题。因而例如在公司的车辆同时用于公务和个人使用时，附加福利税的估价规则隔离个人用途，而公务用途的可以由旅程表或法定公式，适用一个基于驾驶公里数的成本百分比来确定。㉛ 虽然"本应扣除"的方法解决了"两相冲抵"的问题，但它又重新引入了福利分摊的问题，为了决定某数额是否"本应扣除"，必须要将其先分摊给特定的一个员工（或一类员工），以决定是否可以在雇员层面上进行扣除。

运用两种平行的机制，即以所得税处理一般雇员薪酬并以一个单独税种处理附加福利也存在其他困难。在对雇员征税的一般薪酬和对雇主征税的附加福利之间存在如何划分的界限问题，这使得征管制度变得复杂。将附加福利排除在雇员的纳税之外，会给基于经济能力的福利和基于应税所得的其他计划造成困难。在澳大利亚的最近的税制改革中，这个问题通过要求将附加福利的价值计入雇员从雇主获得的年收入之中，并将其他与收入有关的福利基于工资与附加福利之和的方式得到解决。㉜ 所以，如今需要将所有的福利对雇员进行分摊。另外，将对雇主单独征收的附加福利税适用于国际税收及协定关系并不是一件简单的事。总体来说，在澳大利亚引进附加福利税有助于改进这类福利的税收处理方式。然而，有人认为，如果

㉙ 澳大利亚，FBTAA, s. 5B(1E) Step 2 和 3.
㉚ 澳大利亚，FBTAA, s. 24.
㉛ 澳大利亚，FBTAA, s. 9 和 10.
㉜ 澳大利亚，FBTAA, Part XIB.

在改进附加福利的所得税处理方面与建立一个新税种投入同样多的行政和立法努力,总体效果将会更好。在2009年的税制改革实施中,将附加福利税转移到雇员身上的可能性再一次受到审视。

1.2 雇主提供的养老金福利

雇主资助的养老金或者退休金计划是一种附加福利,通常享受特殊的税收待遇。私人养老金计划的重要性与公共及准公共退休安排的覆盖范围直接相关。尽管各种法规各有不同,其典型特点都是允许雇主就将来为雇员退休时预留的退休金的金额进行当期扣除并不对雇员就此金额征税。在某些情况下,这部分金额必须移交给一个独立的基金或者信托机构,然而在其他情况下它仅仅代表雇主的负债。当款项留存于一个特殊的信托时,分配前在信托累积的收益将不会被征税。

美国拥有广泛的雇主提供的养老金计划体制,覆盖了近一半的全职职工并作为有限的社会保障福利的补充。[33] 大量内容复杂的法规规定该计划的资格,包括有关提供资金的要求、无差别覆盖、缴费和福利的限额、雇员"既得权"的取得。从结构的角度来看,该计划需要利用一个由雇主和雇员共同向其供款的信托。该计划基本存在两种形式:固定福利型计划和固定供款型计划。在固定福利型计划下,雇员有权在退休时获得特定的福利,该福利与雇员的服务年限和薪资水平直接相关。雇主以通过精算计算出的预计退休金给付金额进行供款。在固定供款型计划下,员工需缴纳一定比例的工资所得,其福利由积累的资金所产生。

从税收角度来看,雇主的供款可当期扣除但不当期计入雇员的所得。同样,雇员如有供款也可当期扣除。雇主和雇员的供款都要符合固定金额的最高限额并且该限额以雇员从雇主处获得收入的一定比例为基础。雇员也可以向计划交纳不可扣除的税后款项。由信托机构管理期间合格计划获得的收益无需纳税,并在最终分配时由雇员进行全额纳税。如果雇员在59.5岁之前提取养老金,将要额外缴纳10%的税,除非提取的雇员至少年满55岁并处于失业状态。该规则旨在确保获得税收优惠待遇的储蓄确实用于退休养老。同样的,福利需在70.5岁开始。更换工作可广泛适用滚存条款。

---

[33] 美国, IRC, s. 401.

还有其他一些与雇员退休收入有关的税收优惠机制。所谓的现金或递延计划允许雇员自己取代现金工资而供款至那些与合格计划适用相同法规和限制的计划中。㉞ 只有在雇员伤残、死亡、失业或突发导致严重经济困难的紧急事件的情况下,才能加速这些计划的支付。此外,某些受到特殊优惠的合格计划("雇员股权计划")允许对雇主公司的股票进行投资并赋予员工在退休时获得公司股票的权利。

合格计划对美国总体的经济影响是重大的,2008 年对财政收入造成的损失超过 1214 亿美元。

在**加拿大**,雇员的退休收入大部分来源于雇员的养老金计划。政府提供的养老金计划——所有雇员必须供款的加拿大(或魁北克)养老金计划和老年保障计划——较为逊色。

符合条件的职工养老金计划,经税务机关注册登记后方可享受税收优惠。此外,它还必须满足省级法律规定的若干条件。在法律性质上,养老金计划属于信托。注册养老金计划必须为货币购买计划或者定额受益计划两种形式之一。养老金计划对雇主和雇员的养老金供款均存在限制,这些限制不仅直接影响个人可能获得的最大养老金受益,而且与私人退休储蓄计划的供款限制相结合。

雇主或雇员对注册养老金计划的供款,在限额内均准予税前扣除。养老金计划所取得的收入不需要纳税。在投资方面,注册养老金计划受到一些限制,例如,不得投资于雇主或其关联方。除用于账户间滚存外,从养老金计划中提取的资金应当纳税。

日本的情形有些不同。在日本,雇主型养老金计划最初比较罕见,但是自 20 世纪 50 年代后期以来,由雇主为雇员提供的养老金计划变得普遍起来。通常,雇主向银行或保险公司支付保险费,而后者承诺支付雇员的退休收入。保险费可由雇主当期扣除,而且,在合格的养老金计划中,雇员也无需对此即期纳税——他们只在实际取得养老金时才需纳税。然而,鉴于保险费可由雇主当期扣除但不包括在雇员当期收入中的事实,为了抵消其中的不平衡,在提供养老金计划的公司手中,养老公积金需要缴纳一种特殊的公司税。㉟ 在 2002 年之前,所有适用上述特殊税务处理的雇主型养老金计

㉞ 美国, IRC, s. 401(k)。

㉟ 此种特殊的公司税在 2011 年 3 月底之前被暂时停征(《特别税务措施法》(STMA), s. 68-4)。

划,均为定额受益计划。从 2002 年以后,定额供款养老金计划也可以适用类似的税收待遇。㊱

在**瑞典**,雇主可以通过可扣除利润准备金、向合格的养老基金转账、以及购买养老保险的方式,要求扣除养老金成本。扣除额虽然与记载于财务账目的成本一致,但通常来讲,会有一个限制,即以雇员工资的 35% 和指数化总额二者中的低者为限,后者在 2009 年约为 428,000 克朗。㊲ 雇员于当期亦无需对此纳税。

在**荷兰**,支付给保险公司或者旨在服务于整个行业或经营活动分支的养老基金的养老保险金可以由雇主作为经营费用予以扣除。除此之外,雇主还可以为其职工设立一个符合法定条件的特别养老基金,该基金不得为雇主所控制,对基金的缴款可以当期扣除。对于为同是股东的雇员提供的养老金而言,公司亦可就对自管型养老基金的缴款进行扣除。在该基金中,虽然雇主明确表示了在雇员退休之际发放养老金的意图,但是雇员尚未对该养老金享有法律权利。

雇员对将来收益所享有的权利,可以被看作是推迟发放的工资收入,只有在其实际取得这些收入时才需纳税。由于大多数养老金计划是免税的,因此这些基金所累积的收益一般亦不需纳税。虽然有提议对养老基金的资本盈余征税,但是立法并没有予以采纳。

在荷兰,养老金的收益通常十分丰厚,尽管最近稍有下降的趋势。若将养老金同相当可观的政府性社会老年保险受益金相加,许多雇员一般可以获得相当于其去年总收入 70% 的养老金收益,而且该收益通常与通货膨胀指数挂钩,甚至保持与总体工资水平相适应。鉴于人口状况和潜在增长的退休人数,养老金收益会进一步达到终生薪金收入加权平均数的 70%。

在**德国**,雇主提供的养老金计划十分普遍,大约 1/3 的公司提供此类计划,有近一半的劳动人口受益。根据劳工法的规定,如果雇员愿意以扣除其薪金(Entgeltumwandlung)的方式供款,那么他可以要求参加职业养老金计划。由于国营社会保险的退休收益在 2001 年被削减,雇主提供的养老金计划在德国变得更加重要,而且享有某些税收优势。

养老金计划既可以通过雇主直接支付养老金的方式建立,也可以作为养老保险由第三方提供;计划可采取养老基金、直接保险或者慈善基金的形

㊱ 日本,《公司税法》(CTA),s. 84。
㊲ 瑞士,《所得税法》(ITA),ch. 28。

式。大中型公司通常采用直接模式,而小企业则通过购买保险的方式履行其养老金义务。直接型养老金通过设立可扣除的养老准备金的方式获得资金。㊳ 就税务而言,准备金可以首先在职工年满 27 岁时,以未来养老金债务按 6% 的贴现率进行精算的结果为基础而设立,然后再对之进行后续调整。雇主可以自由支配该准备金中的资金,但根据法律规定,雇主应当参加一种特殊的担保基金。尽管雇员在准备金建立之时即享有对未来养老金的法定权利,但是在实际取得款项前,雇员并不需要对此纳税。

相反,如果雇主通过直接保险为退休金提供资金,其支付的保险费可以当期扣除。㊴ 对于雇员来说,保险费通常是应税所得㊵,但每年有 2544 欧元的最高免税额。㊶ 保险公司所支付的退休金减去免税部分后被全部征税。源于不可扣除和非免税缴款的退休金的部分将被部分地征税。㊷ 如果退休金由退休基金或退休金保险提供,那么征税的方式与直接保险相同;雇主能把缴款额㊸当期抵扣,而雇员确认部分免税的㊹当期所得㊺。基金通常是免税的并且受到政府严格的监督与管理。㊻ 最后一种筹集资金的方法是所谓的慈善基金或救济基金。慈善基金和正式的退休金基金相比受到较少的政府监督,相应地,雇主的抵扣也受到了很大限制。㊼ 雇主的缴款并不是雇员(现在的)所得,因为雇员对于未来支付给他的退休金并没有法律上的权利。支付的退休金当作工资来征税。㊽

在**英国**,立法对于退休金的处理已经非常简单自由,新的法规将在 2006 年生效。㊾ 新法规对雇主提供计划和个人缴纳都适用。2006 年之前,雇员并不须参与他们雇主的(提供)计划。

英国有各式的退休金计划种类(entitlements),包括最终薪金计划(terminal salary schemes)也叫固定收益计划和金钱购买计划(money purchase

---

㊳ 德国,ITA,s. 6a.
㊴ 德国,ITA,s. 4b.
㊵ 德国,ITA,s. 19 par. 1 nr. 3.
㊶ 德国,ITA,s. 3 nr. 63 ITA.
㊷ 德国,ITA,s. 22 nr. 5 ITA。
㊸ 德国,ITA, s. 4c ITA.
㊹ 德国,ITA, s. 22 nr. 5 ITA.
㊺ 德国,ITA, s. 19 par. 1 nr. 3 ITA.
㊻ 德国,《公司所得税法》(CITA), s. 5 nr. 3.
㊼ 德国,ITA, s. 4d.
㊽ 德国,ITA, s. 19 par. 1 nr. 2.
㊾ 英国,《2004 年财税法》,Part 4。

schemes)。这些计划现在都有最高金额限制,称为终身补贴(the lifetime allowance);2009—2010,其额度为 175 万英镑。个人可以随时缴款。每年的补贴(allowance)(即可以缴纳的最大限额)在 2009—2010 年设定为 24.5 万英镑的相关所得(不论来自雇用还是商业经营,但通常不来自于房产经营)。个人也可以在特定情况下每年用任意来源的所得缴纳最多 3600 英镑。正如第一部分所说,英国将对特定所得适用较高税率征税。例如从 2011 年 6 月起,所得超过 15 万英镑的个人只有在按照基本所得税率(现在为 20%)而非边际税率征税时才可获得税收减免;并且法律将规定,禁止在两年之间出现异常缴款(从 2009 年 4 月 22 日开始)。[50] 退休期间,工人们可以在一个固定数额内取走全部或兑换一部分退休金,这样也将减少剩余的退休金数额。[51] 成员获得的退休金或终身补贴之间较少的那一个数额的 25% 是一次性付款(lump sum)所获得的最大免税额。根据最新的规定,退休金必须在 75 岁之前通过退休金计划或终身年金计划取走。对于金钱购买计划(money purchase schemes),取回(养老金)所得反而也是被允许的。不过退休金通常不可能在 50 岁之前被取走。如果违反这些规则,如超过了终身或每年的补贴限额,将受到严厉处罚。[52]

雇主提供型退休金(Employer-provided pensions)需要建立一个信托基金,并配备负责与税务机关打交道的管理者。雇主的缴纳额当期抵扣,并且退休金计划所属基金的所得和资本利得通常也是免税的。[53] 但是,股息的相关归集抵免额就无法要求退税了。

近些年,最终薪金计划与定期缴款计划或金钱购买计划已经出现了巨大差异;后两者可能与最终的薪金没有关联。在 2000 年股市衰退期,会计规则要求公司谨慎评估他们的退休金责任,以至于引起了一场不光彩的退休金恐慌。许多公司通过停止向新雇员提供固定收益计划以及让现有雇员改变未来年份中(养老金)服务类型的方法使他们的雇员退休金计划从固定收益计划转向金钱购买计划。其中某些公司充分利用股市繁荣,而在资金充裕时没有缴纳任何退休金,而现在他们的员工正承受后果。那些公共部门雇员的退休金由国家支付。对这些退休金的成本是否进行了正确的计

---

[50] 英国,立法即将出台。
[51] 英国,《2004 年财税法》,Part 4 Chapter 3.
[52] 英国,《2004 年财税法》,Part 4 Chapter 5.
[53] 英国,《2004 年财税法》,Part 4 Chapter 4.

算是时下备受关注的政治话题。

澳大利亚对私人退休所得(通常称作超级年金(superannuation))的安排,已经与其他国家大相径庭,所以值得更加细致考察。与其他一些在此被考察过的国家不同,澳大利亚没有为公共社会保障计划筹集资金的专门税收;普遍的老年退休金是在政府正规收入之外筹集的,在非常严格的检测之下,其大致按平均每周所得的25%(根据最近的报告)的固定费率缴纳。因此,由雇主或自行提供的费用就极为重要。

1983年之前,雇主为(以信托的法律形式的)超级年金供款可在慷慨的限额内扣除;超级年金是免税的,一次性退休金实际上免税,而养老金征税。不到一半的劳动力在私人超级年金的范围之内,而覆盖面严重偏向高收入群体。1983年,开始对一次性付款征税,并于1988年(主要为公司税率降低创造财政条件和应对涉及超级年金的套利活动)引入对雇主缴款和基金的收入15%的征税及从超级年金支付养老金15%的退税。也就是说,目的是要提前财政收入,而不是显著影响涉及超级年金的税收支出。2009年,在超级年金制度方面的税收支出估计为294亿元,为569亿美元总税收支出中最大的项目。

1992年,超级年金保证费被引入,使为全体员工缴纳超级年金具有强制性,且雇主要求的供款率逐年提高并在2002年达到工资9%的最高额。这项收费只在雇主没有'自愿'提供符合要求的私人超级年金覆盖范围时适用,所收款项进入一个以有关雇员为受益人的特殊基金,亦可在受益人要求下进入超级年金。为了防止被行政费用蚕食的小额款项对该制度产生负担,雇主并不需要为薪水少于每月450元的雇员(即低工资的兼职雇员)进行缴款。

雇员对超级年金的缴款一般来自税后收入,在缴款时和付款时都不征税。因此,制度对员工缴款存在歧视。雇主供款是没有限制的,但间接受限于对超级年金的过度缴款所课征的税收(允许数额为每名雇员每年50,000元,并根据通货膨胀进行调整)。可抵扣的雇主缴款并不计入雇员的收入,但如前所述,在超级年金手中要征收15%的供款税。

对合规超级年金收入(经澳大利亚审慎监管局核准满足了归属、年龄限制、可移动性、对基金成员的一般保护等必要标准,或在小额的自我管理的超级年金情况下,在较宽松的监管规定下由澳大利亚国税局批准)的税率为15%,而最高个人税率为45%。超级年金可适用对公司的归集抵免(imputation credits）以减少对缴款和投资收益的税收。一个基金不得将其资产的10%以上投资于其发起雇主或其关联企业,投资政策此外相对不受限制,但受托人必须制定和实施投资策略。

一般来说,2007年7月1日之前的超级年金养老金,与其他收入(有别于员工的不可扣税的缴款)一样,以通常的方式纳税,但对可扣除的缴款和基金的收入已确认缴纳的税收可适用15%的退税。出于对人口老龄化的担忧,政府在2007年实行重大改革,其中的核心是取消了对支付给60岁或以上人士超级年金福利征税。这些和其他细节的变化的目的是创造诱因,使得正在考虑退休的人士既能部分或全部地留在劳动力队伍中,又能享受超级年金福利。

有一套复杂的系统可用于滚存因工作变动等从超级年金中的付款,以确保它们仍在特殊的税收制度的适用范围之内,直至达到规定的年龄限制(一般不早于60岁)。缴款与收缴,可在该体系内投入并积累,直到75岁。计划可以采取固定供款和固定收益的形式,也有许多特殊规则与公共部门的雇员的无供款退休计划有关。

如上所述,虽然超级年金制度是私人制度,而不是一个公共制度,但它对所有员工都具有强制性,要求雇主进行缴款并以超级年金保证金来实现。政府把超级年金制度作为实现在澳大利亚增加私人储蓄率,和防止人口老龄化导致公共部门实际破产这两个目标的核心内容。为此,除了上述与员工有关的制度,也有类似的安排适用于自雇人士。事实上,并无要求规定参加超级年金制度的人必须受雇或自雇。一个人为低收入配偶对合规基金每年上至3000美元的缴款能够获得18%的税收抵免,且低收入雇员有权获得政府的共同缴款(雇员每1元供款获得1.5元,最多共同供款为1500元)。

对绝大多数**法国**雇员而言,强制社会保障制度是退休金的唯一来源,所以雇主退休金计划并不多见,私人退休基金同样也不存在。在2004年前,雇主可以自主制定内部或外部计划,使得全部或某类雇员(如经理)从中获益。对这类计划的缴款可以扣除。在符合一定条件的情况下,上述缴款可以排除在雇员的应税所得外,且雇主缴款也可以扣除,但这些条件在实践中很难满足。此外,相应的退休金收益是应税的。自2004年起,情况开始略有变化:2003年7月制定了退休金改革法,该法规定了一种新型的可选择的退休金方案,并给予其更为优厚的税收优惠。经与雇员代表协商而由公司集团或分支机构一个部门可以建立固定供款退休金计划（defined contribution pension plans)。根据该计划,在符合复杂、严格的限制条件的情况下,对共同基金(免税)的缴款可以从利润中扣除。雇员的缴款可以扣除,雇主的缴款不属于雇员的应税所得,但对总额的绝对数额和比例都有所限制。当实际收到相应的退休金时,则须缴税。[54]

2. 自有住房产生的估算收入

长久以来,由个人资产所有权和自我服务带来的非货币收益,被视为一种经济利益,但只有在自有住房的情况下,人们才认真尝试过将这种利益纳入所得税税基。对自有住房产生的估算收入的税收处理,是整个住房税收处理的重要组成部分。对估算收入不征税,经常伴随着对购买个人住房时产生的利息成本予以扣除,以及对销售收益给予税收优惠。这使得相较于租赁房屋而言,对购房开支可能存在课税过低的情况,并可能导致在这一领域存在相对租赁用住宅而言的过度投资。该问题在美国表现得尤为明显。对自有住房产生的估算收入不征税,还会在租房者和自有住房者的相对税收待遇之间引发公平问题。另一方面,不动产税可以在一定程度上替代对估算租金收入征税。因此,例如法国自 1966 年起,对自有住房便不再征税,但不动产所有者和占有者都需缴纳地方税。

在此讨论的各税制中,对自有住房征税导致的结果不尽相同。在**加拿大和美国**,尽管该问题经常被讨论,但对自有住房产生的收入征税的立法建议尚未被认真考虑过。其他一些国家曾试图对估算住房收入征税但随之放弃,因为很难以现实的办法适用该税。例如,在 1987 年之前,**德国**将自有住房产生的收入,纳入租金收入分类项下。租金价值可以根据不动产的评估价值或可比租金确定。评估价值极少能够精确反映市场价值,而可比租金则也在估值上存在一些问题。由于利息成本(以及可比租金法中的维护成本)可以扣除,这就经常导致亏损的产生,且这些亏损可以用来弥补其他收入。在 1987 年开始的一段过渡期后,对估算收入就不再征税。然而,近来一项针对私人退休金供款的税收规则改革,在一定程度上又重新将估算收入规则引入了自有住房领域。[55] 如果一个人的私人退休金供款符合特定的税收优惠政策的要求,他便可使用这些供款购买住宅或公寓,供其日常居

---

[54] 法国,CGI, s. 163 quatervicies;同样参见 s. 163 bis B 和 237 ter.
[55] 德国,ITA, s. 92a, 92b.

住;当他退休并占有住宅后,其与住房有关的虚拟退休金收入将被递延征税。

基于相似的原因,**澳大利亚**(1922)和**法国**更早就不再对估算租金征税。但法国继续对荒野、牧场、森林,以及用于个人打猎、钓鱼的水域的估算租金收入征税。在某些情况下,非居民所有的不动产的估算租金收入也要征税。(56) 在英国,租金管制时代没有形成开放的房地产市场,人们因认为难以在征税时对不动产进行准确估值而放弃了该税。

在**荷兰**,估算住房收入原则上需要征税。从政策角度看,对住房所有者的估算收入征税,旨在帮助平衡住房所有者和租房者的税后生活成本。此外,作为一个历史上租房者多于自有住房者的国家,荷兰此举也旨在刺激人们拥有住房。实现后一个目标是靠(适度地)从视同准净租金中扣除所支付的任何(抵押)利息从而使许多纳税人产生弥补其他收入的损失(第一栏内:工薪所得和经营利润)。按公式计算的估算所得要约等于市场上相似居住房产的市场租金价值。公式中使用的数据参考现实的租金变化对该进行定期审核,而且在最近几年,规定的计入收入额被设定在房产公允市场价值的1.3%。与不对资本利得征税的普遍模式一致,也不对销售住宅的所得征税。

瑞典所得税制度在历史上同样对业主自用住房的估算所得征税。最初被计入税基的收入是公允市场租金价值。房产所有者在经营中使用该房产(比如,公寓大楼中个人使用部分)适用相同规则(目前仍适用)。在业主自用私有住房的情形下,估价问题对该制度的适用造成了困难,从而被标准额制度所替代。估算回报按照政府长期债券的利率计算,不能扣除利息外的任何其他支出。因此,实际上对纳税人在房产上的资本投资回报征税。

在1991年的税制改革中,为保证公平对估算所得征税的基本原则保留了下来,但是税收结构发生了变化。政府开征了独立的房地产税,按1.5%(后来降至1%)的税率对资产的评估价值征税,原则上该评估价值等于市
217 场价值的75%。税率的设置参照了政府债券历史的实际收益。税率设置和税基计算的结合对旨在对相当于经通胀调整的资本所得适用税率的税率进行征税。当计算资本所得时允许扣除利息支出(税率为30%)。该制度非常重要的部分就是要保持估定价值与市场价值基本一致,每三年要进行一

(56) 法国, CGI, s. 14 和 30.

次评估。在市场价值快速增长的地区(从 20 世纪 90 年代中期直到 2008 年这都是持续的趋势),其效果是纳税额显著提高。许多房主发现其无法承担税款的进一步增加。为减弱该效应对低收入个人的影响,一系列特定的改革措施应运而生。2007 年,反对党(非社会主义)承诺取消该税种并于内阁改组时引入大胆的改革。现在,该税(更名为市政费)的上限是 6,000 瑞典克朗。(57) 该制度的其他部分仍然保留:按 1% 对估定价值收费(有上述上限),并且不限制扣除利息。瑞典可能因此从对业主自用住房估算所得征税的一个极端走向另一极端。

瑞典对于合作式公寓住房这一常见的法律安排,采用与业主自用住房相同的税收模式。但无论是改革前或改革后,合作公寓住房的税款(费)都低于房主自住房屋。

日本原则上不对私人持有资产的估算价值征税。但是,如果个人资产在随后售出,实际上有一个机制允许对一些估算所得征税。一般来讲,个人资产的折旧不允许扣除。然而,纳税人须像个人资产折旧已扣除那样而调整该资产的计税基础。如果随后售出该个人资产而有所得,必须以调整后的计税基础计算所得。(58)

3. 赠　　与

对家庭背景下的赠与进行适当的征税,从理论角度在综合方法对所得进行定义的制度中有所讨论。因为接受赠与的个人(受赠人)有权消费或保存捐赠物,逻辑上所得可以包括赠与。另一方面,因为赠与人通常最初已就该笔赠与纳过税,对受赠人征税就代表着对同一笔经济利润的重复征税。解决该问题的方法就是允许赠与人扣除该笔赠与,但是在累进税率结构的
税制中,该方法可能会鼓励转移收入以降低税额。最后通常采用的规则,就 218
是不对受赠人征税但是也不允许赠与人扣除,因而确保只对赠与来源的最初所得征一次税(尽管从另一个角度看对象有误)。

在分类所得税制中,这个问题出现的方式略有不同。当发生个人捐赠时,收入计入所得的问题一般不会产生,因为捐赠收入通常不属于任何应税类别。在某些税制中,"其他"所得类别包括各种来源的定期所得(如某个

(57) 瑞典,《城市房地产费法案》。

(58) 日本,ITA, s. 38 para. 2.

期间内的一系列捐赠,反映出视定期性为所得重要特征的基本观念)。在所有这些情形下,财产转让税的存在也可能对从所得税角度考虑捐赠产生的影响。

一个相关的问题涉及增值或者贬值财产的捐赠或遗赠。有些税制把捐赠和遗赠视为收入实现事件(event)。有些税制则推迟现时征税并通过向受赠人移转税收成本[59]的方法保留对捐赠财产增值的未来征税权。

有些国家,尤其是美国和英国,对转让人的遗产转让,允许受让人以公允市场价格确立税收成本而不将其视为收入实现事件。这些方面仅在此略述,之后会在关于收入实现的章节中作更详细的讨论。

经营背景中的捐赠通常在捐赠人扣除捐赠支出时也会引出额外问题,在非经营捐赠处理之后这些问题会被考虑。

3.1 非经营环境下的捐赠(个人捐赠)

美国是在综合所得税的背景处理个人捐赠的一个范例。私人性质的捐赠对于受赠人免税而对于捐赠人则不可扣除。[60] 当涉及增值财产时,捐赠不被视为收入实现事件且受赠人的税收成本为捐赠人的税收成本,从而保留了对该增值在受赠人手中征税的可能性。[61] 一条特殊规定则用来防止财产贬值损失的转移。遗赠在扣除和计入收入方面的处理与此相似,但遗赠财产在受让人手中获得等同公允市场价值的税收成本,从而允许财产的死前增值完全免于征税。[62]

在**德国**,私人之间的对私人资产捐赠对于受赠人不征税但捐赠人也不得税前扣除。增值资产的税收成本移转至受赠人。[63] 在法国,同样的税收模式也适用,但受让人在捐赠和遗赠中税收成本均为公允市场价值。

关于捐赠的扣除和计入所得,类似的原则也在**英国**,**加拿大**和**澳大利亚**适用。个人捐赠不征税,因为它们并非来源自应税来源且同理对于捐赠人

---

[59] 不同税制采用不同的术语来指称在税法上,纳税人对一项资产的资本投资这一概念。美国使用"税基"(basis)和"计税基础"(tax basis)。其他系统则采用"成本"(cost)、"计税成本"(tax cost)、"购进成本"(acquisition cost)、"税务账面成本"(tax book cost)或同等术语。本书一般使用"计税成本"一词来指称这一基本概念。

[60] 美国,IRC,s. 102.

[61] 美国,IRC,s. 1015.

[62] 美国,IRC,s. 1014.

[63] 德国,ITR(《所得税条例》),s. 11d.

不可扣除。但英联邦税制在增值财产的捐赠和遗赠处理方面则存在差异。在加拿大,生前捐赠和遗产转让对于转让人来说都是收入实现事项,转让人被视同取得等同于财产公允市场价值的收益而受让人确认公允市场价值税收成本。⑭ 在**澳大利亚**,生前捐赠也是类似的收入实现事件,但遗产转让会导致税收成本的结转,进而推迟了对死亡前增值的征税可能。⑮ 英国视生前捐赠为收入实现事件。⑯ 但和美国一样,在遗产转让的情形下,此时没有收入实现,且受让人按公允市场价值计算税收成本。与澳大利亚和加拿大不同,英国还是存在遗产税的;在死亡时点,一旦转让额超过 325,000 英镑(2009—2010 纳税年度),40% 的单一税率就会适用。⑰

日本和**瑞典**在扣除和计入所得方面持相同结论,并一般在该财产如销售则其收益应税时,允许税收成本的结转。⑱ **荷兰**也是如此,只不过实质持有公司股票(5% 或更多比例的股权)情形下的捐赠(唯一一种可能会导致应税资本利得的个人资产)作为视同处分,导致对捐赠人征税并确立受赠人的计税基础。

3.2 经营或雇佣中的捐赠

经营或雇佣中的捐赠引发的问题有些许不同。基于经营原因进行捐赠的捐赠人一般会将捐赠额视为经营成本进行扣除,故而如果像在个人捐赠中那样受赠人继续免税,则整个数额都将逃避课税。解决这个问题无非是对捐赠人不予扣除或对受赠人接受的捐赠征税。两种办法在相关税制下均被采纳。

在**美国**,雇主对雇员的捐赠若超过最低限额则大多数对雇员征税并允许雇主作为一项经营费用扣除。⑲ 特殊规则用以排除因长期服务及其他类似的成就奖励的有形财产("金表"例外)。经营环境下对非雇员的捐赠原则上受赠人可基于捐赠人无私慷慨的表达(即真挚的捐赠)免于计入所得,但这种情况下捐赠人不得进行扣除,从而保证该捐赠没有被从税基中彻底

---

⑭ 加拿大,ITA, s. 69(1) 以及 70(5) 和 (6)。
⑮ 澳大利亚,ITAA 1997, s.116-30(1), 128-10, 128-15。
⑯ 英国,《1992 年应税收益税法》(Taxation of Chargeable Gain Act 1992)(TCGA), s. 17。
⑰ 英国,《1984 年继承税法》,起征点部分参见 Sch 1。
⑱ 日本,ITA, s. 9 和 60。
⑲ 美国,IRC, s. 102(c)。

排除。⑩

在**英联邦**国家,经营捐赠基本上由于源自雇佣或者其他经营关系而对接受者征税(在澳大利亚当接受者是雇员时则作为附加福利征税)。如纳税人显示捐赠基于个人关怀,该捐赠可予免税,但若支付者扣除了该支付额则在某些国家可能会引起其应税的推定。在**英国**,适用于雇佣所得超过 8,500 英镑的特殊规则与此相关。如果提供捐赠者是雇主,捐赠可视同源自雇佣而因此应税;这个推定在雇主是公司时无法被反证,而反过来也只在有限的情形下才可以。某些长期服务奖励(每年 50 英镑但仅当年数超过 20 年)免税,正如某些从第三方收到的捐赠(每年 250 镑)。这些法定规则在经营环境中并不适用,是分类税制或分部税制的生动范例。在**加拿大**,作为行政妥协,针对员工的某些捐赠(如圣诞节礼品)如每年限于两件且在最低限额之内(目前是 500 加元)不需要计入所得但雇主仍可进行扣除。

在**德国**,捐赠大于最低限额(35 欧元)时捐赠人即使有明显商业意图也不得作为经营或收入相关的费用进行扣除⑪,但这些捐赠对于受赠人来说只有属于"真实的捐赠"才可免税。如声称的"捐赠"和一项可明确认定的服务充分相关,则捐赠的成本对支付者可进行扣除而对接受者应纳税。

基于非经营目的经营性财产的捐赠必须适用一套由处理经营性资产撤回和出资的基本原则衍生出的复杂规则。⑫ 基于非经营目的的资产捐赠被视为捐赠人对资产的撤回。资产的"公允价值"必须被包括在年度利润的计算中,因此所有的"隐藏公积金"均被征税。⑬ 在捐赠不准扣除的基本原则下也不允许该转让的扣除。受赠人以个人身份免税接受捐赠。如受赠人接受捐赠作经营之用,在受让之时必须要以公允市场价值按"出资"计入资产负债表中,但无需计入收入。⑭

瑞典的规则与此类似,但基于经营目的的转让导致所得实现且转让方可按相应的公允市场价值进行扣除。

公司和合伙企业作出的捐赠在日本原则上应对接受者征所得税且由支付者可扣除。如果该捐赠与接受者的任何特定收入类目都不相关,则以偶

---

⑩ 美国, IRC, s. 274(b).
⑪ 德国, ITA, s. 4 par. 5 nr. 1.
⑫ 德国, ITA, s. 4 par. 1 s.1.
⑬ 德国, ITA, s. 6 par. 1 nr. 4 s. 1.
⑭ 德国, ITA, s. 4 par. 1 s.1, s. 6 par. 1 nr. 5 s. 1.

然所得适用优惠税率和特别扣除进行征税。如果该捐赠属于某项收入类别,特别税率可能会适用。⑦

在**荷兰**,经营和雇佣环境下的捐赠对支付者可扣除而一般对接受者应税,尽管特定情形下雇员接受的捐赠可以例外。当增值财产被转让时,该转让是收入实现事件。

在**法国**,对客户、员工等的经营捐赠如并不直接与提供的服务相关则一般不征税。该条件的解释在涉及雇员时非常严格,但是当完全折旧的电脑硬件或者软件被捐赠时也有明确的法定例外。⑩ 尽管如此,当这些捐赠由于经营利益而发生且金额不大时可进行扣除。⑪ 资本项目资产的捐赠就资本利得税而言会被视同收入实现事件。

4. 奖金和奖励

和赠与一样,奖金和奖励在综合税制和分类税制下的所得界定问题有所不同。在综合税制下,制度的逻辑显然要求对获奖人征税,除非基于财政以外的合理考虑需要对其免税。在分类税制下,主要问题是奖金是否可以被"容纳"到某类应税所得中。两种税制对于与雇佣有关的奖金与奖励有时均适用特殊规定。

美国对奖金和奖励普遍进行全额征税,不论受到认可的行为或者成就属于何种性质。⑱ 因此诺贝尔奖需要纳税,运动员获奖也是一样。某些以有形财产的形式对雇员服务或者成绩给予的奖金和奖励,适用特别规定予以免税。由于雇主可以扣除,所以全部金额都没有纳税。

在**德国**,奖金和奖励只要以松散的方式和某类所得发生联系,就应纳税。⑲ 而且,如果是对某项特定成绩的奖励,可能作为"其他"所得进行征税。对雇员的建议、改进方案等等授予的奖励也应纳税。但另一方面,对终生工作的认可性奖励、诺贝尔奖、歌德奖等则免予纳税。彩票中奖不用纳税,即使彩票是由企业举办,只要赢取奖金的概率很低,且所有的雇员都有

---

⑦ 日本,ITA, s. 34.
⑩ 法国,CGI, s. 81, 31° bis.
⑪ 法国,CGI, s. 39.5 和 54 quarter(客户),s. 82(雇员).
⑱ 美国,IRC, s. 74.
⑲ 联邦税务法庭(*Bundesfinanzhof*),2009 年 4 月 23 日判决 VI R 39/08.

资格参与。然而在电视节目中获取奖励的选手需要针对奖励纳税,因为其构成"非经常性"劳务。[30]

同样,在**荷兰**,奖金和奖励如果与获奖人的职业或者经营活动有关,也需要纳税,例如对职业作家的奖励,如果获奖人能够合理期待获得该奖。对"业余"活动的奖励,例如业余狗表演,不属于应税范围,因为没有可税来源。但是,如果投入的精力太多,就可能转化为商业或者职业性质了。

在**日本**,作为广告和公共活动的一部分、从公司或者商业合伙人处获得的奖金和奖励,视为偶然所得征税。学术和科学奖励不纳税。[31]

按照**瑞典**的分类税制,奖金和奖励如果不属于对一项"行为"的"酬劳"就不应纳税。因此,彩票的中奖者如果是随机产生,奖金就不应纳税。但是组织者可能就其缴纳一种特殊的彩票税。

另一方面,法院的案例认定,对比赛中竞选为广告标语的奖励应该纳税。纳税人认为有那么多的参选者,评审团不可能读完所有的参赛条目,因此奖金实际上是随机产生的,但法院拒绝接受该理由。奖金的金额与成绩的价值没有关联这一点并非考虑的因素。在电视表演中获奖需要纳税,即便这种奖金是靠机遇获得的;参加节目的行为就表明具有表演的成分。此外,仅限于雇员参加的抽奖获得的奖金,被视为雇佣关系中所产生的附加福利征税。

在瑞典,诺贝尔奖一直被视为非税项目(这一点毫不奇怪),部分理由在于所奖励的成就并非是为了获奖而作出的(该案例是在《双螺旋》(The Double Helix)创作之前判定的)。

澳大利亚和加拿大的规定表现出类似的原则,纳税人规律性的从事某一需要付出努力的领域获得奖励,或者定期支付的奖励,属于来自应税"来源"的所得,应该纳税。英国的规则与此相似,但不完全相同。在英国自愿发给作者(而非作者征求的)奖励被作为一种意外所得,所以不缴税。一些国家对诺贝尔奖这种一般公共性奖励实行免税,但**英国**不是这样。在**澳大利亚**,奖励的税务处理近年来引起了诉讼,高级法院的判决是奥林匹克级运动员获得的奖励、资助、奖金和赞助都是需要缴税的。[32] 在**加拿大**,奥林匹克奖牌被认为应征税。

---

[30] 联邦税务法庭(*Bundesfinanzhof*),2007 年 11 月 28 日判决 IX R 39/06。
[31] 日本,ITA, s. 9.
[32] Stone [2005] HCA 21, 222 CLR 289.

亚编 B 税基的范围

在**法国**,成文法将诺贝尔奖和所列举一些类似的国际文学、科学和艺术奖励免予纳税。[83] 行政规章对其他的一些由独立的评委授予的奖励,尤其是国内奖励,给予免税。[84] 国家给奥林匹克获奖者的奖励传统上是通过特定的议会决议不纳入应税所得。

5. 奖学金和补助

对奖学金的税务处理与综合或分类的税制结构及一国对于教育服务的整体规定有关。在那些大规模提供免费或低费用公共教育的国家,针对学费的奖学金通常不构成一个问题,奖学金一般以生活补助的形式发放。在分类所得税制下,典型的应税收入之一便是生活费的定期发放;奖学金很容易被归为这类应税所得。类似地,在视消费为税基的重要组成部分的综合税制下,发放的生活费无疑是征税的备选对象。

另外,当通常自付学费时,包含学费在内的奖学金的争议将必须被考虑,这在综合与分类税制通常存在不同处理结果。有关支持教育的重要性的非财政方面的理由也发挥了作用。最终,即使在原则上对一些奖学金免征税,当它们与雇佣或一些其他应税类型的收入密切相关时,这些奖学金可能需要纳税。本文所讨论的税制以不同方式组合了这些原则。

在**美国**,包含学费和相关教育费用的奖学金不属于收入。[85] 发放的其他费用,例如住宿和餐饮,仍然构成收入。受领者必须是获得认可的教育机构授予的学位的学生。如果作为给予奖学金的附属条件,该名学生需要从事教学、科研或提供其他服务,则该奖学金也属于收入。在这种情况下,对与该学生所提供服务的公允市场价值等额的数目征税,而剩余的数额(如果有的话)将被视为奖学金从而不构成收入。教育机构对其雇员子女减免的学费,只要不是歧视性的(即并不限于教授),就构成符合条件的奖学金而不属于收入。

在**瑞典**,尽管低成本公共教育系统覆盖范围广,但对奖学金免予征税有特殊的成文法规定。在 1991 年税法改革的背景下,曾有针对该免税的讨论,但在关于支持研究的必要性的理由使其未被取消。为支持教育而发放

---

[83] 法国,CGI, s. 92 A.
[84] 法国,行政性文件 5 G-2222, par. 9 through 11.
[85] 美国,IRC s. 117.

的、可被视为劳务报酬的奖学金是应税的。例如，一家出版社为在该社发表作品的作者发放的"奖学金"是应税的。在某些情况下，为支持研究而发放的一系列经费可能需要纳税，原因在于过去的概念认为"定期"是收入的一个本质特征。法律规定国内免税机构定期发放的经费免税；但是，曾有一个例子，由外国基金会向瑞典研究人员发放的、超过三年的一系列经费是应税的。

在**德国**，法律规定大多数奖学金免税。[86] 符合条件的奖学金仅限于由政府或慈善机构提供、且不得要求获得者提供任何特定服务的奖学金。发放的目的须为进一步研究或教育。联邦税务法庭近期将免税范围扩展至高级学者的、包括生活费在内的奖学金。[87] 不满足这些条件的奖学金属于应税收入。

相反，在**荷兰**，尽管对公共的"学习补助"免予征税，对以定期发放方式提供的私人奖学金或补助是征税的。这反映出"定期"对所得定义产生的早期作用。另一方面，一次性发放（奖学金）无需纳税。

在公共教育覆盖范围也很广的**加拿大**，有关在小学、中学或高等教育系统登记入学的奖学金、补助费（fellowship）和助学金（bursaries）不属于收入。[88] 超过 500 美元的其他奖学金、补助、助学金或奖励（prizes）则为应纳税所得。超过研究支出费用的研究资助经费需要纳入收入之中。[89] 与研究有关的差旅费以外的私人或生活费用无法从研究经费中扣除。

相反，在**澳大利亚**，尽管包含生活费在内的、定期发放的奖学金一般是应税的，但法律特别规定除非所提供的奖学金附有在现在或将来提供服务的条件，在学校、学院或大学全日制学习所获的奖学金免税。[90] **英国**也有类似的奖学金免税规定，尽管根据附加福利法，雇主为雇员子女提供的学习费用对于雇员来说是应税的。如果通过信托计划提供奖学金，且支付给受益人的相关费用的 75% 是支付给非雇员亲属的，这种情况不适用附加福利法。[91]

在**法国**，按照社会标准由国家提供的教育补助无需纳税，但作为社会补

---

[86] 德国，ITA, s. 3 nr. 11, nr. 44.
[87] 联邦税务法庭（*Bundesfinanzhof*），2003 年 3 月 20 日判决 IV R 15/01.
[88] 加拿大，ITA, s. 56(1)(n) and 56(3).
[89] 加拿大，ITA, s. 60(o).
[90] 澳大利亚 ITAA 1997, s. 51-10, 51-35.
[91] 英国，ITTOIA 中的免税规定，s. 377；更多规则见 ITEPA, s. 211 *et seq*.

助处理。在其他情况下,只要奖学金和补助的受领方支付了某种对价或者资助方负有某种法律或合同义务时,它们就属于应税收入。

在**日本**,对教育费用的经济资助不属于应税收入。教育费用必须直接与教育活动相关,因此,尽管学费补助不属于应税收入,但餐饮补助未排除在外。此外,可被视为所提供服务的对价或补偿的经济资助也构成应税收入。在这一方面,雇主为雇员子女赞助的奖学金通常属于员工的收入。[92]

6. 债 务 免 除

如果资金是借来的,此处所谈及的各国税制一般都不将其视为所得的实现。传统的解释是,因为贷款而导致的资产增加与相应所负有的贷款偿付义务所抵消,反映在资产平衡表上,在借债时并不发生净资产的增加。根据这种逻辑,对于贷款没有按照预期完全偿付的情形,税制则必须考虑征税的问题。原则上,没有全额偿付贷款导致借款人的应税所得增加,因为当初获得的贷款收益预期将被全额偿付而没有予以征税。但是,在很多情况下,债务被全部或者部分免除是因为纳税人陷入财务困境,这就提出了在此时评估和征税是否合适以及是否可行的问题。

这里论及的一些国家对此问题采取的解决方式各有不同。大部分国家认为债务免除原则上应税,不过,实行分类所得税制的国家要求债务必须与某一应税所得类别有关联。但是,各国对于遭遇财务困境的纳税人都作出了一些减免规定。有些规定,除非纳税人在债务免除之后具备偿付能力,否则不需要将免除额计入所得。不过,有些国家要求减少其他税收属性(tax attributes),例如,财产的税收成本或者应计营业损失的扣除——两者实际上可能都是由于贷款而支付或弥补。

美国相关规则的发展显示了上述处理原则之间的相互影响。因债务免除产生的所得原则上应该计入所得,但同时也有很多例外规定。[93] 私人债务的免除可以视为赠与而予以免税。2007至2012年实施一项特殊规则,任何用来购买或装修主要住宅的贷款免除不计所得。对于经营债务,如果纳税人处于破产状况,或者在债务免除之前以及之后都不具备偿付能力,适用特别法律规定免予纳税。其他情形下,经营债务的免除计入应税所得。如果

---

[92] 日本,ITA, s. 9.
[93] 美国,IRC, s. 108(a).

债务免除不计入应税所得，纳税人通常需要减少一定的税收属性作为不计入所得的条件。首先从净营业损失减起，这实际上是将营业损失视为由免予偿付的贷款予以资金填补。如果这些损失尚不足以吸收所免除的债务，纳税人必须减少其他资产的税收成本，通过减少扣除或者损失、或者增加资产处置的收益而增加未来的潜在收入。

根据早些的税法规定，所有的经营纳税人可以选择将债务免除不计入所得，只要相应减少税收属性。这一规则后来被认为过于宽松而被废止，并将免税限于不具有偿付能力和破产的情形。

在**德国**，如果债务的产生与某一应税所得的来源有关，债务免除原则上属于应税范围。如果债务的产生出于私人原因，其免除不产生应税所得。将与经营有关的债务免除纳入应税范围的理论根据在于，债务免除导致企业净资产的增加。法律曾规定对经营不善企业的重组中的债务免除予以免税，但多年前已经取消。另一方面，关联方出于私人关系而对债务人的债务免除，可以视为债权人的私有资产而作为对企业的免税出资处理。⑭

在**瑞典**，经营性的债务免除应该纳税，除非债务人没有偿付能力。如果债务免除不计入应税所得，损失扣除的权利仅限于相同金额。实际上，债务免除产生的所得必须由其他本来能减少以后年度应税所得的损失结转来充抵。曾有人提出，如果没有此类损失结转，通过贷款获得的资产的税收成本应该予以扣除。非经营性的债务免除不发生应税所得。

同样，在**荷兰**，经营性债务的免除应该纳税，除非可以证明债务根本不可能偿付。不具有偿付能力或者破产是确定这种无偿付能力的因素之一，但不是决定性的。如果债务免除不予征税，被免除的债务金额必须用来弥补任何当期损失或者已有的损失结转。在**日本**，原则上债务的免除导致债务人的所得增加。但是，在税收征管实践中，如果债务的免除是在债务极不可能偿付的情形下作出的，那么不发生应税所得。

在**加拿大**、**澳大利亚**和**英国**，有关债务免除的征税规则受到资本利得—普通所得区别对待的影响。经营中的债务免除，例如贸易应付账款，加拿大一直将其计入经营所得。在资本利得税开征之后，加拿大曾经考虑将其他

---

⑭ 联邦税务法庭（*Bundesfinanzhof*），1997年6月9日判决 GrS 1/94；1998年联邦税务报（*Federal Tax Gazette*（*Bundessteuerblatt*）），part 2，p.307；2005年5月31日判决 I R 35/04；值得一提的是，只有被免除债务的公允价值才被视为是税收中性的赠与，名义价值和公允价值之差则是一般的应税利润。

类型的债务免除视为应税资本利得的可能性,但后来没有采纳,而是规定,损失结转以及可折旧财产的计税基础应尽量按照债务免除额予以扣除。如果债务免除的金额超过可用的税收属性,对于超出部分不予征税。1994 年开始,这些规则被大规模地修订。⑮ 债务免除额仍然适用于损失结转以及各类资产的税收成本;不过,任何剩余金额的一半都必须计入所得,除非被转让给另一关联纳税人。

澳大利亚的立法中没有债务免除导致应税所得的一般规定。如果从事金融交易的公司以低于票面价格回购其长期债务,所产生的相应利润应该作为经营所得纳税。但是,商业公司从事同样的交易,则不发生应税所得,因为这种情形似乎应该适用资本利得税,但资本利得税明确规定只对资产而非债务征收。1996 年颁行的、要求损失或者税收成本扣除的有关规定与加拿大类似。⑯ 1999 年一份税制改革报告,建议澳大利亚税制多借鉴美国税制的做法,但未被采纳。

英国仍旧对债务免除所得在很小范围内征税。一般而言,只有与雇佣有关的贷款,贷给有限公司的股东,或者涉及以前已经扣除过的债务(比如针对经营所得),才会产生应税所得。⑰

在**法国**,私人债务免除不发生税收后果。如果是经营中的债务免除,即使债务人处于破产状况也要纳税。⑱ 在有些情况下,母公司对子公司预付款债务的免除可以不计入所得,而视为法定资本的增加。⑲

7. 赌 博

赌博收入是否计入所得受到税制是采行分类所得还是综合所得的重要影响。在采行综合所得税制的**美国**,赌博赢利原则上要纳税,无论它们是偶然获得的还是职业赌徒获得的。但是,即使是职业赌徒,赌博当年的损失只

---

⑮ 加拿大, ITA, s. 80.
⑯ 澳大利亚, ITAA 1936, Schedule 2C.
⑰ 例如:有关雇佣的问题参见 ITEPA, s.188 ;有关私人持有公司参见 ITTOIA, s. 415 (所得税) 和 TA 1988, s. 419 (公司税);被免债务的偿还参见 ITTOIA, s. 97 (所得税) 和 CTA 2009, s. 94 以及被取代的 TA 1988, s. 94 (公司税)。
⑱ 法国, CGI, s. 38-2.
⑲ 法国, CGI, s. 216 A.

能在赌博收入的限额内扣除。⑩ 这实际上属于分类所得税制的做法,原因在一定程度上可能是为了防止制造虚假的赌博"损失"。此外,赌博损失也可能被视为一种消费。**日本**对此的限制更为严格。赌博收入作为偶然所得课税,赌博中发生的损失不能以其他类别的所得弥补。而且,因为每一次赌博都是一个独立的事件,在某一场合中产生的赌博损失不能与另一场合获得的赌博赢利相抵扣。估计这些限制既反映了损失核实方面的征管困难,同时也可能是将赌博损失视为消费。⑩

在很多采用分类税制的国家,只有赌徒确实是在从事赌博经营,赌博收入才是可税的。例如**德国**,判例法认为职业赌牌者的赌博收入应按照经营所得纳税。⑩ 电视节目中赌博中奖如果是由于某些成就而产生的,属于"其他"应税所得。⑩ 同样,在**荷兰**,一个企业家用经营所得赌博而遭受损失,该损失不能用来抵扣经营所得,因为理智的商人(reasonable businessman)不会用经营所得赌博。

在**瑞典**,如前所述,如果赌博收入可以被视为是从某项服务的提供而非随机获得的,就课税;但如果这种收入完全是偶然获得的,就不课税。瑞典对彩票中奖明确免予课税。这一免税规则最近被延伸而不仅适用于瑞典的彩票,而且是所有欧盟内设置的彩票。根据欧洲审判法院的一个判决,之前将免税的范围限制于瑞典彩票的规则,构成了对设立自由的限制。

在**澳大利亚**、**加拿大**和**英国**,赌博或者彩票类奖项获得的收入不课税,除非该活动构成一种经营行为。否则,不存在课税的"来源",因此收益也就不可税,损失也不能扣除。**法国**的累进所得税适用的结果与此相同⑩,但是新的所得税采用统一税率,明确对这些收入课税。

8. 非法所得

这里所讨论的各国税制,一般都认为所得来自非法活动的事实不影响课税。各国共奉的原则是,纳税人不能以其行为的非法性作为拒绝纳税的

---

⑩ 美国,IRC, s. 105(d)。
⑩ 日本,ITA, s. 34。
⑩ 联邦税务法庭(*Bundesfinanzhof*),1993 年 8 月 26 日判决 VR 20/91, Deutsches Steuerrecht 1994, p. 56。
⑩ 联邦税务法庭(*Bundesfinanzhof*),2007 年 11 月 28 日判决, IX R 39/06。
⑩ 法国, Conseil d'Etat, 1980 年 3 月 21 日, n° 11235。

抗辩。⑩ 在分类税制中,非法所得当然也必须属于某一应税类别才能对其课税。因此,例如在德国,非法所得常常归入来自贸易或者经营的所得,甚或归属于偶然的服务提供,例如侦探,杂项收入等类别。

由于非法所得通常涉及民法上偿还所获金额的义务,纳税人不享有保有收入的合法权利,这在某些情形下又影响到所得的计入问题。例如,**澳大利亚**有一个案例判定,盗用资金者如果被抓获,必须退还其盗用的资金和利息,就不对其盗用资金的收益课税。⑩ **美国**早些时候的一些案例也认为纳税人对非法收入不享有"主张权"(claim of right),因此也不对其课税,不过这一结果后来又被推翻。⑩ **加拿大**的一个案例认为盗用资金的收益可税,因为纳税人并没有归还资金的意图,所以拒绝主张抗辩权。⑩ 在有些情况下,有必要对盗用和非正规的贷款(一般有归还的意图)作出区分。要认定为后一种情况需要"借款人"真实的或者假定的默许。与此相关的一个问题是,非法获得的资金在计入所得时对可能发生的偿付的扣除。

在**瑞典**,经营中获得的非法所得原则上要全额纳税。但是在大多数情况下,非法所得可以被没收,如果没收,则允许扣除,其结果是不产生净所得。非经营中产生的非法所得不纳税。而且,非法活动本身不会构成经营。

在**法国**,根据所谓的"税法实质主义"(tax law realism)原则,来自非法活动的所得,无论可以适当归入何种所得类别,都要与合法所得一样纳税。例如,来自淫媒的收入属于商业利润,而卖淫的收入根据具体的情况视为工资或者非商业利润。⑩ 同样,在**荷兰**,来自非法活动的收入一直被视为应税所得。最近的判例法将来自盗窃、毒品交易、银行欺诈以及贿赂等活动的收入计入所得。在**英国**,判例法认定卖淫者的收益应按照经营所得课税,而是否为交易或者职业,在所不论。⑩ 卖淫在英国不属于非法活动,但依靠另一个人的此类收入生活则属于非法。

与非法所得有关的费用,诸如贿赂、罚金等的税务处理问题,将在次编 C 中探讨。

---

⑩ 德国,《征税通令》(General Order of Levies (GOL)), s. 40.
⑩ *Zobory* [1995] FCA 1226, 64 FCR 86.
⑩ *James v. United States*, 366 U.S. 213 (1961).
⑩ *The Queen v. Poynton* [1972] CTC 411 (Ont. CA).
⑩ France, Conseil d'Etat, 1980 年 11 月 5 日, n° 13222.
⑩ *IRC v. Aken* [1990] STC 497.

9. 意外之财

综合所得征税的逻辑也推及诸如拾得财物等意外收益的征税,**美国**即是采用此方法。**日本**将意外之财视为应税的"偶然所得"。在**德国**,意外之财是否征税要看具体情形而定。一般而言,拾得物不纳税。另外一个例子是如果一个做研究的学生在没有赚取所得的意图时研发出专利,转让此专利而获得的收益。但是,如果是在经营场合,则作为营业利润纳税。因此,商人在其营业场所拾得的现金要纳税。同样,在**荷兰**,意外之财一般不纳税,除非可以归入某类应税所得(一般是营业所得)。因身体受伤获得的赔偿在受伤者谋生能力遭受永久性损害的情况下不征税,但如果仅是导致短期失去所得,就应该征税。因为不重要的伤害而获得的赔偿也适用同样的规则。**瑞典**历史上就从未对意外之财课税,因为这种财富不属于通过努力挣来的所得,且其发生不具有周期性。在**英联邦**国家,意外之财不是来自于某项应税所得"来源",因此不计入所得税基。⑪ 后来对资本利得征税以后,也并未改变这一结果。

损害赔偿金属于意外所得中比较特殊的一类。一般而言,在分类所得税制中,赔偿金只有与应税的资产或者行为有关才需要纳税。对财产损害的补偿金一般会降低资产的计税成本,如果超过成本会因而产生收益。在有些情况下,如果受损财产将被修补或者替换,可以准备金或者成本结转(rollover)的方式延迟计算收益。人身伤害赔偿金一般不课税,即使赔偿金是参考损失的收入或者收入能力计算得来的。在**英联邦**国家,资本利得税的开征扩大了对损害赔偿金的征税,很多在以前通常是不纳税的,不过对人身或者职业伤害(例如诽谤)赔偿金的免税基本予以保留。

在**法国**,人身伤害赔偿金在不弥补收入的损失的情况下,一般会被排除在税基之外。但在一些特殊情况下,如果是以年金的方式支付,需要纳税。⑫

在德国,如果赔偿金的支付意在赔偿受害者丧失的获取所得的机会,则需要征税。⑬ 在个人生活领域发生的赔偿金不是应税所得。

在**美国**,只有物理性的人身损害才不计入所得。按照这种界定,情感上

---

⑪ Graham v. Green [1925] 2 KB 37.
⑫ 尤其是 CGI, s. 81 9 bis 未规定这种情况免税时。
⑬ 德国, ITA, s. 24 par. 1 lit. a.

的伤害不属于物理性伤害。

10. 补　　贴

政府补贴在税收上提出了许多结构性问题。最简单的一种情形,如果是对服务进行的付款(例如,向私人邮递员的邮件运输进行的付款),通常作为经营所得征税。与此相反的一种极端情形是,有些补贴过于间接或者过于分散,即使采用综合所得界定法也不能将其纳入税基。还有一些情形是,付款不能直接计入所得,但是所获得的资产或者其他税收归属的计税成本必须相应扣减,这样款项就在资产的整个使用寿命期内间接地计入了所得。公关福利性支付一般不予征税,除非是以工资补贴的方式支付,例如失业补偿金。在**美国**,其征税规则大致如此。

同样,在**德国**,对于与经营有关的补贴,可以由纳税人选择,将资本出资或者作为当期所得,或者扣减用此资金或者购置的资产的税收成本。如果选择后者,所得将因折旧基数的减少或者资产处置时获得的更高利润。如果补贴不是为资产提供资金,就要全额纳税。但是,如果补贴与将在一定年限内进行的某项活动有关,例如5年期间不生产牛奶,款项实际上可能在会计上按照服务提供的期间计入。支付给个人纳税人的公共福利津贴免于纳税,但是在确定其他所得所适用的税率时,有时必须纳入考虑(累进课税制下的免税)。

同样,在**瑞典**,政府补贴如果是用来补贴经营中的当期成本,就得在当期纳税。如果具有资本出资的性质,相关资产的计税基础就要相应减少。这些成文法规定是否适用于私人组织,例如研究基金会,提供的补贴还不清楚。这种补贴可能无需纳税,而税务机关会尽可能拒绝由免税津贴所资助的费用的扣除。其结果与将津贴计入所得但允许费用扣除的效果是一样的。

在**荷兰**,用来资产购置的补贴在当期不纳税,但是资产的计税基数要相应扣除。与当期费用有关补贴会减少这些费用的扣除金额。**日本**适用同样的规则,不过公司可以选择将补贴计入当期所得。[14]

根据判例法原则,在**英国**,对当期经营相关的补贴计入所得,但是对资

---

[14] 日本,CTA, s. 42.

本投资的补偿作为不可税的资本利得免予课税。⑮ 这种区分不易把握。根据关于资本利得或者资本备用金的法律,在计算财产的税收成本时要将补贴纳入考量。⑯ **澳大利亚**采取同样的处理方法,不过,一些近期发生的对一个长久存在的法律条款的解释、资本利得税的开征以及最近的涉及所得的普遍原则的判例法已经缩小了资本利得的免税范围。⑰ 另外一种趋势是,在税收立法中明确规定关于新引入的补贴的税务处理。在**加拿大**,政府补贴(宽泛地被定义为任何形式的诱因或协助)明确被规定为构成所得,除非另有规定已减少了资产计税成本或者纳税人费用扣除的额度。⑱ 如果补贴与某一折旧性、不可折旧或者无形资产有关,纳税人可以选择将它计入当期所得,或者减少该项财产的税收成本。

在**法国**,公共补贴一般免予纳税,除非是应税所得的替代,比如说失业补偿金。如果是企业,对当期费用提供的补贴要全额纳税。对资本成本的补贴可以分摊至10年(非折旧性资产),或者当期计入并计算折旧率。⑲ 在有些情况下,购置资产的计价基数在折旧时将随补贴的一部分相应提高。⑳

11. 收益(gain)的实现和确认

总体而言,这里所讨论的各国税制均要求所得和资本利得必须"实现"(realized)后方可征税。这种实现原则在资本利得和资本损失的征税规则中体现得相当明显。一般而言,只有当财产被出售、交换或者以其他方式处置时,资本利得或者损失方为实现。在此之前,导致财产应计收益或者损失的任何财产价值上的变化,都不予考虑。实现原则也适用于经营所得,不过其适用规则有所不同。经营所得通常是根据权责发生制而非"现金收入与支出"计算得来。此种情况下,实现不同于会计上的收付实现制。例如,在采取实现原则的税制中,由提供服务产生的经营所得在服务完成和开具账单后即为实现,尽管费用的收取可能会稍迟。因此,在经营领域,实现原则

---

⑮ *Seaham Harbour Dock Co.* [1930] 16 TC.
⑯ 例如,参见英国,TCGA,s. 50 和《2001 年资本补贴法》,s. 209 *et seq.*
⑰ 澳大利亚,ITAA 1997, s.15-10,正如 *First Provincial Building Society Ltd* [1995] FCA 1101, 56 FCR 320 一案所作的法律解释;*GP International Pipecoaters Pty Ltd* [1990] HCA 25, 170 CLR 124.
⑱ 加拿大,ITA, s.12(1)(x).
⑲ 法国,CGI, s. 42 septies.
⑳ 法国,CGI, s. 39 quinquies FA.

意味着只有在交易发生后才产生所得,例如服务提供。所以,在某些情况下,实现规则可能是指所得税必须以交易为基础。在其他情况下,纳税地位的变化,例如居民身份的终止,会导致纳税人持有的某些资产的"视同"实现。

产生所得或收益的实现事件(realization events)的定义或者交易的确认,对于所有以实现或者交易为基础的所得税制而言非常重要。在此处所论及的所有国家,有些交易,例如财产的出售,显然就是实现事件。但是,有些国家的规定更为宽泛,将某些交易视为实现事件,即使让与人并没有获得任何对价。例如,有好几个国家将赠与、死亡时的财产转让、财产从企业撤回而作私用,视为应税处分。

虽然实现原则在我们所讨论的这些税制中都已牢固确立,但在某些领域,这种实现要求越来越趋于废弃。例如,有几个国家已经采用某种形式的权责发生制或者"盯市"方法对金融工具征税。这些规则最初源于对按初始折扣发行的债券中所隐含的利息征税,后来扩展适用于其他类型的金融工具。这些问题在次编 D 中将有更详细的论述,因为该方法在历史上就一直与会计规则有着紧密的联系。此外,实现原则在对外国投资公司的征税中常常被排除适用,而代之以盯市法,或者当市价核算方法难以适用时,对此类投资适用规定的回报率计算征税。这些问题将在第四部分探讨。

所有的税制中也都有允许已实现的收益在某些情况下延迟("结转")纳税的规则。这些规则通常涉及财产与财产的交换、已实现收益的再投资(尤其当实现事件为非自愿的情形),以及其他类似情形。这些规则在适用条件以及确定延迟的技术规定方面均有很大不同。涉及结转的各种类型的公司交换,通常发生在公司重组中,这将在第三部分进行讨论。

美国税制中有大量关于实现原则的判例法。实现规则最初被视为宪法上的要求,现在被认为主要是征管便利方面的考虑。[121] 任何财产的交换,只要交换的财产之间存在"实质的差异",都会导致所得或者损失的实现。[122] 但是,无论是生活中或者因死亡而发生的财产免费转让,不属于实现事件。赠与中税收成本的结转保留了对受赠人持有的应计收益的征税可能;但对于死亡时的转让,继承人或者遗产受赠人可以按公平市场价格计算税收成本,这样,直至死亡时的财产增值都规避了纳税。

---

[121] *Commissioner v. Glenshaw Glass*, 348 U.S. 426 (1955).
[122] *Cottage Savings Assoc. v. Commissioner*, 499 U.S. 554 (1991).

在财产上设立抵押,即使抵押是不可追索的,也不涉及个人对资金的偿还义务,也不属于实现事件。根据这一规则,抵押财产的转让(或者放弃)应被视为相当于抵押账面金额的所得实现。

美国有一项特别的法律规定,要求证券交易商按盯市法确认证券的收益和损失,如同财产在纳税年度的最后一天被出售一样。[123] 此外,纳税人如果持有在交易所上市的期货交易合同,一般也要求适用盯市法。

股票、某些类型的债务或者合伙权益的名义所有人,将此类财产卖空、弥补性名义合同或者远期销售,也需要确认收益的实现。

有些"结转"(rollover)规定,允许已实现收益在某些情况下延迟纳税。这些情形包括同类可折旧财产的交换、投资性房地产或者用于贸易或者经营的房地产、以及涉及"非自愿性转换"的来自财产的损害赔偿或者宣判所获得的收益的再投资。[124] 允许纳税人结转出售其主要住所所获收益的规定,已经为免税规则所取代,纳税人可以据此适用25万美元的免税额(合并申报纳税的已婚纳税人免税额度为50万美元)。[125]

在**德国**,财产处置收益属于应税范围,损失的发生如果与经营有关或者类似的所得类别有关,则可以扣除。[126] 收益的征税根据"权责发生制"来确定所得;企业的总利润既包括营业利润,也包括资本利得,即资产获得的对价超过资产的账面价值的部分。只要资产未被处分,仅仅是资产价值的增加并不导致纳税义务。[127] 但是,如果增加的价值补偿了以前的亏损损失,就必须在税务会计中予以反映。[128]

德国税法中有几项规定,是关于资产从企业撤回而没有对价时,对资产中"隐性公积金"征税的问题。从公司、独资企业或者合伙中撤回资产,要按照其"公平价值"增加应税利润。[129] 同样,资产转让给国外常设机构,以及所有其他跨境的资产转让,如果造成之后的资产收益不属于德国的税法管辖范围,也会被视为撤回而按照实现事件来征税。[130] 如果财产是被转让到另一

---

[123] 美国,IRC, s. 475.
[124] 美国,IRC, s. 1031,1033.
[125] 美国,IRC, s. 121.
[126] 德国,ITA, s. 2 par. 2.
[127] 德国,ITA, s. 5 par. 1 参照《德国商法典》, s. 252 par. 1 nr. 4.
[128] 德国,ITA, s. 6 par.1 nr. 1 s. 4, nr. 2 s. 3.
[129] 德国,ITA, s. 4 par. 1 s. 1, s. 6 par. 1 nr. 4.
[130] 德国,ITA, s. 4 par. 1 s. 3.

个欧盟成员国,允许收益在转让后的五年内分摊,除非财产实际更早为外国分支机构所处分。⑬¹ 这些规则是否与欧洲理事会关于内部市场的规则一致,很值得质疑。

德国税制中有很多规定允许已实现收益的延期或者结转。对于在经营中持有的房地产,如果销售收益再投资于房地产,可以免予当期确认收益。⑬² 或者,纳税人通过建立可进行税收扣除的投资准备金,以减少当期所得,从而避免收益的当期确认。准备金可以设立为 4 至 6 年,这要视不同类型的资产而定。如果在规定期间没有进行再投资而导致准备金撤销,对该准备金要按年利率 6% 征收利息。另外,在经营主体发生重组的过程中,财产向一个公司或合伙企业转让,在转让不涉及任何现金回报、纳税人成为受让组织的合伙人或股东的前提下,可以结转处理。⑬³

荷兰的征税规则基本与德国相似,不过具体的技术规定有所不同。例如,再投资必须是投资于类似资产,准备金的设立不能超过三年。

在瑞典,总体来说,所有的财产收益仅在实现时征税。一个重要的例外是企业在经营中用外币记账的债权和债务,要遵循会计原则采用盯市法核算。财产的非自愿转换所实现的收益同样可以延迟纳税,如果来自保险、损害赔偿等的收益用于再投资。个人住宅的出售所实现的收益如果用于再投资,也一样可以延迟纳税。⑬⁴

在日本,资产的出售或者交换也是收益实现的必要条件。这包括股东非货币资产出资,出资属于实现事件。经营资产在同类交换中产生的收益可以延迟纳税。根据以前的法律规定(受舒普顾问团以及斯坦利·萨里的影响),增值财产的赠与视为实现事件,但该制度非常不受欢迎,后来为计税基础结转机制所取代(该机制也适用于死亡时的转让)。⑬⁵ 从 2000 年起,公司所得税对以交易为目的而持有的金融衍生产品以及证券开始采用盯市法方法。⑬⁶

法国也要求实现为征税的基础,不过在经营领域,由债权取得的外汇收

---

⑬¹ 德国,ITA, s. 4g.
⑬² 德国,ITA, s. 6b.
⑬³ 德国,ITA, s. 6 par. 5 和 s. 16 par. 3 s. 2; RTA《重组税法案》, s. 20, 24.
⑬⁴ 瑞典,ITA, ch. 47.
⑬⁵ 日本,ITA, s. 60.
⑬⁶ 日本,CTA, s. 61-3 和 s. 61-5.

益按照盯市法予以征税。[132]非折旧资本资产未实现的损失可以通过准备金的使用而予以考虑。[138] 经营财产的赠与或死亡时的转让属于实现事件,如同资产从独资企业撤回,或者纳税人经营终止。[139] 除公司重组以外,很少有结转方面的规定。

所有**英联邦国家**的税制都以实现原则为基础。实现规则最初由法院在贸易利润领域创立。随着资本利得税的开征,立法上制定了广泛的实现规则,一般将资产的任何处分或者交换(相当于美国使用的术语"出售或者交换")都视为实现事件。例如在**加拿大**,如果纳税人处分资产所有权的大部分权能,实现就发生。有些情况下,债务或者股票条款的变更,税务机关都视其为实现事件。此外,如同前文谈到的那样,赠与或者死亡时的财产处分一般被视为实现事件(不过配偶之间的转让以及其他某些转让可以进行结转)。一般而言,结转减免限于资本利得和损失。但是,折旧资产的资本成本折扣(折旧)可以延迟还原(recapture),如果财产的处分是非自愿的,并且获得了替代资产。[140] 同样,符合条件的资本财产的处分可以延迟计入税基,包括商誉,以及用于经营的不动产在纳税人获得替代财产时的处分。[141]

加拿大有特殊规定,要求金融机构以盯市法确认特定债务和权益性证券收益和损失。[142] 实现规则还有其他一些非常严格的例外规定。例如,如果用于经营的财产转为私人使用或者是相反,财产被视为按公平市场价格的处分。同样,加拿大居民将某些存货、无形财产、可折旧财产"转让"给外国分支机构或者是相反,都视为按公平市场价格进行的财产处分。对存货价值的减少,要根据销售前成本和市场孰低的会计原则处理。

澳大利亚的做法与此相似,通过法律规定(主要是在资本利得税中)处理所称的"CGT 事件"。澳大利亚税制有一些特别规定,专门针对可以在处置的同时被视为"创造"的资产的征税问题,例如签订不竞争契约。法律中有一项非常宽泛的规定,将获得的任何与资产有关的付款均视为 CGT 事件。[143] 2009 年,澳大利亚开始对金融资产实施一套综合的权责发生制。该

---

[137] 法国,CGI, s. 38-4.
[138] 法国,CGI, Regulatory schedule III, s. 38 sexies.
[139] 法国,CGI, s. 201 和 221.
[140] 加拿大,ITA, s.13(4).
[141] 加拿大,ITA, s. 14(6).
[142] 加拿大,ITA, s. 142.5.
[143] 澳大利亚,ITAA 1997, s. 104-35, 104-155.

亚编 B 税基的范围

制度将采用内部回报率与盯市原则的综合方法来计算诸多金融工具的收益和费用,这一问题将在次编 D 中有更为详细的探讨。

澳大利亚有很多结转规定,适用于包括非自愿处置、死亡和特定财产交换等诸多情形。由于历史原因,根据所涉及的财产是存货、可折旧经营财产、还是资本资产,而适用不同的具体规定。

英国的制度同样将"处分"作为资本利得税中判断实现的首要标准;有几类所得有其独特的实现概念,采用收入实现制或者采用权责发生制(权责发生制)计算收益。术语"处分"并未在资本利得税中特别界定,但是一般认为它涵盖受益所有权任何形式的转让。如果处分不是按照独立交易原则,就视为按公平市场价格交易。也有很多"视同"实现的情形,包括通过改变附着于公司股份的权利而引发的价值转移。[144]

英国有一项判例法原则,将库存资产从企业撤回而作私人使用,视同按公平市场价格出售,并导致所得的实现。此原则现在已成为成文法原则。专门的立法对此项判例法原则与资本利得税政策之间的相互影响予以规定。[145]

已实现的资本利得税在很多情况下都允许结转,包括企业资产处置后三年内重置。适用资本扣除的资产或者产生普通所得的资产,其实现的收益进行再投资不需要明确的结转规定。

1996 年以来,英国引入了多个关于贷款关系、外汇和衍生产品的成文法规则。这些规则基于会计规则,不考虑所得和资本的区别,但只适用于公司税。[146]

12. 资本利得和损失

虽然术语"资本利得"或者其他语言中的相关表达在本编所讨论的各国税制中经常使用,但是该概念的精确外延在各国却有很大不同,而且该概念在不同税制中的所起的功用也各不相同。其最基本的含义是指非重复发生

---

[144] 英国,TCGA,s. 2(一般规则)所规定的资本利得,s. 17(赠与)和 s. 21(转让),29 *et seq.*(价值转换(value shifting))。雇佣收入的税基参见 ITEPA,s. 16 *et seq.*,以及有关交易收入的税基参见 ITTOIA,s. 25-27(所得税)和 CTA 2009,s. 46-48。

[145] 案例法原则见 *Sharkey v. Wernher* [1956] AC 36,TC 275,成文法见 ITTOIA,s. 172A *et seq.* 和 CTA 2009,Part 3 Chapter 10。与 CGT 的相互影响,参见 TCGA,s. 161。

[146] 参见目前英国,CTA 2009,Part 5-9 s. 292-931。

的收益,且不属于经营或者投资所产生的正常收入的一部分。这种区分可能源于农业上对土地与土地的收益,或者树与果实等概念的区分。在盎格鲁-萨克森制度中,该概念的产生与信托概念有一定的关联,因为信托概念区分当前收入与信托会计上属于资本的收益。属于资本的收益一般不能分配给所得受益人。

无论资本得如何界定,资本利得的征税一般有几种基本的模式。有些国家,主要是欧洲大陆国家,对所有经营中产生的所得都按相同的方法征税。所得和资本利得并无区别。例如,经营性资产的处分收益与存货的销售收益同等征税。但是,与经营或者其他应税所得类别没有关联的资产的收益常常不征税,不过有时候也对短期资本利得征税。因此,对个人的投资资产所获收益常常不征税,或者仅在特定情况下征税。

在受到英国税制影响的国家里,对经营企业与个人均适用普通所得和资本利得的区分。起初对这两类主体的资本利得均不征税,因为这些利得不是来自某个来源的所得,而是产生于所得来源本身的处分。后来的立法,一般以单独的资本利得税制度的形式,最终将资本利得纳入所得税基,且通常适用优惠税率。

最后,采用综合所得税制的国家,通常将资本利得纳入所得税基,不过,适用优惠税率的情况也非常普遍。在大多数税制中,资本损失的扣除受到限制,这是因为对利得已经适用优惠待遇,或者是因为利得或损失的时点实现常常受纳税人操纵,尤其是投资资产。

这些不同的征税方法常常在各类税制中引发不同的结构性问题。在许多欧洲国家的税制中,由于公司的所有收入都归属于经营所得,因此没有必要将资产区分为资本资产或是普通资产。但是,对于个人持有的资产,区分的结果将会导致全额征税或是免税的不同结果。在以美国为例综合所得税制中,个人持有的资产需要考虑的问题是,资产能否适用优惠税率,还是应该正常纳税。在对折旧资产所产生的与经营有关的资本利得适用优惠待遇的国家,有必要采取措施将资产售出时的超额折旧部分"收回"计入普通所得;在对所有经营所得采取相同征税方式的制度中,就不存在这一问题。

在所有税制中,由于对某类资本利得适用不同的税收待遇,从而使得立法和司法为了对分类进行界定而变得非常复杂。又因为对为什么对特定资产的处分收益应适用特殊待遇缺乏共识,导致这一问题更为突出。

美国对资本利得的征税历史漫长而复杂。资产处分收益无论是否在经营领域发生传统上均被纳入税基。但是,对个人(自1922年始)和公司(自1942年始)的某些资本利得,通常适用优惠待遇。资本损失一般仅在资本利得的限额内允许扣除,不过个人纳税人如果当期没有资本利得,可以在普通收入中扣除一定额度的资本损失。未扣完的资本损失可以向前结转。

目前,本应适用更高累进税率的个人纳税人的资本利得适用较低的税率,但公司的利得要全额纳税。[147] 资本利得的税收待遇以及允许适用优惠待遇的资本利得的类型界定已随时间发生巨大的变化。其结果成了一个技术规则的大杂烩,不可能进行逻辑化梳理。

一般而言,可以适用优惠待遇的资本利得,是持有期间超过一年的资本资产在出售或者交换时实现的收益。有大量的立法和判例法资料对"资本资产"——这一利得优惠待遇的核心概念进行界定。由于所有的利得最初都是纳入资本利得类别,后来又有诸多的例外规定将利得视为普通所得,界定的过程因此而相当复杂。因此,企业持有的存货以及其他在正常经营中向顾客销售的财产不被认定为资本资产。这一规则的适用范围引发了大量的争议,尤其是在不动产领域。[148]

根据一些复杂的规定,不动产以及用于经营的可折旧个人财产,如果所有这些财产的处分在纳税期间产生净收益,就被视为资本利得,但有些矛盾的是,减少了资产的计税成本的净损失可以以普通所得弥补。[149] 如果折旧资产的收益是因为所产生的折旧扣除所致,那么这部分利得,其全部或者部分,或者适用略高于一般优惠税率的税率,或者按普通所得纳税,这得视财产的性质而定。[150] 版权和其他文学或者艺术财产,在创造者持有期间一般不能被视为资本资产。[151] 但是2007年开始采用了一种例外规则,作曲家的版权被当作资本资产处理。发明家持有的专利也可以归入资本资产,即使在有些情况下似乎属于存货。[152] 持有期间超过一年的收藏品(例如邮票藏品、珍稀硬币等)的销售利得也适用特别规则。这类资产利得按最高税率28%予以纳税。

私人财产的处分收益应当纳税,但不允许损失扣除。个人如果出售在

---

[147] 美国,IRC,s. 1(h).
[148] 美国,IRC,s. 1221.
[149] 美国,IRC,s. 1231.
[150] 美国,IRC,s. 1245, 1250.
[151] 美国,IRC,s. 1221(a)(3).
[152] 美国,IRC,s. 1235.

售出前5年内至少有两年作为主要住所的住宅,其收益中有250,000美元可以免税(进行联合申报的已婚纳税人可以获得500,000美元的免税额)。

德国是欧洲大陆国家对资本利得征税采取分类征税模式的代表,不过近年来,其税制已有了大幅度的变化。一些基本的规则仍然予以保留,例如对私人资本利得不征税,经营中实现的所有收益都要纳入应税经营利润。[153] 如果不动产的持有少于10年,其处分收益要纳税[154],其他资产如果持有不到1年,其处分也要纳税。[155] 独资企业、全资公司的全部股份或者合伙权益的出售适用减免税率。与此相应,私人损失一般不能扣除,而经营中的损失可以全额扣除。

2008年12月31日之前,对私人出售持有一年以上的公司股票所获得的收益只有在持股超过一定比例时才要征税。[156] 随着时间的发展,这一最低限额从公司资本的25%降至10%,后又降至1%。目前,个人出售作为经营资产持有或者超过1%的股权产生的利得需要缴税,但是只按利得的60%征收。公司股东出售股权获得的利得免税。

2009年以后,所有其他资本利得(例如来源于作为私人资产持有的组合性股票或其他证券)均需课税。[157] 适用税率为25%的最终预提税。[158] 纳税人如果适用更低的税率,可以把资本利得列入个人所得申报表。[159] 资本损失只能以同样类型的资本利得予以弥补。[160]

荷兰基本上采用相同的规则[161],只是将构成应税实质参与持股的最低持有比例定为5%。资本利得和其他来自实质参与持股的收入归入第二栏所得,适用25%的税率;来自实质参与持股的损失可以结转,与实质参与持股的收益相抵,或者如果纳税人不再实质参与持股,那么损失可以产生25%的税收抵免额,用来与损失产生年度的经营或者雇佣所得(第一栏所得)有关的纳税义务相抵,如果当期没有纳税义务,可以向后结转。同样,对于短期利得没有特别税收,但是如果这些利得超出了正常投资活动的成果(例如,

---

[153] 德国,ITA, s. 2 par. 2.
[154] 德国,ITA, s. 22 nr. 2, s. 23 par. 1 nr. 1.
[155] 德国,ITA, s. 22 nr. 1, s. 23 par. 1 nr. 2.
[156] 德国,ITA, s. 17.
[157] 德国,ITA, s. 20 par. 2.
[158] 德国,ITA, s. 32d par. 1, s. 43.
[159] 德国,ITA, s. 32d par. 4.
[160] 德国,ITA, s. 20 par. 6.
[161] 荷兰,ITA, Art. 4.2.

修复房屋),或者基于特殊的内部知识以至于可以合理预见出售能够获利时,要纳税。

在**瑞典**,起初个人在经营之外实现的资本利得,如果是投机性和短期的,才需要纳税。但是,经过后来的一系列改革,资本利得的征税已经大大扩展,现在所有的资本利得都要作为来自资本的所得纳税。适用税率为20%,低于经营所得或者雇佣所得适用的税率,以部分调整通货膨胀带来的影响。1991年税制改革的基本原则是资本利得应该全额征税。但一开始这一规则就有例外,而且例外越来越多,例如物主自用的住房和合作性公寓创造的资本利得分别按22%和30%征税。该规则的部分根据在于想要减少锁定效果(lock-in effect)(不过对于再投资的利得可以结转)。

关于资本损失的基本原则是可以扣除,但是数额有所限制。主要规则是扣除额限制在总损失的70%以内。该限制的目的是为了降低纳税人当期实现损失但推迟收益实现的可能。但这一规则已有很多例外,比如上市交易的债券所导致的资本损失的扣除可以不受限制。上市交易的股票所产生的损失可以全额抵扣同年度实现的相应的收益。但是个人住房方面的损失扣除限制在损失额的50%以内,这与对利得的税收优惠相对应。

如果资本所得类别发生净损失,可以在进行相应调整,以反映资本利得适用30%的优惠税率后,与其他类别的所得相抵。允许扣除的损失被转换为21%的抵扣(70%的损失×30%),从而减少了其他类别所得的应纳税额。

如同其他大陆法国家的税制,总体而言,**日本**并未对公司实现的资本利得制定专门的规则。但是,个人的资本利得适用非常复杂的一套规则。一般而言,持有期间少于5年的资产所实现的利得要全额征税。持有期间超过5年的资产,其利得的一半计入应税所得。[62] 在1989年之前,证券收益不纳税。但现在,虽然债券方面的资本利得一般不征税,但是权益证券的净收益要按20%的特别税率(不包括地方税)征税,上市权益证券则适用优惠税率。[63] 对于房地产产生的收益适用独立的规则。总的来说,这些规则在有些情况下对房地产收益适用的税率要高于正常税率(例如,短期收益)。这些规则也规定将不动产收益划归经营所得、资本利得或者偶然所得,由此而导致收益计算和适用税率也各不相同。这些规则反映了不动产收益在日本国

---

[62] 日本,ITA,s. 22.
[63] 日本,STMA,s. 37-10.

内经济中所占的重要地位。

在**法国**,独资企业的固定资产持有年限超过 2 年的,其净收益适用优惠税率(16%,而不是累进税率,加上 12.1% 单一比例税率新所得税)[164]。经营中使用的房地产带来的长期收益在持有的第六年起开始享受每年 10% 的扣除,因此持有 15 年以后就相当于免税了。[165] 同时,小型企业的长期和短期利得一般均不征税。[166] 折旧所产生的收益总是归入普通所得。从 1997 年开始,公司资产适用长期资本利得待遇的已经限制为其他公司的大额权益(5% 或以上)转让收益而在目前免税。[167] 私人资本利得历史上不纳税,但是从 1976 年开始适用专门的税收制度,包括优惠税率(股票和证券的转让收益适用 18% 税率,房地产不适用累进税率而适用 16% 比例税率,加上 12.1% 的新所得税总比例税率),经常性免税(如私人资产和私人住宅),以及年度标准扣除,从而使持有若干年之后就达到免税效果(股票和证券 8 年,房地产 15 年)。[168]

资本利得税收在英国、加拿大和澳大利亚的发展历程稍微有些不同。如前所述,最初,经营以外的资产的处分收益一般不征税。在经营领域,将存货和流动资产与固定和长期资产进行了区分。只有存货和流动资产的收益才缴纳所得税。无论是私人资产还是经营性资产,"资本资产"的处分收益由于所得的"信托"概念不计入所得税(信托的所得受益人无权取得信托资产的任何增值)。同样,根据所得来源概念,资本利得可以被视为来自来源本身的处分而不是来源所产生的收入。后来,所有这三种税制(英国[1965],加拿大[1972],**澳大利亚**[1985])对资本利得采用了单独的征税制度,同时适用于私人利得和用于经营的资本资产的处分收益。此外,在英国和澳大利亚,加拿大的程度略轻,资本利得税收立法被用来解决某些在传统所得税制的运作中产生的缺陷和问题。因此,资本利得税制,在一定程度上,是平行的征税体制,它绝非仅仅是将来自特定类别资产的收益纳入税基这么简单。由于英联邦国家具有某些相同的历史背景,其税制也因此呈现出大量的共同特征。

---

[164] 法国,CGI, s. 39 duodecies 和 39 quindecies.
[165] 法国,CGI, s. 151 septies B.
[166] 法国,CGI, s. 151 septies 和 238 quindecies.
[167] 法国,CGI, s. 219 I-a.
[168] 法国,CGI, s. 150-0 A sq.(股票和证券)以及 150 U sq.(不动产)。

1962 年**英国**在所得税中增设短期资本利得税,随后在 1965 年对资本利得开征了单独的税种。从那以后税制进行过几次调整;短期税在 1971 年被取消。在正式的税制结构中,资本利得税是单独对个人征收的税收,公司实现的资本利得纳入公司所得税,不过结果常常是一样,但并非总是一样。[169] 该税的基本结构是对所有资产的处分收益征税,然后对许多类型的利得予以免税。这些包括一般应该征收所得税的利得,例如存货销售利润、某些私人资产(汽车和私人住宅)收益,某些政府证券收益,以及许多其他杂项例外,包括非为金钱或者金钱价值获得的英勇奖励勋章的处分收益。最低额规则将个人资产处置低于 6,000 英镑的收益和损失不计入税基。从 1982 年开始引入缓解通货膨胀效应措施。[170] 一开始是通过资产计税成本的调整予以实现。现在的指数调整制度不能用于资本资产处分损失的产生,这在以前是允许的。这种指数化规则仍适用于公司所得税,但是从 1998 年起不再适用于缴纳资本利得税的主体,主要是个人和信托。1998 到 2008 年间有一个"锥形减免"(taper relief)。锥形减免在 1998 年引进,仅适用此后的年度,因此 1990 年后持有的资产,如果在 2007 年处分,其以前持有的年度要适用指数规则,而后来的年度则适用锥形减免。[171] 锥形减免适用于利得。减免区分经营资产和非经营性资产,经营资产适用范围更宽泛的锥形减免。经营资产持有期间超过 2 年之后可以获得 75% 的减免,因此本应按 40% 的税率征税的利得仅按 10% 征税;非经营性资产获得最多达 40% 的减免,且需要持有 10 年以上,因此按 40% 征税的利得减免后适用 24% 的税率。税收减免永远不可能达到税率为零。2008 年锥形减免不再对作为资本利得税纳税人的个人和信托适用,而是适用简化的 18% 的新税率。税制简化的另一部分是废止了 1998 年就停止适用的指数调整制度。[172]

资本利得的税率各有不同,对某些期间适用优惠税率。目前对公司没有优惠。如上所述,适用于个人的规则情况不同。个人适用 18% 的单一税率,并在 2009—2010 年适用每年额度 10,100 英镑的免税额。[173] 这一税率适用于所有发生在 2008 年 4 月 6 日之后的处分。一项特殊的"企业家减免"

---

[169] 英国,TCGA, s. 1; CTA 2009, s. 2 和 4.
[170] 英国,TCGA, s. 52A et seq.
[171] 对于(废除的)递减减免参见英国, TCGA, s. 2A 和 Sch. 7.
[172] 英国,TCGA, s. 4,被《2008 年财税法》s. 8 修改。
[173] 英国,TCGA, s. 3.

达到的实际效应是在（一生）一百万英镑以下的营业收益适用 10% 的税率。⑭ 信托产生的收益由受托人按照信托税率即 40% 缴税，此税率也可能比收款按照所得征税适用的税率还高。信托每年的免税额最多是 5,050 英镑，最少是 1,010 英镑，其具体数额取决于资产信托者设置信托的次数。如果一个信托视为"弱势受益者"(vulnerable beneficiary) 建立，信托的存在会被忽略，信托受益如同直接由受益者实现而征税。⑮

资本损失一般仅可以与资本利得抵扣，不过非上市的经营公司的证券损失可以全额抵扣。个人和信托有时可以用经营损失冲抵资本利得。公司所得税中经营损失与资本利得的弥补更宽泛。⑯

在**加拿大**，最初仅有一半净资本利得计入所得；后来将计入部分增加到 3/4，2000 年又再次减到一半。⑰ 1988 年对个人开始实行实质性减免，但是引起很大争议，现在已经废止，除了家庭农场和小商业企业的股份以外。资本损失一般只能与资本利得冲抵，不过投资于小商业公司所发生的某些损失可以全额扣除（被称为"被允许的商业投资损失"）。损失可以向前结转 3 年并向后无限期结转。

对"私人使用"财产适用特别规定。如果财产的处分收益或者调整后的成本基础低于 1,000 美元，收益或者成本按照 1000 美元计算。这一个规定是一种最低限额规则，目的是消除小额财产的记账负担。此外，只有个人使用的具有潜在的投资性质资产，例如硬币、稀有书籍、艺术品等可以扣除有关损失，且只能用来冲抵同类财产获得的收益。因此，因为消费耐用品价值的减少不能作为损失扣除。此外，主要住所的处分收益是免税的。

为了减少有关普通所得和资本利得区分的诉讼争议，某些纳税人可以一次性选定将所有的以后处分的"加拿大证券"产生的所有收益都记录在资本账户上。这种选择防止纳税人对于收益主张资本利得待遇，而对于加拿大证券的损失主张普通损失待遇。这种选择对于从事证券的经纪商、金融机构或者非居民不适用。

澳大利亚税制直到 1999 年以前都是对资本来利得适用普通税率，同时

---

⑭ 英国，插入 TCGA, s. 169H *et seq.* 的《2008 年财税法》, s. 9 等。

⑮ 关于信托通常参见英国，TCGA, Part 3 Chapter 2.

⑯ 英国，TCGA, s. 2；关于扣除的交易损失参见 TCGA, s. 261B 和《所得税法》, 261 C。有关公司税的交易损失参见 TA, 1988 s. 393。

⑰ 多数有关资本利得的规则参见加拿大 ITA, sections 38-55。

对收益但不对损失实行指数化。[78] 指数化仅仅适用于持有超过12个月的资产。指数化以宽泛的消费者价格指数为依据,有效比较购置季度与处分季度的指数差异。因此,例如,对于在1985年第三季度购置、1995年第四季度处分的资产,成本指数化因素将是1.582,以反映这段期间58%的通货膨胀率。指数化仅与资产挂钩而不与义务相关,这样用来购买产生所得的资产的贷款利息仍然根据名义利息进行扣除。为了限制该制度导致的税收庇护的可能性,与不动产投资有关的利息扣除曾经被限制在财产所产生的所得限额内。这些限制仅在实施后很短的一段时间后即被废除。在1999年指数化被冻结,此后个人允许选择指数化到1999年,或者针对持有达12个月的资产在冲抵损失后给予净收益50%的折扣。公司没有资格使用折扣,但是仍可以适用指数化直至1999年9月底。结果是在此以后购置的资产没有指数化,在此之前购置的资产,指数化随着时间的流逝而变得愈来愈没有实际价值。

资本损失可以从资本利得进行扣除,但是不能从其他所得扣除。未扣完的资本损失可以无限期地向前结转与资本利得相抵。个人私产的收益与损失所适用的规则与加拿大的类似,对于主要住所的处分收益也是免税。

当**加拿大**和**英国**开征资本利得税收时,资产要按照法律颁布时的价值进行评估,以便计算收益和损失,这样只有在此之后发生的资本利得或者损失才能纳入考量。英国的规则后来修改为与指数化引进相关的一个稍后的价值评估日期。[79] 澳大利亚仅对一定日期之后购置的资产适用资本利得税,因此使得规则相当复杂以便(比如在适用结转规则时)保存收益"以前"和"以后"的特征。

下面的表Ⅱ-1对亚编B中的所得计入规则进行了总结。为了讨论与分类税制有关的问题,标题显示了所讨论的情形类别。例如,与意外收入相关,假定是意外收入不是发生在经营领域或者与营利活动没有关联。同样,在非法所得中,假定是如果没有违法因素,那么相应所得会另外归入某一应税类别。

---

[78] 资本利得的一般规则参见澳大利亚,ITAA 1997, Part 3-1.
[79] 最初的规则参见英国《1965年财税法案》;1982年重新制定的规则参见TCGA, s. 35.

表 II-1 税基的某些方面：包含

	房屋出租估算收入	个人赠与	商业赠与	意外收入（非商业/追求利益）	非法所得（否则是应税收入）	公共补贴（商业环境中）	债务免除（商业环境中）
澳大利亚	排除	排除	包含	排除	包含	通常包含	若是资本，则减除一般债务，若是资本，则减除计税成本或应税
加拿大	排除	排除	包含	排除	包含	包含或者扣除计税成本	若是资本，则减除计税成本或应税
法国	排除	排除	常排除	排除	包含	通常包含	包含
德国	多数排除	排除	某些条件下包含	排除	包含	包含或者计税成本扣除	包含
日本	排除	排除	包含	包含	包含	包含或者计税成本扣除	包含
荷兰	包含	排除	通常包含	排除	包含	通常不包含	通常排除（关于先前损失的除外）
瑞典	排除	排除	通常包含	排除	包含	包含或者计税成本扣除	如果有清偿能力，则包含；反之，则排除但扣除损失
英国	排除	排除	排除（若不是出于商业目的）	排除	包含	包含（除非另有规定）	通常排除（除非从先前扣除中获得的商业税收优惠）
美国	排除	排除	通常包含（对雇员的赠与总是包含）	包含	包含	包含或者计税成本扣除	包含或者计税成本/损失扣除

亚编 C 扣 除

这里讨论的所有税制都有一个基本的前提，即所得税一般是对总收入减去各项扣除之后的金额征收，而不是其他一些更为宽泛的收益。虽然这一原则的实施方式有多种，但它们具有一些共同的特征。所有的制度均认可，可以在所得计算时予以扣除的支出，一般而言必须与应税活动有一定的关联，用于个人消费的支出不应该扣除，至少在大多数情况下如此。这些税制也对减少当期所得的费用与通过某种资本成本补偿制度而计入的资本支出进行区分。有些国家的税制规定，所有与收入有关的费用原则上都可以扣除，除非另有限制。但在另一些国家的税制里，扣除限于明确列举的费用类别。除了为正确计算净所得所必要的费用扣除外，许多国家的税制也允许某些私人费用的扣除。

除了对可扣除费用进行界定外，所有的税制在扣除规定方面均有一些重要的分类所得税制的特征。即便对所得采用综合定义的税制，各类扣除常常限于某些所得类别。

许多税制对雇员的费用扣除有专门规定。有些制度允许对雇佣所得适用标准扣除，而不允许具体的雇员扣除。在其他情况下，只有极少数雇员费用允许扣除，且常常限于超过一定额度的费用。此类限制主要是因为对扣除存在税收征管上的困难，同时考虑到如果不设限制，将会有大量的个人、生活以及消费支出予以扣除。这些限制通常不适用于个人的经营所得或者自由职业所得，尽管这些领域很可能存在同样的问题。由于雇员扣除受到限制，不能为一次性扣除或者标准扣除所弥补，而自由职业和经营扣除则不受此限制，这样的制度结果通常有利于高收入纳税人。

雇员征税中的另一个普遍现象是，对两类费用的区别对待，即有些费用如果直接发生就可以扣除，如果由雇主报销则不予计入。一般不计入所得规则比扣除规则更为优惠。这可能部分是因为如果雇主愿意承担费用，那么其费用更有可能属于经营性质，至少对那些很明显并不是额外的补偿的情况下如此。因此，免税规则将产生计算所得与那些因为得到补偿而被认定为与经营有关的费用的扣除之间的净额的效果。

其他限制主要是限制因利息和资本补偿扣除造成的损失。这些限制通常是为了解决与"税收庇护"投资有关的问题。各种扣除的限制将在主要扣除规则之后进行讨论。

1. 混合性的商务和个人费用

所有的税制均须处理那些同时具有产生收入和消费性质的支出的基本问题。解决这一问题的方式各有不同，无论是基本方法还是具体规则上。在对各国解决该问题的基本方法予以探讨后，我们选择了部分同时具有个人和赚取所得性质的费用进行讨论。

德国处于一个极端，有一项基本的法律条款，不允许任何具有混合性质的费用的扣除①，除非有具体的法定规则允许此类扣除，例如，商业午餐。禁止分割和扣除似乎是基于这样一种认识，为了税收公平，消费应该纳入税基，即便消费肯定发生在经营过程中。只有在非常有限的情况下，个人因素可以忽略不计，或者商业与私人因素可以明确分开，才允许扣除。

英国的分析有所不同，但结果与德国一样，需留意特定的收入来源。如果费用的发生全部并完全与贸易或者职业活动有关，允许扣除。对于经营所得，衡量的标准是支出发生的目的。但是，这一规则的明确适用范围，被一项绝对的禁止"双重目的"费用扣除的规定所抵消，同时法院拒绝仅仅根据纳税人所声称的目的适用目的检验原则②。相反，如果扣除与雇佣所得有关，一般的检验标准要求费用全部、完全以及必须身在办公或者雇用的职责履行中发生。这一规定被解释为进入赚取收入状态产生的费用，与产生所得的活动的实际履行不同，不能被扣除，由此影响了设计交通、搬迁、儿童看护等类似费用的税收处理问题③。商业和雇员所得扣除规则的差异不应该被过分夸大。在很多情况下，这些支出也不能在经营所得中扣除，其理由常常是，其发生具有私人和商业的混合目的。

在**加拿大**，混合商业/私人费用的税收待遇是法律规则和行政实践的大杂烩。一般而言，费用必须被认定为私人费用或者经营费用。这些费用或者可以全额扣除或者全部不允许扣除，商业午餐和招待除外，其一半的费用

---

① 德国，ITA, s. 12 nr. 1.
② *Mallalieu v. Drummond* [1983] STC 665.
③ 英国，ITTOIA, s. 34, CTA 2009, s. 54; ITEPA, s. 336.

可以扣除。但是,如果费用可以根据某种客观、可证实的方式予以分配,例如汽车费用,税务机关将允许费用中的适当部分进行扣除。立法没有规定禁止混合经营和个人费用的分配。

甚至在**澳大利亚**这样明确规定费用用作扣除的分配的国家④,分配的时点和性质仍然存在争议。例如,如果某人飞到某一外国进行一周的商务活动和一周的度假,就有必要将住宿餐饮的费用进行分配,但是航空费用是应该按比例分配还是适用全有或全无标准则尚不明确。

在**瑞典**,一般方法是确定支出中与经营有关的费用比例。例如,购买书籍和其他阅读物的费用不能扣除,即使用于经营,如果这些资料可以合理地推断是本来是为了非经营性目的而购买。但是,乐队的乐器演奏人员可以扣除牙医费用,如果这是他能继续演奏所必要的,否则就不会产生的费用。

法国的方法有些类似并无概括性的原则禁止混合费用的扣除,费用的分配按照个案来确定。

在**荷兰**,在 2001 年,雇员无权扣除除交通之外的任何费用(按固定金额扣除)。对于企业,某些混合费用从来都不允许扣除(无论由雇主还是雇员发生),对雇员提供此类费用的补贴,要对雇员征税。其他类型的混合费用只有在雇主支付时才不允许扣除。

无论通常是判例法发展的一般规则如何,一般重复发生的费用,如交通费用、商业招待、搬迁等,常常适用特殊的法定条款,规定扣除的条件以及扣除。规则并非总是与任何一般理论一致。较为普通的方法是允许包含大量消费内容的费用按规定的比例扣除,例如餐饮和娱乐。严格的凭证要求也常常与这些费用相关联。

下文将有选择的对某些涉及混合经营和个人费用的扣除予以讨论。

1.1 上班往返交通(commuting)

上班往返交通费用与经营活动的关系较为明确,因为这是将纳税人运送到工作场所,开始从事能产生收益的活动的必要前提。不过,交通费用的高低与个人居住地点的选择以及所采用的交通工具有关。虽然有少数国家完全不允许交通费用的扣除,但有许多国家允许一定额度的扣除。

在**美国**,上班往返交通被界定为从纳税人的私人住所到主要工作场所

---

④ 澳大利亚,ITAA 1997, s. 8-1.

之间的交通，其费用一般不可以扣除。但是，一旦纳税人处于"工作状态"，在工作场所之间的交通费用就可以扣除。美国发展了一套复杂的判例法和行政规则来解决进行这种区分中遇到的种种问题。例如，偶尔从私人住所直接到第二个工作场所的交通费用可以扣除；纳税人不需要先到其主要工作场所。

符合扣除条件的雇员上班往返交通费用，如同其他大部分雇员支出一样，受到一定的扣除限制。此类雇员支出，只能在与其他杂项扣除相加超过所得的2%的范围内，才允许扣除。

同样，**加拿大**也不允许上班交通费用的扣除，这是遵循早期英国判例的结果。因为将纳税人运送到工作场所以便开始营利性活动所产生的费用，并非是工作中产生的费用，因此被视为具有实质上的私人性质，而且该费用也与纳税人对居住地点的私人选择有关。与美国一样，在工作过程中的交通费用一般可以扣除。加拿大的一些案例显示，纳税人通过建立家庭办公室，主张家庭/商务旅行属于商务过程发生的费用而试图规避该征税规则。不过，对家庭办公费用扣除的大量限制使得这种规避行为无效。

英国有一个案例，一位在家工作的律师被拒绝扣除其上班交通费用。该律师的办公室就是他的主要工作场所，夜间回家的费用被认为是私人费用，即使他也在家里工作。交通费用并非"全部和专属地"与商务有关⑤。但是，在两个(专属的)工作场所之间的交通费用可以扣除。有关雇佣所得的立法(2003年重述)允许在履行办公职责中产生的必要交通费用优先扣除，这一表述通常意味着纳税人从家庭到工作场所的交通费用不能扣除。另一项允许"必要出勤"交通费用扣除的规则，则明确排除了"普通的上班往返交通"。⑥

澳大利亚判例法采用了相同的模式，也以英国判例作为将其分析的基础。澳大利亚高等法院最近的一项判决有悖于一般的共识，即当涉及两项单独的赚取所得的活动时(在该案中一项是雇佣，另一项是经营)，与工作有关的交通费用可以扣除。⑦ 澳大利亚政府已通过立法来确立这种共识。⑧

在**德国**，上班交通费用的扣除问题是大量政治辩论、立法活动、及宪法

---

⑤ *Sargent v. Barnes* [1978] STC 322.
⑥ 英国, ITEPA, s. 337 et seq.
⑦ *Payne* [2001] HCA 3, 202 CLR 93.
⑧ 澳大利亚, ITAA 1997, s. 25-100.

法院一项近期判决的争议主题。2007 年,立法机关废除了按从纳税人的家庭住址到工作场所之间的最短路线按每公里规定一个固定的数额(0.30 欧元,无论交通方式如何)的做法。从 2007 年开始,固定扣除额只能是从家到工作场所超过 20 公里的部分。⑨ 宪法法院判定,该规定违反了平等原则,因其完全基于财政考量。⑩ 财政部宣布将重新恢复从家到工作场所每公里 0.30 欧元全程扣除的规定。

在**瑞典**,虽然上班交通费用一般被视为私人费用,有一项特别的法律规定允许交通费用每年超过 7000 克朗的部分予以扣除。只有"合理的"费用才可以扣除,这实际上是指公共交通费用。要扣除汽车交通费用,纳税人必须证明用汽车上下班每天至少可节省两小时的交通时间。扣除按照每公里有一个限制金额,以便补偿汽车的边际成本。交通必须限于纳税人的"住所"到工作场所之间,从避暑住所去上班(在瑞典很普遍)的旅行费用明确被排除。

在**荷兰**,上班交通费用一般被认为是私人费用不允许扣除。后来,随着住房短缺导致很多人住在离工作场所很远的地方,判例法才开始允许某些情形下的扣除。从 1964 年开始,立法允许雇员扣除少量固定数额的往返交通费用。

从 2001 年开始,扣除开始限于乘坐公共交通上下班的费用(最高扣除额为单程 80 公里的费用)。但是,如果雇主为雇员提供私人汽车交通费用津贴,雇员不用就津贴纳税,如果该补贴没有超过按照最高 20 公里路程计算的限额。⑪ 这些规则的目的在于既反映环境和交通方面的考虑,同时也反映了此类费用的混合性质。

在**日本**,往返交通费用的税收规则经历了数次调整。交通费用一般由雇主支付,这些款项在一定的额度下免予征税。起初,具体的成本是不可以扣除的,包括超过免税额的往返交通费用,如果雇员的支出与属于雇佣所得的收入有关。属于雇佣所得的收益适用更高的"标准"扣除额,其数额高低因所得而有所不同,但仅限于薪金额的 30% 到 40%。虽然该扣除的作用是

---

⑨ 德国,ITA, s. 9 par. 2.
⑩ 联邦宪法法庭(*Bundesverfassungsgericht*),2008 年 12 月 9 日判决 2 BvL 1/07 *et seq.*
⑪ 荷兰,ITA, Art. 3.87.

多方面的,其主要的功能是避免处理雇员支出按项目扣除的税收征管负担。⑫ 这一技术规则证明是有争议的,且受到宪法上的质疑,因为他对工薪纳税人有歧视对待之嫌,尤其是相较于可以享受此种扣除的自由职业者。虽然该方法的合宪性最终得到肯定,法律规则还是进行了修订,允许雇员一定额度的扣除,包括上班交通费用,如果此类扣除的总额超过了标准扣除额。因此"普通和必要的"上班交通费用在某些情况下可以由个人扣除。⑬ 虽然这在理论上很重要,实践中,只有很少一部分纳税人采取逐项雇员扣除。

在**法国**,基本的原则是上班交通费用可以扣除,或者按实际支出数额,或者按每公里一定比例⑭,如果住址和工作地点之间的距离不是"离谱的"。这意味着最高40公里的路程,除非纳税人可以为额外的里程提供社会或者商业上的合理理由。⑮ 大多数雇员(95%)不采用费用的逐项扣除,而是选择其补偿金额10%的标准扣除。⑯

1.2 搬迁费用

与上班交通费用一样,搬迁费用也同时具有商务和私人因素。有些搬迁可能完全出于私人目的,另一些则可能是依照雇主的要求。同样,各国的具体征税规则存在差异。不过,在许多情况下,雇主补偿的费用不纳入所得税基,虽然同样的情形下直接发生的费用不允许扣除。这一方法实际上是将雇主补偿的事实作为搬迁具有必要的商务关联的依据。

在**美国**,判例法起初认为搬迁费用与上班交通费用一样不可以扣除。但是,税收征管实践允许某些雇主补偿的费用不予征税,这就对直接发生的费用与得到补偿的费用以及受补偿的费用类别之间产生了区别对待。最后的立法解决方式是允许少数类别的搬迁费用的扣除,或者,允许纳税人将从雇主那儿获得的费用补偿款不计入总收入中。⑰ 要扣除或者排除,搬迁必须与在一个新的经营场所开始工作有关联,符合一定的距离要求。与上班交

---

⑫ 除该行政负担外,有人认为大量的标准抵扣与下列事实相关:与其他类型的收入,更多工资收入可能被申报,代扣代缴使得征税更及时也更广泛,以及标准抵扣的作用代替了对"人力资本"的抵扣。

⑬ 日本, ITA, s. 57-2.

⑭ 法国, 行政文件 5 G-2354, n° 9 through 43.

⑮ 法国, Circulars 4 C-4-04, n° 21 和 5 G-5-04, n° 5 (自雇) 以及 CGI, s. 83 3° par. 7 (雇员).

⑯ 法国, CGI, s. 83 3° par. 2 through 4.

⑰ 美国, IRC, s. 217,132(a)(6).

通费用不同,搬迁费用不存在所得的一定比例的限制。

德国没有专门针对搬迁费用的法律规则。根据解释产生所得的费用的一般扣除的判例法原则,搬迁费用在有些情况下可以扣除。搬迁必须是完全或者几乎完全出于商务上的理由。最常见的理由是工作地点的改变(这本身就被视为与商务有关)。如果不是工作变迁,如果搬迁能够节省上班交通时间每天至少一小时,则也可以视为存在商务关联,这时允许扣除的搬迁费用最高为一个公务员作类似搬迁时所应获得的补偿费用,而不用提供实际的支出证明。也可能扣除更高的费用,但纳税人必须证明所有费用具有商务上的关联。公共机构雇主给雇员提供的搬迁费用报销免于征税。[18]

在**英联邦国家**的税制中,一般原则是,搬迁费用和上班交通费用一样被认为属于私人性质的支出。但**加拿大**现在规定了一个特别的立法规则,允许搬迁费用在特定条件下的扣除[19]。搬迁费用的发生如果与在一个新的场所开始工作或者经营有关,则允许扣除。搬迁必须使得新的住址与旧的住址相比,离新的工作地点至少要近40公里。

最初,距离的要求被税务机关和法院解释为按照直线法进行测量。结果,纳税人从渥太华河一边的魁北克向对岸的渥太华搬迁,其费用的扣除遭到拒绝,即便按照正常开车距离来测量,距离条件是满足的。[20] 这种严格解释被上诉法院推翻而采取更为灵活的解释,将可以选择的正常交通工具纳入考虑。[21] 税务机关并未轻易放弃,2007年他们提出距离要求应由某电脑软件生成的两地之间最短距离决定,尽管案中路线涉及17次右转,18次左转,并穿过数个人口密集区。税务法院以机械的非理性凌驾于正常思维为由拒绝了该观点。[22]

部分由于消除从其雇主取得搬迁费用的补偿的雇员与必须自行负担此种搬迁费用的雇员的歧视待遇,扣除在成文法中作出了明确的规定,法院判例则坚持认为此种费用补偿不应计入应税所得。

在**英国**,搬迁费用不能扣除。但是,法律明确规定对雇主每次搬迁提供的最高达8000英镑的特定费用的补偿款免税。8000英镑这一限额已多年

---

[18] 德国,ITA, s. 3 nr. 13.
[19] 加拿大,ITA, s. 62.
[20] *Cameron v. The Queen* [1993] 1 CTC 2745 (TCC).
[21] *Giannakopoulos v. The Queen* [1995] 2 CTC 316 (FCA).
[22] *Nagy v. The Queen* [2007] 5 CTC 2642 (TCC).

未变。㉓ **澳大利亚**规则的适用结果与此相似,不允许雇员扣除直接发生的费用,而雇主提供的补偿款可以免予缴纳雇主本应缴纳的附加福利税。㉔

在**瑞典**,搬迁费用原则上不可扣除,这部分是因为此种费用具有私人性质,部分是因为此种费用代表了在获得一项新的所得来源中产生的不可扣除的资本成本。判例法中有一个例外,搬迁如果是基于雇主的要求,则允许扣除费用。

瑞典立法允许获得雇主补偿的某些种类的搬迁费用不计入所得,虽然这些费用在直接发生时不允许扣除。对雇主负担的费用予以豁免的不太有说服力的理由是,地理面积较大的国家鼓励劳工流动。但是,国家的大小似乎并非是搬迁费用在税收处理中获得一致考虑的因素,考虑到澳大利亚和英国规定严格,而加拿大规定则比较宽松。

在**日本**,搬迁费用如果是因雇主要求而搬迁所产生,则可以与上班交通费用一样,在所有的类型化费用的总额超出标准扣除额时扣除。㉕ 如前所述,**荷兰**不允许雇员扣除雇佣中发生的任何费用。但是,雇主对搬迁费用的补偿款,在某些限定条件下不对雇员课税。㉖

在**法国**,虽然搬迁如果是因为工作的改变,其费用原则上可以扣除,但大部分雇员选择 10% 的标准扣除。

1.3 服装

服装是具有商务和私人费用混合性质的典型代表,所有的税制对此的处理结果非常相似,包括对服装是否适合在工作之外穿着的客观衡量标准,而不论具体个人的生活方式如何。

美国的处理方式是,对于不适合个人穿戴、作为工作所必要的服装,允许费用的扣除。因此,可以在公职之外穿着的军队制服的费用不可以扣除,而规定的服装例如劳动服,这在工作之余很少使用,其费用就符合扣除要求。

在**德国**,根据混合支出不能分割的基本原则,服装费用要么全额扣除,要么完全不可扣除。"典型的"职业装,如警察、消防、军队、航空职员等制服,由于工作性质是必要的,因此可以扣除,即便这些制服也可以在私人场

㉓ 英国,ITEPA, s. 271 *et seq*.
㉔ 澳大利亚,FBTAA, s. 58AA-58F.
㉕ 日本,ITA, s. 57-2.
㉖ 荷兰,ITA, Art. 3.17.

合使用。特殊保护服装、鞋子、以及类似物品也可以扣除。和特定的职业没有关联、也可以在正常的公共场合穿着的"平民"服装,其费用一般不可以扣除,即使实际上它们也可能是职业所需,例如律师穿的深色西服。但是,有案例允许殡仪从业人员所穿的正式服装、侍者的小夜礼服或者裤子(有文章对此提出批评),(新教徒)教士的黑色西服等费用的扣除。

法国的规定基本上相同,但是大部分雇员选择标准扣除。

在**加拿大**,服装一般代表私人支出而不可以扣除。与职业有关的特殊服装,其费用在加拿大也不可以由雇员扣除,因为它不属于列举的雇员扣除项目。但是,雇主提供的特殊服装和制服不计入所得。自我雇佣人员可以扣除特殊服装和制服的费用。

在**英国**,税务机关在实际征管中对于雇员购买的工具和特殊服装,根据工作的不同,而允许特殊的固定数额的扣除,这一做法已经在法律中明确规定。[27] 对于自我雇佣人员,在一个著名的英国案例中,女律师不可以扣除法袍内所穿普通服装的清洗费用,但是法袍是她专门为在法庭上穿着而购置的。清洗假发、律师礼服以及其他法庭礼服的费用可以扣除。[28] **澳大利亚**的规定类似,但有一个不同特征。为了防止雇主提供那些与普通服装并没有什么明显不同的免税"制服",此类服装必须到职业服装审批登记处登记,由该机关设定"边界"服装的标准,规定必须达到的要求(例如一定尺寸的标识语)。[29]

在**荷兰**,雇员支付的"工作服"费用不可以扣除,以便与对雇员费用扣除的一般禁止保持一致。但是,雇员从雇主处获得的服装费用的补偿款无需纳税。[30] "工作服"被定义为必须在工作活动中穿着,且专门或者几乎专门适合该工作场合的服装。制服、工装裤和学者服就是例子。

瑞典的规定更为严格,对此问题的处理方式有些不同。对服装费用不允许扣除,即使是特殊服装,如制服等。理论上的根据是,商务服装费用没有超过可替代的"被避免的"私人服装的费用,这些私人服装的费用是肯定会发生的。因此,没有与商务存在关联的额外费用的发生。这一推理不适合工装裤等外穿衣物,因为这些服装是普通服装之外所要求的,其成本可以

---

[27] 英国,ITEPA, s. 367.
[28] *Mallalieu v. Drummond*,前注 181.
[29] 澳大利亚,ITAA 1997, Division 34.
[30] 荷兰,ITA, Art. 3.16.

扣除。雇主提供的免费服装,如果不适合私人场合穿着,可以不计入所得(不过同类服装如果是自己支付的,就不可以扣除)。

1.4　商务旅行

商务旅行发生的费用扣除涉及两个独立的问题。一个问题是,在上班交通费用或者不可扣除,或者仅在限定的条件下扣除的税制中,如何区分商务旅行支出与上班交通费用。另一个问题是,商务旅行中通常包含的食宿的税务处理问题。各国税制规定的不同,主要在于如何将后一问题中具有潜在消费因素的费用纳入考虑。

在**美国**,因商务而"离开家"发生的旅行费用,包括食宿,一般可以扣除。[③] 为了防止上班交通费用的扣除,"家"在此背景下被行政机关解释为(虽然不是为所有的法院所采纳)纳税人的主要经营场所。同样,为了防止工作日中"正常的"餐饮费用的扣除,"离开"被解释为有必要停下来睡觉或者休息的情形。因此,一般而言,彻夜的商务旅行的费用可以扣除。但是,这些原则适用于大量实际情形的结果不容易协调一致。如果纳税人离家超过一年,按照主要经营场所判断,他的"家"实际上被视同在新的工作地点确立,而住宿和餐饮等费用就不能再像从前"离开"家时那样扣除。

对于国内旅行,如果旅行的"主要"目的是商务性的,交通支出可以全额扣除。食宿支出必须在商务和私人活动之间进行分摊。国外旅行适用的规则更为严格。纳税人可以选择为实际费用提供证明,也可以主张按地域确定的按日出差津贴扣除。根据此标准,本来可以扣除的餐饮费用,被限于所发生费用的 50%。这将在后文有关娱乐费用的论述中有更详细的说明。

在**瑞典**,旅行费用一般在超过无论如何本应发生的私人费用的范围内准予扣除。这意味着旅行和住宿可以全额扣除。餐饮只有在过夜的旅行中可以扣除。在此情况下,允许扣除一个标准额,其额度相当于超出在家用餐支出的费用(如果雇主补偿餐饮费用,可以豁免的标准额度更高)。雇员如果能够证明所增加的费用实际更高,则能获得更高的扣除额。对于国外旅行,对每个国家都有专门的扣除额。

在**加拿大**,"离开家"的旅行费用一般可以扣除。扣除也适用于雇员,不过受到一些限制。商务用餐的费用只有 50% 可以扣除。如果会议费包括用

[③]　美国,IRC, s. 162(a)(2)。

餐和饮料，会议费中大约每天 50 美元被视为用餐费用，且受到限制。不过飞机或者火车上的用餐不用分摊。

澳大利亚通过雇员扣除和费用补偿时征收附加福利税的综合方法，实现大致相当的结果。在前一种情形下，有详细的账簿记录要求，如果主张扣除的费用超过了给公职人员的旅行津贴。如果费用由雇主承担，通过征收附加福利税而有效的适用了同样的规则。

英国的规定更为严格。旅行费用必须"全部和专门"基于商务目的发生。在一个重要的案例中，一名律师被拒绝扣除参加会议的费用，因为他承认此次旅行也有社交和度假的因素。但在另一个案例中，一名会计师成功主张了类似旅行中的社交因素不过是附着于其商务目的，因此被允许扣除。这样，医生在冬季拜访法国南部的病人可以扣除旅行费用，如果其唯一的目的是看望他们的病人——待在那儿的愉悦仅仅是支出的一种效果。实际上，混合性旅行的费用中的一部分显然有时候是允许扣除的。

在**德国**，交通费用可以根据实际发生的费用单据予以扣除，也可以采用按公里计的扣除额。住宿费用可以根据实际发生的费用全额扣除（不过，所包含的早餐费用必须视为用餐支出）。国外旅行可采用实际发生额或每日定额。对于餐饮支出，扣除限于固定的按日津贴，额度视纳税人离开其工作场地的时间长短而定。对于持续时间达 24 小时及以上者，按日津贴扣除额大约为 24 欧元。对国外旅行规定了专门的扣除额。如果纳税人在一个地方停留的时间超过三个月，就不再视为旅行状态，食宿开销也就不能再扣除，交通费用仅限于上班往返交通费用。[32]

法国对商务旅行的规定相当宽松，仅要求费用支出正常，且在商务中发生。雇员用餐费用的扣除必须减去一般在家用餐的支出，其标准额的确定采用与计算附加福利时核定雇主提供的午餐相同的原则（2009 年为 4.3 欧元）。

在**荷兰**，雇员产生的旅行费用，如同雇佣中发生的所有费用一样，不能扣除。但是，雇主对旅行费用的补偿款，雇员无需纳税（雇主可以扣除）。和日常交通费用不同，旅行费用不能分项扣除，但这不意味着商务旅行不能扣除，而只是反映出旅行费用通常由雇主负担的惯例。对自雇者和公司而言，在正常经营活动中发生的旅行费用可扣除。

---

[32] 德国，ITA, s. 4 par. 5 nr. 5.

1.5 商务招待

虽然相比自由选择的个人支出而言，商务关联可能影响招待的价值额，但款待行为的消费因素是显然的。商务环境中的款待尤其容易被滥用，因此在所有国家都受到严格限制，就毫不奇怪了。这些限制一般采取额外要求的方式，尤其是提供证明，对于所有的扣除，并对符合扣除条件的花费设定比例限制。考虑到征管的困难，没有一个国家的税制试图直接对受款待者征税。不允许扣除或者对扣除加以限制，以保证有些支出纳入税基，不过不是对享受消费的人直接征税。

在**美国**，款待费用必须满足可扣除的标准测试，此外，应该与纳税人的贸易或者商务"直接关联"或者"有关联"。对于在经营地点或者对雇员提供的用餐和其他娱乐设施、在为一般公众服务的餐馆用餐等，规则的适用一般比较宽松。俱乐部入会费完全不允许扣除。适用特别的证明要求。其他符合扣除条件的支出只有50%可以扣除。[33]

在**德国**，款待费用的扣除一般限制在所发生费用的合理范围内。[34] 有几种款待完全不允许扣除，例如打猎、钓鱼、游艇等设施的维护费用。对商业伙伴提供的用餐，用于支付食物和饮料的"合理"费用的70%可以扣除。为了评价费用的"合理性"，必须从"有良心的商务经理"（这是德国税法中常用的表达）的观点出发进行情景分析，分析支出与具体商业交易的联系、业务的额度和盈利性，该领域可比较的企业支付的费用。纳税人须提供地点、日期、参加人和商务餐原因的证明。

瑞典的规定与此类似。除了符合通常的扣除标准外，款待费用，根据特别立法规定，必须与业务有着"直接的关联"。费用的支出必须"完全"是为了建立或者维持某种商务联系。这种限制可以防止例如游艇费用的扣除，因为游艇既可以用于款待客户，也可以用于私人。假定"直接关联"存在，扣除限制在"合理的"额度。如果是商务用餐，根据餐馆午餐价格确定由标准扣除额（目前是90克朗/人，不含增值税）。[35]

这一合理额度现已被连续几次调低，部分是因为扣除的降低被认为是为企业征税改革提供资金最简便的方法（所有的政府委员会接到指示，不允

---

[33] 美国，IRC, s. 274.
[34] 德国，ITA, s. 4 par. 5 nr. 2.
[35] 瑞典，ITA, ch. 16 s. 2.

许提交可能导致税收减少而没有替代税收增加措施的议案)。

当可扣除金额受限时,受款待者并不要求将用餐的价值额计入其所得中。因此,如果雇员与客户一起参加由顾主付账的商务午餐,雇员和客户都不需要将用餐费计入所得。虽然顾主的扣除额可能比实际的用餐额少,但不能对超出部分扣除,仍然比用餐费可以全额扣除,但必须计入雇员的所得(如作为应税的附加福利),所负担的整体税收要低,因为公司与个人适用的所得税率有差异。

总的来说,雇员产生的款待费用在**英国**不允许扣除。如果该费用得到雇主补偿,雇员不用计入所得但雇主也不能扣除。否则,费用必须首先满足"全部和专门"的判别标准,然后符合实体法上的额外法定限制,即禁止除员工款待之外的任何扣除。该规则同时也禁止多种礼物提供费用的扣除,不过少于 50 英镑的礼物费用可以扣除,如果这些礼物具备明显的广告作用。㊱ **澳大利亚**也有一项专门的法定规则,一般不允许款待费用的扣除,但同时又大量的例外规定,例如餐馆检测人员作为其工作的需要而在餐馆消费的用餐、商务旅行、以及类似情形。此外,对内部为员工设立的用餐设施有例外规定。这种例外已经导致许多大的律师和会计师事务所普遍设立非常豪华的私人用餐设施。俱乐部会费以及由顾主支付的类似费用一般不能扣除。㊲

澳大利亚因为同时征收附加福利税而使情况变得非常复杂,因为雇员以及相关人员的款待要缴纳附加福利税,而非雇员的款待则适用不允许扣除规则。为了减轻繁重的记账负担,澳大利亚引进了两个可供选择的方案来处理款待费用。一个是直接的对半分摊,另一种是根据典型的 12 周进行分摊。㊳

在**加拿大**,商务活动中发生的直接有关的款待费用可以扣除 50%,除了销售人员在少数情况下之外,雇员发生的款待费用不允许扣除。雇主对款待费用的补偿不用计入雇员的所得中。加拿大规则明确禁止俱乐部会费的扣除以及游艇、露营、住宿以及高尔夫球场使用费用的扣除。荷兰只允许企业扣除超出 4200 欧元(2009 年)的部分。㊴ 对于雇员,不允许款待费用的扣除。如果费用得到顾主的补偿,补偿款免税,雇主可扣除任何超过槛限的数额。

㊱ 英国, ITEPA, s. 356 *et seq.*, ITTOIA, s. 45 *et seq.*, CTA 2009, s. 1298 *et seq.*

㊲ 澳大利亚, ITAA 1997, s. 26-45 Division 32.

㊳ 澳大利亚, FBTAA, s. 37B-37CF.

㊴ 荷兰, ITA, Art. 3.15.

法国的规定更为宽松。没有特别的合理标准,也没有比例限制的适用。但是,有一项特别的法律规定,禁止扣除与打猎、钓鱼、游艇、乡村别墅、房地产等用于娱乐的设施所产生的费用的扣除。⑩

在**日本**,雇员不允许扣除任何款待费用。对于自我雇用的纳税人,只有当费用的大部分与商业有关,且费用的商务部分可以清晰判别的情况下才可以扣除。特别规则实际限制了公司娱乐费用的扣除。

这种限制款待费用的扣除,作为对该消费受益人本身征税的替代的普通做法,引发了很多问题。例如,对于免税组织而言,这种限制没有任何影响。这导致澳大利亚在附加福利税中增加了一项特别规定,对免税纳税人的款待费用征税。⑪ 更常见的情况是,如果瑞典的情况所说明的,只要支付人与接受者之间的适用税率存在差异,不允许扣除就会与将款项计入所得的效果存在很大的区别,尽管它至少能保证某些款项在某些时候计入税基。

1.6 儿童看护

在很多国家的税制中,儿童看护费用的税收待遇存在较大的争议。历史上,法院曾将这些费用作为私人费用而不允许扣除。但是,随着单亲家庭和双职工家庭越来越普遍,要求对儿童看护费用给予一些税收上的减免的压力日益增加。儿童看护费用不可扣除对劳动力供给的一般性影响和尤其是对第二工人的影响成为政策争议中的一个重要因素。采取的应对措施一般是在所得界定的角度继续将看护费用作为私人费用对待,但是允许对费用进行一些有限的个人扣除或者抵扣。并无国家允许儿童看护费用作为经营费用的金额扣除,但是,很多税制,虽然不允许直接发生的小孩看护费用的扣除,允许顾主提供的看护补贴不计入所得。

美国对儿童看护费用的税收处理方式经历了很大的变化。虽然法院视为私人费用,早期的立法规定允许单亲家庭以及低收入的夫妇扣除一部分。后来的立法将扣除的范围扩大了,但是继续设定金额限制。现在,费用不可以扣除但是允许对与雇佣有关的儿童看护费用进行一定的抵扣。⑫ 此外,雇主支付的某些形式的小孩看护可以作为不征税的附加福利。

加拿大和**英国**法院传统上将儿童看护费用视为私人费用而不允许扣

---

⑩ 法国,CGI, s. 39-4.
⑪ 澳大利亚,FBTAA, s. 39.
⑫ 美国,IRC, s. 24.

除。英国继续采取这一做法,不过对雇主提供的儿童看护补贴给予一定的免税优惠。新的税收抵扣制度对儿童看护费用作了重要调整,但仅适用于向登记组织托管的儿童看护费用;这种对家庭外看护费用的优惠待遇引起很大的争议。[43] 由公共机构提供学前儿童看护在政治上存在很大吸引力。在加拿大,有一项专门的法律条款允许为多种儿童看护服务支付费用的一定扣除,包括日常看护和寄宿学校或者寄宿营地。支付的对象必须是非关联方,纳税人必须提供收款人的社会保险号。扣除的效果对于次级工人就业有着积极的作用,但是由于扣除金额和实际的儿童看护费用存在差异导致作用有限。政府对儿童看护设施提供的补贴有限。也经常有提案要求全民儿童看护,但是由于预算原因从未被采纳。

在 1994 年,加拿大最高法院审理了一起有关儿童看护费用的重要案件。[44] 纳税人是一家大型律师事务所的合伙人,其配偶也从事工作,想要将雇用全职保姆的费用作为一般经营费用扣除,这和限定的法定扣除存在很大差异。她认为,限定扣除违反了《加拿大权利与自由宪章》(宪法),因为这对妇女构成歧视。在 7∶2 的判决中,法院的大多数法官(全部是男性)拒绝扣除,认为小孩看护费用的法定扣除,排除了将费用作为一般经营费用扣除的可能。该规定并没有构成歧视,因为没有证据表明儿童看护费用是不均衡地由妇女负担的。两位持异议的法官(均为女性)则支持扣除。她们认为,允许从事经营纳税人抵扣儿童看护费用与法定的扣除限制并不冲突(尽管该限制明文适用于从事经营纳税人)。异议女法官同时认为,法律对扣除的限制歧视妇女。多数意见暗示,在没有特别的法定扣除的情况下,"经营阶层构成的变化,以及变化的社会结构"可能要求将儿童看护费用重新分类,归入商业费用中。

澳大利亚的判例法受到英国的影响,也拒绝将儿童看护费用作为经营费用扣除,认为这些费用不是在雇用的"过程中"产生的。附加福利税对雇主提供的儿童看护补贴规定了有限的例外。没有政府普通提供的儿童看护。在 2004 至 2007 年儿童看护可享受税收抵免,现已被直接支付所取代。有些研究显示,在税收和社会福利制度中缺乏对儿童看护的认可,对次级工人存在不利影响。最近政府的行动因资金最终通过提高收费进入照看提供

㊸ 有关儿童照看免税,参见英国,ITEPA, s. 318 et seq.;有关儿童照看抵免,参见 2002 年《税收抵免法》, s. 12.

㊹ Symes v. The Queen [1994] 1 CTC 40 (SCC).

者的腰包而受到批判。其中一家私营提供者在 2008 年全球金融危机中倒闭前几乎垄断了市场。这种局面导致政府对其政策进行检讨。

在**瑞典**,儿童看护费用不能扣除,但从 2007 年开始,纳税人可就包括儿童看护费用的家务支出申请税收抵扣,抵扣额为支出的 50% 但年限额为 50,000 克朗。㊻ 这是对税收中性且非财政目的原则的背离。在此处,税收抵免是基于对市场不完备进行纠正的需要。不利用已有的公共设施而选择私人看护,这突出了支出的消费性质。

德国有关儿童看护费用的税收规定经历了很大的变化。在 1977 年宪法法院判定,儿童看护费用被视为私人性质的费用,与商务没有关系之后,根本就不可能对此类费用进行任何扣除。㊻ 不过,1984 年宪法法院宣布,单亲和有残疾的父母应该有权利扣除一定的数额,以便能够有能力支付儿童看护费用—但不是作为"与经营有关的扣除",而是作为对个人困难的特别减免。㊼ 后来税收立法对家庭服务规定了一个基本扣除,这种家庭服务包括雇请保姆的费用。1998 年,宪法法院推翻了整个结论,认为,虽然对儿童看护应该规定一个合理的免税额,但是其适用性不应该取决于父母自己看护小孩还是雇用他人。㊽ 这一判决受到了学者的强烈批评(认为这会导致"机会成本"的扣除),而立法机构也没有采纳法院的建议。现在采用的是双管齐下的办法,即儿童看护费用取决于具体情况既可以商务费用扣除也能以个人费用扣除。基本的儿童看护额为 1080 欧元,而不考虑实际的支出费用,对于实际的费用的 2/3 可以再作扣除,最高不超过 4000 欧/儿童/年。㊾ 此外,对于一般的儿童抚育有另外的扣除。

在**日本**,儿童看护费用被认为是纯粹的私人支出,不可以扣除,不过市政府常常对父母提供一些金钱补助,这些补助一般不计入应税所得。雇主提供的儿童看护补贴,雇员不用计入附加福利纳税。

在**荷兰**,截至 2005 年儿童看护费用已被"非财政化":不能扣除,但政府

㊻ 更多细节参见第一编瑞典部分。

㊻ 联邦宪法法庭(*Bundesverfassungsgericht*),1977 年 10 月 11 日判决 1 BvR 343/73 *et al.*,Reports(BVerfGE)47 p.1.

㊼ 联邦宪法法庭(*Bundesverfassungsgericht*),1984 年 10 月 17 日判决 1 BvR 527/80 *et al.*,Reports(BVerfGE)68 p.143.

㊽ 联邦宪法法庭(*Bundesverfassungsgericht*),1998 年 11 月 10 日判决 2 BvR 1057/91 *et al.*,Reports(BVerfGE)99,p.216.

㊾ 德国,ITA, s. 4f, s. 10 par. 1 nr. 8.

提供免税补贴。

法国将儿童看护费用视为不可以扣除的私人费用,但是对在家庭之外的儿童看护费用允许每年50%的抵免,7岁以下儿童每年每人最高1150欧。⑤ 对于支付给互惠生以及家庭清洁工的薪水的50%可以抵免(最高抵免额为独生子女6000欧,非独生子女7500欧)。后一规定目的在于刺激就业,并不要求父母双方都工作才能抵免,但只有父母均为职工时抵免才能返还。㊶

2."娱乐损失"和判定经营与私人活动的标准

那些表面上是为了营利,但可能包含实质的私人消费的活动,引发了一些与混合商务与个人消费相同的问题,经常通过特别的规则来处理。这些问题在分类所得税制与采用更多综合所得元素的税制中表现形式有所不同。在分类税制中,对于应税的利润或者可扣除的损失,相关的活动必须属于应税所得中的某一类别。因此,对于偶然活动,例如集邮,不属于任何一类应税所得,既不是所得,也不是费用。在综合税制中,利润是应税的;真正的问题是活动中产生的费用的扣除问题(而且费用常常超出所得)。

美国规定了一系列的法律条款来处理业余爱好所产生的损失问题。根据现在的规定,如果个人从事的活动被认定"非为营利目的",活动所发生的损失扣除只能与该活动所产生的收入相抵扣。㊷ 但是,即使没有追逐营利活动也可以扣除的项目,必须"集中"起来首先与收入相抵。该规定的效果因此常常是拒绝业余爱好活动的维持和折旧费用的一部分与其他所得相抵。法院在判定营利活动是否存在的考虑因素包括活动是否具有娱乐性质,例如赛马饲养、赛车等,活动是否以经营性的方式进行,专家顾问的使用,以及活动的盈利与损失的历史纪录,以及盈利的潜在可能性。规定对于纳税人过分宽松,因为在一定程度上,它允许属于消费性的支出与活动所产生的应税收入相抵。

虽然规定的最初目的是限制本质上属于私人活动的消费性支出的扣除,但是该条款也适用于出于税收动机的交易,此类交易除获得税收利益之

㊵ 法国,CGI, s. 200 quater B.
㊶ 法国,CGI, s. 199 sexdecies.
㊷ 美国,IRC, s. 183.

外不可能有盈利。

在**加拿大**,经营活动和私人活动俄区分与前文所讨论过的所得来源概念有着密切关联。如果一项活动在性质上显然是商业性的,且没有任何私人因素,该活动就构成所得来源。如果有私人因素,纳税人必须通过参考客观的"商业标记"或者"贸易徽章"证实,从事活动的主要目的是从中获取利润。在 2002 年的一个案件中,最高法院拒绝任何对活动为有盈利的合理预期的要求。[53] 法院甚至进一步暗示,最终实现资本利得的意图可以支持活动属于商业性质这一判断。按照最高法院的方法,如果纳税人的活动构成一项经营,从活动中获得的收入将计入应税所得,与活动有关的费用也将可以扣除。与此相反,如果不是经营活动,活动获得的任何收入都不用纳税,而相关费用也不能扣除。纳税人则主张,如果其活动产生了净损失,那么就构成了所得的经营来源,如果活动产生了净利润,那么只是一项业余爱好(没有所得来源)。在 2003 年末期,政府提出推翻最高法院案例的议案,重新引进利润的合理预期标准。这些议案因存在缺陷,仍未成为法律。

对业余农民适用特别规定,是加拿大的一个普遍现象。即使活动是经营性的,业余农民的主要收入来源不是务农或者务农与其他来源的组合,对于可以与其他所得相抵的损失有扣除金额限制。不能扣除的农业损失可以向后结转,与以后年度的农业收入相抵扣。

英国的征税方式经历了不同的演进模式。根据基本的判例法检验,很容易确立一项"交易"活动,这样一般可以扣除损失。但是,这一规则被一项特别规定所补充,要求交易必须以经营为基础进行,并有利润实现的目的。此外又有一项特别规定适用于农耕,如果连续五年为损失,则不允许扣除,除非可以证明如果这项经营由有能力者经营会有盈利的合理预期。[54] 如第 6.3 部分所述,目前英国对于个人使用商业亏损冲抵该年度其他来源收入有所限制,如果此人并非积极从事该商业活动的话。在英国,亏损不能由受雇产生。

在**德国**,有大量的判例法是关于纳税人的活动是否构成"经营活动"、自我雇佣,租赁等,或者是私人性质因此不用纳税。基本的判别标准是看是否有营利的动机。虽然这主要是一个主观检验,但案例一直将判定建立在能够显示有此动机的客观事实上。案例既应对典型的业余损失情形,也处理税

---

[53] *Stewart v. The Queen*, [2002] SCC 46 (SCC).

[54] 英国, ITA ss 66 *et seq*.

收庇护问题。成文法条款明确说明,税收的减少不属于盈利。很明显,那些具有"消费成分"的活动(如写作、艺术、体育等)将受到税务机关特殊的关注。

对于应税所得和可扣除的损失,必须对"总"利润的可能性存在客观的证据以证明产生收入的意愿,即活动在开始之后的某个"合理的"时点在某些方面将产生净利润。仅仅证明在开始几年损失之后的年度里将产生盈余是不够的,收入必须能够补偿所有经营期间的成本费用,并能在总体上产生利润。在确定利润是否可能时,应该将资产价值的可能增加以及营业收入考虑在内,只要这些资产的利得是应税的。因此,在不构成经营的租赁活动,财产销售收益不需要纳税,因此在判定总体上是否有盈利时也不纳入考虑。尽管判例法允许初始阶段的亏损,长期亏损被视为私人活动的标志,除非纳税人对其活动进行重组。另一方面,纳税人可以建立将导致亏损的活动以支持另一盈利活动(如画廊与餐馆的组合),只要总体预期盈利即可。

在1991年税制改革之前,**瑞典**的税制对业余活动与经营活动基于是否有营利意图进行区分。如果不存在所要求的营利动机,其所得和损失在税收上均不予以考虑。在1991年的税制改革中,对应税的所得来源的界定进行了修订。来自服务提供的所得现在不用考虑营利动机存在与否就应该纳税。结果,包含服务提供的业余爱好取得的收入被计入"服务"类别征税。原则上不允许费用扣除,但是可以在收入的额度内扣除。任何超出收入的损失都不能从其他所得扣除,其理论根据是这些费用是私人性质的。

在**荷兰**,有大量的案例法是关于"经营(企业)"的界定,对应税的经营活动与不纳税的私人活动进行区分。要证明是经营活动,必须(1)存在关于劳动和资本的永久性组织;(2)参与经济交换;(3)有盈利目标和对成功的合理预期。这些要求,事实上,将大部分业余爱好活动置于私人性质的活动,而使得没有收益是应税的,没有损失可以扣除。在有些案例中,业余爱好可能包含"来自其他活动的收入",但是实际上,如果有损失的历史,扣除就不可能被允许。

澳大利亚没有将盈利的可能性作为判断纳税人是否从事经营活动的客观标准,这使得有关经营/业余爱好的区分方法的诉讼特别多。历史上有些试图限制农场损失从其他所得扣除的努力失败了。为了解决这一问题,澳大利亚在2000年引进非商业损失规则。[55] 根据新规则,业余爱好类型的经

---

[55] 澳大利亚,ITAA 1997, Division 35.

营损失不能当期扣除,但可以向未来年度结转,与同类型活动产生的收益相抵。如果从经营中获得的年收益达到 2 万澳元或者更多,在过去五年里(包括当前年度)有三年是盈利的,或者经营中利用的不动产价值达到 50 万澳元或者更多,或者其他财产价值(不包括小汽车)达到 10 万澳元或者更多,这些规则不再适用。如果出现特殊困难(例如农场发生火灾或者洪水),规则可以经裁量放宽适用。

业余爱好损失问题在**日本**没有产生大量诉讼或者争议。但是,针对赛马所有人制定了行政指导准则。如果有关马匹数量、经营的方式等等特定要求被满足,那么收入就构成经营所得,任何净损失都可以与其他应税类别中的所得进行弥补。如果判定不适格,收入将计入杂项所得,虽然费用可以与赛马收入相抵,但是任何额外损失都不能与其他所得相弥补。

在**法国**,判例法中一个基本的倾向是限制不计入所得的情形。根据这一基本趋势,来自业余爱好的收入和损失一般要纳入应税所得的计算。只有意外收益,且不属于任何确定的盈利计划,才可以不计入所得。这适用于赛马主人不是饲养人,只是将马匹委托给训练手的情形;但是,只要纳税人参与某些类型的活动对其有利(例如马匹比赛的选择,对训练手的控制),任何收入(即便是非定期的收入,只要有可能再次发生)都要归入"其他所得"类别纳税。[56] 但是,相应的损失不能与其他应税所得类别中的收入相抵;只能向后结转 6 个年度,与同类性质的(即非职业性的)收入相弥补。[57] 同样的规则适用于农业获得中产生的损失,如果其他来源的所得超过了一定水准(2008 年为 104,239 欧,并逐年增加),纳税人就被判定为业余农民。[58]

3. 资本费用和补偿方法

3.1 确定资本费用

所有的制度都认可当期可扣除的费用与资本费用之间的差异。资本费用一般通过某种资本成本补偿制度或者在资产处置时予以补偿。虽然规则

---

[56] 法国,CGI, s. 92.
[57] 法国,CGI, s. 156 I 2°.
[58] 法国,CGI, s. 156 I 1°.

的细节及区分的形式不同,一般而言,对未来数年产生利益的成本必须资本化,如果这些成本代表相对较大和非重复发生的支出。在有些制度中,资本利得在会计上的处理是确定这些费用的税务待遇的一个重要考虑因素。各国制度在进行这种分类时难免存在任意性,不过其结果却出人意料的相似。

以**美国**为例,当期/资本费用在判例法中的区分方式经历了很大变化。一段时间,判别的标准是支出是否可以说创造了单独和独立的资产。但是,最近的重点又回到了某项支出是否会带来超出纳税年度的重大利益。[59] 但是,即便如此,判别的适用也并非一致。例如,广告费用一般可以在当期扣除,虽然在很多时候,有着显然的后期利益。[60]

在**德国**制度中,有一项具体的成文法条款要求,任何支出,如果产生了一项可转让,应单独估价,且使用寿命将持续超过一个纳税期间(一年)的"资产",则要予以资本化。[61] 但实际上,法院和税务机关都允许那些在特定经营中有着重复发生的主要费用在当期扣除。同样,当期维护费用也可以扣除,但如果维修使得资产的条件和性质有了根本改变,则必须视为资本成本。像粉刷等一般属于维护的费用必须资本化,如果是在原始建筑阶段或者资产的主要翻新时产生。成本不超过150欧元的资产必须当期抵扣。[62] 如同下文将要详细讨论的那样,根据德国对税务会计与财务会计规则的关系的基本处理方法上,同样的处理必须用于财务会计。

在英联邦制度中,历史上曾经对与赚取收入过程有关的可以当期扣除的费用与资本费用作出基本区分。资本费用不能扣除,除非法律有明确规定。各国法院确定的测试标准在**英国**、**加拿大**和**澳大利亚**得到适用,在很大程度上,与美国的方法并行。区分方式包括支出是否对企业产生了持续性的利益,是否属于一次性的支出,是否与资本性质的特定且可辨识的资产相联系。[63] 如果费用产生了无形利益,法院在允许当期扣除方面相对宽松,否则因为资本成本补偿制度适用有限常常导致成本得不到任何补偿。

在**瑞典**,在计算经营所得时,可以将使用寿命不超过3年的资产以及最低成本为20,000克朗的资产的成本,在当期扣除。否则,成本必须资本化。

---

[59] *INDOPCO, Inc v. Commissioner*, 503 U.S. 79 (1992).
[60] 美国,Reg., s. 1.162-20(a)(20).
[61] 德国,s. 4 par. 1 s. 1, s. 5 par. 1 s. 1 ITA,参照商法典,s. 246 *et seq.*
[62] 德国,ITA, s. 6 par. 2.
[63] 例如,*Tucker v. Granada Motorway Services* [1979] STC 393.

当计算雇佣所得时,资本成本的扣除按照收益实现法计算。但是,在判例法中,资本如果可以长期使用,其成本必须资本化。在有些案例中,拒绝资本费用的当期扣除的理由很充分,如私人和雇佣混合使用的资产。此类资产将在雇佣中使用到何种程度才能将其全部成本在当期扣除,事先可能不是很清楚。在另一些案例中,不允许当期扣除的理由并不是那么明确。

在**法国**的制度中,资本化在历史上的重点在于创立或者购置了一个独特的、法律上可以确认的资产(法律上将材料、装备或者软件价值不超过500欧的资产除外)或者对状况、属性或者使用寿命有了很大改进的现存资产。但是,对于无形资产,判例法认为,如果产生一个稳定的、持久的所得来源,则所有费用都必须资本化。在为使用一项专利或者商标而购买许可权,所产生的资产必须是可转让的。[64] 但只有归公司所有并能转让的资产才构成资本资产的"祖传"方法,其范围似乎限于一些特定资产;一般认为不适用于其他无形资产,例如不参与竞争的协议。[65] 此外,此限制已被 2005 年后适用的新会计规则所确认。依最新的国际会计准则,资产所有权不再是必需,关键在于"控制"。[66] 在**日本**,除了对最低额度的资产有例外规定外,所得税法中的基本规则要求任何支出,如果其收益持续超过一年,就必须资本化。根据此项规定必须予以资本化的详细项目清单在税务机关发布的指导规程中明确规定,日本实践一般遵循这些指导规程。

在**荷兰**,历史上曾对当期可以扣除的费用与资本资产进行区分。这种区分导致大量有关研究和发展费用、商誉支出、以及广告费用方面的判例法。也有必要对资本支出和资本化的费用进行区分,以确定是否适用某些对资本投资提供的税收优惠,不过这种区分没有导致大量的诉讼。

3.2 资本成本补偿制度

虽然资本成本补偿制度有很多差异,所有的制度似乎包括三种类型的规则。第一种是尽量允许消耗型资产在实际使用寿命期间的资本成本的扣除,以便正确反映纳税人的收入,无论这种尝试是多么粗略。第二,出于征管便利,对某些情形适用完全裁量规则。第三,某些类型的资本成本允许立刻或者在很短的期间内扣除,以便鼓励投资于特定类型的资产或者实现其

---

[64] 法国, Conseil d'Etat, 1996 年 8 月 21 日, n° 154488.
[65] 法国, Conseil d'Etat, 2003 年 11 月 3 日, n° 232393.
[66] 法国, Regulation CRC 2004-06, 2004 年 11 月 23 日.

他非财政目标。

在**美国**,折旧规则已经被反复修改,规则的演变既反映了为简化制度实施而进行的修订,也反映了对利用加速折旧扣除作为特定投资形式的激励的态度的转变。历史上,折旧是强制性的,以资产的使用寿命为基础,反映特定类型资产的实际经历。制度最初根据特定纳税人的经验,但是后来放宽了,规定普遍适用的资产类型,允许纳税人在某种程度上改变使用寿命。直线法被普遍适用,不过最近,允许采用加速折旧方法反映某些资产在早期贬值更快的事实,并提供投资激励。

1981年制度有了根本性的改变。根据"加速成本补偿制度"(Accelerated Cost Recovery System, ACRS),所有资产都确定了类寿命(class lives),一般与资产的实际使用寿命无论是一般意义上,还是为特定纳税人所持有都没有关联。[67] 例如,不动产被指定为15年的类寿命。将加速折旧方法适用于类寿命大幅度增加了早期扣除的可能。1981年标志着非经济折旧政策的高水位。从那以后,虽然类寿命制度被保留下来,大部分类寿命现在更符合实际(不过还不完全是),许多资产要求采用直线折旧。例如,商业房地产的使用寿命被延长为39年,并要求采用直线折旧法。不过,国会继续根据变化了的经济条件调整折旧率。2002年,国会通过了一个"临时性"的条款,允许相当于资产税收成本的30%在适格资产(一般而言,有形个人资产和租赁物改良)投入使用的第一年予以额外折旧扣除。2003年,国会增加了第一年的扣除额,为适格财产税收成本的50%。这50%的扣除直至2009年仍然有效。

关于无形资产,传统上,所有可确定使用寿命的资产可以在该期间进行摊销。其他资产例如商誉,不能摊销。这些规则增加了在被认为是短期无形资产例如客户名单、优惠合同、不竞争协议以及类似资产与不能折旧的商誉之间进行成本分配的压力。为了应对由此产生的大量诉讼,1993年一项法律修正案允许所有的在购置全部或部分营业时获得的非金融无形财产,包括商誉,采用直线法在15年时间内摊销。[68] 这种简化规则允许商誉摊销的扣除,但是也要求实际使用寿命不到15年的资产统一按15年期间摊销。

有很多特殊规则继续适用于特定类型的资产和费用。研究和试验成本可以由纳税人选择在当期扣除或者在五年期间摊销。污染控制设施适用特

---

[67] 美国, IRC, s 168.

[68] 美国, IRC, s 197.

殊规则,如同自然资源开采的某些成本一样。如果符合一些限制条件,在贸易或者经营中使用的有形资产和计算机软件可以在当期扣除最高达 25 万美元的费用。有特殊规则限制汽车、计算机和其他可以同时适用于商务和个人用途的资产的扣除。

加拿大对所有有形和无形资本资产适用综合的资本成本补偿制度。[69] 有形资产和某些使用期间有限的无形资产,如专利和商标,被归入不同"类别"(目前超过 40 个),每类都根据粗略估计的使用寿命规定了折旧率。成本补偿扣除对某一类或者一综合组中的所有资产以递减余额为基础确定。特定类型的资产的购置成本添加到资产池中。如果资产被处分,资产成本和处置收益的较低者从资产池中减除。如果年终资产池的结果是负数,该金额作为被还原的折旧计入所得。相反,如果年终资产池余额为正数,且该类别中并无资产,未补偿的余额可以在当期扣除。虽然根据规定的折旧率为每个资产池或者类别确定了折旧的最高金额,纳税人可以按照年度标准选择扣除更少的数额。因此,没有足够收入来吸收允许的折旧扣除的纳税人可以推迟折旧扣除到以后的年份,而不用进行扣除而产生经营损失。

土地不能折旧。同样,不是为了赚取收益目的而购置的资产不能折旧。某些类型的资产,例如污染控制设备和某些制造和加工资产,可以适用加速折旧。

在 1972 年前,商誉和其他没有有限使用寿命的无形资本性财产的成本不能扣除,不能通过资本成本补偿制度予以补偿。后来被修订的立法现在规定无形资产财产成本的 75% 可以按照 7% 的递减率扣除。[70] 此类资产出售时,收益的 75% 要纳入考虑。费用和收益按照与资本成本补偿制度同样的技术规则以组合为基础计算。

澳大利亚制度,和加拿大一样,最初禁止对资本成本当期的扣除。随后对厂房和设备、建筑物、矿藏、诸多有形资产方面的具体支出、以及某些无形资产,例如专利,规定了不同的折旧制度。一般而言,对于商誉或者其他类似无形资产不实行摊销,不过处分净值少于 600 万澳元或营业额少于 200 万澳元的企业(包括商誉)时,资本利得的一半免税。此免税额是在个人所适用的一般 50% 的优惠之外的,使得实际只有总收益的 25% 需要纳税。此外,在有些情况下,不符合法律或者判例法规定模式的资本成本在税收上无

---

[69] 加拿大,ITA s. 20(1)(a),Regulation 1100,以及 Schedule B.
[70] 加拿大,ITA s. 14 和 20(1)(b).

需予以考虑。这种所谓的"没有"现象说明了折旧缺乏综合制度。2001年,资本成本补偿条款被修改,以便将所有的规定纳入一个单一的制度框架,而不是像以前常用的补丁方法,并且拓宽了可以补偿的成本。⑦ 但是覆盖的范围仍然不够广泛,尤其是无形资产领域。政府后来在2005年扩大了可补偿成本的范围,但外购的商誉仍被排除在外,直到售出为止。

  如果允许折旧,它以估计的可使用寿命,以及直线法("主要成本")或者余额递减法("递减价值")为基础确定折旧额。在1999年前,该制度有着大量的加速折旧因素,但在此之后购置的资产就因该规定的取消而不再适用了。这一变化要求财政机关公布的可使用寿命表予以修订。这些数据已经有很多年没有修订,因为它们与20世纪80年代和90年代的折旧率仅间接相关。因此,对于表格中规定的使用寿命比实际使用寿命要短的资产而言,1999年的规则变化所带来的痛苦被延迟了。随着修订继续推进,某些行业将会受到毁灭性打击的事态也更为明朗,因此2002年政府"封顶"受影响行业(主要是航空,能源生产和初级生产)的资产使用寿命,并且另一加速折旧因素随着2006年余额递减法中的折旧率从150%上升到200%重回制度中。寿命表对纳税人而言没有约束力,因为他们可以决定采用更短或者更长经济寿命。纳税人可以随着时间的流逝重新计算可使用寿命,如果资产在纳税年度产生的费用超过成本的10%,则重新计算是必需的。直到2002年,对于使用寿命低于3年的资产以及小额开支允许予以费用化。现在对于资产价值低于1000美元并假定在4年期间内运行的资产允许选择采用简化的合并制度。如果选择该制度,所有低于该价值额度的资产必须纳入其中。有些规定允许扣除费用,即使扣除金额超过实际支出的数额,这是为了激励某些活动(例如研究与发展)。建筑物折旧适用单独的制度,其采用直线法,根据资产的性质适用2.5%或者4%的折旧率。奇怪的是,该扣除在资产出售时须还原,即使购买方必须使用原所有人的成本来计算折旧扣除(也就是说购买方不能获得购置财产成本的上调)。其效果,就税务而言,是纳税人最好持有一幢建筑物直到其坍塌或被取代为止,而非将其出售。尽管知识产权适用统一的资本扣除制度,法律也规定了固定的使用寿命,并采用直线法摊销。

  在**英国**,允许折旧的资产种类比其他国家受到更多的限制。⑫ 例如,办

---

 ⑦ 澳大利亚,ITAA 1997, Division 40.
 ⑫ 英国,2001年《资本补贴法案》(Capital Allowances Act 2001)(CAA)。

公楼或者零售商店极少被允许折旧。目前主要的可折旧资产是机器和设备。工业和农业建筑的折旧到 2011 年时将被取消。折旧率存在较大的差异,折旧期间和折旧率与资产的实际使用寿命均没有任何关联。20 世纪 70 年代,英国允许机器和设备进行直接报销,工业建筑成本的 50% 可以进行直接扣除,其余部分可以在 25 年内采用直线法补偿。后来的修订将建筑的补偿率降低为 25 年的直线折旧,机器则按汇总方法适用 25% 的折旧率。2008 年,25% 的折旧率减少为 20%,但增加了一项每年 5 万英镑的投资津贴。2009 年,作为改善经济中现金流的措施之一,20% 的折旧率又增加到了 40%。纳税人可以选择在某一特定年度全部或者部分地不主张扣除,而将扣除留待以后的年度。现任政府对某些资产方面的支出,规定了新的、更为宽松的税收减免措施。其中包括节能和其他环保型的资产、经营场所翻新、以及用于将某些种类的建筑转换为公寓(但不是高价公寓)。[73]

在**德国**,一般的规则是,税务会计遵循商业会计。在折旧方面,税法规定了若干特别条款,反过来对商业会计产生了影响。首先,消耗型资产的折旧应当根据财政部公布的折旧表中确定的使用寿命。这些折旧表对税务机关和纳税人都没有拘束力,但却在绝大多数案例中被遵循,如果有偏离必须有特殊的理由。纳税人直到 2007 年都可以在直线法和余额递减法中对消耗型资产进行选择适用。采用余额递减法的根据是,早期使用年度的市价降低较快,维持费用相对较低,而在后来的年份里刚好相反。2008 年,由于需要增加财政收入以应对公司税率降低,余额递减法被废止。目前,尽管有将其重新引入以刺激经济增长的讨论,纳税人仍然只能以资产的预估可使用年限为基础采用直线法。特殊折旧率适用于建筑物。从 1986 年开始,企业商誉可以采用 15 年直线法进行折旧(对专业商誉适用不同的由案例法确定的原则)。折旧也可以资产的产量为根据,将纳税年度的绩效与整个预期产量相比较。

德国有很多规定允许加速折旧,以便鼓励对特定资产的投资(例如环境保护、医院、轮船、小企业等)。对于在之前民主德国的投资,开始允许某些购置和建筑成本的 50% 可以立即扣除,但现已逐渐取消。在柏林的投资仍存在特殊规定。这些规则只有在纳税人将扣除计入财务报表中时才适用。

虽然对技术上或者经济上过时或者大量使用的资产可以进行特别折

---

[73] 英国,CAA, s. 39 *et seq.*

旧，但对所有的所得来源却没有提供减值损失的基本扣除。不过，在计算经营利润时，有一项特别法律规则允许所有的资产（包括土地和股票权益）按"持续经营价值"（going concern value）计算。其基本的观念是，企业资产应该如同整个企业必须出让给一名潜在的购买者，购买价中的一部分已经被适当分摊到争议资产时一样估价。持续经营价格不能低于资产如果单独出售时本应获得的价格，也不能高于重置成本。纳税人对持续经营价格负有举证义务，损耗也必须在财务报表中予以反映。虽然持续经营原则的实施使得所得的计算存在很大的不确定性，但这已被接纳为德国所得确定规则的一部分。如在以后年度中原始价值恢复，由此产生的减计收入必须还原。⑭

在**日本**，纳税人可以根据税务机关确定的使用年限表选择直线法或者余额递减法，除了一些例外（如建筑物只能使用直线折旧法）。⑮ 这些表极其详细，有时会被修正。虽然很难进行归纳，但看来反映了对资产实际使用年限的现实估计。但是，也有一些是想利用虚拟的使用年限来鼓励特定的投资，为鼓励某些投资也允许加速折旧。未用于商业目的的资产不能折旧。

法国一般对会计与税务适用同样的规则。原则上，所有的资产都允许折旧或者摊销，但这种利益很可能在可确定的年限内被用尽。受制于这一条件，根据判例法，既得商誉（客户）现在可以摊销，假定此类资产可以明确辨识，且因为它的特征，可以与商誉的其他构成部分相区别。

从 2005 年适用于固定资产的商业会计规则为适应国际会计准则而改变后⑯，税务折旧规则常常与会计有出入，这或是为了简便（如在某些情况下资产不能被分割成部件），或是为了保持以前的规则还能适用（比如不能扣除资产在其使用年限届满时可能的市场价值；除部件以外的资产背离其真实使用寿命，而使用年限根据普遍认可的商业惯例来确定）。直线法和余额递减的使用都很普遍，有很多特别的优惠条款鼓励特定的投资（例如外购软件）。这些优惠措施一般允许在比正常使用年限更短的期限内折旧，一般 12 个月。⑰ 如果纳税人经营亏损，在某些情况下，所有的或者部分可用的折

---

⑭ 德国，ITA, s. 6 par. 1 nr. 1 s.4, nr. 3 s. 3.
⑮ 日本，ITA, s. 49 和 CTA, s. 31.
⑯ 法国，Regulation CRC 2004-06, 2004 年 11 月 23 日.
⑰ 法国，Circular 4, A-13-05.

旧额可以延迟计提并可以无限制结转到以后的年份。[78]

在**荷兰**,有关折旧的规则非常灵活。所有的折旧方法都可以采用,只要它们的适用具有一致性,并且符合"良性商业实践"标准。这一标准要求折旧必须建立在历史成本而非重置成本的基础上。2001 年,关于最短使用年限的一般规则被引入;从 2007 年开始,建筑物不能被折旧到低于其实际房产税价值的一定比例。[79] 以前,加速折旧法被用来鼓励某些类型的投资,但后来被直接补贴计划所取代,该计划后来也被终止。现在,加速折旧适用于小规模投资和对节能、环境方面的投资,有几条法律规定允许对某些资产采用任意折旧方法,例如特别指定用于环境保护的资产、便利雇员的工具和设备、以及用来发展荷兰电影业的资产。

瑞典允许机器和设备按标准使用年限进行折旧扣除,其标准使用年限比实际的使用年限要短。折旧率采直线法时为 20%,余额递减法为 30%,这由纳税人选择。对于建筑物,采用直线法提取折旧,折旧年限取决于建筑物的类型(例如,居住用房折旧年限为 50 年,一般的厂房,折旧年限为 25 年)。维护费用的扣除规则相当自由,综合而言不动产的扣除相当宽松。研发费用根据公认会计原则可以在当期扣除。存货生产中发生的费用应当资本化,在产品售出时按照财务会计规则予以扣除。

4. 教育费用

278   教育费用可能涉及个人消费、与经营有关的当期支出或者对"人力资本"的投资,这要看其产生的情况而定。所有的税制基本上采用相同的做法,不允许基础教育费用的扣除,但如果纳税人是为了改进或者维持现有的技能,则可以扣除。因此在美国,保持或者提高纳税人在现有贸易或者商业中的技能的费用一般可以扣除。但是,如果费用实际上使得纳税人有能力进行一项新的贸易或者商业,或者是为符合贸易或者商业的最低教育水平所必需,则不允许扣除。[80] 这种检验是客观的;即使纳税人从未有意或者从未真正开始新的职业,这些费用也不可扣除。因此,会计人员参加法律学校不能扣除其教育费用,即便他承担这笔开支只是为了在其会计职业领域进

---

[78] 法国,CGI, s. 39 B.
[79] 荷兰,ITA, Art. 3.30a.
[80] 美国,Regs., 1.162-5.

一步发展,因为这实际上使他具备了从事新的贸易或者商业的能力。对于不能扣除的费用,没有规定允许将"人力资本"方面的投资进行摊销。

在**瑞典**,一般而言,采用的方法相同。教育费用一般不能扣除。尤其是当这种支出使得相关人具备从事新的职业的能力。但另一方面,为保持已有能力的教育费用可以扣除。同样,在日本,教育费用一般不可以扣除,不过对雇主要求的教育或者培训,雇员可以扣除相关费用。

在**加拿大**,教育费用不能扣除。费用被视为私人费用、资本费用或者两者的混合。已经在行业中立足的纳税人的继续教育或者培训费用,可以作为一般经营费用扣除。雇员支出的教育或者培训费用不能扣除。某些中等以上的教育和职业培训费用可以适用税收抵免。

澳大利亚的税制规定基本相同,只有现有贸易或者职业有关的教育费用可以扣除,但因为历史原因,这种费用必须超过规定的最低限额才可以扣除。

英国一致遵循这些原则,直到1991年对符合条件的职业培训费用开始允许扣除。但因为欺诈严重,而不得不在2001年取消扣除。对雇主提供的培训或者再培训课程有很多免税规定,这样雇员对于雇主支付的培训费用不用承担纳税义务。[81] 与企业有关的费用,如参加会议的费用,通常可以按照一般原则予以扣除;对于会议支出没有特别的规定。

在**德国**,对于"基础"教育与"继续"教育也进行了区分,只有继续教育的费用可以扣除。不过,最近的判例法将教育费用的扣除进行大大地扩展。根据该判例法,即使为了提高纳税人现有职业前景的第一次学院教育支出,也可以扣除。[82] 这导致了对所得税法的修订。基本教育费用被归为个人支出,只能在一定限额内依照"特殊"个人成本规定扣除(从2009年起为5000欧)。[83]

在**荷兰**,雇员为了维持其现有的技能而支付的教育费用视为雇佣支出,不能扣除。为了更高职位的工作或者其他职业而培训产生的费用属于私人费用,但可以在超过500欧而不到15000欧的额度内扣除。

法国的制度允许为保持或者改进技能,在雇员支付的情况下,为了获得某项新的职位而支付的教育费用可以扣除。此外,学生(不超过25岁)或者

---

[81] 英国, ITEPA, s. 250 et seq.
[82] 联邦税务法庭(Bundesfinanzhof),2006年7月20日判决 VI R 26/05.
[83] 德国, ITA, s. 10 par. 1 nr. 7.

可以计入父母纳税单位,或者单独征税。如果并入父母纳税单位,特别税收抵免,加上家庭份额的增加(参见下文次编 E,第一节)或者子女已婚时获得的标准扣除,会减少父母所得税义务。[84] 如果是单独纳税,父母为成年子女支付的教育费用可以在限额内扣除。[85]

在日本,理论上,教育费用可以扣除,如果是经营所必需的。但是,实践中,没有教育费用可以从应税所得中扣除,除非(1) 法律特别规定可以进行税收扣除(如取得驾照的费用)[86],或者(2) 与企业有着明显的关联,例如某些商务研讨班的学费。

5. 私人费用的扣除

在第一部分国别描述中已经提到过,私人费用一般通过个人免税或者个人减免的方式予以处理,这实际上是对一定程度的最低收入予以免税。而且,有些制度允许具体私人费用,例如医疗费用或者个人损失等的扣除。

5.1 利息

所有的制度一般都允许扣除与盈利活动有关的利息费用,所有国家,除了英国,允许与私人投资活动有关的利息费用的扣除。扣除额有时限于当期的投资所得,这是为了防止所得延迟实现时的当期利息费用的扣除。此外,有些制度要求某些利息费用的资本化,尤其是与长期资产如建筑物的生产有关的利息。本编所探讨的各国税制最大的差异是对与盈利活动没有关联的利息费用的扣除问题。从理论上说,私人利息,即与私人消费有关的利息,是否应该扣除成为主要的争议焦点。一般认为消费应该计入税基。但是,私人利息可以不看作额外的消费,而仅仅看作选择在当期而非未来消费的偏好成本。通过借贷进行当期消费,消费的成本因为利息费用而增加了,但是消费的绝对额,作为衡量税基的适当基础,并没有改变。从税收角度看,通过贷款为当期消费提供资金来源的纳税人,应该与通过"动用储蓄"和出售营利性资产进行消费的纳税人,予以相同对待。如果这种分析成立,私人利息费用的扣除即是适当的。

---

[84] 法国, CGI, s. 6-3 和 196 B.
[85] 法国, CGI, s. 156 II 2°.
[86] 日本, ITA, s. 57-2, para. 2.

另一方面,如果分析的立足点是,与经营有关的费用才是唯一可以扣除的费用,那么私人利息就不应该允许扣除。此外,允许私人利息的扣除,常常被看作是鼓励消费而非储蓄,这从经济的观点看可能不是理想的。从结构的观点看,如果对可扣除与不能扣除的利息进行区分,就必须确立区分两种利息的机制。这些考虑在不同的制度中起着不同的作用。

在**美国**,1986 年以前,所有的利息费用都可以扣除,对于私人利息没有任何扣除限制。1986 年开始对私人利息的扣除施加限制,只允许扣除购置私人住宅的贷款利息(设有金额限制)。此外,对由住房担保、最高达 10 万美元的贷款可以扣除其利息费用,而无论收益作何用途。[87] 为了将利息费用归入恰当的类别,美国制订有复杂的追踪规则,以资金的流向为基础,辅之以简化的假定。

在**德国**,私人利息原则上不能扣除。在 1974 年以前,此类利息作为"特别费用"可以全额扣除。直到 1994 年,私人住房抵押的部分利息允许扣除。现在对利息费用的分配制定了新的法律规则,包括相当复杂的追踪方法。如果已经存在对企业资金的"过度提取",与经营有关的债务利息在此范围内则不能扣除。当提取金额同时超过企业利润和纳税人在同期对企业的出资,就被视为"过度提取"。

加拿大的规则与此相似。所借资金只有用于营利目的时方能扣除相关利息,因此私人利息一般不能扣除。关于允许住房抵押贷款利息费用扣除的议案不时被提交(通常是选举期间),但是因为不公平、财政收入减少太大而遭否决。购买私人资产所发生的不可扣除的私人利息无需资本化,虽然资产售出时的收益要纳税,不过适用优惠税率;费用可以看作是与没有征税的估算资产收益有关。资金追踪法是用来确定利息费用的性质的主要方法,不过其他方法,例如分序和分摊法,在追踪法不适用时也偶尔使用。纳税人用储蓄或者股权为消费提供资金而用借贷来支持营利活动,是被接受的标准做法。最近最高法院的一个案例认定,借贷资金和储蓄的混合并不妨碍纳税人对利息的扣除。[88] 虽然纳税人无法确定借贷资金用于营利活动,但纳税人能证明相当于借贷资金的数额的资金被用于营利目的就足够了。

澳大利亚和**日本**采用的基本方法相同。这个问题最近在澳大利亚引发

---

[87] 美国, IRC, s. 163(h).
[88] *The Queen v. Singleton* [2002] 1 CTC 121 (SCC).

了极大关注。高等法院对所谓的"分劈"贷款适用一般反避税规则,这种贷款是金融机构提供的一种产品,它是为家庭住房的购置和投资财产提供贷款资金。但是所有的款项用来偿付房屋贷款,而投资财产的利息予以资本化,这样,与投资地产有关的贷款部分与借款的金额同步增长。[89] 另外,在两个受到争议的判决中,法院不允许因银行监管原因被列为资本的贷款利息,尽管其中一个判决正在上诉中。[90] 反过来,法院就"资本保护贷款"(也就是贷款人仅对资本本身拥有追索权并相应收取更高利息)作出有利纳税人的判决,但禁止扣除与资本保护成分相关利息的立法随之通过。[91]

在**英国**,私人利息起初可以无限制的扣除。但是,从1969年起,开始对扣除施加大量的限制。[92] 如果利息与应税所得来源,例如贸易或者租赁不动产没有关系,要扣除就必须与"适格的目的"有关。法律所列举的可接受的目的相当有限,包括投资于封闭公司或者雇员控制公司,用于雇佣或合伙企业的机器和设备(例如,小汽车),以及某些类型的终身年金。私人住房的购置曾经是最重要的适格目的。扣除有限制,因为它仅适用于最高为3万英镑的贷款利息。后来的立法降低了扣除的价值额,不允许设定在本应支付的最高税率上,首先限制在基准率25%,后来降低到20%,再后来降到名义税率的15%,又降到10%。最终在2000年取消;整个过程非常有意思地说明了如何通过逐步降低其利用价值而达到取消优惠的目的。

在**法国**,私人利息不能扣除,更常见的是,与投资有关的费用也不允许扣除,即使购得的资产是用来实现盈利的(例如,用来购买投资证券的贷款利息)。但是,与租赁房地产有关的利息可以扣除。[93] 尽管雇员或公司高管购买所在公司股票长期以来被认为是个人支出,与此相关的利息支出现在被允许从薪金中扣除,如果购买对其活动有用,且利息并非不成比例。[94] 另一方面,与某些个人支出相关的利息,如购买或修建个人住宅,可享受特殊税收抵免。[95]

---

[89] *Hart* [2004] HCA 26, 217 CLR 216.

[90] *Macquarie Finance Ltd* [2005] FCA FC 205, 146 FCR 77 和 *St George Bank Ltd* [2008] FCA 453, 69 ATR 634(目前在上诉阶段)。

[91] *Firth* [2002] FCAFC 95, 120 FCR 450,被澳大利亚 ITAA 1997, Division 247 推翻。

[92] 参见英国, ITA s. 383 *et seq.*

[93] 法国, CGI, s. 31 I 1°-d.

[94] 法国, CGI, s. 83, 3°最后一段。

[95] 法国, CGI, s. 200 quaterdecies.

与此不同，**瑞典**原则上对利息扣除没有任何限制。与经营有关的利息可以在该类别所得中扣除。所有的其他利息，包括私人利息，可以从资本所得中扣除。一般而言，追踪规则被用于确定利息费用的处理。由于经营所得适用的税率比资本所得要高，有专门的规定防止纳税人将私人利息费用从资本所得过度分配给经营所得。如果分摊给企业的债务金额导致与企业资产的税收成本相比为"负"权益，利息就按照政府的借款利率加1%在"负"权益上计算。利息在经营类别中按额外收益处理，在资本所得类别中按额外费用处理，因此实际上将过度利息费用的一部分重新分配至轻税负的资本所得上。

2008年，为应对普遍存在的税务筹划安排，对公司利息扣除的限制被引入。该手法可简单描述如下：母公司P将子公司A——一家盈利企业——出售给另一家子公司B。该收购由P向B提供融资。此应收贷款由P作为资本金转至设在某对利息不征税或极低税国家的第三家子公司C。B开始为该负债支付利息给C。为了使B能有收入来使用该利息扣除，A，现在作为一家B的子公司，对B作出可抵扣的集团投入。[96] 综合的结果是A的应税所得减少，而C的收入增加（但税负为零或很低），根据新立法中的一条主要规则[97]，上述第一步导致负债的利息，只有当债权人所在国对利息征税10%或以上时，才能抵扣。

在**荷兰**，2001年税制改革以前，私人利息可以毫无限制的全额扣除。但是，2001年后，私人利息不允许扣除。

5.2 私人损失

虽然与私人资产有关的损失一般不能扣除，在有些情况下，允许扣除，如果损失发生在特定的背景下。因此在**美国**，因为私人资产受损而导致的损失可以扣除，如果损失是"意外"导致的，这被解释为突发意外事件。[98] 关于什么构成意外事故有大量的解释规则，包括一项行政规则认为，白蚁造成的损失不够突然，不足以构成意外损失。如果可以扣除，损失的扣除额限于资产的税收成本，然后只有当所有损失的总额超过纳税人所得的一定比例方可扣除。

---

[96] 如果满足ITA, ch. 35 规定的前提条件，则集团出资可以抵扣。
[97] 瑞典，ITA, ch. 24, s. 10 a-e。
[98] 美国，IRC, s. 163(h)。

在**德国**,私人资产处分的收益和损失一般都不予考虑。因为将私人资本利得的可税范围扩展至购置以后十年内出售的不动产以及购买后一年内出售的其他资产,这导致对损失于同期或在向前和向后结转规则的确认。⁽⁹⁹⁾这些损失只能与相同来源的收益进行抵扣。关于"最终预提税"的新规则下同样适用于私人持有的股票和其他证券的损失。⁽¹⁰⁰⁾按照这套新规则,转让私人持有的组合证券所产生的亏损只能与转让私人持有的证券产生的资本利得相抵扣。该规则延伸至意外损失。即使意外损失与经营存在一定的联系,也不允许扣除(比如在出差时或公司郊游时丢失珠宝)。但如第一部分所讨论的,德国税制承认"超常支出"的扣除。该支出必须是与同样情形的纳税人相比,费用特别高且不可避免。意外损失也适用这一规定。但扣除是否只适用于不能由保险补偿的损失,存在很大的争议。

在**加拿大**和**澳大利亚**,涉及私人财产的意外损失一般不能扣除。但是,对"列举的私人财产"而言(在澳大利亚指"收藏品"),例如,邮票、硬币、珠宝、艺术品等,损失可以扣除,但是只能与此类资产的收益相抵。损失限于财产的税收成本。英国通过不将处置价额(包括无价值)低于6000英镑的资产的任何收益或者损失,以及排除使用寿命不超过50年有形动产的任何收益或损失进行确认,从而限制对私人使用的有形动产的损失扣除。⁽¹⁰¹⁾澳大利亚采用相似的规则消除非上市私人资产的小额收益,但是基于成本,以便成本在限额以下的财产无需记账。这都是这些国家资本利得立法结构的结果。

在**法国**、**日本**、**荷兰**和**瑞典**,私人资产的收益和损失不纳入考虑,无论这些收益或者损失是如何产生的。因此,例如在荷兰,一座无保险的私人住宅因火灾导致损失,以及获得的保险收益超过投保住宅的基价的利得都无课税的问题。相较之下,在瑞典,私人住宅的个人损失被考虑进来,因其资本利得应纳税。在日本,为某些类型的地震投保,其保险费可以在有限的范围内进行税收扣除。⁽¹⁰²⁾

---

⑨⁹ 德国, ITA, s. 23 par. 3 s. 7-9.
⑩⁰ 德国, ITA, s. 20 par. 6.
⑩¹ 英国, TCGA, s. 45 和 262.
⑩² 日本, ITA, s. 77.

5.3 医疗费用

医疗费用在有些国家可以扣除或者主张税收抵免,不过它们被视为私人费用。美国由于没有一个系统的公共医疗制度,因此对超过收入一定比例的医疗费用允许扣除。[103] 对于哪些构成"医药"治疗,解释非常宽泛,不过法律禁止对美容手术费用的扣除。私人健康保险的保险费虽然可以扣除,但由于存在所得比例的槛限,被保险人一般不能享受扣除利益。雇主提供的健康保险不用纳税,这一点已经在前面附加福利的论述中提到。

加拿大有一个公共财政资助的医疗制度,不过并没有覆盖所有的费用。1500 加元(根据通货膨胀指数予以调整)或者收入的 3% 中的较小者作为基准额,对于超过基准额的医疗费用,可以适用 15% 的抵免(最低的联邦税率)。抵免只适用于一个冗长的清单上列举出的医疗费用。即使是明显合法的费用,如果没有被列举,就不能适用税收抵免。新的医疗技术的发展与将其列入医疗费用抵免中的合格费用之间,常常存在一定的时间差。加拿大对患有严重和长期残疾的人也规定了类似的抵免,允许确认此类人群所发生的无法列项的费用。澳大利亚制度对于超过 1500 澳元的医疗费用和 30% 的私人医疗保险费用(尽管澳大利亚又全民医保)规定了类似的 20% 抵免。[104] 工伤所产生的医疗费用可以根据一般扣除条款予以扣除,如果此类伤害属于明显的职业伤害。

与经营有关的医疗费用在**英国**也可以扣除。没有对医疗费用的一般扣除,而是对 60 岁以上的老人的医疗保险曾经规定一个有限的扣除;这在 1997 年为工党政府所取消。如果医疗费用是在英国以外产生,因此不属于国家医疗服务制度的适用范围,特别的法律允许雇员不必将雇主承担提供医疗保险或者治疗的费用的收入纳入税基。[105]

在**荷兰**,超过绝对值和收入一定比例限制的医疗费用在 2009 年以前可以扣除其超过部分。该扣除已被一个只给慢性病人和残疾人提供的补贴所取代。在日本,每个家庭超过 10 万日元的医疗费用可抵扣。[106]

在**德国**,对私人医疗费用没有具体扣除规定。经营过程中发生的疾病

---

[103] 美国, IRC, s. 213.
[104] 澳大利亚, ITAA 1936, s. 159P, ITAA 1997, Subdivision 61-G.
[105] 英国, ITEPA, s. 325.
[106] 日本, ITA, s. 73.

所产生的医疗费用允许进行经营性扣除（例如放射线工作人员所患的辐射疾病，肺科医生所患的肺结核）。但律师患心脏病，则不能进行医疗费用扣除。

对于与经营不存在关联的医疗费用，对于超过一定最低金额的"特别费用"的一般扣除，也可以适用于某些类型的医疗费用。[107] 费用必须是"直接的"医疗费用（例如看医生的费用、住院费、药品）。"间接"费用不能扣除，对于"直接—间接"的区分问题引发了大量的诉讼。不能扣除的间接费用的一个例子是，为了改善气管炎的呼吸而进行的迁移费用。预防性的医药费用不能扣除。医疗保险费可以作为"特别"费用扣除，但有限制。最近，宪法法院判定德国立法机关大幅扩展保险费用的扣除。[108]

瑞典有着覆盖面广泛的公关健康医疗制度，提供免费或者低收费的服务。因此，私人医疗费用不能扣除。雇主不能扣除雇员的医疗费用，这种福利也不计入雇员的所得。

在**法国**，法国公共健康医疗制度的强制收费可以扣除。[109] 不能获得补偿的医疗费用被视为私人费用，除非对从事营利性活动非常重要（例如，负责公共关系的人的假牙）。

5.4 慈善捐赠

大部分制度允许向从事慈善、宗教、文化或者教育服务的私人或者公共机构的捐赠的税制扣除或者税收抵免。一般对于扣除金额按照收入的一定比例加以限制。因此在**美国**，对符合规定的组织的捐赠一般可以扣除，最高达纳税人收入的50%。[110] 对"私人"基金的赠与适用的限制更多，例如非由一般公众所支持而是由一个或数个大的赞助人支持的基金。超过抵扣额的捐赠可以结转，在以后的年度扣除，但当期的扣除不得超过规定的限额。某些财产赠与，财产的公平市场价值可以扣除，实际上允许未计入税基的财产增值额扣除。服务的捐赠不能扣除，不过向慈善机构提供服务时所实际支付的费用可以扣除。如果捐款人因为捐赠而获得某种利益，捐助扣除必须减去此受益的价额。对于捐赠扣除，法律规定了许多重要的要求。

---

[107] 德国，ITA, s. 33.
[108] 联邦宪法法庭（*Bundesverfassungsgericht*），2008年2月13日判决 2 BvL 1/06.
[109] 法国，CGI, s. 154 bis 和 154 bis-0 A（自雇人员），83 1°（雇员）.
[110] 美国，IRC, s 170.

在**加拿大**，个人对登记的慈善团体慈善捐赠的最初 200 加元有权按照 15%（联邦最低税率）进行税收抵免，超过此金额的其余捐款可以按照 29%（最高联邦税率）进行税收抵免。赠与必须提交书面的收据证明，收据必须附在纳税申报表中申报，如果是电子申报，就有保存收据的义务。捐赠限于纳税人年收入的 75%，可以向后结转 5 年。但是，文化财产以及生态敏感土地的赠与不受此限。如果是增值财产的捐赠，纳税人可以选择财产的成本基价或公平市场价格作为捐赠额。所选择的捐赠额也被视为为实现利得而进行财产处分所实现的价值额。

澳大利亚税制对慈善捐赠很少限制，尽管以前也对增值财产的赠与规定与加拿大类似的限制。最近一些年来，慈善捐赠的税收优惠已经通过多种方式予以提高。一般而言，赠与是按市场价格实现收益的事项，但现在一些慈善性赠与的收益予以免税，对财产的公平市场价格允许扣除。慈善赠与不得导致该年度的税务亏损，但赠与人可选择将扣除额按自选的比例分摊在 5 年中。在允许扣除之前，对于机构是否具有慈善性质的判定规定有很多细致的行政程序，这些程序的执行在最近一些年更为严厉，部分因为现在提供了更多优惠的减免。[11]

在**英国**，对慈善机构的现金捐赠一般允许扣除。现在对土地、股份和证券的赠与采用很多特别规定。根据英国的资本利得税规则，向合格的慈善机构转让资产对赠与人不产生应税所得。而从慈善机构收到的各种利益则可能导致扣除的丧失。[12]

在**日本**税制中，慈善性捐赠在绝对最低额 5000 日元以上，但不超过纳税人收入的 40% 的范围内可以扣除。捐赠必须向政府机构或者少数政府批准的公益性组织进行。增值财产的赠与的扣除限于财产的税收成本。[13]

在**荷兰**，慈善性捐赠可以在总额同时超过收入的 1% 与 60 欧元时扣除。扣除数额不能超过收入的 10%。[14] 如果捐赠人有义务在至少五年的期间内进行年度捐赠，扣除则没有限制。

在**德国**，慈善性捐赠可以作为特别的个人费用予以扣除。[15] 捐赠必须是

---

[11] 澳大利亚，ITAA 1997, Division 30, s. 118-60.
[12] 英国，ITA s. 413-446 和 518-564；公司税参见 TA 1988, 505 *et seq.*
[13] 日本，ITA, s. 78.
[14] 荷兰，ITA, Art. 6.32.
[15] 德国，ITA, s. 10b.

向政府机构或者政府批准的组织进行。扣除一般限制在年度收入的20%以内。如果是企业,则可以采用根据工薪和营业额的0.004%计算的适用限制。对公共批准的基金会的赠与可在100万欧元的上限内扣除10年。如果扣除限额为20%的个人赠与超过了这一限额,扣除可以向后结转,只要在未来结转年度有"多余"的限额可用。

一般而言,财产的捐赠按照财产的公平市场价格扣除。因为私人资本利得一般不纳税,因此增值财产捐赠的问题不会发生。如果资产从企业撤回而捐给某慈善机构,这种撤回一般不属于所得实现事件。[116]

如果捐赠人收取回报性的对价,扣除就不被允许;财产的转让也不再视为"捐赠"。捐赠的性质与金额必须予以证明。2009年,欧洲法庭判定德国税法必须把扣除延伸到位于其他欧盟成员国的慈善机构。[117]

在**法国**,向各种性质的机构所作的慈善捐赠都可以进行抵免,这逐渐取代了以前从所得中进行的扣除,并且随着时间的推移,越来越宽松。目前,抵免一般相当于捐赠总额的66%,上限为纳税人应税所得的20%或者企业毛收益的5%;自我雇佣的纳税人可以选择这两种限额中的一个。超过这些限额的捐款可以向后结转5年。[118]

只有在瑞典,慈善捐赠是完全不能扣除,这被认为是一种私人费用。但是,由于经营以外的赠与不被视为实现事件,因此所赠与的财产的任何增值都不用纳税。2008年,一个政府委员会被委任以提出允许慈善赠与扣除的议案。

6. 对扣除和损失的限制

6.1 非法支付、罚金、处罚

如果根据一般原则可以扣除的费用,但却是非法的,很多税制都对其扣除施加限制。这有时是通过一项特别的法律条款——例如,不允许贿赂的扣除来实现——有时是基于不允许有违公共政策的扣除的基本原则来实现的。同样,与经营有关的罚金或者罚款的扣除也受到限制。

---

[116] 德国, ITA, s. 6 par. 1 nr. 4.
[117] ECJ, 2009年1月27日 C-318/07 (*Persche*).
[118] 法国, CGI, s. 200 和 238 bis.

在**美国**,案例法确立的原则是,非法款项以及罚金的扣除如果"会严重损害国家或者州政策",则不允许扣除。[19] 适用这种"公共政策"原则,判例法不允许本身为非法的支付的扣除,例如贿赂,或者会削弱其有效性的罚金或者罚款的扣除。后来的立法将基于"公共政策"的扣除限制范围缩小到若干法律规定的情形。[20] 有一项特别规定拒绝所有与毒品非法销售有关的费用(除了所出售的商品的成本)的扣除。另一项规定是关于向外国政府官员的付款可以扣除的情形。

在**加拿大**,直到1990年,非法支付可以根据对费用支付的一般限制予以扣除。这一规则与非法所得计入所得的规定是一致的。在1990年,法律修订案不允许贿赂和类似支付的扣除。[21]

直到2000年,司法或者法定罚金和罚款一般不能扣除,因为任何扣除都会减损罚金的威慑或者规制效果。但是,判例法和行政实践允许对罚金或者罚款的扣除,如违法属于轻微的,罚金可以看作是商业的正常风险时,且违法不会危及公共安全和并非故意的或者疏忽的结果。例如,运输超载的罚金被判定可以扣除。[22] 在2000年,最高法院判定,对养殖鸡蛋的农民因为有意超过其配额而被处的罚金可以扣除,因为其发生是出于营利的目的。[23] 根据最高法院的解释,公共政策对于罚金和罚款的扣除性问题不相干。2004年,该判决结果被制定法推翻。[24]

因为加入国际公约,瑞典在1999年引进了禁止贿赂扣除的法律规定。在此之前的案例法对此问题不清晰,但是根据一般的看法——本书瑞典撰稿人不同意此观点——贿赂费用被认为是一项可扣除的商业费用,至少在实践中如此。罚金不可以扣除。

同样,在**日本**,对于非法款项的扣除不存在公共政策的限制,只要付款可以证实为经营所必需的,不过法院可以仔细核查所主张的必要性。通过一个具体的立法规定,罚金不能扣除[25],不过向国外支付的罚金可以扣除,如果扣除的其他要求都满足的话。

---

[19] Com'r v. Tellier, 383 US 687 (1966).
[20] 美国, IRC, s 162(c).
[21] 加拿大, ITA, s. 67.5.
[22] Day and Ross v. The Queen [1976] CTC 707 (FCTD).
[23] 65302 British Columbia Ltd. v. The Queen [2000] 1 CTC 57 (SCC).
[24] 加拿大, ITA, s. 67.6.
[25] 日本, ITA, s. 45.

在**法国**,所有与经营活动有关的费用原则上都可以扣除而不论其性质,只要其发生是为了企业的利益。但是,对来自非商业服务(律师、公共会计师等)的所得类别,判例法倾向于采用更为严格的方法,因为法律规定,可扣除的费用必须是"从事职业活动所必需的"。[126] 法定扣除的例外情形近来有所增加。2007年以来,总的原则上禁止从工商业收入中扣除因未履行法定义务导致的所有类型的罚款,包括与税务征收和逃税有关的罚款。[127] 对外国政府官员的贿赂也不能扣除。[128]

在**荷兰**,荷兰法院所判处的罚金和罚款不能扣除(如果雇员发生此类费用得到雇主的补偿,则雇员要就补偿款纳税)。[129] 但是,与此类似的外国罚金可以扣除,如同职业团体施加的罚款。与其他商业费用一样,贿赂可以扣除,如果是因为商业目的。税务机关一般认定商业目的的存在,如果纳税人能证明,从企业的性质来看,该笔款项并没有偏离一般在类似情况下的款项。但是,实践中可能难以证实贿赂实际已经被支付。

在**澳大利亚**,有一项具体的立法规定不允许罚金和罚款的扣除,判例法的处理也与此相同。但是,非法支付,似乎原则上可以根据一般扣除规则予以扣除。[130] 最近全联邦法院认为,毒品交易商有权申请扣除,如果其毒品交易的收益被盗。由于裁判引发的公众激愤,政府已修订法律,防止此类扣除在以后发生,如果该笔支出和纳税人已被判决有罪的刑事犯罪直接相关。[131] 按照经合组织的建议案,澳大利亚最近也修改了法律,拒绝向外国政府官员行贿款项的扣除。[132]

在**英国**,有特别的规则禁止为从事刑事犯罪(例如贿赂)或者如果发生在英国以外,但如果该行为在英国发生本应认定为犯罪,而发生的任何费用的扣除。类似的规定适用于受绑架威胁所作出的支付,或者,在苏格兰,受敲诈勒索而进行的支付;如果绑架或者勒索的犯罪行为是在英国以外发生的,该规则不再适用。按照公共政策考虑所确立的基本原则,罚金的支付不

---

[126] 法国, CGI, s. 93 1.
[127] 法国, CGI, s. 39 2.
[128] 法国, CGI, s. 39 2bis.
[129] 荷兰, ITA, Art. 3.13-1. c.
[130] 澳大利亚, ITAA 1997, s. 26-5.
[131] 澳大利亚, ITAA 1997, s. 26-54, 推翻了 *La Rosa* [2003] FCAFC 125, 129 FCR 494.
[132] 澳大利亚, ITAA 1997, s. 26-52, 26-53.

能在计算经营利润时扣除。[133]

德国有法律条款处理罚金和罚款以及非法支付的扣除问题。罚金和罚款一般不能扣除,如果是德国、欧盟或者外国法院所施加的。[134] 但是,如果是外国法院作判处的,作为该罚款依据的外国的司法考虑但与德国法律制度的基本原则有悖,则可以扣除。因为违法而由非司法判处的罚款也不能扣除,除非罚款的目的只是为了赔偿损失。

贿赂和类似的付款不能扣除,如果其性质根据德国的刑法典应该受处罚。在有些情况下,对外国某收款人支付的款项可以扣除,如果写明了收款人的名字。从1999年开始,支付给外国人的款项的扣除也受到了严格的限制。[135]

6.2 与免税收入有关的费用

在综合所得税制中,如果某些所得类别被明确免予纳税,例如,美国来自州和地方债务的利息,就会发生与免税所得有关的费用的扣除问题。在分类所得税制中,类似的问题也会发生,即当法律没有明文免税,但却不属于任何一类应税所得的所得项目的费用的处理。

在**美国**,有明确的法定规则,一般对与免税所得有关的费用不允许扣除。[136] 如果费用与某项免税所得直接有关,则完全不能扣除。如果费用与若干项所得类别有关,就要根据所得金额,或者在有些情况下,产生所得的资产的价值或者成本进行分摊。对于州和市债券获得免税利息收入,其有关的利息费用适用特别的规定。在此种情形下,如果借款的目的是为了购买或者"保持"免税证券,利息不能扣除。因此,利息费用不能扣除,如果借款使得纳税人能继续持有免税证券。如果是金融机构,利息费用必须在免税的利息所得和其他应税所得之间,根据资产的税收成本进行分配。

与免税所得有关的费用扣除也在**加拿大**受到明确禁止。[137] 但是,与股息有关的费用可以扣除,即便某些股息是免税的,因为股息被明确排除在免税所得的范围之外。**荷兰**采用类似的做法。一般而言,费用到底是与免税所得还是与应税所得有关联,在加拿大根据追踪方法来确定。虽然资本利得

---

[133] *McKnight v Sheppard* [1999]; STC 669 ITTOIA s. 55 CTA 2009 s. 1304.
[134] 德国, ITA, s. 4 par. 5 nr. 8, s. 9 par. 5, s. 12 nr. 4.
[135] 德国, ITA, s. 4 par. 5 nr. 10.
[136] 美国, IRC, s 265.
[137] 加拿大, ITA, s. 18(1)(c).

部分应税,但为获取此利得所发生的费用却不能扣除(或者资本化)。如果资产产生了潜在资本利得之外的收益(或者资产是为取得此类收益而购置),费用则可以全部扣除。**澳大利亚**的税制适用结果相同,因为一般扣除规则要求扣除与应税所得相关联。很多与免税的外国所得有关的费用都允许扣除以避免国际双重征税,尤其是2001年引进的新的资本弱化规则下的利息费用。与加拿大一样,对于资本利得有关的费用不允许扣除,不过大多数情况可以计入资产的成本基础,包括维持费用。

在**英国**,其分类税制足以保护税基;对免税所得的相关费用,没有禁止扣除的一般性原则——它完全属于每一类别收入的法律解释的问题。因此,1996年引入的借贷关系规则明确禁止从事不属于英国公司税纳税范围的贸易所发生的利息的扣除。该模式在那之后被频繁使用。[138] 尽管英国坚持将贸易公司与投资业务的公司区分开来,但是在此领域适用结果相同。[139]

在**瑞典**,一般而言,只有与应税所得来源有关的费用方能扣除。在某些情况下,本来属于应税来源的所得被明确免税,免税被解释为适用于毛所得而不是净所得。因此,相关费用允许作为扣除额与来源中的其他所得相抵。利息即使在其相关债务不产生应税收入时也可扣除。

日本没有处理免税所得相关扣除的明确规定。有关限制来自于基本规则,即若要扣除,费用必须与某一应税所得类别有关。法国的做法相同。同类所得中应税所得与免税所得的相关费用如果无法进行直接分配,可以以毛所得为基础进行分配。

德国有明确的立法规定,与免税所得存在"直接经济联系"的费用不允许扣除。[140] 正如在第四部分讨论的,实践中,这一规则曾经主要适用于一般根据税收协定予以免税的外国或者本国公司之间的股息。(如果在经营过程中由个人或合伙持有股份)有限的扣除(60%)被赋予与最多只有60%应当纳税的股息收入相关的支出。[141]

6.3 对某些费用类别的"隔离"和其他限定或者限制

在本来采用综合所得的税制中,有时候对某些类别的活动或者费用予

---

[138] 英国,CTA 2009 s. 327(进口损失)。
[139] 英国,CTA 2009 Part 16。
[140] 德国,ITA, s. 3 par. 1。
[141] 德国,ITA, s. 3 par. 2。

以特别处理,这些类别中的费用和损失不能与其他项目所得相抵。这实际上是在综合税制之上包含的分类因素。在典型的分类税制中,当某一特定类别中的损失总额不能与其他类别中的所得相抵扣或者"补偿"时,其结果与前述情形就相似。这些限制主要用于规制税收庇护交易或者可能属私人消费的活动中所产生的扣除。

美国对损失扣除的限制有一套广泛的制度,最重要的是所谓的"消极活动损失"规则。为了应对20世纪70年代和80年代普遍蔓延的税收庇护问题,美国颁布了消极活动损失规则,以限制纳税人在没有"实际参与"的活动中所发生的损失的扣除。⑫ 实际参与的要求被税务机关解释为,纳税人每年花费在该项活动中的时间至少达500小时,不过也规定了大量的其他满足实质参与要求的情形。房地产活动适用特别规则。

消极活动中发生的损失只能以消极活动产生的所得相弥补。这样,"组合投资"所得,主要是投资所得,不属于消极活动所得,因此不能与消极活动损失相弥补。未弥补的损失可以暂且搁置,留待以后年度与消极活动所得相抵。当消极活动在一项应税交易中被完全处置时,搁置的损失可以与其他所得相弥补。虽然规则最初主要是针对税收庇护活动中产生的"虚假"损失,但规则也可以适用于真正的经济损失,当纳税人没有满足实际参与标准。

规则根据活动的个案适用,且对组合投资所得的特别待遇,都极其复杂。纳税人实际上需要将每一项活动按照"正常"商业活动、消极活动和组合投资活动进行归类,将所得和扣除分配至每一类别下。此外,为了确定活动已经被处分,以便利用搁置的损失,每一项独立活动的确切范围都必须予以确定。规则实际上使得本来属于所得综合界定的税制转变成每类活动都属一个单独的所得类别的分类税制。

对特定费用的扣除还有其他一些适用范围不是那么广泛的限制。非在交易或者经营中发生的投资利息费用,其扣除额度限于投资所得,包括有些情况下实现的资本利得。⑬ 住宅的商业使用所发生的费用——例如,设在家里的办公室或者出租度假屋——扣除限于该活动所产生的所得。⑭ 如前所述,资本损失一般只能与资本利得相抵,不过允许与一般所得进行一定的抵扣。

未获补偿的雇员费用,或者尚不足以构成贸易或者经营、但能产生收益

---

⑫ 美国, IRC, s. 469.

⑬ 美国, IRC, s. 163(d).

⑭ 美国, IRC, s. 280A.

的活动所发生的费用,只有在超过所得2%的范围内扣除。此限制的作用是大幅度的减少大部分纳税人的扣除可能。与其他国家不同,对于此类费用的扣除,没有设定具体的一次性扣除额作为替代。

在**瑞典**,经营所得类别中发生的损失不能与其他应税所得类别中的收入相抵。损失可以无限制地向后结转,与未来年度的经营所得相弥补。同样的规则适用于雇佣所得,但是也有一些例外。艺术家的经营损失可以与雇佣所得相弥补。最初五年发生的经营损失可以与雇佣所得相弥补(每年最高10万克朗)。因经营终止所发生的损失可以与资本所得相抵。

资本所得类别中发生的损失适用不同的技术规则。10万克朗以内的损失可以按30%转化为(资本所得的基本税率)抵免额,超出部分21%进行转化。抵免额可以用来弥补其他所得类别的税额。对超额损失的限制是为了限制在投资收益被延迟实现时纳税人利用当期损失的能力(主要是来自高借贷投资的利息扣除)。

在**日本**,损失受到分类税制的限制。股息、偶然和杂项所得类别中的损失不能用于弥补其他所得类别。木材和退休所得予以单独计算。纳税人可以选择单独计算股息所得和利息所得。

英国适用的税制与此类似。英国对向前结转的,用以冲抵同样类型收入的扣除和可冲抵其他类型收入的"侧路"扣除加以区分。损失通常可以无限向前结转以冲抵以后相同来源的收入,有时还可能将亏损向后结转。[145]

因此,当所得在 ITTOIA 第三部分(土地)下产生,无论在英国境内还是境外,只要纳税人应纳所得税,亏损只能向后结转以冲抵不动产经营收入(这被理解为包括在同一经营活动下的多项不动产)。"侧路"(sideways)扣除也在亏损产生当年和第二年计算净收入时适用。也就是说亏损不能冲抵资本利得。不动产经营亏损适用于公司税时规则相对宽松:这类亏损可用于冲抵任何种类的经营利润。

可以"侧路"使用并冲抵其他类别在同一年和上一年的收入。未使用的亏损可无限向后结转但只能以同一经营活动的利润所得相弥补。[146] 因被滥用,现在侧路扣除在纳税人未积极参与经营活动时,适用 25000 英镑的限额。为了税务目的发生的亏损被完全禁止。[147] 规则对经营活动初始年份的

---

[145] 英国, ITA, Part 4.
[146] 英国, ITA, s. 83 et seq.
[147] 英国, ITA, s. 74A-74D.

亏损较宽松——亏损允许向后结转弥补早年的一般收入。[148] 相对宽松的规则也适用于经营终止的亏损。如经营完全在境外,则亏损只能冲抵境外利润。

对于资本利得税的纳税人,资本亏损仅可用来弥补资本利得,并可以无限期向后结转,但超额的资本损失通常不得向前结转。[149] 贸易亏损有时可以冲抵资本利得,但资本亏损仍被禁止冲抵一般所得。在纳税人未主动参与贸易活动的情况下,如果用贸易亏损冲抵资本利得,也需适用 25000 英镑的上限。适用于公司税的规则更为宽松,但用资本亏损来冲抵收入仍然受到限制。有时,比如当证券收入或股息应付给所得税纳税人,因不允许任何扣除,亏损根本无从产生。

根据**加拿大**的税制,一般原则是,各种所得来源的净值予以汇总计算应纳税所得。但是,有些特别的规定限制某些类别的损失。租用的可折旧财产的资本成本补偿额超过该财产所产生的所得部分不能抵扣。一般而言,资本损失只能与资本利得相抵,某些私用资产,如硬币、邮票等资本损失只能与此类资产的收益相抵。此外,农场的财产和小型商业公司股份的资本利得所享受的终身免税,可以减少纳税人来自投资的累积净损失,因此实际上限制了此类损失的扣除。经营亏损当年不能扣除的部分可向前结转 3 年并向后结转 20 年。资本亏损可向前结转 3 年,向后无限结转,但只能从资本利得中扣除。

澳大利亚对资本损失的税收处理相似。20 世纪 80 年代曾经有一小段时间,规则将房地产投资的利息扣除限制在该财产所产生的所得范围内。

在**荷兰**,自从 2001 年对个人开始使用三种所得类型,所得类型 1 和 2 中的损失(也就是说不是所得类型 3 中关于资本利得的亏损)可以向前结转 3 年,向后结转 9 年,与同类型的所得相抵(除了一个小例外,不能与其他类型的所得相抵)。不过,个人扣除减少所得类型 1、3 和 2 中的所得(按此次序),多余的部分向未来年度结转,按同样次序与表中的所得相抵。

德国一般允许特定所得类别中的损失与其他类别中的所得相抵。但是,近年来,税收立法对这些扣除予以严格限制。个人在私人持有的资本财产(视持有期间的长短而定——不动产是 10 年,其他资产如证券是一年)只能与来自相同所得来源的利得相弥补。[150] 对于商业和专业服务纳税人,来自

---

[148] 英国,ITA,s. 72-74.
[149] 英国,TCGA,s. 2;注意在涉及避税的情况下,对资本损失减免的限制请见 s. 16A.
[150] 德国,ITA,s. 20 par. 6,s. 23 par. 3 s.7-9.

于工业和牲畜育种活动,以及特殊的金融衍生品和某些股东贷款的亏损只能从同来源所得的利润中扣除。[151] 一项允许国内持股亏损弥补而限制外国持股[152]的规定被欧洲法庭认定为无效。[153]

所有其他亏损都可冲抵相关期间的其他利润。如亏损在任何期间内超过利润,最多511,500欧元可向前结转至上一个纳税期间。[154] 所有剩余亏损可向后结转至未来纳税期间。[155] 但还是有限制:尽管每年100万欧元可不受限制地扣除,只有60%的超额收入可用于弥补以前的亏损。未使用的亏损可向后结转至下一期间。

如果资本利得不纳税(即,当持有期间的要求没有满足时),那么相应的资本损失就不允许扣除,嗜好损失也不允许扣除。此外,有限合伙中合伙人所分摊的损失不能超过其出资。[156] 与国外损失有关的特殊规定在第四部分探讨。

在**法国**,各所得类别的正值与负值原则上予以合并计算,但有很多反避税规则限制这种弥补。当此类规则适用时,损失通常只能与当年度或者之后的6年或者10年的同类所得相抵,结转年限视所得类型而定。这些反避税规则适用于出租房地产超过10700欧元的损失部分(不考虑利息,其超出部分自动向前结转)、纳税人未亲自和长期参与的活动所发生的损失、组合投资损失、以及业余耕作损失。[157] 经营中的长期的资本损失只能以长期资本利得弥补,未冲销的损失可以向后结转10年。[158] 房地产个人投资亏损则完全不予计入。[159]

下表Ⅱ-2总结了次编C所讨论的部分扣除规则。标示"限制扣除"表示可以扣除的费用类别受到某种扣除限制,或者扣除额有限制,例如,有不允许扣除的最低限额或者可扣除额的最高限额。此外,该表只是一种概括,没有反映诸多细节,例如,对国内和国外非法支付常常予以区分。

---

[151] 德国, ITA, s. 15 par. 4.
[152] 德国, ITA, s. 2a par. 1 nr. 3.
[153] ECJ, 2007年3月29日 C-347/04 (*Rewe Zentralfinanz*).
[154] 德国, ITA, s. 10d par. 1.
[155] 德国, ITA, s. 10d par. 2.
[156] 德国, ITA, s. 15a.
[157] 法国, CGI, s. 156 I 和 150-0 D 11.
[158] 法国, CGI, s. 39 quindecies I-2.
[159] 法国, CGI, s. 150 VD.

亚编 C 扣除

表 II-2 税基的某些方面：扣除

	上下班交通成本	娱乐支出	非法支付	儿童看护	个人利息	医疗费用（非经营相关）	慈善捐赠
澳大利亚	不能扣除	不能扣除	扣除受限	不能扣除	不能扣除	有限抵免	宽松的有限扣除
加拿大	不能扣除	比例受限（多数雇员不能扣除）	无一般性限制（贿赂与罚款不能扣除）	有限扣除	不能扣除	有限抵免	有限抵免
法国	有限扣除	如与经营相关则全额扣除	无一般性限制	不能扣除；有限抵免	不能扣除	不能扣除	有限抵免
德国	扣除（被宪法法院恢复）	有限扣除	不能扣除	标准扣除补贴；实际支出超标可扣除	不能扣除	有限扣除	有限扣除
日本	不能扣除	个人全额扣除；公司受限	无一般性限制	不能扣除	不能扣除	有限扣除	有限扣除
荷兰	有限扣除	有限扣除	无一般性限制	有限扣除	不能扣除	有限扣除	有限扣除
瑞典	有限扣除	有限扣除	不能扣除	不能扣除	全额扣除	不能扣除	不能扣除
英国	不能扣除	不能扣除，除非自己员工	不能扣除	不能扣除，但有抵免	有限扣除（如经营中利息可以）	不能扣除（超过59岁保险费可扣除）	有限扣除
美国	不能扣除	比例限制	扣除受限	不能扣除；有限抵免	有限扣除（个人住宅）	有限扣除	有限扣除

亚编 D 会   计

所有的税制必然包括一些将应税所得的计算中所涉及的各类所得项目分配至纳税期间的规则。由于财务会计上也要进行同样的工作,所有的税制均有一个基本的问题,那就是确定财务上的所得所运用的时间确定规则在多大程度也决定税务上的时间确定问题。虽然这里我们所讨论的税制均在一定程度上运用商业会计的原则和概念,但它们也都承认在有些情况下有必要规定特殊的税收规则。最突出的例子是,当纳税人,一般是个人雇员或者投资者,一般不保存商业账簿记录。因此,所有的税制均认可某些纳税人使用简化的"现金"记账法。此外,也是更为根本的,在有些情况下,财务会计的目标和目的被认为与税制的要求有很大不同,以至于财务会计所得出的结果被认为不适合税收目的。这里,各国税制在多大程度上遵循财务会计原则存在很大差异。这些差异部分在于,一个国家的税制在多大程度上包含具有法律拘束力的会计规则,而不是在行业标准的基础上发展起来的会计原则。在后一种情况下,会计原则所允许的灵活性一般不为税法所认可。

下文检视各国所使用的基本税务会计方法以及它们与商业会计原则的关系,然后讨论特别会计规则所适用的一些具体情形。

1. 基本会计方法

在**德国**税制里,会计方法根据所涉及的所得类别予以确定。[①] 因此,例如,纳税人可以采用一种方法计算经营所得,采用另一种方法计算雇佣所得。"超额所得"法,实际上是现金法的一种[②],被用来确定来自雇佣、资本、租金和特许权方面的所得、杂项所得,以及小型独资企业和合伙企业的所得。纳税人收到款项或者其他可处分资产时才确认所得。支票被视同现金,只要支票按正常手续结算,那么在收到支票时就应确认所得进行纳税。纳税人支付时或处分资金时确认费用。对于经常发生,在相关期间的之前

---

① 德国,ITA, s. 2 par. 2.
② 德国,ITA, s. 9-11.

或者之后立即支付的所得项目或者费用,例如,12月的租金在1月收到,适用特别的法定规则。这些款项在税收上在它们经济上相关联的期间内纳入考量。可折旧资产的支出不能立即扣除,但是必须予以资本化,通过折旧扣除予以补偿。③

这种"超额所得"法的基本要素之一是,资产在应税活动过程中的销售不构成应税事项。因此,用来产生租赁收入的不动产的销售,或者在雇佣中使用的汽车的出售,不产生税收后果。另外,(如果达到法定持有期间)私人资本利得不纳税的基本规则也适用,但2007年商业税改革之后不再适用于销售证券或其他金融工具的资本利得。

大多数从事商业的纳税人必须使用权责发生制来计算所得。一般说来,纳税期间的所得和损失,是本纳税期末的资产和负债,与上纳税期末的资产和负债相比得来。④ 因此,当合同的履行完毕,所得已经获取时,以应收账款形式出现的资产计入资产负债表,将作为年末资产负债表比较的结果,反映为所得。同样,商业会计上确认的负债,因此在税收上作为应计扣除项目。有来自独立个人服务收入或者农业收入的纳税人,可以采用变通的权责发生制(保持"超额所得"方法的一些成分,但将资本利得纳入所得)。⑤

采用权责发生制的义务与商法和公司法保持一定的账簿和记录的要求有关。⑥ 相应地,财务资产负债表与用于比较净值的税务资产负债表之间有着紧密的联系。根据"联系"的传统原则,税务资产负债表必须以商业资产负债表为基础,除非税法上有特别规定,商业资产负债表上反映的资产和债务的确认与估价要用于税收目的。这种联系对于所得确定有着非常深远的影响,因为他将作为德国公认会计原则的基本的"审慎原则"纳入了税制。根据财务会计规则确认的未实现损失,在税务会计上同样有效。同样,财务会计所要求的准备金或者备用金也减少了应税所得。从1997年开始,德国税收立法逐渐减少了审慎原则在税务上的应用(即取消未来损失的准备金或者对债务和备用金的折扣)⑦,因此松动了德国税法中原先存在于商业会计和税务会计之间的紧密联系。除了削弱了审慎原则之外,立法还包括一些有

---

③ 德国,ITA, s. 9 par. 1 nr. 7 参照 s. 7.
④ 德国,ITA, s. 4-7k.
⑤ 德国,ITA, s. 4 par. 3.
⑥ 德国,ITA, s. 5 par. 1 s.1.
⑦ 德国,ITA, s. 5 par. 2a-4b ITA, s. 6 par. 1 nr. 3, 3a.

关资产和债务评估的特别税收规则。⑧ 例如,根据前文讨论过的"持续经营价值"的评估原则被明确认可。

另一方面,也适用"反向"联系原则。⑨ 如果税法对某项目规定了优惠待遇,且该优惠待遇在税务会计上被选择适用,那么该待遇必须在商业会计报表中遵循才能有效。这可以意味着,例如,在税务会计上使用加速折旧的决定,将减少财务报表中的所得,以及公司支付股息的能力。正在讨论的立法有可能完全取消这一"反向"联系原则。

2002年开始对采取合并报表的上市公司集团强制采用国际财务报告准则引发了对财务和税务会计之间关系的争论。迄今,与税务会计相关的单独公司(individual company)会计项目仍然按传统的"保守"商业会计规则记账。虽然针对单独会计项目的立法越来越与国际财务报告准则靠近,德国立法可能在这一个演变过程中要求制定独立的一套税务会计规则。

法国的税制受到与德国大致相同的原则的规范。现金法被用来计量雇佣所得、不动产或者证券的租赁所得、小企业(可以选择该方法)的利润,以及非商业性的私人服务(除非自由职业人员已选择权责发生制)。⑩ 所得在收到或者可以收取时应该纳税⑪,但是没有像德国那样关于在期末之前或者之后立即支付的所得或者费用方面的规则。

和德国一样,资产负债表比较法用来计算大多数从事经营的纳税人的税收后果,更准确地说是公司纳税人,以及原则上适用于从事工业、商业或者农业活动的独资企业。⑫ 账面所得和应税所得的关系非常密切。一般的会计原则和概念适用于税务会计,除非税法明确或者暗示有所不同。⑬ 具体而言,当财产已经交付或者服务已经提供,所得必须同时在账面和税务上予以确认,应收账款要计入资产负债表。当税法的规定不同于会计法时(例如,会计账务可以扣除的费用在税务上不能扣除,来自子公司的免税股息,适用优惠税率课征的长期资本利得),对账面所得进行调整后得出应税净所得。这种调整在2003年以后会计准则为接近国际标准作出修改之后越来越常见,但税务机关并没有因此修改税务规则。同样,和德国一样,会计上

---

⑧ 德国, ITA, s. 6 par. 1.
⑨ 德国, ITA, s. 5 par. 1 s. 2.
⑩ 法国, CGI, s. 93 A.
⑪ 法国, CGI, s. 12.
⑫ 法国, CGI, s. 38-2 和 209 I.
⑬ 法国, CGI, Regulatory schedule Ⅲ, s. 38 quater.

的审慎原则是税务上允许备用金和准备金自由扣除的原因。在扣除方面，费用一旦发生，根据相同的原则，作为债务予以计量。反过来，会计法常常，在某些人看来，"被税法污染了"，例如，折旧方面的规定。

在**瑞典**，和德国一样，会计方法由所得的类别决定。资本所得和雇佣所得以现金制为基础计算。有一项"推定收入"原则，在实际取得之前对所得征税，如果纳税人可能较早获得支付。资本利得适用的特别征税规则，实际上为权责发生制。该规则是在1991年规定的，为了防止财产出售时的延迟支付。

从事经营的纳税人，包括所有的公司，在税务会计上必须采用权责发生制。只要没有特别的税收规定，就适用公认会计原则。一般而言，所得项目通常根据财务会计规则确定，但扣除则适用某些特别的税收规定。根据一般会计规则，只有潜在的未来支出的现值才能获得扣除。特别税法规则限制对预期的保证费用的扣除。由于会计规则对于税务的重要性，税收上的考虑常常对财务会计规则的发展产生影响。这种情形受到一些人的批评，因为这对财务会计上的所得的明确反映造成扭曲。

在**美国**，税务会计和财务会计之间的关系有很大不同。虽然纳税人一般必须采用与其记录会计账簿相同的会计方法核算所得，但是有特别的税法规定对会计原则有着实质性的修正。例如，按照权责发生制方法，在税务会计上对估计的未来费用提取准备金，要比通常在财务会计上适用的规则有限得多。法院在发展特殊的税法规则时，明确承认税务会计和财务会计之间在目标上存在差异。[14] 此外，税务机关可以要求会计方法上的修正以便"明确反映所得"，根据这项标准，多个会计实务做法在税务上都被否定。[15]

纳税人可以选择一种会计方法，法律明确认可现金制和权责发生制以及符合上述标准的"其他方法"。[16] 对采用现金制的纳税人，尤其是个人和小企业，所得在收取时纳税，或者在纳税人取得所得的"推定收入"时纳税，因为他有获取该收入的能力了。支票被视为现金，如果支票在正常程序中结算。美国国税局规章规定因服务而获得的票据按照该票据的公允价值由现金制纳税人确认所得，但是有些法院判决给这一规则创造了一些不尽一致的例外。虽然用财产交换得到的票据也是所得，法律允许纳税人只有在票据上的金额支付后才确认所得。

---

[14] 美国，*Thor Power Tool Co. v. Commissioner*, 439 U.S. 522 (1979).
[15] 美国，IRC, s. 446(b).
[16] 美国，IRC, s. 446(a).

在扣除方面,在一项支出实际发生时,通常是款项支付时,才允许扣除。纳税人使自己的票据不能构成支付。预付费用一般被视为资本支出。有特殊规定允许实际采取现金制的农民扣除预付费用,但是反过来这些规则又仅适用于"真正的"农民,以防止税收庇护交易滥用预付方式。

大多数经营纳税人采用权责发生制。如果经营涉及生产,必须采用存货,购买和销售必须按照权责发生制记账。在所得方面,所得必须在收取所得的权利已经实现且金额可以确定时确认。一般而言,只要是一致的会计方法都可以接受,即便获取所得的权利在技术上尚未产生。采用权责制的纳税人预付款项的税务处理将在下文讨论。

在扣除方面,历史上曾经在确定支付义务的"所有的事件"均已发生时允许扣除。虽然或然债务的或者不确定的债务不可以扣除,但该规则允许纳税人将已确定的债务按其名义金额在当期入账,即使支付要到未来的某个时点才会实际发生。此法将高估扣除的真实成本,因为它没有考虑确认扣除与实际支付之间的货币的时间价值。在极端的情形下,纳税人可能因为债务的当期确认而实际上比根本没有发生过此类债务更有利。为了解决该问题,修订后的法律要求必须存在义务的"经济履行",方能通过"所有事件"的测试标准。[17] 这一规则基本上将扣除推迟至实际支付或者财产交付或者服务提供完毕时(例如,采矿中的废料收回)。对于"重复发生的"项目,即日常发生的经营费用,如果在纳税年度终止后的八个半月内支付(此时纳税申报表已经提交),可以允许在当期扣除。这种经济履行方法使得应计扣除在美国比在其他国家受到更为严格的限制。

日本要求将权责发生制作为一般准则。但是,小企业可以选择采用受到严格限制的现金制原则(选择特别的"蓝色申报"制度)。[18] 如果采用权责发生制,通常要遵循被公认为"公平和合理"的财务会计原则。[19] 日本也有更为详细的税务会计规则。根据权责发生制规定,债务按账面价值确认,有特别法律规定允许为采矿储存、石油外溢清除以及类似事件提取备用金。与财务会计中对某些金融工具,包括衍生交易,采用按盯市法一致,日本的公司所得税法进行了修订,也对此类金融工具适用盯市法。

按照**加拿大**的税制规定,来自雇佣、农业和渔业的所得按照现金收付实

---

[17] 美国,IRC, s. 461(h).
[18] 日本,ITA, s. 67.
[19] 日本,CTA, s. 22.

现制计算。但是，来自经营和财产的所得，一般必须按照权责发生制核算。虽然税务会计规则是以财务会计原则为基础，但已经发展成为一个独立的法律部门。[20] 有很多特别的税法规则，明确取代了财务会计规则。此外，法院有时以财务会计规则与更为基本的税法原则不符而对其加以否定。例如，核算存货的后进先出法被认为不能得到税务上的认可，尽管它在财务会计中可以采用。债务一般按票面价值在发生的当年确认，只要债务的发生或者其数额并非是或然性的。[21] 但是，有些情况下，现值发生制至少是可以接受的，而且有时候有此要求。

在**英国**，应该采用何种记账法，是由与所得类别相应的法案具体部分决定的。在有些情况下使用收入实现制或者现金制记账法，但经营利润这一最重要的所得类别，一般要求以"收益"作为记账基础。根据1998年的立法修改，经营、专业或者职业所获利润要按照公认的会计准则进行计算，再根据税法的要求或者授权进行相应调整。[22] 甚至早在1998年以前，法院在一些尚无具体税法规则可循的案件中，已经表现出以财务会计核算为基准的迹象。

1998年的规定中提出要按税法的要求或者授权予以调整，这一点相当重要。英国有大量针对个别问题的具体制定法规则，例如，防止利息在没有相应的所得时进行当期扣除。也有一些规则取代了财务会计上的折旧方法；资本成本的补偿转而要按照折旧资产扣除立法中的具体规则办理。

英国在21世纪初期考虑了一个更为激进的改革，即对公司税采用财务会计基础。这会意味着所有的税务处理均遵循财务会计准则，包括资本成本的折旧。议案也意味着将资本利得征税从实现制改为权责制，从而要求资产进行年度评估。议案甚至建议取消所得的分类模式，允许任一所得类别中的损失均能与其他类别中的利润冲抵。这一建议后来没有被采用，但仍然不时在非政府税收改革建议中出现。

澳大利亚的制度与此有很大区别。税务会计规则（至少到目前为止）通过对与所得有关的法律术语"来源"以及与扣除有关的法律术语"发生"的解释逐步发展起来。虽然法院有时也会参考会计原理，但税法规则在很大程度上是独立发展起来的。例如，一项费用是否已经发生，一定程度上取决于法律义务而不是商业结果，因此与美国的做法有一定相似性。一般而言，

---

[20] *Canderel v. The Queen* [1998] 2 CTC 35 (SCC).
[21] 加拿大，ITA, s.18(1)(e).
[22] 英国，ITTOIA, s. 25, CTA 2009, s. 46.

允许雇员和小企业采用现金制进行核算,而要求大企业采用权责发生制进行核算。根据权责发生制,所得在"赚得"时确认,有判例确立了这一概念的基本轮廓。存货方面在法律中明确予以规定,基本上遵循财务会计原则,但仍存在一定的差异。例如,成本与市值孰低的方法可自由选择适用,而不是强制。[23]

与其他大陆法国家不同,**荷兰**税务会计规则的发展相对独立于财务会计制度。来源于雇佣和因对公司的实质性参与取得的所得按照现金制记账。一旦收到钱款或者可以收取钱款时,即使实际尚未收取,也要计入所得。来自经营活动的所得按照一致适用的"合理商业惯例"(*goed koopmansgebruik*)确定。大量的判例法对这一概念进行发展。税务会计制度在很多重要方面均不同于财务会计规则,而且两者之间也没有必然的联系。但是,为了"谨慎"起见,规则允许未实现损失的扣除,只要损失发生的可能性很大,并且可以量化。不过,这一税法规定要比相应的商业会计规定严格。税法规定更强调损失的"实现"可能性。

2. 预付款的计入(计列)

预付款的处理是财务会计原则与税务会计规则可能发生冲突的一种典型事例。当款项在货物交付或者服务提供之前预付时,从财务会计的角度看,一般不应将此款项计入所得,因为此时收款方尚未获得无条件取得该收入的权利。计入本期所得会妨碍将该笔收入在实际挣得时计入。但另一方面,从税制的角度而言,纳税人已经收到现金,并且处于纳税地位的事实说明应该将该笔款项计入本期所得。此外,对销售方收到的预付款征税可以视为不能对他与购买方的交易中所隐含的利息征税的一种替代。各国税制对此冲突的解决采取了各种不同的方式。

在**美国**,预付所得的税务处理引发了大量的诉讼,包括最高法院审理的三起案件。总的来说,法院支持税务机关的主张,即将预付款计入本期所得为"清晰反映所得"的必要。[24] 这些判决主要依据税务机关对哪些做法清晰反映了所得享有自由裁量权。虽然通过诉讼确立了预付所得原则上必须在本期入账的一般规则,但是在征管实务中有一定程度的放松。如果是服务

---

[23] 澳大利亚,ITAA 1997, Division 70.

[24] 美国,*Schlude v. Commissioner*, 372 U.S 128 (1963).

的预付款,所得的确认可以延迟至款项收取年度之后的纳税年度。销售收入方面,存货的预付款可以延迟至下一年度计入。此外,有很多具体的制定法条款允许预付款的延迟计入。例如,为道路服务而向汽车俱乐部预付的会费可以延迟计入,这在以前法院曾要求在当期计入。

加拿大对该问题的处理是通过一项具体的制定法条款予以明确的。预付所得必须在收取款项的当年计入应税所得,即便该款项的数额不能正确确定(not properly accruable)。[25] 但是,纳税人可以提取相同数额的准备金并予以扣除,从而抵消初始的计入。[26] 相应地,准备金必须计入下一年度所得中。但是,如果到年终仍没有实际取得该款项,可以再次计提准备金。这样,准备金的提取期间实际上是无限的,除了对食品、饮料和未补偿的交通车票的准备金期间为一年。

虽然**澳大利亚**的税制一般没有采用财务会计原则的规定,但判例法对预付款的处理采用了财务会计规则。这类款项只有在实际取得时才能计入所得。[27] 在**英国**,也有判例法支持预付款延迟至实际取得时计入,但纳税人必须能够证明这是一种适当的会计处理方式。[28]

同样,在荷兰,解释"合理商业惯例"的判例法允许预付所得推迟至实际取得时计入。关键是要始终一致地采用该方法。瑞典同样遵循一般会计准则,允许预付款的确认延迟至实际取得之时。

德国对所得的确定采用资产负债表比较法,预付款无论是从财务会计还是从税务的角度来看都是中性的。交易被视为"未决",其后果因此被搁置直至最终完成。[29] 因为付款而导致资产平衡表中资产的增加被相反的交付货物或提供服务的义务所抵消。因此,预付一般没有任何税收后果。**法国**和**日本**的制度处理结果相同,不过在技术规则上稍有差异。

3. 延期付款(deferred payments)的所得处理

当财产的出售实际伴随着销售方以某种形式的购买价款抵押提供融资时,会计制度通常会要求对来自交易的收入进行即时确认。这在权责发生

---

[25] 加拿大, ITA, s.12(1)(a).
[26] 加拿大, ITA, s. 20(1)(m).
[27] Arthur Murray (NSW) Pty Ltd [1965] HCA 58, 114 CLR 314.
[28] Symons v. Weeks [1983] STC 195.
[29] 德国, ITA, s. 5 par. 1 s. 1 参照《商法典》, s. 252 par. 1.

制是正常的结果,即使按照现金收付制,取决于购买方义务的性质时,有时也是可以适用的。各国税制对于延期付款采用了不同的处理方式。在有些国家,通过一项特别规定允许所得递延至款项根据合同实际收到时确认。另一些国家,对于采用现金制的纳税人,正常情况下本能够将收益的确认递延至实际收到款项之时,但实际要求他们如同采用权责发生制一样,在财产交付时入账。

美国采用的是第一种方法。根据所谓的"分期付款销售"条款,纳税人在收到付款的年度报告其非存货资产的处分收益。[30] 收到的款项部分作为税收成本的免税回报处理,部分作为收益处理,视收益与整个购买价格的总比例而定。分期付款义务必须包含市场利息率。分期付款方式的采用受到诸多限制。如果出售或者获得的是公开交易的财产,就不能采用该方法。此外,任何代表以前提取的折旧扣除的财产收益都不能适用分期付款待遇。即使在允许递延的情况下,如果纳税人持有的应收债款超过 500 万美元,对于递延税收要加收利息。分期付款债务在处分时要确认所有的递延收益,即使该交易并没有获得任何对价。

日本有一专门条款允许分期付款销售的收益递延直至到期日时确认。总体而言,该规则适用于期间为两年或者两年以上的分期付款销售。[31]

根据**荷兰**的税制规定,法院允许某些属于合理商业惯例的递延付款情形中所得的递延确认。

瑞典对延期付款销售的处理方法有很大不同。无论纳税人采用现金收付制或是权责发生制记账法,资本利得财产的处分收益必须在销售发生的年度内确认。规则的目的在于限制对资本利得的推迟课税。**澳大利亚**的税制一般也要求存货和资本性资产的销售利润在销售年度入账。在**日本**,几乎所有的交易都必须根据权责发生制记账,因此适用结果与上述国家相同。一般而言,纳税人必须使资本资产的销售或者交换所实现的收益入账的时间不受收到价款的具体时间的影响。

同样,**德国**采用资产负债表比较法确定所得,因应收款权利的存在而导致资产的增加,因此产生资本净值。对应收账款通常按照名义价值记账,虽然也有可能予以一定的折扣,如果交易中含有某种形式的隐性利息。但是判例法作出一定修改:在整体销售企业而价款分期支付的情况下,纳税人可

---

[30] 美国,IRC, s. 453.
[31] 日本,CTA, s. 63.

以选择在销售发生时确认所得(同时享受资本利得的优惠待遇)或者在获得分期款项时确认所得。㉜

在**法国**,如果采用权责发生制记账法,赊销收益总是在发货的年度纳税,而不考虑付款的时间,即使合同中允许债务未履行时终止合同。如果根据实际情况判断,债务可能得不到清偿,纳税人可以扣除准备金。如果采用现金收付制,除少数例外情形,付款一般是决定性的因素。例如,个人(在非经营活动中)销售房屋或者股票、证券的收益在销售发生时纳税,而不考虑付款日期。

加拿大的税制采取的是一种中间路线。当企业财产以延期付款的形式出售时,如果部分应收账款的到期日在纳税年度终了之后,纳税人可以为这部分销售利润提取准备金。不过,准备金的提取最长为三年。㉝ 资本利得财产适用同样的方法。其准备金最长提取 5 年,每年必须确认至少 1/5 的资本利得。㉞

英国对资本利得财产和经营财产也进行了区分。如果是资本利得财产,收益必须按照所获对价的价值在本期予以确认,不允许因为收款要经过一段时间而予以折价。但是,如果对价的支付期间超过 18 个月,税收的实际缴纳可以延迟。经营所得的适用情况更为复杂。从扣除的角度,制定法规则允许对坏账、预期坏账或者在法定破产安排中不予清偿的债务进行注销;公司税法规则借鉴了会计术语,对"受损"(impaired)的债务有所规定。㉟

4. 初始发行折扣债券和其他复杂金融工具

当债券以票面标明的到期偿付金额的一定折扣发行时,对于借款人和贷款人而言,均存在如何确定收入和费用的时间和性质的问题。从经济观点看,发行价和赎回价之间的差额显然代表了借款人的利息费用和贷款人的利息收入。但是,税制将这种经济事实反映到法律规则中却花费了相当长的时间。本节所讨论的税制中有一些至今仍未找到令人满意地处理初始发行折扣(Original Issue Discount,OID)问题的方案。在很多情况下,交易的

㉜ 德国,《所得税条例》(*Einkommensteuer-Richtlinien*),s. 16 par. 11.
㉝ 加拿大,ITA, s. 20(1)(n).
㉞ 加拿大,ITA, s. 40(1)(a)(ⅲ).
㉟ 英国,ITTOIA, s. CTA 2009 s. 55;关于借贷关系参见 s. 476.

法律形式仍决定着其税收待遇。

同样,一些复杂的金融"产品",通常具有混合特征或者衍生特征,其出现也向我们提出了如何确认收入、费用的时间与性质的难题。总体而言,该领域一个明显的趋势是放弃传统的实现要求和税务会计方法,对此类金融工具按内部收益率或者盯市法征税。但是,此类规则的具体适用范围尚不确定,很多税制现在仍在寻找新的解决方法。

美国在制定明确的法律条款之前,判例法对初始发行折扣债券的税务处理是不确定的。有些判例遵循交易的法律形式,将折扣成分视为资本对待。尽管最高法院最终确定,折扣成分的正确定性是普通所得,但国会已经开始干预,同时通过了一项特别法律条款,拒绝对到期实现的折扣适用资本利得待遇。其后进一步对 OID 立法,要求 OID 债券持有人将初始折扣额在债券偿还期限内按比例计入所得,而不论其正常会计方法如何。后来的法律条款又对计入方法进行了修正,要求对初始折扣作为"经济"或者"固定利息"按权责发生制处理,即,最初几年少计利息,以后年份多计利息,以反映利息要素所隐含的再投资效果。

最终,美国在 1984 年颁布了有关为财产而发行的债券如何计算 OID 的法律规则。[36] 除了可以进行上市交易的财产外,债券为财产而发行时,财产的价值是不确定的,因此债券的发行价格以及相应的折扣额不能直接确定。为了解决此问题,立法原则性地规定,发行价格由债券将要偿付的金额减去按规定的贴现率提取的贴现额来确定,此金额被视为财产的现值,因此是债券的发行价格。如果因该金融工具获得的价款超过了假定的发行价格,超额部分属于初始发行折扣,按照通常适用的 OID 原则在本期列入或者扣除。

对于规定偶然偿付或者可变利率的债券,美国有很多特殊和复杂的规定。有议案(不过后来被撤回)要求对"混合型"债券适用初始发行折扣规则,例如可转换债券,如果按照以前的"分离课税法",需要对可转换债券中包含的期权与实际债务分别进行会计处理,对交易的债务部分适用初始发行折扣规则。现在,初始发行折扣规则适用于整个可转换债券。但是,当期权独立于债券的发行时,就要求采用分离课税法处理。

美国对所谓的"市场折扣"(market discount)适用另外一套不同的规则。市场折扣是指在市场上购买的债券,因为利率变化而价值降低,由此而获得的

---

[36] 美国, IRC, s. 1271-74.

折扣。折扣不要求列入本期所得,但处分时获得的收益不能享受资本利得待遇。[37] 对于市场贴现债券的处分,实现制的要求被放宽,因此债券的赠与也能构成实现事项。此外,对与市场折扣债券有关的利息费用的扣除也存在限制。纳税人可以选择将市场折扣列入本期所得,这样利息费用可以全额扣除。

除了贴现债券外,有关更为复杂的金融工具的税法规则尚在发展中。
许多类型的商品期货、外汇和期权合约均采用盯市法。此外,证券和衍生金 311
融商品的交易商必须对某些远期和期权合约以及一般规则没有涵盖的名义本金合约适用盯市法。[38] 学术上有关于适用更为广泛的权责制方法的探讨。

瑞典相关规则的发展与美国有些类似,不过时间上要稍晚一些。1991 年大规模立法修订之前,对于 OID 是按照应税(和可扣除的)利息对待、还是按照潜在不可税的资本利得对待,尚不清楚。判例法将持有至到期日的债券收入视为利息对待,但是对偿付期内出售债券获得的收益如何处理,从未令人满意地解决过。

根据 1991 年颁布的立法规则,私人主体持有的债券 OID 被视为利息,但是不到实际获得时不纳税,实际获得是指出售或者债券到期时。对于公司以及将债券作为经营资产持有的个人,根据财务会计原则在税收上的一般适用,必须将 OID 作为利息所得在本期予以确认。同样,OID 债券的商业发行人可以在本期列支利息费用。

日本迟至 1998 年才颁布有关 OID 的一般税务规则。不过,对某些种类的金融工具,诸如衍生金融工具,实践中已有采用盯市法的倾向。1996 年,市价核算法首先适用于银行和证券公司的衍生金融工具和适销证券。从 2000 年起,这种税务处理方法被普遍推行。日本的所有公司现在均必须对其衍生工具和适销证券采用盯市法,只有一些对冲交易(hedging transactions)除外。[39] 对于零息债券或者类似不属于适销证券类型的债券,可归于某一财政年度的 OID 金额必须列入持有人的应税所得中。此类金额必须按照直线法而不是按隐性利息计算。

与公司实体的税收待遇不同,对个人来说,OID 直到相关债券到期或者转让时才需纳税。由于债券发行时要对 OID 成分征收 18% 的特别预提税,

---

[37] 美国, IRC, s. 1276-78.

[38] 美国, IRC, s. 475.

[39] 日本, CTA, s. 61-3 和 61-5.

因此该方法的税收递延效果在一定程度上被减弱。预提税适用于零息债券,只有少数例外。

在**法国**,OID 从 1985 年开始适用特别规定。对于非在经营中持有债券的个人,发行价和最终偿还的款项(不包括实际已支付的年息)之间的差额被视为取得当年的利息收入。同样的规则适用于商业领域的小额折扣,但如果折扣超过购买价的 10%,利息必须按照债权的到期收益(yield-to-maturity)计算,列入每年的年度所得中。[40] 至于期货合同、期权以及衍生工具,如果是在有组织的市场上交易或者有一个根据此类市场确定的价格,法律规定要按盯市法入账。

德国税制采用的方法与此类似。如果债券的发行人和持有人都必须采用权责制记账法,即均为经营纳税人,OID 要根据到期收益计算,作为利息费用和利息收入在当期入账。此外,如果以后利率变动导致发行人持有的债务价值增加,也要在当期予以反映,尽管持有人获得的相应收益继续递延。从 1999 年开始,折扣的计算不再取决于债权人和债务人之间的实际协定或者债务的条款(任何偿付期限超过一年的债务或者资金供给,必须在资产负债表中予以减让)。[41] 如前文所述,如果债务基于预付,则存在一条例外规则。[42] 初始发行折扣仅在债券赎回或者卖出时征税,但此时将其视为利息收入而不是作为免税的资本利得。

目前适用现金制的私人持有人所适用的规则是在 1994 年颁布的,当时是为了应对日益增多、以各种形式发行以掩盖所隐含折扣的债券问题,这些隐性折扣,根据原来的制度可以主张适用免税的资本利得待遇。这一问题在引入了私人持有的证券需要普遍缴纳资本利得税之后,就没有那么重要了。

对于衍生金融工具,有一些向完全适用盯市法的方向发展的迹象。在多年采取会计制度的保守方法之后,德国现在已开始改革对金融机构持有的用于出售的金融衍生工具的财务会计规则,开始有限度地实施盯市法,但这一改革并不影响税务会计中金融工具的估值,原因是从税务会计的角度,购买的初始成本是估值的上限。

荷兰为了避免有关债券和复杂金融工具的课税时点和收支确认问题,于 2001 年通过了对资本所得按照视同收益基础(deemed return basis)征税

---

[40] 法国, CGI, s. 238 septies A sq.
[41] 德国, ITA, s. 6 par. 1 nr. 3.
[42] 德国, ITA, s. 6 par. 1 nr. 3.

的规则。对于商业纳税人,根据判例法(解释"良好商业惯例"),折价债券的应计年度利息要在当期税务会计中反映。

对于金融衍生工具,税务稽核人员一般适用"良好商业惯例"规则(如果一项损失所承担的风险并非微不足道,那么可以扣除;尚未挣得的所得不必申报),纳税人似乎已认同这种做法。

加拿大所得税法案没有包含有关初始发行折扣或者复杂金融产品,包括衍生产品的综合规则。因此,这些产品的税收后果必须通过适用有关所得和扣除的性质、来源和时点的基础性条款来确定。实践中,金融产品为纳税人所利用以操纵其税收后果的现象很是普遍。有时候,政府针对个案以特别立法的方式解决此类问题。

由于对古老的英国判例的误读,加拿大法院传统上将利息视为不可扣除的资本费用。相应地,对于借款或者未付的财产购买价款,只要是用于挣取所得的目的,其所发生的利息费用适用专门的法定扣除。[43] 对借款的法定要求构成对扣除的重要限制。例如,未付(复计)利息如果没有特别的法律规定则不能扣除,因为未付利息不是借入款项。[44] 这一特别规定仅允许复利在已实际支付的情况下扣除。[45]

根据法案的明确表述,利息如果在当年支付或者在当年应当支付,则可以扣除。不过,在征管实践中,复利以外的其他利息按照权责发生制为基础予以扣除。法案没有对利息予以界定,但是判例法规定,利息限于对资金使用的报偿,依据本金的数额予以计算,按天进行确认。

只有当贷款没有约定利息或者约定的利息低于合理的利率时,OID、溢价或者红利才被视为利息。如果 OID 不是利息,仅在支付时才能扣除。如果是"浅度"贴现(发行价不低于本金的 97%,年收益不超过约定利率的 4/3),全部折扣都可以扣除。[46] 对于其他"深度"贴现,支付时只有 1/2 的折扣额可以扣除。OID 的 50% 不能扣除反映了这样一个事实,一般只有 50% 的折扣会计入持有人的所得中,换句话说,折扣被视为持有人的资本利得。

纳税人可以通过发行零息债券以避免将 OID 作为资本对待。因为这些债券没有约定利息,折扣在税收上被视为利息。但是,加拿大税务局认为,

---

[43] 加拿大, ITA, s. 20(1)(c)。
[44] 加拿大, ITA, s. 20(3)。
[45] 加拿大, ITA, s.20(1)(d)。
[46] 加拿大, ITA, s. 20(1)(f)。

利息必须分为单利和复利。单利可以按权责发生制扣除,但是复利只能在债券到期支付后扣除,这在前面已经讨论过。这种处理有效地防止了加拿大公司将零息债券和初始发行折扣作为实用的借款方式。

1990年政府就某些长期预付债券颁布了详细的征税规则。[47] 这些规则的本意在于将预付的利息视为债务本金的减少。但规则的实际效果则事与愿违,公司借款人仅需预付利息,就可以取得实际与发行零息债券(zero coupon bond)同样的结果。换句话说,根据这些规则,预付款可以在债务有效期内按照权责发生制扣除。这一结果显然不是当初所期望的。

加拿大税制中没有关于金融产品的综合性权责发生制规则。相应地,各种产品的税收后果主要由征管实践和判例法确定。期货和远期合约交易如果与纳税人的经营有关,所产生的收益和损失被视为所得账户项目。否则,纳税人可以将这类收益和损失作为普通所得和损失或者资本利得和损失申报,但是一旦确定,必须始终一致。起初,税务机关采用联结法处理外汇和掉期交易的收益和损失。换句话说,因为外汇波动或者掉期导致的收益和损失的税务处理,取决于产生这些收益和损失的基础交易的税务处理。这种方式导致资本资产或者债务被用于对冲时产生不匹配。因此,加拿大税务局认为,所有的利率掉期均应视为所得账户项目。但是,最高法院在1999年的案例中判决,在长期外汇借款的对冲交易中实现的收益属于资本利得。[48]

金融机构和投资交易商在申报某些债券和股权证券时,依法应适用盯市法。对于其他纳税人,收益和损失仅在实现时确认。但是,如果财产构成企业的存货,按照成本与市场孰低的存货估价方法,要求损失予以应计。

现在的**澳大利亚**税制是用局部制度处理本节所讨论的各方面问题的一种混合物。虽然综合性的立法从2010年开始实施,但根据现行法,经营领域的初始发行折扣应按资本利得还是普通所得对待,仍存疑问,虽然实践中的做法是视为普通所得。根据判例法,采用权责制的纳税人对于递延利息和OID都可以在债务的期限内扣除。[49] 为了解决权责制纳税人利用OID或者递延利息从现金制纳税人(普通个人投资者)处借款所产生的不匹配问题,以及资本指数化证券、股息剥离证券等问题,1984年颁布了一套权责发生制规则,适用于各种各样以折扣发行,或者在发行时提供非定期利息形式的收益

---

[47] 加拿大, ITA, s. 18(9.2)-(9.8)。

[48] Shell Canada Ltd. v. The Queen [1999] 4 CTC 313 (SCC)。

[49] Australian Guarantee Corporation Ltd [1984] FCA 240, 2 FCR 483; Coles Myer Finance Ltd [1993] HCA 29, 176 CLR 640。

的债券。这一政策对于所得和扣除两项都采用内部收益率方法,但是并不适用于所有的债券。[50]例如,因为利率增长而导致证券价值降低时的市场折扣不适用权责发生制规则。但是,1989年的立法修订要求此类款项按照普通所得对待,以防止资本利得指数化被利用。[51]同样,外汇收益和损失适用以实现为基础的法定制度。该制度最初出台时,法院对其解释非常狭隘(要求货币的实际转换)。2003年作为朝向综合性政策迈进的第一步,被更为详尽的规则所取代。[52]而针对大规模纳税人,2010年又重新出台了新规则。

新的综合性政策[53]是内部收益率和实现制度的混合物建立在某一安排的回报是否"足够确定"的基础上,这包含两方面的内容:收益或损失必须是"实质上是非或然的",而且收益或损失的数额必须能够"较为准确地界定或确定"。在使用财务会计项目、盯市、将对冲交易的性质和时间匹配和外汇交易方面,都存在可选择的因素。同时,这些政策只有对大规模纳税人才有强制性。其他纳税人除非选择采用新政策,则可以继续适用当前的规则。"金融安排"(financial arrangement)定义的起点,是存在一种获得金融收益的"可用现金结算的法律或衡平权利",或提供金融收益的"可用现金结算的法律或平衡法义务"。如果当事人一方有权利获得或者有义务提供某种并非金融收益的、或者并非可用现金结算的利益,而且该项金额不可忽视(意味着一般在交易双方都需要发生现金流动),那么就不存在金融安排。多数的债券、混合交易、权益、衍生品和外汇交易都潜在适用以上规则。但是这些规则在某些情况下影响有限(比如除非纳税人作出某种选择,权益性利益一般不受影响)。此外,免税的厂房和设备租赁适用一套特殊规则。[54]租赁一般不符合金融安排的定义,因为不涉及交易双方的现金流。

英国,如同美国一样,最初力图将低息和零息债券纳入税制的规范框架。自1802年始,来自折扣的利润的可税性就已成为英国税制的一部分,当时此类利润列在分类表D组第三类中。但是在实践中,虽然持有人应该就折扣纳税,但仅在获得清偿时计入所得。这意味着持有人在债券回赎之前实现的利润不用纳税;反之,清偿时的持有人要就折扣产生的所有利润纳税,这意味着任何持有此类证券的人都会将它卖给一个免税主体,例如慈善

---

[50] 澳大利亚,ITAA 1936, Part Ⅲ Division 16E.
[51] 澳大利亚,ITAA 1936, s. 26BB.
[52] 澳大利亚,ITAA 1997, Division 775.
[53] 澳大利亚,ITAA 1997, Division 230.
[54] 澳大利亚,ITAA 1997, Division 250.

316　团体或者养老基金，这样税务机关根本就征不到任何税。1983年法院的一项判决使得债券的持有人就中间利润纳税的可能性提高，但下文讨论的1984年颁布的一项规则意味着这一结果尚未能被深入利用。根据征管惯例，发行公司在赎回之前不能扣除折扣额，赎回时才能全额扣除。因此，该政策至少是对称的。

　　针对该问题的立法条款在1984年颁布。对于高折价债券，在债券的存续期内被认为产生一部分所得，严格按照某一代数公式计算；折扣如果超过15%或者每年0.5%就属于高折扣。发行公司根据按年计算的公式扣除所得部分。但是持有人，仅在实际（或者视同）处分时纳税；仅仅因为年度结束不构成视同处分。当持有人处分债券时，累计到该天的所得部分被列入所得；如果实际价格差异大于或者小于公式算出的结果，余额按照普通资本利得的征税规则视为资本利得或者损失、或者所得收益或者损失。如果折扣不高，或者因为其他原因债券不属于1984年规则的适用范围，原来的征管惯例将仍然适用。

　　高折扣规则仅仅适用于收益可以从一开始计算的情形（例如，赎回价格是固定的）。其他一些工具属于后来在1989年颁布的规则的适用范围，这些规则是为不可能适用公式法的"高收益"证券创立的，但有大量的豁免规定（例如针对可转换证券、符合条件的指数化证券以及某些政府债券）。

　　1996年，英国引进了新的规则，规范所有由公司订立的"借贷关系"（loan relationship）的征税问题，因此适用折价债券，但适用范围更广。[55] 当公司因为贷款合同而成为金钱债务的债务人或债权时，借贷关系就产生了；由此而知，简单的经营债务不构成借贷关系。在规则进一步修改之后，法律现在允许采取任何一种公认会计实践。某些情况下——比如如果涉及关联方——适用特殊规则。有关外汇的规定被合并到2002年的借贷关系规则中；衍生品的有关规则也在同一时期被重述。[56]

　　这些"借贷关系"规则仅适用于公司持有人和发行人。对于其他纳税人，适用1984年和1989年规则的修订版，或者在例外情形下，继续适用原来的征管惯例。1994年的修订版将两套规则合并，采用简化方法，取消代数公式，对持有人仅对已实现收益征收所得税，同时对任何损失给予相应的减免。这一1994年的立法作为ITTOIA 2005的一部分被重述。[57]

---

[55] 英国，CTA, 2009 Parts 5 和 6.
[56] 英国，CTA, 2009 Part 7.
[57] 英国，ITTOIA, Part 4 Ch 8.

亚编 E 所得的归属

所得税结构中的最后一个要素是税基中的各种要素如何归属于应税主体。这涉及几个不同的问题。最基本的问题是应税单位的选择。谁是税制中各种各样实体规则所适用的"纳税人"？一旦这一问题有了答案，第二个相关的问题是纳税人会力图在应税单位之间转移所得，以便减轻本来属于独立应税主体、但相互之间有关联的各纳税人的整体税收负担。在何种程度上，符合哪些条件，这些所得转移可以在税收上受到尊重？虽然这一问题主要属于采用累进税率结构的税制中的问题，将所得在几个纳税人之间进行分摊可以有效减轻税收负担，但也可能涉及对各类特别扣除或者减免的利用。

一个相关问题是因为离婚和分居所支付的款项如何征税的问题。如果已婚夫妇，至少为了某些目的，被视为一个纳税单位，那么，这种关系破裂所引发的付款应该如何对待就成为一个问题。即便税制规定个人是纳税单位，可能对离婚或分居夫妇之间的支付以及孩子抚养支付也规定特殊的规则。

下文将首先探讨纳税单位的基本问题，然后讨论相关问题。

1. 纳税单位的界定

对适当的纳税单位的选择涉及复杂的社会和经济政策问题，这在本部分所探讨的很多国家中已经引发大量的争议。任何有关纳税单位的决定都会涉及为了某些政策目标和社会价值而牺牲其他的目标和价值。例如，如果决定将个人作为纳税单位，可能意味着有相同收入的配偶可能支付不同的税款，这取决于每人挣取的收入的多寡。另一方面，将一对夫妇作为纳税单位，可能意味着这些夫妇与其他在经济和社会安排上功能相似的夫妇有着不同的税收待遇。此外，因为税率分类表的结构，将已婚夫妇作为纳税单位可能导致因为结婚（或者离婚）而使得整体税负发生变化。

各国税制采取了几种方式来处理这些相互冲突的政策目标。在有些情况下，每个纳税人被当作一个纳税单位，不对家庭成员的收入进行总计。这一方法的变化形式是征收勤劳所得时将个人作为纳税单位,但对于非勤劳所得则适用特别规则。对每个个人单独就其勤劳所得征税使得是否参加劳动的决定独立于配偶另一方挣得的收入。另一方面,非勤劳所得的汇总可以防止将此类收入在经济单位内部转移而减轻税负。

其他税制或者要求或者允许已婚夫妇(或者某些其他形式的同居)作为纳税单位。这一方法有时采用将所得在双方进行平分的税率结构,这意味着,如果采用的是累进税率,婚姻不会增加夫妇所承担的总体税负。另一方面,对已婚夫妇适用差别税率提出了处理税率表中已婚夫妇适用的税率与单身个人适用的税率之间的适当关系的问题。

无论采用哪种方法对成年人征税,如何对受抚养儿童的收入如何征税构成了另一个问题。应该将他们视为单独的纳税人还是与承担其抚养义务的成年人一同征税?

纳税单位规则在**美国**的发展说明了这些不同政策考量之间的相互影响。在1948年以前,个人是唯一的纳税单位。结果,已婚夫妇是一方挣取所得、还是双方挣取相同所得,或者是这两种情况的某种中间形式,都会对已婚夫妇的税负产生不同的影响。此外,最高法院认为,在那些已经建立大陆法系共同财产(civil law community property)制度的州,夫妻每一方都应该就所得的一半纳税,而无论谁挣取所得。结果,根据累进税率结构,在共同财产州的已婚夫妇可以比普通法管辖区的夫妇就同样收入总额少纳税。1948年,为了解决此问题,允许夫妇选择进行合并申报,将收入汇总,适用级距的幅度是未婚纳税人所适用的相应税率级距幅度的两倍的税率结构计算税额。这种选择仅允许在民法上视为结婚的夫妇。虽然夫妇仍然能够单独申报纳税,只要他们愿意,但利用联合申报所带来的所得分摊的好处使得联合申报几乎总是更为有利。

联合申报的引进意味着一对夫妇要比同等收入下进行个人单独申报要明显少缴。按照与联合申报一起引进的税率结构,个人相对于夫妻而言承担的税负被认为更重,这导致1969年引进新的税率等级表。新制度保持了对已婚夫妇适用的单独税率级距,但修改了税率级距之间的关系,以减少已婚和单身所适用的税率级距之间的差异。按照新制度,级距差异不再代表配偶之间所得的"分摊"。选择单独申报的已婚夫妇仍适用旧的税率表,以防止他们利用新的较低的个人税率。

但是,放弃所得分摊制度引发了一个新问题。如果两个收入大致相同的单身个人结婚,他们的税负将会增加,因为在已婚税率等级表中他们收入的汇总会增加累进税率的影响。这种"婚姻惩罚"在1981年通过增加一项对双职工夫妇的扣除而得到部分解决。但该扣除在1986年被取消,因为当时税率的累进性被大幅度降低,使得婚姻惩罚的问题不怎么严重了。但是,自那以后随着边际税率增加,有关婚姻对税负的影响的关注就重新出现了。

美国似乎有一种共识在增长,在累进税率的税制中,不可能同时对已婚夫妇平等对待,个人和已婚者的税收差异不反映所得分摊,并且没有因为婚姻而导致税负的重大变化。必须作出选择和妥协,而且这些政策目标的相对重要性随着时间发生变化。现在,关注点集中在现行法导致的"婚姻惩罚"以及合并征税对家庭第二个就业者就业选择的影响。在2001年和2003年,国会扩大了15%的税率级距所适用的已婚纳税人范围,以便消除对适用该档税率的所得造成的婚姻惩罚。

受抚养的子女在美国一般视为单独的纳税人。虽然在技术上仍然视为单独的所得,并不与父母的所得合计,但是,19岁(全职学生24岁)的子女非勤劳所得的收入,按照父母最高边际税率征税。在某些情况下,所得被合计,可以看作是迈向更宽泛的纳税单位定义的第一步。[①]

德国制度也允许一起生活的已婚夫妇(但不适用于其他有类似婚姻关系的伴侣)选择联合申报。如果选择联合申报,每一方的总收入进行评估,两个数额合计再除以二,以确定适用的法定税率。[②] 针对于私人费用,夫妻两人被视为一个纳税人,但免税额或最高扣除额被乘以二倍处理。这种分摊制度对高收入家庭税负的影响经常成为政治讨论的主题,因为对传统婚姻在社会中的地位存在意见分歧。大部分情况下子女都被视为单独的纳税人。近年来有一种讨论,即是否将所得在夫妻间的分摊代之以在夫妻与子女间的所得分摊,而无论夫妻的法律地位如何。目前,针对同性的"已婚"夫妇是否也应该予以适用"分摊程序",还没有政治上的共识。

加拿大制度采取了不同的做法。个人总是纳税单位,不过经常出现关于将夫妻或者家庭作为纳税单位的讨论。但是在判定是否符合某些个人税收减免资格时,配偶双方的收入(正式结婚或者普通法上的伙伴,包括同性的伙伴)要合并计算。澳大利亚税制与此十分相似。个人被视为纳税主体。与加拿大一样,配偶税收抵免[③],随另一方收入的增加而减少,因此如果只有

---

① 美国,IRC, s. 1(g).
② 德国,ITA, s. 26 par. 1.
③ 澳大利亚,ITAA 1936, s.159J.

一方有收入,对于家庭单位有一些有限的减税。抵免额和停止抵免的收入水平比较低。针对这些以及其他一些规则,"配偶"在此被定义为有异性作为丈夫或者妻子共同生活的人,但是最近的联邦立法基本消除了对同性伴侣的歧视,虽然没有把这些伴侣包含到"配偶"的范畴内。另外,过去十年中越来越多的可退税抵免(或有同样功能的安排)被引入,明显地影响了中低收入纳税人的纳税额,而这些制度通常把家庭所得作为衡量应否适用优惠待遇的条件。在**加拿大**和**澳大利亚**的税制中,有规定防止所得的转移问题,下文将讨论。

历史上,**英国**通过将妻子的所有收入归入丈夫的名下,实际上将已婚夫妇视为纳税主体。由于丈夫是技术上的纳税人,主要由他对税收的缴纳以及所有与税务机关的往来事项负责。这一方法逐渐被放宽,首先妻子被赋予直接与税务机关往来的权利,后来夫妇可以选择单独对妻子的勤劳所得征税。从税率结构和其他附属选择后果来看,这对高收入纳税人最为有利。在1990年,单独征税制度开始实行,涵盖勤劳所得和非勤劳所得。对于来自财产的所得,如果财产共同所有,所得进行平等分割,除非双方可以确立不同的所有权关系并选择根据该不同的性质所有权缴税。④ 这一变化背后的理由在于,有必要认可妇女在社会中已经变化的地位——而且更大的独立性——要对她们的收入提供隐私保护。单独征税也适用于资本利得税,对于配偶双方都规定有单独的年度免税额。子女也在所得税和资本利得税上被视作单独的纳税人。虽然存在一些防止人为分割所得的规则,但不适用于配偶之间直接进行的赠与。⑤

从1997年开始英国规定了一系列为家庭提供帮助的税收抵免。⑥ 由于这些减免在很大程度上以家庭的收入而非个人的收入为基础,其效果是大幅度地减少了一般适用单独征税的家庭数量。另外值得一提的是,税收抵免制度的适用取决于家庭的收入,而不是当事人结婚与否。

对于性别相同的伴侣,英国适用"民事合伙"(civil partnership)一概念。适用于配偶的规则也适用于民事合伙。

日本税制也规定个人为纳税主体。曾经也有试图将家庭成员的投资所得归属于主要的工薪取得者进行评估的规定,但后来因为征管困难而被废

---

④ 英国, ITA, s. 836-837.
⑤ 英国, ITTOIA, s. 626;其解释,参见 Jones v. Garnett [2007] STC 1536.
⑥ 参见英国,《2002年税收抵扣法》。

止。如果配偶一方的收入低于一定额度,可以适用配偶减免。减免额随着低收入一方的收入的增加而递减,如果双方的收入都超过了基准额,则不适用任何减免。该项规定的效果遭到批评,因为它不鼓励妇女全职就业,2003年被部分废止。

荷兰的做法是在个人征税基础上辅之以一定的调整。"夫妇"要就经营和雇佣所得、实质参与所得、以及资本所得分别纳税。"夫妇"是指已婚的纳税人或者登记的伴侣,或者在超过6个月的时间内与其他人(包括父母或者兄弟姐妹)共同生活,并且登记为同一住址。

所有的其他收入和个人扣除都可以按照意愿在所涉及的各人之间进行分割(但抵押利息仅可以归属于就住房的租金价值缴税的人)。未成年子女就他们自己的经营和雇佣收入纳税,但是其他所有收入由其父母纳税(可以自由地在他们之间分配)。

瑞典现在的制度也是实行个人征税。过去,制度曾以夫妇合并征税为基础,夫妇在税收上被界定为正式结婚、或者在一起生活并有(或者曾有)共同的子女、或者以前曾正式结婚的伴侣。规则在1987年被修订,规定对勤劳所得实行个人征税,而非勤劳所得则"叠加"在勤劳所得收入较高的一方的勤劳所得之上征税。修订的主要目的是鼓励家庭的第二工作者(主要是妇女)就业,因为制度确保此类人群所适用的边际税率不受另一方伴侣收入水平的影响。这一制度后来又被再次修订,对非勤劳所得也实行个人征税。由于现在资本所得适用的税率基本上是比例税率,因此所得转移的问题不大,也就没有必要将所得归属于收入较高的一方配偶了。

法国的制度采用了完全不同的做法。⑦ 纳税单位是财政家庭(foyer fiscal),由丈夫和妻子组成(或者未结婚但受 pacte civil de solidarité——一种类似于婚姻的民事伴侣关系——约束的同性或者异性伴侣),受抚养的子女,以及任何符合规定的与该家庭一起生活的、而无论是否具有家庭关系的残疾人。家庭所有成员的收入首先进行汇总。然后对总收入按照家庭份额制度征税。每 纳税人和配偶或伴侣都分摊一个"份额";增加两个家庭成员则每人增加1/2的份额。如有更多的每个家庭成员则增加全额份额。因此丈夫、妻子和两个孩子的家庭将构成三个份额;有三个孩子的家庭则构成四个份额,如此类推。

同样的制度适用于单身个人(未结婚、寡居或者离婚的人),但是,为了

---

⑦ 法国, CGI, s. 6 和 7, 156, 193 through 199.

减少单身个人的税收负担,尤其是需抚养子女的妇女,他们可以获得额外的半个份额,如果他们实际单独或者主要抚养至少一个孩子。相反,只要两个单身个体(例如离婚的夫妻)分担小孩的抚养费用,父母各方都只能根据情况获得半个份额的一半(即 1/4 份额)或者全份额的一半(即 1/2)。未结婚的夫妇(除了属于民事伴侣关系的人)总是构成两个单独的财政家庭。在例外情形下,已婚夫妇如果他们已经分居,可以分别申报纳税。

家庭的总收入被划分为一定量的份额,然后根据个人所得税累进税率表判断每份所得所适用的税收(分为七级,从 0% 到 40%)。然后通过每份所应承担的税收乘以份额数就得出了财政家庭所应缴纳的总税额(尚不考虑税收抵免)。

该制度背后的基本理论是在第二次世界大战之后方形成,即考虑家庭每个成员的消费能力,相应地对家庭予以课税。家庭由一定数量的消费主体构成,这些消费主体必须分享一定数额的所得;综合来看,缴纳的所得税不应该有异于家庭成员如果是单身个人的情况下,家庭的总收入在他们之间平等分摊时所应该缴纳的税收。起初,每一个受抚养的孩子或者个人被视为半个消费主体,因此被赋予半个份额。但是,如果总收入一定,孩子越多,因为每多一个孩子获得的减税额就越小。就因为这个原因,20 世纪 80 年代,税制决定从第三个孩子起,每增加一个孩子就给予全额份额(而不是半个份额)。由于家庭份额制度与累进税率分类表的结合运用所导致的所得税减少,对于高收入家庭要比低收入家庭更多,因此这类减税,对配偶双方或者家庭的单个支柱所享有的全额份额之外的所有一半份额,被限制在一个规定的数额(2008 年为 2,292 欧元)以内。

受抚养子女的概念也很复杂。年龄在 18 岁或者以上的孩子通常作为单独的主体纳税,但也可以选择依附于其父母的财政家庭纳税,前提是她年龄不到 21 岁或者不到 25 岁并仍然在学校或者大学上学,如果有残疾或者服兵役则可以无论年龄大小。即便已结婚的子女(或者是民事伴侣关系中的伙伴),如果符合上述规定,也能选择成为父母财政家庭的成员,但是这不会导致份额数目的增加,唯一的后果是每增加一个人,子女、配偶和孙子女都会增加一定数额的扣除额(2008 年为 5,729 欧元)。

这种复杂的制度仅适用于传统的累进个人所得税。20 世纪 90 年代国会采用新的实行比例税率的所得税时没有保留该制度。根据新的税收制度,纳税主体为个人;家庭构成不予考虑。

2. 赡养费和儿童抚养

因为婚姻解体所导致的支付的税收待遇也同样产生所得的归属问题。例如,假定因为离婚,要求丈夫每月给前妻支付一笔金额。对于此类付款有几种处理方式。一种方式是将付款视为此对前夫妻之间的所得的一种"分割"。按照这种处理方式,抚养费实际在丈夫一方扣除,而在妻子一方纳税。另一方面,费用也可以看作丈夫的个人支出而不能扣除。对于妻子一方,款项可以征税,因为它增加了她单独的净财富以及消费能力,或者还有一种方法,当作家庭成员之间的赠与处理,一般受赠人不用缴税。作为非监护人的父母一方向承担监护义务的另一方支付的儿童抚养费,也出现同样的问题。此处所讨论的各国制度采取了各种不同的方式处理这些问题。

美国制度对于赡养费和儿童抚养费进行了基本的区分。历史上,赡养费和儿童抚养费都被作为私人费用处理,不能扣除也不用计入所得。自1942年始连续几次的法律修订在允许赡养费的扣除同时要求相应计入所得,但继续对儿童抚养费实行既不允许扣除但也不征税的做法。这两种款项的区分,常常牵扯到复杂的州家庭法,导致大量的诉讼出现。法律在1984年被简化,在联邦税法下对赡养费给出了定义,为双方确定哪些款项被作为赡养费处理提供了相当的活动余地。⑧ 要符合规定,款项必须与离婚法令或者书面的分居协议有关联,必须是现金形式支付,且双方必须单独生活。付款必须在收款人死亡后终止,不能与指明这些付款实质是儿童抚养费的事件相联系(例如当小孩满一定年龄后作出改变)。为防止纳税人把实质上是财产分割协定的安排而不是定期的赡养费的付款"前挪",有一些复杂但实际无效的规则。

即使已经存在赡养费待遇的法定条件,双方可以避免这些税收结果,通过订立法定征税方式不予适用的协议。这一规定为双方分配款项的税负提供了最大的灵活性。

儿童抚养和财产分割的款项,这些实际上都是不符合赡养费的法律界定的款项,既不能扣除也不计入所得。与离婚相关的财产分割继续适用通常适用于配偶之间转让的结转待遇。

瑞典的制度与美国的实质上相同。定期的赡养费可以由付款人扣除,

---

⑧ 美国,IRC, s. 71, 215.

由收款人纳税。赡养费被视为收款人的独立所得来源，被作为来自服务的所得。其他定期赡养支付，包括那些给孩子的抚养费，不能扣除也不纳税。

加拿大和**澳大利亚**提供了有趣的对比。根据加拿大的制度，直到 1995 年，赡养费和儿童抚养费这两种定期支付可以由配偶支付一方扣除，由配偶收款一方纳税。与此相反，一次性的付款和财产分割，既不能扣除也不纳税。在确定赡养费、儿童抚养以及财产分割的水平时非常普遍考虑双方的相关税率级距，利用能使整体税收利益最大化的付款形式。在 1994 年的一个案例中，加拿大最高法院拒绝了将儿童抚养计入收款人的所得的宪法质疑。⑨ 起诉人认为规则违反了权利与自由宪章的平等条款，因为只有分开的监护父母要就儿童抚养费纳税。尽管在法院赢得了胜利，政府对儿童抚养费进行了全面修订，包括取消对此类付款的扣除和对收款人的征税。但是，赡养费，仍然适用扣除—计入制度。离婚或者分居的配偶之间的财产转让适用结转待遇。

澳大利亚制度对于赡养费和儿童抚养费不作区分。两者实际上都是对付款人征税，因为这些款项不能扣除，并对收款人免税。⑩ 在管理上，儿童抚养费的支付是由税收征管制度支持的。如果财产已经被留出放入信托来支付生计开支，付款就要由收款人缴税，实际上由付款人扣除，因为该笔所得不计入其收入。至于财产分割，对于离婚或者分居的配偶之间的财产划分有自动结转制度。⑪

英国同样不对赡养费和儿童抚养费进行区分。在 1988 年以前，两类付款都可以付款人扣除，对各个收款人征税。在 1988 年，新的制度引入，取消了对此类付款的一般扣除，也不对收款人征税。起初，根据已婚夫妇的税收减免，可以使用非常有限的扣除，该规则在制度转向分开征税之后仍然予以保留。该扣除后来被转为抵扣，目前只有在当事人一方在 1935 年 4 月 6 日之前出生时才予以适用。⑫

1988 年赡养支付扣除的取消发生在税率有着大幅度降低的年代，不清楚变化是否仅仅是一个普遍的拓宽税基的一部分或者是反映了"家庭价值"政策，有意使维持分裂的家庭的成本更高。

---

⑨ Thibaudeau v. The Queen [1995] 1 CTC 382 (SCC).
⑩ 澳大利亚，ITAA 1997, s. 51-50.
⑪ 澳大利亚，ITAA 1997, Subdivision 126-A.
⑫ 英国，ITA, s. 454(3).

在德国,赡养费历史上被视为个人费用,因此不能扣除。这一概念建立在赡养费关涉所得的消费,不是所得本身的增加。相应地,此类付款不应在收款人一方征税。但是,根据一项特别的法律规定,如果双方同意,达到13,805欧元的赡养费可以扣除,并相应计入收款人的所得中。[13] 此外,不能适用此项特殊待遇的赡养费可以在有些情况下视为"特别负担"而予以扣除,但"特别负担"每年总额不能超过7,680欧元。[14]

传统上,儿童抚养(婚生或非婚生)支付也被视为不可扣除的消费支出。很多年来,德国宪法法院一直坚决地认为,儿童抚养所需的资金不是纳税人可以"任意支配"的范围,因此——根据量能课税制度——必须在税收上予以扣除。现在法律中规定,儿童抚养的免税限额为每方1,824欧元(每对夫妇3,648欧元),此外还有儿童看护费限额(1,080欧元/2,160欧元)(参见前文关于儿童看护费用的论述)。[15] 实践中,这些税式支出通常弥补政府支付的儿童津贴。因此,只有当免税限额超过儿童津贴时,这种税收优惠才会在税收评估中得到认可(双轨制)。

在荷兰的制度中,定期支付的赡养费用,无论是付给以前的配偶还是分开生活的配偶,都可以作为适格的个人费用予以扣除,并且计入收款人的所得中。此外,代替定期支付而进行一次性付款,可以在向前配偶支付时扣除。法律对子女抚养费规定了一个与年龄挂钩的固定的扣除额。该抚养费不计入所得中。

在法国,根据民法典要求对家庭成员抚养孩子或者赡养父母的义务所发生的支出可以在税收上扣除,前提是它们从付款人的财富以及收款人的需要角度来看是合理的。即便子女并没有依附于支付人的财政家庭,子女抚养费的扣除也是可能的,但如果是成年子女,就限制于一定的数额(2008年为5,729欧元,如果子女已婚则是此数额的双倍)。赡养费和大多数其他法院命令对前配偶作出的支付也可以扣除,如果双方已经分开。赡养费和子女抚养费如果付款人可以扣除,就要由收款人缴税。[16]

在日本,定期赡养费的支付不太普遍,因此没有特别的税收规定。离婚协议通常涉及一次性的付款,这既不能扣除也不用纳税。这种付款被视为

---

[13] 德国, s. 10 par. 1 nr. 1, s. 22 nr. 1b ITA.
[14] 德国, ITA, s. 33a par. 1.
[15] 德国, ITA, s. 32 par. 6.
[16] 法国, CGI, s. 156 II 2°.

类似于人身伤害的侵权赔偿。定期的儿童抚养费也不能扣除、不纳税。

3. 对所得转移的限制

采用累进税率的制度中,纳税人总会试图将所得转移给不被视为同一纳税主体的一部分但却是同一经济家庭单位的组成部分的关联纳税人。所得转移的压力是纳税主体界定的一种结果,当丈夫和妻子被视为单独的纳税人时这种压力最大。转移勤劳所得的技术通常涉及使关联方获得收入权利的合同安排。至于来自财产的所得,交易通常涉及所得权利的转让,但转让方保有相关财产。在两种情形下,基本的问题是税制在多大程度上将尊重交易在民法或者商法上的属性。各国制度在这些情形下适用的结果各种各样。

在美国,早期的判例法确立了这样一种主张,勤劳所得对于所得的挣取人要征税,税负不能通过合约安排予以转移,即便这些安排没有避税动机且在民法上也是有效的。[17] 对于来自财产的所得,原则更为复杂。当全部财产发生转让时,对财产处分收益和财产的当前所得所征税收全部转移给受赠人。如果放弃所得权利,但相关财产仍予以保留时,转让一般在税收上不被认可。[18] 如果转让人唯一的权利是有关某种收入流的权利(例如一系列特许费),当整体权利被转让时,转让可以是有效的,只要收入流具有足够长的持续期间。但是,转让一年的收入权,而保留剩余的收入流权利,则是无效的。有特别的规则适用于对信托的财产转让。[19] 一般而言,转让人几乎必须放弃所有的财产权利(少量的回归权益(reversionary interest)除外)以便将税负转移给信托或者信托受益人。根据以前的规则,如果转让 10 年期的所得利益,那么转让在税收上有效。这一规则导致大量通过信托的所得转移,现已被完整转让的要求所代替。

在关联方的经营关系中,一般而言,必须遵循独立交易原则。一项特别的法定规则承认家庭成员作为合伙人的合伙,但是要求提供服务的合伙人必须得到合理的回报,这样防止将所得间接转移给合伙人(一般是未成年

---

[17] 美国, Lucas v. Earl, 281 U.S. 111 (1930).
[18] 美国, Helvering v. Horst, 311 U.S. 112 (1940).
[19] 美国, IRC, s. 674-77.

人)。[20]

如果是无息或者低息贷款,那么看贷款的具体情形,按照独立交易原则下的利率或贷款产生的收益直接对借款人征税。[21]

加拿大有着最为细致的个人所得征税制度,因此可以想见,其关于所得转移的规则也最为严格。当纳税人将财产转移给配偶或者未成年子女时,来自财产的任何所得,或者任何替代财产,都归属于转让人。类似的规则适用于资本利得,但是只适用于向配偶处分的财产。归属规则也适用于无息或者低息贷款。某些有未成年人通过信托或合伙获得的股息和其他所得适用某种特殊的"儿童税",按最高边际税率征税。[22] 除了配偶和子女的情形外,如果纳税人在非独立交易中将获取所得的权利转让给第三人,所得仍然是转让人的所得。这一规则防止工薪所得以及转让人保留相关财产时的财产所得的转让。有特别法定规则将免息或者无息贷款所产生的所得归属于与借款人存在关联关系的主体。从2007年开始,配偶一方获得的退休金可以由双方选择分享。[23]

英国的规则更为宽松。财产的直接赠与即可将所得的税负转移给受让人。如果财产因信托而被转让,如果委托人保留了财产上的任何利益,则仍要纳税。特别规则适用于配偶受益的信托,信托所得在大多数情况下仍对信托资产委托人征税,即便委托人并没有保留任何信托利益。术语"信托"在这些方面被广泛定义,包括任何转让或者安排。而将信托委托人的未婚未成年子女的所得作为托管人的所得的规则更为广泛,但是这些规则不适用于累积尚未分配的所得。[24] 英国资本利得税曾经有着自己特殊的规则,在信托委托人保留权利的信托中所增加的任何收益都被视为信托委托人的收益。2008年资本利得税率发生变化之后,纳税人如果适用这种反避税规则反而更有利,所以该规则被撤销。

在澳大利亚,配偶之间财产的完全转让也能有效地转移税收的负担。此外,包括通过资产租赁以及关联信托提供服务而进行职业收入的分割的各种所得分割做法,不同程度是有效的。有一项特别的法律规则,对子女的非勤劳所得(除了有限的几种例外情形,包括来自根据遗嘱获得的、或者在

---

[20] 美国, IRC, s. 704(e).
[21] 美国, IRC, s. 7872.
[22] 加拿大, ITA, s. 120.4.
[23] 加拿大, ITA, s. 60.03.
[24] 英国, ITTOIA, s. 619 et seq.

离婚协议下转让的财产的所得)以最高的边际税率,无论父母适用的税率,这一做法有效防止了将所得转移给子女。㉕ 还有一项特别规定,防止财产权利的短期(不到 7 年)转让。㉖ 在 1998 年的税制改革中,政府表示不会试图终结现行法,尤其涉及信托中所得转移的做法。前首相是家庭合并征税的支持者,所得转移在一定程度上能实现这一目的。

瑞典对于所得转让没有规定特别的法律规则。关于勤劳所得,判例法原则要求对挣取所得的主体征税。所得来源是服务的提供,因此所得属于提供服务的人。因此,雇员挣取的所得,如果根据合约安排由雇员的配偶直接获取,也要对雇员征税。规则对于来自财产的所得比较宽松。即使转让人保留基础股份(underlying shares),股息所得也可以在税收上有效转移。如果是财产的彻底赠与,计税基础结转导致收益的税收负担被转移至受赠人。对于免息贷款不计算利息,允许所得转让给借款人。

德国的所得转让规则没有在法律条款中作出明确规定,而主要来自于判例法。由于所得税法中没有一般的关于所得转移的规定,一般认为有关特定所得来源的条款中作出的界定即可处理这些问题。纳税人是"获得"所得的人。㉗ 因此,来自经营或者经营的所得被分配给执行具体经营或者贸易的主体。来自租赁或者特许权使用费的所得被归属于属于民法上相关合同的当事人。资本所得被归属于基础资本的(受益)所有人。

实践中,这些一般规则导致产生很多有争议的法律问题。针对 Treuhand/fiducia(类似于普通法上的"信托"概念)一类安排,主流观点承认只有委托人或者受益人对受托人享有控制权时,才能将所得归属于"委托人"或者"受益人";不然所得就归属于受托人。在合伙和公司中,一直有争议,是否合伙人/股份持有人的最初出资与其在利润中的利益是否必须有某种"适当的"关联,还是利润的转移完全取决于民法的处理。如果是已婚夫妇,对配偶的所得"转移"在大多数情况下并不考虑,因为夫妻有权根据"分摊"制度进行纳税,这在前面已经讨论过。对于参与父母经营的子女的税收待遇问题已有大量的案例法和文献进行讨论。如果实际的法律和经济权利被转让且被行使,那么子女可以被认可为有限的或者隐名合伙人。

在所得分配领域有大量的案例法涉及用益权(Niessbrauch)的待遇问

㉕ 澳大利亚, ITAA 1936, Part Ⅲ Division 6AA.
㉖ 澳大利亚, ITAA 1936, Part Ⅲ Division 6A.
㉗ 德国, ITA, s. 2 par. 1.

题,这是民法上的一种制度,大致相当于普通法传统上的一种所得利益或者年限权益(term of years)。用益权可以在个人财产或者不动产上设立,但是最常见的是不动产权利;即可能是免费的,也可能是有对价的。一般而言,在免费的用益权中,要对受让人——用益权人就其所得征税。但是,如果资产是消耗性资产,不允许任何折旧,因为用益权人不承担税收成本。相应地,转让人——所有人不能进行折旧扣除,因为他不收取任何应税所得。从税收的观点看,不允许扣除使得以转移所得为目的的交易不具有吸引力。在经营活动中的用益权安排中,受让人必须管理经营活动才能被视为所得的纳税人。

至于来自资本的所得,只有当仅与所得(例如股票股息或者债券利息)有关的权利被转让,基础资产的持有人仍然要就所得纳税。㉘ 在更为复杂的情形中,问题是转让的权利是否通过表决权或者管理权造成影响事件的经济过程的机会,这可能足够转移所得流,但是也可能被认为是一种资产转让。

日本没有所得转让的特别规则。转移勤劳所得的合同安排将被视为挣取人的应税所得,该纳税人实施了所得的赠与,从而应当缴纳赠与税。转移财产所得的一些安排并没有引发争议,因为,根据民法概念,不可能有效地分割出对来自相关财产的所得的权利。

在法国,由于家庭合并征税制度,没有特别的防止所得转移条款。但是需要指出的是,从事商业或者工业经营的一方配偶向另一方作为雇员的配偶支付的工资的扣除额有限制,因为工资仍比工业或者商业利润在某些方面适用更为优惠的税收待遇。㉙

在荷兰,特定所得要素和扣除可以在夫妻之间自由转移,这在前面已经讨论过。

㉘ 德国,ITA s. 20 par. 5.
㉙ 法国,CGI, s. 154.

第三编

商业组织征税

  企业组织的征税一般有两种基本类型。"公司"征税一般是对根据专门的授权立法组建的某些类型的商业组织的所得征税，也对分配给所有权益的持有人的利润征税，一般是对所有人征税进行调整，以反映所得已经在企业征税的事实。另一种模式是，"合伙"或者"传导"（flow-through）征税，直接对所有人就商业组织获得的所得征税，而不论是否分配，如果所得事实上被分配，则作出适当调整，以反映已征税事实。下文亚编 A 论述公司征税，亚编 B 论述合伙征税。

  当然，这两种模式并没有穷尽对商业组织征税的所有类型。例如，在澳大利亚，大量封闭式商业活动都是以"经营信托"的形式实施，基金或者其他类型的组织在其他一些国家也非常重要。不过，商业组织征税中涉及的大多数问题主要是围绕公司和合伙这两种类型。

亚编 A 公司—股东征税

此处所讨论的一些国家的公司税制,在不同时代,从传统的对公司和对个人的利润分配全额征税的"古典"制度(美国、荷兰、瑞典)到对公司和个人的分配利润征税的完全合一(integration)(德国、法国、澳大利亚)。现在,存在各种不同的征税方式,但归集抵免制度在澳大利亚之外不再流行,而被直接在股东层面减免取代。

这一部分首先对各国公司征税制度的基本结构作一简要介绍。然后讨论公司税制常见的诸多技术问题。接着对公司—股东征税之间的关系予以较为详细的探讨——各国制度在何种程度上处理"股息的双重征税问题"以及公司股份处置所产生的资本利得问题。

某一具体规则所实现的功能受到整个税制的影响,这反过来可以部分解释规则的基本概貌。例如,利润的分配可能伴有所得计算制度中的归集抵免制度(imputation system),但是在古典制度中要受制于没有减免待遇的股东层面的征税。因此,在比较的基础上讨论问题时,必须注意在特定制度中规则所起的作用。因此,虽然常见问题和双重征税的减免问题有一定的缠绕,但是下文的讨论尽可能地将两者分开讨论。

1. 公司税制概述

在过去的五十年里,两种主导的公司税制就是对公司就其所得征税,然后对股东单独就其从公司获得的利润分配征税的古典制度,和对股东给予已纳的公司税抵免以便全部或者部分消除股息的双重征税的归集抵免制度。最近,许多国家已经改变了公司税制的基本结构,从古典和归集抵免制度转为对双重征税给予近似或者"大致且随意"的减免。由于公司税制度的这种变迁状态,下文的描述通常包括过去十年已经发生的变化显示。大部分的变化是因为国际因素驱动的。这些将在第四部分讨论。

现在有一种古典制度在此处讨论的所有国家都存在,但它仍然不同于传统古典制度,因为来自资本的所得,包括股息所得,一般适用特别税率。比如**瑞典**有一种古典制度,不过在 1994 年一个很短的时期,股息免予征收个人所得税。基本的公司税率为28%,从1991年以前的52%降下来。对于个人,股息所得通常作为来自资本的所得按照统一税率30%征税(对于非资本所得,个人适用的最高税率为55%)。资本利得作为来自资本的所得也要按30%征税。

直到1997年和2001年作出修订之前,荷兰的公司税制是纯粹的古典制度。从那以后制度很难按照传统的划分方法进行归类,不过它可以看作是古典制度的某种变化形式。荷兰的公司税率为25.5%(在200,000欧元以下的公司所得有20%和23%两种税率,以鼓励小企业)。①

荷兰在2001年以前,个人收到的股息适用从37.7%至60%的个人累进税率。此外,在1997年以前,个人持有的股份达到构成实质权益(substantial interest)的程度才对其股票的资本利得征税,这一实质权益被界定为纳税人、他的配偶、或者其他亲戚(并且至少7%由纳税人或者他的配偶直接持有)在处分的5年以内的任何时候持有至少33.3%的权益。实质权益处分的收益按20%征税。这一制度导致个人投资于成长型基金,该基金再投资于公司,并将收到的股息再投资。结果是纳税人对再投资股息不纳税,对资本利得免税。

从2001年开始,个人持有的股份,如果不构成大额持股,就作为其净财富的一部分,其股份价值的4%将视同收益(deemed yield)适用30%的税率征税,不考虑实际收到的股息或资本利得。股份出售获得的资本利得不纳税,但在确定视同收益的征税基数时要纳入考虑。基数使用股份初始价值和年末价值的平均值,如果股份在年度内出售,则使用初始价值与销售价的平均值。这一变化属于第一编荷兰国别描述中讨论的资本所得征税改革中的一部分。从1997年开始,对于个人的大额持股,股息和资本利得按25%的税率纳税。同时,为了与公司持有股份的实质参与免税保持一致,大额持股的判定标准也被降至5%。这样,大额持股的个人一般与以非公司形式从事经营的个人适用相似的税率,而股份的组合投资属于"视同收益"制度的适用范围。

美国近来放弃了古典税制。公司利润一般按照35%的税率征收,不过较低的税率适用于某些级距的所得。这些低税率随着所得的增加而逐步提高,这使得边际税率比较奇怪。② 从2003年开始,已分配利润以不超过

---

① 荷兰,《1969年公司税法》(CTA), Art. 22.
② 美国,《国内税收法典》(IRC) s. 11.

15%的优惠税率对个人股东征税。对于个人而言,资本利得的最高税率也被限制在15%。③ 以前,股息按照"正常的"个人边际税率征税。与以前的制度相比,优惠税率给较高收入的纳税人带来税收利益,因其股息所得和资本利得本应属于较高的边际税率档次。但另一方面,这一修订减轻了对股息和股份的资本利得的双重征税。资本损失只能用来弥补资本利得,不过对于个人,每年可有3,000美元的资本损失用普通所得弥补。

日本税制中公司与股东税的统一程度与此类似。国税的公司税率为30%,如果加上地方税收(包括市税和地方税),则约为41%,这是在1997年从约50%降下来的。对于收入低于1000万日元的个人纳税人,可以适用股息分配额的10%的抵免,用来减少股息的个人所得税,以及属于其他类别的所得的税收。如果所得超过这一最低限额,对超出部分的抵免限于股息的5%,其他部分仍适用10%。从2004年开始,纳税人可以选择不在纳税申报表中报告从公开上市公司获得的股息。在这种情况下,仅对此类股息征收20%(2011年底以前是10%)的预提税(与最高个人税率50%减去抵免相比),所有的税率包括市所得税和地方所得税。公司获得的股息如果持股达到25%及以上则免予征税,否则所取得的股息的一半要纳税。个人持有上市股份获得的资本利得在以前是按股份销售价的1.05%征税,否则按照收益的26%(包括6%的市和地方所得税)征税。从2004年始,上市股份按20%(2011年底以前是10%)征税,这已包括市和地方所得税。公司取得的股份资本利得一般按普通税率征税。

与以上制度相比,**德国**的制度很多年来对分配的利润适用分劈税率(split rate),然后适用归集抵免以彻底消除公司税对分配给居民个人的利润的影响。2000年对该制度进行了彻底改革。归集抵免和分劈税率制度被废止,代之以"股东减免"制度。这一制度的目的在于在"半古典"设计中实现统一,通过股东层面的减免实现部分统一,辅之以公司税率的整体降低。制度改革的起点是公司税率从40%(留存利润)和30%(分配利润)统一降低为25%,而无论利润是否留存。2008年公司税率被进一步降至15%。④为对公司已经缴纳的税收提供某种"大致和随意的"减免,现金股息在派至个人股东手中时仅按50%征税。2009年开始,作为私人资产持有的股份产

---

③ 美国,IRC, s. 1(h).
④ 德国,《公司税法案》(CITA), s. 23 par. 1.

生的股息按25%的税率征收预提税。⑤ 应纳税额在毛所得基础上计算,不允许相关扣除。如果股票是在经营中持有的,股息只有60%的金额在股东层面按个人所得税率征税。⑥ 为了避免对外国投资的歧视,这一"部分所得法"也被扩展适用于外国公司分配的股息。以前的制度并没有考虑外国公司负担的税收。公司之间分配的股息全部予以免税(甚至是在国际范围内)。⑦ 但是对股息5%的数额,仍然留下了一种"影子税",这个数额被视为可以归属到免税股息的部分费用。⑧

与以前的制度不同,新的公司税制还试图将股息和资本利得的待遇统一起来。作为私人资产出售的股份适用25%的预提税。⑨ 管理托管账户的银行为扣缴义务人。如果个人拥有至少公司1%资本的股票,或者股票是在经营中持有的,资本利得的60%在股东层面按个人所得税率征税。⑩ 公司股东出售股份实现的利得的95%免予纳税,这类似于公司之间股息的税收待遇。⑪

英国1999年废除了预先公司税制,现在的税制对居民公司分配给居民个人的股息适用固定的抵免额,并按优惠税率征税。公司税的基准税率是28%。对低于300,000英镑的利润适用21%的低税率,随着利润的增加而逐步提高,利润达到150万英镑时,税率方为28%。⑫

居民公司向居民个人分配的股息含有1/9股息的固定税收抵免。由于抵免额计入应税所得,抵免额相当于股息的10%加上税收抵免(加总后的数额)。⑬ 此外,个人收到的股息按照优惠的累进税率纳税。20%的个人税率降至10%,40%的税率降至32.5%(2011年将适用的45%的税率降低至37.5%)。⑭ 直接取得的资本所得与分配公司利润征税之间的关系取决于公司层面所适用的税率。如果公司按28%纳税,28%的公司税中约有1/4仍然没有获得减免,但是如果公司适用的税率为21%,基本上所有公司层面

---

⑤ 德国,CITA, s. 32d par. 1 s.1.
⑥ 德国,《所得税法》(ITA), s. 3 nr. 40 和 s. 20 par. 8.
⑦ 德国,CITA, s. 8b par. 1.
⑧ 德国,CITA, s. 8b par. 5.
⑨ 德国,ITA, s. 20 par. 2.
⑩ 德国,ITA, s. 3 nr. 40, s. 17 par. 1, s. 20 par. 8.
⑪ 德国,CITA, s. 8b par. 2.
⑫ 每年的财税法对税率作出了规定。英国1988年《所得与公司税法案》s. 13对低税率作出了规定。
⑬ 英国,2005年《所得税(贸易及其他所得)法案》,s. 397和398.
⑭ 英国,2007年《所得税法》, s. 8.

的税将获得减免。英国这种用相对复杂的税收抵免制度代替归集抵免制度的做法,目的是解决各种国际税收的问题,这一点将在第四编予以讨论。

对于个人,2008 年以后资本利得按 18% 的单一税率征税。这一改革旨在防止之前适用的"锥形"减免制度被包括私募股权基金控制人在内的纳税人的滥用。但改革同时保存了企业家实现的收益适用的 10% 的税率。每年对净资本利得接近 10,000 英镑的减免也继续执行。⑮

来自居民公司的公司之间的股息免税。⑯ 但公司持有的股份处分时产生的资本利得要全额纳税,适用指数化减免。2002 年引进了实质参与股东免税,但是仅适用于子公司为经营公司的情形。⑰

法国是二战后采用归集抵免制的首批欧洲国家之一,公司和股东层面的税收的合一程度经历了变化。最开始,居民纳税人对于分配的股息的一半将获得抵免(avoir fiscal)。如果带来抵免的股息是从没有全额缴纳公司所得税的所得中支付的,将课征补偿税(précompte mobilier)。1993 年开始,由于公司税率(从 50%)降至 33.33%,归集抵免就达到了对分配利润提供全额减免的效果。持有 5% 或以上股份的公司股东可以选择或者不将股息计入所得,或者按照归集抵免制度将其纳入所得。但是从 1999 年开始,不能适用公司之间股息减免待遇的公司股东所适用的抵免率被大幅降低。

最后,由于该制度的财政负担(尤其是因为很多非居民在税收协定下有权获得一笔与抵免相等的款项),以及该抵免制度与欧盟的设立自由与资本流动自由的原则存在是否相符的问题⑱,2004 年的《财政法案》从 2005 年开始废止抵免制度,代之以在个人股东层面就收到的股息适用扣除额(先是 50%,后来在 2006 年累进税率表格重新调整后改为 40%)。扣除制度除了适用于法国公司分配的股息之外,由于欧盟法和反歧视规则,也适用于位于欧盟的公司以及其他位置于与法国签署了包括情报交换条款的税收协定的国家的公司。经过扣除后的股息(股息金额的 60%)适用累进税率表纳税,累进税率最高可达 40%(加上 12.1% 的附加比例征收)。但是 2008 年以

---

⑮ 英国,1992 年《应税收益征税法案》,s. 3,4 和 169H-169S。
⑯ 英国,2009 年《公司税法》,s. 1285。
⑰ 英国,1992 年《应税收益征税法案》,Schedule 7AC。
⑱ 参见欧洲法院于 2004 年 9 月 7 日作出的针对获得的股息(incoming dividends)的 C-519/02(Manninen)判决,及欧洲自由贸易联盟法院于 2004 年 11 月 23 日作出的针对派发的股息的 E-1/04(Fokus Bank ASA)判决。

后,纳税人也可以选择按照 18% 的单一比例税率(加上 12.1%)对股息全额纳税。股票处分产生的收益作为私人资本利得处理,即在股票不是在经营中持有时,对个人股东适用 18% 的单一比例税率(加 12.1%)。假设是经营中的资本利得,那么如果是短期收益(持有期小于两年)则按照一般所得处理,如果是长期适用 16% 的单一税率,在两种情况下都要附加 12.1%。

对于无资格适用公司间股息免税待遇的公司股东,尚无任何经济双重征税方面的减免。此类股东处分股份时实现的收益要按一般的公司税率课税。有资格适用公司间股息免税待遇的公司股东(持有分配公司 5% 或以上的股权)可以就获得的股息全额免税[19],而且 2007 年以来处分股份时也享受免税。[20]

加拿大的归集抵免制度允许加拿大控制的封闭公司实行公司税的全额归集抵免,而且在 2007 年以前对上市公司和其他封闭公司允许部分归集抵免,视公司活动性质而有不同程度的统一。

2007 年,在所谓所得信托(income trusts)的税收优惠待遇取消了之后,公司的合一体制也出现较大的调整。2007 年以前的 10 年中,许多公司,包括大型上市公司,通过重组采用所得信托机构来避免加拿大公司所得存在的双重征税。这种结构使得股东变为信托单位的持有人,信托的所得通过利息扣除被减少或消除。政府虽然也开始允许这些所得信托得以盛行,甚至承诺不会取消这种结构,但最后因为财政收入的损失还是被迫采取了应对措施。立法的选择是针对信托的分配征税而对公司的股息减税,使得从公司转换为所得信托不会再带来税收上的好处。2011 年这些政策完全实施之后,结果是加拿大个人居民从加拿大公司获取的股息(被称为合格股息,不包括加拿大控股私人公司从积极经营所得中分配的股息,此类股息适用低税率)完全得到合一。

加拿大体制最突出的特征之一是,无论分配股息的公司是否实际缴纳公司层面的税收,都可以适用股息抵免。因此,它超出了仅仅消除公司利润的双重税负的意义,而且形成对加拿大居民个人投资于加拿大公司的一种税收激励。公司间的股息可以适用全额股息扣除。个人和公司股东对于股份的资本利得均可以适用通常的 50% 资本利得免除。

澳大利亚是此处所讨论的国家中唯一仍保留全额归集抵免制度的国

---

[19] 法国,France,《税法通则》(Code général des impôts, 以下简称 CGI), s. 145 和 246。
[20] 法国,CGI, s. 219 I-a。

家。它对分配股息全额免除公司层面的税收,但是采用的技术方法有所不同。现在的基础公司税率为30%,是1988年从49%降下来的。当已全额征税的公司利润被分配时,国内个人股东对于全额公司税获得一个可以退还的抵免额。[21] 分配股息的公司根据它对已缴纳的税收以及所收到的已纳税的股息的估计,给股息附上或者"验讫"(frank)具体的公司税额。如果在纳税年度内,公司给股息所附的公司税超过了实际缴纳的税收,那么要缴纳补偿税,该税可以用来弥补未来的公司应纳税额,但如果超额验讫额超过10%,要遭受一定处罚。公司必须通知股东每一笔股息支付所附的抵免额。税制中也规定了"反流动"(anti-streaming)规则,防止将股息从验讫账户支付给能适用抵免的股东,从非验讫账户支付给其他股东。[22] 在资本利得立法生效之后获得的股份资本利得,按照普通税率纳税,个人股份持有期间如果超过一年,可以对应税资本利得适用50%的扣除。[23]

本部分末所附的表Ⅲ总结了上述每一种制度的上述特征以及其他特征。

2. 界定纳税实体

公司税设计中一个基本结构性安排是,确定哪些实体或者组织应该纳税。根据各国的商业或者经营组织法,可能有多种形式的经营组织可能成为公司税的纳税主体。在有些制度中,这种判断以法定组织目录或者列举为基础作出,这种列举是穷尽的。更为常见的做法是,列举不是穷尽的,有着对特征更为一般性的描述,这样可以将某一组织纳入公司征税体系中来。对于不缴纳公司税的组织而言,通常适用某种单一的"穿透"(pass-through)征税,这将在亚编B中讨论。

在美国制度中,所有按照各州的国内基本公司法设立的实体都在联邦税上作为公司对待。[24] 因此公司税收原则上既适用于一人公司也适用于有着成千上万股东的公开上市公司。美国其他的经营组织形式,即合伙和有一人以上股东、不公开上市的有限责任公司,作为透明实体纳税,除非"填

---

[21] 澳大利亚,1997年《所得税评估法案》(ITAA 1997), Divs 67, 207.
[22] 澳大利亚,ITAA 1977, Divs 201-205.
[23] 澳大利亚,ITAA 1977, Div 115.
[24] 美国,《财政条例》(Treas. Reg.), s. 301.7701-2(b)(1)-(7).

格"(check the box)选择作为公司纳税。㉕ 公开上市实体总是作为公司纳税,无论其组织形式如何。㉖ 仅有一名股东的有限责任公司将被忽视(不征税),除非它们选择作为公司纳税。㉗ "填格"规则代替了早期的规章,那些规章构成技术的泥潭,根据一些无关紧要的因素制造了诸多差异。

这里讨论的一些其他制度在税收上采取了基本遵循私法上的分类方法。比如在**加拿大**,根据公司法组建的实体要缴纳公司所得税,而根据合伙规则组建的实体适用"穿透"规则。法律上并没有将民法上的合伙作为公司进行征税的尝试。

瑞典的规则采用相同的做法。税法中没有规则对实体在税收上分类,分类是根据私法的定性进行的。一般而言,所有必须登记的实体(除了合伙)都在税收上视为公司征税。

德国的制度中,《公司税法》列举了具体的应税组织形式。㉘ 一般而言,这些形式与民法或者商法中的组织形式以及其他在民法上作为"法人"对待的组织相对应。有一条专门的总括条款包括协会、机构、基金、以及其他参与者不直接纳税的"资产的集合"。该清单是排他的,及只有列举的组织形式才适用公司税。一般商事合伙和有限商事合伙以及民事合伙不缴纳公司税。这导致有一个公司一般合伙人的有限合伙的组建,通常出资较低(GmbH & Co. KG)。虽然它们的经济性质类似于公司,但这些实体不缴纳公司税。由于欧洲法院最近强迫德国承认在德国有"真实场所"但在另一个欧盟成员国注册的外国公司的法人地位,而且"欧洲公司"(Societas Europaea)这种跨国公司形式的引入,德国税法已作出修改,对外国和跨国的公司形式都作出了明文规定。在公司所得税率降至15%时,曾考虑赋予合伙企业按公司所得税纳税的"选择权",但最后采取的制度是在所得税制度下允许合伙企业利润中再投资的部分适用较低的税率。㉙

荷兰的规则与此相似。应纳公司税的实体在《公司所得税法》中同时以"具体"方式,即通过列举(涉及荷兰的实体,诸如 NV 和 BV),和"一般"方式,即通过一般标准的列明(例如根据荷兰或者外国法成立、资本划分为股

㉕ 美国, Treas. Reg., s. 301.7701-3(b).
㉖ 美国,《国内税收法典》(IRC), s. 7704.
㉗ 美国, Treas. Reg., s. 301.7701-3(b).
㉘ 德国, CITA, s. 1 par. 1.
㉙ 德国, ITA, s. 34a.

份的公司)界定。㉚ 因此,所有权益可以自由转让、所得不能直接由参与者取得而要求分配决策的实体,均应缴纳公司税。某些其他实体如果从事经营,也得缴纳公司税。㉛

在**法国**,一般而言,民事组织形式对于税收上的分类起决定作用。税法典列举了经营组织的不同类型,尤其是那些股权以股份形式表现的商业组织,无论其经营活动如何都应缴纳公司所得税。所有这些组织使其参与人享有有限责任。法典也包括一个总括条款,根据该条款所有在民法下有法人资格的实体(除了合伙)如从事营利活动都要缴纳公司税。㉜

有一些有趣的特别规定。归属于有限合伙人的利润份额要缴纳公司税。因此公司税是有限责任的代价。一般合伙可以选择在税务上被视为公司。㉝ 反过来,2008年以后,新设立的小公司如果股东主要是个人,就可以选择在最多五年的时间内不缴公司税,而被视为合伙企业。㉞

日本的情况有些不同。所有根据民法概念构成"法人实体"的组织,除了法律明确排除的以外,都要缴纳公司税。按照商法典组建的一般合伙和有限合伙均是法人实体,因此要缴纳公司税。与此相反,非法人的社团不是法人实体,无需缴纳公司税。这包括例如"秘密社团",在结构上类似于大陆法概念中的"不参加具体经营的"或者隐名合伙。在这种情况下,企业由出名"合伙人"以自己的名义经营,自己承担责任,同时有合约安排确定与隐名合伙人利润的分享(如果协议中有约定,还包括损失的分担)。虽然此种安排在某些功能上类似于有限合伙,但这不是按照商法典正式组建的合伙,因此不是税收上的法人实体,这意味着它不缴纳公司税。㉟

在**澳大利亚**,"公司"在税收上的法律界定相当宽泛,包括所有"法人或者非法人的实体或者社团",但明确排除合伙和非法人联营企业。㊱ 有大量的特别规则适用于社团、俱乐部以及类似组织,他们本应属于定义涵盖的范

㉚ 荷兰,CTA, Art. 2.
㉛ 荷兰,CTA, Art. 2.1. e.
㉜ 法国,CGI, s. 206-1.
㉝ 法国,CGI, s. 206-4.
㉞ 法国,CGI, s. 239 bis AB;也参见 CGI, s. 239 bis AA.
㉟ 日本,《所得税法》(ITA), s. 5 和日本《公司税法》(CTA), s. 4.
㊱ 澳大利亚,ITAA 1997, s. 995-1(1) 对公司的定义.

围,但不适用公司—股东征税。[37]

英国以类似的方式对所有法人实体和除合伙外的非法人社团征税。[38]

3. 公司设立中的问题

如果公司通过向公司支付现金以换取股份的发行方式设立,纳税人持有的股份将确认相当于该数额的计税成本或者基础。从公司法的观点看,收取的金额一般计为实缴资本或者资本盈余。在有些制度中,资本出资和其可能在以后偿付的公司法处理将影响适用于股东和公司的税收规则。在其他国家,公司法上的规则对税收规则没有影响。

如果增值资产或者减值资产在设立时被转为股份,这种转让原则上属于一种导致股东收益或损失实现的交换。有几个国家的税制采取这种做法,要求在这种情况下作为一般的规则是在本期征税。但是,有很多国家的制度规定公司设立符合规定的条件时允许税收递延。最明确的情形是当一个个人独资企业以公司形式存续时,前所有人在设立时获得所有股份。可以说,转让人只是改变了其投资的法律形式,这种投资现在以股份而非直接所有权为表现形式,要求在这种情况下确认收益是不恰当的。但是,也可能有很多种变化形式,比如假定转让资产并没有构成经营活动,或者假定转让是向已经存在的公司作出,转让人仅仅获得一份小股权或者得到股份和其他对价。这里讨论的一些国家的税制对这些问题给出了很不相同的回答。
343 在有些制度中,对公司设立规定了特别规则。另一些制度,同时适用于公司重组(reorganizations and restructuring)的更为一般的不确认原则为税收递延式的公司设立提供了可能。

在**美国**的制度中,一般而言,无论被转让财产的性质如何,只要在设立交易中转让财产的主体在交易之后的公司中共同拥有80%或者更多的股份权益,就无需确认收益或者损失。[39] 该规则的理论根据在于,公司设立仅仅代表股东以被转让的相关资产进行的一种持续投资,并非是要求收益纳税

㊲ 澳大利亚,ITAA 1997, s. 50-45(规定了与运动、文化、艺术和电影相关的免税)。澳大利亚继承了英国的相互原则(the doctrine of mutuality),根据该原则人们不能从彼此的关系中获得应税利益。该原则适用于成员间的俱乐部,The Bohemians Club (1918) 24 CLR 334.

㊳ 英国,1988年《所得和公司税法》, s. 832(1)('公司'),及2007年《所得税法案》, s. 992.

㊴ 美国,IRC, s. 351(a).

或者允许损失扣除的适当时机。此外,如果此种交易要纳税,这可能会打击纳税人通过公司设立来改变投资形式的积极性。但是,这种税务处理实质上使得不同纳税人可以进行部分资产交换,但不需要当期针对实现的收益计税。这一结果仍然被接受的原因是,要减少对将经营所要求的不同资产组合的税收障碍。为了防止滥用,对于纳税人免税积聚消极投资资产的能力有所限制。

与对不在当期确认收益或者损失的交易一般处理方式一样,转让人将转让资产的历史计税成本作为他获得的股份中的计税成本或者基础。[40] 这种"替代"基础因此潜在地保留了在股票出售时对股东的递延收益征税。此外,在美国制度中,公司受让人将资产在股东手中时的历史成本作为其资产的计税成本。[41] 因此在公司成立后,对于本应只在股东实现时被课征一次税的经济上同一笔收益(或损失),如果有可能产生两笔收益或者损失。

如果转让人除获得受让公司的股份外,还获得财产,例如现金或者债务,被转让财产在此范围内的增值要纳税,转让人有权在股份中按此数额增加其计税成本。[42] 但另一方面,无论获得怎样的对价,都不能确认损失。[43]

上述规则不仅适用于新公司的设立,也适用于股东向已经存在的公司转让资产,只要满足80%的股份所有权要求。

在其他一些税制中,对股东在公司设立时的征税规则存在相当大的差异,通常比美国税制提供更为明确的可选择性。因此在**加拿大**的制度中,原则上,为取得股份而进行财产转让属于应税处分。但是,转让人和公司可以选择作为财产的对价的金额。[44] 通过选择将相当于财产的计税成本的金额作为获得的股份的价值,纳税人可以推迟收益确认。但是,股东和公司因此均为其持有的资产保留着财产的历史计税基础,这样在未来存在产生两笔收益的可能。对于选择性税收待遇有一些限制。所选择的金额不能超过被转让财产的公平市场价值,以此防止制造双重损失的可能。同样,选择的金额一般不能少于财产的计税成本,以此防止在当期制造虚拟损失。

转让人除了获得受让公司的股份外,可以获得其他财产,选择的金额在该财产的公平市场价值范围内归属于财产。选择金额剩余部分归属于获得

---

[40] 美国,IRC, s. 358.
[41] 美国,IRC, s. 362(a).
[42] 美国,IRC, s. 351(b).
[43] 同上。
[44] 加拿大,《所得税法》(ITA), s. 85(1).

的股份。这样,转让财产的增值部分的税收通过股份中税收成本的减少而被递延。

法律没有要求转让人控制公司或者获得的股份最低限额。但是,有一些特别的反避税规则。如果转让是给转让人或者关联方控制的公司,不能确认任何损失。有一类似的规定防止向关联股东转移价值。对可以转让的财产类型也有限制。例如,作为存货持有的不动产以及非居民拥有的资本财产排除在外。

瑞典的规定似乎更为严格,但是采用的是类似的处理方式。基本的法定规则是,从企业撤回资产是一种实现事件,要视为资产按照公平市场价值出售。但是,判例法已经制定了例外,在很多情形下不要求实现。没有制定法规则明确允许在公司设立、清算和重组过程中的某些规定情形下,进行税收递延处理。在瑞典实践中,将资产以账面价值卖给一个已存公司就可以完成一个企业的设立。资产市价超过账面价值的部分原则上应该作为从撤回资产纳税,但是根据上述新的规则,税收可以延迟。这一结果在功能上类似于加拿大的结果,因为资产的增值部分仍然要对股东和公司征税,(非独立交易)销售价的设定相当于纳税人对在转让时要纳税的金额(如果有)的选择。

在**荷兰**,作为独资企业或者合伙经营的企业的转让一般视为应税事件。但根据一套行政条件,如果整个企业(如果是合伙,则为企业的合伙份额)被转让给一个新成立的公司以换取股份,那么进行转让可以不用当期纳税。[45] 更为技术性的描述是,免税转让以诸多要求为条件,包括:(a) 至少对价的95% 必须是受让公司的股份(前提是作为"好处"(boot)支付的现金不超过25,000 欧元);而且(b) 转让人持有股份必须不少于三年。如果这些(以及其他)条件满足,转让人无需纳税,而是将转让的资产和债务(减去所收到的任何"好处")的账面价值的净额作为获得的股份的计税成本(2001 年以前,转让人将公平市场价值作为其计税成本,但该规则被修订,现采用大多数其他国家使用的方法)。由于受让公司保留了资产的历史成本基数,因此设立之前的增值将在以后对转让个人和受让公司征税。[46]

在**德国**,转让经营资产以换购股份在原则上构成实现事件,转让人实现

---

[45] 荷兰,2001 年《所得税法》(ITA 2001),Art. 3.65.

[46] 细节 2001 年 7 月 12 日(修改于 2004 年 8 月 11 日)的一个法令对细节("标准条件")作出了规定。

收益或者损失,将转让资产的公平市场价值作为股份的计税成本。[47] 私人资产的转让不会导致所得的确认,因为此类资产的处分一般不用纳税。虽然涉及企业资产时有所得确认的一般规则,但关于税收递延公司重组的特别规则可能适用于企业的设立。针对此事宜专门制定重组税收法案(*Umwandlungssteuergesetz*)。简单而言,转让已有企业或者企业的独立分支机构以换取某公司新发行的股份,其税收待遇取决于受让人对待交易的方式。受让人有权将资产以资产的旧账面价值和"长期经营"价值之间的任何金额记入至其账目中,该价额被视同对转让资产支付的对价。因此,资产计入受让人的账簿时有多少增值,转让人就必须确认收益;如果资产按账面价值记入,交易就是免税的。相应的金额是转让人获得股份的成本。这种待遇仅适用于企业或者分支机构的转让,单个经营资产的转让构成应税事件。

澳大利亚有关设立的规则对转让财产的类型进行区别对待,而且并不详尽。资本利得规则要求,转让人在转让后持有受让公司发行股份的100%。此外,规则不适用于若干主体进行的转让,除非他们首先建立合伙关系,合伙才是形式上的转让人。但是,合伙的形成会发生资本利得后果,这意味着这不能帮助克服规则的狭隘性。当规则适用时,被转让资产的计税成本的结转和相应的取得股份的计税基础。债务可以在转让中承担。反避税规则力求防止结转交易中价值的转移。[48]

在**英国**,如果个人转让整个企业以换取股份,可以延迟本应征收的资本利得税。[49] 企业必须作为持续经营状态转让,所有的非现金资产都要转让。可以接受除了股份以外的对价,但是结转减免仅适用于资产转让中换取股份的部分。如果转让人有企业中发生的尚未弥补的损失,这些可以用来与从公司获得的股息、利息或者雇用所得等所得相抵。[50] 转让人股份的计税成本将和转让资产的计税成本相同,而公司将市场价值作为受让资产的计税成本(即计税成本提高)。[51] 公司设立者常常并不寻求这种结转减免(rollover relief),因为对于某些类型资产,例如土地的转让,要缴纳印花税。在这种情况下,可能只有部分企业资产被转让,使用不同的结转减免方式。这种

---

[47] 德国,ITA, s. 6 par. 6 s.1.
[48] 澳大利亚,ITAA 1997, Div 122.
[49] 英国,1992 年《应税收益征税法案》,s. 162.
[50] 英国,2007 年《所得税法》,s. 86.
[51] 英国,1992 年《应税收益征税法案》,s. 17.

减免可以适用于向公司赠与的资产,但是公司不能提高资产的计税成本。[52]公司设立者甚至可能不希望有任何结转,因为18%的资本利得税率和年度免税额(近10,000英镑)可能意味着公司设立者的资本利得税负并不很高。有一套不同的规则适用于从一个公司向另一个公司进行的整体的转让。[53]

在**日本**,一般而言,以新资本股份的发行为对价向公司进行资产的转让构成应税事件,无论这种转让是否在设立的过程中作出。这一基本规则的有限例外在2001年被修订。在2001年以前,只有在母公司设立子公司时,相关的收益确认才能递延。此外,母公司必须持有子公司至少95%的股份。2001年所得税进行了修订,目的在于建立适用于所有类型公司重组交易的统一的征税制度,同时也改变了以上例外的适用范围。根据新的立法,如果换取受让公司新股份的资产转让属于以下任何一种情形,转让在税务上被视为按照相关资产的账面价值进行,转让人视同没有确认任何应税所得,受让人采用转让人的计税基础:

(a)有100%股权联系的公司之间资产的转让,比如受让人(或者转让人)是转让人(或者受让人)的全资子公司,或者受让人和转让人均是同一母公司的全资子公司;

(b)有50%以上持股关系公司之间的整体经营的转让(不是某一具体资产),前提是符合保证经营的连续性的一些标准(例如,在转让公司从事所转让的经营的雇员有接近80%或者更多必须由受让人承接);以及

(c)整体经营(而不是某一具体资产)的转让与符合其他若干标准的非关联实体建立联营企业。

该规则是强制性的,因此,任何符合上述标准的资产或者营业的转让必须遵循这一规则。特别规则仅仅适用于公司转让人;所有自然人进行的转让仍然要全额征税。[54]

同样,在**法国**,在设立时对公司进行资产转让一般也属于应税事件。但是有两个例外。首先,转让独资企业资产以换取受让公司股份时,转让人可以选择延迟不能折旧的固定资产上所获收益的纳税义务,直到获取的股份被处置或者资产被公司处置。对于增值的可折旧资产,可以对转让人在当期征税,也可以对受让人就增值部分在五年的期间(建筑物是15年)内征

---

[52] 英国,1992年《应税收益征税法案》,s. 165.
[53] 英国,1992年《应税收益征税法案》,s. 171,以及英国1988年《所得与公司税法》,s. 343.
[54] 日本,CTA, s. 2, par. 12-14 和 s. 62-4.

税,这样就使所得的确认与折旧大致相关联。如果资产在该期间被处分,就会使征税提前。存货可以在税收递延的基础上转让,只要账面价值由受让人继受。[55]

其次,公司转让构成一个完整的营业的所有资产而获得新成立的公司的股票可以享受一定的税收优惠,前提是转让者同意持有股份达三年。股份构成被转让资产的税收成本如果资产转让是认为实现利得,则可适用与合并重组相同的规则(见下文第7.2节)。[56]

4. 资本结构有关问题

商法和公司法原则传统上认为股份形式的公司所有权利益与债券或者其他债务形式的债权人利益有着显著区别。在公司税上,无论公司征税的方式如何,"股权"或者"债务"投资的分类也反映在历史上对其征税的重大差异。在"古典"税制中,对债务利息的支付通常可由公司扣除,而股息分配则要负担公司层面的全额税收。在公司—股东税收有一定程度融合的公司税制中,这种差异的重要性有所减弱。但是,即使在这种制度中,为债务支付的利息以及为股权支付的股息之间的区分在某些情况下也非常重要,并且当股东不能适用归集抵免时,这种区分一直是一个问题。因此所有的税制必须在税收上对这种分类作出回答。此外,无论国内规则如何,很多国家对于非居民股东存在资产—负债比例特别限制。这些问题我们将在第4部分讨论。

在**美国**,债务与权益的区分最初是在判例法中发展起来的。一般而言,法院并不认为他们受到民法或者商法对投资定性的拘束。[57] 相反,判例法检查各种因素,如投资工具所创设的法律权利,用于偿还的资金的经济来源,债权人和股东利益的关联,公司从第三方获取类似融资的能力,股权金额和债务融资金额的关系,即公司是否有资本"弱化"。[58] 判例法的结论很难以任何一般原则性的方式予以条理化,而是非常个案性的。

由于不满意判例法的处理方式,美国曾经试图提供更为明确的行政规

---

[55] 法国, CGI, s. 151 octies.
[56] 法国, CGI, s. 210 B.
[57] 参见,例如,Slappey Drive Industrial Park v. United States, 561 F.2d 572 (5th Cir. 1977).
[58] 同上。

则。这些规则更为直接地关注争议投资工具的经济特性以及"债务"或者"股权"特征的相对重要性,这些规则最终因为过于复杂而被舍弃。结果,建立在判例法基础上的分类仍然得到普遍适用。

在某些类型的债务方面已经颁布了一些特别的法定规则。这些规则常常对同时具有债务和股权特征的投资工具予以"分割",对不同部分予以分别对待。利息的"正常"数额允许扣除,其余部分不允许扣除,或者递延。[59] 因此,例如,当债券折价发行时如果有超额利息,超额部分不能作为利息扣除。[60] 有关"收益剥离"的特别规则在国际税法上最为重要,放在第 4 部分讨论。

此处所探讨的大部分制度在确定投资工具的税收分类时,传统上比美国更为重视民法或者商法上的分类。因此在**加拿大**没有一般性的法定规则对此予以区分,判例法通常根据债务的法律形式进行区分。在有些情况下对于某些优先股适用特别规则。[61] 一般而言,规则的目的在于防止那些不能利用利息扣除的公司将利息扣除的利益实际上转移给接受免税公司间股息的公司投资人。虽然不是正式的债务—权益规则,但这些规则确实对利用利息扣除的能力施加了限制。当限制"税后融资"的规则适用时,对分配公司课征能与公司的主要所得税债务进行抵消的税收。这保证了当股息分配在收取者手中免税时,分配公司要就分配来源的所得缴纳单一层面的当期税收。

和加拿大一样,**澳大利亚**在 2001 年以前没有对债务和权益进行区分的特定规则,税务上的分类一般遵循法律形式。1999 年开始实体商业税收改革之后,全面的债务—权益规则作为改革的一部分在 2002 年颁布。根据这些规则,有四种为公司提供融资的权利类型被归入"权益"类别,除非它们能满足"债务检测标准",即股份、由公司或者其关联方自主确定其收益的权利、根据公司的盈利情况确定其收益的权利、以及可以转换为上述三种中任一权利形式的权利。一种证券,如果公司有非或然性义务,最终要回报给投资者一笔金额,该金额极可能等于或者超出公司从投资者处获得的投资金额,那么该证券符合"债务检测标准",因而不属于权益。在衡量公司收到的款项价值与回报的款项价值时,如果证券的有效期为 10 年或者不到 10 年,

---

[59] 美国,IRC, s. 385, 163(e)(5), 279, 163(j) 和 163(l)。
[60] 美国,IRC, s. 163(j)。
[61] 加拿大,ITA, Parts IV.1 和 VI.1。

就采用券面价值;如果超过十年,则采用现值。[62]

债权的收益一般作为利息对待(可以扣除,但是不能在归集抵免制度中列支),而权益的收益一般作为股息对待(不能扣除,但有税收抵免的可能)。因为实行新规则,可赎回的优先股现在一般被划归债务,而可转换的优先股的收益(自动转换为普通股份的股份)属于权益。新规则并非适用于所有有关股权的税收问题;例如,当有50%的所有权发生变化时不允许损失扣除,其判断仍然仅依据传统的公司法意义上的股份所有权,而不是新税法中界定的股东权益。在涉及国际税收时,除了适用债务—权益规则外,支付给债务权益的利息,其扣除可能受到资本弱化规则的限制,该规则在债务和权益规则之外适用,但不会导致重新定性为股东权益。

英国在债务和权益的区分上一般也遵循商业形式(例如将永久性的债务工具仍作为债务对待)。但是,也有大量对特殊情形作出规定的复杂的法律条款。例如,如果对债券支付的利息超过了正常的商业利率,超过部分即作为分配对待。此外,从可转换票据、某些与股份相联结的证券、或收益取决于公司的经营成果的债券获取的利息,会被视为一种分配对待。由于有被滥用的可能,这些规则不适用于两个居民公司之间支付的利息或者向非居民公司在英国的常设机构支付的利息。[63]对于个人来说,在英国制定法中规定的重新分类是单向的,即将利息重新定性为股息。例如,对于向可赎回优先股支付的股息就没有被重新定性为利息的规则。2005年出台了新规则适用于公司类股东,可能将其持有的股权作为债权处理(因而不允许公司间的股息免税)。[64] 这些规则涉及与付息的债权相似的股权,包括可赎回股。这种重新归类只对收入取得者有效。对支付款项公司,股息仍不可以扣除,因此造成了经济上的双重征税。英国系统的总体效果是产生了一系列针对具体问题的分离的规则,一个工具在税法上是股权还是债权可能取决于持有者的身份。

在**瑞典**,制定法上没有关于债务—权益区分的一般性规则,不过,对于向封闭公司进行的参与性贷款(participating loan)规定了具体的规则。[65] 如果利率由公司支付的股息或者实现的利润决定,就不允许利息的扣除。但

---

[62] 澳大利亚, ITAA 1997, Div 974.
[63] 英国, 1988年《所得和公司税法》, s. 212.
[64] 英国, 2009年《公司税法》, Part 6 Chapter 7 (s. 522-535).
[65] 瑞典,《所得税法》(ITA), ch. 24 sec. 5-10.

这笔款项在收款人手中,仍然属于利息。除了该项规则外,一般均以民法上的定性为根据。法院首先检查某项投资工具是否事实上构成民法上的债务,如果是,那么在税务上也予以同样对待。因此,曾有某一投资工具在形式上为债务,但同时约定附条件的本金偿还,法院则认定该偿付义务不是民法意义上的债务,因而不允许利息扣除。税务机关有时试图运用转让定价原则将债务重新定性为权益,但均没有获得成功。

在**荷兰**,投资工具的民法形式一般决定其在税收上的待遇。但是,对于在实质使贷款人成为经营参与者的条件下作出的贷款("参与性贷款")⑯所产生的利息和被认为对荷兰税基造成侵蚀的利息(由母公司向其亏损子公司支付的利息,某些情形下向国外关联公司支付的利息,以及可转换并/或利润分享债券的利息)⑰,在制定法上有重要的例外规定。此外,如果双方的真实意图并非贷款,或者如果相关情况表明公司股东对于贷款并没有获得偿付的预期("无底洞贷款"),法院将对此类所谓的债务予以重新定性。⑱

欧共体法院 2003 年的一份判决(*Bosal*)⑲认为,法律不允许母公司对向欧盟境内设立的外国子公司支付的贷款利息进行扣除,但允许其对国内子公司进行的类似支付的扣除,即违反了欧盟法。为回应此判决,制定法现在对所有此类利息均允许扣除,同时为了防止过度贷款,引进了资本弱化规则。

在**日本**,国内法上对于债务—权益的区分基本没有作出规定。但是,随着资本市场的日趋国际化,以及更为复杂的"混合"形式的债务融资活动的出现,可以预见这一问题将会受到更多的关注。事实上,现在已经有一些特别规则,对向有控制权的外国股东支付的贷款利息的扣除施加限制,这一点将在第四部分讨论。

与此不同,**法国**虽然并不将债务重新定性为权益,但有具体的规则限制利息的可扣除性。⑳ 2007 年 1 月以后,这些规则得到修改,从而不仅与欧盟判例法更一致㉑,也提高了效率。一般而言,如果贷款人为股东,利息只能在不超过银行平均贷款利率的限度内扣除。超额利息仍然要在贷款人手中作

---

⑯ 荷兰, CTA, Art. 10.1.d.
⑰ 荷兰, CTA, Art. 10a.1.
⑱ 最高法院(荷兰),1988 年 1 月 11 日判决,BNB 1988/217.
⑲ 欧洲法院,2003 年 8 月 18 日,C-168-01 (Bosal Holding).
⑳ 法国, CGI, s. 212.
㉑ 欧洲法院, 2002 年 12 月 12 日, C-324/00, (Lankhorst-Hohorst GmbH).

为推定股息征税。此外,向集团内其他公司支付利息时如果存在资本弱化的情况下存在特殊限制。所谓以下条件成立时,可以认为存在资本弱化:关联公司贷款超过股东权益的1.5倍,关联方贷款支付的利息超过了从该等贷款所获得的利息及当期税前收入的25%(加上该利息和折旧额)之和。除非一个公司可以证明其资本负债率(debt-equity ratio)不高于集团整体的资本负债率,超过上述最高限额利息就不允许扣除。但这种利息也不作为推定股息征税,而是(在上述限制下)结转,每年可以扣除5%。

德国为我们提供了债务—权益规则演化方面两个值得关注的事例。传统上,德国的法院处理税务争议时一般遵循民法和商法上对某项义务或为债务或为权益的定性,也只有公司股票才能产生公司利润和股息。从20世纪20年代开始,司法上的这种判断导致实践中"混合"投资的发展,这类投资并没有在民法上授予公司的一份"股份",但是规定了对公司利润、清算时的资产分享的资格。早在1934年,帝国税务法院判定,对此类"享受权利"(jouissance rights)的年度支付必须计入公司的应税利润,因为对分配给股东的利润与分配给"混合"投资持有人的利润进行区分并不具有经济上的合理性。这一判决后来被纳入制定法。但另一方面,对公司的利润同样享有权利的"隐名合伙人",对其支付被认为是一般费用——就像给普通债权人的利息支付一样。

第二个例子涉及"资本弱化"。由于判例法坚守传统观点,认为即便从商业角度看资本负债率为过度,相关利息支付也仍属费用,德国议会于1993年颁布了一条法定规则,针对这种"过度"债务资本规定了详细的税法规则。在国内的情况下,股东获得的股息和债权人获得的利息的税收负担差异并不大,因此这些规则仅仅适用于外国股东和国内免税组织。但在2002年,该条款被欧洲法院判定与《欧共体条约》中的基本自由相抵触。[72] 为此,德国先是决定将其复杂的"资本弱化"规则扩展适用于国内情形,以便符合非歧视的要求,但最终决定通过限制公司层面利息扣除的收益剥离(interest-stripping)规则取代了资本弱化规则。[73]

---

[72] 欧洲法院,2002年12月12日,C-324/00,(Lankhorst-Hohorst GmbH)。
[73] 德国,ITA,s. 4h.

5. 公司分配的征税

5.1 分配规则的基本结构

所有制度必然包含有对股东就其股票所作的分配在税收上予以定性并确定其税收后果的相关规则。此类款项可能被视为对公司利润的一种分配，公司注册资本或者资本盈余的一种分配，或者对投资于股票的股东资本的一种返还，所有这些都有着不同的税收后果。

在**美国**，对股东所作分配的税收待遇取决于该分配是否来源于"收益和利润"（earnings and profits）[74]。收益和利润是公司的应税所得经过一些重要调整后计算出来的。[75] 例如，税收优惠或者扣除虽然减少了公司的应税所得，但仍应计入收益和利润。收益和利润的构成及其所伴生的复杂性是历史形成的，从现时的政策角度看并不具有特别的合理性。

收益和利润的分配在税收上被归入"股息"类别。[76] 无论公司法将分配定性为正式股息、减资、甚或对侵蚀资本的非法分配，都不影响税收上的定性。同样，分配在公司账簿上如何处理也不影响税收上的定性。虽然支付给个人股东的股息历史上曾适用一般所得税率，现在已适用与资本利得相同的优惠税率。支付给公司股东的股息作为一般所得纳税，不过，根据股东公司在分配公司所拥有的股票比例而规定不同程度的公司间股息减免的股息分配扣除（dividends-received deduction），通常能减轻其纳税义务。

如果分配超过收益和利润，超过部分作为股东所持股份中的计税成本的免税取回对待。[77] 分配如果超过股票投资，就作为股票处分的收益。[78] 由于对个人取得的股息和资本利得按相同的优惠税率征税，因此对个人而言，分配来源的重要区别在于，当分配超过公司的收益和利润时，获得股份所含计税成本的免税取回的可能。

其他国家的制度模式普遍存在很大差异，有些限制更严格，有些则覆盖面更广。公司法和会计处理通常对税收上的定性起着重要作用。课税时点

---

[74] 美国，IRC, s. 316.
[75] 美国，Treas. Reg., s. 1.312-6 至 s. 1.312-15.
[76] 美国，IRC, s. 316.
[77] 美国，IRC, s. 301(c).
[78] 同上。

规则(timing rules)一般将分配与某一特定年度的收益相联系。另一方面，应税股息经常不仅限于公司收益的分配。例如，在**加拿大**，根据判例法原则，只要不是清算公司作出的分配，或者依照授权的减资作出的分配，都作为股息征税，而不论公司是否取得利润。[79] 在**英国**，"分配"的概念对于确定分配公司(不可扣除)和股东(含股息税收抵免)双方的税收待遇均非常重要。对于包含股息的"分配"，分配的概念遵循公司法关于何为股息、何为资本返还的界定，而后者被明确排除在分配定义的范围之外。[80] 对于包含公司法上的股息以外的项目的"分配"，无需考虑公司是否取得利润的问题(但在某些条件下，必须是从公司的财产中进行分配)。

同样，在**瑞典**，公司盈利或者所得与对公司分配的征税之间没有任何联系(在某些情况下，特别规则可能会将适用优惠待遇的股息重新定性为雇佣所得)。在**荷兰**，股东取得的任何此类经济利益都要纳税，而不用考虑公司的财务情况。因此，当无收益的公司预期未来会有盈利而从资本盈余中作出合法的分配时，这一分配作为股息征税，尽管并不存在公司收益。

日本的规则在2006年发生了重大的改变，原因是新《公司法》的出台使公司法发生了很大变化。虽然《公司法》仍然对股息分配作出限制(对于不当支付的股息，债权人有权要求股东归还给公司)，但现在允许从资本盈余和留存利润中分配股息。从未分配利润中分配的股息对股东要征税。从资本盈余中分配的股息，只有一部分需要按股息征税，另一部分按资本利得处理。[81]

在**澳大利亚**，有关资本维持的公司法规则在1998年进行重大修订，这对税收也产生了相应影响。因为这些修订，加上上文提到过的新的债务—权益规则的颁布，对分配的征税变得更为复杂。税收意义上的股息必须"来自利润"，而这种利润传统上是依据公司账目或者财务报表确定的[82]，但是最近的一份公开裁决似乎主张不减少股份资本的分配就是来自利润，而更新的一个判例也支持这种观点。另外，澳大利亚最高法院近期有一个判例(很多人都认为是错的)主张，即使分配不能纳入股息的定义或满足"来自利润"的条件，也可以在一般概念下被视为所得，这也就意味着可以全额征

---

[79] Northern Securities Co. v. The King [1935] 1 DTC 282 (Ex. Ct).
[80] 英国，1988年《所得与公司税法》，s. 209.
[81] 日本，ITA, s. 24 和 25，以及日本，CTA, s. 23 和 24.
[82] 澳大利亚，1936年《所得税评估法案》(ITAA 1936), s. 6(1) 对分红的定义, 44(1); Sun Alliance Investments (2005) 225 CLR 488.

税,但不享受归集抵免。这个案例涉及的事实是公司给股东提供了一种权利,允许将其持有股份的10%在高于市场价格的条件下卖回给公司。[83] 另外,如下所述,即使是减少股份资本的支付也可以被作为非免税股息(unfranked dividends)而不是资本返还征税。如果根据新的债务—权益规则,某些股票被归入债权投资,针对此类股票支付的股息可以在公司层面扣除,且不享有归集抵免[84],但仍然在收款者手中作为股息征税。对于不是公司法下的股份的权益投资,其相应分配应当纳税而不考虑利润问题(因为公司将在其账目中作为费用列支这些项目,而不将其视为利润分配),但在公司层面不能扣除。这类分配要想适用归集抵免制度必须满足"来自利润"的间接要求。如果公司没有保持适当的账簿记录,税务机关可以重建账目以确定其必要利润。[85]

法国的情况也相当复杂。公司应税分配的界定范围远远大于按照资本权益比例以现金或者财产形式适当分配给股东的股息。只要公司的决策导致"资本投资减少",即为了股东的利益而减少公司净资产的价值,就视同发生了应税分配,即便公司并没有可供分配的收益。当非股东受益时,如果存在公司利润也可视为应税分配。公司法禁止资本分配。在回购或者清算时分配的资本所适用的特别规则将在相应的章节讨论。[86]

5.2 分配与公司收益的关联

当不同类型的分配在税收上存在差异时,就有必要制定顺序规则对分配予以定性。在**美国**税制中,因为存在收益与利润的要求,所以规定有联结分配与利润的复杂规则。总体而言,分配首先会被视为是利润的分配,而不论公司形式上对该分配如何定性。如果公司在当年有收益,但累计上是亏损的,当年的分配仍然应税。股东就其获得的分配纳税,即便与分配相关的收益是在股东投资以前的年度累积起来的,也就是说在经济上这是对股东对股份初始投资的返还。

对于不考虑公司是否存在收益而对分配普遍征税的国家,此类规则则并无必要。因此,**德国**实行新的公司税收规则之后,就不再需要根据所承担

---

[83] 澳大利亚, Ruling TR 2003/8, McNeil (2007) 229 CLR 656.
[84] 澳大利亚, ITAA 1936, s. 44(1), ITAA 1997, s. 25-85, 202-45(d).
[85] 澳大利亚, ITAA 1936, s. 44(1), ITAA 1997, s. 26-26, Div 215.
[86] 法国, CGI, s. 108 至 117.

的税负对所得进行分类并用于归集制度的具体"栏目"(baskets)了。只有来自实缴资本公积金的分配才是免税的。⑧

法国也有复杂的规则,确定何时分配被视同来自优惠课税的收益,并因此要缴纳补偿税(précompte mobilier)。2005年归集制度取消后,这些规则就显得多余了。

同样,对于那些允许股份溢价或者法定资本免税分配的国家,就必须有规则对此类分配予以确认。通常,公司法上的定性具有决定性。**加拿大**税制中,可以根据公司法规定认定什么是实收资本的分配,但需要按所得税法作出一定调整;这种分配视同发生在利润分配之前,只有超出减少的实收资本后的余额才作为股息征税。但是,公司利润分配之前的资本返还仅在特定的情形下允许,包括清算、股票回购和授权减资。⑧

2008年以后,**日本**的规则也一般按照公司法界定股息哪一部分是来自留存收益、哪一部分来于资本盈余。分配公司有义务告知他们的股东来自资本盈余的股息的金额。

澳大利亚在1998年公司法修订中废止了股票面值的使用,因此也就不需要股份溢价账目。在公司法上被视为股本偿还的分配一般免于纳税,并减少股票的计税成本,如超出计税成本则作为资本利得纳税。如果股本的分配属于将某一股东缴纳的股本向另一股东分配的计划的一部分,反避税规则可能将此分配视为股息。那些在此类分配中能够获得比股息还要好的税收待遇的股东,主要是非居民股东以及持有不缴纳资本利得税的股份(pre-CGT shares)的股东,现在要受三种不同规则的规制,以防止为实现这些优惠而安排的资本流动。⑧

5.3 推定股息(constructive dividends)

所有税制,或者以法定原则,或者以判例法原则,对股东获得的、没有正式宣告为股息或者利润分配的利益,作为分配予以征税。在有些税制中,此类款项在多种情况下都被视为股息,不过,为了限制此类支付,常常不允许其享有归集抵免或者适用公司间股息减免。

---

⑧ 德国,ITA, s. 20 par. 1 nr. 2 s.1.
⑧ 加拿大,ITA, s. 84.
⑧ 澳大利亚,ITAA 1936, s. 6(1)对分红的定义,para (d), 6(4), 44(1B), 45, 45A, 45B;ITAA 1997, s. 104-135.

美国在其判例法中发展了将股东收益视为股息征税的规则。根据一项特别条款,对于不合理的报酬可以拒绝其在公司层面扣除,即便在形式上没有将其重新定性为向股东支付的股息,不过,该规则一般仅适用于向股东支付的情形。⑩ 对股东提供的贷款可以视为股息。⑪ 即便贷款没有被重新定性,如果贷款没有负担约定的利率,根据制定法上的一项特别规定,要对股东按公司放弃的利息额推计股息,再将此笔利息视同支付给公司。⑫ 推定的利息支付可以由股东扣除,适用正常的扣除限制,同时计入公司的所得中。

法国制定了对向股东提供贷款、过高报酬、向股东支付高于银行平均贷款利率的贷款利息、以及认为过分的花费予以具体规范的法律规则。⑬ 此外,判例法确定了一项原则,将公司没有从支付中获得适当利益的任何分配视为推定股息。这种"异常经营决策"将导致应税分配。典型的情形包括公司资产的廉价出售或者租赁、个人费用支付以及类似情形。向非股东的第三方提供的异常收益也可以被视为推定股息,前提是当这些收益被重新计入公司的应税所得后,公司实现应税利润。⑭

在**加拿大**,任何给予股东的利益都必须计入应税所得。⑮ 典型的情形是廉价购买和销售、财产的免费租用,以及个人费用的支付。有一特别规则,除了一些例外情形(例如,向也是雇员的股东为其购买房、车或者公司股份提供的贷款),将公司向个人股东或者关联人提供的贷款,如果不是一年内偿还的,视为所得对待。⑯ 所有这些股东收益都必须计入股东的所得中,但不作为股息对待。其结果是,它们既不能适用归集抵免,也不能适用公司间股息扣除。

在**澳大利亚**,特别的立法将某些向封闭公司的股东提供的利益作为不可扣除的股息对待,尤其是财产的廉价销售、无息贷款、股东债务豁免、以及向股东—雇员或者关联人支付的过高报酬或者退休金。⑰ 财产的免费租用可能没有涵括进去,但是 2009 年宣布的税法修正案可能将会弥补这一漏洞。个人费用的支付通常为附加福利税所涵盖。和加拿大一样,推定股息

---

⑩ 美国,IRC, s. 162(a)(1);Treas. Regs. 1.162-7(b)(1)。
⑪ 参见,例如,Crowley v. Commissioner, 962 F.2d 1077 (1st Cir., 1992)。
⑫ 美国,IRC, s. 7872。
⑬ 法国,e.g., CGI, s. 111a, d 和 e, s. 112-4。
⑭ 参见法国,CGI, s. 109,正如最高行政法院(Conseil d'Etat)所做的解释。
⑮ 加拿大,ITA, s. 15(1)。
⑯ 加拿大,ITA, s. 15(2)。
⑰ 澳大利亚,ITAA 1936, s. 109B-109F。

不享有归集抵免,但是税务机关有权力对有特殊困难的纳税人给予例外。[98]

英国也有特殊规则规范封闭公司的股东贷款,且拓宽"分配"概念,涵盖了封闭公司向其股东提供的实物形态的利益。[99] 此外,有一项对所有公司适用的规则(但最常适用的是此处),可以将没有获取平等对价而向股东进行的资产或者债务转让(或股东向公司的转让),视为分配。[100] 这适用于价值从公司向股东转移的情形。与此相反,如果交易中价值是从股东向公司转移,就不被重新定性为出资。

荷兰判例法也有推定股息的认定。因为股东身份而获得的利益,如果公司和股东都意识到(或者应该意识到)这对股东是一种利益,一般作为股息纳税。[101] **瑞典**在20世纪90年代之前,以特别的法定条款规范封闭公司的推定股息问题,有时这些规则的适用会使税负比实际股息还重。这些规则后被废止,既是为了改善小企业的税收环境,也因为对推定股息适用基本税收规则所导致的税负已经足够。对所有公司向股东提供的、在公司法上被认定为不适当的贷款,仍然适用特别规则。对于此类交易,即使贷款符合独立交易原则,也要作为股息分配全额征税。该规则的引进,是因为封闭公司的所有人不愿从公司领取股息或者薪金,而是利用贷款从公司获取必要的资金。推定股息在封闭公司最常见。对于开放公司,有些情况下也存在推定股息,但对小额利益,例如股东在公司商店购物享受折扣就没有征税,认为这些利益的提供主要是出于商业原因。

德国在推定股息方面既有制定法基础[102],也发展了相当完备的判例法。股东与公司之间进行的任何没有遵循独立交易原则的交易都可能被认定为推定股息。要避免适用推定股息,股东与公司之间的协议必须通过"谨慎经理人"测试,必须证明交易符合公司利益而不仅仅是为了股东的利益。公司与其控股股东之间的协议必须具有法律拘束力、条款清晰并且事先订立。如果协议偏离了"标准",法院有可能将整个资产转让(而不仅仅是"超额"部分)认定为推定股息。此外,即便是独立交易合同,如果法院认定其目的在于"抽取"公司的主要利润,也会导致"推定股息"的认定。对于大公司,长期以来与税务机关有争议的问题是子公司之间的交易和集团内部交易。

---

[98] 澳大利亚, ITAA 1936, s. 109RB, ITAA 1997, s. 202-45(g)。
[99] 英国, 1988年《所得与公司税法》, s. 218 和219。
[100] 英国, 1988年《所得与公司税法》, s. 209(4)。
[101] 荷兰, 最高法院, 1953年12月2日, nr. 11.414, BNB 1954/22。
[102] 德国, CITA, s. 8 par. 3 s. 2。

对于中小型公司,主要的争议点则是支付给同时为股东的管理人的薪金是否"适当",包括"合理的"红利分配以及养老准备金。2008年以前由于不同的征税程序,在股东的层面判定为有推定股息并不意味着在公司层面同样处理,反之亦然。这种情况现在已经被改变。股东适用股息减免税规则的前提是公司层面为推定股息作出相应调整。[103]

5.4 公司间股息和资本利得

各国税制都有特别规则处理国内公司向国内公司股东进行的分配。(如果是外国公司,则有特殊考虑,这在第四部分讨论)。虽然各类规则的基本目的在于防止多层公司税叠加于沿着公司链最终到达个人股东手中的分配之上,但无论是在税收减免程度还是所采用的技术方面,规则的结构均有着重大差异。由于存在用公司间资本利得代替股息或者相反的可能性(通过先支付股息或者留存收益然后售出股份的方式),许多国家在这些方面都制定了特别规则。而且,很多国家力求在公司间股息与公司股权资本利得之间实现征税的一致性。

在美国,减免的方法是对所取得的股息按一定比例予以扣除。扣除金额根据持股比例而有所不同。如果是100%的股份所有权,股息可以全额扣除,如果是组合投资(低于20%),扣除金额是股息的70%。[104] 公司资本利得按正常税率纳税。

美国有一系列特殊条款限制公司股东将分配股息的扣除与其他扣除相联系。当组合投资的资金来自债务融资时,分配股息的扣除就要做相应减除,以防止在全额扣除的利息与部分纳税的公司间股息之间进行税收套利。[105] 如果因为支付仅部分纳税的股息导致股票投资价值的降低(有时称之为股息剥离),与此相关的税收损失的扣除也要受到类似规则的限制。规则通常要求已获股息分配的股票必须持有一定时间,才能在出售时扣除其损失。[106] 在有些情形下,为股票支付的价款必须在所获股息与股票本身之间进行分配,以此限制股票出售时可作为损失扣除的金额。[107]

由于公司间股息适用优惠税率纳税,而股票出售取得资本利得则要全

---

[103] 德国,ITA, s. 3 nr. 40 lit. d s. 2, 3;CITA, s. 8 par. 3 s. 5.
[104] 美国,IRC, s. 243.
[105] 美国,IRC, s. 246A.
[106] 美国,IRC, s. 246(c).
[107] 美国,IRC, s. 1059.

额纳税,因此,公司股东可能会试图在出售前从公司提取股息,以减少应税资本利得。判例法规则对这种用来进行"资本利得剥离"的技术施加限制,尤其是当用来支付股息所得的资金间接来自购买者时。[108] 这种特意的股息支付被视为附加销售收益。

加拿大也允许公司间股息的扣除,不过与美国不同,其减免是全额的。[109] 股息可以百分之百扣除,而不论持股比例。为了防止封闭公司被用作"钱袋公司"来持有个人的组合投资,这些公司获得的股息要缴纳一种特殊的可退还税,以补正个人股东如获股息本应缴纳的税收。[110] 为防止应税资本利得转化为免税股息,还有其他限制。根据这些规则,某些情形下所获股息被视同股份出售时所获得的收益,并按此纳税。规则适用范围实际上限于那些不能归属于已纳税的公司收益的盈利。[111] 此外,在能够适用公司间股息减免的股息分配之后出售股票的亏损,不能扣除。[112]

澳大利亚的情形以前与此相似,但最近有了变化。公司间股息减免现在通过归集抵免制度实现。公司获得的股息分配要纳税,只能在股息所附含的归集抵免范围内获得减免。[113] 因此,如果公司获得的股息只能抵免一半,那么另一半股息要按30%纳税。这一修订,加上公司集团汇总征税制度的引进,导致了扣除次序规则(stacking rules)的变化。公司现在也可以选择不主张扣除,如果这种扣除只能抵消免税股息;在这种情况下扣除就转为损失向后结转。[114]

即便有了这些修订,"股息剥离"安排仍是一个问题。这些安排通常涉及有大量累积收益的封闭公司的个人股东出售股票。出售交易将潜在的股息所得转化为享受税收优惠(或者免税)的资本利得。购买公司("剥离者")可以从被购买公司抽取免税收益,然后处分股票产生(可扣除的)损失。有几项法定条款仍在规范此类交易。首先,在有些情况下,根据一般反避税原则,股份的出售者可以被视同取得一笔应税股息而不是享受税收优

---

[108] 参见,例如,Waterman Steamship Corp. v. United States, 430 F.2d 1185 (5th Cir., 1970).
[109] 加拿大, ITA, s. 112(1).
[110] 加拿大, ITA, Part IV.
[111] 加拿大, ITA, s. 55(2)-(5).
[112] 加拿大, ITA, s. 112(3)-(7).
[113] 澳大利亚, ITAA 1997, Divs 67, 207.
[114] 澳大利亚, ITAA 1997, Div 36.

惠的转让收益。⑮ 此外,有更为具体的法定规则不允许购买者享受归集抵免。⑯ 以前"资本利得剥离"交易存在的问题,现在通过适用几种反避税规则对不能抵免的股息部分征税以及将某些资本分配视为不能抵免的股息的方式,予以综合解决。⑰

在**英国**,居民公司对另一公司的分配免予缴纳公司税。原则上,无论进行分配的利润是否缴纳了英国税收,都可以适用这种免税待遇。公司所持股份的资本利得一般要纳税,同时适用指数化减免。如果出售股份的公司持有另一公司10%或者更多的股份,且两者都是经营性公司,其资本利得则免予纳税。⑱ 如果公司借款购买另一居民公司的股份,利息费用可以扣除,不过贷款如果不是为了公司的经营,扣除则有特别限制。⑲ 与其他国家一样,英国有股息剥离规则,授予税务机关广泛的裁量权,还有其他限制以过度的公司间分配("贬值交易"和价值转移)降低股份价值的规则。⑳ 资本利得的参与免税也适用诸多反避税规则。

日本的规定与美国类似。如果持股比例达到25%或者更多,公司间股息可以全额免税,低于25%的股权可以有50%免于纳税。因股票支付的免税股息发生的相关利息费用,有特别的扣除限制。㉑ 公司所持股份的资本利得,按一般税率缴纳公司税。

在**法国**,如果持股份额超过5%并且母公司持有该股份超过两年或承诺将超过两年,允许100%股息不计入所得。与免税相配套的是,相关费用不能扣除。相关费用的金额被视为是股息的5%(加上任何境外税收抵免),但不能超过当年公司发生的所有费用的总和。㉒ 免税是可选择的,但实践中在基本所有情况下免税都比把股息计入税基更好。除非一个子公司的资产主要是不动产,处分股票的资本利得也可以100%地被排除在所得之外,前提是销售公司对获得的股息有资格适用100%的免除,或者根据其他条款能

---

⑮ 澳大利亚,ITAA 1936, s. 177E.
⑯ 澳大利亚,ITAA 1997, s. 207-145(1)(d), 207-150(1)(e), 207-155.
⑰ 澳大利亚,ITAA 1936, s. 45, 45A, 45B.
⑱ 英国,1992年《应税收益征税法案》,Schedule 7AC.
⑲ 这是由于在英国出现的贷款关系,2009年《公司税法》,Part 5 和,尤其是,s. 297.
⑳ 英国,2007年《所得税法》,s. 682-703 以及1992年《应税收益征税法案》,s. 29-34 和 176-177.
㉑ 日本,CTA, s. 23.
㉒ 法国,CGI, s. 145 和 216.

被视为有实质参与。⑬

在**德国**，2000年公司税改革时引进的有关公司间股息的特别规则在2007年商业税收改革之后仍然适用。由于股东层面没有公司税的归集抵免，新的立法规定，所有公司间股息原则上均予免税。⑭ 为了避免歧视，该规则扩展适用于公司股东从外国公司获得的股息。在欧洲法庭近期作出的一些判例之后⑮，欧洲委员会现在督促德国取消对向其他欧盟成员国的公司组合投资股东支付的股息征收的预提税。在这一背景下，德国政府现在反而在考虑重新对向作为德国居民公司的组合投资股东分配的股息征税，这样既可以保持预提税带来的财政收入，又可以避免被指控采取歧视措施。

为了处理反映未分配利润（如果分配，也是免税）的收益问题，德国立法还规定了"参与免税"规则，据此，德国公司出售股份获得的所有盈利均予免税。⑯ 该规则适用于全部盈利，包括与留存利润没有关系的盈利。无论子公司是国内公司或者外国公司，该规则都可以适用，并无最低持股的要求。与免税股息或者资本利得相关的费用（管理和财务费用）可以扣除。但另一方面，股息的5%被视为不能扣除的费用。这一视同条款甚至在没有费用与股份参与有关时也适用。所以实际上，只有95%的股息免税。⑰

在**荷兰**，"参与"获得的股息免税，这种参与通常被界定为在分配公司持有5%或者更多的股权。参与免税也适用于股票出售时的盈利。

瑞典同样对公司间股息免税。⑱ 非上市公司的股息一般免税，但针对特定的避税筹划有例外。其他公司的股息也可以免税，只要获得分配的公司在分配公司有10%或者更多的表决权，或者两公司之间有商业关系。对于其他组合投资，股息要全额纳税。当股份出售因为免税股息的分配而产生净损失时，不允许损失扣除。另外，2003年瑞典对资本利得和损失也规定了参与免税。如果符合上述股息免税条件，资本利得和损失均可以免税。规则的目的在于消除第"三"层公司税。此外，通过不允许资本损失扣除，防止纳税人操纵免税的境外资本利得和可扣除的国内资本损失。

---

⑬ 主要在法国，CGI, 219 I-a.
⑭ 德国，CITA, s. 8b par. 1.
⑮ 欧洲法院，2006年12月12日，C-446/04 (Test Claimants in the FⅡ Grouop Litigation) 以及2008年4月23日，C-20105 (Test Claimants in the CFC and Dividend Group Litigation).
⑯ 德国，CITA, s. 8b par. 2.
⑰ 德国，CITA, s. 8b par. 5.
⑱ 瑞典，ITA, ch. 24.

5.5 增值财产或折余财产的分配

当增值或者折余财产分配时,如果收益或者损失并未在分配之时在公司层面予以确认,那么就不再适用公司征税政策。虽然将分配作为应税事项的逻辑似乎非常明确,但**美国**历史上未曾采用此方法;分配之时既不确认收益也不确认损失。但是,规则在 1986 年被修订。现在,分配原则上是一确认事件,只有少数例外。无论股东为个人还是公司,该规则均适用。

对持续进行的股息分配,增值财产分配时确认收益,但不确认损失。[129] 对有累积损失的财产予以限制反映了分配的时间为纳税人所控制这一事实。但是,规则的适用,使得财产的损失完全不可能扣除,因为股东是以公允价值作为其计税成本。如果财产是在公司彻底清算时分配,收益和损失均予以确认,因为股东不可能操纵。[130] 不过,对于最近才投入公司的财产,其损失扣除有所限制。拥有 80% 股权的子公司清算时的分配不纳税;母公司以资产的历史成本作为其计税成本。[131]

这里讨论的其他国家的税制通常要求确认财产分配时的收益或损失。在**加拿大**,公司被认为已经按照公允价值处分财产,而股东将公允价值作为股息计入所得,并被视为按公允价值购买该资产。[132] 这些规则的目的在于保证实物股息的征税结果与公司资产出售后再分配其收益的税收结果相同。在**德国**,任何增值资产的分配都是实现事件,无论该分配构成股东的股息还是资本的返还。同样,在**荷兰**,分配是应税事件。不过,如果财产将被重置,可以通过重置准备金的提取延迟收益纳税。[133] 在**瑞典**,这种分配被视为资产脱离企业,这在原则上被视为确认事件。**澳大利亚**也规定资产的分配应由公司缴纳资本利得税。当转让者是受让者 100% 的子公司时,如果两公司不能合并纳税(例如涉及非居民公司的情形),则可以对转让实行税收结转(rollover);如果能合并纳税,则可以对交易不征税。[134] 有特殊规则对运用此类财产分配在股份之间转移价值的可能性予以限制。这些规则在 2002 年得到相当的强化。**英国**规则与澳大利亚的相似,不过在集团公司之间转让

---

[129] 美国,IRC, s. 311.
[130] 美国,IRC, s. 336.
[131] 美国,IRC, s. 332 and 334(b).
[132] 加拿大,ITA, s. 52(2).
[133] 荷兰,ITA 2001, Art. 3.54.
[134] 澳大利亚,ITAA 1997, Div 126-B, s. 701-1.

适用结转的槛限是75%。[133]

日本的情形,尤其是在公司清算中,要略为复杂一些。2006年的税法修改取消了对分配实物股息的限制,被分配的资产的受让者按资产的公允价值确认所得。分配公司应根据财产的价值及其计税成本确认收益和损失。但如果在清算时进行分配,收益或者损失是被分配财产的公允价值与法定资本、税务会计中的资本和盈余公积金之和之间的差额。对该差额按27.1%征收特别"清算"税。[134]

在2001年以前,这种清算税也适用于兼并交易中的被兼并公司(即消失公司),并且此时的清算税,要根据被兼并公司股东所获股票的票面价值(加上任何非股票财产的公允价值),与法定资本和法定公积金的总额之间的差额计算。2001年所得税法修订之后,清算税不再适用于兼并(不过仍然适用于实际清算)。但被兼并公司净资产的公允价值超过其账面价值的部分,要按照一般公司所得税规则纳税,除某些例外情形下,相关的增值或者减值可以递延至资产处分时纳税。

法国没有将增值或者减值财产的分配作为正常股息征税的完备法律。不过,这在会计上要作为收益的确认处理,这种处理被认为也适合公司税的计算。但在清算方面,法国有相当完备的法律规则。分配公司必须对分配资产的所有收益或者损失予以确认,视具体情况作为资本利得或者普通所得纳税。此外,任何所得项目,只要以前因为递延或者免税而未缴税的,都必须计入税基中。[135]

5.6 涉及公司资本结构变化的分配

5.6.1 概述

除了正式股息或者推定股息外,公司资本结构上的许多变化也可能涉及对股东的分配。典型的例子是与减少资本、或者已发行股份的回购、或者通过增加法定资本然后分派红股的方式使收益资本化有关的分配。所有这些情形,都必须对分配在税收上进行定性。一个老问题就是,交易在公司法或者商法上的定性在多大程度上决定其在税收上的定性。在这方面,各国制度显示出很大的差异性。

---

[133] 英国,1992年《应税收益征税法案》,s. 171.
[134] 日本,CTA, s. 92-100.
[135] 法国,CGI, s. 221-2 以及 201-1 和 3.

在**美国**，一般而言，公司资本结构的变化的公司法属性并不影响征税。因此，如果公司正式减少其资本并将该笔资金返还股东，只要公司存在税收意义上的收益，该分配即作为股息征税；尽管从公司法的角度看，该款项是投资资本的一种返还，但这对征税并不重要。[138] 同样，如果公司为增加法定资本而将未分配收益转到资本账户，该转让对于收益在税收上的"聚积"没有任何影响，而这决定以后分配的可税性。[139]

在大多数其他国家的税制中，公司法上的概念对于确定此类分配的税收待遇起着更为重要的作用。例如**加拿大**，股东从非上市公司的减少实缴资本中获得的分配可以免税。[140] 但是，如果该分配超过了股票所占注册资本的份额，超额部分要作为股息纳税，不论存在累积利润与否。同样，如果盈余公积金被转为资本，除了一些例外情形，该转化构成股息，因为在收益被转至资本账户后，它们可以免税偿付给股东。[141] 在有些情况下，上市公司的资本分配要全部作为股息纳税。

澳大利亚制定了大量的规则处理此类问题，有些已经在前面讨论过（资本分配的特别流动安排）。此外，如果利润被转变为资本，公司的股份资本账户就变成"有污染的"，产生重要后果。会立刻丧失本可获得的归集抵免额，所有来自股份资本的分配在此之后视为不能免税的股息（因此要全额纳税而不能适用归集抵免）。公司也可以为股票资本账户"除污"，方式是通过归集制度的操作，对所转走的利润按 49.5% 纳税。[142]

在**英国**，为使资本减除的支付不被视为分配。该规则扩展适用于借贷资本的返还，即便在利息支付本身被视为一种分配的情况下也是这样。例外的是，对红股股份的资本返还（在股份发行之前或之后的一定时期内）被视为分配。[143]

法国也允许减资后的资金的免税分配，但是仅限于对实缴资本的股东的补偿超过所有盈余公积金和未分配利润的范围内。[144]

德国也允许注册资本或者资本公积金的免税返还。[145] 如果是资本公积

---

[138] 美国，IRC, s. 316(a) 和 s. 312.
[139] 美国，IRC, s. 316(a) 和 s. 312.
[140] 加拿大，ITA, s. 84(4) 和 (4.1).
[141] 加拿大，ITA, s. 84(1).
[142] 澳大利亚，ITAA 1997, Div 197.
[143] 英国，1988 年《所得和公司税法》，s. 209, 210, 和 211.
[144] 法国，CGI, s. 112-1°.
[145] 德国，ITA, s. 20 par. 1 nr. 2.

金,它们只能在所有盈余和盈余公积金分配之后再分配。如果股东将股票作为经营财产持有,或拥有1%以上的股票,注册资本或者资本公积金的分配会被视为股票的处分。⑭ 在近年来的商业税制改革之后,含有注册资本返还的资本利得是应税的,即使股票是被作为私有财产持有。⑭ 分配降低了股票的获取成本,如果超出了该金额,可以导致应税利得。与此不同,**瑞典**将股票名义价值减少的金额的分配视为股息,而不考虑是否存在公司利润。

5.6.2　红股(Stock Dividends)

以股票或者"红利"股的方式向现有股东分配股息,通常涉及公司法上留存利润转变为注册资本的问题。这可以被视同向股东分配现金股息,然后股东又以此作为出资,但也可以只看作是公司层面的事件,对股东没有任何影响,股东在公司的经济利益并不因为收到额外的股份而改变。对股票股息问题,各国采用了各种不同的方式予以处理。这种处理部分取决于规范注册资本分配的规则。

美国对红股的征税规则相当详尽。基本规则是非常清楚的;对与派送股息的股票同一类型的普通股票按比例分配,不纳税。⑭ 该规则最主要的根据是股东没有因为分配而在地位上发生重大变化。他仅仅有更多张文件,代表没有改变的基础投资,因此收到股票股息之时并非将其视为基本的公司利润已经分配的恰当时点。该规则可行,部分是因为美国制度不考虑收益资本化对公司层面的影响,这种资本化通常伴随着股票股息。但一旦分配超出了简单的按比例派送股票的范围,情形就变得更为复杂。如果股东有权在现金股息与股票股息之间作出选择,股票股息应当课税,即便所有的股东选择接受股票,并且分配因而是按比例进行的。⑭ 股东实际上被视同已经收到他本可以收到的现金股息的等价物。

当分配不是按比例进行,因此导致接受股票股息的股东的持股比例增加时,分配一般要纳税。⑮ 从技术层面上讲,分配如果导致某些股东的持股比例增加,其他股东则获得财产分配,则需要纳税。因此,例如,如果公司有两类股票,一类支付股票股息,另一类支付现金股息,股票股息就需要纳税。如果一些股东在其他股东股票被回购的情况下并没有使自己的股票被公司

---

⑭　德国,ITA, s. 17 par. 4.
⑭　德国,ITA, s. 20 par. 2 s. 2.
⑭　美国,IRC, s. 305(a).
⑭　美国,IRC, s. 305(b)(1).
⑮　美国,IRC, s. 305(b)(2).

回购,可能被视为获得了应税的股票股息。[151]

其他国家的规则要简单些,结果也各不相同。在**瑞典**,原则上对红股不征税,且将其视为已持有股票股份分拆后的等价物。已持有股票的计税成本在它和同种类新股票之间分摊。如果是不同类型的新股票,则其计税成本为零。在**日本**,1990年以前的商法允许股票股息的分配,其在税法上被视同公司分配了用于再投资的应税现金股息。1990年后,商法不再允许红股的分配。但是仍存在股份拆分的可能。2001年之前,尽管股份拆分本身不再是应税事件,但如果它伴随着将一定数额的盈余公积金转化为注册资本(通常如此),则视股东为获得了这一数额的股息收入。2001年的修改废除了该情况下视同分红课税的规定。[152]

在**荷兰**,个人股东获得的红股按照"格3"('box 3')所得征税,即它们虽然本身不征税,而是如同全部资本所得一样,对相关投资按股票价值的视同收益(4%)进行征税。[153] "实质参与"的股东获得的红股免税。但红股分配需按其名义价值缴纳股息预提税,不过会对居民股东抵免或返还。支付给公司股东的红股在任何情况下均无需纳税,即使其持有的股份(如果少于5%)并不构成参股免税。

在**加拿大**,通常只有在红股的分配使得公司的注册资本增加时才将红股视为应税股息。[154] 由于在特定情况下,分配资本化的所得是免税的,所以有必要在其资本化时就对其征税。

澳大利亚同样对将利润资本化的特定红股征税,股息附带归集抵免待遇,持股总额的计税成本随股息的数额增加。这允许希望留存税后收入用作商业目的的公司通过红股将其所得资本化,从而达到公司税和个人税在未分配收益方面完全合一的效果。然而,由于上文提到的股本污染(tainting of share capital)规则,这种效果只有在股息再投资计划下才能有效实现,这种情况下股东有权选择获得股份以代替股息。[155] 澳大利亚也在免税基础上允许股份拆分、不会改变股本或盈余公积金(功能上相当于股份拆分)的红利股、以及不会将任何盈余公积金转为注册资本的股票合并。原股权的计

---

[151] 美国, IRC, s. 305(c)。
[152] 日本, ITA, s. 25 以及日本, CTA, s. 24。
[153] 荷兰, ITA 2001, Art. 5.1。
[154] 加拿大, ITA, s. 248(1)。"股息"被定义为包括红股,且对"数额"的定义规定了红股额。
[155] 澳大利亚, ITAA 1936, s. 6BA。

税成本在新的或合并的股权间分摊。[158] 澳大利亚还允许上市公司所谓的"红利计划",据此股东可以选择用红利股代替股息,不过这些股份不会被看作股息,且适用计税成本分摊。[155] 该机制不同于股息再投资计划,但经济效果相同。这些计划对于那些无需缴纳资本利得税的股东很有吸引力,但需要承担适用上文提及的资本流动(capital streaming)规则的风险。

一般而言,**英国**对派发股票股息(所谓的"红利股")不征税,而且初始股票的计税成本在初始股票和红利股间分摊。[158] 但存在例外。在减少股本的十年内通过发行红利股增加的实缴股本额可能被视作分配。类似地,在发放红利后十年内返还的股本也被视为分配。[159] 另外一个例外是纳税人有权选择是接受股息还是红利股的情况。在这种情况下,接受红利股的选择会产生分配额通常为所放弃的现金股息额和等额的股份计税成本。[160] 尽管对该类分配的税收处理在形式上不同于其他(符合条件的)分配(对于红股没有返计还原),但自1999年预先公司税废除后,对它们的税收处理方式就相似了。

法国法律对股票股息和导致公积金或收益资本化的红股作出区分。在前种情况下,根据公司法股东有权在接收现金或红股之间作出选择。如果选择红股,则采取与现金股息同样的方式纳税。在红股的情况下,当下不对股票征税,因为并不将其视为股东资本的增加。[161] 然而,资本化的所得,不同于原始出资的资本,通常不能做免税分配。[162]

德国代表了另一种处理方式。通常,把红股作为资本报酬,按应税所得处理。[163] 然而,对由公积金引起的正式资本增加过程中发生的新股分配无需纳税。但随后由于红股的分配引致的资本增加的返还会导致应税股息。

5.6.3 回购

回购,即公司从其现有股东手中买回其自己的股票,形式上是购买股份。遵循这一描述,股东将产生利得或损失,这取决于股份的计税成本和所获得的价款之间的差额。该利得或损失会按照处分财产的一般规则纳税。

---

[158] 澳大利亚, ITAA 1936, ITAA 1997, s. 112-25, 124-240, 130-20.
[155] 澳大利亚, ITAA 1936, s. 6BA(6), ITAA 1997, s. 130-20.
[158] 英国, 1992年《应税收益征税法案》, s. 127.
[159] 英国, 1988年《所得和公司税法》, s. 210 和 211.
[160] 英国, 1988年《所得和公司税法》, s. 249.
[161] 法国, CGI, s. 112-7°.
[162] 法国, CGI, s. 112-1°.
[163] 德国, ITA, s. 20 par. 1 nr. 1.

因此,可能对利得全额征税,按照优惠税率征税,或免税,这取决于资本利得制度的架构。另一方面,回购与出售给第三方的差别在于前一种情况下财产离开了公司且留在股东手中,这在某些方面类似于股息分配后,或注册资本的返还。本节所讨论的各国税制对回购交易的处理方式各有不同。

在美国,有具体的制定法规则对回购作出规定。[64] 如果回购不是在"本质上等同于股息",则不会被视为利润分配。有大量针对这一判断标准的判例法,它们特别关注纳税人在分配公司的所有权益是否"实质性地减少"。除了该常规标准,还有一些"安全避风港"规则。如果分配"明显失衡",则适用交换处理的方式。为了满足该标准,股东在该公司的所有权益必须减少至少20%,且在回购后持有少于50%的股份。因此,将股东权益从50%减少至39%的回购按照销售处理。终止了股东权益的回购也被视为交换。

在适用这些测试时,由关联人或实体持有的股票归股票被回购的股东所有。因此,在上面的例子中,如果由纳税人的妻子或儿子持有剩余的公司股票,也不构成回购。某些情况下,例如被回购的股东出售了他实际拥有的所有股份,基于家庭关系的所有权归属规则被取消。

根据常规测试或各种安全避风港规则不构成交换的任何回购将按照向个人股东发放股息一样的方式按其所代表的所得或利润(earnings and profits)的分配征税。[65] 对于公司股东,未被视为交换的回购有资格享受公司间股息免税待遇。被回购股份的计税成本归于剩余股份。

其他税制下趋向于较少发生回购,这往往是由于经常与回购一同发生的注册资本的减少是公司法上的一个复杂程序。而且,对回购作出规定的公司法对于税收处理有着重要影响。

日本于2001年对公司所得税法的修改显著改变了对回购的税收处理。为应对公司法的变化,2006年又进行了一些技术性修改。根据目前的制度,在所得税法上公司资本账户分为盈余公积金及资本(由注册资本和资本盈余构成)。尽管盈余公积金在许多情况下等于累计所得,而资本在许多情况下类似于公司法下注册资本和资本盈余的总和,但盈余公积金和资本的数额的计算与公司法上的类似概念有别。在回购的情况下,归于盈余公积金的、分配给股东的数额按照股息纳税。该数额按照比例计算。分配的剩

---

[64] 美国,IRC, s. 302.
[65] 美国,IRC, s. 301.

余金额和股份的账面价值之间的差额按照资本利得征税。⑯

在**加拿大**,概念相似,但结构有所不同。在回购的情况下,首先股东被视为获得免税的、被回购股份的已缴资本,而不管回购是否改变了股东在公司的持股比例。⑯ 如果回购所得额超过了被回购股份的已缴资本,超过部分按照股息征税。回购交易也被看作是资本利得意义上的处分。然而,为此目的,处分收益要减去视同股息的数额。⑯ 结果,如果股份的获取成本超过其已缴资本,会产生资本损失;另一方面,如果获取成本少于已缴资本,会产生资本利得。作为这些规则的例外,公司在公开市场交易中所获得的股份利得将全部按照资本利得对出售者征税。⑯

澳大利亚同样将发生于证券交易所正常交易过程中涉及的股票交易的回购(buybacks)视为资本利得交易(是否应税则取决于该股票是否构成需要缴纳资本利得税的资产)。在其他情形下,对在回购中超过股本费用的购买价格按照股息处理。⑰ 股息部分享受归集抵免待遇。当回购涉及股票交易且获得资本利得待遇,从公司的角度该交易仍被视为归集抵免意义上的股息,对超过股本费用的部分征税,结果导致公司和股东都无法享受归集抵免。⑰ 对公司股东的资本损失有所限制,而且这些限制目前也扩展至其他类型的股东。2009年公布的其他修改使得上市公司的场外股份回购交易更容易达成,因为该方式已经在近十年内成为一种日益重要的上市公司资本管理工具。通过减少资本取消股份的方式也可能构成回购。在这种情况下,除非适用上文提到的任一反避税规则(例如资本流动规则),否则所获得的全部数额按照超出股本处理。⑰

法国公司法仅在特定情况下允许回购。最近的法律规定在某种程度上澄清了回购收益的税收地位,这取决于所涉及的回购的类型。在会减少注册资本的股票回购(而非由于损失引起的资本减少)的情况下,对于获得额超过(1)股东所持股份的已缴股本;或(2)股份的取得成本这两者中较大数额的部分按照股息征税,并且享受公司间股息免税待遇。而且,根据回购

---

⑯ 日本,ITA, s. 25 以及日本, CTA, s. 24.
⑯ 加拿大, ITA, s. 84(2).
⑯ 加拿大, ITA, s. 53(2)(a)(iv).
⑯ 加拿大, ITA, s. 84(6).
⑰ 澳大利亚, ITAA 1936, Pt III Div 16K.
⑰ 澳大利亚, ITAA 1997, s. 205-30(1) Table Item 9.
⑰ 澳大利亚, ITAA 1936, s. 6(1) 对分红的定义 para. (d), ITAA 1997, s. 104-135.

价和获取成本(在对按照股息征税的回购额部分进行调整后)确定实现的利得或损失。如果股东是一个经营实体,那么利得或损失会被视作经营资本亦或一般的利得或损失(视情况而定);其他情况下,销售证券所获得的非经营收益的优惠规则得以适用。[173]

在向雇员作出的分配(股票期权计划、雇员利润共享)或上市公司股票回购计划中涉及的股票回购,回购价被视作资本利得或损失,取决于其超出或少于股份计税成本的数额。

德国在废除一些公司法上的限制后,近几年回购更为常见。关于回购是否应被视为公司的"部分清算"展开了激烈讨论,本应促使产生类似股息的征税。但最后,税务机关决定像处理其他股份交易一样处理回购交易。结果,如果纳税人的参与额不少于股本的1%(在投资组合的情况下几乎不可能)或在经营活动中持有,回购所得的资本利得将在纳税人手中按个人所得税率征税。回购作为私有资产持有的股份获得的资本利得要缴纳25%的预提税。

在**荷兰**,如果回购分配额超过所对应股份的平均已缴资本,超过部分作为股东的所得,但是作为"格3"所得,该数额并不按照回购额征税,而是对基础投资如同全部资本所得一样,在股份价值视同收益(4%)的基础上征税。[174] 如果股东在回购股份的公司拥有"实质参与"比例的股份,则像处理与"实质参与"股份有关的任何资本利得或损失一样处理股东在这种回购中实现的利得或损失。

根据**瑞典**税制,股份回购被视为销售。在**英国**,如果回购公司进行经营且其股份在交易所上市,则将回购视为资本交易,产生资本利得。[175] 然而,只有在公司确定回购的商业目的且满足其他反避税测试时,才得以享受资本利得待遇。如果不满足资本利得待遇所需的条件,分配额中超过股份已缴资本的部分被视为分配。[176] 对于公司股东,这种分配通常免税,但不适用于任何关于资本利得的公司税。[177] 从公开市场上被购回股份的股东享受资本利得待遇。

---

[173] 法国, CGI, s. 109, 112-6, 120-3°, 150 0A Ⅱ-6, 和161.
[174] 荷兰, ITA 2001, Art. 5.1.
[175] 英国, 1988年《所得和公司税法》, s. 219-229.
[176] 英国, 1988年《所得和公司税法》, s. 209(2)(b).
[177] Strand Futures and Options Ltd v Vojak (Insp of Taxes) [2003] EWCA Civ 1457 (CA).

6. 清　算

公司清算是对未缴股东税的任何未分配的公司利润在股东层面征税的最后机会。同时，清算也是对股东的股权投资价值增值征税的时机。各国相关制度间的差异很大，主要体现在对清算的上述两者的不同侧重。**美国**的制度完全把清算分配视为一项资产置换交易。公司根据所涉及资产的增值或减值确定其收益或损失，而个人股东的资本利得或损失由股权计税成本与分配资产的公允市场价值之间的差额确定。[178] 清算中收到的财产以其公允市场价值为计税成本。[179] 该制度不对未分配公司利润作为股息征税；其所代表的资产仅计算资本利得或损失。

如果清算的公司是某公司股东的子公司（至少持有80%的股权）则适用特殊规则。按该规则，清算对分配的公司和该公司股东都免税。[180] 转移至母公司的资产保留子公司持有该资产期间的计税成本不变；母公司持有子公司股权的计税成本简单地按消失处理。[181]

此类规则使清算的形式和时间都非常重要。举例，如果公司首先对某个人股东分配了股息并随后进行清算分配，上述股息将会全额征税，但清算收到（减少的）财产将会被视为免税的股权成本返还，并将超过其成本范围的财产视为资本利得。如果上述全部财产价值在清算中分配，就只适用免税的股权成本返还和资本利得待遇。另外，虽然清算分配财产在超过公司股东持有股权成本的范围内将作为资本利得被全部征税，但支付给某公司股东的股息应享有收到股息扣除规则。

许多其他国家的制度利用清算机会对累积的公司利润作为股息征税，并允许免税地返还已缴资本。在**加拿大**，公司进行清算分配的规则与公司股票回购规则的本质相同。[182] 纳税人已缴资本的股份一般能免税收回。股东收到的任何增加额作为股息征税。此外，股份购置成本少于已缴资本的金额将作为资本利得。特殊规则允许对持有90%股权的国内子公司进行免

---

[178] 美国，IRC, s. 331 和 s. 336.
[179] 美国，IRC, s. 334(a).
[180] 美国，IRC, s. 332 和 s. 337.
[181] 美国，IRC, s. 334(b).
[182] 加拿大，ITA, s. 84(3).

税清算。⑱

　　日本模式与此非常类似。归于盈余公积金的清算收益作为股息征税。剩余收益与股份账面价值之间的差额作为资本利得征税。第 5.5 节讨论的特殊"清算"税务适用于公司层面。

　　法国也对实收资本、购置成本和应税股息进行了区分,且清算分配与减资时公司股票回赎的税收待遇本质相同(请见上文第 5.6.3 节)。⑱

　　澳大利亚制度将在税后的应税所得(与税后利润不同,税后利润数额通常更大)的范围内进行的清算分配视为股息,⑱这带给其归集抵免额。与加拿大制度相同,为资本利得税的目的,清算分配总额被视为是股权处分的对价,但收益因股息征税减少。⑱ 除非收到资产的价值总额(无论是否视为股息)少于股份的计税成本,否则不允许出现损失。但在澳大利亚,通过清算期间视为股息的临时分配来克服该问题是可能的,因为对此分配计税成本降低机制不适用于这种分配,所以股份注销时可能出现亏损。关于全资子公司的清算,某些情况下合并纳税制度范围之外的子公司资产的计税成本的结转,尽管该交易仍被视为是处分母公司持有的股份,其税收后果如上所述。⑱ 没有确定的排序规则区分股份资本和留存收益的分配,且实际上清算人就清算分配获取最有利的税收后果的交易安排方面具有相当的灵活性,⑱主要受制于股息和资本流以及一些已提及的反避税规则。

　　根据**德国**制度,如果公司停止营业并进行清算,通常对停止营业期开始之时的资产账面价值与该期间结束后向股东分配的资产价值之间的差额征税。⑱ 如果以实物形式分配增值资产,应当对增值征税。对于股东控制资产的税务处理采用两个步骤确定。第一步,将分配财产超过该股东出资范围内的价值视为股息。这意味着,向公司股东的支付很大程度上可以免税,然而个人股东所收到股息的税收待遇取决于持股性质。来源于作为私人资产而持有股份的股息应当代扣 25% 的所得税。如果股份是作为营业资产持有或者至少达到该公司资本的 1%,在股东层面按对股息的 60% 征税。第二

---

⑱ 加拿大, ITA, s. 88(1).
⑱ 法国, CGI, s. 112-3°.
⑱ 澳大利亚, ITAA 1936, s. 47.
⑱ 澳大利亚, ITAA 1997, s. 118-20.
⑱ 澳大利亚, ITAA 1997, s. 126-85.
⑱ Archer Brothers Pty Ltd (1953) 90 CLR 140.
⑱ 德国, CITA, s. 11.

步,关于资本偿付,如果股东的历史购置成本低于或高于其持有的该公司股份的价值,股东就可能实现资本利得或损失。比如,股东在公司设立后以与股份票面价值不同的价格取得股份,即属这种情形。如果股份作为营业资产持有或至少达到公司总股份的1%,就应当对收益征税,而损失就可扣除。如果股份是作为私人资产持有,而且也没有达到1%的限制,收益或损失应当征收25%的预提税。如果公司没有停止经营,但将公司资产转让给由股东组成的合伙,或作为独资企业持续经营,则适用特殊规则。如果纳税人希望该交易免税,转让资产的账面价值就会继续存在。如果股份的计税成本低于资产的账面价值,在此范围之内由受让人确认收益。

荷兰对未在营业中持有其股份的个人股东,清算分配收到的总额在平均实收资本额之内,应当免税。任何超额的部分视为股息。股东在股份上的购置成本与此无关(应当谨记的是私人资本利得不征税)。特殊规则是,如果在一项销售后很短时间内该公司被清算,且购买方(比如,非居民)就其对实收资本的超额部分不缴纳所得税,在某些情形下视该项销售为清算。如果不构成参股免税的公司股东持有股份,或某自然人股东持有股份,股份计税成本与清算支付之间的差额将作为销售收益征税。如果公司股东有获得参股免税的资格,不对收益征税;但因此损失也不得扣除。

瑞典视清算整体为一项资本交易。这意味着如果产生损失,应当有70%的扣除限制(第二篇B部分的第12节有所讨论)。70%规则通常目的在于对付纳税人有意识地在实现损失的同时递延收益,而清算时股东实现损失一般不是自愿的。如果在一项兼并中,某子公司清算并入母公司,对双方转让子公司资产的交易是免税的,子公司的资产的计税基础也会结转。与美国的情形相似,子公司股份的计税成本在交易中消失。

英国也将清算支付视为资本分配,对公司和股东适用资本利得待遇。[59]不将款项的任何一部分视为股息分配。

---

[59] 英国,1988年《所得和公司税法》,s. 209(1)。

7. 公司重组

7.1 概述

在此讨论的大多数国家的税制对公司重组的税务处理作出特别的规定。[190] 这些交易包括公司兼并与收购、分立、资本结构的变动以及其他公司事务的相似调整。此类交易涉及许多典型的公司税的结构性问题。第一，重组交易中发生权益交换和重新安排按一般税收原则会引起收益或损失的确认。每个国家的制度必须决定在何种具体条件和情形下，允许给予税收优惠待遇的特殊条款取代这些规则的适用。需要考虑的因素可能包括该交易的营业或商业原因；交易涉及的公司法和商业法；以及涉及资产的性质和在已存企业与新设企业中的作用。另外，公司所有权额度和性质的变动，常常是决定正常确认规则是否应当被取代的重要因素。投资形式可能有所变化的情况下，该变动可能不被视为"所有者权益持续性"的充分修正，而带来确认收益或损失的必要。

如果判断交易只允许部分免税，而必须确认部分所得，则必须有规则确定该收益的性质。在涉及资产交换时，适用资本利得或损失的税收待遇可能是适当的。另外，如果是来自该公司的财产，这就可能类似于一种股息分配，与除此之外的免税重组相联系。资产交换或股息税收待遇的结果可能在某些情形下有所不同，这取决于股东性质和一体化征税减免额可采用的范围。最后，必须有规则对所涉及公司的各种公司纳税属性（指计税成本、结转等）的持续或结转进行规定。

这些问题由详细的成文法规则作出详细的规定，而有时根据宽泛的一般原则（比如经营或所有者权益的持续性）处理，还有上述两者相结合来进行处理。此处讨论的是重组交易的基本模式及其税务效果。下一节讨论在哪些情形下公司纳税属性的结转以及结转可能受到的限制。

7.2 合并（merger）交易

在一项典型的兼并交易中，现存公司终止，其资产和负债由另外一个继

---

[190] 对于法国、德国、荷兰、瑞典和英国，欧盟兼并指令要求其国内立法当参与公司和股东的组织或住所位于不同的欧盟成员国时，允许兼并、股份交易以及某些资产转让在递延纳税的方式下进行。这些国家在修改立法以满足指令要求的同时，也修改完全适用于纯粹国内交易的规则。

续其营业活动的公司接管。终止公司的股东有可能继续成为存续公司的股东,或可能作为全部或部分股份的对价而取得现金、财产或存续公司的债权人利益。从形式上讲,**合并**既可能按照特殊的公司法条款进行,也可能是"事实"**合并**,即停止营业的公司将资产实际转让以换取新公司的股份或者其他财产。

在**美国**,判例法和详细的成文法条款中关于处理合并的规则都很发达,这些规则适用于所有符合条件的重组,包括合并。按照成文法结构,许多公司的重新安排包括合并,都被定义为"重组";[92]其他规则决定重组中涉及的各种转让和交易的结果。[93]

但是,除了重组的成文法定义,还有许多由司法发展出来的原则。这些原则在规章中进行修订后被采用,并限制了重组待遇适用的范围,即使某些交易满足了正式的成文法要求。[94] 第一,重组必须有经营或商业目的。尽管通常很容易满足该要求,但这对目的仅在于获取重组待遇税收利益的交易还是一个障碍。另外,尽管经营上实质性的变化和变动是允许的,但是被收购公司的经营必须在一定程度上得以继续。最重要的是,终止公司的股东必须持续持有收购公司大量的所有者权益。"所有者权益持续性"的要求是基于这样的理念,即只有当股东并未改变其投资的基本性质,纳税递延才是适当的。但是,该原则已发展到只要求所有者权益在形式上具有持续性,事实上允许投资经济性质的实质性变动。因此,例如在一项合并交易中,由单一股东所有的目标公司被某公开上市公司合并,原股东仅取得收购公司的小部分股份,该交易也符合所有者权益持续性标准。即使股权利益实质上具有不同性质(比如,限制投票权),同样如此。

尽管所有者权益持续性要求的具体程度在判例法中没有清楚的定义,有时低于50%也被接受。也就是说,如果终止公司的股东总计收到的收购公司的股份至少是其股份对价的45%,也满足该要求。但准确的最低限度并不明确。规章也要求,在交易后的一段时间内,参与重组交易的股东不得向收购公司或关联方出售其股份。因此重组后股东立即向收购公司出售股份,如果涉及足够的股份,将违反"重组后"持续性的要求。

假定合并交易满足各种要求,那么参与者的税收待遇由成文法规定的

---

[92] 美国, IRC, s. 368.
[93] 美国, IRC, s. 354 through s. 362.
[94] 美国, Treas. Reg., s. 1.368-1.

特殊规则来决定。[109] 如果合并交易中只使用收购公司的股份,转让资产的被收购公司和交换股份以取得收购公司股份的股东,都不确认收益或损失。收购公司结转资产的计税成本,而股东以其原股份的历史成本作为取得新股份的计税成本。如果收到其他财产,比如现金或收购公司的债权人权益,将确认收益而非损失。如果收到的是非股份财产,在功能上等同于与合并相联系的股息分配,就适用股息税收待遇。另外,通常确认股份处分的收益为资本利得。允许股东通过确认收益(股息)额增加其新股份的计税成本,且给予收购公司的资产税基类似增加。

当使用控制实际收购公司的母公司股份作为对价,一些特殊条款也允许适用重组待遇。适用此类"三角"形式合并重组的高度技术化规则是在偶然情形下发展起来的,除所有者权益持续性和持续经营性的一般观念外,没有体现任何一致政策。

在**加拿大**,功能等同于合并交易的税收待遇部分决定于公司法上该交易的性质。联邦和省级法律允许两个或更多的公司进行"兼并"(amalgamate),并作为单一公司持续。被兼并公司在公司法目的上并不停止存在;但他们以兼并后的公司的形式持续。这种方法的结果就是不存在正式的资产转让或营业的中断;判例法中常用的一个类比(在加拿大比较适用),即就像两条溪流交汇而形成大河。

税法在一定程度上接受了这个特征,因此兼并交易涉及的转让收益不被视为收益或损失确认目的意义上的处分。因而兼并后不需要对原公司的资产递延。另外,还有一些没有遵循公司法概念的特殊税法规则。因此,在某些方面最终实体被视为新公司,并且法律对于按照兼并从原公司到新公司结转的各种税收属性,都规定了详细的规则。[109]

就股东层面而言,如果"旧"公司股东只收到新公司股份,该交易免税且股东按旧股份的计税成本继续持有新股份。对于新收到股份,没有必须在任何特定期间持有的限制。如果在放弃股份与收到股份价值之间存在差额,且该利益在实际上归于股东的关联方,应在差额范围内确认收益。作为预防措施,即使确认收益,也不允许增加股份的计税基础。如果兼并中股东收到非股份对价,不适用递延规则,且认为股东处分了其被兼并公司的股份,其收益等于收到的兼并后公司股份的公允价值。

---

[109] 美国,IRC, s. 354 through s. 362.
[109] 加拿大,ITA, s. 87.

除根据公司法兼并外,上文讨论的与公司设立相关的规则也可能适用于为取得股份的财产转让,在公司层面这类似于合并。但按通常原则向股东的股份分配都是应税事项。

按**荷兰**法律,如满足法定条件就能以递延纳税为基础合并。既然如此,终止公司的税收属性向存续公司结转,且新公司股东将其旧股份的计税成本结转至新股份。[197] 纳税人收到的任何现金(除少量的"好处"以外)对价所确认的收益都是应税的。法定条件包括要求合并公司适用相同的税制。

德国有一部同时处理公司和非公司企业(non-incorporated businesses)重组的特殊法律,规定了给予各类型重组免税待遇的不同要求。[198] 在公司合并的情况下,交易可能采用上下游公司(吸收)合并方式,或两家公司并入联合新设第三家公司。解散公司的股东收到存续公司的股份。在德国,如果合并不包含向解散公司的股东支付现金,且资产账面价值向存续或新设公司结转,并且潜在收益将在德国征税,则转让公司不确认收益或损失。[199] 但应由转让公司决定,该转让是以账面价值、公允价值或自由选择上述两者的中间值计入账面价值。受让公司必须按照转让公司上述选择的任意价值将该资产登记入账。在选择价值超出账面价值的范围内,转让公司必须确认收益。如果受让公司以其股份的公允价值来交换转让公司的资产,在受让公司层面而言就没有应税收益。[200] 但如果是向上吸收合并,受让公司收益的5%被视为不可扣除的支出。

就股东来讲,如不排除或限制对新股份隐藏收益(hidden reserve)的征税,旧股份的计税成本能够递延至合并中所收到的新股份。[201] 否则转让公司的股份被视为是以公允价值进行处分,这就导致股东实现了收益。然后旧股份的公允价值作为新股份的计税成本。如因合并,原投资组合权益(portfolio interest)构成将被征税的参股(participation),股份采用公允价值的计税成本。相反,如果实质性参股改为投资组合权益,将结转股份的计税成本,且股份随后的处置仍然是应税的。在一些情形下可能收到现金支付,在此范围内的收益是应税的。

在**法国**,在满足规定的法定条件和情形下,重组同样能够以递延纳税的

---

[197] 荷兰,CTA, Art. 14b.
[198] 德国,《重组法案》(RTA)(Umwandlungssteuergesetz).
[199] 德国,RTA, s. 11.
[200] 德国,RTA, s. 12 par. 2.
[201] 德国,RTA, s. 13.

基础进行。就公司法和税法目的而言,合并可能采用与德国相同的形式。按照新的会计准则,如公司双方属同一集团,转让资产通常保持解散公司中的账面价值不变。在其他情形下,资产通常获得一个更高的计税基础(stepped-up basis)(市场价值),并且延迟对收益征税。折旧资产和非折旧资产之间有所区分。就折旧资产而言,由受让公司 5 年内(如果是建筑,则为 15 年)分摊确认收益,征收正常的公司税,而受让公司资产的折旧和处分收益,基于更高的计税基础计算。对于非折旧资产,受让公司销售的收益以转让公司账户持有的价值为基础计算。就当前转让资产的未实现利润既可以立即征税,也可以售出时再征税。[202] 在股东层面,纳税人可选择递延收益,直到处置交易中收到的股份。[203] 可收高达股票票面价值 10% 的现金,并对其立即征税。

英国公司法并没有专门规定合并,但商业法律上通过转让目标公司经营的某项业务,并由收购公司向目标公司股东发行股份,能达到相似结果。如果将目标公司的解散作为安排的一部分(按照公司法的安排条款)[204],在税法上目标公司应当没有向其股东进行分配(比如,投标公司的股份)。相反,目标公司的股东被视为收到其在目标公司中涉及股份的资本分配,这可能产生资本利得。[205] 但如果该交易符合税法上的重组,就视为未发生处置,新持有的股份被视为旧股份的继续。法律定义的重组形式之一,就是公司的重整,或者两个或更多公司的合并。为符合税法规定,重组必须有真实的商业目的,且该交易必须不构成避税方案的一部分。[206]

在 2001 年税法修改之前,**日本**关于重组的规则非常严格且不一致。总体来讲,在 2001 年之前,合并中终止公司应缴纳前文讲述的与财产分配相关的"清算"税。因此必须就公司的增值财产确认收益,并将任何递延利润或公积金纳入所得中。以终止公司的实收资本(paid in capital)、盈余公积金(surplus)和法定公积金(legal reserve),与合并中收到的股份面值加上任何非股份财产的公开市场价值之间的差额,计算这些收益。该方法允许收到股份的公允价值超出其面额部分不缴税;唯一相关的是收购公司的注册资本(stated capital)增加。但如果收购公司将资产入账价值高于股份票面

---

[202] 法国,s. 210-0 A 和 210 A.
[203] 法国,CGI, s. 38-7 bis, 150-0 B 和 150-0 D-9.
[204] 英国,2006 年《公司法》Parts 26 and 27.
[205] 英国,1992 年《应税收益征税法案》, s. 122.
[206] 英国,1992 年《应税收益征税法案》, Part IV Chapter II (s. 126-140).

价值和非股份财产的对价之和,就要求在该入账价值超出被合并公司控制的资产账面价值的范围之内确认所得。因此,实际上对合并中实收资本的任何增加都向被合并公司征税,且对超出了转让股票面价值的任何资产账面价值的提高都对存续公司征税。对取得收购公司股份的股东,如收到股份票面价值超出了旧股份票面价值的范围内征税。如股份的市场价值高于票面价值,潜在收益直到在某应税交易中处分股份时再对其征税。[207]

2001年的税改后,日本税法对所有种类的重组交易适用完全相同的规则。基本立场是,任何公司重组交易应被视为引发了重组中所有累积于公司中的未实现收益的应税事项。因此,合并交易中终止公司应当就这些未实现的收益,与其年度利润一起缴纳公司所得税。另外,终止公司股东收到的股份或其他财产的市场公允价值超出该公司的资本额,其超出额应当作为股息征税,剩余的部分可作为资本利得征税。对不被视为应税事项的重整交易类型,新税法也规定统一规则。这些非应税合并交易有:(1)合并发生在100%控股关系公司之间(即一个公司是另外一个公司的全资子公司;或合并交易公司双方都是共同母公司的全资子公司);(2)合并发生在超过50%的控股关系公司之间,并满足保证持续经营的标准(比如,大约80%或者更多由终止公司雇佣的雇员必须被合并公司雇佣);或(3)合并的目的是在没有关系的实体之间设立联营企业,并满足几个其他条件。非应税的合并必须是纯粹的股份换股份的交易,应当没有向终止公司股东支付其他对价。在非应税合并情况下,本应向终止公司股东课征的税收递延至处分存续公司的股份时。

基于欧盟合并指令(EU merger directive),**瑞典**处理合并交易有特殊的税收规则。这些规则适用于公司解散而未清算的交易。在瑞典,这只适用于由公司法规则规制的合并。不同所有者的公司通过几个步骤的结合,能够免税进行合并。比如,如果一个股东向一家公司为了取得新发行的股份而转让股份,该交易是免税的。现金支付作为该交易的收益应当征税。其后,根据一般的合并条款,被收购公司由收购公司合并,因此等同于两家公司合并,旧公司的股东成为收购公司的股东。

在澳大利亚,除了关于银行业合并或者涉及法院批准的复杂程序的规定,公司法通常没有对资产转让的合并规定特定的程序。因此,大多数合并通过取得股份实现,要么以现金交易方式,要么以股份换股份的方式。通常

---

[207] 日本CTA, s. 2, par. 12-8 和 s. 62-2.

涉及资产转让的合并以通常方式引起税收后果,尽管有学派认为,银行业部门通过概括承继(universal succession)达到合并,按一般税收原则是免税的。另外,实际上免税的"契约式"(contractual)合并(称为双重上市公司)已经在国际环境下使用(都与英国相关),按此方法两个上市公司同意在未来通过共同的管理和董事会一致运作,对于公司分配股息和其他分配应同时作出,且数量相等。如果一个公司不能够满足其向其股东的支付,规定了公司间均衡支付机制处理这种情形。

7.3 股份交换

重组的第二种典型形式涉及完全在股东层面进行的股份交易。此类型交易不同于合并交易,不涉及资产转让以及在公司层面不影响被收购公司。通常来讲,在此讨论的各国制度中,股份交易是应税事项,但如满足一定的条件,特殊条款允许以递延基础进行此类交易。

在**美国**,成文法确认的一种重组形式,是某收购公司只(solely)交换其有投票权股票而取得另一家公司80%("控制")股份的收购。[209] 法院对有投票权股票的要求进行非常严格的解释,甚至细微地不符标准的对价就能造成妨碍。[209]

80%的控制标准不必在一项交易中取得,只要最终收购结果满足该标准。但如果一些前期收购的股票不是以投票权股票作为对价,并且被认为是完整收购交易的一部分,那么整个交易就是应税的。[210] 如果之前的收购是为取得投票权股票,随后的控制权收购可以免税方式进行。如果交易符合重组标准,股东新股份保留其旧股份的计税成本不变。

加拿大的规则与此极为不同。只要售出股东和任何关联人未在交易后持有超过收购公司50%的股份价值或控制了收购公司,那么就可以在免税的前提下用股份交换收购公司的任何数额的股份。[211] 另外,收购公司和售出股东必须以独立方式进行交易。只要卖方能清楚地确定其股份的不同部分分别交易现金和股份,同一交易中也可以其他对价取得股份。相似地,只要买方要约表明被收购股东的特定部分股份以股份为对价,而剩余部分股份

---

[209] 美国,IRC, s. 368(a)(1)(B).
[209] 参见,例如,vering v. Southwest Consolidated Corp., 315 U.S. 194 (1942).
[210] 参见,例如,apman v. Commissioner, 618 F.2d 856 (1st Cir. 1980).
[211] 加拿大,ITA, s. 85.1.

以现金或其他财产为对价,那么递延纳税适用于以股份交换股份的部分交易。免税递延待遇只适用于为股份处置全部或部分股份。股东保持其旧股份计税成本作为其新股份的计税成本,且收购公司采用公允价值或分配至股份上的实收资本的较低者作为其计税成本。免税交易只适用于加拿大公司之间的股份交易。

1999年,**澳大利亚**对"股票换股票"(scrip-for-scrip)合并引入了相似规则。[212] 如果合并中收购公司取得被收购公司80%的表决权股,被收购公司的股东为交换股份处分其持有的股份能获得递延待遇。股东在收到现金的范围内,按照一般方式对相关部分的股份计算收益或损失。如果股东持有的股份是在引入资本利得税之前被收购,这种事实在合并之后不再被承认。相反,此类股东的新股份以市场价值为其计税成本,以便原股份之前积累的收益免于征税。这样做被认为是必要的,不然合并可能被作为永远保持股份在资本利得征税体系之外的一种方法。所有股东能够就实质性相同条款参与竞价也是必要的。该规则允许收购公司的某子公司以收购公司股权作对价获得被收购公司的股份。通常收购公司基于其合并中用于交换的股份的市场价值,确定取得股份的计税成本。但如果从被收购公司到收购公司存在重要的控制持续性,被收购权益的初始计税成本被结转至收购公司。当一人(包括关联人)在合并之前持有被收购公司30%股份,并在合并后持有收购公司30%股份,或一人在合并前后均持有收购和被收购公司80%或更多股份,就适用这种待遇。设计这些规则的目的是防止递延规则被用于在预期向第三人销售该股份时增加股份的计税成本。最近引入了进一步的严格限制,以防止按照市价计算股权计税成本的税收处理与合并纳税体制中的成本分摊规则(下文讨论)共同适用而获得可用折旧抵扣的显著增加。如果无重要自有资产的某公司在股票换股票交易中收购另一个公司(因而称为"高帽子"(top hat)重整),不能适用收购股份市场价值成本。[213]

荷兰规则是,如果收购公司取得被收购公司超过50%表决权股(按照欧盟合并指令,并使其同时适用于国内交易与欧盟相关交易,该比例从90%降低至50%),允许股份交易递延纳税。[214] 为满足50%的标准,可以计算已

---

[212] 澳大利亚, ITAA 1997, Div 124-M.
[213] 澳大利亚, ITAA 1997, s. 124-784A-124-784C.
[214] 如果股东是一个公司:荷兰, Art. 13i.1 CITA(控股公司有权享有参股免税)和 Art. 13i.2 CTA(无权享有参股免税)。如果股东是个人:Art. 3.55 ITA。

存的股份所有权。允许达到股份票面价值 10% 的现金支付,尽管并不清楚是否必须按比例或者可以为买下某股东的全部产权不成比例地支付该部分现金。如果交易后,实质性参股免税的持有人的股份权益不再构成实质性参股免税,特殊规则确保随后该持有者的股份处分仍然是应税的。

在 1994 年,**德国**规则为保持与《欧盟合并指令》一致有所变化。这使其国内和欧盟交易的处理取得一致。在 2007 年,规制股份交易的一组新的制定法规则,作为商业组织规则改革的一部分正在实施。[215] 通过股份交易,收购公司 A 在第三方公司 C 增资过程中用公司 B 的股份出资,并取得被收购公司 C 多数表决权,公司 A 的账户就可适用免税递延待遇进行计算。就像在正常合并中一样,如果是"符合交易条件"的股份(意味着收购公司收购了多数表决权),收购公司是以收购股份的账面价值、公允价值或上述两者之间的任何价值计入账户享有选择权。如果选择的市场价值超出了账面价值,交易股东应在此范围内确认收益,其税收待遇取决于股东的地位。[216] 德国要求跨境重组中股东层面和公司层面的这种"双重"隐性准备金的存在,也就是要求外国收购者以德国账面价值计入其外国账户。2008 年欧洲法院认定,该要求与欧盟合并指令不符。[217]

除了收购中股份被用作"实物出资"的这种情形之外,如果取得的股份在价值、类型和功能上与转让股份完全一致,1999 年之前的判例法允许递延纳税的股份交易。该选择权已经明确地废止。[218] 在公司法背景下,对于公司股东出售股份,通过使用"参股免税"制度能够达到相似的结果。

总体来说,在**法国**一项股份交易是应税事项。但在公开交易投标环境下得到的交易收益递延至处置该股份时纳税。[219] 当某公司 50% 的资本(或在一些情形下,股份出资获得至少公司中 30% 的投票权)被用于交换收购公司新发行的股份,如果收到股份至少持有 3 年时间[220],也可以得到递延纳税待遇。但该条款在很大程度上已失去了意义,因为从 2007 年开始,处分持有股份 5% 或更多的长期资本利得被免税。在以上两种情形下,现金对价不能超过股票票面价值的 10%。

---

[215] 德国,RTA,s. 21.
[216] 德国,RTA,s. 21 par. 2.
[217] 欧洲法院,2008 年 12 月 11 日,C-285/07 (A. T. v. FA Stuttgart-Koerper-Shaften).
[218] 德国,ITA,s. 6 par. 6 s. 1.
[219] 法国,CGI,s. 38-7.
[220] 法国,CGI,s. 210 B-1.

在**英国**,某些股份交易被视为是重组,而非取得资本利得的处分。有几种符合这些条件的交易。[21] 如果收购公司已持有被收购公司25%的股份,或因该交易取得表决权的控制,就可能用递延纳税的方式进行该交易。如果该交易是为取得控制权的整体要约的一部分,递延纳税待遇也是适用的。最终,若并购事实上的结果是控制被收购公司,该交易也适用递延纳税。重组必须有正当的商业目的,以及交易必须不构成避税方案的一部分。在收购公司的控制之下,目标公司的股份计税成本就等于收购公司提供股份的价值(计税成本被提高)。

如上文所述的与合并交易相关部分,在**瑞典**转让股份而取得受让公司新发行的股份,可以免税。**日本**没有规则允许免税的股份收购,但日本所得税法允许为设立全资子公司强制性的股权交换免税,如果这种股权交换满足一定标准(这些标准与非应税合并的标准相似)。[22]

7.4 非合并资产重组

一些国家制度有特殊重组条款,处理并不构成公司法上合并交易中的资产转让或涉及资产转让的"企业"合并。在**美国**,如果满足某些法定要求,这类"事实"合并是可能的。[23] 资产被收购的公司必须向收购公司转让其"实质所有"(substantial all)资产。至少资产转让所取得的对价的80%必须是收购公司(或控制收购公司的母公司)的表决权股。另外,在一些特殊的限制下,被收购公司的债务也可以被承担。资产被收购的公司必须进行清算,并向其股东分配收到的对价。如果满足这些条件,被收购公司关于转让资产无需确认收益或损失,且收购公司继续沿用收购资产的计税成本。在股东层面,能免税地收到收购公司的股份,以旧股份的计税成本作为新股份的计税成本。如果涉及限制允许之内的非股份对价,视情况或者作为股份处分收益,或者作为股息征税。计入所得将导致新股份计税成本的增加。另外,收购公司可以在股东层面确认其所得的数额范围内,增加收到资产的计税成本。

尽管**日本**没有与美国的"事实"合并一样的规则,但正如上述,与公司设立相关的规则确定,满足一定条件的交换股份的业务转让可免税进行。另

---

[21] 英国,1992年《应税收益征税法案》,s. 135.
[22] 日本,CTA, s. 2, par. 2-16 和 2-17,和 s. 62-9.
[23] 美国,IRC, s. 368(a)(1)(C).

外,某公司向其全资子公司转让资产或业务,如果该交易在相关子公司设立之后两年内进行并满足一定条件,可免于征税。[24]

尽管其他国家的制度经常有条款允许,以交换股份为目的向现存公司转让资产递延纳税,较为典型的是并无制度允许为交换资产所收到股份向股东免税分配,除非该交易满足递延纳税的分立的要求,下一节将讨论该问题。

因此,**加拿大**的制度也没有与上述提及的美国"事实"合并相同的规则。上述的与公司设立相关的特殊递延规则,允许以递延纳税的方式为交换股份转让资产。但没有条款允许对向被收购公司的股东分配收购公司股份的递延纳税。**英国**没有递延规则适用于某公司向非关联公司转让业务以取得其股份的交易。再者,转让公司向其自然人股东分配非关联公司的股份是应税分配,除非公司解散中进行分配。但如果非关联公司的股份直接向转让公司的股东发行,就可适用递延纳税,正如上述 7.2 节所述。[25] 在这种情况下,转让公司可能取得对价的唯一形式就是向非关联公司转让其债务。

瑞典有综合立法处理免税重组,其中部分规则上文已有介绍。免税重组的传统方法是以相当于成本基础的价格出售营业资产。但原则上收益是应税的,因为法律规则规定经营资产的所有销售应当被视为以公允价值出售。[26] 为防止在这些情形下确认收益,重组规则规定,如果满足一定条件,可接受低于市场价值的销售,且交易结果不产生推定股息。[27] 例如,受让公司转让之前的经营活动不能产生亏损,不能从符合特殊税收制度条件的某公司向不在该制度内的某"正常"公司转让收益,以及任何转让收益必须仍应缴纳瑞典税。该免税转让方法意味着,买方与卖方有相同的计税基础,因此该收益最终会实现并被征税。

另外一组规则使为取得受让公司的股份而交换资产免于缴税成为可能。先决条件是其经营活动的一个或更多分支机构的所有资产和负债必须被转让。资产的成本基础被转移至股份。这些规则与欧盟合并指令一致。

在**澳大利亚**,对于公司集团而言股换股递延规则和新的合并纳税制度都能产生相似的效果,尽管最近对"股票换股票"规则进行了修正(上文

---

[24] 日本,CTA, s. 2, par. 2-15 和 s. 62-5.
[25] 英国,1992 年《应税收益征税法案》, s. 136 和 139.
[26] 瑞典,ITA, ch. 22 s. 3 和 7.
[27] 瑞典,ITA, ch. 23.

有所讨论),该修正使得插入新的或多或少完全由相同股东持有的控股公司时(换句话说,不是涉及两个有自身业务和不同股东的公司的真实的收购或合并),不会发生计税成本的增加。

一般而言,**德国**和**荷兰**都允许为一般意义上的独立业务单位的转让以递延纳税的方式交换股份。在德国,如果(1)某业务单位是收购公司的公司税税基的一部分,(2)该业务部门的负债并未超过其资产,(3)在收购公司层面对隐性收益(hidden reserve)征税没有消除或有所限制,那么为取得某公司股份向其转让该业务部门就可以账面价值入账。㉘ 但税法试图阻止某一种安排,即为按新的"参股免税"规则免税销售子公司,母公司向其子公司以递延纳税的方式转移业务部门。按照2007年前的立法,参股免税若适用于子公司的股份销售,前提必须是在股份售出之前的7年之内,没有发生免税的业务单位转让。这可能导致征税过度或不足,因为股份现值与以前的资本出资价值没有逻辑联系。按照2007年引入的新规则,子公司的股份出售将导致追溯实现原始转让业务部门的资本利得。对潜在资本利得的追溯征税在重组后的每年减征1/7。㉙

在德国,正如上述的合并和股份交易部分,交易的待遇取决于受让公司选择提高资产的价值超出其账面价值的程度。在此范围内,转让公司将确认收益,并相应地增加股份的计税成本。

在荷兰的制度中,转让公司采用收到股份的公允价值作为计税成本,因此理论上消除了就转让资产增值在公司层面征税(因为转让公司几乎总有就收到股份享有参股免税的权利)。受让公司以资产历史计税成本取得资产,并因此将承担处分的税负。㉚ 但有一个要求,即至少持有股份三年,以防止将实质上的现金交易转换成递延纳税交易。

在**法国**,为股份以递延纳税的方式转让独立的经营活动是可能的(参见上文第3.3节)。如果获得免予通常适用的三年持股期限的事先批准,转让公司可立即向其股东分配股份。

7.5 公司分割:"分立"(Demergers)

现存公司的资产分割可以采用多种方式,但所有形式的共同特点就是

㉘ 德国, RTA, s. 20 par. 1.
㉙ 德国, RTA, s. 22 par. 1.
㉚ 荷兰, CITA, Art. 14.

股东层面的所有权分离。在典型的"分立"情形下,原公司的股东在交易后持有两个(或更多)公司的股份权益。[20] 股东层面所有权的分离产生许多的税务问题。首先,因为财产已经转出原公司,分配公司可能应当按通常适用规则确认收益。另外,因股东已取得财产分配,就涉及在股东层面获得股息或赎回(如果为分配股份而交换原公司的股份)的通常规则。最后,因为现在股东用两个公司的权益取代了其原来单一公司的权益,售出其部分投资的同时保留其他部分是可能的,因此涉及通常规则,包括股份销售的优惠或免税待遇。从政策角度来说,问题是当交易构成公司分立,适用正常规则的结果是否以及在什么程度上予以修正。

此处所讨论的各国制度对公司分立中出现的税务问题反应十分不同。一些国家的特殊规则允许给予免税待遇,并且精心设计这些规则以限制交易中被认为可能产生的避税可能性。其他国家并没有尝试改变通常适用的规则以允许给予免税待遇。相反,在**美国**有详细的规则允许一般而言积极经营的企业的分立递延纳税,但存在实质性限制,目的在于防止在分立交易中公司利润"保释"(bailing out)。[22] 在加拿大,关于公司分立没有特殊规则,但通常适用的原则在一些情形下可能允许分立交易,尽管没有行政机关的批准一般不行。

即使在允许一些形式的递延纳税分立的国家,在必须满足的要求方面仍然有实质性的差异。但几乎所有国家都确认分立的某种"营业"或商业目的必须存在,且有规则防止经营和投资资产的分立。

关于公司分立的规则在**美国**非常发达,既有判例法原则(这些原则已被纳入于规章中),也有成文法条款。这些规则既适用于现存子公司的分配,也适用于向新设子公司的资产转让后再向股东分配股份。作为基本要求,分立必须有显而易见的商业目的以证明其交易在商业方面的合理性。[23] 总之,目的必须是"公司的"目的,而非"股东的"目的,且必须说明该目的要求所有权在股东层面的分立。因此,比如希望在一个独立的公司中隔离风险的行为,这不构成向股东分配公司股份的充分的商业目的。另一方面,如果

---

[20] 与公司分立相关的常用术语:"分拆"(spin-off)指的是向现有股东按比例分配某子公司股份。如果分配的对价是赎回分配公司的股份,该交易称为"分离"(split-off)。分离交易常常不按比例分配,因此改变了分配公司的股权结构。最后,"清算分立"(split-up)指分配公司向新设或现存的子公司转让资产,然后进行清算。

[22] 美国, IRC, s. 355.

[23] 美国, Treas. Reg., s. 1.355-2(b).

股东意见不一致正影响公司层面的运营,公司分立就可能有商业目的。

假定分立具有商业目的,尚需满足其他几个法定要求,其目的在于防止分立被用来向股东分配公司利润。[24] 首先,进行分配公司和被分配公司两者必须都在分立之前至少五年内,从事积极的经营或业务活动。该要求防止消极资产或投资资产在一家公司的集中,而该公司可在分立后以优惠的资本利得税税率处分该资产。另外,法律要求在过去五年中被分配子公司的股份并非应税收购中取得。这就防止了分配公司利用其收入和利润购买从事积极经营业务的公司,然后在此不久之后对该公司进行免税分配。法律进一步规定,分立不能被"主要用来作为收入分配的手段"。尽管这种"手段"和"积极业务"的要求在一定程度上重合,但前者主要集中于分立后售出业务的可能性以及利用其作为分配"手段"的重要标志。

如果满足上述要求,在公司层面向子公司转让资产(如不涉及现存子公司)和股份分配都不会引起收益和损失的确认。股东取得的股份也免税,关于分配股份的计税成本由分配和被分配公司的股份分摊。

相反,**加拿大**没有规制分立交易的特殊规则,但一个复杂的交易形式——称为"蝶式"重组——实际上允许分立交易。[25] 该交易最重要的结构性要求是每家受让公司必须取得被分立公司相同比例的财产份额,也就是营业财产、投资财产和现金。因此不能用该交易来"保释"现金或者流动性投资资产。

自 1980 年以来,**英国**已有大量的成文法规则处理分立。这些法规基本上规范三类情形:(1)母公司分配现存子公司的股份;(2)母公司为交换其他公司的股份向另一家公司转让其一家子公司,并由出让公司分配这些股份;以及(3)母公司为交换子公司的股份向一家子公司转让业务,并由母公司分配这些股份。[26] 这里有许多条件,其中最重要的是,公司是一家商业公司(trading company)或商业集团的成员之一,并且分立对商业活动有利。后一个标准要求不仅仅显示出该交易具有一些商业目的。就该交易能够从税务部门获得一个预先裁决或许可。如果满足各种要求,股份的分配将不会被视为是税法上的分配,并在接受者手中将免税;原股份的成本将会在这些股份和新股份中分摊。总之对公司分配股份,或转让资产或股份不产生资

---

[24] 美国,IRC, s. 355 (a)-(e)。
[25] 加拿大,ITA, s. 55(2)-(5)。
[26] 英国,1988 年《所得和公司税法》,s. 213。

本利得的结果。[235]

澳大利亚的情形与此类似。在 2002 年之前,没有处理分立的特殊规则,但在公司集团背景下一项分立的交易形式是可能的。被分配的子公司可以向母公司股东发行认股权而该分配不被视为股息或是应税的。[236] 行权应当不是应税的,并导致股东直接持有子公司的股份。股份的计税成本就是选择行权的价格,因此任何价值转让都在售出股份时对股东征税。对基于营业或商业目的的交易形式没有限制,尽管采用这种形式的某类分拆(即被分配的实体是只征一层税的信托投资公司)适用特殊的法定条款。

2002 年,作为澳大利亚正在进行的商业税收改革的一部分,除以上简述的一些规则外,还引入了特殊且非常宽泛的分立税收优惠条款。[237] 新规则允许一家分立集团的"总公司"向总公司的股东分配集团内某公司的股份,对分立集团和股东两者都免税进行(包括资本利得和股息处理)。这需要满足许多条件。总公司必须持有被分立实体至少 20% 的股份,并必须至少分配其持有的该实体股份的 80%。分立后股东新权益和继续享有权益的价值必须与分立前在分立集团中的价值比例相同,且在交易中没有现金或其他的利益向股东分配。在分立中必须同等对待股东。股东的初始计税成本和资本利得税(CGT)情形(早于 CGT 开征的股份收购不适用 CGT)在股东的继续享有权益和新权益中分摊。反避税规则处理分立交易中公司层面的价值转移,且如果分立的资本和利润因素没有反映分立情况,不适用股息不予计列的规则。

在**瑞典**,根据公开上市公司适用特殊的法律规则(由 1991 年通过 ASEA 重组成 ABB 的交易促发),按比例分配以前持有的子公司所有股份可以在免税基础上进行。该要求间接地防止了投资资产的逃离。分配公司的股份计税成本在分配和被分配公司之间基于公允价值分摊。通常在分配公司层面,只要股份是投资资产而非流动资产就不征税。

依照《欧盟合并指令》,在 2007 年引入了适用于部分分立的规则。[240] 根据最近公司法的修改,依照免税重组规则进行完全分立也是可能的。[241] 在实

---

[235] 英国,1992 年《应税收益征税法案》,s. 136, 139 和 192.
[236] 那时这是普遍接受的立场,但由于法院随后的一个裁决而受到质疑(McNeil (2007) 229 CLR 656),参见上文关于分配征税的论述。
[237] 澳大利亚,ITAA 1936, s. 44(3)-(6), ITAA 1997, Div 125.
[240] 瑞典,ITA, ch. 38a.
[241] 瑞典,ITA, ch. 37.

践中,在分配公司和接受股东层面,通过适用低于市场价值销售的法定规则(见上文第7.4节),分立就能够以免税方式完成。

在1994年,**德国**引入递延纳税的分立,当时德国为达到与欧盟合并指令一致而修改了国内法。[22] 德国制度确认了两种分立形式:分割(division)和分离(split-off)。就分割而言,向新设或现存子公司转让两个或更多潜在的独立业务。分配公司的股东取得收到业务公司的股份,并且分配公司解散。就分离而言,向子公司转让一个或者更多业务,分配公司继续运营至少一个业务。如果双方选择保留所涉资产的账面价值,且在收到公司层面的"隐性公积金"(hidden reserves)或资产增值是应税的,分配公司的转让就不确认收益。收到业务公司的股份转给出资公司的股东并以账面价值入账,前提是如果处分时实现资本利得,在德国将会对其全部征税。就分割而言,任何已存在的结转损失和净权益总额在存续公司之间以公允价值为基础进行分摊。

在**法国**,分立之前的资产转让和股份分配在原则上都是应税事项。但如果获得政府事先批准,分立能以递延纳税的方式进行。另外,按照1995年通过的立法,当一家经营至少二个独立业务的公司向两个(或更多)的公司转让这些业务时,受让公司的股份按比例向股东分配且股东持有这些股份至少三年时间,那么对于递延纳税待遇的事先批准就不再是必要的。[23]

在2001年,**日本**的制度有实质性变化。2001年之前,尽管资产可以向新设子公司以递延纳税方式出资,但没有特殊规则允许以递延纳税方式分配一家公司的股份;该分配被视为是应税股息或回购。按照2001年的立法,公司分立对于分立的公司及其股东通常被视为是应税事项。但以下三种情形,日本的所得税对公司和股东层面两者都递延纳税:(1)在持有100%股权关系的公司间分立(即受让公司是转让公司的全资子公司,或转让公司是受让公司的全资子公司;或公司双方都是同一母公司的全资子公司);(2)在持有超过50%股权的公司间分立,并满足若干标准以确保经营的持续性(比如,某类业务的主要部分必须向受让公司转让);以及(3)基于设立联营企业目的在受让人和转让人之间的公司分立,且受让人满足若干其他条件。为防止仅以税收利益为动机的交易,2001年税法修订引入了一

---

[22] 德国,RTA,s. 15.
[23] 法国,CGI,s. 210-0 A 和 210 B.

个反避税条款,该条款广泛适用于任何种类的公司重组交易。㉔

在**荷兰**,在符合递延纳税标准的分立中,新设公司收购资产和负债采用在分立公司控制下的计税成本不变。

8. 公司税收属性的转移及其限制

在很多税制中,当公司因合并或类似交易而终止时,其税收属性会转移给承继公司。被转移的税收属性通常包括资产的计税成本、各种公益金(reserves)和准备金(provisions),以及最为重要的——亏损结转。与亏损结转相联系,(各国)通常会对承继公司以该亏损弥补随后产生的收入的能力作出限制。前述限制意在防止产生亏损的公司将亏损结转"出售"给第三方。这些限制通常会在亏损公司的所有权及/或经营活动发生变化时启用。

美国关于税收属性的结转及其限制的规则十分发达。㉕ 基本上,在发生符合各种成文法定义下的重组中,终止公司的税收属性会由存续公司继承。当分立涉及一个以上的存续公司时,现存公司的部分税收属性会在几个存续公司之间分配。此外,当子公司发生清算时,其税收属性由母公司继承。

在税收属性被继承的情形下,对亏损、抵免以及其他税收利益的结转有重大限制。㉖ 通常这些限制适用于亏损公司的股权发生重大变化的情形,即使该情形并不涉及税收属性的转移。一般来说,如果某公司股权超过50%发生变化,则该公司的亏损会受限制。因此,如果亏损公司出售超过50%的股权,(亏损)结转将受到限制。同样的,如果亏损公司由于与某盈利公司合并而发生了50%以上的股权变动,限制也将适用。前述"50%股权变动"标准是根据公司过去三年间的股权变动情况而定。这些规则仅适用于持有至少5%以上公司股权的股东的股权变化,但针对某些情形也存在加总持股少于5%的股东的股权的复杂规则。

当适用上述限制时,亏损结转只能用于弥补亏损公司之后经营产生的收入。实际上并非实际确定所得数额,而是针对亏损公司在所有权发生变动时的价值采用一个预设回报率(an assumed rate of return),从而得出允许弥补的亏损的范围。前述限制的理论基础是公司的买方对于售股股东遭受

㉔ 日本,CTA, s. 2, par. 12-11 及 s. 62-2 和 62-3。
㉕ 美国,IRC, s. 381, 382, 383 和 384。
㉖ 美国,IRC, s. 382。

的经济损失的利用程度,不应超过未发生所有权变动时该等售股股东对亏损的利用。并且,除非公司的经营是连续的或其资产被用于其他经营活动,即使是前述受限制的结转也不适用的。前述亏损限制还适用于一些抵免的结转。[247]

类似限制适用于在所有权发生变化时亏损已发生但尚未出现所得税意义上"实现"的情形。如果前述亏损在所有权发生变化后五年内实现,这类"固有"损失的扣除将受到限制。

此外,还存在宽泛的"基于目的"的反避税原则适用于亏损的情形[248],但这些原则基本被有关亏损的更具体成文法条文取代。

加拿大与美国的规则类似,尽管其范围没有那么广。在国内持股90%以上的子公司并入其国内母公司的清算过程中,公司的税收属性会发生转移。另外,当两个(含)以上的公司合并时,现有的税收属性会被保留。如果公司的控制权发生变化,任何现有的资本亏损结转将被废除。[249]类似地,在公司所有权发生变化后,非经营性亏损也不得结转。[250]对于经营性亏损结转,亏损公司必须继续从事经营活动且亏损只能用于弥补由该业务产生的收入。另外,任何已发生但未实现的亏损将在控制权发生变化时被视为实现,从而受到上述限制的约束。

在**荷兰**,如果满足财政部规定的某些条件,经纳税人申请,根据公司法规定的合并形式发生的重组可导致终止公司的税收属性(包括损失)发生转移。[251]根据亏损结转的一般规则,当经营活动终止时与股东相关30%的股权发生变化时,亏损的使用都受到限制,除非(a)该亏损发生的纳税年度内至少有九个月的时间里公司的消极投资未超过其总资产的50%;或(b)公司在产生亏损的年度里的业务萎缩量不超过70%。[252]

日本2001年的税改在这方面(亏损结转)也同样改变了其税制。一般来说,在免税重组中公司的税收属性会转移给承继公司。此外,在免税合并和特定类型的免税分立交易中,一般允许亏损结转。应税重组交易则被视为确认事件(recognition events),税务亏损不得从一个公司转移到另一

---

[247] 美国,IRC, s. 383.
[248] 美国,IRC, s. 269.
[249] 加拿大,ITA, s. 111(4).
[250] 加拿大,ITA, s. 111(5).
[251] 荷兰,CTA, Art. 14b 以及 2000 年 12 月 19 日法令, nr. CPP2000/3131M, V-N 2001/8.3
[252] 荷兰,CTA, Art. 20a.

个公司。2001 年的税改新增了一条普遍适用于各类公司重组交易的反避税条款。(253) 该条款的目的在于使税务机关有权推翻以避税为动机的重组交易。

在**瑞典**,公司的税收属性,通常包括亏损结转,在合并交易中会发生转移。但如果亏损公司的所有权发生变化,典型情形如股权收购后的公司清算,现存的亏损结转会适用特殊限制。首先,使用现存亏损的数额只能相当于股权收购价格的两倍。另外,尽管瑞典采取了允许同一集团内部的利润和亏损合并纳税的立法技术,但前述亏损不能用于抵免集团内其他成员对集团的应税收益。

在**法国**,尽管税收属性通常在合并中会发生转移,但除非同财政机关达成特殊安排一般不会发生亏损结转的转移。(254) 另外,如果某公司根本上改变其经营活动,尤其是当其与控制权的改变相联系时,将无法再利用公司的现存亏损结转。(255)

按照**澳大利亚** 2002 年引进的新体制,除少数例外,只有当 100% 关联的公司进行集团汇总纳税时才允许税收属性的转移(计税成本、损失、归集抵免和境外税收抵免)。对合并而言,由于被收购公司将纳入汇总纳税集团,
396 通常会产生使被收购公司的税收属性转移到该集团总公司的效果。另外还有具体的条文来防止价值转移以及在合并纳税集团之外的关联公司之间产生多重亏损。(256) 澳大利亚的规则会限制股权发生 50% 及以上变动的公司的某些税收属性,除非该公司继续经营相同的业务。前述标准被严格解释,而且开展新业务将导致放弃经营亏损的结转、在税务上尚未注销的坏债、已实现的资本亏损和已发生亏损。(257) 一般限制不适用于归集抵免或境外税收抵免。公司在证券交易所上市的股票适用更加宽松的所有权连续性标准。

英国的模式基本是一样的。如果在所有权变动(由成文法明确定义的概念)后的三年内,公司业务的性质及活动发生重大变动,则对变动前的收入亏损(revenue losses)的利用会受到限制。(258) 从历史上来讲,前述限制不适

---

(253) 日本, CTA, s. 132-2.
(254) 法国, CGI, s. 209 Ⅱ.
(255) 法国, CGI, s. 221-2 和 221 bis.
(256) 澳大利亚, ITAA 1997, Divs 165-CD, 170-D, 725, 727.
(257) 澳大利亚, ITAA 1997, Divs 165-175. 参见有关同一商业标准的 Ruling TR 1999/9.
(258) 英国, 1988 年《所得和公司税法》, s. 768.

用于资本亏损。但因滥用现象严重,2006年引入的新规则可能会对所有权变动后的资本亏损的利用也有限制。[29] 这些新规则体现在反避税条文中,而并非规定在适用于收入(经营)亏损的规则之后。两者的结果在某种程度上是脱节的。

在**德国**,于1994年制定的在合并和分立情形下税收亏损的结转,在最近的立法中已受到非常大的限制。作为一个广受批评的举措,德国2007年的立法废除了将被合并公司的税收亏损结转至收购公司的选择权。[30] 这是出于担心新兴的欧盟法院可能强迫德国承认外国公司与国内公司合并中产生的境外亏损。尽管该观点是否合理还有争议,但现行法律规定已经对经济危机时期的商业重组造成了实质障碍。另外,在分立情形下,新近立法已废除了将税收亏损转移给另一实体的选择权。

最初,当公司的股权或营业变动时,只要公司的法律形式未发生正式变化,德国的判例法允许弥补损失。但1988年实施的成文法条款要求,利用亏损的公司与实际遭受亏损的公司必须在"法律"上和"经济"上都是同一的。法律明文规定,在以下情形下公司将不会被视为(与原公司)同一的法律和经济实体:如果公司超过3/4的股权已发生转移,公司重新开始营业(在相同或不同领域),且新收购资产的公允价值超过了现有资产价值。

2007年的商业税制改革改变了上述规则。[31] 目前,被定义为"有害股权收购"的纯粹所有权变化可以限制公司层面对亏损的利用。若五年内有25%以上的股权转让给一人或一关联方,则公司已发生的亏损能在股权尚未转让的范围内使用。这导致税收结果的任意性,因为股权的出售顺序可能会极大地影响到亏损结转。若同一时期有超过50%的股权转让给一人或一关联方,则完全不允许利用亏损。在一条本质上似乎越权的条款中,即使集团公司之间的股权转让(即在最终"所有者"仍然相同的情形下)也会导致亏损结转的完全丧失。该"反避税"条款的合宪性广受质疑。

---

[29] 英国,1992年《应税收益征税法案》,s. 16A 和 184A-184I.
[30] 德国,RTA, s. 12 par. 3(合并)以及 RTA, s. 15 par. 1 s. 2(分立)参见 RTA, s. 4 par. 2 s. 2.
[31] 德国,CITA, s. 8c.

9. 公司合并纳税

尽管公司通常被视为独立纳税人,但多数国家的税制都有特殊条款规定关联公司可合并纳税。尽管公司形式上以独立实体存在,但这些规则允许考虑集团运营的整体经济结果。各国对合并纳税的要求有实质性差异,并且对合并实体的技术处理也有不同。在某些情况下,从多种方面集团成员作为独立公司的存在被忽视,且实际上每家公司被视为单一公司一个部门。相比而言,一些国家的税制通常将公司视为独立纳税人,但特殊规则允许各公司单独计算的利润或损失在集团成员之间转移。这些技术上的差异会对集团内所得的课税时点和税收属性产生重要的后果。在一些其他情形下,没有正式的合并纳税制度,但在关联公司的背景下损益计算的正常规则并不是很严格。

美国的合并纳税制度非常发达。基于宽泛的成文法授权,合并纳税规则包含在一组复杂的行政规章之中。[202] 为获得合并纳税待遇,公司的某"关联集团"必须有一家国内的母公司,且该母公司至少持有另一家国内公司80%的股份。如果下级公司在集团内的上级股东满足持有该公司80%股权的标准,下级公司就可属于该集团。适用特殊税制的公司(比如人寿保险公司)不可包括在集团中。根据该定义,由某个人或一家外国公司持有的两个兄弟公司,无权适用合并纳税待遇。如果满足定义上的要求,集团可选择提交合并纳税申报。

当选择合并纳税时,通过合计集团每个成员的单独所得计算"合并"所得。集团每个成员的所得是按普通原则计算,但需要进行重大修正以反映合并情况。集团内公司间的交易要以"递延"基础进行计算。总体来讲,直到交易财产被售予集团之外才确认集团内公司间销售交易的收益或损失。此时,涉及集团内公司间销售的收益或损失,由最初销售时本应当确认该等收益或损失的成员计入账户。如果财产是应计折旧的且被用于购入成员的营业活动,允许为折旧而增加计税基础,但售出成员必须在所得内增加与折旧抵扣相应的数额。如果集团因为某些原因停止提交合并纳税申报,也必须对公司间的递延交易进行处理。公司间的股息分配就被排除在合并所得的计算之外。合并纳税允许集团内某成员的损失弥补其他成员的所得。

---

[202] 美国,Treas. Reg., s. 1.1502-1 through s. 1.1502-100.

合并纳税的所有效果反映在集团内母公司持有子公司股份的"投资账户"上。一般地说,计入合并所得的子公司的收入,就增加母公司持有的子公司股份的计税成本,因此如果该子公司的股份被售出,就防止了对于同一笔经济所得的双重征税。相应地,实际股息的分配降低股份的计税成本,集团内其他成员使用该子公司的损失亦是如此。如果损失超出了股份的计税成本,应设立所谓的"超额损失账户",如果该股份被售出或者成员离开集团,这种"负的"计税成本就会实际上使过去的损失还原为所得。

2002年,**澳大利亚**大范围修改了资产、损失和境外税收抵免在100%控股关系的集团成员之间进行转移的规则,构建了全面和复杂的合并纳税体制,其复杂性与美国的相应制度相当(共包括已达到600页立法的12个不同的税收法案,而且规则仍然在增加)。[23] 为得到税收利益,现在通常需要对所得合并纳税,这是公司适用该制度的主要动力。对于100%控股关系的居民公司、合伙以及固定信托,该制度是选择性的,但一旦选择,所有符合条件的实体必须纳入合并集团。集团的"总部"(head entity)必须是一家公司、信托或者是按公司纳税的合伙,大多数类型的公司都可以纳入合并纳税集团(包括保险公司),但排除了一些类型的公司(比如信用合作社)。

当选择合并纳税时,集团所得通过"单一实体规则"计算。该规则将集团的所有子公司成员视为总公司的部门,也就是说,不采用成员分别单独计算其应税所得,然后再消除集团内交易的方式。合并前的纳税事项通过"历史登记规则"(entry-history rule)保留。通过该规则,合并前子公司发生的所有事项被视为是总公司所发生的。因此纳入合并时,必须向总公司归属所有子公司的税收属性。就资产而言,这种归属通常意味着将总公司和其他成员持有的集团成员的股份和其他权益的合并中消失的计税成本下推(pushing down)至资产(除股份以外)。随着集团内负债的消除,负债也考虑适用这种"下推"程序。就其他的税收属性而言,比如损失、归集抵免和境外税收抵免,就涉及向总公司上推(pushing up)的程序。损失受到许多重要的特殊规则的规制,但是通常适用"可用比例"(available fraction)的方法。设计该方法的目的在于保证使用从集团内特定成员转移来的损失的比例,应保持与该损失本由该成员使用的比例一样(与美国适用于合并中损失规则相似)。一旦这些比例(parameters)为了总公司设置起来,应税所得等等只在总公司层面进行计算。

---

[23] 澳大利亚,ITAA 1997, Pt 3-90 包括 Divs 700-721。

当某公司退出合并纳税集团时,根据退出公司的净资产重构股份的计税成本。总公司据此计算该公司股份获得的对价而实现的收益或损失。如果重构的计税成本是负的,总公司得到资本利得就等于这个差额,并且为在退出中总公司计算任何收益时,计税成本确定为零。其他的税收属性仍保留在总公司中,并不分摊至退出公司,比如一个公司在刚刚退出集团时,其免税账户(franking account)没有归集抵免额。

在澳大利亚采用合并纳税体制的主要原因之一,就是防止通过操纵集团内股份和资产的计税成本的灵活性实现价值转移和多重损失。对于未适用合并纳税的关联公司(通常因为少于100%的控股权),应适用经过修订的全面的价值转移条款以及规制与多重损失相关的成本基础调整的新规则。

加拿大对关联公司的税制采用了截然不同的方法。没有正式条款允许利润和损失的合并纳税。尽管关于合并纳税的提案早已提出,但该提案遭到各省的反对,因为各省的税收通常是联邦税的一个固定比例,各省担心提案该条款将允许通过在集团内转移利润和损失逃避各省税收。然而,在行政和立法上都已经确认非正式的合并纳税。多数的反避税和反亏损交易(anti-loss-trading)的规则不适用于关联公司之间的交易;交易的结构安排通常能有效地在集团成员之间转移利润和损失。

瑞典也没有正式承认集团成员之间的合并纳税。但特别税收规则规定允许合并利润和损失的机制。对于由共同母公司持有至少90%股权的公司,向其他集团成员提供"集团出资"(group contributions)是可能的。集团出资由支付公司扣除,并由收到公司缴税。因此,比如一家有利润的母公司有一家亏损的子公司,就可以向该子公司提供集团出资,这就可以减少母公司的利润,并允许该子公司利用其损失。集团出资也能在同一母公司的子公司之间提供。在总体上,该规则不适用于受特殊税收规则规制的公司。

英国与此相似,不承认由集团申报所得。但许多特殊规则适用于公司集团税收。最重要的规则就是"集团税收优惠"(group relief)制度。如果母公司持有一家国内子公司至少75%的股份,经营亏损、资本抵免以及某些其他的税收属性可以从一家公司向另外一家公司转移。[㉟] 在这种情况下,即使少于100%的控股权关系,所有亏损数额等都能够转移。另外,如果一组(consortium)持股高于5%的公司股东共同持有一家公司75%的股份,就可

㉟ 英国,1988年《所得和公司税法》,s. 402.

适用集团税收优惠制度；但只有成比例的一部分亏损等能够转移。㉕ 例如，集团亏损弥补制度允许"移转"一家公司的亏损，并以其他公司的所得予以弥补。

资本利得适用特殊规则。这些规则允许在持有75%股份形成的集团内免税转让资产。㉖ 但如果公司以免税为基础收到资产，并在六年内退出集团，该交易将被溯及地征税。㉗ 与经营损失不同，资本损失不能在集团成员之间转移。

相比之下，**荷兰**的合并纳税制度也很复杂。母公司和部分或所有的其持有95%股份的子公司，能够向财务主管部门申请被视为所谓的"财务统一体"(fiscal unity)。㉘ 尽管公司法上公司仍然独立的，但在税收上其经营活动、资产和负债以及所得和损失都被视同为由母公司所有。通常所有适用该规则的公司必须按荷兰法律设立，或如果按某欧盟成员国法律或某税收协定国的法律设立，这些公司的设立必须与荷兰的公司相似。非荷兰居民的公司也可加入财务统一体，但只限于该公司在荷兰设有的常设机构的范围内。再者，公司必须受到相同税收规则的规制（也就是说，一家保险公司和一家商业公司不能构成一个财务统一体）。最后，公司必须满足规章所规定的一系列详细要求，这些规章根据法规发布（并可增补适合于自然人股东情形的要求）。这些要求特别是防止价值向其股份能够以免税基础出售的子公司转移，且特别是限制统一体形成前后的亏损利用。

法国允许一家国内母公司（或一家外国公司在法国分支机构）和任何持有95%或更多股份的国内子公司（财务一体化）合并纳税。㉙ 股权可以直接或间接的方式持有，但必须在整个财政期间维持。㉚ 选择合并纳税必须五年有效，但母公司可以每年决定将哪些符合资格的子公司纳入集团纳税体制。

每个成员的收入单独计算。成员实现的亏损（资本亏损和营业亏损）可用于弥补其他成员的所得。当子公司随后退出该集团，不能够再使用集团内已使用的亏损。合并纳税之前若干年内出现的亏损结转，只能用来弥补

㉕ 英国，1988年《所得和公司税法》，s. 403C.
㉖ 英国，1992年《应税收益征税法案》，s. 171.
㉗ 英国，1992年《应税收益征税法案》，s. 179.
㉘ 荷兰，CTA, Art. 15 through 15d.
㉙ 法国，CGI s. 223 A through 223 Q.
㉚ 最初被忽视的通过国外子公司间接持有国内孙公司(sub-subsidiary)，为遵守欧盟设立的自由原则必须考虑纳入：ECJ, 27 November 2008, C-418/07（Société Papillon）。

该成员所产生的收入。集团内的融资交易,比如借贷、债务免除和坏账准备金等等,在计算每个成员的收入时将被排除在外。集团内公司间销售固定资产所产生递延的收益或损失,当该财产售出集团外、该成员退出集团或者该集团终止合并纳税时,其收益或损失才需予以确认。对于集团内递延的融资交易同样处理。公司间的股息也将被排除在外。

德国处理集团税收的成文法条款是基于复杂和高度发达的事实合并纳税制度(*Organschaft*)的判例法体系形成的。[27] 传统上,合并纳税制度只适用于在国内企业(包括一家外国公司在德国的分支机构以及独资企业)。但如果一家"国外"的母公司是双重居民且在德国境内实施总部管辖和控制,或如果有注册登记的国内分支机构且从属公司的利润和损失归属于该分支机构,该母公司也有资格参与合并纳税。只有"支配"实体持有"从属"实体多数表决权,才可能适用合并纳税制度。以前要求经济和组织一体性的立法在 2000 年废止。此外,选择集团纳税要求母子公司签订利润和损失的集中协定(规定在公司法中)。根据该集中协定(必须至少持续 5 年),从属实体的利润或损失单独计算,之后向支配实体转移,由后者纳入在其所得计算中。支配实体负责弥补从属实体所发生的任何亏损,并接管其利润。该利润转移不被视为分配。因为该转移,从属实体就不显示所得或亏损(任何亏损都根据协定要求由支配实体补偿而弥补)。在集团事实合并纳税之前产生的亏损,在合并安排生效后不能使用。

尽管存在事实合并的安排,但税法上参与公司仍被视为独立。因此公司间交易产生的所得或损失,当期计入账户。如果交易不是按照独立交易原则发生,就可能会发现推定股息(被视为利润提前转移和不能产生归集抵免)或者推定出资。由子公司向外部少数股东支付的款项被视为是子公司的常规所得和由股东获得的股息。

与其他国家的制度不同,**日本**很长一段时间不允许任何类型的正式的或非正式的合并纳税。每家公司被视为是一个独立的纳税人,并且关联公司之间的交易必须按照独立交易原则进行,没有例外。但在日本公司的管理部门的强烈要求下,2002 年税改引入了公司合并税纳税制度。根据该制度,合并纳税集团只包括直接或间接完全持有的在日本设立的子公司,且合并纳税集团提交的合并纳税申报必须包括所有的集团内符合合并纳税条件的子公司。子公司在采用合并申报之前发生的损失不可以被用来弥补在

---

[27] 德国,CITA, s. 14-19.

合并申报中的应税所得。另外,受到合并申报规制的所有公司,对于在集团层面公司所得税的所有数额负连带责任,并且税法规定税款在集团内进行分摊。

当引入这种合并公司税收制度时,提交合并纳税申报的公司所适用的公司所得税税率是 32%,比正常税率(30%)高 2%。征收 2% 的额外税是为了引入合并公司税制度时保持税收中性。2004 年该额外税收制度按照原计划被取消。

10. 封闭式公司的特殊税制

无论各国公司税制的基本结构如何,一些国家对封闭式公司都适用特殊规则。这有时反映出这样的判断,即无论开放式公司适用何种税制,对于更像合伙的封闭式公司,税制总会有变通。尽管如此,规则的技术细节之间的差别相当大。有时部分规则允许像对合伙企业一样进行单一层面的穿透式征税。其他情形下,通过对封闭式公司典型问题的特殊处理,部分规则试图强化正常的征税模式,抑或防止借助封闭式公司将一种类型的收入转为另一类型。

在**美国**,对于满足某些明确要求、且选择穿透为基础的公司适用特殊的穿透待遇规则。[22] 对限定条件的技术要求的解释非常严格,并且该规则因对其意图适用的、经常不懂税制的纳税人来说过于复杂而常常遭到批评。通常,封闭式公司的股东人数限制在 100 个居民以内。在某些条件下信托可以成为股东,但需适用特殊规则。封闭式公司只能持有单一类型的、可参与分红的股票,但普通股可以享有或不享有表决权。封闭式公司可以拥有子公司。如果公司选择了"穿透实体"形式,可以进一步选择放弃将其全资子公司作为单独实体,并将其视为似乎直接拥有其子公司的资产和义务。

如果公司选择了"穿透实体"形式,每个股东的收入都包括其股份所对应的、发生在企业层面的各项收入和扣除。因此,各项收入的性质被穿透并在股东层面被保留,例如资本利得。不论收入是否分配,都在股东包含公司纳税年度结束日的应税年度被计入股东的所得。如果在该年度股份所有权变动,通常会将整个年度的收入按比例分配,然后归属于相应股东。被计入股东所得的收入会增加股东持有股份的计税成本,如同收入分配后又再次

---

[22] 美国,IRC, s. 1361 through 1378.

向公司投资一样。在分配实际发生时,应相应降低其计税成本;超过计税成本的部分被视为资本利得。

如果公司发生亏损,这部分损失同样会穿透归属给股东,并减少相应股份的计税成本。股东可在当期扣除公司层面的损失,但扣除限额为其在该公司的实际投资——无论是股权还是债权的形式。如果纳税人的投资不足以利用当期的损失,则可以推迟到纳税人增加投资时(例如通过追加资本,或确认公司层面的收入——这实际上增加了投资)再抵扣该项损失。如果股东未参与公司经营,特殊的"消极经营损失"(passive activity loss)规则限制了可扣除的损失。[23]

如果某公司之前一直按照"正常"公司经营并适用双重征税体制,但选择了穿透处理方式后就要适用特殊规则。该规则旨在确保之前取得的但未分配的公司收入在分配时缴第二层税,即股东层面的所得税。因此,要适用复杂的"层叠"(stacking)规则来判断分配是来自当期收入还是前期收入。类似地,在公司适用穿透税制时已发生但未确认的资产增值可适用双重税制,以保证此时所适用的税制类似于公司在双重纳税期间实现并分配资产增值所适用的征税模式。

尽管公司层面的各项收入和扣除要适用特殊的穿透规则,但其他通常适用的税法规则继续适用于该公司。因此,例如"正常"的和"穿透"的公司之间的重组是可能的。

本书所讨论的其他国家对正式设立的公司都不适用特殊穿透规则。但在**加拿大**,对加拿大人持有的"私人"公司(Canadian-owned "private" corporation,简称CCPCs)适用特殊规则。私人公司是指该公司的股份并未公开在证券交易所上市,也不是由一个上市公司控制。[24] CCPCs对其每年的投资和积极经营收入在50万美元限额内有权享有全面归集抵扣(full imputation relief)。积极经营收入还有资格享有"小规模企业扣除",[25]这将显著降低其税率。个人服务业和投资行业都不得享有小规模企业扣除。适用于投资收入的规则通常旨在阻止个人通过以公司形式而非直接持有投资的方式获得更高的回报。在**澳大利亚**,政府发起的委员会两次推荐美国式的穿透实体制度,但尚未采取任何行动。实际上,可通过以经营信托(trading trusts)而

---

[23] 美国,IRC, s. 469.
[24] 加拿大,ITA, s. 89(1).
[25] 加拿大,ITA, s. 125.

非公司形式经营多数封闭式企业的方式达到应税利润的穿透实体待遇的效果,但不能在保持有限责任的同时将税收亏损归属于股东。

许多国家对于封闭式公司适用限制性更强的规则。在**瑞典**有旨在防止将雇佣所得转为(征税更少的)资本所得的规定。[26] 其针对的情况就是股东在封闭式公司工作的同时取得股息收入。股东对公司的资本投资的收益率为政府借款利率加上 9%。不超过该数额的股息按资本收入征税。超过该数额的股息按股东获得的雇佣所得征税。股息不能在公司层面扣除,但也不在公司层面缴纳社会保障税。鉴于公司税和社会保障税的水平,实际获得工资和超过股息的"被视为"工资的总税负几乎一样。对封闭式公司股份出售时的资本利得也适用同样的征税方式。近几年,对多数公司来说,将股息作为雇佣收入征税的起点已显著提高,因为现在的计算基础不仅包括投资资本,也包括付给雇员的工资。

其他国家也有类似的规定,以防止封闭式公司利用个人和公司间可能存在的税率差别的优势。在**美国**,收入较少的公司所适用的低档税率并不适用于由雇员所有的个人服务公司。另外,封闭式投资公司已实现但未分配的投资收入也适用特殊的惩罚性征税。

正如前述,**德国**对控股股东(有特殊定义)和公司间的安排规定了更多的限制。除遵循通常的独立交易规则外,这种安排必须合法有效、表述明确且在竞争交易之前订立。但没有针对封闭式公司的特殊税制规定,因为公司税立法对于公开或非公开上市公司的处理方式大体类似。

在**澳大利亚**,私人公司对股东的贷款和类似收益(例如支付股东的费用或免除股东债务)可被视为股息,但通常不适用归集抵免法。对超额的员工收益也适用类似限制。澳大利亚通常采取 75/20 规则来判断某公司是开放式还是封闭式公司,即该公司 75% 的股份是否掌握在 20% 或更少的股东手中。[27]

英国对于封闭式公司(定义为由五个或五个以下的"参与者"(participators)控制的公司)也有限制性规则。对有资格成为"参与者"的董事或债权人适用特殊规则。如果符合"封闭式"定义的公司贷款给其参与者,该公司有义务向税务机关支付该贷款额的 25%,就好像是缴纳"企业税款"。[28] 如

---

[26] 瑞典, ITA, ch. 57.

[27] 澳大利亚, ITAA 1936, Pt Ⅲ Divs 7, 7A.

[28] 英国, 1988 年《所得和公司税法》, s. 414.

果且只有当该贷款归还时,才返还上述款项。对封闭式公司而言,"分配"的定义也更加广泛,包括多数实物收益。[29] 适用于低利润公司的低档公司税税率并不适用于封闭的投资控股型公司——这是典型的非经营型封闭式公司。[29] 另外,如果个人通过公司提供个人服务,且该服务由此人直接提供,该个人被视为是雇员,这些服务所带来的公司收入也会分配给他。[28]

11. 公司和股东税收的结合(integration)

11.1 概述

通常认为,对实体征税的政策目的在于无论是对个人直接取得的,还是间接地通过实体取得的收入,最终应在同等程度上征税。正如我们所见,尽管并非每个国家都如此做,但对封闭式公司达到该目的是可能的。合伙税制(这会在 B 部分谈到)也是一个例子,针对各类企业多数国家也都达到了这一目的。

对开放式公司,特别是股份公开上市公司,因各种原因要达到这一目的就不那么容易了。上市公司通常都不分配全部收入,这产生两个问题。第一,当期无法判断哪个股东,如果有的话,会最终从这些收入中受益;第二,如果股东在收入分配前就转让了其所持股份,股东所享有的留存收入中的任何收益只能通过资本利得税征收,这也并不容易。而且,多数国家都有多样的机构投资工具,这都适用特殊的税收规则(例如,养老金计划、共同基金、人寿保险等),且在多数国家这些工具是上市公司的主要投资者。将公司—股东税制同这些特殊制度结合起来,以达到对公司收入征税就好像直接对此类机构的个体成员征税一样的政策目的并不容易。最后正如第四部分的讨论,国际税制使得达到这一目的更加复杂。

1996—2000 年间,包括本书所讨论的几个国家(澳大利亚、加拿大、法国、德国和英国)在内的许多国家都采用归集抵免制度(imputation system)作为对已分配的公司收入按照个人税率征收单一层面税收的最优方式。根据该制度,股东参考由股息引起的隐性公司税反向计算归原(gross up)股息,然后以正常的边际税率对反向计算归原后的股息额征税,归原额可以抵

---

[29] 英国,1988 年《所得和公司税法》,s. 418.
[29] 英国,1988 年《所得和公司税法》,s. 13A.
[28] 英国,2003 年《所得税(工薪和养老金)法案》,s. 50 和 51.

扣,从而将公司层次和个人层次的税收结合起来。从20世纪90年代中期起,归原制逐渐被放弃,所以本书讨论的几个国家中只有澳大利亚和加拿大仍然保留了该制度。有几个因素引起了这种变化。第一,归原制度要处理古典税制中不存在,或存在程度有所不同的一系列复杂的结构性问题。下述的几个主要结构性问题,1996至2000年间发展的归集抵免制度对其有不同的处理方式:

（1）公司层面的税收优惠是否应当在分配时"穿透"给个人股东？

（2）如果问题（1）的答案是否定的,那么这些享有优惠的分配仅仅应当在股东层面征税,还是应当在分配时对其适用某种"补偿性"税,从而使所有股息都可以适用归集抵免？

（3）如果股东的纳税义务低于对股息应征的公司税,那么超出部分是否应当返还给个人股东？

（4）对在最终到达"个人投资者"前"穿透"多层的收入应当如何处理？

（5）在分配时留存收入本可以获得抵免,但如果股东在分配前转让了股份,如何处理留存收入？

（6）具有不同"税收属性"（例如养老基金、投资公司等）的股东应当如何处理？

本书提到的几个国家的归集抵免制度对上述问题的方式并不相同,且日趋复杂。这源于纳税人探究到了该制度的缺陷,而政府则以更具体的反避税规则来回应。

第二,除了在国内实施归集抵免制度极为复杂外,该制度的引入也产生了重要的国际性问题。通常来说,相比外国投资和外国股东,该制度更有利于国内投资和国内股东。本书第四部分将详细讨论这些问题。国内的复杂性和国际性歧视（以及欧洲法院对欧盟国家的要求）使得归集抵免制度逐渐受到冷落,且日渐被尚算"粗略且随意"的综合减免税制取代。后者通常对股东取得的分配股息予以减免税,或对适用于分配利润的综合税率做一些其他调整。

同时,历史上就采用古典税制的国家开始转向对获得分配的股东减税的形式,这种减税要么通过对股息适用特殊税率,要么通常在"双重"征税体制下更广泛地对资本收入适用更低的税率。

因此,法国采取了一种新的"半数计入"制[22],而德国采取了一种修正过

---

[22] 从2006年,股息的60%纳入所得。

的"部分计入"制。这两种制度旨在使得对适用最高边际税率的纳税人来说,对个人分配收益与对其直接所得征税的税负大致相同。在加拿大,对小型私人公司基本达到此种效果,而且在2011年后公开发行股份的公司也同样如此。在英国和美国,对适用最高个人所得税率的纳税人,收到的公司分配收入承担的整体税负,在多数情况下都要比对其直接取得的所得更高。最近,英国用小额税收抵免和对股息收入适用较低个人税率的方式取代了部分归集抵免制,这些变化旨在保证与归集抵免制在纯粹的国内情况下产生相同效果。美国的新近变化显著降低了对股息的双重征税;历史上,美国公司支付的股息回报很少,因此实践中双重征税并不明显。

下页的表格描述了"旧"归集抵免制、古典税制及将取代上述税制的基本特征。本书第四部分将会对归集抵免制产生的国际问题进行详细分析。

11.2 股权资本利得的税收待遇

正如上列表格所示,在各种不同的公司税制改革的建议中,得到比较系统地处理的一个问题是股份转让中的资本利得的税收待遇,及其通常与公司—股东税的关系。当公司实现和留存收入时,不适用归集抵免制和股息减免制,而且在古典税制里不会立即产生双重征税。这实际上通过对股份转让征收的资本利得税来处理与留存收入相关的双重征税问题。时常有观点认为,如果资本利得税适用于股份,那么对留存收入就会有双重征税,除非对利得作出调整以反映留存收入或对其征税。另一方面,有观点认为对个人股份转让征收全额的资本利得税,再结合全面归集抵免制度,其结果是按收入发生时持有股份的个人股东的边际税率对公司征税,而不论征税时该股东是否获得收入分配或转让股份。如果对于个人股份转让征收全额资本利得税,采纳第二种观点的后果是公司层面所享有的税收优惠就可能无法适用于留存收入,这就是该制度与收入分配后征税产生同样效果的一个原因。[23]

---

[23] 总体参见 Richard J. Vann, General Report, 'Trends in company/shareholder taxation: single or double taxation?' in International Fiscal Association (IFA), Cahiers de droit fiscal international, vol. 88a (2003), p.35-43.

亚编 A　公司—股东征税

股　息

国家	个体股东	公司股东
澳大利亚	1987年开始适用不同税率的全额归集抵免制,从2000年起可以返还	从2002年起,开始适用归集抵免制(之前通过单独税收抵扣,基本不对其征税)
加拿大	归集抵免制使得获得小公司的股息几乎全额免;从2011年起对公司也产生同样效果;不可返还	全部股息均可扣除
法国	对股息的60%(2005年为50%)征收累进所得税,或从2008年起优惠选择对全部投息以18%的固定税率征税。另外,在两种情况下还要适用税率为12.1%的附加税	应税,但如果其股权参与大于5%则免税,但对与股息相关的支出还原收取最高为分股息额的5%的税。
德国	从2001年起,对股息收入的60% 按累进税率征税;对于私有资产持有的股份所得的股息征收25%的预提税	减免95%
日本	(未反计还原(w.thout gross-up))抵扣股息10%;股息大于1,000万日元的,抵扣分红的5%;从2003年起,纳税人可以选择对上市公司的股息不予申报;此时,仅对股息征收10%的预提税(包括3%的地方所得税,在2012年增加至20%)	如果股权参与大于25%,则免税;小于25%,对收入的一半征税
荷兰	对股份价值基于4%的预期收入率按30%的税率征税,实际税率为股份价值的1.2%;之前适用经典税制,对两类收入分红以累进税率全额征税	如果通常的股权参与大于5%,则免税;否则,应征税
瑞典	在双重所得税制下对资本收入征收30%的税,公司税不享有减免;对未上市公司的股息征收25%的税;对低于《所得税法案》第57章规定标准的分红征收20%的税	如果股份未上市或者股权参与大于10%,则免税;否则,应征税
英国	对适用最高边际税率25%的税率之外的其他股东,税收抵免制的效果类似于免税;以相当于25%的税率对适用最高边际税率的股东所得净股息征税;之前适用归集抵免制和补偿税,自20世纪90年代后期废止	通常免税
美国	自2003年以来,税率最高为15%,之前是经典税制	根据持股情况,股息可以享有70%—100%的扣除

股份的资本利得 (续表)

国家	个体股东	公司股东
澳大利亚	持股时间大于1年,资本利得的50%不属于应税收入	应税
加拿大	50%不属于应税收入(2000年之前为25%)	50%不属于应税收入;股份不公开的公司可免税向股东支付资本利得中的免税部分
法国	以30.1%的税率征税;对(实施满五年的)股权储蓄计划(share savings plan)按12.1%的税率征税	应税;如果股权参与大于5%,对长期(大于2年)利得的相关费用以最高为利得的5%的税率征税
德国	如果有大量的股参与(股权1%)或作为营业财产,则按照个人税率征税;如果以私有资产入股,则征收25%的预提税	自从2002年起免税,之前为应税,但有例外
日本	对非上市股份按26%征税(包括6%的地方税),对于上市股份适用10%的低税率(包括3%的地方所得税);在2003—2011年间对上市股份按20%征税(包括5%的地方税)	应税;法定资本超过1,000万日元的家族企业某些未分配利润按10%—20%的税率征税
荷兰	对股票价值(按一年开始和结束的平均数算)的预期收益的4%部分按30%的税率征税,自2001年实际税率为价值的1.2%;如果股权参与达到5%以上,从1997年起对资本利得按25%的固定税率征税;之前如果股东没有股权参与则免税,如果参与则按20%的固定税率征税	如果股权参与超过5%,则免税;否则,应税
瑞典	在双重税制下对资本收入征30%的税	自2003年起如果股权参与超过10%,则免税;否则,应税
英国	前(约)1万英镑免税,超过这个数额的按18%的税	自2002年起,在商业公司股权参与超过10%且持股1年以上的,免税;否则,按照指数减税税征税(indexation relief)
美国	如果持股1年以上,则应税,且最多收15%的税	应税

这些争论高度依赖于股票市值对留存收入和公司及股东的税收属性的反映程度。关于影响的效果并没有统一意见，因此很难恰当地评价对留存收入双重征税的观点。

就特定国家而言，明显的趋势是比过去更系统地考虑该问题，且试图将资本利得和股息的税务处理结合起来。因此，德国的修正股东减免税制适用于个人资本利得和股息征税。[28] 日本和美国对股息和由个人实现的股份资本利得都适用于相同的低税率。在荷兰，4%的股份假定收益包含了股息和资本利得，而在瑞典资本收入所适用的比例税率也同样适用于股息和资本利得。

另一方面，在澳大利亚、加拿大、法国和英国，个人股份的资本利得所享有的特殊税收处理并未系统地与对股息的税收处理联系起来，而是来源于资本利得的常规处理方法。对股息和股份资本利得适用统一税收待遇的国家一般对资本利得也适用同样待遇（瑞典和美国），但很明显这些国家有意将股息和股份资本利得联系起来。

德国（两种情况下都免税）、荷兰、瑞典和法国（除适用参股免税外，其余全额征税）将由公司实现的股份资本利得与股息联系起来的相同趋势也很明显。英国也在一定程度上将上述两者联系起来（股息通常免税，而资本利得因商业公司的参股免税制度而免税）。在其他国家，股息要么免税，要么适用减税，而资本利得则全额征税（在加拿大作为公司间的股息分配则适用某些减税）。因此，在这些国家股息和股份资本利得的结合程度不可能一致。

个人和公司之间也可能形成互补征税的态势。例如，澳大利亚对个人取得的股息征税远甚于资本利得征税，而对公司则恰恰相反。这很自然地诱发了税务筹划，使公司获得股息而个人取得资本利得（股息剥离法），这反过来又导致复杂的反避税立法。其他国家也采取了类似地互补立场，尽管程度较轻。税务筹划再一次削弱了规则的政策意图，并导致很难判断公司—股东税收的结合程度。

下列表格Ⅲ总结了本章 A 部分讨论的公司税制的一些特征。"部分归集抵免"或"全面归集抵免"的术语指分配时公司税负在股东层面被减轻的程度。而对分配利润征收的公司税中未减税的部分则在"留存公司税"（"Residual corporate tax"）一栏中显示。

---

[28] 德国，ITA, s. 3 nr. 40 和 s. 20 par. 1 nr. 1, par. 2, s. 32d par. 1。

表格 III 公司税的一些基本特征

	基本方法	留存收入的公司税率	已分配收入的留存公司税	已分配股息的总税负（公司税加适用最大税率的股东的个人所得税）	对应税分配收入的利润要求	公司间股息减免	对增值财产的分配在公司层面的征税	合并纳税的可能性
澳大利亚	全面集抵免制	30%	0%	45%	是	是,通过归集抵免制	是	是
加拿大	类似于全面归集抵免制	21.5%—35%（取决于不同的省和收入类别；对加拿大的小企业适用较低税率）	21.5%—35%，（取决于不同的省和收入类别；有些情况下,对加拿大的小企业适用 0% 的税率）	43%—63%,取决于不同的省；对加拿大的小企业适用较低税率	否	是（全额减税）	是	否（一些同等技术）
法国	股东减免税制（40%扣除）；2005年前全面归集抵免制	33.33%	33.33%（2005年以前是部分或全面归集抵免制）	2008年为 49.34%（算附加税 61.44%）	否	是（全额减税），但可对相关支出征税,最高为股息的 5%	是	是
德国	股东减免税制（部分所得法和最终预提税制）	15%（外加 12%—14% 的交易税)	15%（外加 12%—14% 的交易税)	48%—49%	否	是（减税 95%）	是	是

(续表)

亚编 A 公司—股东征税

	基本方法	留存收入的公司税率	已分配收入的留存公司税	已分配股息的总税负（公司税加适用最大税率的股东个人所得税）	对应税分配收入的利润要求	公司间股息减免	对增值财产的分配在公司层面的征税	合并纳税的可能性
日本	极其有限的归集抵免制（抵扣10%）	30%	20%	57%	通常否	有限（50%—100%）	是	是
荷兰	传统	34.5%	25.5%	实质参股免税则44.175%；否则适用25.5%的税率，加4%的视同收益率	否	是（持5%以上的股份）	是	是
瑞典	传统	26.3%	上市公司26.3%；非上市公司44.72%	48.41%	否	是（持非上市公司10%以上股份）	是	否（一些同等技术）
英国	部分归集抵免制	28%（或更低）	28%（或更低）	46%	否	是	是	否（一些同等技术）
美国	传统	35%	35%	44.75%	是	有限（70%—80%—100%）	是	是

亚编 B 合 伙 税 制

在对经济活动课税时，本书中讨论的所有税制都允许特定类型的商业组织，将其所得或亏损直接穿透归属给本组织的参加者。这些组织通常以商法中的合伙为组织形式。并且商法中的分类经常构成适用税制的决定因素。本小节所称的"合伙"，是指在课税时，一般可以适用穿透原则的组织，这些组织通常符合商法中合伙组织的形式要求，但也可能存在例外。与此相同，本小节中所称的"合伙人"，是指直接承担所得和亏损的合伙参加者。

此处讨论的课税模式，以下述原则为基础，即合伙所得应对个人合伙人直接课征，就如同合伙人直接取得所得一样。但在此框架下，实现穿透原则的技术和机制，以及最终产生的实际结果，都存在着很大差别，税制的成熟程度也不一。

在一些税制中（如**日本**），关于合伙的课税问题，既没有特别的法律规定，也缺少行政规则。**法国**也存在相似的情况，该国的通过案例发展起来的规则虽然十分重要，但对许多问题仍旧留有空白。**英国**规范合伙的条文也十分有限。在其他税制中，合伙经常被使用，并时常与避税投资有关，相关的规则也相应地得到了较好的发展。例如，**瑞典**引进了大量特殊规则，以应对税收筹划中对合伙的使用。和所得税法的其他部分一样，**美国**的相关规则似乎最为完善。

虽然穿透模式得到了普遍应用，但基于一些因素的考量，各国税制一般将合伙和合伙人视为两个独立纳税主体。因此，在一些情况下将合伙作为合伙人的集合（aggregate）适用穿透原则处理，而在另一些情况下，又将合伙视为独立的"实体"，这在所有的税制中，都造成了一种张力。例如，在一些税制中，合伙人提供给合伙的贷款，与第三人提供的贷款采用相同的税务处理方式；提供贷款的合伙人所获得的利息，需要纳税，而在合伙层面产生的利息扣除可以由适当的合伙人主张利息扣除。如果利息所得的税收处理与商业利润不同，将所得定性为利息起了决定性作用。在其他税制中，合伙和合伙人之间的借贷将被忽视，将"利息"支付视为合伙所得的分配，并产生相应的税务结果。下文将首先讨论实施穿透税制的基本方法，其次将分析几种集合处理与独立实体处理可能产生冲突的情况。

　　降低公司税率是当今世界范围内的趋势,这对那些合伙在经济中扮演重要角色的国家,产生了重大不利影响。这种现象在德国表现得尤为明显。在德国,不仅大部分中小型企业采取了商事合伙的组织形式,还有大量大型非上市企业(大型家族企业),也采用了该形式。为了避免不利的税务处理,《2007年商业税收改革法案》对非公司企业获得的,未从企业中提取而用于再投资的所得,适用低税率。① 如果嗣后提取上述低税率的公积金(reserve),将适用类似于对股息和利息支付的最终预提税的进一步的所得税。

1. 穿透课税的条件

　　在大多数税制中,如果某企业的组织形式符合商事合伙法的要求,则在税法中被视为合伙的实体,将根据穿透原则课税。此外,经营活动中资产和劳务结合得更加非正式安排也可以被认为税法上的合伙。比如,以营利为目的的,且其形式超越了简单的财产共有形式的任何合作活动,在**美国**视为税法上的合伙(假设该组织不属于公司)。② **加拿大**也采取相似的规则。在税法中并未对合伙予以定义。在(省)商法中,合伙通常被定义为以营利为目的,两人以上共同从事的经营活动。这个定义非常广泛,它涵盖了超出共同所有权的大多数商业安排。该性质在税法中具有决定性意义。加拿大最高法院认为,即便营利只构成附随意图,也足以构成一个合伙。③

　　在**瑞典**,依民法,只有登记为合伙的组织,才被视为法人。税法中关于合伙的规定适用于民法中的合伙。

　　在**法国**,税法中并无合伙的一般定义。法律特别列举了一些种类的实体,具有合伙的纳税身份,在对其所得课税时,直接以参与者为课税对象。④ 但合伙人承担有限责任是这些实体普遍具有的特性。然而自2008年起,新设小型公司,如果其股东主要为个人,可以选择在至多5年的时间内适用合

---

① 德国,ITA,s. 34a.
② 美国,IRC,s. 761(a).
③ 参见 Spire Freezers Ltd. v. The Queen [2001] 2 CTC 40 (SCC).
④ 参见法国,CGI,s. 8, 8 bis, 8 ter, 8 quater, 8 quinquies, 238 bis L, 238 bis LA, 239 ter, 239 quater, 239 quater A to D, 239 quinquies.

伙的税务处理。⑤

  在**澳大利亚**,法律中关于合伙的定义,甚至涵盖了产生所得的共有财产。但是也存在着非公司合营不属于合伙的可能,此时允许某些企业(通常为自然资源领域的企业)事实上被视为每个参加者的独立企业。⑥ 实践中,一般并不要求源自共有财产的合伙提交合伙纳税申报表。有限合伙不适用穿透原则,但近来从事风险投资活动和属于外国混合性组织的除外。⑦ 在英国,对合伙本身没有定义。合伙规则适用于联营(joint undertaking)。这种联营不同于俱乐部或社团,而是为了从事经营活动的组织。然而,共有财产产生的所得本身,不被视为合伙所得。

  在**荷兰**,对于适用穿透课税的组织形式没有专门的法条加以定义。相反,不属于公司税法中纳税主体一般定义的所有组织,在税法中都是透明的,就其所得直接对参加者课税。含有可转让份额的有限合伙适用特别规则,该特别规则可以分为两个部分。应分摊给有限合伙权益的所得,属于公司税的体系;所得在合伙层面征税公司税;在分红时再对有限合伙人征税。分配给一般合伙人的所得,直接向合伙人征税。

  在**德国**税制中,符合民法中合伙组织的条件是适用合伙税制的一个必要前提。⑧ 对于符合"合伙人"条件的纳税人,还有其他一些税法上的要求。⑨ 尤其是,合伙人必须至少在合伙清算时,参与合伙资产价值的增加。而且,他必须积极参与经营活动。

  在**日本**,根据商法典成立的合伙课税方式与公司相同。虽然也存在根据民法典成立合伙的可能,但除了有限的法条对非居民预提税问题作出规定外,关于此种合伙课税的其他问题法律未作规定。一些行政规章表明,合伙应作为穿透实体,对合伙人直接课税,就如同合伙人直接取得所得一样。同样的,以合同关系建立起的"隐名组合"(tokumei-kumiai),直接对合同规定的所得或亏损的隐名参加人份额课税。

---

 ⑤ 法国,CGI, s. 239 bis AB ;同样参见 CGI, s. 239 bis AA。
 ⑥ 对"合伙"和"有限合伙"的定义见澳大利亚,ITAA 1997, s. 995-1(1);同样参见对"公司"和"非实体合营企业"的定义。
 ⑦ 澳大利亚,ITAA 1936, Pt Ⅲ Div 5A。
 ⑧ 德国,ITA, s. 15 par. 1 s. 1 nr. 2。
 ⑨ 比较德国,ITA, s. 15 par. 1 s. 1 nr. 2 和 ITA, s. 20 par. 1 nr. 4。

2. 穿透课税的基本结构

在**美国**,合伙产生的所得和扣除,或者在合伙层面上汇总计算,或者在需要在合伙人层面特别计算时,直接穿透归属给个人合伙人。⑩ 例如,资本利得和亏损分别列出,以便与个人合伙人的收益和亏损汇总计算。大多数诸如折旧方法等的选择,在合伙层面作出,并对合伙人有拘束力。⑪ 合伙所得计入在合伙纳税年度结束的合伙人纳税年度中,与合伙所得是否分配无关。⑫ 法律设定了一些限制条件,以防止操纵纳税年度,实现递延纳税。

合伙人的合伙份额的计税成本,随着由其带来的所得金额而增加,因分配和亏损的增加而减少。⑬ 分配只有在超过合伙份额的计税成本时,才需缴税。⑭ 免税所得增加了合伙份额的计税成本,并因此避免了对出售合伙份额所得的间接征税。合伙产生的亏损,只能在合伙人的合伙份额计税成本范围内立即扣除。⑮ 特殊的"消极经营亏损"规则可以限制个人合伙人扣除本可扣除的合伙费用的能力。如果单个合伙人未实质参与合伙业务,其只能在合伙产生的所得,或其未实质参与的其他穿透实体的活动的范围内,扣除合伙的亏损。⑯

在合伙人之间分摊所得和亏损的法律十分复杂。⑰ 笼统地讲,只有在具有"实质经济效果"时,税法才会允许合伙人之间,对所得和亏损的项目进行特别分摊(即不同于正常的利润、亏损分配协议的分配)。换而言之,除了分摊的税务结果外,分摊必须确实地影响到了合伙人的经济状况。分派的经济效果一般由合伙人的"资本账户"决定,这反映了合伙人之间真实的经济关系。税法上的分摊通常必须反映在资本账户中,这些账户决定着合伙人在合伙清算时所能分得的金额。如果合伙人的资本账户为负,例如取得较大数额的合伙亏损。为了使亏损的特别分摊得以确认,该合伙人在合伙清算时一般应弥补资本账户中的负额。由于根据定义,无追索权的债务无须

---

⑩ 美国,IRC, s. 702.
⑪ 美国,IRC, s. 703(b).
⑫ 美国,IRC, s. 706(a).
⑬ 美国,IRC, s. 705(a).
⑭ 美国,IRC, s. 731.
⑮ 美国,IRC, s. 704(d).
⑯ 美国,IRC, s. 469.
⑰ 美国,IRC, s. 704(b); Treas. Reg., s. 1.704-1 through s. 1.704-4.

由合伙人,故而对于适用基于无追索权债务产生的扣除将适用额外的限制条件。

特别分派规则极为复杂。一些批评意见认为,很难将这些规则适用于简单合伙。[18]

相较于上述美国税制,**加拿大**税制虽然大为简化,但总体上还是十分相似。合伙不是应税实体。在合伙纳税年度结束的纳税年度内,合伙人取得的合伙所得的份额,应计入合伙人该纳税年度的应税所得。[19] 当合伙份额被处分时,新合伙人就好像他整个年度都是合伙人一样,要为其所得份额缴税。之前的合伙人不对其当年取得的合伙所得份额纳税。合伙所得的性质和来源都传递(flow through)给合伙人。分配不征税,不管其性质是属于所得还是资本分配。扣除和所得在合伙人之间的分摊,大体上由合伙协议决定。加拿大没有具体的行政规则限制特别分摊,而是通过反避税规则来规范。根据反避税规则的规定,如果不按比例分派的首要原因,是减少或递延纳税,此种分摊将被忽视。[20] 如果合伙人的行为不符合独立交易的要求,也将适用类似的规则。

合伙人在其份额中的计税成本,因其未分配所得而增加,因分配和亏损而减少。[21] 为了保证属于特别税务处理的所得和亏损能够在合伙税基中恰当地反映出来,需要对计税成本进行调整。例如,由于只有一半的资本利得计入所得,为了保证在处分合伙份额时事实上不对利得征税,全部利得增加了合伙人的计税基础。与美国的情况不同,对于积极合伙人而言,如果超过投资额的亏损或分配被传递给合伙人,合伙份额中的计税成本可以变为"负"。"负"的计税基础将会增加处分合伙份额时的收益。然而,对于有限合伙人和消极合伙人而言,负税基被视为是一种资本利得。[22]

瑞典的合伙规则遵循类似的一般模式。所得先在合伙中计算,而后再归属于单个合伙人。所得通常作为营业所得课税。在20世纪80年代避税活动的大爆发后,亏损的使用受到了实质的限制。对于个人合伙人而言,从一个合伙中获得的亏损,只能被用来自同一个合伙的所得予以弥补。或许

---

[18] Alan Gunn and James Repetti, Partnership Income Taxation, 4th ed. (Foundation Press, 2005) p.44.

[19] 加拿大,ITA, s. 96.

[20] 加拿大,ITA, s. 103.

[21] 加拿大,ITA, s. 53(1)(c) 和 53(2)(c).

[22] 加拿大,ITA, s. 40(3.1)-(3.19).

是由于这样的限制,调整特殊分摊的规则并不十分发达。合伙人的合伙份额的计税基础随着出资额和留存应税收益而增加,并随着撤资和可扣除的亏损的增加而减少。

在**英国**,所得根据分类所得税制在合伙中计算,而后每个合伙人参照其份额纳税。㉓ 为此,合伙协议中约定的利润和亏损的分摊,一般会得到法律的认可。然而,在对资本利得课税时,合伙资产则被视为由单个合伙人所有和处分。㉔

荷兰的税制略有不同。所得的性质一般在个人层面上予以确定。例如由于有限合伙人的活动不构成一项经营,故而有限合伙人的所得一般是源于资本的所得。另一方面,如果是在合伙人从事的一项(独立的)业务中持有限合伙份额,则所得属于营业所得。每个一般合伙人就其在合伙业务中的份额,被视为从事其自己的经营活动。其结果是,关于折旧率、公积金的构成等法律允许纳税人自主选择时,每个合伙人可以作出他自己的独立选择。合同约定的分摊条款,法律一般会予以认可。但有限合伙人只能在其实际出资的额度内扣除亏损。

澳大利亚关于所得的计算规则是合伙层面的计算和合伙人层面的混合计算。一般情况下,在处分存货和经营活动时,获得的收益或亏损在合伙中确认,并传递给单个合伙人。合伙协议中的分摊条款,一般是基于纳税年度末的账目,并且会得到法律的认可。尽管存在通过操纵合伙账目的时间来进行税收筹划的可能,这也不意味着存在问题(有一些专门的条款,防止把通过家庭合伙分劈所得,但根据第二部分讨论的所得归属规则,这已经不再有太多意义)。各种税务属性(外国税收优惠、估算抵免等)也要进行传递。然而,资本利得对合伙人课税,就如同每个合伙人处分其合伙资本资产的份额。㉕ 当出现出售合伙资产或合伙份额、新合伙人入伙、以及现有合伙人之间关系的变化时,适用这种税务处理。

在**德国**税制中,为了实现分类税制,所得的性质在合伙层面上确定。然而,如果有限合伙中的唯一一般合伙人是公司时,全部合伙所得被视为营业所得。当合伙从事经营活动或交易时,合伙取得的其他全部所得也被视为

㉓ 英国,2005 年《所得税(贸易和其他所得)法》,s. 849-851.
㉔ 英国,1992 年《应税收益征税法案》,s. 59.
㉕ 澳大利亚,ITAA 1997, s. 106-5.

营业所得。㉖ 税务事项的选择必须在合伙层面作出,所得和扣除也在合伙中确认。法律一般不允许所得和亏损的特殊分摊,而是由法律或者合伙协议中关于盈利和亏损分配的条款对分配的一般比例作出规定。例如在跨境律师合伙中,不可能将境外所得仅分配给国外合伙人。为了保证营业税(trade tax)可以准确适用于合伙,合伙人根据合同约定从合伙处取得的款项(工资、租金、利息、特许权使用费)应计入合伙的营业所得中。㉗ 一系列复杂的规则同样限制有限合伙人扣除超过其出资额的亏损。㉘ 基本上,归属于合伙人的亏损,不得超过其合伙资产的份额减去合伙的债务(合伙中的净资产)。

在**法国**,所得首先在合伙中确认,折旧方法等选择也由合伙决定。为了适用分类税制,合伙层面的活动的性质具有决定性意义。然而,在某些情况下,合伙人的身份(如作为一个公司)将会影响所得的分类和计算。合伙协议一般决定所得和亏损的分摊,并适用于合伙层面的最终结果;不允许所得或亏损特定项目的分配。不管合伙是否分配,每个合伙人就其可分得的合伙经营结果的份额课税。在法国税制中,对于分配或未分配的所得,并不对合伙份额中合伙人税基持续调整。相反,在处分合伙份额时,对取得成本进行调整。根据判例法,取得成本因取得份额后合伙人的留存收益份额和弥补会计亏损而增加,而因分配给合伙人的利润和有合伙人扣除税务亏损而减少。

3. 债务、计税成本和亏损

在如何处理实体层面的债务和其对合伙人合伙份额的计税成本或计税基础的影响,以及能否当期扣除亏损的问题上,存在两种基本模式。在**美国**税制中,合伙中产生的债务会反映在合伙人合伙份额的计税成本中。㉙ 债务将由合伙人分摊,因为在合伙清算时,如果合伙资产不足以清偿债务,合伙人将承担清偿债务的义务。这意味着一般情况下,在有限合伙中,合伙的债务分摊给一般合伙人,一般合伙人的计税成本也随之增加。对仅以出资承

㉖ 德国,ITA, s. 15 par. 3 nr. 1.
㉗ 德国,ITA, s. 15 par. 1 s. 1 nr. 2.
㉘ 德国,ITA, s. 15a.
㉙ 美国,IRC, s. 752.

担责任的有限合伙人,不会分摊任何额外的债务,因此不会承担因相关债务造成的亏损。对于那些只有财产担保,而无合伙人承担个人责任的"无追索权"债务,适用特别规则。此类债务一般根据合伙人分配合伙利润的比例予以分摊。因为无合伙人对这类债务承担个人责任,那么如果存在此类债务,将全部以合伙利润偿还,所以在计算计税成本时如此在合伙人之间分配。

荷兰的税制,基本遵守以下一般规则,即在合伙中产生的债务,将被视为合伙人的债务,就如同这些债务直接在合伙人产生。但是,在荷兰税制中,没有类似于美国税制中复杂的债务分派规则。

与此相反,在**加拿大**,合伙中产生的债务,不影响合伙人合伙份额的计税成本。然而,法律对一般合伙人扣除合伙亏损额超过其在合伙中的实际投资额(资本加留存利润)的能力并无限制。由于允许合伙份额中的税基为"负",超出的亏损额可以得以计量,这增加了处分合伙份额的潜在收益。根据法律的特别规定,分摊给有限合伙人的亏损以其出资为限。[30]

德国的税制与加拿大相似。合伙中产生的债务,不影响合伙人的合伙份额的计税基础。当存在有限合伙人时,在计算合伙人在合伙中的权益份额时,考虑债务的存在情况,并相应地限制扣除额。另一方面,合伙人以其个人行为能力引发的债务(例如为获得其在合伙中的份额而产生的债务),在确定合伙税额时,也视为债务,但在第二阶段直接分派给该合伙人。

在**法国**,在将亏损归属给合伙中投资,法律没有限制。但是可能适用其他隔离规则。例如,如果合伙活动包含持有可租赁不动产,将限制对亏损的扣限。同样地,合伙的债务对合伙经营的税务处理没有影响,但是当合伙清算时将产生一定的影响。

在**英国**,合伙发生的亏损,由合伙人根据合伙协议中约定的分担条款分别主张。如果亏损的分担导致部分合伙人收益,而另一部分亏损,则亏损将缩减为合伙亏损的净值。[31] 一般来讲,有限合伙人扣除的亏损,以其对合伙的出资为限。

在**澳大利亚**,对于属于一般合伙法调整范围的合伙,亏损和利润可以根据合伙人的协议自由分配。但是不能产生部分合伙人取得利润,而部分合伙只承担亏损的情况。[32] 对于那些在税法上视为合伙的共有财产而言,利润

---

[30] 加拿大,ITA, s. 96(2.1)-(2.7).
[31] 英国,2005 年《所得税(贸易和其他所得)法》,s. 850 以及 2007 年《所得税法》,s. 62.
[32] 澳大利亚,ITAA 1936, s. 92.

和亏损的分配，必须严格按照财产份额进行。㉝ 由于从事风险投资活动和属于外国混合体的有限合伙已经适用穿透原则，故而制定了一些规则，将合伙人亏损的使用限于合伙人的出资减去任何返还给合伙人的金额的部分，和合伙人以前年度的亏损，以及由合伙份额担保的合伙人的债务。㉞

4. 合伙人与合伙之间的交易

关于合伙人与合伙之间的何种交易在税法上被视为具有独立的意义，不同的税制在此问题上有显著的差异。根据**美国**的规则，如果合伙人不以合伙人的身份与合伙从事交易的，这样的交易形式一般会得到法律的认可。㉟ 因此，当合伙人向合伙提供服务或贷款时，合伙人可以收取报酬，在合伙层面会产生相应的扣除或资本费用。此外，法律还承认一种合伙和合伙人之间的特殊关系，即不管合伙盈利与否，合伙人都能收到一笔确定的款项。㊱ 为了确定收款合伙人的税负和该笔款项在合伙中是否可以扣除，这笔款项在某些方面将被视为支付给第三方的款项。

加拿大的规则也与美国基本一致。在与合伙人实施交易时，合伙通常被视为独立的实体。合伙人可以向合伙提供贷款或服务。后一个规则也适用于**荷兰**，但是其在跨境交易中的应用，尚不明确。

在**英国**的所得税法上，合伙人可以以第三人的身份（但不包括雇员）与合伙交易。例如，合伙人向合伙出租财产，合伙人可以获得租赁所得，合伙也可以获得相应的扣除额。㊲ 关于资本利得的税务处理规则更为复杂，因为每个合伙人都被视为直接拥有其份额的资本资产。㊳ 因此，当合伙人将一项资产处分给合伙时，由于合伙人将继续保留此项财产之上的合伙份额，故而该项资产处分只能被视为部分处分。

在**瑞典**，法律不承认合伙和合伙人之间的绝大多数交易。这一点十分重要，因为将所得视为服务、资本或经营，在合伙人层面上可能导致不同的

㉝ McDonald (1987) 18 ATR 957.

㉞ 有关外国混合体参见澳大利亚，ITAA 1997, Div 830, 有关风险投资合伙参见 ITAA 1936, s. 92(2AA)。

㉟ 美国，IRC, s. 707(a)。

㊱ 美国，IRC, s. 707(c)。

㊲ 例如，参见 Heastie v Veitch & Co Ltd [1933] 18 TC 305 (CA)。

㊳ 英国，1992 年《应税收益征税法案》，s. 59。

税务处理。合伙因合伙人提供的服务或资本而支付的款项,不能由合伙扣除,也不需由合伙人计入所得。根据通常的规则,增加的合伙所得将简单地分摊给合伙人,并保持其在合伙手中时所具有的特性。

虽然基于不同的原则,但**澳大利亚**的规则还是与瑞典的规则有些相似。根据私法原则,合伙人不能成为合伙的雇员,并且任何支付给合伙人的所谓的"工资",都被视为合伙的分红。税法同样遵循这一属性。[39] 同样,由合伙人提供的产生利息的贷款,即便被记作生息资本(interest-bearing capital)或留存利润(retained profit),也不会产生利息所得或相应的扣除。[40] 但是,其他合伙人提供的贷款和与合伙人的交易,将得到法律的认可。合伙人将存货或可折旧资产处分给合伙,可以根据合伙人的选择,将该处分作为一种结转(rollover)交易,以将合伙人的计税成本结转给合伙。[41] 在其他情况下,合伙人将资产处分给合伙的,依照合伙人将部分份额(fractional interest)处分给其他合伙人时的方式纳税。[42]

同样,在**法国**,由于所有的参加者都被视为企业的共同所有人,所以在合伙人与合伙之间,一般不存在雇佣关系。合伙人从合伙处获得的一切所得,都被认为是经合伙同意的利润分配的一部分。然而,在某些情况下也存有例外,法律承认合伙与合伙人之间的财产租赁关系,租金可以由合伙扣除,并被作为合伙人的租赁所得或商业利润。此外,合伙人现金账户贷款(current account loan)产生的利息可以扣除,但利率不得超过银行平均贷款利率。在可扣除的利息的范围内,利息被视为合伙人的证券所得(securities income),超额的利息,被视为合伙分配给合伙人的所得。

德国税制通过不同的技术手段,达到了与上述国家类似的效果。[43] 合伙支付给合伙人的服务费、贷款利息、或是出租财产的租金,会减少实体的所得,但应被计入一个独立的"特殊"单个合伙人资产负债表中;这些款项它们事实上计入合伙所得中,随后被分派给单个合伙人。这一规则的基本政策基础主要不在于所得税,而在于营业税(trade tax)。合伙人不能通过将正常的利润分配转化为合同约定的款项,来减少营业税税基。

---

[39] Ruling TR 2005/7.
[40] Beville (1953) 5 AITR 458.
[41] 澳大利亚,ITAA 1997, s. 40-295(2), 40-340, 70-100.
[42] 澳大利亚,ITAA 1997, s. 106-5.
[43] 德国,ITA, s. 15 par. 1 s. 1 nr. 2.

5. 处分合伙份额

大多数税制一般根据实体理论将处分合伙份额视为独立的资产的处分,但有些税制对处分进行分割处理。在美国,合伙份额被视为资本资产,对收益和亏损也进行相应的处理。[44] 然而,当合伙持有的某些资产,出售后能产生一般所得时(尤其是增值的存货和可能产生折旧还原(depreciation recapture)的财产),此时出售合伙份额产生的所得,在此范围内属于一般所得。[45] **瑞典**也将合伙份额视为独立的资产,并将处分合伙资产的收益或亏损视为源于资本的所得(资本利得)。在特别情况下,收益将被作为营业所得课税:当针对在合伙份额出售之前合伙就已赚取的营业所得的课税被转嫁给购买方。**加拿大**一般也将处分合伙份额的收益和亏损视为资本利得。[46]

与此相反,**荷兰**的法律根据合伙经营所得的性质来确定处分收益的税务处理。如果所得被视为单个合伙人(一般合伙人)的营业所得,收益和亏损将被视同营业所得。然而,如果所得被视为资本所得(有限合伙人),由于私人资本利得一般不征税,所以处分收益也将不征税。如果合伙人是公司,收益将全额征收公司税。这里蕴含的理论是,从一种集合的观点来看,合伙不过是单个合伙人行为的总和。亦如上面指出的那样,这一原理也允许针对同一资产,对不同的合伙人适用不同的折旧方法。

德国也遵循相同的模式。[47] 合伙活动的性质(交易活动、经营活动、农业活动等)将决定合伙份额收益或亏损的税务处理。营业利润的份额与处分收益之间的区别,主要与低税率的适用相关。[48]

澳大利亚使用方法建立在如下理论的基础上,即在合伙资产之外,一般不存在合伙利益。关于资本利得规则在合伙中的适用,曾存在许多问题。但是通过法律的改变、澳大利亚税务部门对税法的灵活解释,以及合伙(尤其是大型合伙)的组织方式等一系列因素,这些问题在实践中已经得到解决。大型专业合伙通常没有有形资产。全部有形资产,由合伙人有效控制的独立的单位信托(unit trust)持有,并许可合伙使用。合伙人一般同意不

---

[44] 美国, IRC, s. 741.
[45] 美国, IRC, s. 751(a).
[46] 美国, IRC, s. 741.
[47] 德国, ITA, s. 16 par. 1 nr. 2.
[48] 德国, ITA, s. 34 par. 1, par. 2 nr.1 和 par. 3.

具有商誉(good will),因此入伙的合伙人不需为入伙而支付费用,退伙的合伙人在退出时相应的也不会取得任何补偿(与尚未完成的工作有关的调整费用除外)。之前存在一个问题,即对未完成工作的付款,退伙的合伙人需要缴税,但不能由合伙予以扣除,但是该问题现在已经通过立法得以解决。[49]

英国将合伙所有权份额的任何改变,都视为对合伙资产的处分。合伙协议能在多大程度上,以及通过何种方式,将特定资产分配给特定合伙人,在税法上在尚存疑问。

在出售合伙份额时,一些国家的税制允许对合伙资产的"内部"计税基础进行调整。在**德国**,这种调整是强制的。结果使得合伙资产和份额的"内、外部"计税基础总是相同。合伙计税成本的增加,只与购买份额的合伙人的税金计算有关,并计入一种特殊的"补充"资产负债表中。为了确定有限合伙人亏损的可扣除性,"补充"资产负债表上载明的资产,被认为是其在合伙中的部分权益。

在处理出售合伙份额的问题上,**美国**采用相同的规则。[50] 对于购买合伙份额的合伙人而言,如果在销售时合伙财产的价值显著低于其计税基础,这类财产的计税基础必须被减少。反之,如果合伙财产的价值增加,对于购买的合伙人而言,合伙可以选择(但不必须)增加财产的计税基础。**法国**税制在许多方面都不同于其他国家。在合伙经营期间,对于分配和已对合伙人课税的留存收益,以及可传递并已扣除的亏损,不需对合伙份额税基进行调整。相反,上述调整实际上被推迟,直到出售合伙份额。因此,根据判例法规则,取得成本因合伙人课税的收益(earning)、以及由合伙人实际承担的亏损而增加,而因由合伙人扣除的亏损和合伙人分得的收益而减少。

关于处分的收益和亏损,有一系列复杂的规则加以规制,这些规则包括有关合伙人地位的条款,也包括有关合伙业务的性质和程度的条款。例如,对于公司合伙人和持有合伙份额的个人独资企业而言,不管何种合伙业务,收益和亏损都被视为经营的资本利得或亏损,适用优惠税率,或者适用通常的亏损限制,如其为长期收益或损失。当合伙从事一项交易、业务或专业活动,且合伙份额被从事该项业务的单个合伙人处分时,适用相同的结果。如果合伙从事不动产或证券投资,除非收益由公司或独资企业合伙人实现,否则收益将被作为私人资本利得。

---

[49] 澳大利亚, ITAA 1997, s. 15-50, 25-95.
[50] 美国, IRC, s. 743.

6. 合伙的清算

当合伙清算时,潜在的收益或亏损即可能出现在合伙或合伙人的层面。这取决于以下三者之间的关系,即合伙资产的公允价值,这些资产在合伙手中的计税成本,以及合伙份额在合伙人手中的计税成本。不同国家之间的税制在对潜在的收益或亏损的处理上,具有实质性的不同。

美国税制在最大程度上对收益或亏损采用延迟确认。作为一般规则,如果现金以外的财产被分配,则在合伙和合伙人层面都不会确认收益或损失,合伙人的合伙份额的计税成本将变为所取得的财产的计税成本。[51] 如果分配的是现金,则将先减去合伙人合伙份额的计税成本,并在其超过该金额的范围内产生收益。分得任何额外的资产带来的相应计税成本将为零。如果分配的只是现金或某种普通所得资产(ordinary income asset),则可能发生亏损的确认。

当资产未按比例分配,且合伙持有的特定资产在销售时会给合伙带来普通所得时,情况将变得更为复杂。[52] 从结果上讲,对于分得的未按比例分配的金额,合伙人将被视为进行了应税的财产交换。

其他国家的税制对清算会认为造成更为广泛的所得确认。**瑞典**将财产分配视为将财产从合伙业务中撤回。根据一般原理,撤回财产会导致收益的确认。此外,如果财产的价值超过了合伙人在其合伙份额中的计税基础(数额会因为由资产撤回时的收益确认有所增加),由于清算被视为合伙份额的应税处理,合伙人可以确认额外的收益。直到2008年,如果资产转让价格等于计税基础,那么资产可以在合伙和企业内外进行转让而无需课税。这些规则可能被用来从事复杂的避税筹划,这些避税筹划通过对交易价格的安排,使得确认的所得达到最少,以此人为地创造大量亏损。这些规则随后被废除。

加拿大的规则也具有相同的基本结构。但是,在某些情况下允许结转减免(rollover relief)。如果合伙人取得未分割的财产权益(undivided interests),不会立即进行确认。[53] 此外,如果单个合伙人继续从事该项合伙业

---

[51] 美国,IRC, s. 731 和 s. 732(b).
[52] 美国,IRC, s. 751(b).
[53] 加拿大,ITA, s. 98(3).

务,对于该合伙人不进行收益和亏损的确认。[54] **英国**也有类似的情况,如果每个合伙人取得合伙资产的部分份额(fractional share),那么也不立即进行资本利得的确认。对资本利得的确认通过对所取得的资产的计税成本进行调整而被推迟。如果分配不按比例进行,这样的分配将立即进行收益的确认。与以下将要介绍的澳大利亚的情况一样,当授予资本减免的存货和资产由合伙转让给合伙人时,经常可以适用结转减免。[55] 与此相比,在**澳大利亚税法中**,一般不承认合伙份额,当清算是通过出售资产和分配收益完成时,每个合伙人被认为是向其他合伙人或第三人处分了合伙财产中的部分份额。当存货和可折旧资产由合伙转让给一个或多个合伙人时,经常适用结转减免。

在**德国**,分配合伙财产被视为将财产从经营中取回,虽然收益会满足优惠税率的适用条件[56],但这将导致收益的确认。[57] 此外,如果将非独立的经营单位或特定的经营资产转让给不同的合伙人,这种分配则仅被视为资产的分割,并且按照递延纳税的方式处理。

法国也将合伙的清算,视为对停止经营时产生的资本利得的确认事项。之前已经课税的留存收益,可以免税分配给合伙人。

在**荷兰**,在处分合伙份额时采用相同的做法。交易需要缴税,且收益或亏损的性质取决于合伙人的合伙份额的性质是投资还或经营。

---

[54] 加拿大,ITA, s. 98(5)。

[55] 英国,2005 年《所得税(贸易和其他所得)法》,s. 177 和 179 以及 2001 年《资本补贴法案》, s. 266 和 267。

[56] 德国,ITA, s. 34。

[57] 德国,ITA, s. 16 par. 3。

第四编

国际征税

这里所讨论的一些国际征税方式在结构上显示出相当程度的相似性，尽管在技术细节上尚有很大差异。这种广泛的一致主要源自早期的国际合作努力，尤其是国际联盟(the League of Nations)时期。这些努力产生且反映了国际征税权分配的理论框架，而这种框架成为这里所讨论的各国税制的基础。一般而言，征税权的主张以纳税人与征税管辖区之间人的联结为基础。在大多数情况下，这种征税主张覆及所有的所得，不过某些国家并不对居民公司纳税人的国外经营所得主张人的征税管辖，并且有一种趋势，越来越愿意考虑将境外公司分配的股息排除在税基之外。同样，所有的国家对可以认定为来源于该国境内的所得主张征税，而不论所得获取者的个人身份。

不同国家对同一所得项目平行主张人的管辖或者来源管辖而导致的重叠征税问题，由三种方法中的一种解决。在某些情况下，由人的管辖所在国将征税优先权或者专有权让给所得来源国行使。在前一种情形下，来源国的优先征税权通过外国税收抵免机制得到认可。在后种情形下，在有人的因素联结的管辖国以外产生的所得在被该管辖区免予纳税，而由来源管辖国独享征税权。在其他情况下，来源国对即使是来源于其管辖区内的所得也放弃征税权，相关所得只在居民国征税。这些基本原则在国内立法和双边协定关系中都得到执行。下文亚编 A 将检讨对人主张征税管辖权中所产生的问题以及消除双重征税的机制。亚编 B 讨论来源征税的结构，亚编 C 选择性地探讨一些其他国际征税问题。

亚编 A 居住地征税

1. 对人主张征税管辖的依据

1.1 个人

对个人主张人的征税管辖通常依据"居住地"(residence),这常常被称为居民管辖权。居住地通常依据"事实和境况"检验法(a facts-and-circumstances test)来判定,考察纳税人与征税管辖国之间的各种社会和经济联系,以及纳税人的居留意愿、与其他管辖国的联系。这种一般考察通常附加纳税人在管辖国停留天数的机械性考察。税收上的居住地可以与,也可以不与移民身份方面的居住地相关联。

美国的做法是将客观检验和事实与境况的检验相结合。如果根据移民法某人享有永久加居留美国的权利(即所谓的"绿卡"),或者他在一个纳税年度内在美国停留 183 天或者更久,他就是美国税收意义上的居民。此外,如果他在美国停留 31 天或者更久,且符合考察当年和过去两年里停留天数的累计停留测试的标准,也可以被视为居民。如果当年与过去两年的停留的加权天数的总和达到 183 天或者以上,此人将被判定为税收上的居民,除非他能证明作为其主要经营活动场所的"纳税家乡"(tax home)是在另一个国家,且他与该国比与美国有着"更为紧密的联系"。判定"更为紧密的联系"的因素就是那些经常被用于确定居住的因素。学生以及外交人员适用特别规定,他们可以在美国停留而不用通过技术性的物理停留测试。①

与其他国家不同,美国也依据公民身份而主张对人的管辖。原则上,美国公民要就其全世界范围内的所得纳税,而无论他们是哪国的居民。这种对人的税收管辖依据增加了对全世界范围征税的管辖权的重叠可能,这一问题通常是在美国的税收协定中解决。②

在**加拿大**,一般而言,居住地根据个案判定,使用判例法发展起来的一

---

① 美国,IRC, s. 7701(b)列举了各种测试。
② 美国,IRC, s. 7701(a)(30)(A)。

套因素,包括加拿大住所的可利用性,家庭成员的居住地,物理停留,以及社会与经济联系。最重要的因素是位于加拿大的住宅(可供纳税人使用)以及在加拿大直系亲属。一旦居住地被判定,如果纳税人已经离开该地,则要考察其返回加拿大的意愿。此外,有一具体的法定条款将个人视同加拿大的居民,如果他在一个纳税期间在此逗留183天或者更久。③ "逗留"的意思并不完全清晰,但是它不是物理停留的同义词;例如,如果某人在一年的某段时间居住在加拿大,这并不是"逗留"。某些纳税人,例如外交人员和军人,被视为加拿大的居民。④

澳大利亚也采用事实与境况检验。此外,如果纳税人在澳大利亚"有住所"(domiciled),并且在该国以外没有任何"永久性的居所",或者纳税人的物理停留超过纳税年度一半的时间,并且不能证明它的惯常居所在国外以及他没有在澳大利亚拥有居住地的意愿,就可以视同在澳大利亚居住。有一特殊规定将某些政府雇员视同居民,这些雇员根据通常的居住地规则往往不会被征税,但是一般在他们履行职务的外国也免予纳税。⑤

英国同样没有关于个人的居住地的综合性界定,此问题通过事实和境况测试法予以解决。⑥ 这种概括测试由一特殊规定予以补充,如果个人在某一纳税年度(4月6号至4月5号)在英国的物理停留达到或者超过6个月,即构成税收上的居民。⑦ 在行政实践中,个人将被视为居民,如果他在英国进行"实质性和经常性的"访问。如果访问的时间跨越四个年度,就是经常性的,如果超过三个月,就是实质性。

在**荷兰**,法律要求居住地"根据情况"来判定⑧,判例法则考察与荷兰的"在人身方面的长期联系"。⑨ 主要的关注点是在荷兰是否有家,以及家庭的住处。驻留外国的荷兰外交人员以及类似人员只要是荷兰公民就被视为荷兰的居民。⑩ 同样,个人如果放弃荷兰居住地,但是在12个月内返回且未在另一国家居住,也被视为没有放弃其荷兰居住地,除非另一个国家是欧盟

---

③ 加拿大,ITA, s. 250(1)(a).
④ 加拿大,ITA, s. 250(1)(b)-(g).
⑤ 澳大利亚,ITAA 1936, s. 6(1) par. (a)对"居民"作出定义。
⑥ 两个著名案件是 Levene v. IRC [1928] AC 217 (HL) 和 IRC v. Lysaght [1928] AC 234.
⑦ 英国,2007年《所得税法》, s. 831.
⑧ 荷兰,GAT, Art. 4.1
⑨ 参见例如 Hof Amsterdam, nr. 1993年10月27日, m. 92/3106, V-N 1994, p.785 (在外国的不同地方工作和生活,但家庭仍在荷兰的已婚雇员的纳税居民地是在荷兰)。
⑩ 荷兰,ITA, Art. 2.2-1.

成员国或协定伙伴国家,而且纳税人在这些国家被作为居民征税,征税的所得来源与荷兰居民需要在荷兰缴税的所得来源相似。⑪

在**瑞典**,如果个人在瑞典有"真实的住处和家"或者瑞典是其"惯常居住地",他就被视为居民。后一条件被解释为,如果纳税人在瑞典持续停留达6个月,就符合这一标准。如同下文将讨论的那样,瑞典也有一套复杂的规定,对那些已经离开瑞典但是仍与瑞典保持实质联系的居民进行课税。

德国只有一个人在德国拥有居住地或者惯常居所时才将其个人视为税收上的居民。⑫ 如果某欧盟国民的收入的90%来源于德国,他可以选择被视为居民,如果这样在税收上对他更有利的话。⑬ 居住地根据纳税人对其愿意保有并使用的家(房屋,公寓等)的可利用性来判定。⑭ 对这种事实和境况测试,已经发展了相当发达的判例法。有些考虑的因素是住宅所使用的期间,以及使用的规律性和频率。如果德国的停留表明并非临时逗留的意愿,就可以判定为"惯常居所"。⑮ 实践中,连续停留6个月(即便跨越两个日历年度)将构成惯常居所,不过规则中还有细微差别。

法国的制度对居住地有着非常详细的法定界定。⑯ 个人如果在法国有永久的家,或者如果其永久的家不能确定,他们在法国进行人身停留超过183天或者比在任何其他国家都要长很多,那么就是法国税收意义上的居民。此外,在法国的专业或者雇佣活动会导致居民税收待遇,除非纳税人可以证明活动相对于在其他国家的活动是次要的。最后,如果纳税人的"经济利益中心"在法国,他将被视为居民,而无论其活动的性质如何。

日本法律的判定标准既包括居所,被界定为个人活动的基地,同时还包括超过一年的居住地,这被界定为日常生活的处所。⑰ 有一行政规章规定,如果个人从事一项经营活动,通常要求在该国生活一年,那么除非另有规定,他将在到达日本时被视为在税收上居住于日本。但是,如果个人与日本的联系很重要,即便经营活动在相当长的时期是在日本以外进行,也被认为是居住于日本。在这方面税法规范是根据民法上住所的概念解释的,行政

---

⑪ 荷兰,ITA,Art. 2.2-2.
⑫ 德国,ITA,s. 1 par. 1.
⑬ 德国,ITA,s. 1 par. 3.
⑭ 德国,GFC(Abgabenordnung) s. 8.
⑮ 德国,GFC,s. 9.
⑯ 法国,CGI,s. 4 B.
⑰ 日本,ITA,s. 1 par. 1 subpar. 3.

规则并非住所的唯一判定标准。

日本也对普通居民和"短期"居民进行区分。短期居民符合一般居住地测试,但不是日本国民而且在10年内在日本保有居住地不超过5年。[18] 短期居民仅就来源所得和汇回日本的外国来源所得纳税。[19]

1.2 公司

一般用两种基本的方法来确定对公司的人的管辖联结。一种是关注与管辖国的某些形式上的法律联系,例如设立或者进行商业登记。另一种是选择一些经济或者商业联系,例如管理地,主要的营业场所,或者不太经常用到的,股东的居住地。许多国家将这些方法结合使用,符合任何一种联结测试,则认定公司为居民。在有些情况下,对管理地的检验成为一种形式检验,主要检查容易控制的事件,如董事会召开的地点,而不是日常经营决策的地点。

美国是依靠纯粹的形式测试确定对公司管辖的代表国家。所有根据美国法律或者联邦各州的法律成立的公司均被视为"国内"公司,即居民公司,而不考虑与该国的其他任何联系。[20] 相反,所有其他的公司都是"外国"公司,即非居民公司,即便公司所有的商业和经济活动都与美国有关。[21] **日本**也采用形式考察,不过规则的技术结构有些不同。根据居民公司的法律定义,如果公司的"总部"或者"主要办公地点"在日本,那么就是居民公司。[22] 但是,这些概念来自民法和商法,根据这些规定,所有在日本成立的公司必须要么在日本有注册的总部(公司法),要么有注册的主要办公地点(民法典),因此实际上对国内组建的公司而言,测试就基于设立地。另一方面,在外国组建的公司可以在日本有注册的主要办公室或者总部(如果这根据设立国的法律可能的话),并且将被日本视为居民公司。

瑞典也采用形式测试,依据瑞典公司法中关于设立和注册的规定。

英联邦国家,传统上重视管理与控制中心地来确定公司居住地,现在将此检验与形式上的设立检验相结合。因此,在1988年以前的**英国**,唯一的考察是公司经营管理和控制中心所在地的事实,虽然并非绝对,但一般是董

---

[18] 日本,ITA, s. 1 par. 1 subpar. 4.
[19] 日本,ITA, s. 7.
[20] 美国,IRC, s. 7701(a)(4).
[21] 美国,IRC, s. 7701(a)(5).
[22] 日本,ITA, s. 1 par. 1 subpar. 6.

事会开会的地点。㉓ 1988年,这一测试为设立规则所补充,规定在英国设立的公司为居民公司,不过依据旧规则,在其他国家设立的公司也能成为英国居民公司。㉔

加拿大规则遵循了英国模式。如果在加拿大成立的公司㉕或者管理和控制中心地位于加拿大,即要按居民公司对待。判例法主要关注董事会的开会地点(假定董事会对公司的业务施加控制),因此使得测试具有形式特征,不过在有些情况下,法院还考察日常实际管理地点。

澳大利亚也采用类似方法。根据澳大利亚法律正式设立的公司将按居民公司对待。此外,如果公司在澳大利亚从事经营活动,同时其管理和控制中心地位于澳大利亚,也同样属于居民公司。澳大利亚的规则还考虑股东的居住地。如果公司在澳大利亚经营,大部分表决权由澳大利亚居民持有,公司也被视为居民公司。㉖ 但是,股东测试并不考虑中间公司或者信托持有的股权,这样很容易通过在公司和最终的澳大利亚股东之间插入一非居民实体而予以规避。

德国和**荷兰**均结合使用设立和管理地的标准。在德国,如果公司的法定地址在德国,那么就属于居民公司。㉗ 由于所有根据德国公司法设立的公司都要求在该国指定法定地址,这些公司自动成为居民公司。此外,如果根据外国法设立的公司的经营管理地在德国,也被视为居民纳税人。㉘ 这主要是看日常管理活动而不是相当于(外部)董事会的法律机构的监管活动。

荷兰同样同时采用正式设立㉙和(对个人也采用的)"根据情况"确定两种方式。㉚ 判例法非常重视实际管理所在地,即日常管理发生地。㉛ 在这方面,诸如董事的居住地、以及董事会议召开地点、经营和总部办公地点等因素,可能被视为相关情况。在**法国**,根据法国法成立的公司并且注册办公地

㉓ 例如,参见 De Beers Consolidated Mines v Howe[1906] AC 455 (HL) at 458.
㉔ 英国,2009年《公司税法》, s. 14 和 15.
㉕ 加拿大,ITA, s. 250(4).
㉖ 澳大利亚,ITAA 1936, s. 6(1) par. (b)对"居民"d的定义。
㉗ 德国,CITA, s.1 par. 1.
㉘ 德国,CITA, s.1 par. 1 s. 2.
㉙ 荷兰,CITA 1969, Art. 4.1.
㉚ 荷兰,GAT, Art. 4.1.
㉛ 概述参见 the Opinion of Advocate General Overgaauw for Supreme Court decision 1,2004年12月, nr. 37.719, BNB 2005/105.

点在法国的,被视为居民公司。但是,由于法国对公司适用地域管辖权制度,有关公司居住地的法律没有高度发达,例如公司必须在法国有与其注册办公地点有联系的实际管理地的程度并不明确。

2. 身份的变化

2.1 个人身份的变化

改变实际环境可以导致个人在一特定管辖区确立或者终止其居民身份。人身征税管辖的变化可以引发许多技术问题。从接受国来看,主要的问题是如何确立新纳税主体的"纳税历史"。这里,有两种基本的方法。一是,当纳税人接受该国的征税管辖时,重建过去发生的事件,如同它们是在纳税人已被接受国管辖的状况下发生,然后用这些历史因素来确定现在的纳税义务。因此,例如,一项资产的历史成本,按照名义折旧调整后,就可以用来确定在新管辖国处分资产的收益。另一种是,采用"重新开始"的方法,主要看居住地建立时的市场价值。

从迁出国的角度看,问题是需要用哪些方法来行使对纳税人作为其居民期间所发生或产生的所得或收益的征税权。一种方法——所谓离境税——是对于那些(非居民)纳税人离开该国后不会被征税的所得,将离境作为实现事件。或者,可以对通常适用于非居民的征税方式进行适当调整,允许对以前的居民的某些类型的所得保持征税权(所谓跟踪税)。

对于新居民,**美国**原则上采用资产的历史成本,不过规则发展不是很完备。根据2008年的立法,居民身份的终止对于任何一个前5年平均年所得多于138,000美元或净资产超过200万美元的纳税人来说是一个实现事件。这些纳税人被视为在放弃国籍的前一天将资产按公允价值出售,并确认在纳税人是美国公民或永久居民期间发生的超过600,000美元利得。㉜ **加拿大**解决问题的方式是,给予新居民的财产一个相当于其成为居民时的公允市场价值的计税成本。㉝ 因此,只有发生在加拿大居住期间的增值或者折旧可以计入加拿大的税收中。同样,当个人终止其居民身份时,他被视为已经按公平市场价值处分其财产,从而产生当期的收益或损失。这种迁移

㉜ 美国,IRC,s. 877A.
㉝ 有关移民的规定见 ITA,s. 128.1.

或者出境税也适用于公司和信托。对于某些类型的财产,如位于加拿大的房地产,通过常设机构在加拿大持有的经营财产,适用例外规定。例外财产是加拿大针对其仍享有来源地征税权的财产。纳税人可以选择将此类财产视同按公允市场价格处分。纳税人可以推迟离境或者迁移税的缴纳,直到财产实际被出售,条件是向税务机关提供了适当的担保。此外,对于移民之后的损失以及离境前收益所负担的外国税收,也有减免条款,以缓解双重征税问题。

在有些情况下,加拿大将征税权延伸至前居民。㉞ 如果前居民从加拿大居民处领取雇佣所得,该所得仍然要在加拿大纳税,除非纳税人可以证明服务是在境外提供,且该笔所得已经缴纳外国税收。

澳大利亚的制度与此相似,但只适用于资本利得税。当非居民变成居民时,他被视为按当时的市价取得资产。当居民身份终止时,凡澳大利亚不能继续行使来源征税权的所有资产的收益均被视同实现,由此保证所有(且只有)发生在澳大利亚居住期间的财产增值部分缴纳税收。纳税人也可以选择延迟纳税直到资产实际被处分,不过在这种情况下,所有的增值额都要纳税。㉟ 在2001年的一份美国条约议定书中,针对美国和澳大利亚税制合作中产生的问题,规定如果从澳大利亚移居美国,将在美国税法下授予纳税人市场价格的计税基础,而且如果纳税人选择延迟纳税,将放弃所有的澳大利亚的征税权利。2003年与英国的新条约有后面一款规定,但没有前面一款规定。2006年与法国的协定正好相反。澳大利亚今年来的协定并没有一致地包含这些条款,所以它们是否将成为未来澳大利亚条约政策的一个特征,尚不清楚。

与此不同,**英国**的基本规则是不将纳税人居民身份的改变作为应税事件,当居民身份确立时,对于视同取得也没有特殊的规则。但是,却有一特殊规则适用于那些终止居民身份后在五年之内又恢复居民身份的个人。在这种情况下,当个人是非居民时所实现的资本利得可能被视同在居民身份恢复之后发生。㊱

瑞典用历史成本作为对迁入的居民资本利得的计税基础。对于经营所得,计税基础可能从成本提高到更高的价值,如果资产的转让已经在前居民

㉞ 加拿大,ITA, s. 115(2).
㉟ 澳大利亚,ITAA 1997, s. 104-160, 104-165, 855-45.
㊱ 英国,1992年《应税收益征税法案》, s. 10A.

国征税。㊲ 对于迁离的居民,适用实际上扩展居住地概念的特殊规则。如果纳税人根据基本的法律界定已经是居民,但不再满足测试标准,如果他与瑞典保持"实质联系"就仍将作为居民纳税。㊳ 有一个法定因素目录用于判定是否存在实质联系的考虑因素。这些因素包括是否为瑞典公民、以前在瑞典居住的时间、在境外存在永久居所、在境外居留的原因、以在瑞典可用的住所、与瑞典的家庭或商业关系、及其他可比较的境况。如果纳税人是瑞典公民或者根据一般规则以前曾是瑞典居民至少十年以上时间,适用特殊的证据规则。离境后第一个五年,纳税人被视为与瑞典仍有实质联系,负有证明不充分具有上述因素,从而不存在实质联系的举证责任。之后,税务机关负有证明因这些因素存在实质联系的义务。

瑞典还保留在个人纳税人离境 10 年后对股票以及其他在瑞典公司的金融资产的处分收益征税的权利。㊴ 2007 年为了防止税收筹划安排,该规则被延伸至外国公司的股权。该筹划的安排是先用免税的方式将某瑞典公司的股权转让到一个外国公司,然后再出售外国公司的股权。但瑞典采取的规则被欧洲法院判为限制欧盟协定下的自由流。瑞典在其税收协定谈判中试图保留这些征税权利。在一些协定中,瑞典保留了对瑞典股权转让收益在 3 至 7 年之内征税的权利,但不能对外国股权转让收益征税。

同样,**德国**在确定个人确立居住地之后进行的交易的税收结果时,采用历史成本。但是根据近来的立法,"实质参与"(substantial participation)的出售在该个人成为德国居民之前发生的资本利得不征税,前提是另外一个国家在这种情况下已对这种已发生的资本利得征税。㊵ 居住的终止一般不被视为实现事件。但是,如果是本来应该在处分时征税的公司的"实质参与",在居住终止时将是利得(但不是损失)的实现事件,前提是个人以前作为居民纳税人至少十年时间。㊶ 由于欧盟委员会宣称该规则违反了欧盟条约所规定的基本自由,立法者实施了一项规则,即如果某人是欧盟国民并迁移到一个欧盟成员国,针对股权转让可以无条件地推迟缴税。此外,有特殊规则适用于某些德国公民,如果其在较长的一个时期内是德国居民,然后将居住地迁移到低税区(或者无税区),但保持与德国的"实质联系"。如果这

㊲ 瑞典,ITA, ch. 20 a.
㊳ 瑞典,ITA, ch. 3 s. 7.
㊴ 瑞典,ITA, ch. 3 s. 19.
㊵ 德国,ITA, s. 17 par. 2 s. 3.
㊶ 德国,《外国交易税法》(Aussensteuergesetz), s. 6.

些条款适用,对前居民来源于德国的所得按照通常国内适用的税率征税。延展的纳税义务在德国居住地终止后持续十年。

荷兰有相当发达的税制适用于对新到的居民企业(在境外设立的企业实际管理移至荷兰)和从事经营的、移居至荷兰的个人征税。以前不缴纳荷兰税收的经营资产以公平市场价值作为计税基础。已有的荷兰经营资产维持其历史成本。如果居住地迁移到国外,经营资产在迁移时视同处分(并且对任何由此产生的资本利得均要确认;在适用这条视同处置规则时,术语"商业"包括其他营利性的活动)。应税的实质参与以公平市场价格为计税基础。至于个人移民,一般而言,终止居住并不导致征税,不过,荷兰保留对在居民公司的实质参与以及某些年金(退休金)和保险的征税权,如果保险费已经在荷兰扣除。

法国并未制定对新来居民征税的特殊规则。离境的纳税人要就其在迁离之前获得的或者发生的、尚未征税的全世界范围的所得(受税收条约限制)纳税。㊷ 从 1999 年起,以前在某些税收递延性交易或者销售中获得的股份的利得也要立即纳税,在过去 10 年中有 6 年是居民纳税人的个人,如果涉及在法国或者外国公司中的实质持股(至少 25%),其终止居住构成应税事件;在这两种情形下,满足一定条件也可以延迟纳税直至纳税人实际处分股份。㊸ 但是这些规定由于被判决为与欧盟设立自由原则相冲突,于 2005 年被从法典中剔除。㊹

日本采用历史成本作为课税基础,且没有关于延展征税权的特殊规则。

2.2 公司身份的改变

如果公司正式在另一管辖国重新成立或者在另一管辖国"存续",那么对公司的属人管辖权可以发生改变。此外,对于那些对公司居住地采用管理和控制检测法的国家,如果规定的管理活动转移至另一国家,居民身份也会发生变化。对于公司居住地的改变可能引发的税收待遇的变化,有几种模式。一种方式是对原来的国内公司视同已经清算,对于公司及其股东从而产生相应的税收后果。股东获得的资产将被视同向非居民公司出资,在这些情况下发生向外交易通常发生的税收后果。另一种方式是,国内公司

㊷ 法国, CGI, s. 167.
㊸ 法国, CGI, former s. 167 bis.
㊹ 欧洲法院, 2004 年 3 月 11 日, C-9/02 (de Lasteyrie du Saillant).

可以被看作将其资产转让给非居民公司而换取其股份,然后将这些股份以清算的方式分配给股东,这些交易同样产生适用一般规则时会发生的税收后果。这里只有少数几个管辖国在这方面有非常完善的规则。

在**美国**,国内公司重新成立为一个外国公司时,其交易被视为涉及境外转让的重组行为。其结果是,正常的重组交换情况下的不予确认的待遇将不会自动适用,国内公司的视同资产转让以及股东的视同股份交换将可能成为应税事件。[45] 另一方面,外国公司作为国内公司的"存续"一般而言将被视为符合规定的重组。其结果是,新的居民公司将继续所获资产的计税成本,同样,股东将其旧有股份的计税成本结转至存续公司的股份上。[46]

在**加拿大**,公司、个人适用同样的原则。[47] 对于成为加拿大居民的公司,其资产除应税加拿大财产和在加拿大经营的企业的财产之外,获得"重新计算"的公允市场价格。在公司成为加拿大的居民时开始新的纳税年度。损失结转仅在与加拿大经营的企业有关的范围内允许。

如果加拿大公司因为在另一管辖国重新成立或者在另一管辖国存续而成为非居民,且不再在加拿大管理或者控制,除了位于加拿大的不动产以及通过位于加拿大的常设机构经营的企业的资产以外,对于大多数财产而言,放弃国籍构成实现事件。公司的纳税年度被视为在迁出之前即刻终止,公司被视为在此刻已经以公平市场价格处分完其所有资产。这种视同实现使得企业产生资本利得以及其他税收后果。此外,对于财产的公允市场价格超过其实缴资本和债务的总和的部分,要征收25%的特别离境税。这种特别税目的在于防止公司通过将居住地迁移到另一国家而逃避对股息征收的预提税。如果公司迁移到一个与加拿大签订税收协定的国家,且该协定对股息适用减低税率,那么也相应降低25%的税率。

英国也有明确的规则规范公司居住地的变迁。历史上,公司没有经过财政部的许可而擅自终止在英国的居民身份,构成刑事犯罪,不过该规定已经在1990年被废止。如果居住地变迁,一般而言,所有英国不再可以主张来源征税的资产都视同处分。如果迁移公司是仍为居民纳税人身份的某一母公司的子公司,税收可以递延。[48]

---

[45] 美国,IRC, s. 367(a)。这部分规定通过众多条例来落实。
[46] 美国,IRC, s. 367(b)。这部分规定通过众多条例来落实。
[47] 加拿大,ITA, s. 128.1。
[48] 英国,1992年《应税收益征税法案》,s. 185 和 187。

澳大利亚的公司法不允许澳大利亚公司迁至另一管辖国继续存续,设立地点向境外变迁可能被视为清算。外国公司根据特殊的程序可以在澳大利亚继续存续,但是税收后果一般不清楚。如果一个非居民公司成为澳大利亚居民,就资本利得税的目的它将被视为按照公允价值购买其财产。反之,如果一个澳大利亚居民公司不再是澳大利亚居民,它被视为按公允价值处分其资产。[49] 在澳大利亚重新设立意味着公司根据设立地的规则而成为澳大利亚的居民,如果公司还不是居民的话。对于不在澳大利亚成立但在该国经营的公司,可以通过改变管理和控制中心或者股东的居住地而迁往或者迁出澳大利亚。在这些情况下,适用居住地变更的一般规则。在上文第2.1结讨论的与英国和美国的协定中关于个人更换居住地的规则不适用于公司。

在**瑞典**,根据公司法,瑞典公司不能改变其身份在外国成立。如果公司清算的目的是作为外国公司重新成立,交易根据一般规则应当纳税。如果瑞典公司在境外进行管理,根据可适用的税收协定,公司被视为仅仅是另一国家的居民(参见2.3部分),其结果是瑞典不能对非瑞典来源的所得课税,那么管理的转移将被作为实现事件。但是此规则被瑞典最高行政法院认为违反了欧盟协定,因此规则被修改为纳税义务可以递延至资产出售时。

在**德国**,作为超越国籍的法律形式的欧洲公司的引入,以及该形式允许公司将法定所在地(statutory seat)和管理地迁移至国外的规则,导致了针对公司纳税人的规则的重大修改。[50] 如果公司将其地点或实际管理中心迁至欧盟之外的国家,由此终止居民身份并因而结束其在德国的无限的纳税义务,这种转移一般被视为公司的清算,要适用有关清算的一般规则,要求对转移的资产进行收益确认。[51] 但是,如果法定所在地和实际管理地是转移到了另外一个欧盟成员国,其只有在德国不能对以后发生的资产处分予以征税时,才被征税。[52] 该规则不仅适用于有效管理地点的转移(对无形资产尤为重要)而且适用于将财产转移至一个境外分支机构。

公司的总部如果从**法国**迁往另一国家,那么所有尚未纳税的收入都要求即刻纳税,凡涉及资本利得的,这种迁移构成实现事件,除非法国和东道

---

[49] 澳大利亚, ITAA 1997, s. 104-160, 855-45.
[50] 德国, CITA, s. 12.
[51] 德国, CITA, s. 12 par. 3 s. 1.
[52] 德国, CITA, s. 12 par. 1.

国存在税收协定,允许迁移公司法人资格的存续。但目前尚未缔结此类协定。然而该规则有一个重要例外:一个法国公司转移到另外一个欧盟国家,无论是否在转移时丧失法人资格,为了符合欧盟法的规定(即设立自由原则,欧洲公司的法律地位,以及关于合并的税收指令)现在都是免税的。但如果财产在这种交易中实际发生转移,那么实现的资本利得就是应税的。虽然法典只对从法国转移做了规定,同样的规则可能也适用于一个公司的总部转移至法国的情形。㊳

在**荷兰**,如果在荷兰成立的公司将其管理地点迁移至境外,这不会影响荷兰行使征税权,因为是在国内成立,公司的居住地仍被视为在荷兰。但是,如果根据条约的决胜规则,另一国享有将公司视为居民的排他性权利,对于所有荷兰不再享有征税权的资产而言,要求确认收益实现。㊴ 而且,最高法院在一个很有争议的判决中已经判定,这样的公司在与第三国缔结的条约下不再有资格成为居民公司。㊵ **日本**没有关于迁往外国的日本公司的税收规则。因此,如果日本公司为了重建为外国公司而清算,交易将适用普通规则而征税。

2.3 双重居民

双重居民的问题常常通过税收协定来解决,协定包含确定单一居民管辖权的规则,这反过来限制了另一国的征税权。除了条约规则外,有些国家有特别的国内立法,以防止纳税人利用在两个(或以上)国家都被视为居民公司(所谓的"双重居民"公司)而在两国同时进行损失扣除。例如,在**美国**,特殊规则限制双重居民公司在美国进行损失扣除,如果(一般而言)这一损失也可以在境外合并集团进行扣除。另一方面,规则一般不制止公司利用损失同时减少它自己在两个国家的收入(如通过损失结转)。由于所得在两个国家都可能需要纳税,在这种情况下允许损失同时扣除不被视为不当。只有当所得在外国合并集团中弥补损失,同时又不受美国征税权管辖时,才

㊳ 法国,CGI, s. 221-2 和 3.

㊴ 荷兰,CITA, Art. 15c.

㊵ 荷兰,最高法院,2001 年 2 月 28 日,nr. 35.557, BNB 2001/295. This result is consistent with the position in the OECD Commentary on Article 4, which was added as part of the 2008 update. 这个判决结果与《OECD 关于对所得和财产避免双重征税协定范本》的注释(以下简称《OECD 注释》)对第 4 条的注释中的观点一致,该观点于 2008 年更新时补充。

会产生问题。㊾

美国也发展了相当复杂的一套规则,目的在于防止纳税人利用"混合"实体(在一国作为公司纳税,同时在另一国作为合伙企业纳税的实体)逃避任何国家的纳税义务。

在**加拿大**,根据税收协定的规定被视为另一国家的居民的双重居民主体在任何情况下,都不被视为是加拿大的居民。㊼ 这一规定适用于公司、个人和其他类型的主体,对于防止利用双重居民身份的大部分税收筹划非常有效。但如果是非条约国家,双重居民公司仍然可以获得利用。

澳大利亚对于双重居民公司所主张的扣除,主要是利息,也遭遇到问题。问题最初出现在 1984 年,当时引进了存在 100% 关联关系的公司之间可以进行损失转移的规则。应对之策是拒绝双重居民投资公司转移损失的权利。对双重居民投资公司的定义㊽有效消除了许多双重居民融资安排。与加拿大的制度一样,受控外国公司(CFC)规则也规定,如双重居民根据税收协定,其居住地被分配至另一国家的公司,CFC 规则将其视为外国公司。㊾ 1997 年这一针对双重居民公司的处理方法被扩展至提供给居民的某些税收利益,如资本利得税结转和 100% 关联集团内部损失的转移。㊿ 同时,2002 年开始实施的合并纳税制度不允许该类公司成为合并纳税集团的成员。㉛ 2003 年对国际税收的政策回顾建议澳大利亚放弃这些具体的规则,按照加拿大和英国的方法对双重居民的公司居住地规则采用一个一般性的资格条件。前政府接受了这一建议但没有制定立法。现任政府 2008 年表示对该问题仍在进行研究,并在 2009 年表示可能针对所有居民而不仅仅是公司采取该处理方法。

英国同样有限制双重居民投资公司对损失以及其他减免利用的规则。㉜ 最近制定的一项与加拿大规则类似的规则规定,根据税收条约中的决胜规则,被视为另一国家居民的公司无论如何都不视为英国的公司。㉝

㊾ 美国,IRC, s. 1503(c).
㊼ 加拿大,ITA, s. 250(5).
㊽ 澳大利亚,ITAA 1936, s. 6F.
㊾ 澳大利亚,ITAA 1936, s. 317 在"第 10 部分澳大利亚居民"中给出了定义。
㊿ 澳大利亚,ITAA 1936, s. 6(1)对"法定的双重居民"作出了定义,该定义也包括了双重中央管理和控制的情况。
㉛ 澳大利亚,ITAA 1997, s. 703-15(2) Table Column 3.
㉜ 英国,1988 年《所得和公司税法》, s. 404.
㉝ 英国,2009 年《公司税法》, s. 18.

法国、**德国**、**荷兰**和**日本**没有关于双重居民的特殊法定规则。

在**德国**，双重居民公司在以前不可能存在，因为"真实场所"理论在公司法上不承认公司的管理中心和注册办公地点可以位于不同的国家。由于最近欧盟法院强迫德国接受根据其"母国"法律，将其管理中心转移至德国而不改变其法律形式的外国公司的法人资格[64]，未来将会有更多的"双重居民"公司。如果法定场所或者"真实场所"其一位于德国，则被视为德国的居民。如果此类公司相当于德国的公司性主体，就会被界定为公司纳税人。[65]

2.4 临时居民

445 尽管一些国家，例如**英国**，长期认可不同类型的居民，近些年来，其他国家也开始针对移居外国的个体雇员制定特殊税制，这些雇员在一定期限内，例如2至4年，被其雇主临时借调至其他国家，但计划回国。那么该雇员与哪个国家应被视为与其有更密切的社会和经济联系，并因此该国成为其真正的居民国？根据借调国的国内法及可适用的协定，这类雇员通常变成借调国居民。例如，他们可能有权享受该国的免费医疗保险，这就暗示他们应以居民身份在该国纳税。另一方面，他们通常与原籍国保持着相当密切的联系，例如加入该国的养老保险计划。这意味着从长远来看，他们应被视为原籍国居民。基于这些原因，一些国家试图通过适用于临时居民的特殊税制来弱化居民与非居民之间的严格界限。

澳大利亚于2006年引入了适用于临时居民的、更为有限的征税制度，对临时居民的定义参照了其签证和社会保险状况，以便针对短期停留的移居国外的雇员（通常以四年为限）。临时居民通常对非澳大利亚来源的所得免税（除了雇佣收入，包括股票期权），不适用CFC和外国投资基金制度，且无需就支付给非居民的利息缴纳利息预提税（这种情况主要出现于，虽然不仅仅是因为，该外国人在另一个国家会向为该国居民的一家银行按揭贷款购房，需要向该银行按揭付款（包括利息部分））[66]

加拿大在适用非居民信托规则和拟议的外国投资基金规则时为在加拿

---

[64] 欧洲法院，2002年11月5日，C-208/00（Überseering）.
[65] 德国，CITA, s. 1 par. 1 nr. 1.
[66] 澳大利亚，ITAA 1997, Subdiv. 768-R.

亚编 A　居住地征税

大暂时停留 5 年以内的新居民提供特殊的免税待遇。[67] 就某些外国信息进行申报的要求对第一年停留的居民也设有例外。[68]

自 2004 年起，**法国**就对其所谓的"移居人员"（impatriates）（雇员、公司经理、以及甚至自 2008 年起，专门批准的自雇人员）—— 成为法国居民但在前五年内还未获得此身份的人员——给予特殊的税收优惠。[69] 他们所谓的年度"移居奖金"和在国外工作的报酬（如果有的话）可以享受广泛的免税待遇。其支付的外国社会保险金可享受税收扣除。[70] 2008 年 1 月 1 日后成为法国居民的个人仅对其消极外国来源的所得（股息、利息、特许权使用费和股份或证券转让利得）的 50% 在获得时纳税。这种税收优惠并不附带任何有关随后在法国停留年限的条件，但只能在受益人成为法国居民后的第一个五年内享有。在同一期间内，其外国资产同样免缴法国财产税。[71]

就短期居民仅对国内来源所得和汇回日本的外国来源所得纳税这一点而言，**日本**的短期居民与上文的概念类似。但其历史背景却是独特的。目前税制的前身作为应税所得中绝对不包含非日元所得这一规定的替代物于 1950 年被首次引入。这种排除是第二次世界大战后盟军总司令部采取的一项措施。在 1957 年，该制度变为短期居民制，短期居民仅对国内来源的所得和汇回日本的外国来源所得纳税。2006 年以前，短期居民是指不在日本永久居留、且未持续居住超过五年的居民。2006 年修订的税法用外国国籍代替了第一项要求，用最近十年内在日本居住五年代替了第二项要求。该修改旨在解决给予日本国民短期居民优惠，并且打击一些外国人在实践中滥用该规则的情况，他们试图在五年期限届满前短暂地返回其母国以期保留短期居民的身份。

英国对临时居民的主要税收减免是对在英国没有住所的居民的传统税收优惠。尽管所得类型不同，规则也有所变化，但一般说来，"无住所"的人仅在外国来源所得汇回英国时纳税。2008 年该规则有所收紧，这样如果无住所人在英国居住 7 年后仍希望享受该待遇，那么他必须每年就 30,000 英镑按固定税率纳税。[72]

---

[67] 加拿大，ITA, s. 94(1)(b).
[68] 加拿大，ITA s. 233.7.
[69] 法国，CGI, s. 81 B 以及，对 2008 年 1 月 1 日后成为居民的人，s. 155 B.
[70] 法国，CGI, s. 83 1° 0 bis 和 2° 0 ter.
[71] 法国，CGI, s. 885 A 1°.
[72] 英国，ITA 2007, Part 14 Chapter A1.

3. 双重征税的减免措施

　　这里所讨论的所有国家，对于因为对同一个纳税人同项所得同时以居民和来源管辖权为依据主张征税权而产生的双重征税，都在国内法上规定了减免措施。居民国一般要么允许该项所得免予计入税基，要么对外国税收在计征国内应纳税额时给予抵免，以消除双重征税。

　　根据外国税收抵免机制，外国所得计入税基，来源国的优先征税权通过给予外国已纳税款的抵免额而得到认可，由此取代或减少通常在国内应承担的纳税义务。如果居民国的税率高于外国税率，就要征收剩余的国内税，但是国际双重征税已经被消除。如果外国税率高于国内税率，所有的国内税收都被免除，同样，双重征税也得以避免。

　　除了解决对同一纳税人的同项所得要受到相互冲突的征税权的管辖带来的表面的不公平外，从经济学的观点看，外国税收抵免制度一般被认为与资本输出中性的基本政策是相符的。亦即，从居民国的投资者来看，抵免制度倾向于保证境内或者境外的投资选择将不会受到税收因素的影响。在实际操作中，这里所讨论的抵免制度远远无法实现上述目的，尤其是当外国的税率高于本国的税率时。此外，实践中，有关国际所得的各类规则之间的相互影响，常常使得我们很难确定，某一特定规则是否会或者不会推进资本输出中性。不过，尤其是涉及组合投资时，资本输出中性在历史上曾经是决定采纳或者保持抵免制度的一个重要因素。

　　国际双重征税也能通过对某些类型的外国来源所得免予缴纳国内税收予以避免，由此将排他征税管辖权礼让给来源国。如果外国所得只是简单地被免税，并且不影响其他应税的外国或者国内来源所得的课税，其结果实际上与对该项所得根本不主张征税权一样。更为常见的是，免税所得在确定其他所得的税收待遇时应当予以考虑，例如，在确定累进税率结构中应该适用的税率时（"累进地免税"）。

　　尽管免税策略常常被用来与抵免方法相对比，在实际的操作中，两种减免双重征税的方法常常产生十分相似的结果。在这里所讨论的税制里，免税常常被限于某些特定类型的境外所得，大部分通常是积极的经营或者雇佣所得，针对这些所得一般会要缴纳与在居民国需要承担的税额相当的境外税收。如果国外和国内税率大致相当，在抵免制度下，居住地国家将对外国来源所得征不到多少额外的税收，其结果在功能上与对该项所得免税相当。如果"累进地免税"得到运用,那么两个方法的差异就被进一步缩小了。

不过,在特定情形下,两种机制的适用效果会有很重要的差异。即使国外和国内税率一般大致相当,但不同的行业、不同的公司之间可能存在重要的差异,因此免税的选择意味着剩余的国内税收可能在某些重要的情形下不可能征收。此外,来源规则将承受巨大的压力,因为如果两个管辖国的来源规则不是完全相合的话,决定某一特定所得项目是外国来源可能意味着这笔所得将在任何地方都不被课税。同样,转让定价的差异在免税制度中也有不同的含义。

除了消除潜在的双重征税功能之外,从政策的观点看,免税方法与资本输入中性或者竞争中性的政策是一致的。它能确保来自境外活动的所得所适用的税率不会高于本地竞争者所适用的税率。它也能保证外国免税期或者优惠不会因为额外的居民国税收而被"抵消"。这些效果是某些国家在考虑是否利用免税方法时的一个重要因素。

免税方式常常被强调的另一个方面是它的相对简便。由于对于境外所得只需简单的免税,因此没有必要详细地确定某项特定所得项目的外国税负。但是,这一被认为是相对于抵免制度的优越性可能被过分夸大了,尤其是在经营征税的情景下。如同下面将要讨论的,虽然免税制度避免了一些技术性问题,但它也引发了其他一些问题。简单或者复杂的程度似乎不是一个基本方法选择的问题,而是粗略、简单的解决方案因为征管或遵从方面的原因而被接受的程度问题。

最后,某些国家在近些年来采用了一种免税体制以达到"导管"式税务处理。亦即,当一个实体是一个国家的居民但其所有人都是其他国家的居民,而该实体的所得都来源于其居民国之外。由于这种情况下来源国和所有者居住国都要对相关所得征税,实体的居住国的征税主张被认为不够充足,因此采取免税体制。鉴于该思路的出发点,免税待遇一般仅限于法人实体(通常限于公司。)

无论其相对的优点和缺点,实践中,没有一个国家采用"纯粹的"免税或者"纯粹的"抵免法。这里所讨论的所有国家都将这两种方法结合使用,对某些种类的所得免税,而对另一些种类的所得所负担的外国税收给予抵免。不过,免税和抵免的"组合"程度却有很多的差异。**美国**大部分采用抵免法,而**大陆法**国家和**澳大利亚**的税制呈现出更多的免税特征。**加拿大**处于中间状态,**英国**也在向这个方向发展。虽然**日本**和英国过去一般采用抵免方法,两国在 2009 年都引入了对外国公司股息的免税规则。

在具体的制度方面，**美国**对大部分境外所得采用外国税收抵免[73]，不过对外国勤劳所得则采取有限的免税法。[74] 纳税人可以选择抵免或者扣除外国税收。抵免限于与美国所得税相当且对外国来源所得课征的外国所得税。抵免额不得超过美国对外国所得课征的税收。但是，限制不是追寻特定项目或者所得的部分所负担的具体税收，而是以一种公式，允许两种类别或"栏目"的外国所得（消极所得和非消极所得）负担的高税率的外国税收与低税率的外国税收进行平均。[75] 抵免额也适用于美国公司在其中至少持有10%的有表决权的股票的外国公司缴纳的税收（"间接"抵免）。[76]

日本也采用外国税收抵免制度，纳税人可以选择抵免或是扣除外国税收。抵免额给予所有的外国所得税以及超额利润税和分配盈利所负担的税收。抵免额不能超过日本对外国来源所得课征的税收。一般而言，允许税负高与税负低的外国所得之间进行平均，然后有一个总的限制。但是，对平均也有某些限制。例如，未课税的外国来源所得中的2/3必须在计算抵免额时不予计入。[77] 2009年税法修改取消了以前对于日本公司股东从其持有25%或者更高持股比例的外国公司获取的股息的间接抵免。而取代其的规则是针对日本公司从其持有25%或者更高持股比例的外国公司获取的股息的95%被排除在其应税所得之外。[78]

直到最近，**英国**主要采用抵免制度。抵免额限于每项特定来源的所得负担的外国税收，以此防止对直接获取的所得负担的外国税率的平均。间接抵免适用于至少拥有支付方外国公司10%表决权股的居民公司股东取得的股息。在适用间接抵免时，按来源限定抵免的做法被放宽，允许一些聚拢算法。[79] 2009年，为回应欧盟法的困难，英国开始采取一种广泛的对英国公司获得的外国股息的免税制度。免税适用于多种（但不是全部）从税法角度按照分配处理的支付。原则上，免税待遇对于所有股息都适用，与英国公司在分配的外国公司中的持股比例无关。与外国股权持有有关的债权融资发生的利息仍然可以扣除，但适用全球债务限额（下文讨论）。[80] 针对个人股

---

[73] 美国，IRC, s. 901(a)。
[74] 美国，IRC, s. 911。
[75] 美国，IRC, s. 904(a); 904(d)(2)。
[76] 美国，IRC, s. 902。
[77] 日本，ITA, s. 95 以及日本，《公司税法》（CTA), s. 69。
[78] 日本，CTA, s. 23-2。
[79] 通常，参见英国1988年《所得和公司税法》，Part XVIII。
[80] 英国，2009年《英国财税法案》，Schedules 14（插入了2009年《公司税法》Part 9A) 和 15。

东获得的外国股息没有相似的免税规则,但(2009 年以后)适用于国内股息的合并制度实际上也适用于外国股息。如上文所述,2008 年开始,非定居的个人根据"汇回"金额缴税的方式(实际上相当于对境外所得免税)限于该个人获得居民身份之后的 7 年内适用,除非纳税人缴纳每年 30,000 英镑的固定费用。

加拿大同时采用外国税收抵免法和免税制度。对于居民纳税人支付的"所得或者利润"税给予抵免。[81] 该抵免额限于加拿大对来自特定国家的所得所征税收,所谓的"国别"限制。营业和其他所得分别适用抵免限额。纳税人可以选择在计算所得时扣除针对非营业所得缴纳的外国税。[82] 对于加拿大公司直接或者间接拥有 10% 股权的外国公司缴纳的税收规定了一种间接抵免。[83] 抵免额采取反计还原扣除(grossed-up deduction)的方式,这种扣除实际上将抵免额限于外国所得本应缴纳的加拿大税额。除了间接抵免,对于来自与加拿大签有税收协定,或者在 2008 年以后,税收信息交换协议的国家的积极经营所得的股息,可以免税。[84] 由于加拿大条约网包括加拿大公司有实质境外直接投资的大部分国家,几乎所有由加拿大公司的境外子公司汇回加拿大的股息都能适用免税。符合间接抵免条件的股息很少有支付,原因是资金可以通过无利息贷款的方式汇回国内。2008 年一个顾问委员会建议加拿大采取一个对加拿大公司从 10% 持股的外国子公司获得的股息完全免税的制度。

德国也对抵免和免税采用类似的组合。根据德国基本的法律制度,对于全世界范围内的所得征税,同时对根据德国来源规则属于外国来源的所得所缴纳的境外所得税适用外国税收抵免。[85] 抵免额限于需缴纳的德国税收,限额按国别来实施。在境外所得是应税的前提下,纳税人也可以选择扣除外国税收。有一项特殊的规则允许外国来源所得在某些情况下按照优惠比例税率纳税,但须经过税务机关的批准。此外,在境外经营活动中产生的境外损失,概括地说,即那些不构成积极贸易或者经营的活动中产生的损失,不能从其他类别的所得扣除。

在几乎所有德国签署的协定中,德国在不同的条件下对经营所得(以及

---

[81] 加拿大, ITA, s. 126.
[82] 加拿大, ITA, s. 20(12).
[83] 加拿大, ITA, s. 113(1)(b).
[84] 加拿大, ITA, s. 113(1)(a).
[85] 德国, ITA, s.1 par. 1 和 s. 34c;CITA, s.1 和 s. 26.

来自子公司的股息）予以免税，有时要求是外国的积极经营活动，或者所得在国外需要纳税。从德国广泛的条约网来看，就经营所得而言，它实际上成为一个免税国家。

但是在最近的立法中，德国采取了针对"白色所得"的"兜底条款"[86]：任何按照协定应该免税的、但在来源国基于对协定的不同解释或对外国居民特殊规则而没有行使征税权的所得，都需要纳入全球所得征税。由于德国长期强烈信奉免税制度，这一对德国征税权彻底的扩张同时受到了学者和商业界人士的谴责。但是这种扩大征税权的主张在2008年也通过另外一种方式体现，当时与阿联酋签订的协定用抵免法代替了免税法。

瑞典对外国所得税允许扣除[87]或抵免[88]。在抵免的情况下，额度限于应该对所有境外所得征收的瑞典税收，这是一个总括的或者概括的限制。基本规则是来自外国公司符合条件的股息免予纳税。如果居民在瑞典境外停留超过6个月，对境外雇佣所得也予以免税。对于积极所得（外国常设机构的利润和境外雇佣所得）和境外房地产的所得，**荷兰**在国内法中主要规定免税法来减轻双重征税（是通过在世界范围的所得基础上计算的税收的按比例减除来实现），而不是将境外所得从应税基础中排除来实现。[89] 这一方法在境外损失的弥补以及保持累进税率的全部效果方面具有重要的意义。此外，外国税收抵免适用于从某些发展中国家获得的消极所得，以及运动员和艺术家的海外所得、通过设立在低税国家的境外融资分支机构（foreign finance-branches）获得的利润。[90] 从外国公司获取的股息可以适用"参与"免税，与从国内公司获得的股息基本上适用相同的条件，额外的要求是公司在境外管辖区要缴纳不少于按照荷兰规则计算出的所得的10%的税额。[91] 纳税人也可以选择扣除外国税收。

澳大利亚的双重税收减免方式取决于所得的类型。消极的投资类型的所得适用抵免制度，对于境外（一般是预提）税给予抵免。[92] 通过境外常设机构直接进行的活动产生的利润（不包括如境外分支是子公司而受CFC规

---

[86] 德国，ITA, 50d par. 9.
[87] 瑞典，ITA, ch. 16 s. 18 和 19.
[88] 瑞典，《外国税收抵扣法》。
[89] 荷兰，2001年《避免双重征税法令》（DADT），Art. 10.
[90] 荷兰，DADT, Art. 25 和 36-38（投资所得），Art. 13 和 14（运动员等）以及 Art. 39（金融分支机构所得）。
[91] 荷兰，CITA, Art. 13.10.
[92] 澳大利亚，ITAA, 1997, Div. 770.

则规范的所得)以及外国公司对持有10%或更多股权的居民公司股东支付的股息("非组合股息")在澳大利亚免予纳税。2004年作为国际税收改革的一部分,对于澳大利亚母公司持股10%的外国子公司股权转让的资本利得引入了参与免税的规则,该改革还针对居民公司显著地扩大了现有的免税体制。结果是,以前对不符合免税条件的股息可以适用的间接抵免制度被取消。[93] 2009年以前,如果纳税人在境外停留至少91天且在境外需要纳税,那么境外雇佣所得就可以在国内享受累进地免税(exempt with progression)。在2009年,这一免税规则被缩小只适用于在外援或相似项目中工作的雇员。在其他情况下,境外雇佣收入所缴纳的外国税可以适用境外税收抵免。

法国的税制独一无二,因为除了依照协定外,一般不对双重征税给予减免,外国税收仅仅从税基中扣除。但是也有一些重要的例外。属地管辖权原则对在境外进行的经营或营业产生的利润免税[94],从符合条件的境外子公司分配的股息也同样予以免税。[95] 此外,也可以获得特别许可,对境内和境外的经营进行合并纳税申报,在这种情况下外国税收可以抵免,外国损失可以扣除。[96] 大约有12个公司选择了这种申报方式。从境外工作获得的工资和/或奖金在某些情况下也可以免税。[97]

3.1 外国税收抵免制度结构中有关问题

3.1.1 可抵免的税收

所有允许在境外缴纳的税收在国内所得纳税义务中抵免的制度都必须确定哪些外国课征有资格适用抵免。有几种方法可以采用。一是列举符合抵免条件的具体境外税收。另一种是对于与国内所得税具有基本的相似性的外国税收允许抵免,而不太注重外国税法的具体技术规定。最后一种是确定外国税收必须具备才能作为所得税抵免的具体特征。此外,在条约中通常具体规定哪些税收可以抵免。

大部分国家仅考察基本的相似性。只有**美国**详细规定了规制规则,为外国所得税设定必须满足的标准。规章的结构部分以在税收抵免方面发展

---

[93] 澳大利亚, ITAA, 1936, s. 23AH, 23AJ, ITAA 1997, Subdiv. 768-G.
[94] 法国, CGI, s. 209 I.
[95] France, CGI, s. 145 and 216.
[96] France, CGI, s. 209 quinquies.
[97] France, CGI, s. 81 A.

了所得税概念的一些判例法原则为基础。根据规章⑱,境外"课征"必须是税收,而不是为获得某种经济利益而作出的支付,必须在正常情况下可能实现净收益。国家或者地方政府所征收的税收都能适用抵免。

在确定某税收是否是所得税时,该税收必须建立在所得实现制的基础上,不过规章也允许大量偏离实现制要求的例外。该税收还必须在计算应税所得时采用总的收益。因此,以随意"标明"的价格为基础所课征的税收不符合抵免条件。但是,如果以总收益的可能估计额为基础征收的税收(例如成本加合理的利润加成),将符合抵免条件。最后,税基必须对费用给予合理的减除,使得外国税主要针对净所得征收。但针对此原则可以有较大的出入。以总额为基数课征的税收,如果因为不可能有重大的支出而仍能使纳税人在缴纳税收之后有净收益,那么也可以抵免。在另一个极端,一个扣除性消费税,对在所得税中可被视为资本支出的费用允许全额扣除,据称不能作为可抵免的税收。

为退休金筹集资金的社会保障类型的税收一般可以抵免,只要不是以年龄、寿命或者其他类似特征作为缴纳基础。这种缴付不被认为是为了某一具体的经济利益进行的支付。

"代替"所得税的税收也可以抵免。以总额为基础的税收,如通常对非居民的投资所得课征的预提税,被视为此类税收,只要该税很明显是代替一般课征的所得税。但是,对于所谓的"吸收"(soak-up)税收不允许任何抵免,吸收税收是指仅仅在符合居民国抵免条件的情形课征的税收。

协定可以扩大抵免税的范围而涵盖那些不符合规章规定的税收。

加拿大将抵免限于"所得或者利润"税,但是在这方面没有制定法或规章的界定,判例法也几乎没有。某些在石油和天然气生产分成协议下向外国政府作出的支付被视为"所得或者利润"税。⑲ 美国社会保障税被认为可以抵免,尽管该税的税基有限,以及支付与具体的利益存在松散联系。向下级政府支付的所得税收也可以抵免。吸收税收不能抵免,还有反避税规则防止不适当的制造外国税收抵免。⑳

瑞典同样将抵免限于向所有层级的政府缴纳的"所得税"。此外,与瑞典对经营性房产征收的税收和对个人住宅征收的费用相似的不动产税可以

---

⑱　美国,Regs.,s. 1.901-2.
⑲　加拿大,ITA,s. 126(5).
⑳　加拿大,ITA,s. 126(4)-(4.2).

抵免。

澳大利亚于2008年重述并生效的规则更为复杂。法律上的定义涵盖了任何对所得、利润或者收益课征的外国税收（税收条约适用的税收特别作为可以抵免的税种列举出来）。依照之前体制下的、现在应该仍然适用的行政裁决，可抵免的税收必须是以与澳大利亚立法相当相似的法律为基础课征的税收，对所得或者收益适用净基数税，而对消极所得适用最终总收入基础的预提税。裁决包括符合或者不符合这些标准的税收（已有些过时的）清单。社会保障税收一般不能抵免，但是地方政府征收的所得税收允许抵免，从2008年起超国籍的税收（如欧盟对欧盟雇员征的税）也是如此。有特殊规定将单一税（unitary taxes）排除在抵免之外，这主要是针对美国某些州不是以"水的边线"为基础的税收。此外，对于"吸收"税收不允许扣除，这是指如果纳税人没有资格在澳大利亚适用抵免则本来不会课征的税收。[100]

英国对于任何与英国所得税或公司税"对应"的税收允许抵免。[102]这种限制被宽泛解释，曾有对总收益的90%课征的税收被法院认为是可以抵免的。[103]征管机构的立场是对于对经营利润能起到所得税同样功能的税收允许抵免，这样就排除了流转税，但是不一定排除对总收益课征的税收。对地方政府支付的税收可以抵免。社会保障支付不能抵免。

德国同样将抵免限于与德国所得税或者公司税相当的税收。税务机关已经公布了可抵免税收的详细清单。在近年公司税率降低到15%之后，位于德国的跨国公司出现了更多的抵免超额（excess tax credits）。由于这些公司需要向国内的市级政府缴营业税（平均税率13%），允许国外所得税来抵免国内营业税的问题越来越重要。但是，到目前德国立法不允许在不同税种之间跨越抵免。

日本的税制也在规章上作出了个宽泛的界定，涵盖了个人和公司所得税以及超额利润税、收入税、以及分配收益税。但是，社会保障税不能抵免，地方所得税只能适用扣除。

由于**荷兰**的税制主要是采用免税法，可抵免税收的问题不是那么重要。虽然根据荷兰国内税法，可抵免的外国税必须是所得税，但对可抵免的所得税的解释相当宽泛。在地域管辖权原则主导公司境外所得的征税的**法国**，

---

[100] 澳大利亚，ITAA 1997, s. 770-10, 770-15.
[102] 英国，1988年《所得和公司税法》, s. 790(12).
[103] Yates v GCA International Ltd [1991] STC 157.

情形大体相同。大多数抵免由条约授予,条约确认可抵免的税收。在可选择的世界范围的统一征税情况下,对于可抵免税收有一个概括的界定。[104]

3.1.2 抵免限制

所有的税制都对已缴的外国税收可以在多大范围内抵扣国内纳税义务设有限制。虽然从理论的观点来看,无限制的外国税收抵免有时被说成是与完全的资本输出中性最相符的结构,但实际财政收入约束使得这一政策不可能实施。此外,如果抵免的主要功能是消除对国际所得的双重征税,从这一点而言,没有理由允许抵免减少国内来源所得的本应课征的国内税收。但是,在这些基本限制的范围内,抵免限制可能采取的实际形式却有多种。一个极端是,外国税收可以追溯到外国所得的某一具体项目,抵免额限于该项目在国内征税的额度。另一种做法是,所有的境外所得和境外税收可以被放在一起考虑,抵免额限于相应的国内税收。这一方法允许高税负与低税负的境外所得相"平均",允许在不超过国内税收的范围内进行全额抵免。此外可能有多种中间结构。抵免额限于对于所得的具体类型所缴纳的外国税收,例如来自某一特定国家("国别"限制)或者某一组或者某一类型所得("项目"限制),或者两者的组合。

这里考察的制度都属于分项限制与无限制的总体限制之间的某种形式。在大多数情况下,对积极经营所得和消极所得(尤其是利息所得)所负担的外国税收之间的平均的能力有所限制。对某些形式的所得免税的制度,平均的可能性也有限制,因为免税所得和相应的外国税收没有进入限额计算。在一定程度上,限制的范围与可抵免的税收的界定宽度有关系。

美国,部分因为其历史上作为资本输出国的地位,有着最为复杂和发达的一套制度对抵免施加限制。但是,由于美国的制度对任何外国来源经营所得都不免税,而且,一般而言,允许此类所得进行平均,而不论税率或者税收来源,因此其制度可能比某些其他国家的税制限制要少些。在 2007 年以前,美国针对 9 项不同类型的所得适用限制规则。[105] 而按现行的美国制度,对两个不同项目的所得适用全球限制:消极种类和一般种类。[106] 大多数积极经营所得归入"一般"项目,不同行业之间以及不同地域来源之间的所得均可以平均。对消极所得单设一个项目。如果消极所得本身适用的税率相当

---

[104] 法国,CGI, Regulatory schedule II, s. 122.
[105] 美国,IRC, s. 904(d) (在修改前).
[106] 美国,IRC, s. 904(d)(2).

于美国的税率,那么就放在一般栏目中,由此保证低税负的消极所得不会与承担相当于美国税率的此类所得相平均,将承担一定的剩余美国税收。如果外国公司受美国主体控制,租金、特许权使用费和从其获得的利息支付被视为来自在外国公司层面确定的所得的相关项目。此外,来自美国拥有10%或者更高比例股权的外国公司的股息,这些带着视同缴纳或间接外国税收抵免额(无论外国公司是否为受控外国公司),也可以被视为按比例来自相关所得项目。因此,外国公司所得的属性"传递至"美国的股东。

在日本,用一个分数乘以国内纳税义务,这个分数的分子是应该纳税的外国来源所得的总额,分母是全球应纳税所得总额。但是,有两个特别限制,用来应对外国税收的过度平均。首先,只有1/3无需在境外缴纳税收的境外所得计入分子中。其次,计入分子中的外国来源所得不能超过总所得的90%。[107] 存货的出口销售所得只有通过境外固定经营场所或者在其他使得所得需要在国外缴纳税收的情况下被视为来源于外国。其他来源规则与那些适用于境外纳税人的征税规则基本相同。

在加拿大,国别限制被用作对不适用免税的经营所得的基本限制。此外,对于非经营所得分项限制,也适用于国别限制。对于个人,从房地产之外的财产获得的所得的抵免受到绝对的分国限制,不能超过来源于该国的所得金额的15%。超额税收可以扣除。[108] 15%的限制不适用于不动产的租赁所得。非经营项主要因为省级征税而具有重要性,但确实产生限制平均联邦税收的效果。虽然来源规则对于加拿大的税制的运行非常重要,他们相对而言欠发达,且大部分依赖行政规则。外国税收一般按照追踪原则归于外国所得。

德国的抵免同样有国别限制。[109] 在2003年以后,法定规则防止来源于某一特定国家的应税所得与免税所得之间的平均。虽然荷兰税收条约规定了分国抵免限制,但是纳税人有权选择一个总括限制,适用于没有税收条约时提供的双重征税的减除。

在瑞典,抵免限制体现了所得的分类课征体制。对于个人,在最初的限制计算中经营所得和雇佣所得放在一起,资本所得是一个单独的类别。按照这种限制,每一类所得税收限于同一类所得所应负担的瑞典税收。但是,

---

[107] 日本, ITA, s. 95 和日本, CTA, s. 69.
[108] 加拿大, ITA, s. 20(11).
[109] 德国, ITA, s. 34c par. 1 s. 1; CITA, s. 26 par. 1.

如果因为瑞典税收低于外国税收,外国税相对某一类所得超过限额,其他所得类别的超额税收也可以用于吸收当期的额外限制的多余限额。所得的外国来源特征根据外国法对其定性来确定。公司只有一种所得来源,因此限制是一种总括的限制。根据判例法,在一个国家发生的亏损不能抵消在其他国家发生的正所得。

澳大利亚进行世界范围的限制。以前是在四个所得项的基础上规定的,但这在 2008 年被取消。而且如果纳税人在外国缴税总额在 $1,000 或以下,就不适用限制(即全部外国税都可以抵免)。[110]

以前,抵免只适用于在澳大利亚法律下界定为来源于境外的所得。从 2008 年起只要某所得承担不是基于居民身份的外国税收,其外国来源并无关紧要。境外来源只有在抵免限额的计算也包括未缴纳任何外国税收的所得时才比较重要。澳大利亚在立法上只有极少数明确的有关居民纳税人的所得来源规则。法院已经在事实与境况的判定方法的基础上发展了一些判例规则。有些规则相当清晰。例如,利息来源于资金提供地,这可能是合同签订地,或者是资金交付地。在税收协定中,澳大利亚经常纳入一条规则,根据协定是否授予某国在没有居民管辖权的时候能够征税而确定所得来源。协定也经常规定适用于澳大利亚国内法的来源地规则,这意味着协定可以改变在国内法下对来源的界定。对境外税收抵免的限制以前按照纳税人承担的澳大利亚平均税率计算。但现在境外所得在计算在澳大利亚需要缴纳的税时,实际被视为所得中最高一层的部分,这对于使用累进税率的个人来说更有利。

英国的限制,在原则上相当严格。直接抵免按照来源授予,没有使用的抵免不能与其他所得的英国税收相抵免或者向前结转,不过超额抵免在某些情况下可以扣除。但是,这种限制的严格性可以通过利用非居民控股公司传送外国所得予以避免。没有"穿透"规则,来自中间外国"混合"公司的所得被视为来自一个来源的所得,给予所有的关联税收一个抵免额。利用"混合"公司来实现高外国税率与低外国税率之间的平均效果非常常见,不过在 2001 年对此类公司的利用施加了一些限制(下文讨论)。因为 2001 年的修订,间接抵免不再按照来源(股息)基础计算。来自关联公司的股息在计算间接抵免限制时可以汇总计算。来自非关联公司的股息则分开汇总计

---

[110] 澳大利亚, ITAA 1997, s. 770-75.

算。来自受控外国公司的股息也予以单独隔离计算。[111] 2009 年开始,由于对外国公司股息免税,这些规则对英国公司不再发生影响。

3.1.3 对外国来源所得的费用分配

在确定抵免限额中的一个重要因素是纳税人在各类施加限制的类型中的外国来源应税所得。为了确定其数额,必须有将扣除额分配给适当类型的正所得的规则(或者确定某一具体类别中的负所得)。尽管该问题在适用外国税收抵免限制中的中心地位,只有美国在这方面有相当发达的规则。在其他国家,规则相当概括,纳税人有很大的选择余地。在一定程度上,规则受到财务会计实践和公认会计原则的影响。

从 1977 年开始,**美国**开始有在外国来源和国内来源所得之间分配费用的详细的行政规则。[112] 根据这些规章,扣除首先根据所得与费用的"事实关联"分配至所得的一般类型。分配至某一特定类型的扣除可能超过该类型在该年度的正所得。不一定与某类所得相关联的扣除按比例分配给所有的毛所得,但是规则的详尽程度几乎没有给毛所得分配留下多少空间。一旦分配至某一类毛所得,扣除然后就分配至相关类型——比如外国来源和国内来源——的所得。规章对在分配中需要考虑的因素作出了规定,包括售出单位、总收益、销售货物的成本以及其他。对利息和研究与发展费用适用特殊的规则。

对于利息,利息费用按照以产生境外来源和国内来源所得的资产的计税成本为基础的资产方法进行分配。[113] 对外国公司股票的计税基础予以调整以反映留存收益或者收益中的赤字,因此实际上反映了外国公司的当期经营。纳税人可以选择使用市场价值在资产之间分配利息费用,如果这些价值可以充分确定的话。

这一方法以"可替代性"方法为基础,假定借贷成本与所有的生产性资产有关。但是,一项特殊的规则要求将利息费用直接分配给外国来源所得,如果在美国有"超额"借贷,该借款已经贷给境外子公司。国内利息费用的一部分实际上被视同在境外的关联子公司发生,因此可以直接分配给境外来源所得。[114]

---

[111] 英国,1988 年《所得和公司税法》,s. 797,806A-806J.
[112] 美国,Regs.,s. 1.861-8.
[113] 美国,Regs.,s. 1.861-9T-13T.
[114] 美国,Regs.,s,1.861-10T. 可供选择的另一种分配方法将国外分公司的利息费用考虑在内。美国,IRC,s. 864(f)(1).

至于国内合并纳税的公司集团,利息费用和关联所得必须在合并的基础上计算。在某一法律修订之前,将合并纳税集团中利息费用隔离在没有大额的境外来源所得的成员公司是常见的做法。[115]

自从1977年规章的颁布,有关研究和发展费用的分配方法处于不停的变动中。依照最初的规章,研究费用首先分配至概括分类中适当的产品类别。在这些类别中的费用在分配至不同来源的所得中,部分是依据研究进行的地点,部分依据销售或者总收入的相对金额,对于特许权使用费和其他类似款项予以适当调整,以达成与销售数据可比的数额。立法修订将规则的适用中止了数年,然后用另一条款取代之,将所有在美国发生的研究费用分配至美国来源所得。

颁布于1995年的规章采用了与1977年规章相同的基本方法,不过在减少分配至外国来源所得的研究费用方面更为宽松。按照分配的销售方法,研究费用的50%分配至从事研究的地点,剩余的费用根据国内和境外销售的相对金额进行分配。按照分配的总所得法,研究费用的25%分配至研究地点,剩余的费用依据相对毛所得进行分配。[116]

在**加拿大**,利息和其他费用一般根据事实追溯分配至境外来源所得。这一方法允许纳税人安排其事务,将其借款传递于加拿大的资产或者加拿大的所得,以便最大化外国税收抵免。如果不可能追溯,加拿大税务局(CRA)允许按照以资产价值或者毛所得为基础的合理公式分配费用。没有将费用分配至外国来源所得的具体法律规则或者判例法。此外,加拿大税务局的行政立场非常概括。

在**澳大利亚**,费用分配必须合理,但已公布的资料中提供的指引很少。2001年以来,利息费用适用特殊规则,下文亚编B第1.3节结合所得来源征税讨论的新的资本弱化体制。

日本税制在其法规中规定费用按"理性的"基础进行分配,纳税人可以有很大的选择。法规列举了以所得、资本投资或者劳动力规模为基础的分配方法。

在**瑞典**,没有关于费用分配的法定规则,虽然显然外国税收抵免限制必须在净所得基础上适用。在国内和境外分支机构之间分配费用中发展起来的原则可能有一些适用,但是一般而言,这一领域尚未发展起来。

---

[115] 美国, IRC, s. 864(e)(1).
[116] 美国, Regs. s. 1.861-17.

传统上**英国**在此领域没有制定很多规则。国内法仅涉及相关的境外所得,而一般这被认为指的是国内的分类税制。营业所得带来了一些问题,税务机关也曾在一个案子里败诉,当时一个保险公司成功的主张境外抵免限额应该适用于其总的营业利润(包括英国的利润),而不仅是利润中与境外所得有关的部分。[117] 作为回应,2005年"相关所得"的概念在境外所得作为部分营业取得的情况下的抵免额的计算时被限缩。[118] 在计算限额时,"相关所得"应该是"因产生外国税收抵免额的交易、安排和或资产而发生的"。该所得应该扣除任何与其直接相关的可扣除费用和按照"合理比例分摊"的间接费用(如一般管理费)。

在**德国**,判例法原则要求"直接或间接相关的"费用应该通过追溯法分配至境外来源所得。对于一般费用不进行分配。对于境外免税股息,德国税法遵循母子公司指令中允许欧盟的成员国制定的一般规则,即5%的股息可以构成不可扣除的费用。[119]

在**荷兰**根据税收协定实行的境外税收抵免限额的计算基于费用的全部分配(亦即直接可归属的费用和一般费用的比例部分)。在不适用税收协定的情况下,单边减免只允许将成本直接归属特许权使用费(但针对其他所得要求全额分配)。

针对外国免税股息,**法国**长久以来一直采用后来母子公司指令采取的规则,即股息(加上任何境外税收抵免)的5%可以视同为不可扣除的费用。但这种费用不能超过公司在相关税收年度发生的所有费用的总额。[120]

3.1.4 在抵免计算中损失的处理

当一个特定的抵免类别中的费用超过所得,由此导致的损失可能对剩余抵免额的计算发生影响。必须对几种不同的情形进行区分。首先,如果分配至某一特定境外所得类别的费用超过了所得,超额部分可以(a)分配至国内所得,这样不会影响其他抵免额的计算;(b)只按一定基础分配至其他境外所得项目,由此潜在地减少了其他项目中的抵免额;或者(c)按比例分配至境外所得和国内所得,这样对抵免额计算有着更有限的效果。其次,假定一些分配规则已经确定,辅助原则必须确定,当一个项目中的损失已经

---

[117] Legal & General Assurance Society Ltd v. Revenue and Customs Commissioners [2006] EWHC 1770.

[118] 英国,1988年《所得和公司税法》,s. 798A.

[119] 德国,CITA, s. 8b par. 5.

[120] 法国,CGI, s. 216.

分配至其他项目(或者国内来源所得),该栏目后来发生的正数的效果将会如何。最后,如果总结果是负数,那么就有一个总的净经营损失,可以向后结转,必须制定规则处理结转对以后年度里抵免额计算的效果。这里讨论的制度采用了诸多不同的方法。如果积极经营所得要负担较重的境外税收而在国内予以免税,这个问题一般不是很重要,因为抵免将适用于不可能发生损失的境外所得类别。

在这个问题上**美国**又有着最为复杂处理损失的规则。[121] 复杂性可以追溯至之前所得项目的广泛使用,以及政策选择,即某一特定栏目的境外损失,只要在其他任何一种所得类别中有正的境外来源所得,就不应该允许抵减国内来源所得。因此,一个所得项目中的境外损失必须首先按比例减少其他项目中的境外所得,有超额部分再从美国来源所得扣除。当后来境外所得在起初发生损失的项目中产生时,该所得在归入所得项目时,必须按照与损失利用同样的方式重新定性。但是,对该所得课征的任何境外税收不能重新归入其他项目。如果境外损失超过境外来源所得,并减少了美国所得,这样纳税人在经受"总体的"境外损失,其后产生的境外来源所得在计算抵免限额时被重新定性为美国来源所得。同样,如果反过来,当国内损失减少境外所得,随后发生的国内来源所得就被重新定性为来源于境外的所得。

在 2008 年以前,**澳大利亚**针对亏损的规则最为严格。如果分配至境外来源所得的扣除超过了所得,损失就不能从当年的国内来源所得扣除,而是无限制地向后结转用来与未来的境外所得相抵。2008 年该限制被取消,因此境外亏损现在可以弥补来源于境内的所得。以前被隔离的境外亏损也可以使用,但在新体制实施的前四年有过渡限制。特殊规则适用于利息。[122]

在**加拿大**,抵免限额按国别来计算,一般而言,某一外国管辖区的损失不影响其他管辖区的抵免计算,但是减少国内来源所得。随后产生的国内所得在抵免时无需重新定性为境外所得的规定。当国内损失超过国内所得并减少了境外来源所得时,抵免额将限于应付的加拿大税收。一年的总体净经营损失不影响以后年度境外税收抵免的计算,除了在以后年度应付的境外税收或者加拿大税收由于损失向后结转而被减少的数额之外。

---

[121] 美国, IRC, s. 904(f)。
[122] 澳大利亚, ITAA 1997, s. 770-75(4)。

原则上,**英国**的来源方法不将其他来源中发生的损失纳入考虑。但在境外活动是境内经营的一部分时,"来源"是整个经营,结果是境外活动的亏损减少了经营利润,间接地包括境内活动的利润。[122] 境外税收抵免的计算基于经营中在境外"发生"(arising)的所得。[123] 如果境外活动给企业的经营带来了总体亏损,该亏损和其他来自英国经营的亏损一样可以使用,即可以弥补当年其他来源的所得(允许一年的向前结转),也可以向后结转弥补该经营以后的利润,包括境内利润。[125] 由于在这种经常发生的情况下境外税收抵免限额与经营利润计税分开计算,亏损的使用对将来境外税收抵免的计算没有影响。

德国在适用其分国限额抵免,并不用彼国发生的损失来弥补来源于此国发生的所得。但另一方面,当几种不同类型的所得是在某一国取得时,收益和损失要结合在一起。此外,在全球所得征税的前提下,境外亏损原则上在最终计算纳税人应税所得时可以弥补境内或其他所得。某些境外损失(主要发生于可能制造税收庇护的消极活动)的扣除限于来自同一国家、同一来源的所得。[126] 当来源国在欧盟或欧洲经济区时,最近的税收立法在一个欧盟法院关于境外参与投资的判决之后取消了该对亏损扣除的限制。[127] 这些损失不影响在同一国家产生的其他所得的抵免额的计算。减少国内来源所得的总境外损失对于其后年度的抵免额的计算不发生影响。

日本税制中的损失问题相对而言没有那么重要,因为采用总方法,不存在不同所得项目之间损失的分配问题。当境外损失减少国内所得时,没有规定要将以后发生的境外所得重新定性为国内所得。

3.1.5 剩余抵免额的结转或限制

当抵免存在限额而产生超额的境外税收抵免时,所有国家的税制都必须处理如何对待这些超额抵免额的结构性问题。如果严格遵照年度会计原则,就要求每一种计算都要以年度为基础,如果抵免不能在境外税收发生的年度里使用,这些抵免额就会丧失。对这种严格的年度会计原则的放松最有说服力的例子是,当因为会计规则的差异,境外所得计入国内税制的方法不同于境外所得计入国外税制时。这里,课税时点规则可以使得同笔所得

---

[122] 英国,2009 年《公司税法》,s. 35.
[123] 英国,1988 年《所得和公司税法》,s. 790(4).
[125] 英国,1988 年《所得和公司税法》,s. 393 和 393A.
[126] 德国,ITA,s. 2a.
[127] 欧洲法院,2007 年 3 月 29 日,C-347/07(Rewe Zentralfinanz)。

上的境外税收与相应的国内税收计入不同的会计期间。其他时点方面的差异也会因为规范扣除和所得确认的原则之间存在差异而发生。除了时点问题,更为宽泛的政策问题是,高税负的境外来源所得与低税负的境外来源所得之间的时间上的平均作为一般原则予以许可的程度。

假定某种类型的时间平均是理想的,技术性结构的问题是超额税收本身是否可以结转至其他存在"超额限制"的会计期间,还是允许超额限制在税收发生的年度出现。大部分制度采用税收结转法,允许不同程度的时点平衡。规则的结构一般是相同的,不过(本质为任意的)结转期间却不相同。结转期间有时候与期间限制的规定相关联。

在**美国**,超额抵免可以向前结转 1 年,向后结转 10 年,受到适当项目中超额限制的可得性的限制。[128]

在**加拿大**,超额外国商业税收可以向前结转 3 年,向后结转 10 年。[129] 对于与非经营所得有关的超额税收不允许结转,但是超额部分可以在税收发生的当年扣除。

在**日本**的总额限制制度下,超额抵免可以向后结转 3 年。此外,任何来自前三年的超额限制可以向后结转,超额抵免可以在当年在此范围内被吸收。[130] 任何剩余的超额抵免然后可以向后结转。

瑞典同样允许向后结转四年,但不允许向前结转。

澳大利亚以前允超额抵免向后结转 5 年,但 2008 年税制简化过程中将原来四个项目取消的同时,该规则也被取消,之前五年发生的超额境外抵免有过渡性减免。根据现在的全球性限额,超额抵免不允许结转。时点差异通过以下方式解决,即将抵免发生的时间视为澳大利亚对相应所得征税的年度,即使外国税是在另一个(或早或晚)的年度发生的。[131] 在外国税收缴纳之日起的四年内可以对抵免计算进行修改,而非主张抵免的年度,所以即使外国税收缴纳是在很多年以后,仍然可以抵免。

在**荷兰**,可以适用无限制地向后结转。与此不同,**英国**的直接境外税收抵免制度根本不允许结转。但是,从 2001 年开始,可归属于英国居民公司的境外常设机构的超额抵免可以向前结转 3 年,向后无限制结转。[132] **德国**也

---

[128] 美国,IRC, s. 904(c).
[129] 加拿大,ITA, s. 126(2).
[130] 日本,ITA, s. 95, par. 2 和日本,CTA, s. 69, par. 2.
[131] 澳大利亚,ITAA 1997, s. 770-10, 脚注 1.
[132] 英国,1988 年《所得和公司税法》, s. 806L.

有一个限制性制度,对于超额抵免不允许任何向后或者向前结转。为了部分解决该问题,纳税人可以选择(按照国别)扣除而不是抵免境外税收。

3.1.6　境外子公司缴纳的境外税收的间接抵免

在这里讨论的所有税制中,当公司利润是由国内公司向国内公司股东分配时,都规定某种机制以消除或者减少公司层面的多重税收负担。同样,当分配公司是境外公司时,所有的制度均提供某种形式的减免。这种减免可以履行两种功能。首先,与在国内情形一样,它避免了公司层面税收的叠加。同时,它减轻了潜在的国际双重征税,这种双重征税导源于取得国家对利润的征税以及股东居民国的征税。这后一种效果也使得通过外国分支机构和外国子公司进行的境外经营的税收待遇更具有可比性。

这里讨论的国家中有几个国家一般是通过将大部分公司间股息不计入税基而解决此问题。**加拿大**、**法国**和**瑞典**在某些情形下采用或者已经采用间接抵免制度,但是对境外公司股息予以免税在实践中更为普遍。在德国,对来自国内或者境外公司的股息完全免除税收使得间接税收抵免的适用变得多余,该制度也因此被取消。同样,在**澳大利亚**、**日本**和**英国**采用了对居民公司获取的股息免税的制度时,也均取消了间接抵免。荷兰完全采用免税制度。免税制度所引发的问题将在下文讨论。

3.1.6.1　股份所有权要求

如同国内多重征税的减免通常所要求的那样,这里讨论的所有税制都要求某种最低程度的股份持有,才能对分配公司已经缴纳的外国税收适用"间接"境外税收抵免。这些要求部分基于简化管理的考量,部分建立在更为基本的理念,即抵免的功能是减轻"直接"外国投资而不是组合投资的国际双重征税。

美国的基本要求是美国公司股东直接拥有境外分配公司表决权股10%或者更大的权益。[133] **英国**在适用间接税收抵免的情形下(2009年后多数来自外国子公司的股息被免税)也有10%表决权股的最低要求。[134] **澳大利亚**在2004年取消间接抵免之前有相似要求。**加拿大**的测试要求更为宽松,任何类型的股份达到10%或者更多,无论是直接持有还是间接拥有,就允许适用抵免。而且,所有权门槛仅仅由加拿大公司拥有的类别的股份数量决定,而不是表决权或者价值。**日本**要求在外国公司拥有25%的股东权益,才能

---

[133] 美国, IRC, s. 902(a)。
[134] 英国, 1988年《所得和公司税法》, s. 790(6)。

享受间接税收抵免。这一标准在新引进免税体制之后仍然得以保持。

3.1.6.2 多层/层级限制

如果第一层外国公司本身获得来自低层公司分配的股息,公司税的多层问题也存在。对于税收支付的公司层级,只要最终的国内股东,直接或者间接拥有规定的10%的股东权益,**加拿大**在允许抵免时不施加限制。同样,在**英国**的制度下和**澳大利亚**以前的制度下,间接抵免不受层级限制。[135]

美国的规则更为严格。抵免只能适用 6 个层级。每一层级都必须有至少 10%的表决权股为上一层级的公司所持有,有 5%的间接权益为最终国内母公司所持有,而在三级以下的外国公司必须是受控公司。[136] 层级限制被认为是出于征管上的便利考量。**日本**以前的间接抵免制度限于两个层级,每个层级至少要求持股 25%。

3.1.6.3 间接抵免计算

间接抵免的计算涉及几个结构问题。利润分配必须与境外公司的特定利润相关联,且境外税收必须归属于利润分配。此外,由于实际股息分配的所得计入本身带着间接抵免,股息的数额应该原则上"加总"计算,这样外国税收本身就被计入国内税基中。

在**美国**,利润和相关税收最初按年度、后进先出的方式计入所得。这一方法鼓励税收筹划人为增加来自分配的税收,并且也在收益出现赤字的年度出现时制造了技术性难题。1986 年,该制度被"累积式汇聚"(cumulative pooling)法所代替,该方法将所有的盈利和境外税收(在预期基础上计算)汇聚起来,将所有的分配视为将总汇聚额的适当比例带回。[137] 间接抵免在计算国内母公司的所得时予以"加总"。[138]

加拿大制度的复杂性来自"应税盈余"的利润分配本身带着与抵免功能相当的抵扣额,而来自"免税盈余"的分配是免税的。一般而言,境外税收在"与情境相适"的基础上在两个类别中予以分配。分配被视为首先出自免税盈余的"汇聚池",其次出自应税盈余,由此进行相当于抵免的扣除的计算。

3.1.7 间接抵免和限额制度之间的相互影响

当平均的能力受到某种分项限制时,限制必须与间接抵免相协调。"透

---

[135] 英国,1988 年《所得和公司税法》,s. 801.
[136] 美国,IRC, s. 904(b)(2).
[137] 美国,IRC, s. 904(c).
[138] 美国,IRC, s. 78.

过"各类栏目限制必然是复杂的,且是项目制度本身复杂性的一个后果。它涉及以股息形式分配的利润的待遇问题,同时也涉及可扣除款项,例如利息和特许权使用费,这些必须被看作是从各类项目中支付的。

该问题在**美国**最为突出,因为美国广泛采用抵免制度,且在限制规则中有着复杂的栏目结构,虽然这种复杂性在采取两个项目制度后有所减弱。概括而言,来自境外公司的股息在适用境外税收抵免时被视为按比例出自境外公司的盈利的适当项目,而无论境外公司是否为美国主体所控制。[139] 如果是美国主体所控制的境外公司,利息、租金或者特许权使用费款项被根据一般的扣除分配规则归入所得类别,被视为从此所得类别支出,并且根据分配在确定项目时确定其性质。利息支付首先被归入境外公司的任何一类消极所得,然后归入剩余的栏目。复杂的排序规则确定哪些支付被视为首先进行。[140] 这些规则的结果是那些负担很少或者没有负担境外税收的所得被放入总括栏目,可以在抵免时用来平均境外税收的实际税率。

在**加拿大**,虽然对于出自免税盈余和应税盈余的分配进行了区分,对于符合间接抵免的应税股息没有尝试穿透分国限制。因此,高境外税收和低境外税收有可能被拉平。但是,对于支付股息的境外关联公司,实际抵免被总括限制于该股息所应负担的加拿大税收。

3.2 对境外所得免税结构的相关争议

3.2.1 免税结构

当居民纳税人的境外所得被免予纳税时,免税结构可采取几种形式。最宽泛的是简单地通过不对该项所得行使征税管辖权而将该所得全部排除在税制的适用范围之外。例如,在**法国**,居民公司的经营所得的税基限于在法国产生的所得;可归于境外贸易或者经营的经营所得原则不纳税。或者,如同**加拿大**的做法,境外所得可以在某些情况下被计入税基,不过最终免除其纳税义务。一种方法("免税加累进")是计算如果所得计入时所应产生的纳税义务,然后对计入税基的所得适用由上述计算所应适用的税率。这一方法为**德国**采用,例如当居民个人的境外所得根据税收协定免税时。另一种方法是在计算适用于应税所得的税率时,将免税所得"堆"于较低的累进税率之上。这种方法过去曾在**美国**和**澳大利亚**结合对境外取得的所得的

---

[139] 美国, s. IRC, 904(d)(4).

[140] 美国, s. IRC, 904(d)(3).

免税处理采用。

3.2.2 免税所得的种类

如同上文谈到的那样，没有一个国家的税制对居民纳税人的所有境外来源所得免税。因此，必须有规则对免税境外所得和应税所得进行分类，对于后者通常提供境外税收抵免。区分通常是在积极所得，如经营所得——无论是直接在境外分支机构取得，或是从符合条件的境外子公司分配的股息——与间接投资所得，其形式为利息、特许权使用费以及其他消极所得。有时，要求免税所得实际上，或者原则上，在外国纳税。在其他情况下，免税限于来自特定国家的所得（例如那些与本国有税收协定的国家）。

因此，在主要采用境外税收抵免制度的**加拿大**，对从境外子公司（"境外关联公司"）的"免税盈余"分配的股息免税，在这些公司里加拿大公司股东必须持有10%或者以上的股票权益。[141] 免税盈余被界定为在与加拿大签订税收协定或税收情报交换协议的国家取得的积极经营所得以及某些资本利得。对于积极经营所得的定义相当复杂，排除了某些不动产租金、专利使用权、融资以及投资经营。[142] 穿透规则的适用将某些利息、特许权使用费和其他在某一境外关联公司的积极经营中向另一境外关联公司支付的可扣除的付款，作为接受者的积极经营所得。此外，某一境外关联公司从另一关联公司获取的股息要么作为免税盈余，要么作为应税盈余，取决于股息是从支付者的哪个盈余账户所支付的。对于在符合规定的活动中获得的境外雇佣所得以及从离岸银行中心获得的某些所得也提供一定金额的免税。[143]

法国的制度对法国公司从境外经营或交易中获取的所有所得予以免税，包括与经营或营业有实际联系的消极所得。符合经营或交易的活动层级大致相当于协定中的常设机构的概念。[144] 此外，对于从境外子公司获得的公司间股息予以免税，条件与国内投资所适用的免税条件相同，亦即一般只要存在5%或者以上的股东权益。[145] 在两种情形下，无论境外是否纳税，都可以免税。

对于个人，境外工作获得的奖金以及特别支付，一般都予以免税（但计入累进税率）。境外工作获得的薪金一般也获得同样的免税，前提是这些薪

---

[141] 加拿大，ITA, s. 113(1)(a)。
[142] 加拿大，ITA, s. 95(1)。境外受控公司规则采用的定义与股息免税规则的定义相同。
[143] 加拿大，ITA, s. 122.3 和 33.1。
[144] 法国，CGI, s. 209 I。
[145] 法国，CGI, s. 145 和 216。

金承担了相当于法国税收 2/3 的境外所得税,或者是由参与境外建造、挖掘或商业游说活动的工作者取得。[146]

与此不同,**瑞典**将免税限于从境外与瑞典有限公司或合作团体(co-operative associations)相似的公司获得的股息,前提是该股息根据国内公司间股息政策本可以免税。免税也提供给境外来源雇佣所得,如果瑞典居民在境外停留达 6 个月,且所得在国外需要纳税。

澳大利亚也对公司的境外经营所得予以免税。免税适用于直接在分支机构获取的利润以及资本利得(除非如该分支为境外受控公司,该所得会按照 CFC 体制征税)或者由澳大利亚公司股东从非间接投资(10% 或者更高的表决权)的外国投资中获取的股息。[147] 对于非分支机构的外国公司,CFC 规则如果超过限度就可以被适用,这就使所得在当期由股东纳税,分支机构的此类所得由公司按相同的基础纳税。如果所得按 CFC 制度纳税,在作为股息分配时可适用另一种免税,无论是否符合一般股息免税的条件。主要的区别在于对这种股息缴纳的预提税可以获得境外税收抵免,而符合一般股息免税的股息承担的预提税不能抵免。[148] 这种不同待遇的理论基础是针对以前缴过税的 CFC 所得的股息免税是为了防止将同样的所得两次算入税基。通过 CFC 制度和特别股息免税的组合,所有的所得都被课税,而公司税和股息预提税都可以抵免。目前在对澳大利亚 CFC 和相关制度的反思过程中,以上不少规则都在被重新考量。

境外雇佣所得在 2009 年以前也可以适用免税待遇,前提是澳大利亚居民在境外居留 3 个月且所得在境外需要纳税(也有一些例外)。"累进地免税"的制度特点影响在平均税率的基础上对其他所得的课税。2009 年开始这一免税规则只适用于从事外援和类似项目的雇员。[149]

荷兰的制度在结构上有所不同,没有正式采用免税制度,不过在操作中却具有免税的效果。荷兰没有在技术上对境外所得免税,最初,所有的所得,包括应税和免税所得,均计入税基和税额的计算中。然后按符合免税待遇的所得占总所得的比例减除税收。

根据国内法,免税适用于直接作为经营所得从境外常设机构中获取的

---

[146] 法国, CGI, s. 81 A.
[147] 澳大利亚, ITAA 1936, s. 23AH, 23AJ, ITAA 1997, Subdiv. 768-G.
[148] 澳大利亚, ITAA 1936, s. 23AI, ITAA 1997, s. 770-10(2).
[149] 澳大利亚, ITAA 1936, s. 23AG.

境外所得、来自不动产的所得、以及来自境外雇佣所得,如果该所得根据境外所得税需要纳税。㉙ 后一要求被解释为仅需要所得"在客观上"需要纳税;特定纳税人是否实际纳税不影响免税待遇的适用。㉚ 如果是雇佣所得,只要纳税人由荷兰公司雇佣,在境外至少工作 3 个月,就认为符合免税条件㉛,但是如果在境外的雇佣期间不到连续 30 天,要适用更为严格的条件:所得必须已经实际在境外纳税。㉜ 依照税收协定,"纳税"的要求不再适用。

荷兰免税制度最为重要的部分是将国内参与免税扩展适用于境外公司的投资。持股达 5%或者更多的国内公司股东从境外公司获得的股息免予纳税(完全且不按比例),如果股份不是作为"组合"投资而持有,这要求与国内公司的经营有一定的关联,但包括身份为控股或者协调公司的公司。(对于欧盟子公司,不需要适用"非组合投资"要求)。此外,境外公司必须缴纳国家境外利润税。

由于对境外参与股息免税,对于境外股息负担的境外预提税不给予抵免。但是,如果某些条件满足的话,对于"入境"股息的预提税,部分允许与荷兰公司在支付"离境"股息时必须汇出的税收相抵。

虽然就单边减免而言,**德国**的国内税制采用的是境外税收抵免机制,其签订的协定对于在境外常设机构中产生的所得以及来自境外子公司的股息采取免税。但是,即便在协定中,对于投资或者组合所得,雇佣所得或者不动产所得,一般不给予免税。

提供免税的不同情形存在很大差异,早期的协定没有那么多限制,新近的协定通常将免税限于来自积极经营的所得或者在境外纳税的所得。境外股息按照国内法律予以免税。唯一来自境外子公司的所得需要纳税的规定是 CFC 规则。如上文所述,最近《所得税法》的一条规定是一种"兜底"的变换条款,适用于由于与本国法不一致的定性或来源国的特别规则而不在另一国家缴税的免税所得。

美国对境外挣得的所得提供有限度的免税,当所得接受者是境外居民或者在纳税年度有相当长的时间是在境外时。㉝ 免税限于 80,000 美元,2004 年以后按通胀率调整(2008 年为 87,600 美元)。没有"累进地免税"规则;

㉙ 荷兰, DADT, Art. 9.1.
㉚ 荷兰, 参见,例如, Hof's-Gravenhage, 1995 年 11 月 13 日, nr. 94/0888, V-N 1996 p.2876.
㉛ 荷兰, GAT, Art. 38.2.
㉜ 荷兰, DADT, Art. 9.4.
㉝ 美国, IRC, s. 911.

免税所得减少了对应税所得的其他项目应适用的税率。

英国主要采用境外税收抵免制度。但如上文讨论，2009 年开始对英国公司获得外国公司的股息采取了广泛的免税制度。该免税待遇适用于所有股息，不像其他国家一样将免税限于非组合股息。⑬

如上文所讨论，2009 年之前**日本**完全实行税收抵免制度，但当年引进了针对某些外国股息的免税制度，并取代了间接抵免制度。免税规则适用于日本公司持有 25% 或以上权益的外国公司分配的股息。⑭

3.2.3 免税所得的扣除分配

当免税制度被用来减轻国际双重征税时，原则上免税应该仅适用于净境外所得。相应地，与免税境外所得相关的扣除应该不能从国内或者境外来源的应税所得中扣除。对免税所得的扣除分配问题在功能上与在抵免限额制度中对境外来源所得分配扣除一样。直到最近，很多国家忽略了这一问题，或者仅用追溯法限制利息的扣除，这使得避免将利息费用分配至免税所得相对简单。但是近年来有些国家对此问题极为关注，尤其是用可扣除的利息取得免税境外所得，例如股息。

比如在**加拿大**，虽然为取得免税所得中发生的费用原则上不能扣除，但没有具体的规则对免税所得的扣除分配予以规范，一般而言，采用追溯方法（tracing approach）。加拿大公司从境外关联公司获得的免税股息，其利息费用的扣除并没有被禁止，原因是股息明确被排除在免税所得的范围之外。此类利息费用的扣除被批评家指出为现行制度存在的一个问题，但是如果从加拿大公司的国际竞争力考虑，则又具有相当的重要意义。最近一个顾问小组建议加拿大不采取对利息扣除的任何限制，虽然同时建议将外国股息的免税政策扩宽。

虽然**瑞典**在个人利息费用在经营和资本所得之间分配方面有着相对复杂的机制，但国际领域的规则却相当初步。⑮ 荷兰于免税分支机构或者参与所得也没有关于一般费用分配的具体规则，虽然判例法中采用某种追溯法。不过，对于参与所得，有针对购买债务（acquisition debt）的利息费用的具体规则。除非有真实的商业目的或母公司实际（即不会被已有的或可预期发

---

⑬ 例如，参见拟议的 2009 年《英国公司税法》，s. 931D.

⑭ 日本，CTA, s. 23-2.

⑮ 参见下文第 4 节"关于非居民获得的侵蚀税基的支付的限制"中对瑞典利息扣除限制的讨论。

生的亏损结转、境外税收抵免等减少)被课征10%的税收(且税收征管员不能证明债务或相关商业交易不是主要为正当的商业目的而发生的)。

澳大利亚对于免税所得采用与上文讨论的境外税收抵免限制中相似的分配规则。可以全部分摊于境外免税所得的费用完全不能扣除。可同时在境外和境内所得上分摊的费用可以根据判例法以任何一种合理的方式进行分摊。不能分摊到特定所得的扣除,比如慈善捐款,不进行分摊。利息费用过去一般是按照追溯法进行分配,现在对澳大利亚居民公司的境外分支机构免税所得依然如此处理。从2001年开始,利息可以扣除,即使按照追溯法它与免税境外股息所得相关联,只要利息与下文结合来源地征税将讨论的新的境外资本弱化政策有瓜葛。[158]

在**德国**,与符合免税待遇的境外来源所得相关的扣除根据基本法律规定被禁止,该规定对费用和免税所得问题作出规范。制定法规定,费用应该在与所得的"直接经济关联"中发生,对该条款的解释相当严格。如果是与根据协定予以免税的参与股息有关的费用,该条一般被解释为仅适用于费用发生年度所分配的股息。因此,当境外股权投资是以债务融资实现的,如果在当年没有股息支付的话,与投资有关的利息费用被认为可以全额扣除。根据欧共体母子公司指令,最近的制定法已经引进了一项新规则,境外股息的5%被视为代表不可扣除的费用。但实际发生的剩余的部分原则上可以全额扣除。[159] 然而需要注意的是,在针对"税基侵蚀"情况中对利息扣除新引进的一般规则可能会产生额外的限制。[160]

法国没有费用分配方面的制定法规则,但是根据一般原则,将直接与免税境外所得有关的费用规定为不可扣除,而对与应税所得和免税所得同时有关联的费用允许分摊。不过,与来自境外公司的免税公司间股息有关的利息仍然可以扣除。对免税分支机构所得的费用分摊一般遵循经合组织税收协定范本中有关经营利润的条款所采用的方法。

在**英国**,公司仍然可以扣除费用,尽管2009年以后它们获得境外股息是免税的。唯一的限制是一般性的:一个英国公司发生的利息扣除额不能超过该公司全球集团从非关联方借债发生的利息总额。[161]

---

[158] 澳大利亚,ITAA 1997,s. 25-90.
[159] 德国,CITA,s. 8b par. 5.
[160] 参见下文第4节"关于非居民获得的侵蚀税基的支付的限制"。
[161] 英国,2009年《财税法案》,Schedule 15.

3.2.4 境外损失的处理

境外损失,也即分摊至境外所得的扣除额超出总境外所得的部分,其处理也产生了一些特殊问题。原则上,符合免税待遇情形下发生的境外损失总额不能减少本应纳税的国内或者境外来源所得。免税针对的是净境外所得,境外损失的存在仅仅说明没有可以免税的净所得。但是在采用"累进地免税"方式的制度中,境外损失可能影响国内所得的适用税率("负"累进)。不过,有几个国家对于境外亏损有特殊规则允许当期扣除。

在**荷兰**,境外损失可以在国别的基础上与国内所得相抵扣,即便其他境外所得是正数。如果在发生损失的国家的经营在以后的年度变成正数,就可以在以后的年度将已扣除的损失再收回(recapture)。⑯ 分国限制在 1995 年引进。在此之前,境外来自非签约国家以及 1980 年以前的签约国家的所得和损失都合并计算,所产生的损失减少境内来源所得,有任何境外来源所得实现时,将其随后重新定性为应税所得。此外,如果分支机构中的境外损失已经减少了应税所得而且尚未被收回,同时分支机构又被改制为公司,参与免税不能适用,直到损失已经为额外的应税所得所弥补。⑯

德国如果依据协定对所得免税,原则上境外损失对德国所得没有任何影响,除了可能有"累进地免税"的效果,也即境外损失在确定正所得的个人所得税税率时要纳入考虑。境外损失的弥补曾得到德国立法的认可,即使其所对应的利润免税,但 1999 年该优惠待遇被废除。在一个里程碑式的判决中,欧洲法院承认该规定与在欧盟其他成员国自由设立常设机构的规则相一致。⑯ 最近,立法废除了某些情况下的"累进地免税"(例如租赁收入)。⑯ 欧洲法院作为一般规则已经认可这种对境外损失的不利处理,前提是该损失可在其他国家结转。

在**法国**免税规定中,境外损失通常不得扣除国内所得。然而,自从 2009 年起,外国分支机构(或直接持有 95% 以上股份的子公司)的损失可以当期扣除国内所得,但在 5 年期限内可以收回(recapture)。不过这种扣除所引起的税的减少——可以看做是对外国投资的激励——是有上限的,以便与

---

⑯ 荷兰,DADT, Art. 12.
⑯ 荷兰,CITA, Art. 13c.
⑯ 欧洲法院,2008 年 5 月 15 日,C-414/06 (Lidl Belgium).
⑯ 德国,ITA, s. 2a.

欧盟关于国家援助(State aids)(微额规则*)的规定保持一致。⁶⁶ 另外,根据判例法,如果分支机构的经营活动与法国公司的经营活动直接相关(例如,销售产于法国的货物),通过对境外分支机构或分公司援助的扣除(例如,取消债务),法国也间接地将境外损失考虑在内。⁶⁷

澳大利亚一般不允许免税的境外所得有关损失的扣除,但是最近在新的资本弱化政策中被修订,允许与免税的境外所得有关的利息扣除,如同前文提到的。**英国**现在针对英国公司获取免税外国股息时发生的费用采取相似的方法。

4. 对外国公司所得免税或者递延的限制

根据前文讨论过的基本管辖权原则,外国公司的境外来源所得,在为外国公司取得的情况下不对国内股东征税。当所得分配时才会引发征税。在采用免税制度消除国际双重征税的国家,即便是分配所得也可能不用纳税。这里讨论的各国税制中,对于分配所得的延迟征税或者免税通常并没有认真考虑其结果在税收政策上的影响。延迟纳税似乎是承认境外公司的独立存在的自然结果,而对国内股东获得的分配所得予以免税又常常与从国内公司获得的股息的税收待遇一致。

但是,所有的税制都承认基本规则的技术适用可能导致与该国征税制度的其他方面不相适的结果。因此,例如,如果作为一般的规则,从外国子公司的实质参与中获取的股息免予缴纳国内税收,但是直接取得的境外消极所得应在当期纳税,那么,境外公司取得的消极所得作为股息分配给国内股东时,是否属于境外股息所得免税的基本规则的适用范围。同样,即使延迟征税被视为基本原则,将投资资产放在成立于避税港的境外公司从而避免组合投资所得的当期国内征税,会引发关注。

更普遍的是,所有这里讨论的国家,在不同程度以及不同时期,被迫重

---

* de minimis rule,即法不干涉琐碎的原则。根据《欧盟运行条约》(TFEU)第107(1)条,低于200,000 欧元则不属于本条所规定的援助。——译者注

⑯ 法国, CGI, s. 209 C.

⑰ 法国, Conseil d'Etat, 2003 年 5 月 16 日, n° 222956, Société Télécoise. 在缺乏这种联系的情况下,根据获得该援助是基于母公司的利益这唯一的条件,向外国分公司的援助也可能扣除(Conseil d'Etat, 1987 年 3 月 30 日, n° 52754, Société Labo Industries 和 1994 年 2 月 11 日, n° 119726, SA Editions Jean-Claude Lattès)。

新检视历史传统上接受的税收管辖权原则以及双重征税减免方法的适用而引发的经济和商业后果。这一过程已经使得各国更为明确地考虑延迟征税或者免税何时以及是否适当,并且导致限制正常适用规则所产生的税收利益的特殊税收政策的采纳。尽管这些变化的结果在很多方面并不相同,但是有些基本的结果却是重复出现,且在概念和技术规则方面,各国税制之间存在诸多的相互借鉴。

这里所讨论的所有税制都对涉及国内股东的境外公司获取的所得类型或者种类予以区分。境外积极经营所得比消极的组合或者投资所得更可能适用延迟纳税或是免税待遇。这种区分有时建立在资本输入(或者竞争)中性的考量。境外子公司从事的境外经营活动必须与仅面临国内税收的地方企业竞争。有人认为竞争因素的考量,要求免于任何更多的国内税收,或者至少延迟纳税。但对于消极所得,这些考虑则不存在。这种区分还可视为在"流动性"的经营所得情况下保护国内税基所必需。

这里讨论的税制中的大部分也关注境外公司产生的所得所承担的境外税收的水平。这可以通过对所得适用的境外和境内税率,以某种最低税率为基准,进行直接比较获得,也可以仅仅通过认定公司在特定的高税率管辖国或者低税率管辖国的设立的事实予以认定。

最后,许多国家的税制仅在国内股东持有相当比例的股份所有权时才对延迟纳税或者免税施加限制。在有些情况下,境外公司必须为境内股东所控制,虽然在其他情况下,具有重要非控制性但利益已经足够。当国内持有没有达到相当程度时,常常运用其他机制防止国内组合投资者将资金转移至境外外国人持有的投资公司。

在这些基本概念的具体解释中,各国在区分的界限以及税收规则的结构方面都存在很大的差异。这些差异部分来自于不同的政策判断,部分则因为选择不同的技术实现相似的政策决策。在有些国家,只有当外汇管制被消除而外商投资成为可能时,才会出现这些问题,而在另一些国家,这些问题反映在制度中已经有相当长的时间了。因此有些规则已经"有机地"发展起来而另一些规则则在相当短的时期内颁行。下文将首先检讨免税国家和延迟纳税国家在存在相当的国内持股比例时所采用的限制。以下的部分将考虑对在境外投资公司的国内组合投资的回应。

4.1 对有相当国内持股比例的境外公司的股东的免税限制

从结构的观点看,对境外来源所得免税的限制出现在几个方面。首先,如上所述，对允许免税的情形的限定本身通常将免税限于特定的所得种类或者类别。此外，一般的免税规则也常常受到特殊规则的限制，这些特殊规则又通常是在一般性规则之后制定的，取消了对某些情形下的免税（例如，当涉及避税地运作，或者当境外所得是某种特定类型）。两种方法显然可以达到同样的功能后果，关于哪些特征是作为"一般的"免税界定出现的，哪些采取特殊的限制形式，这在某种程度上是历史偶然问题。

另外，本书审视的对外国公司股息免税的多数国家都采纳了受控外国公司（CFC）制度，在此制度下某些被居民控制或由居民持有重大权益的外国公司的某些所得当期被课征国内税收。CFC规则在下一节讨论。外国公司股息免税和CFC制度显然有紧密联系。CFC制度的功能部分是保护国内税基以防止国内所得被转移至一个受控外国公司。如果从外国公司分配的股息是免税的，这些所得可以由受控外国公司分配至居民股东而不在居民国缴税。CFC规则对这种结果加以限制，针对受控外国公司的某些所得（通常是容易转移的消极所得）由居民股东在当期纳税。但需要注意的是，CFC制度和外国公司股息免税制度在多数国家都不是针对同样的情况适用的。股息或参与免税经常适用于非组合股息（non-portfolio dividends，为由居民公司持有外国公司一定比例股权以上而获得的股息），而CFC规则一般只用于居民控制的（定义为拥有50%以上表决权股的所有权）外国公司。

在**加拿大**和**澳大利亚**，原来对来自境外公司的股息的免税，限于从那些所得可能已经承担相当境外税收的国家的积极经营所得中作出的分配。从结构上而言，这一结果可以通过界定符合免税待遇的所得范围以及获取所得的境外公司的居住地，而不是作为对更广泛的免税所得施加限制来实现。加拿大的规则带来了大量的遵从和征管问题，因为其要求外国公司进行详细的盈余记账，根据加拿大的税收规则对各种所得进行会计处理。

与此不同，在**法国**，境外子公司分配的公司之间的股息如同国内股息一样，可以适用公司间股息免税待遇，并且根据地域管辖权原则，在境外经营或营业中产生的利润和损失，在确定法国公司所得税的税基时，一般而言不纳入考虑。但是，如果公司纳税人属于《税法通则》第209B部分，即制定于1980年、2005年为了遵从欧盟关于国内反避税规则与设立自由原则相符合的判例法而修改的CFC规则，这一待遇则会受到限制。

除了**荷兰**以外，所有对股息提供参与免税的国家对外国股息免税都不限制，而是对某些外国公司适用CFC制度。

4.2 受控外国公司(CFC)制度

在 CFC 制度下,受控外国公司的居民股东针对他们对此类公司取得的所得享有的份额在所得取得的当期应在居民国纳税,不需要等到股东获取股息时再纳税。此类规则在对国外公司股息实行免税和对该类股息征税但适用直接和间接境外税收抵免的国家都被采纳。在采取免税法的国家,实质上通过废除了对境外股息的免税待遇,保护了国内税基。在采用抵免法的国家,CFC 规则限制受控外国公司获得的所得延迟居民国纳税义务产生的利益,而如果没有这种规则,在居民股东获得受控外国公司的股息或处分各类公司的股权之前,就不会发生居民国税收。

本书讨论的九个国家中只有**荷兰**没有 CFC 制度。

美国有着非常广泛且复杂的规则来限制延迟纳税。历史上,对个人组合投资所得的延迟纳税限制是在 1937 年境外个人控股公司条款中规定的。这些规则对于主要是获得投资类型所得的封闭式个人拥有的境外公司的延迟纳税予以限制,在 2004 年被取消。

1962 年,美国颁布了一套广泛细致的限制延迟纳税的规则,成为此处所讨论国家中进行类似立法的先驱。"F 分部"规则,后来成为国际闻名的规则,是主张彻底取消所有情况下的受控外国公司所得延迟纳税的一派与主张比较有限的限制的一派之间的复杂的立法妥协的结果。

概括地讲,那些主张取消延迟纳税的人是从资本输出中性以及消除延迟纳税对境外投资的激励的必要性立论的。主张继续延迟纳税制度的理由则基于保持美国企业在海外市场上的竞争地位的必要。双方的妥协结果是取消了对消极所得的延迟待遇,对此没有基于保持竞争地位的争议,同时也取消了所谓的"基地公司"来自关联方之间,可以说是通过一个关联公司而被转移的交易所得的延迟待遇。在这些情形下,境外公司的未分配利润必须由美国的股东计入当期所得。F 分部规则的恰当的适用范围现在美国正在讨论中,有些主张对延迟纳税施加更多的限制,而另一些则主张仅对消极所得施加限制,对所有的积极经营所得,甚至包括仅来自金融活动的所得,只在分配时征税。

更为技术性的是,由"受控外国公司"⁶⁹取得的"F 分部所得"(Subpart

---

⑩ 美国,IRC, s. 952.

F income)[169]被取消延迟待遇。虽然 F 分部所得的界定相当复杂,但其中有两个基本的线索贯穿于条款始终。一个是对消极投资所得与经营所得力图作出区分。因此,例如,租金和特许权使用费一般被计入 F 分部所得,但是如果它们是在积极的经营或营业活动中取得的,则被排除在 F 部分所得之外。[170] 同样,来自商品交易的所得一般属于 F 分部的范围,但如果是在生产商或者加工商的日常经营中进行的对冲交易中产生,则可排除在范围之外。其次,规则试图界定境外公司被利用为"基地公司"的各种情形。这一规定主要是针对与"基地"国家没有实质经济关联的关联方的交易。此类条款适用的一种典型情形是,购买关联方生产的货物,在销售"基地"公司成立国家之外销售货物。但另一方面,如果货物在成立国出售,或者是在该国生产并且销售到位于其他国家的关联方,就不存在 F 分部所得。[171]

这些基本规则被大量的极其复杂的细化规则所围绕。例如,通过分支机构而不是单独成立的公司进行的交易,可以产生基地公司所得,如果整体结果产生与关联公司交易相同的经济效果。[172] 一个总的减免条款将任何负担有相当于美国最高公司税率 90% 的税率的所得项目排除在基地公司所得的定义之外,一个最低规则排除了低于境外公司毛所得的 5% 或者 1,000,000 美元的所得。

除了消极和基地公司所得外,条款还涉及大量的因为各种原因立法认定延迟不适当的其他情形。因此,对于与国际联合抵制有关的所得、对某些贿赂或者非法款项,以及从美国没有在外交上承认的国家产生的所得,拒绝适用延迟待遇。

F 分部规则的总体影响因 2006 年引入的新规则而大大削弱,该规则为在不用当期缴纳美国税的前提下在受控外国公司之间转移利润提供了可能。关联方之间发生可扣除的支付,如利息、租金和特许权使用费,不会使得获得支付的受控外国公司被认为获得 F 分部所得。因此,款项可以从一个经营公司通过一个避税港转移到另一个经营公司,不会带来 F 分部规则的问题。[173]

对未分配所得,仅在所得由"受控外国公司"取得时进行当期征税。受

---

[169] 美国,IRC,s. 957(a).
[170] 美国,IRC,s. 954(c)(2).
[171] 美国,IRC,s. 954(d).
[172] 美国,IRC,s. 954(d)(2).
[173] 美国,IRC,s. 954(c)(6).

控外国公司的判定，要求超过 50% 的股份（或者表决权或者价值）为"美国股东"所持有，也即美国主体，或者直接、或者通过境外实体所有权的归属，而拥有境外公司至少 10% 的表决权股票。因此，焦点在于集中的美国所有权带来的控制。[174] 如果 11 位非关联的主体按比例拥有境外公司 100% 的表决权股份，或者刚好有 50% 的表决权股为美国主体所拥有，剩余股份为境外主体所拥有的话，就不构成 CFC。

总体而言，其他国家限制延迟纳税的规则在适用范围上要更窄。主要针对消极所得和可以认为在境外公司没有在"真实的"境外管辖区有"真实的"活动的情况下从境内税基转移出的所得。

因此，在**加拿大**法律中，仅对于消极所得（境外应计财产所得，FAPI）不适用延迟纳税，对该类所得直接征税而不考虑对该所得的境外征税水平。[175] 基地公司所得的概念范围很有限，利用避税港子公司进行销售和服务交易被认可为辅助加拿大公司的国际竞争力所必须。因此，加拿大规则的适用范围限于消极所得以及与加拿大的交易中获得的、对加拿大税基造成侵蚀的所得。但是，征税的基本模式非常类似于美国的 F 分部。

加拿大的禁止延迟纳税限于"境外受控关联公司"的 FAPI，也即直接或者间接为五个或者更少的加拿大居民所控制的境外公司。与美国不同的是，在判断是否存在控制时没有最低持股的要求。超过微小的最低限额（$5,000）的 FAPI 直接计入持有 10% 或者更大股权的股东的所得中。更下层的公司的 FAPI 直接归属于加拿大股东。对受控境外关联公司的 FAPI 所征的境外税收中加拿大股东所负担的部分允许抵免。因所得的计入，股份的计税基础也相应增加。此后所得如果作为股息分配则予以免税，如果股息是在计入所得五年之内分配的，对其负担的预提税允许抵免。

日本限制延迟纳税的方式很不相同。[176] 日本的立法不是关注交易，而是关注受控境外子公司的主要办公或者总部所在地。如果公司的经营位于没有公司税或者实际税率为 25% 或者更低的国家，那么所有的未分配所得，包括消极和积极所得，都要对日本股东进行当期征税。立法直指利用避税港从事与该地没有关联的活动。为了执行此项政策，立法也规定了好几项例外情形，允许继续适用延迟纳税。对于在管辖国有固定资产，在该地从事地

---

[174] 美国，IRC, s. 957(a)。
[175] ITA, s. 91-95 大致规定了加拿大的 CFC 规则。
[176] 日本，《特别征税措施法》(STMA), s. 40-4 和 66-6。

方管理活动,且主要业务在当地的积极经营行为,允许延迟纳税。此例外规定比如可以适用于位于避税港的度假旅馆的经营。另一种例外情形是,对于不满足当地经营规定,但是其总所得超过 50% 是来自与非关联方的交易的金融或者运输活动,允许延迟纳税。

对延迟的限制适用于"境外附属公司"。这些公司是有超过 50% 的股份为日本居民或者公司所持有的境外公司。对于控制没有设定最低持股标准。但是,只有那些持有 5% 的股份或者属于持有 5% 股份的关联公司集团的一部分的股东,才需要就受控外国公司未分配利润直接纳税。对于直接计入的所得所负担的公司税允许抵免。

瑞典采取的是另一种做法。在 1990 年以前,对于从境外公司取得的境外所得的延迟纳税并无限制。由于外汇管制有效地防治了利用境外公司进行组合投资,且对一般公司活动适用延迟纳税被认为是适当的,所以该事项并没有被看作是一个问题。但是,当外汇管制被取消后,就开始对受控外国公司的延迟纳税施加限制。[177] 相关立法在 2003 和 2007 年进行了大幅修改。根据瑞典法律,直接或者间接持有境外公司 25% 或者更高比例的权益(表决权或者价值)的瑞典股东,必须在当期就境外公司的所得纳税,如果在境外缴纳的公司税低于瑞典税率的 55%,现在规定为 15.4%。此外,随立法公布的还有一个"白色名单",在列入该名单的国家,如果境外公司缴纳"正常的"税收,那么 CFC 规则就不适用。对于不在"白色"名单上的国家,包括 OECD 有害税收竞争项目中所列的不合作避税港,或特殊制度,将对瑞典股东直接就其所得进行征税,同时对任何已经缴纳的境外税收给予相应的抵免。2007 年的法律修订是为了将该类规则适应欧盟法院 *Cadbury Schweppes* 判决作出的,规定如果一个外国公司真正设立在欧洲经济区内一个国家,则针对其所得不适用瑞典的规则。对于如何判断"真实设立",法律列举了数个因素。这一规则因被认为比欧盟法院判决要求的更严格而遭受指责。

如果所得要在当期纳税,对股份的计税基础有意不做任何调整,这样相同的所得可能在股份出售时再次被征税。但是,以后分配的股息免于纳税,这样资本利得可以通过及时分配而避免纳税。

英国的法律关注位于在英国境外、为英国居民所控制的公司,公司在居民国仅缴纳"较低的税负",此概念被界定为低于境外公司如为英国的居民

---

[177] 瑞典, ITA, ch. 39 a.

本应缴纳的税收的 3/4 的税负。在股份、表决权、利润或者公司的资产中拥有超过 50% 的权益（但是如果没有其他主体拥有 55% 的权益，那么 40% 的比例即可），就判定为控制；在进行此项判定时，并没有最低的持股标准。但是，只有在境外公司拥有至少 25% 的权益的英国居民公司，才要将未分配利润归属之。[178]

对于所得的归属有大量的例外规定，这大大限制了规则的适用范围。[179] 如果公司遵循"可接受的分配政策"且分配其至少 90% 的利润，那么就不存在未分配利润的归属问题。这一分配例外由于英国采纳了国外公司股息全额免税制度正被取消。此外，如果境外公司在它居住的国家有经营场所，并且从事投资或者涉及英国或者关联方的货物的交易以外的活动（"除外活动"），规则则不适用。如果产生利润的交易并非出于减轻英国税负而从事，那么就可以适用"动机"例外规则。广为人知的是，这一例外使得英国的规则在根据欧盟法被挑战时败诉。[180] 为了帮助这些规则的执行，税务机关已经公布了"白色名单"国家。对于位于此类国家的公司，从当地至少获得其 90% 的所得，归属条款将不适用。2008 年英国税务部门发布了一个提案，准备采用美国和加拿大的不净所得方法而替代上述规则。有人认为此方法可能与欧盟法更为符合，但仍存在疑问，至少在 2009 年中，该改革没有进展。

除了上述政策，还有将非居民公司的资本利得归属于其"成员"的法律规定，前提是如果公司是英国的居民，则会被归类于"封闭"公司。[181]

德国的规定[182]关注德国控制的位于低税区的境外公司所实现的"不净"所得。由于根据新的公司税规则，股息在公司股东手中免税，而如果股东是个人纳税人，"修正的部分所得计入法"将适用，CFC 规则在税收征管中变得更为重要。但是，CFC 规则与欧共体法律的相适性问题还存在很大争议。在欧盟法院 *Cadbury Schweppes* 判决之后，德国规则只适用于缺乏经济实质的受控外国公司（但是边界附近的案例仍引起很大争议）。

当所得归属于德国股东时，它被定性为资本所得。即便在协定规定对股息实行参与免税时，也可以发生所得的归属认定问题。修订后的 CFC 立

---

[178] 英国，1988 年《所得和公司税法》，s. 747.
[179] 英国，1988 年《所得和公司税法》，s. 748.
[180] 欧洲法院，2006 年 9 月 12 日，C-196/04（Cadbury Schweppes plc v IRC）.
[181] 英国，1992 年《应税收益征税法案》，s. 13.
[182] 参见德国，《外国贸易税法》（Aussensteuergesetz），s. 7-14.

法在这方面因为隐性的"条约违反"而受到批评。

至于德国 CFC 规则的适用要求,"不净"所得通过排除大量的积极经营所得而被间接界定,积极经营所得包括制造业、农业、加工业、银行和保险、当地配送和加工等。如果境外公司从事其经营行为没有获得德国股东的帮助,且与公众进行交易,来自贸易和服务的所得一般属于积极所得,即便货物是从关联方购买来的。因此,许多在美国 F 分部规则认定为基地公司销售或者服务所得的情形,并不是德国 CFC 规则的适用范围。

境外公司如果在居民国缴纳的税收税率低于 25% 就被认为承担低税负。这是个令人诧异的规则,因为德国的公司所得税率 2008 年以后降到了 15%。德国税务机关对此的辩解是德国公司利润还要附加一层营业税。在计算中,不考虑可能减少税收的经营损失和境外税收抵免。控制被界定为超过 50% 的表决权或者股份数额为德国居民所持有,且通过其他公司或者合伙来归属所有权。规则还包括已经迁移至低税国的前德国居民。与美国 F 分部规则不同,没有最低所有权的测试。

如果境外公司拥有大额的组合投资所得,该所得将直接归属于拥有至少 1% 股份的德国股东,即便境外公司不是德国所控制。在有些情况下,甚至低于 1% 的持股也符合 CFC 待遇。

如果所得被直接归属,境外税收可以予以抵免或者扣除,且已纳税的所得在以后四年时间内可以免税进行分配。

澳大利亚对延迟纳税和免税的限制方法在过去二十年发生了很大变化,甚至几乎走了一整圈。澳大利亚 1983 年取消了外汇管制,为澳大利亚居民获取离岸消极投资提供了方便,这种投资当时享受广泛的免税制度。相应地,政府 1985 年宣布用境外税收抵免制度替代免税制度(雇佣所得除外),从 1987 年开始实施。这个制度刚在初步发展过程中就有人意识到消极所得可以简单地通过被转入离岸的澳大利亚控制的非居民公司而规避税收。因此 1988 年宣布了一套广泛适用的 CFC 风格的反递延制度,于 1990 年开始实施。在公布该计划之后的磋商过程中,CFC 制度很大程度被缩小范围,只适用于来自低税率国家的受控外国公司的消极和关联方所得(当时作出了一个 60 多个"白色"国家的清单,当期归属只适用于在规章中列出的在这些国家享受税收减免或优惠的所得)。测试控制采用的是 50% 或更多而不是更常见的多于 50% 的规则。消极和关联方所得规则与美国规则很相似。另外,有一个积极所得测试,使得在消极所得占受控外国公司总所得

5%以下时,消极或关联方所得不被归属。

在同一时期,对从受控外国公司承担可比税负的积极外国所得中分配的股息实行免税的制度被采纳,对分支机构类似所得的免税也同样处理。这些免税规则功能上与境外税收抵免相似,因为只适用于高税负所得。当时的一种说法认为很难对超过 60 个国家和这些国家的减免因素的名单进行更新,导致 1997 年清单被缩小到 7 个国家(就是当时有 CFC 制度的 7 个国家)。有些评论者没有被这一理由打动,认为仅仅是扩大 CFC 制度范围的借口。1988 年政府通告还预示将采纳一个针对不受控制的外国公司获取的消极所得的配套制度。因而在 CFC 制度完全建立之后,对外国投资基金制度 1993 年在磋商之后被引入。该制度下文将详细讨论。总之,在 90 年代末期,澳大利亚已拥有几个非常广泛的制度来防止被动或关联方所得的延迟纳税。[183]

由于澳大利亚海外直接和组合投资在 90 年代后期急剧增长(部分原因是本书第一部分讨论的由于税法改变而带来的退休计划中大量盈余积累),企业和投资者对澳大利亚的一般国际税法规则、尤其是反延迟规则抱怨越来越多。于是,2002 年至 2003 年澳大利亚进行了一次国际税收政策审查。其结果是从 2004 年开始,两项与递延相关的政策进行了重大调整:首先,所有的非组合投资股息将予以免税(对澳大利亚公司境外分支机构的税收规则有相应的变化),这样相关制度变成真正的免税制度,而非事实上的境外税收抵免制度;其次,CFC 规则适用于名单国家指定减让所得的范围被缩小。这些变化极大地简化股息的税收处理(参见上文),消除了将各国的税制予以解剖而隔离减让因素的必要。此外,2004 年采取的对来自从事积极经营的外国公司的非组合权益的资本利得免税,并将此免税待遇延伸至一个受控外国公司处分另一个受控外国公司的非组合权益的规则,减少了离岸重组由于澳大利亚 CFC 规则会产生的问题,将对股息适用的参与免税适用于股权产生的多数资本利得。

2002 年至 2003 年政策审查指出包括外国投资基金制度在内的权责发生制度需要进行更多研究,于是 2006 年宣布做进一步的审查。政府 2008 年获得该审查的报告,于 2009 年宣布要进行重大改革。外国投资基金制度将被取消,替代它的是一个非常狭窄的针对离岸消极基金积累的利息所得

---

[183] 这些制度的条款目前在澳大利亚,ITAA 1936, Pts X and XI。由于下文讨论的 2009 年政府通告,这两个制度在不久的将来都会被废止,而一个非常简装的 CFC 制度会被纳入 ITAA 1997。

的规则。CFC制度也被大大限缩适用,将不再适用于关联方(基地公司)所得,消极所得的类型也会被大幅度缩减。缩减的方式目前仍在研究。CFC制度将不再适用于作为离岸投资者的退休基金。这可能看起来是个很小的变化,但近年来CFC制度最重要的运用就是针对澳大利亚基金管理者用退休基金中的资金进行的离岸投资(澳大利亚基金管理额在全世界排名第四)。如果政府接受另一个建议,将澳大利亚上市公司排除在CFC制度之外(虽然有一些少数保护性规定),那这个制度基本就无关紧要了。对该制度的许多技术性修改都会在这次审查和正在进行的磋商之后进行。

尽管公开争议原本是针对澳大利亚海外企业的延迟纳税与竞争力进行的,目前整体的税制可能最应该被视为致力于保护澳大利亚国内税基,因为它主要关注很容易从澳大利亚转移至境外低税负实体的居民所得。近期的改革使得CFC制度变成对恶劣事件才采取的反避税制度。

这些变化也受到澳大利亚归集抵免制度的影响。在该制度下,没有承担过澳大利亚公司税的所有利润就在居民股东层面缴税。因此无需在公司层面征税,而且澳大利亚公司有动力缴纳澳大利亚公司税而不是外国公司税。

法国的受控外国公司规则体现在《税法通则》的第209B条。其制定于1980年,2005年为了遵从欧盟有关国内反避税规则与设立自由原则相符合的判例法而修改。一般而言,第209B条适用于在避税港国家进行的、纳税人不参与该等国家本地市场的投资。更具体地讲,任何法国公司针对来源于境外分支机构运营的境外所得、或者来源于在任何外国主体超过其股权、投票权或金融索取权50%的投资(如果通过受控或非独立主体持有权益超过50%,则该比例为5%)的境外所得,都需要当期纳税,前提是该境外分支机构或主体在本地不缴所得税或者实际税负低于法国税率的50%。

为了适用上述规则,境外分支机构或主体的税务状况按照法国的税法规则重新计算。任何盈利将被视为由法国公司纳税人实现(如果涉及的是分支机构)或取得分配(如果涉及的是主体),实现的时间是境外分支机构或主体纳税年度截止之后一个月的第一天。但是,境外分支机构或主体的亏损在计算境内所得应缴税额时不予考虑。第209B条与法国多数的税收协定看似相符,因为受控外国公司的利润被视为被分配了的所得;但营业利润条款似乎不允许针对分支机构适用该规则。[184] 如果发生诉讼,证明境外分支或主体税负过低的责任由政府承担。

在境外缴的税可以抵扣法国的单独的公司所得税,前提是其性质与法国所得税可比。如果子公司位于与法国签有税收协定的国家,从实际分配的股息中扣掉的预提税也同样可以用于抵免,但分配额度必须超过了同一主体以前在第209B条下已缴过税的利润的额度,而且分配的金额真正缴过了预提税(例如,公司之间股息免税规则没有适用)。如果境外分支机构或主体处于一个签有税收协定、该协定包含OECD风格情报交换条款的国家,那么如果在法国的应税利润部分来源于在第三国家缴过预提税的股息、利息和特许权使用费,这种预提税也可以抵免该部分利润在法国要纳的税。

如果法国公司纳税人可以证明其境外分支机构或主体在当地市场实际从事了工商活动,或者即使消极所得超过了利润的20%(或与集团内服务所得加在一起超过了50%),纳税人可以证明境外分支机构或主体的活动并没有将利润本地化于低税地,则可以避免当期纳税。因此,该规则主要指向的是将消极投资所得集中在一个外国公司的行为,同时也包含了一些活动主要不在本地市场进行的基地公司交易。

最重要的是,当境外分支机构或主体位于另一欧盟国家,并且其运营或对其权益的持有不能被认为是一个用来逃避一般要缴的法国税的"虚假安排"[185]时,第209B条不再适用。

4.3 有关外国投资公司中的国内组合投资的特殊规定

对免税或者递延纳税的限制最初主要集中于在外国公司中有相当比例的国内投资的情形,并且常常限于国内股东对该外国公司有实际控制的情形。但是,随着对外国公司中介式投资的情形愈来愈普遍,无法对外国投资基金中组合投资的未分配利润进行当期征税的问题开始受到重视。不过,如果国内投资的比例并不是很大,一般不太合适要求将外国盈利直接计入所得,因为国内股东不太可能获得有关外国公司相关信息,或者不可能对其分配政策施加影响。因此,一些替代性的征税方式得以运用,从按盯市法进

---

[184] 见 *Conseil d'Etat*, 28 June 2002, n° 232276, *Société Schneider Electric*.
[185] 该措辞按照欧洲法院在 *ICI*(1998年7月16日, C-264/96)和 *Cadbury Schweppes*(2006年9月12日, C-196/04)两个判例中运用"完全虚假的安排"(wholly artificial arrangement)一词的涵义理解。

行征税到对投资的推定名义收益进行征税等多种方式不等。

在**美国**,当1962年引进F分部规则时,其中有一条禁止对国内投资者在外国投资公司实现的股权组合投资收益适用优惠的资本利得税收待遇。该规定的目的是减少美国投资者向外国共同基金投资的积极性,因为在该情形下未分配收益不用在美国当期纳税,也因为没有达到规定的美国所有权集中度而不能适用外国个人控股公司规则或者F分部规则。不过,1986年临时取消资本利得优惠待遇,使得该规定不能起到阻碍美国股东向外国投资公司投资的作用。对此,立法机关的回应是制定了一项更为直接针对境外消极所得的美国税收递延的规定。

根据1986年通过立法的消极外国投资公司('PFIC')规则,[186]针对积累而之后向美国股东分配的外国利润需要加征利息。分配的金额被视为在美国股东持有股票期间成比例地逐渐获得,而针对这些虚拟分配适用当年美国的最高边际税率,对此计算出来的税额加征利息。同样,如果股权被处分并产生利得,利得将同样被归属于持股期间,相应地计算征缴利息。选择征缴利息机制是因为在美国权益比例不大时当期征税会有弊端。在某些情况下,美国股东可以避免加征利息,而选择将外国公司未分配的利润当期纳入所得。

虽然该条规定主要针对在外国投资公司中的投资,但界定的范围非常宽泛。如果某一外国公司(1)其所得75%或者以上属于消极所得,或者(2)其公允价值或者调整后计税基础的50%或者以上的资产产生的是消极所得,那么该外国公司就被认定为消极外国投资公司。与F分部不同,该规定没有最低持股要求,也没有美国投资总水平的要求。[187]

同样,在**加拿大**,除了适用于受控外国公司的FAPI规则外,还有1984年制定的一条针对外国投资工具的特别规定。如果居民纳税人投资于"离岸投资基金财产"——该财产被宽泛地界定为主要通过投资于组合投资而获取其价值的权益——该投资则被视为产生了应在当期纳税的名义收益。不过,只有当投资的主要动机之一为获取与直接持有该投资相比更大的税收利益时,才能适用该规则。

该规则被认为粗糙而无效,政府在1999年提议2002年纳税年度之后用更为详细的"外国投资实体"(FIE)规则取代它。但是这些建议的规则虽

---

[186] 美国, IRC, s. 1291.
[187] 美国, IRC, s. 1297.

然经过多次修改,在 2009 年中期仍然没有被通过。概略而言,根据提议的新规则,纳税人必须将在 FIE 中拥有的任何权益有关的名义收益计入所得。FIE 被界定为其主要业务是投资或者其超过 50% 的资产是投资型的财产的实体。在某些情形下,盯市法被用于确定计入所得的数额。建议的新的 FIE 规则非常复杂,为纳税人遵从和加拿大税务局征管都会带来困难。

在**荷兰**,由于对消极投资所得按视同收益征税(回报被视为公允价值的 4%),没有必要制定有关外国投资所得的特别规则。在此类情形下,外国公司已付的税收不予考虑,且适用范围不仅仅限于避税地的经营活动。如果投资活动达到了实质参与比例(至少 5% 的股权),那么一般视同收益规则只适用于外国投资公司的股权。对于持有外国投资公司股份 25% 或者以上的公司股东,按照市价核算基础对其投资进行征税,除非对外国投资公司的参与符合参与免税的条件。[188]

在**澳大利亚**,对主要所得为消极所得的非受控外国公司适用一项单独的外国投资基金制度,但如上文所述,该制度在不远的将来将被取消,因此在此不赘述。详细的外国投资基金规则将被狭隘的反避税规则取代。**德国**对在外国设立的投资基金和投资公司立有详细的规则,这些规则又被再写入《投资税法》(Investment-steuergesetz)中,该法 2004 年生效。根据《投资税法》,所有在国内或者国外投资基金或者投资公司中的投资均要适用"透明"税收政策。而且,如果适用《投资税法》,有关 CFC 的特殊税收规则则不再适用。[189] 但是,CFC 规则包括有关外国公司实现"具有投资性质的消极所得"的规定,这也是为了应对外国投资公司的问题,不过他们仅仅在国内股份持有达到或者超过 10% 时才适用。

自 1999 年以后,**法国**居民个人在拥有任何外国实体 10% 或者更多的直接或者间接股份,如该外国实体的资产主要由股份和证券、存款和现金账户构成,而且在当地不缴纳所得税或者所适用的有效税率显著低于法国所要征收的税率的情况下,要就外国未分配所得纳税。[190] 对于此类税收,外国实体的财务结果要根据法国税收规则重新计算,利润被视同在外国实体纳税年度终了后的头一个月的第一天被传递给法国纳税人。在当地缴纳的税收可以扣除。如果法国和实体所在国没有信息交换条款,应税所得不能低于

---

[188] 荷兰,CITA, Art. 13a.
[189] 德国,《投资税法》(FTTA), s. 7 par. 1.
[190] 法国,CGI, s. 123 bis.

该投资适用相当于平均银行商业贷款利率的名义收益。实际分配的收益只要不超过以前在纳税人手中已征税的未分配来利润数额就可以免税。这一规定与欧盟境内资本自由流动原则是否相符仍有争议。

英国没有寻求对外国投资基金或者投资公司中进行非组合投资的投资者按当期（无论实际或是视同）征税的法律条款。但是，根据反滥用规则，如果居民个人向英国境外转让资产，以至于转让资产所得归于某一非居民，则可以对该居民个人按照如同直接获取所得那样征税。[⑩] 这种所得归属仅仅在个人能够享有该所得或者有权获得一笔与转让有关的资金且纳税人不能证明没有避税目的时发生。根据另外的规则，如果纳税人处分离岸投资基金中的权益，该离岸基金并没有分配其较大部分所得，可以要求纳税人就任何利得缴纳所得税而不是对其适用优惠的资本利得待遇。[⑫]

日本和**瑞典**没有针对居民投资于外国投资基金或公司的规则。

5. 向外国分支机构或者子公司的出境转移

向征税国境外转移资产，无论是在实行税收抵免制度还是免税制度的国家，都会引发一些问题。根据免税制度，向符合所得免税待遇的外国经营机构转移资产，资产价值中产生的任何增值都不由居民国征税。同样，如果来自直接投资的股息享受免税待遇，向外国公司转移资产也不会产生纳税问题。有几个国家的制度设有确保在上述情形下征税的条款，或者将所得的确认加快至资产转移之时，或者对以后实现的所得保留征税的权利。

从税收抵免的角度看，向外国分支机构转移资产并不能终止所在辖区的征税权。但是，抵免的存在给予来源国的税收优先权，并且，如果来源国和居民国的税率相同，从政府的角度来说，适用抵免制度具有与免税制度相同的效果。当适用间接抵免时，向外国公司进行资产转移会引发相同的问题，且会涉及延迟纳税的问题，因为无论国内税收怎样，都会被延迟至汇回之时。很多国家设有特别规则以解决此类问题。

有几个国家将向外国分支机构转移增值资产作为所得实现事件来对待。在**瑞典**，如果转移是对国外分支机构进行，而瑞典在与该国的税收协议中已经放弃了征税权，那么资产的转移将被视同从国内经营机构撤回资产，

[⑩] 英国，2007 年《所得税法》，Part 13 Chapter 2（s. 714-751）。
[⑫] 英国，1988 年《所得和公司税法》，Part XVⅡ Chapter V（s. 756A-763）。

属于所得实现事件。如果是向国外子公司进行转移,则通常被视为所得实现事件。当欧洲公司在全欧洲引入之后,**德国**彻底修改了关于跨境资产转移的规则。按照 2007 年生效的新法律,将资产从总部转移到外国分支机构原则上视为所得实现事件,但如果受让分支机构位于欧盟之内,纳税人可以选择针对转移利得(通过一项准备金)递延在 5 年内纳税。[93] 如果财产被处分或转移至第三国,纳税人必须立即消除该准备金。另外,如果纳税人通过重组不再在德国承担无限纳税义务,不适用该优惠待遇。如果折旧资产(不太可能会被出售)被转移,递延的所得必须在该资产剩余的使用期限内确认。纳税人可以选择将最初的转移作为所得实现事件。虽然联邦税务法院 2008 年裁决在不同国家之间转移财产不构成实现事件[94],该裁决只涉及 2007 年以前的法律。

  荷兰的规则要更为复杂一些。原则上,向外国分支机构进行资产转移不是所得实现事件。但是在计算外国免税所得时,判例法要求将资产的公允价格作为计算在外国分支机构中的资产的折旧的基数。但是,在计算全球的所得时,使用历史成本作为基数。因此,在资产的整个使用期间,增值通过减少符合免税待遇的外国来源所得的金额被计入税基。同样的原则适用于存货。

  法国视向外国分支机构或者子公司转移资产为所得的实现事项。但是,将资产转移与外国子公司并换取股份可以免税,前提是满足通常的法律要求,并且获得行政预先许可。[95]

  美国采用的方法与此类似。一般而言,向境外分支机构进行资产转移不用纳税。但是,IRS 有权颁布规章,对向作为分支机构的境外合伙企业转移的资产的增值部分进行征税。这是考虑到如果该所得分配给境外合伙人,以后美国无法就这部分所得征税。不过因为法律对合伙的分配有限制,进行这种分配的可能性微乎其微,所以 IRS 至今没有颁布相关规章。

  如果是向外国公司进行资产转移,有可能纳税,也可能免税,这取决于资产的性质。一般而言,向外国公司转移用于积极经营活动且不大可能被出售的财产,可以按照与向国内公司进行资产转移相同的条件,适用递延纳税。例如,机器和建筑物的转移可以不用即时确认收益,但存货就不行。对

---

[93] 德国, ITA, s. 4 par. 1 s. 3, CITA, s. 4g, s. 12 par. 1.
[94] 联邦税务法院(Bundesfinanzhof), 2008 年 7 月 17 日判决 I R 77/06.
[95] 法国, CGI, s. 210 C-2.

股票或者证券的转移有广泛的限制，原因是此类资产很容易再出售，不过在有些情形下，如果纳税人签订缴纳税收的协议，承诺如果股票实际上被以后被受让公司出售或者处置，将承担纳税义务，就允许递延转移。对于专利、专门技术(know-how)和类似形式的无形资产的转移，适用一项特殊的规则。美国纳税人必须在无形资产的使用期间将来自受让境外公司的视同特许权费用（作为美国来源所得）计入所得，这反映了与无形资产所产生的所得相当的金额。视同特许费规则的目的在于防止在美国扣除研究费用，然后将无形资产产生的所得转移到境外，但有着更为广泛的适用范围。此外，如果分支机构一直在亏损营运，然后被转移给外国公司，那么必须在损失的范围内确认不超过转移资产中的增值额的收益。

日本与此不同，允许不用确认所得而向分支机构进行资产转移，不过将日本境内的资产向境外子公司转移一般被视为所得的确认事项。加拿大规则将向境外分支和境外子公司的财产转移同样视为实现事项。但是如果将一个外国关联方（被加拿大公司持有任何类别股权至少10%以上的外国公司）的股权转给另外一个外国关联方并获取后者的股权，可以采取延迟结转。[96] 如果转移是一系列交易的一部分，其结果是股权被转移到第三方，则不适用结转规则。[97]

澳大利亚一般严格（除金融业以外）遵循一种观点，即无论是向境外转移还是向境内转移，在总部和分支机构之间进行的交易不发生所得实现或者扣除的问题。所得实现事件是纳税人向第三方处分资产时才发生。对于存货，所得和扣除要在转移国和受让国之间进行分配，根据所得的来源规则和扣除的分配规则（同时当会计记账与独立交易转移定价规则不符时，采用该规则来分配所得和扣除）进行征税或者免税。因此，在澳大利亚生产的存货，装船运到海外分支机构进行销售，销售价格将部分分配给澳大利亚，部分分配给分支机构所在国，后一部分通常被免税，前提是，如上文所述，该类所得在分支机构是受控外国公司的假设下不会被当期归属（即不适用CFC规则）。分配给澳大利亚所得的费用可以扣除，分配给分支机构的费用（包括利息）则不能扣除。

在资本利得领域，这些原则同样得到贯彻。如果资产是建筑物或者土地，任何资本利得都可以获得分支机构的免税待遇，前提是该资产在分支机

---

[96] 加拿大，ITA, section 85.1(3)。
[97] 加拿大，ITA, s. 85.1(4)。

构是受控外国公司的情况下不构成 CFC 制度下的不净资产。土地和建筑物当然不能进行向境外转移。如果一件设备在澳大利亚使用，产生可征税的所得，然后装运到分支机构在那里产生免税所得，在澳大利亚使用时可产生折旧扣除，但在分支机构时不会。如果该设备后来以超过折旧后价值的价格出售（包括分支机构在使用期间的名义折旧），任何重置的金额均要在总公司（应税）和子公司（对折旧重置部分免税）之间进行分配。此外，相当于能够反映资产使用的应税部分的利得会是应税利得，而如果资产在 CFC 制度下是不净资产，反映资产使用免税部分的利得是资本利得。外国分支其他资产的资本利得在该资产不是 CFC 制度下的不净资产时不需要缴税。

如果是向境外子公司转移资产，该转移属于实现事件，产生所得或者资本利得。对于大多数资本性资产，可以适用结转，前提是子公司是全资子公司，而所转移的资产在转移人和受让人手中时都是澳大利亚的应税资产（taxable Australian assets）。由于结转仅仅限于澳大利亚应税资产，就没有可能逃避资本利得税，因为子公司将在处分时缴纳资本利得税。澳大利亚应税资产的定义在 2006 年被修改后，结转仅限用于澳大利亚的土地房地产实体（land-rich entities）的非组合权益以及曾经由在澳大利亚的常设机构持有的财产。澳大利亚的税收协定保留了针对这些类型资产的征税权，所以协议一般不会妨碍澳大利亚对子公司处分资产进行征税。

在英国，向境外分支机构转移资产没有纳税后果，因为所得仍然要缴纳英国税收。一般而言，居民公司向关联境外公司转移资产，属于处分行为，引发资本利得税收，并且在转移时超过资产的市价部分的以前已经扣除的资本减免，必须重新收回。但是，如果业务首先转移给外国分支机构，然后全部用于交换非居民公司的股份，且导致权益至少达到 25%，那么也可以不用在当期纳税。[198]

下面的表 IV-1 总结了对境外来源所得的居民国征税的规则。栏目"CFC 立法"指目的在于有集中国内股权的境外公司的规则，而栏目"境外投资公司立法"关注在主要有消极所得的境外实体中的组合投资。

---

[198] 英国，1992 年《应税收益征税法案》，s. 140.

表 IV-1 对居民纳税人源于境外所得征税

	双重征税减免:经营所得	双重征税减免:子公司股息	双重征税减免:组合所得（portfolio income）	受控外国公司（CFC）立法	CFC 基本规则	外国投资公司（FIC）立法	FIC 基本规则
澳大利亚	主要是免税；其他情况抵免	免税	境外税收抵免	是	管辖性和交易性	是，但已宣布会取消	实际所得简化计算；市值计价；推定回报（deemed return）
加拿大	境外税收抵免	免税和间接境外税收抵免	境外税收抵免和扣除	是	交易性	是	推定回报
法国	免税（领土制）	免税	没有国内法减免（只依赖协定）	是	管辖性和交易性	是	实际上的推定回报
德国	对常设机构积极所得免税（协定）	免税	境外税收抵免，对股息采用修订的半数所得法（half-income method）	是	管辖性和交易性	是（CFC 制度的一部分）	境外投资所得分派与股东
日本	境外税收抵免	2009 年 3 月以前间接境外税收抵免；2009 年 4 月以后免税	境外税收抵免	是	管辖性	否	不适用
荷兰	免税	免税	境外税收抵免	否	不适用	是	推定回报
瑞典	境外税收抵免	免税	境外税收抵免	是	管辖性	否	不适用

亚编 A 居住地征税

（续表）

	双重征税减免:经营所得	双重征税减免:子公司股息	双重征税减免:组合所得(portfolio income)	受控外国公司(CFC)立法	CFC 基本规则	外国投资公司(FIC)立法	FIC 基本规则
英国	主要是境外税收抵免,一部分免税	2009年以前同接境外税收抵免,之后股息免税	境外税收抵免:英国公司表得的股息免税	是	管辖性和交易性	是	处置时产生一般所得
美国	境外税收抵免	同接境外税收抵免	境外税收抵免	是	主要是交易性	是	延迟分配或处置征缴利息（interest charge）

亚编 B　来　源　征　税

本书所讨论的所有国家,无论它们在居民征税方面采取怎样的方法,都行使对"产生于"本国的所得的征税权。这种以来源为基础的(或者说对物的)税收管辖权强调的是特定的所得项目与征税地之间的联系。所有这些国家对此类所得所适用的征税方式相近。通常对"经营"类型的所得和"投资"类型的所得进行区别征税,前者是在净所得的基础上征税,允许扣除,后者是在总所得的基础上征税,通常以扣缴的方式征税。预提税的适用一般不考虑所得的接受者的身份如何,但是如果纳税人与征税地没有联结关系,那么预提税代表着一种最终税;换句话说,纳税人没有机会进行纳税申报并在净所得的基础上计算应纳税额。下文首先分析了经营所得和雇佣所得的净所得征税中发生的问题,然后讨论投资所得的征税问题。在此类领域,通常所适用的国内规则常常为协定所修改,建立在来源基础上的征税范围受到了一定限制,我们在讨论国内规则时要记住这些限制。

1. 经营所得净额征税中的有关问题

1.1　经营活动的起征点

来自经营活动的所得通常仅在该经营行为在某国达到一定的标准时才被征税。这种方法部分是出于征管实际的考虑。如果该经营行为并不显著,常常很难征收税收,因为无法运用扣缴征税技术而必须直接对其进行税收核定。此外,如果纳税人在当地的经营活动非属实质性,那么加之于纳税人的纳税申报以及保存适当账簿记录等遵从负担,可能会影响非居民纳税人在该国从事有限的、临时性的赚取所得活动的积极性。

商业渗透的程度要求在各国各有不同,所采用的测试方法也相应不同。在一部分税收管辖区,只要纳税人在该辖区从事经营活动,无论何种类型,都要在净额基础上纳税,不过,何谓构成经营活动,其界定则有所不同。另一些国家仅在非居民纳税人在该国境内拥有"常设机构"时才征税,即比单纯从事经营活动有着更为广泛的存在。各国常设机构的概念常常类似于,但并非等同于,税收协议中所使用的概念。它或者要求在该国设有某种固定经营场所,例如商店或者办公室,或者是在该国有具有法律上的一定权利的代理商。

在**美国**,净额征税的槛限是在美国从事交易或经营。该概念是在判例法中逐渐形成的,主要强调活动的连续性和规律性。不过,这些判例和裁决的结果很难得到归纳。① 除此以外,还有一些具体的法定规则。在美国提供私人劳务,多数情况下会构成交易或经营。有一些特定的法定规则将某些金融活动排除在净额征税的范围之外,例如为境外纳税人自身的利益通过居民经纪人进行股票或者证券交易。② 针对房地产经营则有一项选择,允许纳税人在净额基础上纳税,即便实际的活动程度没有构成交易或经营。③

加拿大也采用经营活动测试法。对于怎样构成在加拿大从事经营活动,法律上没有界定。判例法关注的是,合同签订地,进行获取营业利润的实质性活动的实施地。根据一项特别的法定规则,在加拿大招徕订单或者提供货物用于销售,以及在加拿大进行加工、建筑或者制造活动,均构成在加拿大从事经营。④ 非居民雇佣加拿大居民提供投资管理服务,在满足一些条件的前提下本身不被认为构成在加拿大从事经营。⑤ 此外,非居民处分"应税加拿大财产",如不动产或者自然资源财产,要缴纳加拿大税收。⑥ 也有特别规则对在加拿大从事雇佣活动获取的所得征收净额税收。⑦

在**英国**,非居民获得的所得与国内纳税人一样归入相同的所得分类表或者种类中。对于经营所得,管辖权方面的问题是,该经营活动是否在(而不是与)英国境内进行,而确定问题的方法是事实因素环境法。在这种联结下,合同签订地成为一个非常重要的因素。⑧ 从 2003 年开始,非居民公司征税的检测是以在英国是否存在常设机构(其界定与《OECD 关于对所得和财产避免双重征税协定范本》(以下简称《OECD 协定范本》)相似)为标准。⑨

---

① 美国,参见,例如,*Chang Hsiao Ling v. CIR*, 23 TC 1040 (1955).
② 美国,IRC, s. 864(b)(2).
③ 美国,IRC, s. 871(d).
④ 加拿大,ITA, s. 253. 仅仅持有有限合伙人权益不使合伙人被认定为在加拿大从事经营 (section 253.1).
⑤ 加拿大,ITA, s. 115.2.
⑥ 加拿大,ITA, s. 2(3).
⑦ 加拿大,ITA, s. 115(1) 和(2).
⑧ 关于这方面的一个著名案件参见 *Grainger & Son v. Gough* [1896] AC 325 (HL).
⑨ 英国,2009 年《公司税法》, s. 19.

一般而言,**日本**采用常设机构检测法作为净额征税的槛限。⑩ 国内法采用的概念遵循了协定中对常设机构的定义方法,不过,具体定义当然有所差异,既然各个协定中的定义也可能有所不同。所得的有些类别是在净额基础上征税,即便不存在常设机构。这包括来自国内不动产的转让所得,"使用或者持有"日本境内某些特定资产产生的所得,以及某些股票转让活动的收益。

尽管在没有常设机构的情况下,股票转让的资本利得通常无需纳税,但如果非居民及其关联公司共同持有发行在外的股票总额的25%或以上,且在一个纳税年度内出售了其5%或以上的股份,则这种利得要在净额的基础上纳税。对"不动产公司"的股份转让的资本利得也是在净所得的基础上征税,而无论该公司是否存在常设机构。不动产公司指该公司的大部分资产由位于日本的不动产构成。

总体而言,**荷兰**也采用常设机构法。不过该概念没有在制定法中予以界定,判例法一般遵循的是《OECD协定范本》中的界定。此外,有一项法定规则将作为经营资产持有的不动产视为常设机构。⑪

瑞典也是以常设机构的存在作为对经营征税的依据。国内法中常设机构的概念是按照瑞典协定实践进行解释的,而协定实践一般也是遵循《OECD协定范本》中有关常设机构的界定。

根据**德国**国内法,非居民获取经营所得仅在产生于设在德国的常设机构或者来自在德国设立的常驻代表时才纳税。⑫ 常设机构和常驻代表都在立法中有着较为详细的界定⑬,并且比在条约中的相应概念要宽泛。比如,如果有库存货物可提供,或者常驻代表并不需要取得代表其总公司签订合同的授权,就可谓设有常设机构。来自文化、体育等项目的所得可以被征税,即便不存在常设机构。⑭ 处分德国公司中超过1%的权益得到的收益也要缴纳税收,而不需要与该国有着进一步的联系。⑮

澳大利亚的政策是围绕来源征税规则而非明确的槛限测试法演进的。基本上所有具有澳大利亚来源的应税所得都有被征税的可能,应税所得的

---

⑩ 日本,ITA, s. 164 和日本,CTA, s. 141.
⑪ 荷兰,CITA, Art. 17a. -1. a; ITA, Art. 7.2-6.
⑫ 德国,ITA, s. 1 par. 4, ITA, s. 49 par. 1 nr. 2 lit. a.
⑬ 德国,《普通财政法典》(GFC), s. 12, 13.
⑭ 德国,ITA, s. 49 par. 1 nr. 2 lit. d.
⑮ 德国,ITA, s. 49 par. 1 nr. 2 lit. e.

获取(应估税所得减去各项扣除)产生纳税申报的义务。应税所得不包括向非居民支付的某些股息、利息、特许权使用费以及从2009年起,适用最终预提税的非民民从澳大利亚集合投资工具获得的其他所得(叫做"基金支付")。此外,还有各种具有不同程度特定性的税收政策,将评估和扣缴元素相结合,适用于某些类型的所得,税务机关有着相当广泛的自由裁量权,可以要求对非居民所得在个案的基础上进行扣缴。2003年颁布的法律规定,允许制定与非居民有关的扣缴规章,到目前为止,这些规章只针对游戏市场、建筑以及与体育、娱乐有关的活动作出规定。这些规定仅仅是为了征收的便利;它们不是确定实体纳税义务的基础。

在**法国**,外国公司要就其通过税法典所谓"在法国进行的贸易或者经营"(entreprise exploitée en France)所实现的经营所得纳税。⑯ 按照判例法的解释,此概念与《OECD协定范本》所采用的常设机构的概念很接近。但要更宽泛一些,因为对于具有准备性或者辅助性的行为不排除在外,而且因为除了经营的固定场所以及非独立代理人之外,还包括经常性地在法国从事"完整的商业周期",例如数项采购之后进行销售,甚而是一次性交易但采购和销售的金额巨大。

1.2 净额征税时商业所得的归属判定

无论净额征税的起点如何,都必须有确定哪些所得项目与国内分支机构具有充分的联系而应当纳税的法律规则。⑰ 各国在此方面采用的方法差异很大。一种方式是关注特定所得项目与分支机构之间的实际经济联系。所有具有此种联系的所得都要按净额征税,所有其他所得要么不用纳税,要么适用预提税。这种方式一般不采用有关经营所得的独立的来源规则。

另一种方法是将所有境内来源所得归属于分支机构,因此,即便所得项目与分支机构之间没有实际经济联系也要按净额纳税。这种"引力"(force of attraction)通常包含一套独立的来源规则,因为一项所得是否要按净额征税取决于它是否来源于境内。在这两类极端的方法中间,还有很多其他方法。根据"有限"引力法,仅某些类型所得要按净额纳税而不考虑其与分支

---

⑯ 法国,CGI, s. 209 I.
⑰ 在后面的材料中,术语"分支机构"用于指称适用国内征税槛限(的情况),即商业活动、"商业经营"、常设机构等。

机构的实际经济联系。在有些情况下，在技术上具有境外来源的所得可能也要按净额纳税，如果该所得与国内经营活动具有经济联系。

这些"直接的"方法试图将总所得的特定项目归属于分支机构。理论上有显著区别的"间接"法是确定整个企业的净所得，然后将利润在某种基础上分配给各地的分支机构。分配的基础可以是营业额、资产、工资或者其他类似因素。这种方法常常用于某些特殊行业，例如银行业、保险业和运输业，而直接法则多用于销售和制造业。两种方法产生的结果可能有很大不同。分支机构可能在采用直接法时显示出盈利，而采用间接法时没有可归属的净所得，如果整个企业经营是亏损的话。

虽然各类方法的一般轮廓相当清晰，实践中，具体规则则相对而言没有充分发展起来。这要部分归因于跨境经营一般倾向于采用子公司的形式，除了特殊行业如银行、房地产和自然资源。

此外，涉及境内分支机构和境外总公司或者其他境外分支机构之间的交易时，确定所得归属会引发一些特别问题。这些问题与所得的归属以及确定分支机构的适当扣除都有关系，将在后面一节讨论。

美国采用有限的引力法，其核心在于所得与境内活动的经济联系。确定税基的规则与一并适用居民和非居民的确定所得来源的复杂规则相关联。来源于美国的投资类型的所得如股息、利息等，如与美国经营活动有着"实际关联"(effectively connected)，应按净额纳税。关键在于产生所得的资产在经营中的功用，和与资产有关的经营活动。同样的规则用来确定处分资产的资本利得是否与美国企业有着实际关联，从而适用净额纳税（与美国企业没有实际关联的所得要么在总额基础上纳税，要么不用纳税）。[18]

至于来源于美国境内的其他所得项目，要视同与美国存在实际关联，即便在所得项目与美国经营活动之间并无事实上的关联。因此，例如销售位于美国的库存财产，该销售直接从境外总部做成，与美国的分支机构没有任何关联，也要视同与美国有实际联系的所得。[19]

在**澳大利亚**，如同前面提到的，对非居民征税的规则基于一个基本的假定，即所有澳大利亚来源所得是应税的，并在净额的基础上纳税。这一般适用于经营所得。有关经营所得的来源规则主要形成于判例法，且根据环境因素法适用。对于销售货物产生的所得，有建议认为销售利润的来源地是

---

[18] 美国，IRC, s. 864 (c)。
[19] 美国，IRC, s. 864 (c)(3)。

合同的签订地。税务机关有权在适用转让定价规则作出纳税调整时，确认分支机构和独立实体的所得来源。澳大利亚在处理分支机构时一般不采用"视为"交易或支付的做法，只考虑实际获取的所得，但通过交易的名义转让定价(notional transfer prices)在纳税人不同部分(分支机构)之间确定所得来源，达到相似的效果。

适用于某些类型的经营所得的特殊的规则混合了评估和扣缴因素，可以视为间接法的例证。例如，对于非居民保险公司和境外船舶，其收益的一定比例被视为来源于澳大利亚的应税所得，并便宜地认定其由当地的代理人(船长、保险公司的代理商)予以评估征税，这种征收的实际效果相当于预提税。实践中，税收协定规范非居民在澳大利亚获得的大部分经营所得及其来源规则(不过，有时候国内保险和船运规则仍然得以全部或者部分地保留适用)，原因是澳大利亚所签订的税收协定规定，条约中的来源规则是澳大利亚所有税法规则的一部分。

总体而言，**加拿大**没有采用引力原则，不过加拿大来源的某些所得项目要纳税，如果纳税人本应适用净额征税的话。成文法上没有详细的来源规则具体说明所得的地理来源。如果是非居民在加拿大的分支机构，根据"合理的方式"归属于加拿大分支机构的所得被按照国内来源所得对待，对非居民在净额基础上征税。非居民的加拿大分支机构所得必须在假定非居民的唯一所得是来自在加拿大的经营的基础上计算。[20] 此外，只有那些能够合理的归属于加拿大经营的项目，非居民才有资格适用扣除。如果非居民向加拿大分支机构转让存货、无形资产或者可折旧资产，或者从加拿大分支机构撤回该类资产，则认定分支机构在转让之时以相当于公允市场价格的成本获得该财产，或以公允价值销售该资产。[21] 虽然没有其他有关加拿大分支机构利润分配的法律规则或者行政指导，但加拿大广泛的税收协定网络意味着这些问题经常按照协定的规定处理。

荷兰的规则也没有采用引力原则，同样也是开放性的。荷兰分支机构所"实现"的所得被视为国内来源所得，按净额征税。收入和支出以及资产与负债，如果与分支机构活动具有功能上的关联则要归属于分支机构。在这一类问题上，荷兰税务机关一般遵循 2008 年 OECD 关于分支机构所得归属的规则。在判例法中，可归属于分支机构的款项，如果是在分支机构停止

---

[20] 加拿大，ITA, s. 4.
[21] 加拿大，ITA, s. 10(12)和(13)，13(9)，14(14)以及14(15).

经营活动之后收到的,仍然应该归属于分支机构。投资类的所得,例如股息和利息仅在产生所得的资产属于分支机构经营资产的一部分时,才对分支机构征税。资产在分支机构账簿上的记账方式可以表明资产的经营特征,但并非决定性的。

在**德国**,所得一般按照"直接"方法归属于常设机构,即关注在德国的活动;引力原则在该国不被采用。

瑞典在"真实与公平"地计算在瑞典的经营的基础上归属所得,在某种程度上依赖会计原则在单个公司的各分支机构之间分配所得。

英国没有采用任何形式的引力规则。以事实联系为基础,将所得分配给在英国的经营活动。如果所得能够说是"产生于"英国的经营活动,就按净额征税。此外,来自该经营机构所使用或者持有的权利或者财产的所得要纳税,处分经营资产所获的收益也是如此。[22] 针对非居民企业而言,这些所得类型要根据一条与《OECD 协定范本》第 7 条基本一致的规定进行计算。

由于分支机构在原则上被看作一个独立的企业,**法国**没有采用引力原则,也极少使用间接或者统一方法。重点在于分支机构的账簿,仅对可归属于分支机构的积极所得以及与其存在实际联系的消极所得征税。法国没有关于经营所得的特殊来源规则,因为"在法国从事贸易或者商业"既是可税性也是来源的判断标准。

日本发展的一套制度在确定对日本分支机构经营活动产生的所得课税时,很大程度上依赖来源规则、所得类别以及活动类型。外国公司按照它们所从事的活动类型进行分类。共有 11 种(为了一些目的有 14 种)国内来源所得和 4 种类型的公司活动。从这些规则中可以发现两种基本的模式。对于有些经营类型,主要是那些有办公室、仓库或者其他固定经营场所,根据一般国际规则构成常设机构的,则适用广泛的引力原则。对于此类经营,所有的(且仅仅是那些)根据来源规则被认定来自日本的所得要在净额基础上对分支机构征税。如果适用引力原则的某些所得项目需要适用预提税,该税额可以与最终纳税义务相抵扣。因此,如果某境外公司的销售分支机构也有来自日本境内的利息收入,该收入与分支机构的活动没有关联,该所得也要归属于该分支机构,并按净额纳税。另一方面,如果销售机构有销售收入,根据来源规则并不属于日本境内来源,则不用纳税,即便分支机构的活

---

[22] 英国,2009 年《公司税法》,s. 19.

动对于收入的产生起着重要作用且该所得可以说是可归属于日本法治机构的经营。㉓ 这些规则的整体模式与1986年之前美国的规则相似。

如果日本的常设机构不是固定场所而是一个建筑工地或交易代理商,则适用不同方式。在该情形下,所有来源于国内的经营所得(且仅该种所得)是应税的。而其他类型的所得只有在其事实上"归属于"常设机构的活动时才需要纳税;引力原则并不适用。

(日本)对上述模式有两个重要修改。某些协定修改了来源规则,规定归属于国内分支机构的活动的所得属于来源于国内的所得,因此允许对某些在其他情况下根据国内来源规则可在技术上免税的所得征税。另外,行政规章已尝试将来源于国内的所得的定义扩展至由日本分支机构投资产生的来源于外国的投资型所得。

1.3 经营所得按净值税基课税时扣除项目的判定标准

关于扣除是否归属于分支机构发生的经营所得,判定规则一般看支出和所得的事实或因果联系。有些国家的国内法规则遵循协定惯例,非常看重分支机构或总部账簿关于费用的记账方式。有些费用是根据公式计算分摊的,公式的确定考虑了分支机构资产占企业总资产的比重或者占相对销售量的比重这类因素。

与协定惯例一致,一般没有任何税收管辖区的国内法规则会认可分支机构和总部之间由于付款或转让而发生的"内部收支"(self-charged)费用。因此,内部计算的"利息"或"特许权使用费"不会影响分支机构或总部的所得。只有实际支付或应计给第三方的费用才允许扣除,扣除的方式可以是直接扣除或者根据公式计算扣除。新提议的《OECD范本》第7条允许在某些情形下扣除名义费用(notional expenses),这是否会对国内法产生影响还有待观察。针对个人而言,个人减免和其他个人费用的扣除一般受到很大限制或根本就不允许扣除。

美国税法用同样的扣除分摊规则来限制本国纳税人的外国税收抵免限额和判定外国企业的经营净所得。㉔ "内部收支"费用不得扣除,总部和分支机构营业之间的交易也不产生所得。扣除规则的关键是费用要与美国经营活动产生的所得有"确切联系"(definitely related)。此外,有些费用也可

㉓ 日本,ITA,s. 161 和164,以及日本,CTA,s. 138 和141。
㉔ 美国,Regs.,s. 881-6。

根据公式计算扣除。因此,一般行政管理费用可在美国来源所得和外国来源所得之间根据销售额或毛收入计算分摊。

美国企业经营活动的利息费用分摊适用特殊的规则[25]。基本的做法就是关注外国纳税人的资本总结构,还有其资本结构及其在美国使用的资产的关系。这种方法结合了实际的追溯规则和剩余分配规则(residual allocation rule)。纳税人可用实际的资产负债率或任意的固定比例来判定美国资产和相关负债的关系。分支机构扣除的实际的或"分摊"的利息费用也许要按毛税基纳税。特殊分摊规则对由于监管方面的原因在美国主要以分支机构形式运营的外国银行显得非常重要。

在**加拿大**,一般根据实际来源(factual tracing)分摊费用,但某些情况下也允许根据公式计算分摊利息和管理费用。然而,经授权的外国银行在加拿大的分支机构是根据公式计算扣除利息费用的,这个公式假设该银行拨给分支机构的资金是要计算利息的[26]。如果非居民全部或者实质上全部的所得都是来自加拿大,那么他的纳税地位实际上等同于居民,并且因取得加拿大的所得发生的其他费用都允许扣除[27]。

日本也采取了直接和间接相结合的方法来分摊费用。费用分摊的基础必须"合理"。对位于日本的资产来说,这意味着相关费用扣除(例如,折旧)可以直接确定。就其他费用而言,如果他们和本国来源所得有实际联系,那么无论在哪里发生的都可以扣除。然而,要求扣除国外发生的费用需要遵循严格的资料提供。与本国来源所得和外国来源所得都有联系的费用根据公式、依据费用的性质,以收入、资产等为基础来计算分摊。如果能追溯至本国活动,利息费用就可以直接扣除;否则就根据公式计算分摊。

瑞典税法关于费用扣除的分摊规则不是很完备。分支机构发生的清晰可辨的费用,如本地员工的工资薪金,可以直接扣除。除此以外,根据公式计算分摊费用,按照总销售额、标准的总部费用等来确定。**英国**税法根据实际情况决定分支机构的费用扣除。非居民公司按明文规定需要依据与《OECD协定范本》第7条一致的规定确认费用扣除。特别地,"为常设机构目的发生的"费用可以扣除。常设机构支付给非居民公司的"特许权使用费"明确规定不可以扣除。然而,常设机构支付给非居民公司的利息费用如

---

[25] 美国,Regs, s. 882-5.
[26] 加拿大,ITA, s. 20.2.
[27] 加拿大,ITA, s.115(1)(f).

属于金融企业日常经营过程中发生的就可以扣除。[28]

德国采用追溯法,一般要求费用和德国的活动有经济联系[29],但不要求费用必须发生在德国。就一般管理费用而言,只要证明费用和德国活动有经济联系,就允许分摊企业总部的费用。虽然直接归属于分支机构的债务产生的利息可以扣除,但是却不清楚企业全部的利息费用如何分摊给分支机构。因为分支机构不是独立的经营单位,分支机构和总部之间的合约安排一般不会被认可(银行和保险行业有部分例外)。因此,通常只有支付给第三方的分摊费用才能扣除。实践中,控制和协调中心收取的"成本加成"(cost-plus)费也允许扣除。2008 年《OECD 关于常设机构利润归属报告》(以下简称《OECD 报告》)中提出的"特许方法"(authorized approach)对利润归属产生何种影响,包括"交易"的概念对德国本领域的实践产生何种实际的影响,都还有待观察。

在**荷兰**,所得归属和费用扣除都采用"功能"法。没有成文法的规定,关于内部收支费用的扣除的判例法采用了《OECD 协定范本》第 7 条的注释中的方法。

与外国公司在**法国**的分支机构存在实际联系且由其承担的所有费用,不管是否由它发生的或代表它发生的,也无论在哪里发生的,都可以从应税所得中扣除。为了多个分支机构发生的费用必须根据适当的标准在他们之间分摊。总部的一般行政管理费用通常按分支机构营业额与公司总营业额之间的比率分摊。分支机构因总部发放贷款给自己或把专利权许可给自己而返还给总部的款项不构成对第三方的已付或应计还款费用时,这些款项一般不得税前扣除。非居民个人的全球净所得不允许进行个人扣除,也无权行使授予居民的税收抵免权,法律另有明确规定除外[30]。

在**澳大利亚**,本领域和其他领域都适用标准的费用扣除分摊规则。适用非居民代扣代缴制度的股息、利息、特许权使用费和基金支付免税,这几类所得的有关费用相应地也不能扣除。但是如果此类所得归属于非居民在澳大利亚的常设机构那么就不征顶提税(相应地也不免税),因而需要纳税,有关费用也能扣除。适用代扣代缴的所得类型不同,费用扣除的实现方式也会不同,协定国和非协定国的实践也都会不同。海外船舶和非居民保险

---

[28]　英国,2009 年《公司税法》,ss 21-32.
[29]　详见德国,ITA,s. 4 par. 4(不限于国际分摊)。
[30]　法国,CGI, s. 164 A.

公司适用特殊的规则,即一定比例的运费(5%)或保险费(10%)属于应税所得,按标准税率纳税。因此,这相当于根据公式计算扣除,即各自所得的95%和90%作为费用扣除。某些情形下,纳税人的本地代理人可以选择退出这种特殊机制,按净值纳税。

1994年外国银行的分支机构能够在澳大利亚营业后,澳大利亚制定了特殊的规则来计算他们的所得,这些特殊规则不久前有一部分被资本弱化的新规则取代了。澳大利亚一般将分支机构和总部严格看成一个单一实体,但在某些方面,例外地将外国银行分支机构视作独立实体。最重要的是,分支机构4%的负债被视为权益,其余负债的50%乘以伦敦银行同业拆借利率(LIBOR)后要缴纳利息预提税(意识到对银行全额适用预提税率有困难,因此实际上按正常10%的预提税率减半征收)。通过澳大利亚本国法的规则,外国银行多数情况都能免征利息预提税;因此,利息预提税一般并不适用。在有相关协定并能提供更优惠的税务处理时,外国银行的分支机构可以选择根据税收协定规则纳税,以保证制定法规则不违反协定义务。

1.4 雇佣所得的征税

多数国家对非居民取得的雇佣所得按净值课税,而与该国家联系不大的雇佣所得一般免税。判定雇佣所得的来源有两种基本方法。一种是考虑劳务提供地,即雇员在本国停留的天数。另一种是看劳务"使用"地,即劳务的受益地。取得来源于本国的雇佣所得发生的费用一般可以扣除,但是不会有个人免征额或优惠的税率级次,或者即使有也是有限的。

美国税法认为劳务所得来源于劳务提供地。个人提供劳务被视为经营或营业,因此满足净值税基征税的槛限要求。根据低额豁免规则(de minimis rule),如果在税收辖区停留时间短,所得额小且支付人是外国人,其所得就免税。[31]

在**日本**,如果劳务是在日本提供的,那么个人劳务所得来源一样也是本国,所得可直接按净值税基征税而无需其他更多条件。国内法只允许雇员扣除非常有限的费用。有一条特殊规定,无论在哪提供劳务,本国公司支付的董事费都被视为日本来源所得,于是这些付款相当于公司的分配。[32]

加拿大规则也关注在加拿大提供的雇佣劳务。雇佣所得仍按净值税基

---

[31] 美国,IRC,s. 861(a)(3).
[32] 日本,ITA,s. 161 par. 8.

征税,但居民和非居民雇员的雇佣所得都只允许有限的费用扣除。㉝ 根据一个特殊规定,如果非居民以前是加拿大的居民,那么加拿大人付给他的全部雇佣所得都要在加拿大纳税,但他在加拿大境外提供的雇佣劳务所得已经在外国税收辖区纳税的部分除外㉞。

荷兰按净所得对来自本国的雇佣所得征税。㉟ 即使劳务提供地在国外,本国公司向非居民董事支付的董事费也应纳税。㊱

在澳大利亚,协定法之外的雇佣所得的来源地规则是一个混合体,综合考虑劳务提供地、合同签署地和报酬支付地。建立这些规则的最初案例都是关于在澳大利亚工作的海员的,那时只有来源地才能征税。在这些案例中,如果澳大利亚不对水手们在公海上取得的收入征税,那么就没有任何辖区对他们征税,这部分解释了雇佣合同履行地和报酬支付地规则的重要性。尽管如此,来源地规则现在仍然考虑多种因素。法院判决认为,罗伯特·米彻姆出演电影《夕阳西下》(拍摄地是澳大利亚)取得的收入不一定来源于澳大利亚。㊲ 相反,澳大利亚大学支付给正在海外休假的居民学者的薪金来源于澳大利亚。㊳

尽管非居民员工首笔3万美元应税所得适用和居民不同的税率级次,也没有个人税款返还(抵免),但是他们适用正常的扣除、评估和代扣代缴征收规则。虽然实践中和澳大利亚接触有限的非居民可能会避免按净值税基课税,但是协定(如果澳大利亚是所得的来源地)是规定所得纳税义务槛限的唯一方式。附加福利和雇佣所得的国际税收管辖规则实际上是一致的。因此,如果非居民雇员的薪金来源于澳大利亚,那么他们收到的福利也要纳税。然而,非居民雇主一般不会意识到这种纳税义务,这种义务除了自觉遵从(或者通过最近税收协定中的征管协助规定)外一般无法执行。在澳大利亚签署的两个协定中(与新西兰和英国),澳大利亚对附加福利税的处理结果是,对雇员薪金拥有主要征税权的国家(如果不符合《OECD 协定范本》第15条第2段的等价条款的条件,就是来源国;否则就是居民国)享有对附加福利的排他性征税权。此外,2006年为临时性居民引进了特殊规则,这意

㉝ 加拿大,ITA,s. 8(2)。
㉞ 加拿大,ITA,s. 115(2)。
㉟ 荷兰,ITA,Art. 7.2-2. b。
㊱ 荷兰,ITA,Art. 7.2-7。
㊲ *Mitchum*(1965) 113 CLR 401。
㊳ *Evans* 81 ATC 4512。

味着先前试图筹划避免成为澳大利亚居民的雇员现在可能会更愿意被归类为居民。除了上面所描述的优惠待遇外,归类为居民后还可适用更优惠的税率级次,而且享受只有居民个人可享受税收抵免。

英国对在本国境内提供劳务的全部报酬征税。当劳务部分在英国境内提供,部分在境外提供时,所得一般按时间基准分配。英国按净值征税,但是有些个人扣除不适用[39]。

如果劳务提供地是**德国**或"使用"者是德国居民雇主,德国可对雇佣所得征税。自我雇佣产生的所得也适用同样的规则。德国按净值税基征税,但是有些雇佣所得的扣除会受到限制。跨境劳动者适用特殊规则。

法国对在本国境内提供劳务的非居民个人的雇佣所得征收累进(0%,12% and 20%)预提税(法国居民不适用)。因为薪金要扣除10%的标准职业费用,所以雇佣所得按净值税基纳税,但是无权选择像居民一样扣除实际费用。12%的预提税属于最终纳税。但因为按最高一级税率纳税的所得属于全球年收入的一部分,所以和法国居民工资所适用的规则一样,这些所得要缴纳累进个人所得税。20%的预提税可以用来抵减这种所得税。某些情形下,纳税人可以主张退还12%或20%预提税的超额纳税部分。运动员(对毛收入征收15%的预提税)[40]和艺人(对净所得征收15%的预提税,可抵免、可退税)[41]都适用特殊的规则。

1.5 适用净值税基征税的其他情形

其他类型的所得一般也按净值税基课税,尽管方法上有很大不同。通常,所得会有大量相关的扣除或者扣除额在不同情况下会有所不同,所以对这些所得按毛收入征税,即使是低税率,会产生不恰当的结果。不动产所得一般按净值课税,这类所得有大量的折旧和利息费用扣除。国内公司大额投资的处分收益一般也按净值课税,这样在对利得征税时等于将公司的国内经营活动实质上归属于非居民股东。

美国赋予不动产选择按净值纳税的权利。如果不动产活动构成经营或营业,即使没有特殊规则不动产所得也要按净值税基纳税。然而,其他情况下,租赁所得要按毛收入征收预提税。根据特殊的选择规则,所有的不动产

---

[39] 英国,2003年《所得税(收入和退休金)法》,s. 9, 11和27。
[40] 法国,CGI,s. 182 B。
[41] 法国,CGI,, s. 182 A bis(2009年之前适用的规则和运动员一样)。

所得都可选择按净值纳税。㊷ 此外,国内不动产的转让收益也按净值税基纳税,持有大量国内不动产的国内公司的股权的处置产生的利得同样适用这种方式纳税。㊸

加拿大也有类似的规则,不动产租赁所得、木材、特许权使用费、退休金及相关福利和表演劳务所得都有权选择按净值纳税㊹。如果纳税人没有作出选择,这些类型的所得就要按毛收入缴纳 25% 的预提税,表演劳务所得适用 23% 的预提税。非居民处分"加拿大应税财产"的利得也是按净值在加拿大纳税。加拿大应税财产包括:价值主要来源于加拿大境内不动产和资源产权的加拿大居民公司非上市股份、非居民公司非上市股份、合伙权益或非居民信托权益;非居民和非独立交易人持股 25% 或以上的公司的上市股份。㊺

无论活动的水平如何,也无论不动产活动是否会构成营业,多数其他国家都对不动产所得按净值征税。**德国**立法明确规定,即使不构成常设机构,外国公司的不动产活动也要纳税;但是个人的不动产活动只有构成经营才需要纳税。**荷兰**的情况也是这样的。**澳大利亚**一般采用混合制度。如果非居民通过集合投资工具(财产信托)取得租金,那么分配中的租金部分要按毛收入缴纳最终预提税,但是在计算应缴纳预提税的租金所得额时财产投资在投资工具层面仍可获得正常的扣除。㊻

关于非居民处分本国公司大额股权(substantial shareholdings)收益,税收待遇更是存在较大差异。**美国**、**瑞典**、**英国**和**澳大利亚**(2006 年起)一般不会对此类所得征税。相反,**德国**、**荷兰**、**加拿大**和**日本**,根据不同情况,认定此类利得为本国来源所得,对其按净值税基征税。例如,在德国,非居民处分德国公司超过 1% 的权益,其所得要纳税,但是处分不到 1% 门限的股权所获得的资本利得不用纳税。㊼ 根据荷兰税法,如果非居民拥有本国公司至少 5% 的股权,而且这些股权不属于非居民的积极经营资产,那么取得的股息、利息收入以及处分本国公司股权实现的资本利得需要按净值税基纳

㊷ 美国,IRC,s. 871(d);881(d)。
㊸ 美国,IRC,s. 897(a)。
㊹ 加拿大,ITA, s. 216, 216.1 和 217。
㊺ 加拿大,ITA, s. 248(1)。
㊻ 澳大利亚,ITAA 1997, Div 840-M, 2008 年《所得税(管理投资信托预提税)法》,1953 年《税收管理法》,Sch 1 Div 12-H。
㊼ 德国,ITA, s. 49 par. 1 nr. 2 lit. e。

税。然而,根据税收协定,这条国内税收规则在荷兰一般并不适用。

其他杂项所得一般要按净值税基纳税,而不管他们是否属于营业或常设机构的活动产生的。例如,澳大利亚对支付给非居民的自然资源使用费征收预提税,但是纳税人可以和税务机关协商税率以反映费用;如果结果显示估算的费用不正确,纳税人还可以提交纳税申报表要求退款或者要求按净值税基核定税收。[48] 根据日本税制,在日本"使用或持有"的资产产生的所得应按净值税基纳税,即使不存在常设机构。这类所得实际上充当着兜底条款的作用,涵盖了日本税务机关认为来源地为日本的所得、但不能归入其他类别的日本来源所得。[49]

2. 按毛税基纳税的结构问题

本节所探讨的所有税制都对某些特定类别的所得按毛收入征收预提税。有时,预提税是国内税制的一部分,同样地适用于居民和非居民,尽管对于非居民来说它意味着最终税。其他情况下,预提税仅适用于外国人。需要缴纳预提税的收入通常为与经营活动无关,且被视为来源于国内的投资所得。因此,结构规范会涉及关于所得按类型和按来源的分类问题。有时,来源规则与那些用来确定一项收入是否有权获得国内双重税收抵减的规则一样;有时,外国人取得的收入适用特殊的来源规则。

美国对外国人按毛收入征税的规则适用于国内来源的"固定或确定的年度或周期性"收入。[50] 应税类型被给予宽泛解释,其实质上适用于不涉及财产转让的所有收入。无论所得的类型,税率均为30%。不过,有制定法上的例外,即对国内银行存款利息和由美国公司或美国政府支付的公开交易债务的大多数利息免税。[51]

详细的制定法来源规则对经常发生的所得类型,例如股息、利息、特许权使用费等作出了规定。[52] 总的来说,适用于本国人的来源规则同样也适用于外国人。部分来源规则注重经济联系,部分注重形式上的法律关系。例如,特许权使用费来源于财产的使用地,而一般来说利息来源于支付人的居

---

[48] 澳大利亚,ITAA,1936 年,s. 6CA,1953 年《税收管理法》,Sch 1 Div 12-G。
[49] 日本,ITA,s. 161 par. 1 和日本,CTA,s. 138 par. 1。
[50] 美国,IRC,s. 771(a);881(a)。
[51] 美国,IRC,s. 871(h)。
[52] 美国,IRC,s. 871(a)。

民地。美国商业经营所支付的利息适用特殊规则。把这类利息看作是由美国公司支付的,如此一来,外国收款者必须就其纳税。此外,根据向美国分支机构分摊利息费用的规则,如果扣除的利息比直接支付的利息多,那么该分支机构要对超额部分按通常适用的毛税基纳税。[53]

国内来源所得由支付者代扣代缴应纳税款,扣缴额起着最终税的作用。如果该收入是外国纳税人在美国的经营所得的一部分,则无需代扣代缴。如果由于某些原因,并未扣缴适当的税,则外国人及本国代扣代缴机构都应承担纳税义务。特殊的代扣代缴规则适用于有非居民做合伙人的合伙以及处分位于美国的不动产的情形。[54]

日本采取了颇为类似的处理方式。来源规则对租金、利息、股息、特许权使用费、奖金、年金、来源于特定金融工具的所得、以及"隐名合伙"所得作出了规定。所有这些收入都缴纳预提税,即使其与按净值纳税的经营有关(在某些情形下,公司可以申请非代扣代缴的税收处理)。[55] 扣缴的税款可以抵免以净额为税基的纳税义务。来源规则通常同等地适用于入境和出境交易。

瑞典[56]税制并无全面的来源规则,仅简单地定义了需要缴纳预提税(作为最终税)的特定类型的收入。与其他税制不同,瑞典对在该国提供的服务所产生的雇佣所得按毛收入征税。下列类型的所得按特定税率缴纳预提税:雇佣所得、董事费、养老金(25%);股息(30%);艺术家和演艺人员(15%)。瑞典在设定预提税的税率水平时尝试大致将与该收入相关的成本考虑在内。瑞典的"特别所得税"(*Särskild Inkomstskatt*)对非居民取得的毛收入按25%的税率征税。该税主要适用于由瑞典雇主(如果雇员在瑞典停留超过183天,则外国雇主也可)支付的雇佣所得,以及由瑞典政府支付的或与在瑞典进行的私人雇佣有关的养老金。由于对毛收入征收25%的税可能导致比适用一般规则更严苛的税负,在受到欧洲法院的批评后瑞典引入了选择机制。只有雇佣所得全部或几乎全部来自瑞典的人才可以进行选择。

加拿大对由该国居民支付给非居民的、法定的所得类型征收25%的预

---

[53] 美国,IRC, s. 884(f).
[54] 美国,IRC, s. 1441-45.
[55] 日本,ITA, s. 212.
[56] 瑞典,《外国居民的特别所得税法案》。

提税。(57) 该法律并非按照来源规则构建,但运作规定起到了来源规则作用。比如,总的来说,加拿大居民支付的利息需要缴纳预提税。这在功能上与依赖于明确来源规则的美国产生同样的结果。

许多类型的利息都需要缴纳预提税,包括参股利息,但政府债务利息和位于加拿大境外房产的按揭利息除外。(58) 非居民获得的遗产或信托收入通常要缴纳预提税。居民为使用或有权使用位于加拿大的财产,包括无形资产,而支付的费用需要纳税,征收规定实际上扮演了来源规则的角色。加拿大公司分配的股息,包括推定股息,需要纳税,管理费、赡养费、养老金和其他延迟补偿、年金的利息部分、及其他各种各样的支付也是如此。

512 将某些付款人视为加拿大居民(因此要缴纳预提税)的规则以及将收款人视为非居民(同样触发了预提税纳税义务)的平行规则实质上拓宽了预提税制的范围。(59) 因此,在计算加拿大商业或房地产利润时可扣除的、非居民作出的支付被视为由加拿大居民作出,因此在付给非居民时要缴纳预提税。合伙适用特殊规则,当它向非居民付款时,被当作居民——这在加拿大可以扣除;当它从加拿大居民付款者处获得支付时,被当作非居民。(60)

非居民演员及其公司适用特殊税制。这些非居民就在加拿大演出取得的收入按 23% 的比例税率缴纳最终预提税。(61) 正如上文提到的,非居民演员有权选择纳税申报并按净额纳税。(62)

英国对各种投资所得按照 20% 的基本税率征收预提税。(63) 只有支付给非居民的土地租金需要缴纳预提税。该预提税并不是最终税,可以抵扣非居民申报的纳税义务。相比之下,利息要缴纳预提税,但存在众多例外。尤其是对支付给居民公司的利息免征预提税。年金和某些其他年付的款项(包括特许权使用费)按照 20% 的基本税率缴纳预提税。股息无需缴纳任何预提税。在英国没有代理商的非居民取得的上述任何款项(除了土地租金)所缴纳的英国税限于预提税。

在**德国**,预提税适用于某些类型的所得而无论收款人身份,且专门适用

(57) 加拿大, ITA, Part XIII.
(58) 加拿大, ITA, s. 212(1)(b) 和 (3).
(59) 加拿大, ITA, s. 212(13) 和(13.2).
(60) 加拿大, ITA, s. 212(13.1).
(61) 加拿大, ITA, s. 212(5.1) 和 215(1).
(62) 加拿大, ITA, s. 216.1.
(63) 通常,参见英国,2007 年《所得税法》, Part 15 以及根据该部分所做的规定。

于支付给非居民的某些所得。就资本所得（例如股息、某些类型的利息、隐名合伙人的收入）而言，预提税对非居民来说意味着最终税。[64] 税率为25%。另外，对艺术、体育、文化类活动的收入、使用无形资产的特许权使用费、以及动产的租金按照20%的税率征收最终预提税。[65] 2003年，欧洲法院宣布这种按"毛收入"征税是对欧盟范围内服务自由原则的侵犯。[66] 因此，德国将扣除扩展适用于非居民纳税人。对公司监事会成员的费用征收30%的最终预提税。[67] 根据一项由法院形成的、随后被成文法采纳的原则，公司的全部收入均被视为经营所得这一通常规则并不适用于非居民公司。[68] 因此，即使不存在常设机构，对例如德国来源的特许权使用费或股息收入仍需纳税。

在**澳大利亚**，按净值纳税和按毛收入纳税的规则间的相互影响颇为复杂。澳大利亚对非居民获得的股息、利息和特许权适用费分别按照30%、10%和30%的税率征收最终预提税。[69] 利息预提税的一个重要例外适用于广泛持有的离岸筹资，并扩展至公开招标的所有贷款，即使由一个贷款人提供全部贷款。另一例外适用于对免税的外国养老基金的利息支付，而根据自2001年签订的协定，也适用于外国金融机构。暗含于所有情况下的来源规则是居民向非居民所做的支付，在许多情况下该规则不同于法官在这些领域制定的来源规则。因此，理论上存在如下可能性：非居民作出的支付无需缴纳预提税，却来源于澳大利亚，由此在评估的基础上纳税。税收协定中的"其他所得"条款并未解决该问题，因为澳大利亚协定中的该条款遵循了《UN范本协定》并允许按来源征税；尽管如此，这种情况似乎被实践忽略了。

利息预提税规则同样反映出对税收协定中常设机构这一概念的重视，表现为该税适用于在澳大利亚设有常设机构的非居民支付的利息，以及支付给有离岸常设机构的澳大利亚居民的利息。基本的判定标准为在澳大利亚的经营中使用了借用资金。在向居民的离岸常设机构付款的情况下，应

---

[64] 德国，ITA, s. 43-45e.
[65] 德国，ITA, s. 50a par. 4.
[66] 欧洲法院，2003年6月12日，C-234/01（Gerritse）.
[67] 德国，ITA, s. 50a par. 1-3.
[68] 德国，ITA, s. 49 par. 2.
[69] 澳大利亚，ITAA 1936, Pt Ⅲ Div 11A, 1974年《所得税（股息、利息和特许权使用费预提税）法案》，1953年《税收征管法》，Sch 1 Div 12-F.

税收入仍然包括利息所得(这不同于缴纳非居民预提税的全部其他款项),除非适用分支机构免税规则,而是否适用有时取决于国内来源规则,有时取决于协定来源规则。不过代扣代缴的税款不能抵扣,此时预提税相当于离岸常设机构支付给第三方的利息的替代税。相反,特许权使用费规则最初只延伸至非居民设于澳大利亚的常设机构所付款项;然而,由于该漏洞造成的避税方案,特许权使用费规则与利息规则被一致化。

由于归集抵免制,股息处于一个比较特殊的位置。支付给非居民的股息的免税部分无需缴纳预提税,但如果股息归属于一个澳大利亚常设机构,则免税部分要按净值税基纳税。此时非居民有归集抵免权,这与归集抵免不适用于非居民的通常规则有所不同;但该抵免是不可退还的,这又不同于处于同样情况下的特定居民。[70] 一般来说,由非居民而非通过常设机构取得的股息的非免税部分适用协定中减低的 15% 的预提税率。

正如上文所讨论的,澳大利亚居民公司获得的来自外国的所得可能免税或应当纳税,这取决于所得的类型。如果该公司分再分配这笔收入,则根据外国所得免税或外国税收抵免制度,它并未缴纳任何澳大利亚的公司税,从这个角度讲,这笔收入将作为不免税的股息出现。该公司可以追踪这类"导管外国收入"(conduit foreign income)并将其与无需缴纳非居民股息预提税的股息相匹配。[71] 尽管拥有非居民子公司或非居民股东的澳大利亚跨国公司在理论上可能享受到该税收优惠,但归集抵免制和导管外国所得制度下防止股息串流的严格规则意味着这种税收优惠通常只对总部公司具有最大的相关性意义。最近,澳大利亚将注意力转至一项在协定谈判中要求对支付给非居民的股息适用零预提税的政策,前提是这些非居民至少持续一年持有澳大利亚子公司 80% 的股份,且满足反滥用协定规则(始于 2001 年美国协定议定书)。在这些情况下,没有必要依赖导管外国收入制度来移除非免税部分的股息预提税。总的来说,这些变化使得澳大利亚为流经该国的股息提供了完整的导管待遇。至于资本利得,政府在 2004 年提出对外国子公司的非组合投资股份的资本利得参股免税,并于 2006 年废除了对非居民转让其在澳大利亚居民公司(除了土地公司)的非组合股份所获利得的征税,这样目前澳大利亚实际上存在对股息和资本利得的完整导管制度。[72]

---

[70] 澳大利亚, ITAA 1936, s. 44(1), ITAA 1997, s. 67-25(1DA)。
[71] 澳大利亚, ITAA 1997, Div 802-A。
[72] Australia, ITAA, Divs 768-G, 855。

法国税法典列举了法国来源的所得;其余为外国来源的所得。根据这一目录,来源地根据经济联系或形式上的法律关系,亦或两者的结合予以判定。某些类型的所得要缴纳预提税。在某种程度上这些税在净额的基础上(即工资、艺术家补贴、不动产转让收益)[73]评估,且是最终的[74]或可以抵扣所得税。[75] 在其他情况下(即独立个人劳务、版权、工业产权收入,在法国提供或使用的任何类型的服务报酬,艺术家或运动员的报酬)[76],预提税按毛收入评估,但可抵扣按净值征收的所得税。按毛收入征收的最终预提税仅包括对分配收入征收 25% 的税[77]、对利息征收 18% 的税(有众多例外)[78]、以及对处分法国公司大额股份所获利得征收 16% 的税[79]。有些可抵扣的预提税已经由不可退还转为可退还[80],或者由按毛收入征税转为按净值税基征税[81],以便遵循欧洲判例法[82]。此外,根据欧盟判例法,在母公司无法在其母国抵消预提税(例如通过税收抵免)的情况下,即使协定有规定,对支付给欧盟母公司的股息征收的预提税也不得适用或可以退还。欧洲法院裁定法国不得对这种股息征税,因为根据公司间股息免税规则,分配给法国母公司的利润是无需纳税的。[83]

在本节所讨论的所有国家中,**荷兰**按毛收入征收的以来源为基础的税最少。历史上,这看似反映了一项非常明确的政策——在欧盟和 OECD 的压力下于 20 世纪末放弃的——往往在滥用协定的活动中鼓励将荷兰作为持股公司和中介公司所在地。不过荷兰公司分配的股息要按照 15% 的税率缴纳预提税。对于非居民,该税是最终税,除非股息被归属于常设机构,此时该预提税可以抵扣以净额为基础课征纳税义务。为此目的,由利润确定

---

[73] 法国,CGI,分别参见 s. 182 A,182 A bis,244 bis 和 244 bis A。
[74] 法国,CGI,s. 182 A(12% 的税),244 bis 和 244 bis A(都针对个人)。
[75] 法国,CGI,s. 182 A(20% 的税),244 bis 和 244 bis A(都针对公司纳税人)。
[76] 法国,CGI,s. 182 B。
[77] 法国,CGI,s. 119 bis-2。
[78] 法国,CGI,s. 119 bis-1,125 A-Ⅲ,131 quater 等
[79] 法国,CGI,s. 244 bis B。
[80] 法国,CGI,s. 244 bis 和 244 bis A。
[81] 法国,CGI,s. 182 A bis。
[82] 参见欧洲法院,2003 年 6 月 12 日,C-234/01 (Gerritse)。
[83] 欧洲法院,2008 年 12 月 14 日,C-170/05,(Denkavit International-由法国分支机构分摊给荷兰母公司)。但是欧洲法律规定间的一致性本身也是存有疑问的,因为随后的欧洲判例法似乎要求协定本身提供这种中立性(例如:通过全额抵免条款):欧洲法院,2007 年 11 月 8 日,C-379/05,(Amurta-荷兰分支机构,葡萄牙母公司)。

的利息被视为股息。支付给非居民的其他利息、特许权使用费,以及其他类似款项通常无需缴纳任何税(无论按毛税基还是净值税基征收)。

3. 分支机构利润税

在缺少具体规则的情况下,分支机构活动汇回的利润无需缴纳任何更多地以来源为基础的税收。相反,国内公司支付的股息一般需要缴纳预提税。这种对替代性投资结构的差别税收处理使得一些国家对外国公司分支机构的收入征收第二个"层面"的税。尽管技术规则在诸多方面有所不同,该税的基本影响在于它是对分支机构的净税后利润征收的、与国内子公司利润分配所需缴纳的税收大致相当的一种税。

1986年以前,**美国**试图对有美国分支机构活动的外国公司向其股东分派的股息征收第二"层面"的税。这种税难以执行,并引致其他国家的不满,因为这是一种"域外"的征税尝试,涉及对外国公司向外国股东分配的股息征税。1986年,多数情况下该第二层面的预提税被对分支机构税后净利润征收的分支机构利润税取代。[84] 不再投资于美国经营的税后利润要缴纳30%的税,这和对美国公司利润分配征收的税相同。如果当前通过利润再投资避免纳税,随后投资额的减少将触发该税的"补征"(recapture)。如果分支机构活动终止,则无需补征之前通过再投资而避免缴纳的税款。如果资产转移至一个美国公司,纳税人可以通过承诺随后出售股份将导致被延迟的分支机构税的确认的方式延迟当前税收。这种税收处理方式是基于国内子公司的清算分配模式,同样地这种子公司也不需缴纳股息预提税。正如上文所讨论的,对分摊给美国分支机构企业的利息费用征收与分支机构利润税颇为相似的"分支机构利息"税。如果协定降低或消除了适用于直接投资的股息和利息的税率,那么协定税率适用于分支机构利润税。

在美国之前,**加拿大**就有了类似的分支机构利润税。该税对由外国公司在加拿大的经营活动取得的、不用于对该经营活动再投资的税后利润按照25%的税率(股息预提税的通常税率)征收。[85] 在计算分支机构某一特定年度应纳税额时,非居民公司申报的、作为再投资利润的任何数额必须纳入下一年度计算分支机构税的税基。相应地,正如美国税制,如果在后来的年

---

[84] 美国, IRC, s. 884.
[85] 加拿大, ITA, s. 219.

度,非居民公司减少了其分支机构的投资额,需要补征之前少缴的分支机构税。如果分支机构经营终止,也产生类似的结果。然而,如果非居民公司成立了一家加拿大公司,并将加拿大分支机构的资产转移至该公司,补征则被有效地延迟了。结果是,非居民公司可以在结转的基础上将其分支机构企业的资产转移至其全资加拿大子公司。

经批准的、通过加拿大分支机构经营的外国银行应对其"应税利息费用"按25%的税率缴纳一种特殊税,"应税利息费用"指在计算加拿大分支机构利润时,可以扣除的名义利息额的15%。[86] 如果一国与加拿大签订了税收协定,且没有对在该国经营的加拿大银行征收与此类似的税,那么该税不适用于该国家的银行居民。即使上述免税不予适用,如果可适用的税收协定规定向该国关联居民支付的利息适用较低税率,那么该税的税率可能降低。

法国采用了相关方式对外国公司经营征收第二层次的来源国税。[87] 法国对在该国经营的外国公司的净税后利润按照通常适用于分配收入的25%的税率征收预提税。结果是这些利润被视为已分配给非居民股东,且该税等同于本应对居民公司所做分配课征的预提税。然而,如果外国公司能够证明它在该所得实现的下一年度内并未分红,或者所有股东都是法国居民的话,则该第二层面的税可以退还。如果公司可以证明它分配的股息少于其在法国取得的收益,以及/抑或其分配的股息与所有股东中法国居民所占的比例相称,则第二层面的税可以部分退还。实际管理机构在欧盟其他国家的公司不再缴纳该税(因为它可能与欧盟设立自由原则不一致)。而且,该税被裁定与含有和《OECD 协定范本》中股息定义和"其他所得"条款相当的规定的税收协定存在不一致。

之前**澳大利亚**有分支机构利润税,但引入归集抵免制,公司税率和最高的个人所得税率一致,且对股息免税部分征收的非居民股息预提税被废除后,该分支机构利润税也就取消了。尽管目前公司税率显著低于个人所得税的最高税率——这为非居民股息预提税和分支机构利润税提供了一些依据,但这两个税都没有被再次开征(可能最初是为了防止美国试图通过协定获得归集抵免制待遇)。在国际竞争的背景下,澳大利亚渐进地将其公司税率降至30%,并且,正如上文所讨论的,目前正通过协定来双边废除对持有

---

[86] 加拿大,ITA, s. 218.2.
[87] 法国,CGI, s. 115 quinquies.

澳大利亚子公司 80% 或以上股份征收的股息预提税。就此而言，无需开征分支机构利润税，这是最近就美国分支机构利润税与美国签订的协定议定书中采取的立场。

瑞典、**荷兰**、**日本**、**英国**和**德国**都没有分支机构利润税。

4. 关于非居民获得的侵蚀税基的支付的限制

通常情况下，对经营所得按净值征税的税率高于可扣除的按毛收入对款项征税的税率，因此纳税人有动力尽可能地减少净值税基。如果协定降低或甚至取消按毛收入征税，这种动机就尤为明显。作为回应，一些国家对这种侵蚀税基的支付的扣除作出了限制。本节的关注焦点在于专门或主要针对非居民所有的国内企业的限制。[88] 最普遍的问题是非居民拥有的国内子公司的债务融资，其附带的利息扣除减少了国内子公司的所得。这里，特殊的负债—资产（debt-equity）规则有时适用于非居民所有的国内公司。有时如果就国内所得而言利息被认为过度支付，则由其他规定来限制利息扣除的额度。这些"收益剥离"规则（"earnings stripping" rules）同样通常关注向非居民的支付。

在**美国**，没有专门适用于非居民的"负债—资产"规则。不过，"收益剥离"规则的确限制了某些利息支付的扣除。[89] 该规则适用于向免税的关联方支付的利息，因此也适用于由国内免税机构提供的贷款，尽管该规定的意图很明确地指向根据协定无需就出境利息支付缴纳预提税的非居民投资者。它最初仅限于由关联免税方直接提供的贷款，后来扩展至由外国人担保的、第三方提供的贷款。利息扣除被限制的前提是，公司的债务股本比率必须超过 1.5∶1，并且公司须有"超额"利息费用，即超过公司当期调整后的应税所得的 50% 的利息。在这种情况下，任何支付给关联免税方的超额利息不得当期扣除，但可以向后结转并于之后某一年扣除，不过在该年也适用 50% 的扣除限额。此外，任何"超额"限制均可向前结转并用于增加在之后某一年的可扣除利息额。如果支付给外国人的利息应该纳税，不过条约规

---

[88] 这种限制有时会适用于全部"免税"获得者，因此包括了国内免税机构以及外国纳税人；但该规则的主要影响通常在于、并且意在适用于外国人，扩展适用于免税机构的意图是、是规避依据协定提起的歧视诉讼。

[89] 美国，IRC, s. 163(j)。

定降低了税率,通过视适当比例的部分利息为免税利息的方式来确定不允许抵扣的利息费用额。因此,如果协定将通常的 30% 的利率降低至 10%,则 2/3 的利息费用可以被视为支付给免税方并潜在地不允许扣除。

另外,如果利息支付给无需按毛收入纳税的第三方出借人,且由关联外国人(正式或非正式地)提供担保,那么也不允许利息扣除。在这种情况下,即使在收款人手中要按净值纳税,即由一家美国银行获得,也不允许利息扣除。

加拿大制定了适用于非居民股东向加拿大公司提供贷款的资本弱化规则。这些规则适用于拥有加拿大公司至少 25% 表决权或价值股份的外国股东。推定所有权规则(constructive ownership rules)在此有所适用。该规则同样适用于那些没有与股东进行独立交易的非居民所持有的加拿大公司的 519
债务。债务独立股本的比率需为 2:1,其计算基础为每月发行在外的最大债务额在特定股东和那些没有与他们进行独立交易的人之间的平均值。公司的权益被定义为其留存收益的累计额、任何特定的非居民股东出资的盈余、以及这些股东每月实缴股本(paid-up capital)的平均值。股权不考虑合并计算。一项专门的反避税规则阻止通过使用背靠背贷款来规避资本弱化规则的情况。加拿大的资本弱化规则并不适用于合伙、信托或者分支机构。它们于 1972 年第一次引入,并在 2000 年的修改中将该比例降低至 2:1,人们通常认为这些规则并没用产生预期效果。最近一个顾问小组建议将债务与股本的比率降至 1.5:1,并把该规则扩展至合伙、信托和分支机构。

澳大利亚在 2001 年修改了其资本弱化规则,这样它们就能用来同时处理有关出境和入境投资中侵蚀税基的支付。正如非居民可以通过利息扣除来侵蚀来源国的税基,居民也可通过在境内扣除利息的方式来侵蚀居民国的税基(特别是在澳大利亚对多数外国经营所得适用免税制的情况下)。如上文所提,美国的外国税收抵扣制度中有解决后一种可能性的规定,但这些规则与美国专门针对非居民的规则大不相同。澳大利亚为同时解决入境和出境投资的问题采用非常相似的规则,根据该规则实质上界定用于向居民企业和非居民企业在澳大利亚的经营提供资金的债务,并对相应利息扣除进行限制。(90)

该规则采用 50% 或以上股份所有权作为控制的槛限(与之前规则中

(90) 澳大利亚, ITAA 1997, Div 820.

15%的入境投资槛限相比),并对所有债务——而不仅仅是对关联方债务——适用3∶1的债务与股本比率(立法中明确规定贷款与资产比率为0.75∶1)。之前2∶1的比率仅适用于关联方债务,为此很容易通过将非关联方债务分配给澳大利亚业务来规避该比率。根据独立交易测试,有可能超过这一比率(换言之,如果借贷方可以证明它从非关联方能借来更多贷款)。在出境投资的情况下,在集团全球的资产负债率的基础上还规定了进一步的安全港规则。在入境投资的情况下,这是不允许的,原因在于对非居民比较难确定实际比率。银行和其他金融机构适用特殊规则。对于银行,参考国际常用的审慎资本(prudential capital)制度上(根据此制度,母国设立资本条件并进行规制),而对其他金融机构来说可以选择3∶1(排除转贷使得借款)或20∶1的比率。这些规则同样适用于合伙、信托和分支机构。

英国同样有一套复杂的资本弱化规则。自2004年起,这些规则既适用于国内也适用于国际。主要方式是依靠转让定价规则,该规则与《OECD协定范本》大体一致,因此采纳了独立交易原则。[91] 根据这些规则,如果居民公司支付给关联非居民公司的利息并不是独立交易的数额,就有可能不允许利息扣除。而且,对于在独立交易条件下本不能产生的贷款的任一部分所支付的利息也不允许扣除。只有利息不仅仅代表借款数额的合理回报的部分才会被作为分配处理。[92] 正如上文提到的,从2009年起在英国税法上能够抵扣的利息总额不得超过该公司所在集团从非关联方借贷产生的全部利息。

日本的资本弱化规则对在某些条件下国内公司支付给外国股东的利息扣除进行了限制。制定于1992年的法律规定如果关联方借贷和全部借贷的债务与股本比率均超过3∶1,则外国控股股东借贷给日本公司的贷款的利息扣除会受到限制。如果纳税人可以证明有债务与股本比率更高的可比日本公司,则可使用更高的比率。如果适用该规则,就不允许对超过相关比率所对应的债务部分的利息进行扣除。该规则同样适用于分支机构的营业。[93]

德国的资本弱化规则之前适用于非居民和居民公司,后也适用于非居

---

[91] 英国,1988年《所得和公司税法》,Schedule 28AA.
[92] 英国,1988年《所得和公司税法》,s. 209(2)(d).
[93] 日本,STMA,s. 66-5.

民股东的利息剥离规则所取代。[94] 新规则将传统的资本弱化规则立法和对利息支付扣除的广泛限制奇怪地结合在一起。根据通常的所得税法，任何"企业"(business)(无论是否采取公司制)的全体所有人都面临不允许对超过企业在扣除利息、纳税、折旧和摊销前收入(EBITDA)30%的利息支付进行扣除。该一般规则不适用于低于1,000,000欧元的利息或者向不属于"集团"公司成员的单个公司支付的利息。对集团公司，除非纳税人证明其负债水平并未超过集团的整个负债水平，该利息限制将被适用。新规定的"真正目的"似乎在于打击公司集团内部利息费用的战略性分摊。但如果全部利息费用的10%以上都流向持有公司25%以上股份的股东，则该(针对于单一企业和统一举债的集团的)例外不适用。[95] 在这种情况下，不光是股东债务的利息，全部债务的利息都适用上面提到的严苛的30%的规则。

自20世纪80年代末，**荷兰**就出现了限制混合债务(hybrid loans)利息 521
扣除的规定。另外，在20世纪90年代末和本世纪第一个10年政府引入了反税基侵蚀规则以巩固和限制早期有关关联方债务利息的判例法。根据制定法规则，成员公司之间税收驱动的贷款利息不得抵扣，除非纳税人证明达成该交易主要是为了有效的商业目的，或者实际上已经在收款人手中按照至少10%的税率对利息征税(即，现存的或可预见的损失结转、外国税收抵免等没有减少利息)。[96] 而且，根据欧洲法院对*Bosal*案的判决，引入资本弱化规则，限制"超额债务"的利息扣除。[97] 这些规则同样适用于国外或国内情形。

多年来，**瑞典**没有制定特别规则来解决向非居民作出的侵蚀税基的支付。然而，在2008年一项限制利息支付扣除的规定出台了。[98] 这些规则是针对利用瑞典缺乏资本弱化及利息支付预提税规则所做的税收筹划而作出的回应。这些规则基本上会涵盖收款人并未对利息按照至少10%的税率纳税时，在集团内部股份销售产生的债务利息。

---

(94) 德国, ITA, s. 4h.
(95) 德国, CITA, s. 8a.
(96) 荷兰, CITA, Art. 10a.
(97) 荷兰, CITA, Art. 10d.
(98) 瑞典, ITA, ch. 24 s. 10 a-10 e.

5. 欧盟范围内对非居民按来源征税的限制

按来源征税所反映出的居民和非居民的差别对待最近在欧盟引发了几个重要问题。雇员、经营、服务和资本的自由流动规则可以追溯至 1957 年欧盟条约签订之时。然而，直到 1986 年，欧洲法院才裁定这些规则可适用于某一成员国的居民纳税人在另一成员国的差别纳税。从税收尚未协调这个角度讲——个人所得税的任何方面都未被协调，而在公司税领域，仅《母子公司和合并指令》对协调作出了规定——法院裁定国内税法的适用不可干涉个体和企业在共同体内部的流动。由于这些自由流动规则禁止成员国的国别歧视，法院裁定非居民通常是外国国籍，所以这些规则禁止与居民纳税人相比非居民纳税人的歧视税收待遇。一个重要的司法体系已经形成对非居民在来源国征税的重要限制。截止 2009 年，法院判决了数起针对该问题不同方面的案件。法院宣布违反欧盟协定构成差别征税的类型如下：

- 个人所得税率（荷兰 Asscher[99] 案，非居民的第一档税率为 25%，居民纳税人的税率为 6.5%）
- 申请退税权（Biehl 案[100] 和 Schumacker 案[101] 的判决）
- 个人扣除权（例如医疗费用、赡养费）和收入分劈（income splitting）（Schumacker 案）（前提是非居民纳税人的收入几乎全部来自来源国）
- 归集抵免权（avoir fiscal 案）[102]（一家法国公司的股份由非居民纳税人的法国分支机构持有）
- 将受控外国公司（CFC）规则适用于在另一欧盟成员国设立的子公司（Cadbury Schweppes 案[103]）
- 对在另一欧盟国家设立的公司的分支机构的利润适用比国内公司更高的税率（Royal Bank of Scotland 案[104]）
- 资本弱化规则（Lankhorst-Hohorst 案[105] 和 Test Claimants in the Thin

---

[99] 欧洲法院，1996 年 6 月 27 日，C-279/93.
[100] 欧洲法院，1990 年 5 月 8 日，175/88 和 1995 年 10 月 26 日，151/94.
[101] 欧洲法院，1995 年 2 月 14 日，C-279/93.
[102] 欧洲法院，1986 年 1 月 28 日，270/83（Com'r v. French Republic）.
[103] 欧洲法院，2006 年 9 月 12 日，C-196/04.
[104] 欧洲法院，1999 年 4 月 29 日，C-311/97.
[105] 欧洲法院，2002 年 12 月 12 日，C-324/00.

Cap Group Litigation 案[106])

- 自雇非居民的服务收入按毛收入征税,而居民的服务收入则按净值征税(Gerritse 案[107])
- 不允许扣除与获取或持有设立于另一欧盟国家的公司的股份有关的利息和其他支出(Bosal 案[108])以及
- 将支付给非居民母公司的利息重新定性为股息(NV Lammers & Van Cleef 案[109])

在推动对非居民税收的限制过程中,法院并非总是充分意识到其判决对于国际税收中技术性极强的领域所产生的广泛影响。很明显是被废除所有潜在的、歧视性的国内限制的意愿所激励,无论这些限制采取何种形式,法院越来越限制来源国适用传统的、可接受的方法对非居民进行征税的权利。成员国的政府逐渐意识到大量经年累月存在的规则可能无法经得住法院的监督。加之,1992 年的《马斯特里赫特条约》使得欧盟协定的适用范围突破了其经济性质的限制。结果,前景是将来会发现那些过去法院仅仅因为涉及个人事务而否定协定的适用的案例属于欧盟条约修改后的适用范围。这种发展可能促使成员国更加自愿地协调非居民税收。另一方面,这也会导致成员国通过修改欧盟条约来试图限制法院的权力。

下面的表格 IV-2 总结了处理对非居民纳税人获得的各种国内来源的所得征税的规则。表格指出了通常适用的协定税率,尽管每个协定的规定可能有重大变化。"股份出售"一栏是处理对与来源国没有其他联系的外国股东出售其持有的国内公司股份所获利得征收的以来源为基础的税。同样地,"金融产品所得"一栏关注在没有其他管辖权联系的情况下对金融衍生品收益征收的以来源为基础的税。

---

[106] 欧洲法院,2007 年 3 月 13 日,C-524/04.
[107] 欧洲法院,2003 年 6 月 12 日,C-234/01.
[108] 欧洲法院,2003 年 9 月 18 日,C-168/01.
[109] 欧洲法院,2008 年 1 月 17 日,C-105/07.

表格 IV-2 非居民纳税人国内来源的所得的税收

	股息	利息	特许权使用费	商业收入门槛	雇佣收入门槛	国内公司股份出售	金融产品收益（无国内常设机构/企业）
澳大利亚	如果支付了公司税，则为0%；如果未支付，则对毛收入征30%的预提税；协定税率为0%—15%	对毛收入征10%的预提税（公开招标的债务，外国养老金免税；协定税率为0%，银行利息除外）	对毛收入征30%的预提税，协定税率为5%—10%	任何来源于澳大利亚的所得	来源于澳大利亚（通常为履行地）	地产公司10%以上的股份	通常免税，但对来源于澳大利亚的所得征税
加拿大	对毛收入征25%的预提税；协定税率为5%—15%	对毛收入征25%的预提税（政府和市场公平债务免税）；协定税率为0%—10%	对毛收入征25%的预提税；协定税率为10%，对技术型特许权使用费税率为0%	经营业务	在加拿大进行的任何雇佣	私人公司的任何股份，加拿大的公开上市公司或不动产公司股份的25%	通常免税
法国	对毛收入征25%的预提税；协定税率为5%—15%	对毛收入征18%的预提税（许多重要例外）；协定税率为0%—10%	33.33%的预提税（可抵扣净所得税）；协定税率为0%—10%	常设机构（与协定规则有些不同）	在法国履行的任何服务	25%以上的国内公司股份，则应税（对于房地产公司没有股份限额）	通常免税
德国	对毛收入征25%的预提税；协定税率通常为15%	对毛收入征25%的预提税；协定税率为0%—10%	20%的预提税；协定税率为0%—15%	常设机构/常设代理商	在德国"使用"的服务	25%的预提税	有限的纳税人税基

(续表)

	股息	利息	特许权使用费	商业收入门槛	雇佣收入门槛	国内公司股份出售	金融产品收益（无国内常设机构/企业）
日本	对毛收入征20%的预提税；协定税率为10%—15%	对毛收入征15%的预提税；协定税率为10%	对毛收入征收；20%的预提税；协定税率为10%	常设机构	在日本履行的、超过低额豁免额的任何服务	25%股权且出售了其中的5%，则应征税（房地产公司的全部股份）	通常免税
荷兰	对毛收入征15%的预提税；协定税率为5%—15%	免税	免税	常设机构/常设商代理商	在荷兰履行的任何服务	大量股份（5%以上）则应税	通常免税
瑞典	对毛收入征30%的预提税；协定税率为5%—15%	通常免税	像商业收入一样征税；协定免税	常设机构	在瑞典履行的服务	通常免税	通常免税
英国	实际上免税	20%的预提税；协定税率为0%—15%	20%的预提税；协定税率为0%—15%	常设机构	在英国履行的任何服务	免税	通常免税
美国	对毛收入征30%的预提税；协定税率为5%—15%	对毛收入征30%（组合免税）的预提税；协定税率为0%	对毛收入征收；30%的预提税；协定税率为0%	商业经营	在美国履行的、超过低额豁免额的任何服务	通常免税；对国内房地产公司利息应征税	通常免税

525

亚编 C 附加国际话题

1. 特殊的国际避税规则

本书第一部分阐述了各国应对避税安排的一般方法。除了普遍适用的原则和规范外,一些国家还针对某些的国际交易作出特别规定。在某些情形下,本来可以通过适用一般避税规则得出同样的结果,但特殊的国际规则可使情况更为明晰。在其他情形下,这些特殊规则仅在国际领域里适用。

在美国,如果关联融资安排的特殊结构以税收利益为目的,那么一般的"实质重于形式"和"步骤交易"原则允许重新界定其交易性质。然而,对这些规则的适用范围及其局限性的质疑为国际上大量积极税收筹划提供了空间。对此,议会授权制定规章重新界定"多方金融交易"的性质,将其视为参与者双方的直接交易并忽略中间方[①]。依据此授权制定的规章用于应对为了利用中间实体享受的减低协定税率的国际"背对背"('back-to-back')安排。向中间方支付的利息被视为直接支付给该笔收入的最终来源并依此征税。只有当该金融交易是避税安排的一部分,且该安排的一个主要目的是规避美国税收时才会重新界定交易性质。相关规章中列出了进行这种认定所需考虑一系列因素[②]。

加拿大的一般反避税规则适用于滥用性国际交易及协定滥用。特殊的加拿大规则主要针对利用非居民信托的行为[③]和企图将非居民将转让的加拿大居民公司股份所得的免税资本利得转化为收购方加拿大公司的实缴资本的行为。[④]该股份销售金额被重新界定为股息(或者被转让的公司的实缴资本的减少),从而使得无法从中获利。此外,也有一些针对弱币借贷(weak-currency borrowings)的规则。[⑤]在 2007 年,加拿大制定规则以遏制双

[①] 美国,IRC, s. 7701(1).
[②] 美国,Regs., s. 1.881-3.
[③] 加拿大,ITA, s. 94.
[④] 加拿大,ITA, s. 212.1.
[⑤] 加拿大,ITA, s. 20.3.

份得益融资安排(double-dip financing arrangements)。⑥ 直到 2012 年这些规则才预计生效,但在 2009 年就被废除了。

德国国内法有一般反避税法律的规定,⑦但在涉及税收协定的案件中税务机关能否援引避税的一般概念存在争议。税务机关认为使用避税方法是为了判断事实。因此,即使可能违反税收协定,税务机关也会适用避税规则。

此外,德国制定了一些特殊规则,这些规则针对在税收协定下滥用跨境结构获取税收利益的行为。⑧ 在最近施行的"兜底"条款中,一种转向全球化征税的趋势已经扩展到"白色所得"(即根据协定免于征税的所得),这种所得由于所得来源国对所得有不同的界定或者其不征税,使得税收协定中的免税规定与所得来源国现有的征税体制并不匹配。⑨

法国针对滥用法律(abus de droit)和异常的管理决策(acte anormal de gestion)的反避税理论适用于国际和国内税收事务。但一些法律条文明确具体地体现了这些理论,特别是通过纳税人负有举证责任的规定,其目的在于更容易地与某些特定类型的国际避税行为做斗争。

比如,根据所谓的"租用明星公司"规定,如果个人或公司在法国提供服务,或者该个人为法国居民或该公司在法国设立营业场所但在法国境外提供服务,那么为此服务支付的报酬应由该个人或公司缴税,即使此支付由居住或设立在国外的主体获得,前提是获得支付的主体要么居住在或设立于低税率的国家、要么由提供服务者所控制,要么除提供服务外它不主要从事工商业时。⑩

同样的,向居住或设立于低税率国家的个人或法人所支付的利息、特许权使用费和服务报酬以及向设立于低税率国家的金融机构账户支付的款项不能扣除,除非法国纳税人能证明交易是真实的、且支付的数额未被夸大。⑪ 如果一个法国公司资产直接或间接地转让给外国人或外国信托,并且没有当期获得任何对价,目的是为了请受让人代表其管理资产或支付债务利息

---

⑥ 加拿大,ITA, s. 18.2.
⑦ 德国,GFC, s. 42.
⑧ 德国,ITA, s. 50d par. 3.
⑨ 德国,ITA, s. 50d par. 9.
⑩ 法国,CGI, s. 155 A.
⑪ 法国,CGI, s. 238 A. 还见上面 4.1 和 4.3 节。

与本金,那么,对该法国公司已经转移的资产所产生的所得仍然征税。⑫

同样,根据**英国**"结算"(settlement)规则,可以将所得归属于特定人,如出让人。⑬ 这些条例规则内容宽泛,可能适用于含有赠与或价值转移因素的"资产处分、信托、契约、协议、安排或资产转让"的任何行为。这些规则主要针对各种实体(尤其是公司)隐瞒所得以避免纳税、分劈所得(例如在家庭成员间)、和让渡所得的行为。这些规则仅适用于所得税,不适用于公司税,因此只对个人和信托产生影响。在此背景下,这些规则对国际交易中的税收筹划施加了大量限制。

澳大利亚制定了类似规则以规制信托出让人将来源于外国的所得转移到外国信托的行为。⑭ 此外,还制定了与企业税制相关的规则以消除股息和资金流,这与非居民息息相关。⑮

根据**荷兰**判例法,在国际案件中适用某一税收协定时,则不适用反避税规则。因此,2001年荷兰制定了法律规则以阻止股息剥离交易和其他交易。在这些交易中,由于存在股份交易(例如 股份出借或用益权),对居民或非居民股东所得股息总额实际上免税。⑯

日本和**瑞典**对于国际交易没有制定任何特殊反避税规则。

2. 公司间定价问题精选

各国的税收制度都认可关联方之间的交易必须独立进行是一般原则,尽管具体规定会采用不同形式。独立交易原则通常在交易中予以适用,而不适用公式性规则(formulary rules)。一些国家制定了详细的税务管理条例,而其他国家则采用一种更"环境因素"的方法。

《OECD转让定价指南》⑰为分析公司间定价问题提供了一般框架,并似乎被广泛采纳。可比非受控价格法(CUP)、转售价格法、成本加成法及"其他"方法的术语及方法被多数国家的税收制度采用。越来越多的国家正在接受基于利润的方法,比如利润分劈法和交易净利润法。接下来的讨论只

---

⑫ 法国,CGI, s. 238 bis-0 1.
⑬ 英国,2005年《所得税(贸易和其他所得)法》,第5章第5部分(s. 619-648)。
⑭ 澳大利亚,ITAA 1936, Pt Ⅲ Div 6AAA.
⑮ 澳大利亚,ITAA 1936, s. 45, 45A, 45B, 177EA, ITAA 1997, Div-204.
⑯ 荷兰,《股息税法》(DivTA), Art. 4.3.
⑰ OECD,《跨国企业和税务行政机关的转让定价指南》(巴黎:经合组织,1995)(活页版)

限于各国家采用的一般方法以及一些有趣的特殊或不同的方法。

美国在历史上就是转让定价规则发展的先导者,目前它的制度仍是最发达的。转让定价条例不是设立命令指出优先适用某一特定转让定价技术,而是指示纳税人运用"最好方法",即该方法能在交易时提供最可靠的独立交易价格。[18] 纳税人可以利用含有"不精确"参照交易,如果该交易可以通过调整来提高受控交易与非受控交易之间对比的可靠性。判定可比性时需考虑的因素包括各个交易方所履行的功能、涉及的合同条款以及风险分配。该方法的关键点在于采用统计方法确立适当范围的上限与下限,从而得出公平交易价格可能存在的范围。

在缺乏判定可比性所需的可靠数据的情况下,规章提供了各种可供适用的方法。其中之一是利润分劈法,即根据每一交易方发挥的功能、承担的风险和提供的资源,在受控方之间分配总利润。[19]

该规定也允许运用可比利润法(comparable profits method(CPM))来确定独立交易价格。[20] 运用可比利润法,确定公平交易价格则基于衡量所获利润、所付成本及所用资源之间的关系的可比利润水平指数。受控纳税人从事特定交易所付的价格必须从交易中获得适当的利润水平,该利润水平由可比非关联方的利润水平指数确定。以前发布的建议规章草案不同,强调了基于利润的方法作为检测其他方法的重要性,但最终制定的规章表明可比利润法仅仅是另一种可能适用的方法,并需遵守"最优方法"原则。因此,当存在有关一些传统方法的更充分的信息时,应适用那些方法。只有当用以设立适当利润率的信息比其他任一方法所需信息更可靠时,才选择可比利润率法。

在随后的转让价格调整的情况下,除了遵守实体规则外,仍必须遵守一些重要的程序要求以避免重大处罚。只有纳税人遵从了条例所规定的某一种定价方法,并且拥有表明如何确定价格的当期文件,才可以避免受到处罚。因此,新规定在选择方法上提供了大量的灵活性,但纳税人必须准备好详细证明是如何确定价格的。[21]

此外,美国鼓励使用预约定价协议。据此,纳税人可以就确定转让价格

---

[18] 美国,Regs., s. 1.482-1 (c) 1).
[19] 美国,Regs., s. 1.482-6(a).
[20] 美国,Regs., s. 1.482-5.
[21] 美国,Regs., s. 6662(e).

的适当方法预先从税务机关获得一个具有约束力的承诺。在很多情况下，这些协议涉及受到所争议的商业活动影响的美国和其他国家。

在德国适用独立交易原则有两个基础。一方面，公司向股东提供价值而未获得充分对价，可以导致被认为有"推定股息"，这个一般原则在跨境交易的情况下仍需适用。此外，《外国征税法案》（Aussensteuergesetz）第一章规定需根据独立交易标准仔细审查关联方之间所有的经济或财务关系。这对于股东（母公司）向公司（子公司）隐性转移利润的情况尤其重要，因为"推定股息"规则不能适用于此情况。这种对跨境交易关系的额外负担可能违反欧盟条约规则。

德国已为国际公司间交易制定了具体规定[22]，但在大多数情况下仍适用有关推定股息[23]和推定出资的一般规则。在一个受到广泛讨论的政策中，德国在 2007 年采用了一条关于"业务重组"的法律规定，该规定在跨国集团内部重新分配责任时，试图仿效"第三方交易"公平交易所带来的效果。[24] 这样的规定因覆盖范围过于宽泛而备受批评，原因在于其似乎对"潜在利润"向其他国家的纯粹转移也进行征税，因为在"转让价格"中包括了在另一个国家的地理收益（location benefits），并且倘若在重新分配责任后出现预期外高额利润，规定可溯及既往地作出价格调整。一部补充规章又规定了有关具体内容。

对于通常情况下转让定价的详细内容，税务机关规定了转移定价的"管理原则"。虽然这些原则对纳税人无约束力，但在实践中得到遵守。它们部分基于《OECD 转让定价指南》，部分基于德国先前的司法与征收管理实践。最近，财政部已重申管理原则所表明的态度，即只接受确定价格的"交易"方法，并明确拒绝适用基于利润的方法，如利润分割法或可比价格法。2003年，为了正式授予税务机关以权力要求纳税人提供与关联方跨境关系的更多文件，德国有关法律作出了改变。新的法律条文将大量提高关于转让定价的"遵从负担"。

1986 年，**日本**立法解决转让定价问题。该法律条文适用于一方是日本公司（或向日本缴纳公司税的外国公司）、另一方是外国公司的关联公司间的交易。它允许税务机关基于独立交易价格作出评估。该法律条文篇幅相

---

[22] 德国，FTTA，s. 1.
[23] 德国，CTTA，s. 8 par. 3 s. 2.
[24] 德国，FTTA，s. 1 par. 3.

当可观,详细地列出可比价格法、再销售价格法和成本加成法的内容,且并没有指出必须优先适用哪种方法。当所有"基本"方法都不能适用时,替代方法可能得以适用。利润分割法也可以适用,但税务机关明显倾向于尽可能地适用"基本"如。自该法颁布不久后,预先定价协议就可以得到适用。[25]

加拿大制定法要求居民与非居民关联方应按照独立交易双方所进行的类似交易本应采用价格进行交易。[26]由于没有详细规章来解释该法律条文,税务机关发行了大量的信息公告,阐述他们确定转让价格的方法。[27]税务机关的立场明显基于且符合《OECD 转让定价指南》的方法,但是对此几乎没有相关的判例法,也无法清楚地了解法庭如何处理这些公告中所表明的态度。在 2008 年的一个关于转让定价的案例中,税务法庭适用旧法,承认了《OECD 转让定价指南》并适用了非受控可比价格法。[28]除非纳税人付出合理的努力以确定独立交易价格,并拥有相应文件证明其所作出的努力,否则当税务机关对转让价格进行调整时,将对纳税人处以严厉处罚。在过去的几年里,税务机关已明显增加资源用于解决转让定价问题。转让定价争议经常在审计中提出,但通常通过协商得以解决,而不需进行诉讼。此外,加拿大制定了一项适用于单方和双方预先定价协议的特殊程序,并且每年会签订一些预先定价协议。

过去加拿大表明在原则上不会遵守可比利润方法,也不会基于此方法作出相应的转让价格调整。但从另一方面看,考虑到加拿大一直以来对 OECD 立场的尊重,接受《OECD 转让定价指南》中的以利润为基础的方法作为"最后救济"方法可能会改变加拿大之前观点。

澳大利亚在 1981[29] 年制定了相当详细的法律条文,以替代最初制定的有关转让定价的不完善的条文,但是新的条文规定仅关注何时可以作出价格调整以及价格调整的程序机制(包括对其他纳税人地位的调整),而不关注所采用的定价方法。条文所规定的唯一指示是"独立交易的对价",如果由于缺乏信息而不能确定该对价时,税务机关有权确定其认为适当的价格。这些条文规定适用于国际交易协议下财产或劳务的供应或购买,具体是指非居民的并非与其在澳大利亚境内的常设机构的营业相关的供应或购买,

---

[25] 日本,STMA, s. 66-4.
[26] 加拿大,ITA, s. 247.
[27] 加拿大税务局,信息通告 87-2R、94-4R(预约定价协议)和 06-1(转让定价和海关估值)。
[28] GlaxoSmithKline v. The Queen [2008] TCC 324 (TCC).
[29] 澳大利亚,ITAA 1936, Pt Ⅲ Div 13.

或居民在澳大利亚境外营业的供应或购买。此外，交易方不需要存在关联关系。因此，这些条文规定用于处理这样一种情况，即非关联方进行两个交易，从整体上看这些交易是公平的，但影响澳大利亚的交易可能不是以独立交易价格进行，因为它的定价由不影响澳大利亚的另一个协议补偿。这些规则也适用于公司分支机构的情形，税务机关有权根据税收协定中的营业利润条款规定的独立实体和独立交易定价假设的标准，对所得来源和相关费用进行调整，而不是对交易的独立交易定价进行调整。这些规则只有在澳大利亚遭受税收损失时适用。虽然澳大利亚正在考虑以 8 年为限，并且最近的税收协定都规定了 7 年的时限，但目前对于转让定价调整仍未规定时限。

税务机关已公开了几份关于转让定价的规定，这些规定共有几百页。总体看来，这些规定遵循《OECD 转让定价指南》，并与美国一样，对使用利润为基础的"第四种"方法愿意考虑，并规定可以使用预约定价协议；事实上，澳大利亚是第一个与美国缔结双边预约定价协议的国家，该协议涉及苹果电脑公司在澳大利亚的经营活动。预约定价协议的程序与美国的相似。转让定价中的处罚对避税安排和其他导致少申报所得的情形进行区分。

英国在 1998 年制定了新规则，以替代旧的转让定价规则，新规则可以自动适用（之前的规则需通过税务机关的行动而适用）。这对于新的自我评估环境是必要的。这些新的规定与《OECD 协定范本》的第 9 条相符，并且英国的相关法律也明确规定了这些新规定的解释应与 OECD 的原则（包括《OECD 转让定价指南》）相符。只有当居民纳税人获得潜在利益时，这些规则才适用。[30] 英国税务机关有缔结预约定价协议的法定权力。这权力相当广泛，并延伸适用于判定所得是否来源于英国境外。[31]

虽然**瑞典**法律规定交易方之间存在"经济共同体"（economic community）时所进行的交易应符合独立交易原则[32]，但瑞典没有制定行政规定对此条文进行解释，也没有丰富的判例法。在一个重要的案例中，最高行政法庭表明《OECD 转让定价指南》设定的原则可以视为设立公平交易价格的"指南"。该判例强调商业情况应以交易协议缔结时进行判定。最高行政法庭似乎表明不承认美国"所得相称"（commensurate-with-income）标准下所要求

---

[30] 英国，1988 年《所得和公司税法》，附表 28AA。
[31] 英国，1999 年《财政法》，s. 85-88。
[32] 瑞典，ITA, ch. 14. s. 19。

的价格调整。从程序的角度来看,政府应承担最初的举证责任,证明存在独立交易价格的偏离,导致瑞典应税所得的减少。其后,由纳税人证明所减少的所得已由其他方式进行补偿,如弥补性交易(offsetting transactions)或其他商业因素。弥补规则含义相当宽泛。因此,在一些案例中,瑞典公司未能对其提供的服务收取独立交易价格可能是正当的,因为瑞典公司在将来向外国公司进行销售时会获得预期中的利益。2006 年,瑞典以《OECD 转让定价指南》为基础,制定了新的关于证明文件要求的规则。[33] 一份关于预约定价协议的报告已提交给瑞典政府,但政府仍未颁布任何相关规则。

在**法国**,以独立交易判定转让价格的要求来源于异常管理决策理论(指不维护公司利益的决策),自 1993 年起,该理论体现在税法典有关国际性问题的第 57 节。此外,法国极少制定行政管理指南,且一直都是采取环境因素方法。

税务部门必须证明存在独立交易价格的偏离,除非外国当事人居住或设立于低税率国家,否则就还需证明交易当事人之间有相互关联。这些转移的所得随后被重新计入税基并视为外国居民的分配所得,需缴纳 25% 的预提税,除非纳税人能证明交易价格是正常的,或者证明没有使用独立交易价格是由当时特定的经济环境所决定的,或者证明交易价格已经或本可以使法国来源所得得到等量的增加(例如,由于随后的销售)。判例法对于这些事项的判断相当宽松。

在共同协商程序(mutual agreement procedure)未能达成满意的解决方案时,税务机关与纳税人可以适用 1990 年欧盟仲裁机制解决争议。[34] 通过此种程序作出的第一个裁定是在 2003 年发布的,其涉及瑞典母公司下的两个子公司(法国公司和意大利公司)。

法国从 1999 年开始采用双边预约定价协议程序;2005 年起,当出现其他国家没有双边预约定价协议程序或涉及多国、小额商业交易或特定争议的情况时,适用单边程序。[35] 在 1996 年,税务审计员增强了要求纳税人明确法国企业与外国居民关系,以及提交证明文件具体说明转让价格的权力。在审查过程中,税务机关在收集到使他们相信存在向关联外国企业间接转让利润的信息时,可以要求法国企业提交适当文件和资料以具体说明交易

---

[33] 瑞典,《所得税申报和收入、税收扣除报表法》,ch. 19 s. 2a 和 2b。
[34] 90/436/欧盟经济共同体:《消除与关联企业利润调整相关的重复征税协定》。
[35] 法国,LPF,s. L 80 B-7°。

性质和确定那些交易中公司间定价的方法。若无法达到上述要求,则会面临罚款,并且使税务机关有权基于所获数据核定纳税人所得。另外,当法国税务机关就转让定价问题请求国际税务行政协助时,法律规定的时效可以延长。㊱ 从2010年1月份起,法国各大公司将必须遵从有关转让定价证明文件的一系列新规定(包括集团的一般规定和各个公司的特殊规定),这些新规定来源于该领域的2006年欧盟行为法典(EU Code of Conduct)。㊲

荷兰 尽管没有制定具体的法律规定要求关联方进行交易时需独立定价,但在判例法中确立了公司与其股东的交易利润可以"修正"的原则。该判例法原则与法律规则一致,即营业利润包括"所有来自营业的利益,而不管其名称与形式"。基于此条文规定,《OECD转让定价指南》被认为可以普遍适用。2001年和2004年,荷兰税务机关发布了10项法令,列举了纳税人可以获得预约定价协议或预先税收裁决的情形。

3. 国际层面上对公司股东的征税

3.1 概述

对于公司的跨境投资,消除重复征税意指两个层面:多个国家对公司的收入征税,以及对公司的收入在公司和股东层面都征税。本书第3部分已经在国内背景下讨论了公司税合并(corporate tax integration)的问题,并指出,国际因素的考虑推动着人们摒弃归集抵免制作为消除股息重复征税措施。

大多数归集抵免制都规定,只有居民公司的居民股东才有权享受税收抵免,而且只能抵免本国公司税(不是外国公司税)。为此,缺少上述任何要素都不能享受归集抵免:外国公司、外国股东和外国税收都不能享受归集抵免制带来的优惠。由于归集抵免制存在着这些特征,所以归集抵免制在经济上歧视公司的跨境投资,而且在法律上也歧视欧盟内的公司跨境投资,违背了四大自由原则。一些欧洲法院关于归集抵免制的判决,暗示性地认为归集抵免制不符合欧盟法律。摒弃欧盟境内归集抵免制的直接原因主要就是这些判决;至2005年多数归集抵免制都被废除了。欧洲法院在2004年

㊱ 法国,LPF, s. L 13 B.
㊲ 法国,LPF, s. L 13 AA.

底终于直接判决确认标准归集抵免制确实违背了欧盟法。㊳

在废除归集抵免制以前的欧盟境内和当前欧盟境外,各国都竭力从经济层面上解决股息重复征税的问题。虽然享有权利的外国股东、适用方式和优惠范围会有所不同,但是**英国**和**法国**一般都通过协定把归集抵免优惠扩展适用于居民公司的外国股东。**澳大利亚**维持归集抵免制现状,限定适用于居民公司的居民股东缴纳的本国税收(扩展适用于非居民在澳大利亚的常设机构取得的股息)。然而,澳大利亚在最近的税收改革中考虑采用与英国和法国相似的制度,但是由于分析表明这几乎不影响外国人在澳大利亚公司的投资,所以这项措施没有继续推进。

澳大利亚仍然在考虑对于澳大利亚公司缴纳的外国税收是否给予归集抵免优惠。相反,**加拿大**不要求必须是在本国缴纳的税收才能享受归集抵免,因此实际给予了外国所得和外国税收归集抵免优惠。有段时间,对于外国收入缴纳的外国税收,**英国**允许居民股东从居民公司的外国收入中取得的股息就缴纳的外国税款享受不可退税的独立抵免优惠。如先前所述,英国现在对股息给予不可退税的抵免额更低,对个人股息所得征税的税率也更低。在国内,这种制度就相当于对个人纳税人取得的那些本应按基本税率或较低税率缴税的股息不征税,也相当于对40%档税率的纳税人取得的股息按25%的税率征税,这恰好和先前归集抵免制的效果一样。主要不同点在于无论公司利润是否缴纳了英国公司税,股息都可以获得抵免,因此在这点上英国制度现在和加拿大制度很相似。低比例股息抵免额和低税率的奇怪组合纯粹是出于税收协定的目的才得以维持;否则根据那时有效的协定,所有英国股东从美国公司取得的股息都要缴纳15%的预提税,这就会对拥有美国子公司的英国公司造成很大损害。英国和美国之间的新协定已经解决了这个问题。

至于外国公司,**澳大利亚**和**新西兰**最近都制定了补充的立法,使归集抵免可被适用。㊴ 对于公司直接或间接缴纳的澳大利亚税收,新西兰公司的澳大利亚股东可享受归集抵免的优惠,反之亦然。两个国家都有非常相似的归集抵免制度,这也才使得这种制度具有可行性。但是新西兰已不得不修订了它的体制以防止避税安排。

有些国家最近引进的股息税收优惠制度,更能够在国际背景下处理公

㊳ 欧洲法院,2004年10月23号,C-319/02(Manninen),p.4.
㊴ 澳大利亚,ITAA 1997,Div 220.

司税合并问题,对外国和本国投资也更加中立。尤其是根据**法国**(2005年起)、**德国**、**英国**(2009年起)和**美国**制度,居民个人股东从外国公司取得的多数股息和从本国公司取得的股息两者的税收待遇是一样的。比如,德国个人股东从外国公司取得的股息只有60%计入所得额。[40] 如果股权作为私人资产持有,那么外国股息所得也只需缴纳25%最终预提税。[41] 如果公司位于另一个欧盟成员国内或者位于与法国有税收协定的国家内,那么法国个人股东也会获得类似的税收待遇(只有一半的股息计入所得额)。[42] 对于美国个人股东,如果股息是从和美国有税收协定的国家的居民公司取得的,而且税收协定规定了充分的信息交换制度,或者股息是从股份在美国股票交易所上市交易的公司取得的,那么这种股息至多需缴纳15%的税。如果外国公司是外国投资公司或消极外国投资公司,那么来自外国公司的股息不能享受上述税收待遇。因为在这些情况下,外国公司很可能未缴纳过实质的外国税收。在英国,当个人取得外国股息时,个人既有权按较低税率纳税又有权获得股息税抵免。[43]

关于国际重复征税和股息,人们一般认为标准税收协定安排是以古典税制为基础。关于公司跨境投资的两个典型例子可以用来解释这个看法。如果A国的居民个人股东投资于B国的居民公司,那么B国将会对该公司征收公司税,还会对支付给A国居民股东的股息征收通常协定限制不高于15%的股息预提税。然后A国会对股息全额征税,并对股息在B国缴纳的税收给予外国税收抵免。因此,同一笔所得在公司和个人层面都要缴税,且没有任何合并优惠(integration relief)。作为股东的居民国,**澳大利亚**、**加拿大**、**荷兰**、**瑞典**和**日本**遵循这种模式。如前所述,**法国**、**德国**、**英国**和**美国**偏离了这种模式,并对来自外国公司的股息给予合并优惠。除了**澳大利亚**(因为免税股息)和**英国**,当他们是来源国对股息征收预提税时,所有国家都也遵循这种模式。

更普遍的另一种情况是,个人股东可能会投资于A国的居民母公司,然后母公司投资于B国的子公司。在这种情形下,B国会对子公司征收公司税,但是对支付给母公司的股息只征很少或不征预提税。因为根据欧盟境

---

[40] 澳大利亚,ITAA 1997, s. 3 nr. 40 ITA.
[41] 澳大利亚,ITAA 1997, s. 32 par. 1 ITA.
[42] 法国,CGI, s. 158 3-2.
[43] 英国,2005年《所得税(贸易和其他所得)法》,s. 13 和 397A.

内的母子公司指令、**澳大利亚**、**日本**和**美国**最近签署的协定,来源国不应对直接投资股息征收预提税。根据遵循《OECD 协定范本》的其他多数协定,股息的税率不得超过 5%。如前所述,除了澳大利亚(因为免税股息)和英国,所有国家都可根据协定的许可征收这种预提税。取消或减少预提税能有效消除造成国际层面上的公司所得重复征税的潜在来源。

此外,A 国会给予 A 国母公司资本参与免税或(在美国)相关外国税收抵免,因此 A 国母公司就无需缴税或只需缴纳很少税,这样能减少或消除公司所得在公司层面的重复征税。这种优惠可由本国法规定(一般在**澳大利亚**、**加拿大**和**日本**),也可由协定或协定加以巩固的本国法规定(一般在**法国**、**荷兰**、**瑞典**、**英国**和**美国**)。然后 A 国会对个人股东从母公司取得的股息征税。直至最近,**澳大利亚**、**法国**、**德国**、**荷兰**、**瑞典**、**英国**和**美国**一直都对这类股息全额征税,没有国际税制中或公司税合并体制中的重复征税减免。国内的归集抵免制并没有考虑外国公司层面的征税,因此实际上存在两个层面的全额征税(典型的古典税制):一个是 B 国对公司的征税,一个是 A 国对个人股东的征税。最近的主要变化是,这种情形也可享受合并优惠,**法国**(2005 年起)、**德国**、**日本**、**英国**和**美国**都适用一般类型的合并优惠。因此,这些发展趋势表明,对于国际公司投资,各种合并优惠模式正逐渐取代"古典"重复征税模式,而且比起大多数归集抵免制,外国和国内投资也受到了更中立的税收待遇。

3.2 资本利得的国际层面

本书第 3 部分在讨论公司税合并问题时也考虑了资本利得的税收政策。同样,我们不仅要在国内层面考虑对公司留存所得征收资本利得税发生的效果,也要在国际层面上考虑这种问题。暂且不论公司持有大量不动产投资的情况,多数国家一般都承认国际协定规范的做法,即只有股东的居民国能对股权的资本利得征税。**加拿大**、**法国**、**日本**和**荷兰**继续在他们签署的协定中保留对某些国内公司股权征收资本利得税的权利。在加拿大最近有人提议对加拿大公司在外国子公司的股权免征资本利得税。

对于外国公司的直接投资(母/子公司的情形),多数国家的做法是,来源国不对转让外国子公司股权征税,也不对留存所得征税。如果母公司居民国对这种情形给予资本参与免税(2004 年起的**澳大利亚**、**德国**[44]、**荷兰**、

---

[44] 除了对 5% 的资本利得征收 15% 的公司税,这视为不可扣除的费用。

2003年起的**瑞典**、2007年起的**法国**和2002年起的**英国**),母公司层面就不会存在重复征税。当母公司居民国对转让子公司股权征收资本利得税的情况下,也会发生公司税合并中考虑的类似问题,就像本书第3部分讨论的纯国内例子一样。除了澳大利亚,所有国家对母公司销售子公司的股权无论国际还是国内层面给予的税收待遇都一样。因此,除了一个例外,国际和国内投资的情形都得到了中立的税收待遇。母公司的个人股东适用国内资本利得税规则,因此这个问题可以和本书第3部分的讨论联系起来。

如果个人股东在外国公司进行组合投资,那么没有任何国家会在来源地对其征税。所有国家对这种情况都是适用资本利得税规则,和个人在国内转让股权的情况一样(不考虑外国投资型制度)。因此,在国内和国际投资之间保持中性。留存收益得到的公司税合并程度和国内的情形也一样。如本书第3部分所述,只有**德国**、**瑞典**和**美国**在公司税合并的背景下,规定了股息和资本利得的一致税收待遇。投资组合的个人股东取得的股息和资本利得在国际背景下税收待遇的显著差别是,股息在来源地需要缴纳大量的预提税(由于协定限制,一般是15%),但是资本利得无需纳税。这种差异继续存在的正当理由并不清楚。如前所述,**英国**和**澳大利亚**(股息免税)都不在来源地对股息征收预提税。因此,资本利得的适当税收待遇及其与股息征税的关系仍有待发展。

4. 协定问题精选

540   所有国家都有一些以《OECD协定范本》为蓝本的协定。一般来说,**加拿大和澳大利亚**比其他国家更为重视来源地征税;然而,2003年国际税收政策重审使得澳大利亚开始放弃越来越多的来源地征税权,更多地转向采取《OECD协定范本》的做法。下面的材料讨论了若干协定政策讨论中的重要议题。

4.1 国内法与国际协定之间的关系,协定违反(Treaty Override)

根据美国的宪法原则,成文法与国际协定具有同等地位。[65] 因此,当国内立法和国际协定条款之间存在矛盾时,从新法规定。因此,原则上,协定义务可以被设立时间在后的、与其不一致的国内法规推翻。尽管如此,对意

---

[65] 美国,《宪法》,Art. VI, s. 2.

图推翻协定义务的国内法,法院要求其必须"清楚明示",历史上也较少有违反协定的例子,虽然 1980 年引进的房地产外资征税是一个重要的例外。另外,国会在 1986 年的重大税收改革制定了若干技术性条款,明示地违反协定义务。此外,《国内税收法典》进行了修订,明确表示:国际协定并无相对国内法的"优先地位"。㊻

在**加拿大**,国际协定的实施主要是通过在一个执行法案(implementing act)里规定协定与国内法发生冲突时协定优先。原则上,协定能够被后继法律推翻。然而,协定被推翻的事件很少发生,经常性质上是为了阐明协定条款,并意图使加拿大的协定实践与其他缔约方一致。例如,加拿大的国内立法否决了国内法院对协定采取的静态解释的态度。另外,制定法为许多协定里没有作出定义的术语,比如"年金"、"加拿大"、"不动产"、"房地产"和"定期养老金支付",作出了定义。可称为"协定违反"的全部规定在一个法规里:《所得税协定解释法》。㊼

瑞典一般并不允许后继法律增加税收协定已明确的纳税义务。但是,在最近的一个案例中,瑞典最高行政法院裁定后继法律优先于协定规定。㊽ 瑞典在签订《瑞士—瑞典双边税收协定》后制定了受控外国公司规则,不管其是否与协定抵触都适用。这个决定受到了学界和实务界的猛烈抨击。

在一种情况中,一个法案的通过是为了明确表明某一特定的免税期制度并未在协定中涵盖,所以某种意义上这个法规可以被视为违反协定。然而,该法案也可以被认为是对协定的合理解读,即便不考虑法案在这方面对本身意图的描述。

现在,**法国**的判例法十分清楚地表明,根据《宪法》,正当批准和公布的协定优先于与其冲突的先前或之后的国内法律。法国的情况特殊在于,根据国内法的规定,协定授权法国进行征税的所有所得,都是应税的,即使根据《税法典》定义的法国税收的领域范围的条款,这些所得本不应当课税。㊾

日本也不允许国内立法违反协定义务。日本《宪法》中有一条规定,协定义务应该被"忠实遵守"。㊿ 这一规定被认为是确立了国际规则优先于国内规则的地位,即使后者在时间上更迟地确立。因此,根据这一原则,通过

㊻ 美国,IRC, s. 7852(d)(1)。
㊼ RSC 1985, c.1-4 修订案。
㊽ RA2008, ref.24(最高行政法院)。
㊾ 法国,CGI, s. 4 bis 和 165 bis(个人所得税),209 I(公司所得税)。
㊿ 日本,《宪法》,art. 98。

国内法违反协定是不可能的。只有在协定本身包含着保留条款,允许在协定的背景下保留对国内法的适用,协定规则才能被取代。

一些日本的协定为某些类别的所得规定了特定的来源地规则,经常将一些所得认定为本国来源,而根据国内法这些属于外国来源所得。人们似乎接受来源地规则的改变会使外国纳税人须向日本纳税,即使这些所得根据通常适用的本国来源地原则不应课税。

在**澳大利亚**,协定生效需要通过正常的国会立法程序,列入1953年的《国际税收协议法案》的附表。这个法案规定,法案条款不管与国内基本税法有何种冲突,都有效,除了一般反避税规则这个显著的例外。根据一般解释规则,这个法案可以被之后的、与其不一致的立法推翻,不过澳大利亚一般会费尽力气避免协议被推翻,法庭也不愿意作出协议被违反的结论。与违反协议最接近的事情是在《国际税收协定法案》中的解释性条款(一般在和缔约方商榷以后)。例如,1985年颁布的一个条款规定,在澳大利亚有常设机构的单位信托的信托单位持有者,也被视为有常设机构;这个规定是为了防止产生澳大利亚对此持有人的课税是不符合税收协议的营业利润条款的争议。具有类似效力的条款也包括在随后谈判的协议中。更近发生且更有争议的是,一个法院裁决道,澳大利亚的税收协定中的资本利得条款中关于"土地富有公司"(land-rich company)的规定没有超出一层实体,这个判决被立法所否认,立法规定要穿透多层公司。㊾一般反避税规则不适用一般规则(协定优先于国内法)的正当性应该是基于一种观点,认为它是国内法对国际法中的"协定滥用"原则的承认,或者是对OECD的观点"税收协定一般要遵守国内的反避税规则"(在2003年对第1条的注释的修订中明示)的承认。澳大利亚协定中的来源地规则可能和国内法相互影响,使得原来在国内法不应税的所得变成应税。

在**英国**,协定需要通过特殊的立法制度发生效力,而且有法律效力的是这种协定救济的国内法版本而非协定本身。这样的结果是,违反协定实际上是可能的,但在实践中却很少会发生。曾经发生过一种情形,立法性地授权予税务机关否认与采用单一税制(unitary taxation)的国家相关的税收抵免,本可能导致协定的违反。有很多次英国被认为是违反了协议,却被认为没有义务向纳税人退税,因为相关的协议并没有完全地贯彻到国内法中(有

㊾ Lamesa Holdings BV(1997)35 ATR 23,1953年《国际税收协议法》s. 3A.

时称为“协定未落实”(treaty under-ride))。(52)

在**荷兰**《宪法》里，国内法的适用受直接适用的协定规定的限制。这偶尔会带来应纳税额的增加。比如说，如果一个双重居民身份的经营纳税人仅是另一缔约方的协定下的居民，荷兰只能对归属于常设机构的所得征税。但是，如果纳税人作为居民纳税，其国内的经营所得也许会被在外国经营活动的损失所抵消。

德国的宪法性法律明确地区分根据国际公法对国家有约束力的税收协定和国内法中可以被之后立法轻易推翻的关于税收协定规则有优先性的规定。(53) 具有争议的是，条约违反是否属于对习惯国际法的违反，但是法院在过去从来没有干涉过这些立法行动。在涉及德国的最近两个案件中，欧洲法院拒绝干涉，因为对国际条约的违反未必是对欧洲共同体法律的违反。(54)

4.2　协定解释的方法 543

美国已经签署了，但尚未批准，《维也纳公约》，对公约是否或在何种程度上反映习惯国际法仍然没有一致意见。美国法院使用的解释方法，一般都与《维也纳公约》的方法一致，尽管一般倾向于超越协定语言的“通常含义”，而更注重协定的总体目的、对象和具体条款。“语境”(Context)因此在解释中扮演了比《维也纳公约》所允许的更大角色。另一方面，最近的案子表明了拒绝使用单边材料的倾向，比如财政部的《协定技术性解释》，又如国会对协定考量的立法历史。(55)

加拿大已经批准了《维也纳公约》，法院也经常在解释税收协定时参考公约的条款。法院经常使用《OECD 协定范本》各种条款的注释(最高法院认为这些注释有“高度说服力”)(56)，即使如何利用这些外部材料(extrinsic materials)的理论仍不是很清楚(因为《维也纳公约》限制使用外部材料)。加拿大有一个法案是专门规定税收协定解释的(《所得税协定解释法》)。法案明确协定参考国内法概念是一种“发展性”(ambulatory)的，这反映了国

---

(52) 例如，*R v. IRC ex parte Commerzbank*(1993) 68 TC 252 (HC), *Boake Allen Ltd & Ors v. Revenue & Customs Commissioners* [2007] UKHL 25 (HL), and *Sun Life Assurance Co of Canada v. Pearson* [1984] 59 TC 250 (CA)涉及税收协定未落实。

(53) 德国，《一般征税指令》(GOL), s. 2.

(54) 欧洲法院，2007 年 6 月 6 日，C-298/05 (*Columbus Container*)；2009 年 2 月 12 日，C-67/08 (Block).

(55) 美国，*Xerox Corp. v. United States*, 41 F.3rd 647 (Fed. Cir. 1994).

(56) *The Queen v. Crown Forest Industries Ltd.* [1995] 2 CTC 64 (SCC).

内法继协定批准后的变化。一般来说,加拿大法院解释协定时声称比国内法更为宽松,尽管实践中很难看出来这一立场。典型来说,法院在解释协定时会考虑大量的外部材料,比如说其他协定、外国案例和学术著作。

瑞典也批准了《维也纳公约》,并运用其原则解释税收协定。根据《维也纳公约》第31(3)条关于缔约方随后的行政实践的指引,一个重要案件裁定,协定条款的解释应该根据这些实践,而非根据国内法概念。[57] 虽然瑞典文本是解释的出发点,英语文本也被给予特别重视,因为用英语来谈判协议是常态。《OECD 注释》也受到特别的考虑。

尽管**日本**是《维也纳公约》的签署国,但公约在日本法院解释协定时似乎鲜有影响力。法院没有将公约用于对税收协定的解释,学术界也很少讨论这一命题。另一方面,很少有的判例法也可以认为是考虑到与公约下本应该发生的结果是一致的。

在**荷兰**,协定解释和《OECD 注释》的地位是评论家活跃讨论的对象。最高法院不时参考《维也纳公约》,并在过去的二十年里越来越重视协定解释的问题。在过去十年,最高法院似乎从严格的语法解释转向了对预测目标和目的的广泛参考。

澳大利亚是《维也纳公约》的缔约国,在 1990 年的一个重要案件中,最高法院据其以《OECD 注释》为基础解释一个税收协定。[58] 法院在此案中对公约的使用更多的是出于国际法精神,因为国际法精神把公约的解释条款视为一个公平扩散传统下的法典化,而非税法的一个细节条款。这种方法与最近澳大利亚放宽使用外部材料解释税法的措施是一致的。

英国也是《维也纳公约》的缔约国之一。它的法院将《OECD 注释》作为解释的辅助手段,和解释协定时也与一般解释成文法的习惯不同,更多地注重目的和意图。[59]

因为**法国**最高行政法院在 1990 年推翻了它之前提交给外交部关于解释协定中歧义用语的政策,法国的税务法官在协定解释方面具有充足权威。法院并不明确说明其解释时使用的方法和规则,学界也鲜见关于这一主题的文章。不过法院的司法实践似乎主要建立于一个狭窄的文义结构原则,而且,在必要时采取对上下文最狭义的解读,而不参考其他缔约国关于此条

---

[57] RÅ 1987, ref. 162.

[58] Thiel (1990) 171 CLR 338.

[59] 经典表述,见 *R v. IRC ex parte Commerzbank* (1993) 68 TC 252 (HC) at 297-98.

文的任何解释,少量地参考没有约束力的《OECD 注释》,但经常参考国内税法中相关条款的意义。法国并非《维也纳公约》缔约国,然而这并不意味着维也纳公约的原则被法国法院无视,因为它们被认为仅仅是对先前存在的习惯性规则的法典化,或者甚至有时被认为是国际公法规则。

德国同样也是《维也纳公约》缔约国,其法院倾向于使用"自发性"(autonomous)解释,即更多地关注协定的用语和协定的语境。法院强调双方需要通过"客观性"方法达成统一的解释。《维也纳公约》对德国的解释实践有一定影响,将其转向一个"客观性"的方向。德国的税法还有一个偏好,就是依据《OECD 协定范本》第3(2)条,将协定的语言解释为与国内法规则相似的概念。

4.3 反协定滥用的政策

美国过去二十年采取采用的协定政策一直都是在其税收协定中规定优惠限制(limitation-on-benefits)条款或者反协定滥用(anti-treaty-shopping)条款,国会1981年以来批准的所有协定也都包含这一条款。尽管这些条款的具体细节有所差异,但他们在一点上是相同的,即关注主张协定利益的"居民"公司与外国辖区之间是否存在经济联系。虽然这些条款的产生是缘于有些国家的较低的实际税负,但是高税负国家的协定现在也有这些条款。比如,美国和德国(传统上税负较高的国家)间的税收协定包含了复杂的优惠限制条款。⑥ 为了税收协定目的,即使满足了其他条件,非居民企业只有满足以下更多条件才有权享有协定利益:股权所有权、税基侵蚀测试、积极参与公开经营活动,公开交易或者能获得主管当局准许其享有协定利益。

其他国家好像不会在所有情形下都制定了详细的协定滥用规则。导致这种态度差异的原因有很多。**加拿大**直到最近并不重视协定滥用,因为就来源地征税减免的限度,加拿大有非常统一的政策。因此,来自特定辖区的第三国居民一般不能通过进入加拿大而获得税收利益。只有来自没有任何协定的国家的那些居民才可能滥用税收协定,但加拿大广泛的协定网络使得这些情况不经常出现。

这些方法上的差异体现在加拿大和美国税收协定的第二议定书中。其中提到,只有美国在对来自加拿大的投资适用协定时才适用反协定滥用条款。加拿大则认为不需要用反协定滥用条款来处理第三国通过美国在加拿

---

⑥ 《美国—德国税收协定》,Art. 28.

大投资这种问题。然而,议定书中清楚表明如果授予税收利益会导致协定"滥用",那么任何一国都有权不授予该税收利益。这就表明在合适的情形下,对来自美国的入境投资加拿大可以适用本国反滥用条款,加拿大明显也认为这就是它所需的全部保护措施。

加拿大对于协定滥用的态度在近期似乎有所改变。在 2007 年美国—加拿大协定第五议定书中,双边都适用优惠限制条款。加拿大是否会与其他国家在协定中加入那么全面的反协定滥用条款,这还不清楚。但在一些协定中,已经包含了有限的反避税规则,应对涉及股息、利息和特许权使用费的协定滥用。这些条款与英国许多协定中的反滥用规则(见以下)相类似。此外,近期一些(35)协定有这么一条规定,如果某一国的居民实体股权由第三国居民受益地拥有或控制,那么如果该实体需要缴纳的税收明显低于股权由实体所在国的居民拥有、控制的实体,那么不能享受协定的优惠。《OECD 协定范本》第 1 条的注释也有类似规定。最后,加拿大税务局根据受益所有权要求和本国反避税规则,强烈打击协定滥用安排(尽管没有成效)。⑥

澳大利亚最近之前一直都采取和加拿大相类似的立场。它的协定文本严格执行对股息、利息和特许权使用费分别征收 15%、10%、10% 的预提税,因此协定滥用问题主要出在非缔约国居民试图适用协定上。曾出现的一个协定滥用漏洞的重要例证是,通过迅速重新谈判问题条款很快就填补了。自从澳大利亚—美国协定的 2001 年议定书公布以来,澳大利亚已将特许权使用费的预提税率降低到 5%,设备租赁不再适用特许权使用费条款,取消了对银行贷款利息征收预提税,降低了对股息征收的预提税率,有时至零。于是,2000 年之后的协定为协定滥用创造了大量机会。与此对应,相关协定和议定书也增加了更多细节性规定来应对协定滥用,但这些修订主要由其他国家发起。因为一般反避税规则效力高于税收协定,所以澳大利亚似乎更愿意通过一般反避税规则来应对协定滥用,但是至今为止,还没有一般反避税规则适用于协定滥用的明显例子。

荷兰最近之前一直都没有反协定滥用的政策,并且它历史上一直都是协定滥用活动的基地。迫于美国、其他缔约国伙伴、OECD 和欧盟的有害税收竞争政策的压力,荷兰现在已偶尔同意增加优惠限制条款和其他反税收

---

⑥ *The Queen v. ML Investments SA* [2007] 4 CTC 235 (FCA) 和 *Prévost Car Inc. v. The Queen* [2008] 5 CTC 2306, aff'd 2009 FCA 57.

协定滥用的条款。此外,由于仅仅经过荷兰公司的那些来自国外的收入都在法律规定的所得之外,所以这些收入再也不能享受协定优惠。

《OECD 协定范本》对**瑞典**协定政策的影响很大。除非协定伙伴强烈要求,瑞典的协定一般不包含反协定滥用条款。即使《OECD 注释》在 1992 和 1994 年进行修订后,规定了协定滥用的问题,并可能要求股东必须是缔约国的居民,瑞典的政策仍保持不变。至于瑞典外国受控公司规则和协定间的关系,为了适用 CFC 规则,1992 年以前瑞典把所有协定国都列入受控外国公司白名单。然而,瑞典现在改变了做法,偶尔会把协定国排除在受控外国公司白名单之外。

直至最近,**日本**一直都没有认真采取任何措施来应对协定滥用的问题。然而,日本现在正准备在其税收协定中增加美国风格的反协定滥用条款,包括日本和英国、法国、澳大利亚的协定。

尽管**法国**有非常广泛的协定网络(2009 年 1 月 1 日有约 118 个协定,包括和东欧、非洲以及南美国家的协定),且第三国居民很可能会滥用这些协定,但是除了《OECD 协定范本》中的反协定滥用条款外,法国税收协定几乎没有任何其他反协定滥用条款。除了 1994 年法国与美国税收协定中的优惠限制条款,法国和那些税法有避税漏洞的国家(如瑞士和卢森堡)之间的协定还可以找到一些具体的排除适用规定。

总的来说,**英国**一直都反对宽泛的反协定滥用条款,因为这样的条款会导致不确定性,以及随之而来的税收征管问题以及滥用与非滥用两者界限的确定难题。英国偏向于采取更有针对性的方法来应对协定滥用,它经常就股息、利息、特许权使用费和其他所得条款商定反滥用规则。这类规则的典型做法是,如果创设取得所得的权利的主要目的就是获取该协定的优惠,那么它一般不会获得协定条款的优惠。[62] 英国和美国之间的协定含有一个宽泛的优惠限制条款,这是上述方法的一个主要例外。[63]

德国一般不会在其协定中加入反协定滥用规则,但在与美国和瑞士的协定中有此类规则。除非协定本身已有明确的解决方法,本国的一般反避税规则有时可以用来应对一些协定滥用。此外,有一项专门的立法规定主要用来规制主张协定利益的"信箱"公司,尤其是有关预提税的减免内容。[64]

---

[62] 例如,见《澳大利亚—英国税收协定》,Art. 10(7)。
[63] 《英国—美国税收协定》,Art. 23。
[64] 德国,ITA, s. 50d par. 3。

当第三国股东本来无权享受直接收取所得的税收优惠,却在协定国设立不进行实质经济活动的公司,而且该外国公司设立也不存在任何经济或其他实质理由时,上述规定就会否决协定税收优惠。

4.4 无差别待遇

548　　这里所讨论的国家大多数都在税收协定里包含无差别待遇条款,但也有一些例外和限制。最显著的就是**澳大利亚**,2008 年以前,它一直声明对《OECD 协定范本》中的无差别待遇条款有保留。直到 2003 年,澳大利亚仅在其与美国的协定中写入无差别待遇条款。从那时起,澳大利亚大部分的协定都规定了无差别待遇条款。美国协定中的无差别待遇条款内容很有限。尽管正式的内容沿用了《OECD 协定范本》条款的一般框架,但它所处理的情形范围却受更多的限制了。更重要的是,条款内容是由国家来承担保障无差别待遇的义务,并没有赋予纳税个人到国内法院起诉可能存在的差别待遇的权利,而只能通过"磋商"来要求实施差别待遇的国家尽量消除差别待遇。最后,无差别待遇规定也没有被纳入适用协定其他条款的立法。

　　然而,在 2003 年和英国的协定体现了澳大利亚协定政策发生了转变,因此无差别待遇条款将自动会被写入今后的协定中。在这一点上,与英国签订的协定引发了不少议定书最惠国待遇的条款,因此目前澳大利亚在积极开展协定(尤其是和欧洲国家的)重新谈判。但与英国签订的协定中的无差别待遇规定仍有不少限制。它无法体现澳大利亚税法的一些特有制度包括归集抵免额,研发费用扣除,为防止资产转移出澳大利亚的管辖区域而设计的延期纳税适用的限制。协定中也有些监管避税、逃税行为的规则(其中包括具体资本弱化规定,以及关于受控外国公司、外国投资基金、委托人信托制度)不受无差别待遇条款影响。至少有一个国家,法国,不愿意接受这些项目的排除适用,所以法国和澳大利亚在 2006 年新签订的协定中没有无差别待遇条款。

　　加拿大处理无差别待遇条款的方式和本书所讨论的其他国家也有不同。尽管加拿大协定中的无差别待遇条款的范围稍有不同,但他们一般不像《OECD 协定范本》那样保障非居民享受无差别待遇。这样,加拿大协定中不含保证非居民股东拥有的本国公司享受国民待遇这一条款。相反,这种投资只有权享受所谓的"最惠国待遇",就是他们所受到的待遇不会低于第三国居民的类似投资所受到的待遇。此外,加拿大一般也没有相关规定保障非居民企业有权和居民在同等条件下扣除费用。这样,加拿大声明其有权对本公司支付给非居民的利息适用资本弱化规则。正如澳大利亚一样,加拿大希望实施一些可能被视为与传统无差别待遇观念相冲突的本国税收政策,因此也更加不能接受协定对本国行动的限制。加拿大已声明对《OECD 协定范本》的无差别待遇条款的保留。

相反,**瑞典**的协定实践遵循了《OECD 协定范本》中的无差别待遇条款。瑞典法院对该条款的解释相当宽泛。因此,瑞典曾规定只有集团成员都是本国公司时才允许扣除集团内捐赠(intragroup contribution)费用,而由协定国的居民母公司持股的两个瑞典子公司不适用该规定;法院认为该规定是差别待遇。同样,如果在瑞典有分支营业机构的外国公司被另一个外国公司合并,那么就像两个瑞典公司合并一样,分支营业机构发生的损失也可以结转到合并公司。

法国法院一直宽泛地适用协定的无差别待遇条款。例如曾根据该条款,允许协定国公司在法国的常设机构来源于法国的股息免征预提税,并享受公司之间的股息免税。2003 年,最高行政法院判决认为支付给位于一个协定国的母公司的利息在费用扣除的限制是一种差别待遇,因为支付给法国母公司的利息是可以作为费用扣除的。[65]

法国协定的实践基本遵循《OECD 协定范本》的模式。但法国对于无差别待遇条款声明了两点保留,并试图反映在它自己的双边税收协定中。[66] 第一点保留是,考虑到法国判例法中将公司的国籍等同于居民身份,法国仅愿意将《OECD 协定范本》中第一段有关无差别待遇的一般规定适用于个人。第二点保留是对支付给股东的利息的费用扣除作出限制,但允许该限制不适用于法国母公司。由于新的资本弱化规则,该限制已经不重要了,应该被删除。

其他国家基本遵循《OECD 协定范本》的模式,只是在具体细节上略有不同。在**荷兰**,很快发生了越来越多的案例,其中纳税人要求援用税收协定中的无差别待遇规则(同时还有欧盟条约中的无差别待遇规定),并且在很多重大案件的判决中法院也都支持纳税人的请求。在**英国**,2007 年上议院在 *Boake Allen* 案中遇到了无差别待遇条款的适用问题。[67] 尽管上议院解释无差别待遇条款时采取了广泛比较的方法,但它的解释仍与 2008 年修订的

---

[65] 国务院(Conseil d'Etat),2003 年 12 月 30 号,no. 233894,(SA Andritz)。
[66] 《OECD 协定范本》,第 24 条的注释,n° 88 和 91。
[67] Boake Allen Ltd v. IRC [2007] UKHL 25(HL)。

《OECD 注释》有一定的出入。

德国遵循 OECD 的模式。最近几年，联邦税务法院的几个判决增强了无差别待遇条款对税收实务的相关性。

4.5 税收协定"范本"

许多国家已经正式或非正式公布了税收协定"范本"，这为协定谈判人员进行首轮协定谈判奠定了基调和立场。

美国在 1977 年首次发布了协定范本，又分别在 1981 年、1996 年和 2006 年进行了修订。美国协定范本规定了 15% 的组合投资股息预提税率和 5% 的支付给持股 10% 股东的股息预提税率。归属于电脑软件的特许权使用费在收款人的居民国征税，除非这些特许权使用费归属于另一国的常设机构。美国协定范本还包括判断税收透明实体居民身份的规定。美国 2006 年版的协定范本拒绝给予合伙企业和其他透视实体（pass-through entities）协定利益，除非他们的合伙人或成员属于应税的居民。因此，如要享受协定利益，实体或实体所有者的所得就必须是应税的。美国协定范本只适用发达国家之间的协定关系。和协定范本的规定相比，美国过去更愿意在与发展中国家的协定中采取来源地征税的做法。

加拿大没有任何公开的协定范本。加拿大协定政策和《OECD 协定范本》在几个方面都存在差异。例如，加拿大坚持对某些特许权使用费征收 10% 的预提税、开征分支机构税（branch tax），并对在加拿大境内的产生的其他所得征税。此外，如上所述，加拿大不遵循《OECD 协定范本》中的无差别待遇条款。在与美国的协定中，加拿大最近同意对加拿大居民支付给相关美国居民的利息按零税率征收预提税。加拿大和其他国家之家的协定是否也会采取这种立场尚不明确。

尽管没有正式发布，但**瑞典**存在公众可以很容易获得的协定范本。此外，它的一些谈判立场也是众所周知的。对于直接投资的股息、利息和特许权使用费，它倾向于征收最低的预提税。瑞典还试图对退休金确立来源地征税原则，居民国允许纳税人抵免来源地的税收。因为许多瑞典人在退休以后都选择回到气候温暖的国家，所以瑞典采取了这种立场。常设机构规定一般都遵循《OECD 协定范本》。

日本没颁布自己的协定范本，基本上遵照《OECD 协定范本》，但一般对特许权使用费征收 10% 的预提税。**德国**同样遵循《OECD 协定范本》，尽管近年来有许多争论说要实施统一的全新税收协定政策。

荷兰三十多年前（1987）就颁布了一份基本遵循 OECD 模式的标准协定。1987 年的标准协定是随同一份具体的释义文件一起颁布的。由于已经有多种标准被用以和很多不同的协定伙伴谈判税收协定，所以荷兰决定以后不会再更新标准协定。由于荷兰对直接投资的股息免征税，外国预提税也不能抵免，所以在这种情况下荷兰准备把股息预提税率降低到零。根据荷兰协定政策，来源地也不对利息款项征税。

英国没有颁布协定范本，它基本遵循《OECD 协定范本》。与之类似，**法国**也没有正式的范本，它的协定基本遵循 OECD 的模式。然而，法国的现代协定实践存在以下一些具体特征：股息的定义很宽泛，涵盖了法国法下所有种类的视同利润分配；公司间股息享受优惠预提税率的前提是 10% 的最低持股比例；利息免征预提税；来源国可对不动产公司股权的收益和所得征税、对出售本地公司大额股权的收益征税；协定国居民的定义包括了法国合伙企业；明文规定法国可在协定层面上使用本国的反避税制度；规定了一些无差别待遇原则的例外（见上面 4.4 节）；制定了有利于发展中国家的特别条款；1/3 的法国协定中都规定其他缔约国居民也可以享受归集抵免优惠。[68]

尽管**澳大利亚**税务机关断断续续至少花了十年的时间来考虑颁布澳大利亚范本，但是政府在 2003 年宣布取消范本颁布计划，声称这是为了保持协定政策和谈判的灵活性。

在一些实质性问题上，澳大利亚直至最近一直都比《OECD 协定范本》更强调来源地征税，因为他是一个大规模的净资本输入国。其在近期的税收改革重新考虑了协定政策，转而更强调居民国征税。眼下，澳大利亚对于新协定的立场并不十分坚定，似乎是在来源地征税和居民国征税之间举棋不定。因此，澳大利亚对常设机构的定义仍然比《OECD 协定范本》更宽泛，但最低的特许权使用费率已由先前的 10% 降低为现在的 5%。同时，上述有关股息和利息的条款的转变可能要比《OECD 协定范本》更更进一步。澳大利亚开始在 2001 至 2003 年的协定中始终坚持根据本国法对资本利得征税，但政策方针在 2005 年发生了转变，其在 2006 年制定并颁布的新国内法发生了重大变化，基本上与国际标准相一致。从那以后，澳大利亚对资本

---

[68] 因为归集抵免制已于 2005 年被废除了，所以这种条款的唯一作用就是给予非居民个人股东一定的剩余抵免额（residual credit）（50% 的股息，但最高不能超过 115 英镑，已婚人士或合伙自然人不能超过 230 英镑）。

利得的协定政策或多或少与《OECD协定范本》相同。

尽管澳大利亚1990年对本国公司的大多数海外直接投资重新引入了免税制度,并在2004年全部变成参股免税制度,但是澳大利亚在税收协定中仍全面依赖抵免规定,其理论基础是如果适用本国免税规定,就不需要消除重复征税。

4.6 协定中的税收饶让

税收饶让,或对实际未缴纳的税收给予抵免已成为与发展中国家协定关系的重要问题。由于发达国家通过外国税收抵免来消除重复征税,发展中国家制定的任何税收减免优惠一般不能使协定投资者受益,反而增加了发达国家的财政收入。无论是对营业利润按净值税基征税,还是对投资所得征收预提税都会遇到这种问题。

美国历史上一直拒绝排斥税收饶让这种协定政策,认为这实际上是援助外国投资的问题,税收协定不是适当的渠道。然而,其他国家在与发展中国家签署的协定中规定了税收饶让抵免,既包括对营业税收的饶让,也包括对减少预提税的饶让。

例如,**荷兰**对外国营业利润适用免税法,而对股息、利息和特许权使用费的支付适用抵免法。荷兰在15个协定中给予了这些支付税收饶让抵免。在最近另外一些协定中,可抵免的股息、利息和特许权使用费只限于协定生效之日起至第10年或15年内所支付的。

相反,**加拿大**对于投资所得一般不给予税收饶让抵免,但对营业所得却会给予此类抵免。加拿大给予营业所得税收饶让抵免的期限一般是10年。一些旧的协定也规定了对特定的股息、利息和特许权使用费给予税收饶让。当加拿大公司取得的股息来于外国公司的免税盈余(exempt surplus),这些股息在加拿大也不用缴税,此时也就不需要税收饶让抵免。因此,只有在加拿大应税的股息才能享受税收饶让抵免(来自外国附属公司应税盈余的股息和来自于不是外国子公司的外国公司的股息)。

尽管**日本**政府2003年宣布实行减少税收饶让抵免的政策,但日本依旧对营业所得和预提税给予税收饶让抵免,这和**瑞典**、**德国**是一致的。

英国只在少数几个协定中规定了税收饶让抵免,主要是和以前殖民地之间的协定。人们严厉指责这种抵免的做法,认为这违背了对本国投资和外国投资应保持中立的原则,此原则也是给予外国税收抵免的基础。

澳大利亚很乐意对发展中国家的免税期(tax holidays)和预提税优惠给

予税收饶让,并在其签署的很多协定中规定了此类条款,尤其是和亚洲国家之间的协定。税收饶让一般规定了细节性的具体条件,还规定了有效期,但双方可协商一致延长期限。⑥⑨ 延期基本上都能达成一致。1997 年澳大利亚宣布协定政策发生转变,与《OECD 报告》一致⑦⓪,澳大利亚以后在协定中不会再规定税收饶让优惠,现存的税收饶让规定也不会延期。自 2004 年起,澳大利亚就对来自外国子公司的股息全面适用参股免税法,因此除了预提税之外,政策的变化影响不大。

在**法国**,传统税收协定政策同时运用税收饶让抵免技术和广义的常设机构概念来确保发展中国家的财政收入。法国和亚洲、南美洲以及非洲国家的许多协定都规定了对消极所得(股息、利息和特许权使用费)的税收饶让抵免。法国采取一项特殊的技术(la décote africaine)给予法国投资者税收抵免,抵免额与本地股息预提税成反比例关系。股息必须是来自法语语系非洲国家公司的分配,或者可被视为在前述国家的常设机构(非属地征税)的利益分配。这些特殊条款已经很少在最近的协定中出现,有些甚至已从原有协定中删除。因为发展中国家经常大幅提高了预提税税率,有关本地投资的很多法定优惠也被取消,所以这些税收饶让机制在今天已经不再那么有吸引力,税收饶让抵免也没有存在的必要。

---

⑥⑨ 例如,《澳大利亚—越南税收协定》,第 23 条,1953 年《国际税收协议法》,Sch 38。
⑦⓪ OECD,《税收饶让:制度反思》(巴黎:OECD,1997)

索 引

Accounting 会计
    advance payments 预付款, 308—309
    basic methods 基本方法, 302—308
    deferred payments 延期付款, 309—311
    original issue discount and other complex financial instruments 原始发行折扣债券和其他复杂金融工具, 311—318
    tax accounting and financial accounting 税务会计和财务会计, 18—19, 38—39, 61, 87—88, 107—108, 123, 140—141, 164—166, 190—191, 305

Advance payments 预付款, 308—309

Alimony and child support 赡养费和儿童抚养, 325—328

Assignment of income 所得的转移
    see attribution of income

Attribution of income 所得的归属, 319
    alimony and child support 赡养费和儿童抚养, 325—328
    definition of taxable unit 纳税单位的界定, 319—325
    limitations on assignment of income 对所得转移的限制, 328—332

Australia 澳大利亚, 3
    appeal processes 上诉程序, 13—14
    basic structure of the income tax 所得税的基本结构, 6—8
    composition of fiscal system 财政制度的构成, 6
    constitutional issues 宪法问题, 4—5
    courts dealing with tax matters 处理涉税事务的法院, 13—15
    history of the income tax 所得税的历史, 3—4
    judicial expertise 司法的专业性, 14—15
    legislative process 立法程序, 8—9
    relation of tax and financial accounting 税务会计和财务会计的关系, 18—19
    respect for legal form 尊重法律形式, 19—20
    sources on tax law 税法的渊源, 24—25
    statutory interpretation 法律解释, 11—13
    statutory style 立法风格, 9—11
    tax administration 税务管理, 15—18
    tax avoidance and anti-avoidance legislation 避税和反避税立法, 20—24
    tax legislation 税收立法, 8—13
    tax rates 税率, 5—6

Branch profits tax 分支机构利润税, 517—519

Business deductions 经营扣除, 250
    business entertainment 商务招待, 260—262
    business travel 商务旅行, 258—260
    child care 儿童看护, 262—266
    clothing 服装, 257—258
    commuting 上班往返交通, 252—254
    depreciation 折旧, see Capital costs

mixed business and personal expenses, 250—266

moving expenses 搬迁费用, 255—257

Canada 加拿大, 27
anti-avoidance doctrines and rules 反避税原则与规则, 40—42

basic structure of income tax 所得税的基本结构, 29—31

composition of the fiscal system 财政制度的构成, 29

constitutional issues 宪法问题, 27—28

courts dealing with tax matters 处理涉税事务的法院, 35—36

general principles 基本原则, 38—42

history of the Income Tax Act 所得税法的历史, 27

relationship between tax and financial accounting 税法和财务会计的关系, 38—39

respect for civil or private law form 对民法或私法形式的尊重, 39—40

sources of tax law 税法的渊源, 43—44

statutory interpretation 制定法的解释, 33—35

statutory style 制定法的风格, 32—33

tax administration 税务管理, 36—38

tax legislation 税收立法, 32—35

tax legislative process 税收立法程序, 32

tax rates 税率, 28—29

Capital costs 资本费用, 269
determining capital costs 确定资本费用, 269—271

capital cost recovery systems 资本成本补偿制度, 272—277

Capital gains and losses 资本利得和损失, 237

Commonwealth approach 英联邦模式, 238

Continental approach 大陆模式, 238

international aspects 国际层面, 540—541

theory 理论, 238—239

influence of trust law on 信托法的影响, 238

Capital structure 资本结构, 349—354
limits on interest deduction 利息扣除限制, 350

special statutory rules 特殊的制定法规则, 350

Change of residence status 居民身份的变化, 438
of individuals 个人身份, 438—442

of corporations 公司身份, 442—445

dual residence 双重居民, 445—447

Closely held corporations 封闭式公司, 404—407

Complex financial instruments 复杂金融工具, 311—318

Controlled foreign corporations 受控外国公司, 479
limitations on deferral 对延迟课税限制, 479—487

limitations on exemption 对免税的限制, 478—479

Corporate formation 公司成立, 344—349

Corporate distributions 公司分配, 354
basic structure of distribution rules 分配规则的基本结构, 354—357

constructive dividends 推定股息, 358—360

distributions involving changes in capital structure 涉及资本结构变化的分

配，366—374
distributions of appreciated or depreciated property 增值财产或贬值财产的分配，364—366
intercorporate dividends and capital gains 公司间的股息和资本利得，360—364
integration of corporate and shareholder taxes 公司和股东税收的合并，407—409
redemptions 赎回，371—374
relating distributions to corporate earnings 分配与公司收益的关联，357—358
stock dividends 红股，367—371

Corporate reorganizations and restucturing 公司重组和改制，377
corporate divisions: "demergers" 公司分割:分立，390—395
general 概述，377—378
merger transactions 合并交易，378—380
non-merger asset reorganizations 非合并资产重组，388—390
share exchanges 股份交换，384—388

Corporate taxation 公司税制，273
consolidated corporate taxation 公司合并纳税，399—404
defining entities subject to tax 界定纳税实体，341—344
distributions 分配，see Corporate distributions integration, see Integration of corporate and shareholder taxes
issues in corporate formation 公司组建中的问题，344—349
issues involving capital structure 资本结构有关的问题，349—354
limitations on transfer of corporate tax attributes 对公司税收属性转移的限制，395—399
liquidations 清算，see Liquidations
overview of corporate tax systems 公司税制概述，335—340
reorganizations 重组，see Corporate reorganizations and restructuring
special tax regimes for closely-held corporations 封闭式公司的特殊税制，404—407

Corporate-shareholder taxation in the international context 国际层面上对公司一股东的征税，537
general 概述，537—540
international aspects of capital gains 资本利得的国际层面，540—541

Deductions 扣除
capital costs and recovery methods, see Capital costs 资本费用和收回机制，参见资本费用
deduction of personal costs 私人费用的扣除，see Personal deductions
educational costs 教育费用，278—279
"hobby losses" "娱乐损失"，266—269
limitations 限制，see Limitations on deductions and losses
mixed business and personal expenses 经营与个人的混合费用，see Business deductions

Deferred payments 双重居民，309—311
Dual residence, 445—446

Employee fringe benefits 雇员附加福利，201
general 概述，201—207
employer-provided pension benefits 雇

索引 533

主提供的养老金福利, 208—215

European Union (EU) 欧盟, 157

  restrictions on source-based taxation of non-residents within the EU 欧盟范围内对非居民来源地征税的限制, 523—525

  European Court of Justice (ECJ) 欧洲法院, 288, 352, 354, 387, 398, 446, 464, 475, 482, 484, 487, 514, 517, 523, 538, 544

Exemption for foreign income 境外所得的免税, 469

  allocation of deductions to tax-exempt income 分配给免税所得的扣除, 473—475

  classes of exempt income 免税所得的种类, 469—473

  structure of the exemption 免税结构, 469

  treatment of foreign losses 境外损失的处理, 475—476

Fines and penalties 罚金和罚款

  see Limitations on deductions

Foreign investment companies 外国投资公司, 488—490

Foreign tax credit 外国税收抵免, 454

  allocation of expenses to foreign-source income 分配给外国来源所得的费用, 460—462

  carryover of excess credits or limitation 剩余抵免额或限制的结转, 464—466

  creditable taxes 可抵免的税收, 454—456

  indirect credit 间接抵免, see Indirect foreign tax credit

  interaction between indirect credit and limitation system 间接抵免和限额制度之间的相互影响, 468—469

  limitations on the credit 抵免限制, 456—459

  treatment of losses 对损失的处理, 462—464

France 法国, 45

  administrative interpretations 行政解释, 59—60

  anti-avoidance rules and doctrines 反避税规则和原则, 61—62

  basic stucture of the fiscal system 财政制度的基本结构, 49—50

  basic structure of the income tax 所得税的基本结构, 50—53

  constitutional issues 宪法性问题, 47—48

  corporate income tax 公司所得税, 49

  courts dealing with tax matters 审理涉税事项的法院, 55—57

  flat-rate individual income taxes 比例固定税率的个人所得税, 49

  history 历史, 45—47

  judicial style 司法风格, 57

  legislative process 立法程序, 53—54

  progressive individual income tax (IR) 累进个人所得税, 48—49

  relationship between tax and financial accounting 税务和财务会计的关系, 61

  respect for civil or private law form 对民法或私法形式的尊重, 61

  sources of tax law 税法的渊源, 62—63

  statutory drafting 立法起草, 54

  statutory interpretation 法律解释, 55

  structure of the courts 法院的结构, 55—57

tax assessment, collection and auditing 税款评定、征收和审计, 57—59

tax rates 税率, 48—49

Germany 德国, 65

 administrative style 行政风格, 86

 anti-avoidance doctrines and rules 反避税原则和规则, 88—89

 assessment and audit 评估和审计, 84

 basic structure of the income tax 所得税的基本结构, 71—79

 composition of the fiscal system 财政制度的构成, 69—71

 constitutional issues 宪法问题, 66

 corporate income tax 公司所得税, 68, 75—78

 courts dealing with tax matters 审理涉税事项的法院, 81—82

 history 历史, 65

 impact of basic rights on taxation 基本权利对征税的影响, 66—68

 individual income tax 个人所得税, 68, 71—75

 judicial style 司法风格, 82

 legislative powers 立法权, 66

 legislative process 立法程序, 79—80

 relationship between tax and financial accounting 税务会计和财务会计的关系, 87—88

 respect for legal form 法律形式的尊重, 88

 revenue share of specific taxes 具体税种的收入份额, 69—70

 sharing of tax revenue 税收收入的分享, 66

 shift from direct to indirect taxes 直接税转为间接税, 70—71

 social security contributions 社会保障缴款, 71

 sources of tax law 税法的渊源, 89—91

 statutory interpretation 法律解释, 80—81

 statutory style 立法风格, 80

 structure of the courts 法院的结构, 81—82

 tax administration 税务管理, 82—87

 tax compliance 税收遵从, 85—86

 taxpayers' style 纳税人的风格, 87

 tax rates 税率, 68

 trade tax 营业税, 78—79

Gifts 赠与, 217

 gifts outside a business setting 非经营环境下的赠与, 218—219

 gifts in a business/employment context 经营或雇佣关系下的捐赠, 219—221

Global versus schedular design of income tax 所得税的综合与分类模式, 197—198

Gross basis taxation 毛税基

 see Source taxation

"Hobby losses" "娱乐损失", 266—269

Illegal payments 非法支付

 See Limitations on deductions and losses

Imputed income 估算收入

 See Inclusions in the tax base

Inclusions in the tax base 计入税基, 169

 cancellation of indebtedness 债务免除, 225—227

 capital gains and losses 资本利得和损失, 237—245

 employee fringe benefits 雇员附加福利, see Employee fringe benefits

gambling 赌博, 228
gifts 赠与, see Gifts
illegal income 非法所得, 229—230
imputed income from owner-occupied housing 自有住房产生的估算收入, 215—217
prizes and awards 奖金和奖励, 221—223
realization and recognition of gain 收益的实现与确认, 232—235
scholarships and grants 奖学金和基金, 223—225
subsidies 津贴, 231—232
windfalls 意外之财, 230—231

Indirect foreign tax credit 外国税收间接抵免, **466**
computation of credit 抵免额的计算, 467—468
share ownership requirements 股份所有权的要求, 466—467
tier limitations 层级限制, 467

Integration of corporate and shareholder taxes 公司和股东税收的合并, **407**
general 概述, 407—412
international aspects 国际层面, 537—540
treatment of capital gains on shares 股权资本利得的税收处理, 412—415

Intercompany pricing issues 公司间定价问题, **531**
advance pricing agreement (APA) 预约定价安排 (APA), 533—537
arm's length principle 独立交易原则, 531
comparable profits method (CPM) 可比利润法 (CPM), 532, 534

International avoidance rules 国际避税规则, **529—531**

Japan 日本, **93**
anti-avoidance doctrines or legislation 反避税原则或立法, 108—109
basic structure of the income tax 所得税的基本结构, 99—101
composition of the fiscal system 财政制度的构成, 98—99
corporate income tax 公司所得税, 100—101
constitutional issues 宪法问题, 96—97
courts dealing with tax matters 处理涉税事务的法院, 103—105
history 历史, 93—96
individual income tax 个人所得税, 99—100
judicial style 司法风格, 104—105
legislative process for income tax measures 所得税的立法程序, 101—102
relation between tax and financial accounting 税务会计和财务会计的关系, 107—108
respect for legal (civil law) form 法律 (民法) 形式的尊重, 108
source of tax law 税法的渊源, 109—110
statutory interpretation 法律解释, 102—103
statutory style 立法风格, 102
structure of the courts 法院的结构, 103—104
tax administration 税务管理, 105—107
tax rates 税率, 97—98

Limitations on deductions and losses 对扣除和损失的限制, **288**
expenses associated with tax-exempt income 与免税收入相关的费用,

291—292

illegal payments, fines and penalties 非法支付、罚金和罚款, 288—291

"quarantining" and other restrictions "隔离"和其他限制, 292—296

Limitations on exemption or deferral 免税或延期纳税的限制, 476

limitations on deferral 对延期纳税的限制, 479—487

limitations on exemption 对免税的限制, 478—479

special provisions dealing with domestic portfolio investment 有关国内组合投资的特殊规定, 487—490

Liquidations 清算, 374

dividend aspects 股息方面, 375

exchange treatment 交换处理, 374—375

Net basis taxation 净额征税, 395

attribution of business income 经营所得的归属, 500—504

determination of deductions 扣除的确定, 504—507

other situations 其他情形, 510—511

taxation of employment income 雇佣所得征税, 507—510

threshold of activity 经营活动的起征点, 497—500

The Netherlands 荷兰, 111

advance rulings 预先裁决, 121—122

anti-avoidance docrtrines and rules 反避税原则和规则, 124—125

assessment/appeal process 评估/申诉程序, 122—123

basic structure of the income tax 所得税的基本结构, 115—116

composition of the fiscal system 财政制度的构成, 114—115

constitutional issues 宪法问题, 112—113

corporate income tax 公司所得税, 116

courts dealing with tax matters 处理涉税事务的法院, 118—119

history 历史, 111—112

income tax rates 所得税率, 113—114

individual income tax 个人所得税, 115—116

legislative process 立法程序, 117

ralationship between tax and financial accounting 税务和财务会计的关系, 123

release of government information to taxpayers 对纳税人的政府信息公开, 121

respect for the for civil (private) law 民(私)法形式的尊重, 123

sources of tax law 税法的渊源, 125—127

statutory interpretation 法律解释, 118

statutory style 立法风格, 117—118

tax administration 税收管理, 119—123

taxpayer bill of rights: ombudsman 纳税人权利法案:调查官, 120

Original issue discount 初始发行折扣, 311—318

Outbound transfers 离境转让, 490—493

Partnership taxation 合伙税制, 417

basic structure of pass-through taxation 穿透课税的基本结构, 420—423

disposition of partnership interest 处分合伙份额, 427—429

liabilities, tax cost and losses 债务、计

税成本和亏损，423—425

 liquidation of partnership　合伙的清算，429—430

 qualification for pass-through taxation　穿透课税的资格，418—420

 transactions between partner and partnership　合伙人与合伙的交易，425—427

Personal deductions　私人费用的扣除，228

 charitable donations　慈善捐赠，286—288

 interest　利息，280—283

 medical expenses　医疗费用，284—286

 personal losses　私人损失，283—284

Personal taxing jurisdiction　对人主张税收管辖权，347

 corporations　公司，436—438

 individuals　个人，433—436

Realization and recognition of gain　收益的实现和确认，232—237

Relief of double taxation　双重征税的消除，448—476

 foreign tax credit system　外国税收抵免制，see Foreign tax credit system

 exemption for foreign income　外国所得的免税，see Exemption for foreign income

Residence taxation　居民国征税，443

 change of status　身份的变化，see Change of residence status

 exemptions　免税，see Exemption for foreign income

 jurisdiction　管辖权，see Personal taxing jurisdiction limitations on exemption or deferral, see Limitations on exemption or deferral

 outbound transfers　离境转让，490—493

 relief measures　消除措施，see Relief of double taxation

Selected intercompany pricing issues　公司间定价问题精选，531—537

Source taxation　来源地征税，497

 branch profits tax　分支机构利润税，517—519

 gross basis taxation　按毛税基纳税，512—517

 limitations on base-eroding payments to non-residents (thin capitalization)　向非居民的侵蚀税基的付款的限制（资本弱化），519—523

 net basis taxation　按净额纳税，see Net basis taxation restrictions on source-based taxation of nonresidents within EU，523—525

Special international avoidance rules　特殊的国际避税规则，529—531

Sweden　瑞典，129

 anti-avoidance doctrines and rules　反避税原则和规则，142

 basic structure of the tax system　税制的基本结构，133—137

 composition of the fiscal system　财政制度的构成，131—133

 constitutional issues　宪法问题，130

 corporate income tax　公司所得税，135—137

 courts dealing with tax matters　处理涉税事务的法院，138—139

 history　历史，129

 individual income tax　个人所得税，133—135

legislative process 立法程序，137
relationship between tax and financial accounting 税务和财务会计的关系，140—141
respect for legal form 法律形式的尊重，141—142
sources of tax law 税法的渊源，142—143
statutory interpretation 法律解释，138
statutory style 法律风格，137—138
tax administration 税务管理，139—140
tax rates 税率，130—131
types of taxes 税种，132—133

Taxable unit 纳税单位
see Attribution of income

Thin capitalization 资本弱化
see Source taxation

Transfer pricing 转让定价
see Selected intercompany pricing issues

Treaty issues 协定问题，542
anti-treaty shopping policy 反协定滥用的政策，547—549
domestic law and treaties/treaty override 国内法和协定/协定推翻，542—545
model tax treaties 税收协定范本，552—554
non-discrimination 非歧视待遇，550—551
tax sparing 税收饶让，554—555
treaty interpretation 条约解释，545—547

United Kingdom 英国，145
anti-avoidance doctrines and rules 反避税原则和规则，167—169
basic structure of the income tax 所得税的基本结构，153—156
composition of the fiscal system 财政体制的构成，153
constitutional issues 宪法问题，148—150
corporate income tax 公司所得税，156
courts dealing with tax matters 处理涉税事务的法院，159—162
history 历史，145—148
individual income tax 个人所得税，153—156
judicial review 司法审查，160—161
judicial style 司法模式，161
legislative history 立法史，161—162
precedent 先例，162
rate structure and reliefs 税率结构和减免税，151—153
relationship between tax and financial accounting 税务和财务会计的关系，164—166
respect for legal form 法律形式的尊重，166—167
sources of tax law 税法的渊源，169—172
statutory interpretation 法律解释，158—159
statutory style 立法风格，157—158
structure of the courts 法院的结构，159—160
tax administration 税务管理，162—164

United States 美国，173
administrative style 管理风格，188—189
anti-avoidance 反避税，191—192
basic structure of the income tax 所得税的基本结构，178—183
composition of the fiscal system 财政制度的构成，177—178
constitutional issues 宪法问题，174—175

corporate income tax 公司所得税, 182—183

history of federal income tax 联邦所得税的历史, 173—174

individual income tax 个人所得税, 178—182

judicial structure and style 司法结构和风格, 187—188

legislative process 立法程序, 184—187

relationship between tax and financial accounting 税务和财务会计的关系, 190—191

respect for legal form 法律形式的尊重, 191

sources of tax law 税法的渊源, 192—193

statutory interpretation 法律解释, 185—187

statutory style 立法风格, 184—185

taxpayer style 纳税人风格, 189—190

tax rates 税率, 175—177

税法学研究文库

1. 税收程序法论——监控征税权运行的法律与立法研究　　　　施正文
2. WTO体制下的中国税收法治　　　　刘剑文主编
3. 税法基础理论　　　　刘剑文、熊伟
4. 转让定价法律问题研究　　　　刘永伟
5. 税务诉讼的举证责任　　　　黄士洲
6. 税捐正义　　　　黄俊杰
7. 出口退税制度研究　　　　刘剑文主编
8. 税法基本问题·财政宪法篇　　　　葛克昌
9. 所得税与宪法　　　　葛克昌
10. 纳税人权利之保护　　　　黄俊杰
11. 行政程序与纳税人基本权　　　　葛克昌
12. 论公共财政与宪政国家——作为财政宪法学的一种理论前言　　　　周刚志
13. 税务代理与纳税人权利　　　　葛克昌、陈清秀
14. 扣缴义务问题研析　　　　钟典晏
15. 电子商务课征加值型营业税之法律探析　　　　邱祥荣
16. 国际税收基础　　　　〔美〕罗伊·罗哈吉著　林海宁、范文祥译
17. 民主视野下的财政法治　　　　刘剑文主编
18. 比较税法　　　　〔美〕维克多·瑟仁伊著　丁一译
19. 美国联邦税收程序　　　　熊伟
20. 国际技术转让所得课税法律问题　　　　许秀芳
21. 财政转移支付制度的法学解析　　　　徐阳光
22. 《企业所得税法》实施问题研究——以北京为基础的实证分析　　　　刘剑文等
23. 法学方法与现代税法　　　　黄茂荣
24. 解密美国公司税法　　　　〔美〕丹尼尔·沙维尔著　许多奇译
25. 财政法基本问题　　　　熊伟
26. 比较所得税法　　〔美〕休·奥尔特、布赖恩·阿诺德等著　丁一、崔威译

2012年8月更新